KB189205

선화 상인 능엄경 강설 上

◉ 반라밀제 번역
◉ 선화 상인 강설
◉ 각산 정원규 편역

불광출판사

신화 상인

능엄경 강설

능엄경은 부처님의 진신

선화 상인(宣化上人)

불교에는 매우 중요한 경전이 많이 있다. 하지만 가장 중요한 경전은 바로 『능엄경』이다. 『능엄경』이 있는 곳은 바로 정법이 세상에 머물고 있다는 것이다. 『능엄경』이 없어지면 이것은 바로 말법이 나타나는 것이다. 따라서 우리 각각의 불교도는 반드시 힘을 다하여 우리의 피와 땀으로 이 『능엄경』을 보호해야 할 것이다.

『법멸진경(法滅盡經)』에서 명백하게 말하고 있다. 말법시대에 『능엄경』이 가장 먼저 없어지며, 다른 경전들도 점차로 없어진다. 만약 『능엄경』이 멸하지 않으면 정법시대가 존재한다는 것이다. 이러한 까닭으로 우리 불제자들은 반드시 생명으로써 『능엄경』을 보호해야 할 것이며, 우리의 피와 땀으로 『능엄경』을 호지해야 할 것이며, 우리의 뜻과 원력으로 『능엄경』을 옹호하여 『능엄경』이 널리 크게 빛을 발할 수 있도록 해야 할 것이며, 세계 어느 촌락에서도 유통될 수 있도록 할 것이며, 한 알의 미진 속으로, 온 허공이 다하고 법계에 두루 미칠 수 있도록 노력해야 할 것이다. 만약 이와 같이 할 수 있으면 정법이 크게 광명을 발할 수 있을 것이다.

왜 『능엄경』이 먼저 없어질 것인가? 그것은 바로 『능엄경』이 너무나 진실하기 때문이다. 『능엄경』은 부처님의 진신(眞身)이며, 『능엄경』은 부처님의 사리(舍利kk)이며, 『능엄경』은 바로 부처님의 진정한 탑(塔)이며 사원이다. 『능엄경』은 이와 같이 참되기 때문에 모든 마왕이 갖가지의 방법으로 『능엄경』을 훼멸하려고 한다. 우선 마왕은 날조하여 『능엄경』은 가짜라고 말한다. 왜 그는 『능엄경』이 가짜라고 말하는가? 그것은 바로 『능엄경』에서 하신 말씀들이 너무나 참되기 때문이다.(즉 그들의 모습을 너무나 적나라하게 드러내 말하고 있기 때문이다.)

더욱이 '네 가지의 청정하고 밝은 가르침[四種淸淨明誨]', '스물다섯 분 성인의 원통을 얻은 인연', '오십 가지 음마(陰魔)의 경계' 등 이 모두 방문외도(旁門外道)와 요마귀괴(妖魔鬼怪)들이 참을 수 없을 정도로 진실하게 묘사되고 있다. 따라서 일부 무지한 사람들이 『능엄경』은 위조된 것이라고 말하는 것이다.

『능엄경』에서 말씀하신 도리는 정확할 뿐 아니라 합리적이라 요마와 외도들이 모습을 감출 방법이 없다. 무지한 사람들이, 특히 무지한 학자와 교수들이 성스러운 가르침을 망령되게 헤아리고 있는 것이다. 그들은 수박 겉핥기식으로 알면서 아무런 학식도, 진정한 지혜도 없으니 이와 같이 함부로 비평하는 것이다. 불법을 배우는 우리들은 이러한 관계를 깊이 알아서 곳곳에서 『능엄경』을 제창하고 널리 강설하여야 할 것이다. 왜냐하면 우리는 정법이 세상에 오래 머물도록 해야 하기 때문이다.

나는 여러분에게 『능엄경』은 참된 경이라고 보증한다. 만약 『능엄경』이 가짜라면 나는 영원히 지옥에 가기를 원한다. 왜냐하면 내가 불법을 잘 알지 못하여 가짜를 진짜로 잘못 알았기 때문이다. 그러나 만약 『능엄경』이 참된 것이라면 나는 세세생생 이 능엄대법(楞嚴大法)을 홍양할 것이며, 언제 어느 곳에서라도 나는 능엄의 진리를 널리 펼칠 것을 발원한다. 이 점을 여러분들은 마땅히 주의하여 『능엄경』이 부처님께서 설하지 않은 것이라고 어떠한 사람도 말해서는 안 될 것이다.

따라서 일부 무지한 사람들이 망령되게 비평하는데, 그들이 조속히 잘못을 깨달아 발설지옥에 빠지는 괴로운 원인을 다시 짓지 않기를 바란다. 어떤 학자든지, 어느 나라의 불법을 배우는 사람을 불문하고 조속히 통절하게 이전의 잘못을 고치고, 스스로 잘못을 알고 바꿀 수 있으면 그 착함은 실로 클 것이다.

마지막으로 나는 『능엄경』을 보는 모든 사람, 『능엄경』을 듣는 모든 사람, 『능엄경』을 연구하는 모든 사람들이 하루 빨리 불도를 이루기를 축원한다.

◉

편집부 서문

◉

『능엄경』은 직지인심(直指人心) 견성성불(見性成佛)하는 경전이다. 1968년 선화 상인께서 미국 샌프란시스코에 있는 불교강당에서 96일간의 '능엄경 하계연수반'을 열어 30여 명의 미국 대학생을 위하여 『능엄경』 전체를 강설하여 서양인에 대한 홍법의 시초로 삼았다. 강설의 내용은 맨 처음의 경전현담(經前懸談)으로부터 삼번파식(三番破識), 십번현견(十番顯見), 이십오성원통장(二十五聖圓通章), 사종청정명회(四種淸淨明誨), 능엄신주(楞嚴神呪), 오십음마(五十陰魔) 등 전체 내용을 포괄하였으며, 우리들로 하여금 근본상(根本上)에서 입수하여 자성상(自性上)에서 자성을 닦게 하신 것은 우리들 각자의 전도된 망상을 제거하고 미혹을 타파하여 바름을 드러내고 미혹함을 돌이켜 깨달음으로 돌아가게 하는 데 뜻이 있었다.

이 능엄 강좌는 매일 아침 6시부터 저녁 9시까지 하였으며, 매일 경의 강의를 한 차례 하시다가 점차 두 차례, 세 차례, 내지 네 차례까지 하게 되었다. 그 기간 동안 학생들은 실제의 수행인 좌선을 병행하였다. 경을 강의한 후 상인께서는 학생들과 더불어 깊이 토론하고 의문이 나거나 어려운 곳에서는 질의문답을 진행하였으며, 아울러 좌선에 관하여 지도를 하였다. 이러한 이해와 수행을 다 같이 중시하고,

경전연구와 실제의 선 수행을 융합하는 지도방법은 서방세계에서는 처음이었다.

상인께서는 학생들로 하여금 오로지 한마음으로 학습하게 하기 위하여 매일 서너 번의 능엄경 강의 외에 절 안팎의 대소 사무는 물론이고 반찬거리를 사고 청소하고 밥하는 것도 모두 혼자 책임지고 하였다. 이러한 위법망구(爲法忘軀)의 정신은 당시의 학생들을 감동시켜 심지어 발심하여 출가하게 하였다. 지금의 사람들이 그런 일을 들으면 감탄하지 않을 수 없다.

당시 법을 듣는 학생들이 중국어가 모국어가 아닌, 초심의 서양 청년임을 비추어 상인께서는 역대 대덕들의 강의 방식을 바꾸어 쉬운 백화문으로 구절에 따라 강의하고 번역 해설하였다. 서양의 청년들이 중국어를 인식하게 되었을 때는 그 가운데서 불법의 정수를 해부하였으며, 이것은 바로 소위 '깊이 들어가 얕은 곳으로 나온다'는 것이다.

상인의 『능엄경』 강의 해설은 원래 중국어로 된 9권이 한 질이나, 지금 상인의 강의 해설서가 처음으로 한국에서 출판되고, 한국에서의 유통성을 고려하여 먼저 정선한 2책으로 출간하며, 만약 상세한 해설을 보려면 중국어 판본(1질 9권)을 구입하여 보기를 바란다.

『능엄경』이 널리 전해져 후인들로 하여금 의지할 바가 되고, 정법이 영원히 세상에 머물기를 기원한다.

2012년 9월
법계불교총회 불경번역위원회

◉

목 차

◉

004　●서문

007　●편집부서문

一　경전현담(經前懸談)

025　1. 경전 이름 해석

025　1) 일곱 가지의 경전 이름 짓는 법 [七種立題]

030　2) 대불정 (大佛頂)의 의미

038　3) 여래밀인 (如來密因)

040　4) 수증요의 (修證了義)

041　5) 제보살만행 (諸菩薩萬行)

060　6) 수능엄 (首楞嚴)의 의미

062　7) 경 (經)의 의미

066　2. 가르침을 일으킨 인연

066　1) 전체 인연

9

068   (1) 부처의 지견을 열다

073   (2) 부처의 지견을 가리키다

073   (3) 부처의 지견을 깨닫다

075   (4) 부처의 지견으로 들어가다

075   2) 특별한 인연

076   (1) 다문에 의지하고 선정력을 소홀히 하다

080   (2) 날뛰는 지혜를 경계하고 삿된 생각을 막다

083   (3) 참된 마음을 가리키고 근본의 성품을 드러내다

084   (4) 성품의 정을 나타내고 진실한 증득을 권하다

093   (5) 전도된 생각을 없애고 미세한 번뇌를 제거하다

096   (6) 두가지 문을 밝히고 지금과 후세를 이롭게 하다

098   3) 장(藏)과 승(乘)의 분류

099   4) 의리의 깊고 얕음

108   5) 능엄경 가르침의 체

111   6) 능엄경의 교화대상

113   7) 능엄경의 종취(宗趣)

115   8) 능엄경을 설한 시기

118   9) 능엄경의 전래와 번역

129   10) 본문 해석 [別解文義]

二 서분(序分)

133   1. 믿음을 증명하는 서분[證信序]

134   1) 믿음의 성취 [信成就]

135   2) 들음의 성취 [聞成就]

135   3) 때의 성취 [時成就]

136   4) 주인의 성취 [主成就]

136   5) 장소의 성취 [處成就]

137   6) 대중의 성취 [衆成就]

167   2. 법문을 일으키는 서 [發起序]

167   1) 파사닉왕이 부처님을 청하여 재를 베풀다

169   2) 아난이 마등가의 삿된 주술에 걸려들다

174   3) 여래께서 능엄신주를 설하여 아난을 구하다

三 성불을 이루는 선정(禪定) 방편

181   1. 아난이 성불의 도리를 묻다

188   2. 부처님께서 수능엄삼매를 설하다

四 마음은 어디에 있는가?

193   1. 일곱 곳에서 마음을 찾다[七處徵心]

193   1) 생사윤회의 원인

199   2) 허망한 식은 있는 곳이 없다

205   (1) 마음이 몸 안에 있다는 집착을 깨뜨리다

211   (2) 마음이 몸 밖에 있다는 집착을 깨뜨리다

215   (3) 마음이 눈에 있다는 집착을 깨뜨리다

219   (4) 마음이 명암을 분별한다는 집착을 깨뜨리다

224   (5) 마음은 인연이 화합하는 곳을 따른다는 집착을 깨뜨리다

234   (6) 마음이 중간에 있다는 집착을 깨뜨리다

240   (7) 마음이 머무는 바가 없다는 집착을 깨뜨리다

245   3) 허망한 식심은 마음이 아니라는 것을 배척하다

245   (1) 생사의 두 가지 근본

270   (2) 허망한 식은 체가 없다

五 보는 성품[見性]과 실상(實相)

287   1. 여래장의 체를 보게 하다

287   1) 아난은 허망함을 버리고 참됨을 구하다

292   2) 여래께서 진체(眞體)를 드러내다

294   (1) 보는 것이 마음임을 드러내다

299   (2) 보는 성품은 움직이지 않음을 드러내다

311   (3) 보는 것은 멸하지 않는다

322   (4) 보는 성품은 잃지 않는다

332   (5) 보는 성품은 돌려보낼 수 없다

348   (6) 보는 성품은 잡되지 않다

363   (7) 보는 성품은 장애가 없다

375   (8) 보는 성품은 분리할 수 없다

398   (9) 보는 성품은 정(情)을 초월한다

412   (10) 보는 정[見精]은 보는 것을 떠난다

六 윤회의 근본 원인 – 두 가지의 전도(顚倒)

425   1. 두 가지의 전도(顚倒)

426   1) 대다라니(大陀羅尼)

428   2) 두 가지의 견(見)

431   2. 별업망견(別業妄見)

440   3. 동분망견(同分妄見)

446   4. 아난에게 도리를 이해시키다

446   1) 보는 성품은 흠이 없다

457   2) 모든 인연을 떠나야 한다

458   5. 인연과 자연의 도리를 타파하다

463   1) 보는 정[見精]은 생멸하지 않는다

474 2) 모든 상(相)은 묘각명체에서 나온다

七 오음 · 육입 · 십이처 · 십팔계의 근원

481 1. 오음(五陰)의 근원
481 1) 색음(色陰)
487 2) 수음(受陰)
491 3) 상음(想陰)
494 4) 행음(行陰)
498 5) 식음(識陰)

502 2. 육입(六入)의 근원
502 1) 안입(眼入)
505 2) 이입(耳入)
509 3) 비입(鼻入)
513 4) 설입(舌入)
518 5) 신입(身入)
521 6) 의입(意入)

527 3. 십이처(十二處)의 근원
527 1) 안색처(眼色處)
529 2) 이성처(耳聲處)
533 3) 비향처(鼻香處)
536 4) 설미처(舌味處)

540   5) 신촉처(身觸處)

545   6) 의법처(意法處)

549   4. 십팔계(十八界)의 근원

551   1) 안색식계(眼色識界)

557   2) 이성식계(耳聲識界)

562   3) 비향식계(鼻香識界)

569   4) 설미식계(舌味識界)

574   5) 신촉식계(身觸識界)

578   6) 의법식계(意法識界)

八   원융한 칠대(七大)의 성품

589   1. 중도요의(中道了義)의 법문

595   1) 지대(地大)의 성질

600   2) 화대(火大)의 성질

605   3) 수대(水大)의 성질

613   4) 풍대(風大)의 성질

618   5) 공대(空火)의 성질

626   6) 견대(見大)의 성질

634   7) 식대(識大)의 성질

645 2. 아난의 대승(大乘)의 이치에 대한 믿음

651 3. 아난의 찬불게(讚佛偈)

九 부루나 존자의 두 가지 의혹

669 1. 부루나 존자가 의혹을 일으키다

671 1) 어찌하여 산하대지가 생겼는가?

672 2) 지수화풍이 원융한 까닭은 무엇인가?

674 2. 일승(一乘)의 적멸의 이치

675 1) 홀연히 산하대지가 생기는 원인

677   (1) 깨달음에 밝음을 더하지 말라

682   (2) 세 가지의 미세한 모습[三細相]

684   (3) 여섯 가지의 거친 모습[六粗相]

687   (4) 유위의 모습[有爲相]이 생기는 모습

688   (5) 세계가 상속(相續)되는 과정

694   (6) 중생이 상속(相續)되는 과정

700   (7) 업과 과보가 상속(相續)되는 과정

709   (8) 미혹은 뿌리가 없다

711   (9) 깨달으면 다시는 미혹이 생기지 않는다

十　공하면서도 공하지 않은 여래장[空不空如來藏]

719　1. 칠대(七大)가 원융한 이치를 밝히다

728　2. 여래장의 작용과 공능

730　3. 묘각의 밝은 성품[妙覺明性]

733　4. 모든 것을 부정하다[空如來藏]

738　5. 일체는 모두 여래장의 마음이다[不空如來藏]

741　6. 공하면서도 공하지 않은 여래장[空不空如來藏]

744　7. 중생은 왜 망상을 일으켜 윤회하는가?

754　8. 날뛰는 마음을 쉬면 바로 깨달음이다

十一　보리심(菩提心)과 성불의 길

761　1. 깨달음은 어떻게 오는가?

767　1) 보리심이 생하면 생멸심이 멸한다

774　2) 무루의 업을 닦아야 한다

781　2. 부처의 지견[佛知見]으로 들어가는 길

786　1) 초심자의 두 가지의 결정적인 도리

788　2) 생멸하는 다섯 가지의 탁함[五濁]

791　　(1) 겁탁(劫濁)

793　　(2) 견탁(見濁)

794　　(3) 번뇌탁(煩惱濁)

796   (4) 중생탁(衆生濁)

797   (5) 명탁(命濁)

799   3) 생멸하지 않는 성품으로 수행해야 한다

804   4) 번뇌의 근본 매듭을 풀어야 한다

809   5) 육근(六根)의 우열과 공덕

817   6) 하나의 문으로 깊이 들어가야 한다[一門深入]

826   7) 육근은 육진으로부터 맺힌다

833   8) 육진이 없어지면 육근이 다한다

834   9) 하나의 근으로 들어가 해탈한다

843   10) 어떠한 근으로 닦아 들어가야 하는가?

863   11) 상주불변한 도리를 따라야 한다

867   12) 육근의 맺힌 곳을 어떻게 풀어야 하는가?

880   3. 열반(성불)에 이르는 길

898   4. 육근의 매듭을 풀어 무생법인을 얻다

921   • 선화 상인 소개

928   • 선화 상인의 18대원(大願)

931   • 법계불교총회 소개

934   • 편역자 후기

개경게 (開經偈)

무상의 매우 깊고 미묘한 법이여
백천만겁에도 만나기 어렵습니다.
저는 지금 듣고 보아 받들어 지니면서
여래의 진실한 뜻 이해하기를 원하옵니다.

無上甚深微妙法
百千萬劫難遭遇
我今聞見得受持
願解如來眞實義

경전현담(經前懸談)

서분(序分)

성불을 이루는 선정(禪定) 방편

마음은 어디에 있는가?

보는 성품[見性]과 실상(實相)

윤회의 근본 원인 – 두 가지의 전도(顚倒)

오음 · 육입 · 십이처 · 십팔계의 근원

원융한 칠대(七大)의 성품

부루나 존자의 두 가지 의혹

공하면서도 공하지 않은 여래장[空不空如來藏]

보리심(菩提心)과 성불의 길

一

경전현담

(經前懸談)

1

경전 이름 해석

1) 일곱 가지의 경전 이름 짓는 법[七種立題]

　『대불정여래밀인수증료의제보살만행수능엄(大佛頂如來密因修證了義諸菩薩萬行首楞嚴)』, 이 19자는 이 경의 이름이고 제목이며, 이에 마지막으로 '경(經)' 자를 더하여 20자의 글자로 이루어져 있다. 이 20자가 이 경의 온전한 이름이다. 앞의 19자는 별명(別名)이고 뒤의 한 글자는 통명(通名)이다.

　무엇을 별명이라고 하는가? '별(別)'이란 분별이라는 뜻이며 다른 경전과 같지 않다는 뜻이고, 마지막의 '경(經)' 자는 같다는 뜻으로 통명이라고 부른다. 그래서 하나의 통명과 하나의 별명을 가진다. 통명이란 모든 경에 통한다는 것이며, 별명은 다른 경과 구별한다는 것으로서 이 경이 다른 경과는 이름이 같지 않다는 것이다. 따라서 통과 별의 두 가지의 설명이 있다.

　부처님께서 설하신 경전은 일곱 가지의 이름을 짓는 법[七種立題]이 있다. 이 일곱 가지의 제목을 짓는 법[七種立題]은 여래께서 설하신 삼장십이부(三藏十二部)의 모든 경전을 포괄하며, 일체의 경전은 이 일곱 가지의 뜻을 벗어나지 않는다.

　이 일곱 가지의 뜻은 어떠한 것인가? 즉 단삼(單三), 복삼(複三), 구족일(具足一)이다. 무엇이 단삼인가? 단(單)이란 홑으로 이루어진 것으로서 세 가지가 있다. 복삼이란 무엇인가? 복(複)이란 두 개의 뜻이 함께 합쳐진다는 것이다. 복삼은 쌍삼(雙三)이라고도 한다. 그 외에 구족일(具足一)이 있다. 구족이란 경전 이름 속에 법과 사람과 비유가 모두 들어있는 것을 뜻한다.

단삼은 무엇인가? 단인입제(單人立題), 단법입제(單法立題), 단유입제(單喩立題)를 말한다.

(1) 단인입제(單人立題)

예를 들면 『불설아미타경(佛說阿彌陀經)』과 같은 것이다. '불설아미타'에서 '불'은 사람이고 '아미타'도 사람으로서, 이 모두 사람을 가리킨다. 그래서 오직 사람으로서 제목을 세운다[單人立題]는 것이다.

(2) 단법입제(單法立題)

예를 들면 『대반열반경(大般涅槃經)』과 같은 것이다. 이 '대반열반'은 오직 법을 가리키므로 법으로서 제목을 세운 것이다.

(3) 단유입제(單喩立題)

유(喩)는 비유를 말한다. 무엇을 비유라고 하는가? 예를 들면 『범망경(梵網經)』[1]과 같은 것이다. '범망'은 비유로서 대범천왕의 망라당(網羅幢)으로 이 경을 비유한 것이다.

위에서 오직 '사람' '법' '비유'로 제목을 세운 것으로서 이를 단

---

1) 구마라집(鳩摩羅什) 법사가 번역한 『범망경』은 후에 『범망경보살심지계품』이라고 불렸으며, 또한 '계' 자를 생략하여 『불설범망경보살심지품』이라고도 한다.

삼입제(單三立題)라고 부르는 것이다.

복삼(複三)은 무엇을 말하는가? 인법입제(人法立題), 인유입제(人喩立題), 법유입제(法喩立題)를 말한다.

(1) 인법입제(人法立題)

예를 들면『문수문반야경(文殊問般若經)』과 같이 '문수'는 사람을 지칭하고, '문반야'는 법이다. 이것을 사람과 법으로서 제목을 세우는 것이라고 한다. 즉 사람이 있고 법이 있으면, 사람과 법을 합하여 제목을 세운 것이다.

(2) 인유입제(人喩立題)

예를 들면『여래사자후경(如來師子吼經)』과 같이 '여래'는 사람이며, '사자후'는 비유이다. 부처님께서 법을 설하는 것을 비유할 때 사자후와 같다고 한다. 그래서 이것은 사람과 비유로서 제목을 세우는 것이다.

(3) 법유입제(法喩立題)

예를 들면『묘법연화경(妙法蓮華經)』과 같이 '묘법'은 법이며, '연화'는 비유이다. 그래서『묘법연화경(妙法蓮華經)』은 법과 비유로서 제목을 세운 것이다.

무엇을 구족일(具足一)이라고 하는가? 이것은 사람과 법과 비유가 모두 구족한 것을 말한다. 예를 들면『대방광불화엄경(大方廣佛華嚴經)』과 같은 것이다. '대방광'은 법이며, '불'은 사람이며, '화엄'은 비유이다. 이것은 만행의 인(因)의 꽃이 무상(無上)의 과(果)의 덕을 장엄하는 것이다.『대방광불화엄경(大方廣佛華嚴經)』은 법과 사람과 비유를 모두 구족하고 있다. 그래서 '구족일(具足一)'이라고 부르는 것이다.

모든 경전의 이름을 짓는 방법은 이 일곱 가지를 벗어나지 않는다. 여러분이 『대장경(大藏經)』을 보면 수많은 경전의 제목은 모두 이 일곱 가지 범주에 포함되는 것을 알 수 있다. 따라서 무릇 경을 강의하는 사람은 반드시 이 일곱 가지의 제목을 짓는 법을 이해한 연후에 경전을 해설할 수 있다. 만약 이런 일곱 가지 법조차도 이해하지 못하고 경을 강의하게 되면 어떻게 남들로 하여금 경을 이해하게 할 수 있겠는가? 당신이 깨닫지 못하면 어떻게 남으로 하여금 깨닫게 할 수 있겠는가? 그러므로 이것은 매우 중요한 것이다.

이 일곱 가지 제목을 세우는 법은 무릇 불법을 배우는 사람이라면 마땅히 알아야 하는 것이다. 몇 권의 글도 읽지 않고 일곱 가지 제목을 세우는 법[七種立題], 다섯 가지의 현묘한 뜻[五重玄義], 열 가지 문의 분별법[十門分別]을 말해서는 안 될 것이다. 한 가지 현묘한 뜻[一重玄義]도 알지 못하면서, 한 가지 문의 분별법[一門分別]도 알지 못하면서 곳곳으로 다니면서 '법사'라고 자칭하며, '중생을 교화하는 인도사'라고 자칭하고 다니니, 이것은 너무 적극적이며 너무 진취적이라 아니할 수 없다.

진정으로 이해하지 못하면서 경을 강의하고 법을 설하면 일반 사람들을 지옥으로 인도하는 것이며, 그 스스로도 지옥으로 달려가는 것이다. 또한 자기 스스로 어떻게 지옥으로 들어왔는지도 알지 못한다. 그리고 그의 설법을 들은 일반 사람들도 자기가 어떻게 해서 지옥으로 달려 왔는지 모르니, 이 얼마나 가련한 일인가! 따라서 여러분이 불법을 배우면 반드시 진정으로 불법을 이해해야 하고, 진정으로 지혜를 가진 연후에 중생을 교화해야 한다. 그러면 잘못되지 않을 것이다.

이 『능엄경』에서 말하는 도리는 무궁무진하다. 우리들이 이번에 하는 강의는 천태종(天台宗)의 다섯 가지의 현묘한 뜻[五重玄義]에 의거하여 설하지 않고, 현수종(賢首宗)의 십문분별(十門分別)에 근거하여 강의할 것이다. 현수종과 천태종은 중국불교의 양대 종파이다. 경을 강의하는 모든 법사 중에는 어떤 분은 천태종을 배우고 현수종을 이해하지 못하며, 어떤 분은 현수종을 배우고 천태종을 이해하지 못하여 어떤 때에는 강의하는 경전 해설이 원융무애한 경지에까지 이르지 못하게 된다.

이 『대불정수능엄경』 강의는 현수종의 '십문분별(十門分別)'에 의거하여 강의할 것이다. 경의 본문을 강의하기 전에 먼저 이 경을 열 가지 문으로 분류한 십문분별(十門分別)을 강의할 것이다. 이 열 가지 문은 다음과 같다.

① 경의 이름과 제목을 총괄하여 해석함[總釋名題]
② 가르침을 일으킨 인연[敎起因緣]
③ 장과 승의 분류[藏乘攝屬]
④ 뜻과 이치의 깊고 얕음[義理深淺]
⑤ 가르침의 체[能詮敎體]
⑥ 『능엄경』의 교화대상[所被機宜]
⑦ 『능엄경』의 종취[宗趣通別]
⑧ 『능엄경』을 설한 시기[說時前後]
⑨ 『능엄경』의 전래와 번역[歷明傳譯]
⑩ 본문 해석[別解文義]

이 열 가지의 문은 제일 먼저 경의 이름과 제목을 총괄하여 해석한다[總釋名題]. 앞에서 설명한 칠종입제는 불경의 일곱 가지 이름을 짓는 도리를 설명한 것이다. 지금은 이름을 총괄하여 해석한다. 이 이름은 바로 '대불정 · 여래밀인 · 수증요의 · 제보살만행 · 수능엄'이다. 이것은 경의 총명이며, 또한 별명이다. 별명(別名)이란 다른 경에는 붙이지 않고 오직 이 경에만 붙이는 이름이다.

2) 대불정(大佛頂)의 의미

대(大) '대인(大因), 대의(大義), 대행(大行), 대과(大果)'의 네 가지 뜻이 있다. 여기서의 '밀인(密因)'은 그 밖의 인(因)과는 같지 않다. 이것은 비밀의 인이며, 사람이 알지 못하는 것이며, 외도가 이해하지 못하며, 이승(二乘)도 살피지 못하므로 '밀인(密因)'이라고 부르는 것이다. 이러한 밀인은 매우 큰 것이기 때문에 '인이 크다[因大]'라고 한다.

'뜻이 크다[義大]'를 설명하자면, 이 뜻과 이치[義理]도 특별히 큰 것이다. '수증요의(修證了義)'에서 이 의(義)는 의의(意義)가 매우 큰 것이다. '제보살만행'의 이 행(行)도 매우 크므로 '행이 크다[行大]'라고 한다. '수능엄'의 이것은 '과가 크다[果大]'이다. 이 네 가지의 큰 것이 있으므로 대(大)라고 하는 것이다.

불(佛) 우리 각자는 모두 부처[佛]를 안다. 그래서 "나는 불교를 믿는다. 나는 불법을 배운다."라고 말한다. 도대체 이 불(佛) 자는 어떻게 해석하는가? 불(佛)은 인도어로서 말하자면 '불타야(佛陀耶)'라고 부른다. 중국인들은 간략한 것을 좋아하므로 '타야(陀耶)' 두 글자를 생략하고 하나의 '불(佛)' 자를 사용한 것이다. 왜냐하면 '타야(陀耶)'를 번역할 중국 글자가 없었기 때문이다.

일반인들은 이 불(佛) 자를 중국어로 생각하는데 사실은 아니다. 이 글자는 비록 중국 글자이지만 음은 중국어가 아니다. 만약 중국어로 번역하게 되면 무엇이라고 하는가? 바로 '각(覺)'이라고 한다. '깨닫다[覺悟]'의 각(覺)인 것이다. 깨닫는 것도 세 종류가 있다. 그것은 '자각(自覺), 각타(覺他), 각행원만(覺行圓滿)'을 말한다.

무엇을 '자각(自覺)'이라고 하는가? 자각은 범부와 같지 않으며, 지금 이곳에 있는 우리들은 깨달음이 없으며, 자기는 아직 깨달음이 없다. 그러면 부처님은 자기가 깨달은 것은 제쳐두고 어떤 방법으로 다른 사람들도 깨닫게 하는데, 이것을 '각타(覺他)'라고 한다. 자각과 각타의 범주에는 여러 가지의 단계가 있으며, 여러 가지의 같지 않음이 있다.

비유하자면 당신이 깨달은 것에도 작은 깨달음과 큰 깨달음이 있다. 작은 깨달음은 아직 원만하지 못하며, 큰 깨달음이라야 원만하다. 부처님께서는 큰 깨달음을 얻어서 다른 사람도 큰 깨달음을 얻게 하시니, 이 두 가지의 깨달음은 모두 원만하다. 그래서 '각행원만'이라고 하는 것이다. 깨달음과 행위가 모두 원만한 것이다.

이상 세 종류의 깨달음이 원만한 것이 '만덕장엄(萬德莊嚴)'이다.

"세 가지의 깨달음이 원만하고[三覺圓] 만덕을 구비하므로[萬德備] 부처라고 부른다[故名爲佛]."

세 가지의 깨달음이 모두 원만하고 만 가지의 덕행도 모두 갖추었으므로 부처라고 부른다.

왜 우리들은 부처님을 믿는가? 왜냐하면 부처님이 바로 우리이기 때문이며, 우리도 본래는 부처이지만 현재 미혹하여 부처의 과위를 증득하지 못하기 때문이다. 어째서 우리들이 본래 부처라고 말하는가? 부처님께서 다음과 같이 말씀하셨다.

"일체의 중생은 모두 불성이 있으며, 모두 부처가 될 수 있다. 그러나 망상집착으로 말미암아 증득하지 못할 따름이다."

모든 중생은 불성이 있는데 왜 부처를 이루지 못하는가? 단지 망상집착 때문이다. 망상을 가지고 있으며 또 집착하는 바가 있기 때문이다. 망상을 가지고 있으므로 이것을 생각하고 저것을 생각하면서 하늘로 올라갔다가 땅으로 들어갔다가 하면서 망상이 통하지 않은 바가 없다. 이러한 망상은 너무나 많아 셀 수도 없다. 당신은 하루에 얼마나 많은 망상을 일으키는지 아는가? 만약 당신이 알 수 있다면 당신은 바로 보살이다. 하지만 모르기 때문에 당신은 여전히 범부이다.

망상집착을 한다고 하는데, 도대체 무엇을 집착하는가? 이것도 내 것이라 집착하고, 저것도 내 것이라 집착하면서 모든 물질을 향유하면서 놓지 못하고, 정신적인 향유는 더 말할 필요도 없다. 따라서 가지가지의 집착을 가지는 것이다. "아! 이 비행기는 내 것이다!" "나는 한 대의 차를 가지고 있으며, 이 차는 최신의 모델이며, 그야말로 아름답기 그지없다!" 이러한 집착은, 자신이 가진 소유물에 집착하는 것이다. 남자는 남자의 집착이 있으며, 여자는 여자의 집착이 있다. 착한 사람은 착한 사람의 집착이 있으며, 악한 사람은 악한 사람의 집착이 있다. 그는 이러한 집착에서 벗어나지 못하며, 버리지 못하고, 놓지 못하면서 언제나 가지려고 하며 집착한다. 이러한 집착은 대단한 것이다.

누리려고 집착하면서 맛있는 것을 좋아하고 좋은 집에서 살려고 하고 곳곳으로 놀러 다니려고 한다. 당신은 이것을 좋다고 생각하는데 사실은 반드시 좋은 일이라고 할 수 없다. 당신 스스로 이해하지 못하고 최대한으로 탐하여 누리려고 하니, 부처를 이루지 못하는 것이다. 그러므로 일체의 중생이 성불하지 못하는 것은 바로 망상집착으로 인한 것이다.

부처님께서 또 말씀하셨다.

"날뛰는 마음을 만약 쉬면, 바로 보리(깨달음)에 즉한다[狂心若歇, 歇卽菩提]."

이것은 『능엄경』에서 말씀하신 것이다. 날뛰는 마음은 여러분의 망령스러운 마음이며, 주제넘게 이상만 높은 그런 마음이며, 남을 업신여기는 그런 마음을 말한다. 여러분이 단지 자기가 가장 총명하다고 여기며, 자기가 남보다도 더 낫다는 것만을 아는 마음이다. 본래 자기는 생긴 것이 괴상하고 추하게 생겼어도 "아, 나는 정말 잘 생겼어!"라고 생각하는 것이다. 이런 마음도 일종의 집착이라고 할 수 있다. 당신의 이러한 집착을 그치게 되면 그게 바로 보리(깨달음)이다.

무엇을 보리(菩提)라고 하는가? 그것은 바로 '도를 깨닫는[覺道]' 것이며 바로 '깨달음을 여는[開悟]' 것이다. 깨달으면 성불이 멀지 않다. 당신이 만약 날뛰는 마음을 쉬게 되면 그것이 당신의 좋은 갈 곳이다.

이러한 세 종류의 깨달음, '자각'은 범부와 같지 않으며, 너와 나의 범부는 '깨닫지 못한[不覺]' 사람이다. 이미 깨달은 사람은 어떤 사람인가? 바로 아라한과 벽지불이다. 벽지불(辟支佛)은 인도어로 '벽지가라(辟支迦羅)'라고 하며, 중국에서는 '벽지불(辟支佛)'이라고 한다. 벽지불은 십이인연(十二因緣)을 수행하여 도를 깨달은 분이며, 아라한은 사성제의 법을 닦아 도를 깨달은 분이다. 자각(自覺)을 하면 범부와는 다르며, 남을 깨닫게 하는 것[覺他]은 이승(二乘)과는 다르다.

무엇을 '남을 깨닫게 하는[覺他]' 것이라 하는가? 남을 깨닫게 하는 것은 바로 보리심을 발해야 하며, 보살의 마음을 가져야 한다. 보살이 남을 깨닫게 하는[覺他] 것이다. 또한 남을 이롭게 하는[利他] 것이라고도 말할 수 있다. 어떤 사람이 이타행을 할 수 있는가? 바로 보살이다. 보살은 이승(二乘)과 다르다. 성문(聲聞)과 연각(緣覺)은 단지 자기의 깨달음만을 생각하지 남을 깨닫게 하려고 하지 않는다. 보살은 발심하여 남을 깨닫게 하려고 한다.

성문은 바로 아라한이며, 연각은 바로 벽지불이다. 보살은 보리살타(菩提薩埵)라고 한다. 그러면 이 세 가지는 한 사람인가, 혹은 두 사람, 세 사람이 수행하여 이룬 것인가? 이것은 한 사람이라고 할 수도 있고, 세 사람이라고도 할 수 있다. 어떤 경우 한 사람이 먼저 성문을 수행한 후에 다시 연각을 수행하고, 그 후에 다시 보살의 육도만행을 수행하는 경우로서 한 사람이 이렇게 많은 수행의 문을 닦고 여러 가지의 법을 닦으므로 한 사람이라고 할 수 있다.

그리고 세 사람이라고 말할 수 있다. 어떻게 해서 세 사람인가? 첫 번째 사람은 성문을 수행하여 수행을 이룬 후에 더 이상 전진하지 않고 "나는 이미 깨달았다. 다른 사람은 어떻게 되더라도 관여하지 않겠다."라고 생각하면서 단지 자기의 깨달음만 알고 아라한의 경지에서 머무는 것이다. 어떤 사람은 아라한이 된 후 다시 벽지불의 과위에 도달하고는 더 이상 전진하지 않는 것이다. 이것은 두 사람이 되며, 게다가 앞의 보살을 더하면 세 사람이 되는 것이다.

이러한 세 가지의 깨달음에서 벽지불의 경지에 이르면 자각이며, 보살의 경지에 이르면 비로소 각타(覺他)를 이룬다. 보살은 육도만행을 닦는다. 여섯 가지의 바라밀을 닦아 만행을 장엄하여 보살을 이루며,

보살을 이룬 후 다시 전진하여 보살도를 행하여 그 행이 원만한 경지에 이르게 된 것을 '각행원만(覺行圓滿)'이라고 한다. 바로 부처를 이룬 것이다. 부처와 보살은 또한 같지 않다. 부처는 각행이 원만한 것이 보살과 다르다. 따라서 이러한 세 가지의 깨달음은 말을 하자면 이렇게 많으며, 만약 당신이 행하려고 하면 천차만별이다. 종합하면 이 세 종류의 깨달음이 모두 원만하게 되면 바로 부처를 이루는 것이다.

정(頂) 이것은 가장 높고 위가 없다는[最高無上] 뜻이며, 그것과 비교하여 더 높은 것이 없다는 것이다. 마치 우리의 머리 위를 정수리라고 부르는 것과 같이 정수리 위는 하늘로서 '하늘을 떠받치는[頂天]' 것이라고 할 수 있다. 우리들이 하늘을 떠받치는 것은 머리의 정수리이다. 그러면 이 '대불정(大佛頂)' 세 글자를 합치면, 설명하지 않더라도 모두 알 수 있을 것이다. 이것은 크고 큰 부처님의 정수리를 말하는 것이다.

이 크고 큰 부처님은 얼마나 큰가? 이 불전의 불상만큼 큰가? 이 불상은 큰 부처가 아니며, 단지 큰 바다의 하나의 물방울만 하며, 이 세계의 한 알의 미세한 먼지만 하니, 당신은 이 불상이 큰 불상이라고 잘못 생각하지 말아야 한다.

'대불(大佛)'이란 그와 비교할 수 없을 정도로 더욱 큰 것을 말한다. 커서 밖이 없는[大而無外] 것을 크다[大]고 하는 것이다. 이것은 어떤 부처님인가? 모든 곳에 편만한 부처로서 존재함이 없으며 존재하지 않음도 없는 것이다. 그분이 있지 않은 곳이 없는 것이다. 그러면 여러분 생각은 어떠한가? 그분은 어떤 곳에 있는가? 어떤 곳에도 그분은 있지 않다. 그러면 그분은 어떤 곳에도 있지 않은가? 어떤 곳에도 그분은 있다. 그러면 그분은 큰가 작은가? 여러분은 그분이 얼마나 큰지 계산할 방법이 없을 것이다. 이것이 비로소 진정으로 큰 것이다. 그분은 크다는 것도 없는 것이다. 그분과 비교하여 더 큰 것은 없으므로 이것이 비로소 가장 크다는 것이다.

그러면 이러한 가장 큰 분은 누구인가? 대불(大佛)이다. 대불은 또 누구인가? 바로 당신이며, 바로 나이다. 그럼 이렇게 말할 것이다.

"나는 그렇게 크지 않으며 내가 보니 당신도 그렇게 크지 않은데, 당신은 왜 당신과 내가 그렇게 크다고 말하는가?"

만약 당신이 아니고 내가 아니라면 그분을 말하여 무엇할 것인가? 말할 필요가 없을 것이다. 왜냐하면 바로 당신과 나와 관계가 있기 때문에 그를 말하는 것이다. 그럼 우리들이 어떻게 그렇게 큰가? 우리들의 불성이 큰 것이며, 우리들 스스로가 본래 구족하고 있는 불성(佛性)이 바로 '대불(大佛)'이다. 이 큰 부처는 그보다 더 큰 것이 없으므로 대불이라 부르는 것이다.

단지 대불이 아니라 대불의 정수리이다. 이 대불은 본래 그보다 더 큰 것은 없으며, 더 높은 것은 없는데, 그 중에서도 머리 위에 있는 정수리를 말하는 것이다. 여러분이 '대불정' 세 글자를 보게 되면 내가 설명하지 않아도 반드시 알 수 있을 것이다. 이 '대불정'은 큰 부처의 정수리 위에서 다시 한 분의 대불이 나타나는 것이다.

"이 대불은 또 얼마나 큰가?" 이 대불은 보이지 않는 것이다. 따라서 능엄주에서 말하기를, "보이지 않는 정수리에서 빛을 발하시는 여래께서 신주를 설하신다[無見頂相放光如來, 宣說神呪]."라고 하지 않은가? 그 '보이지 않는' 것은 없는 것인가? 나는 보이지 않는데, 그러면 어떻게 하여 또 대불이 있다고 말하는가? 당신이 볼 수 없으니 비로소 큰 것이다. 왜 그런가? 그분이 만약 크지 않다면 당신 눈으로 어째서 볼 수 없는가? 그러면 "아주 작으면 보이지 않은데, 나는 큰 것은 볼 수 있다."고 말할 것이다. 당신은 큰 것은 볼 수 있다고? 하늘이 이렇게 큰데, 당신은 한눈으로 다 볼 수 있는가? 당신은 다 볼 수 없다. 땅이 이렇게 큰데, 당신은 한눈에 그것을 다 볼 수 있는가? 볼 수 없다.

그러므로 당신이 볼 수 없기 때문에 비로소 진정으로 큰 것이다. 만약 크지 않다면 당신은 볼 수 있을 것이다. 따라서 "보이지 않는 정수리에서 빛을 발하시는 여래께서 신주를 설하신다[無見頂相放光如來, 宣說神呪]."라고 한 것이다.

이 '대불정'은 바로 '무견정상'이 발하는 빛이다. 얼마나 큰 빛을 발하는가? 당신은 생각해 보라. 이 부처가 큰 부처인데 작은 빛을 발할까? 당연히 큰 빛을 발한다. 따라서 큰 부처는 큰 빛을 발하는 것이다. 이 큰 빛은 모든 곳을 두루 비춘다. 당신은 이렇게 말할 것이다. "그 빛은 나를 비추지 않는데?" 그 빛은 일찍이 당신을 비추었다. "그럼 나는 왜 알지 못했지?" 당신은 알고 싶은가? 내가 이전에 다음과 같이 강의한 적이 있다.

"마음이 맑으니 물에 달이 나타나고, 뜻이 고요하니 하늘에 구름이 없네[心淸水現月, 意定天無雲]."

당신의 마음이 청정하여 극점에 이르면 불광(佛光)이 당신에게 이를 것이다. 당신의 마음이 청정하지 못하면 마치 연못의 탁한 물과 같이 달빛이 탁한 물을 비추어 들어가지 못하는 것과 같다. 물이 만약 맑다면 달빛이 물속으로 비춰질 것이다. 마음이 맑다는 것은 마치 달빛이 물속으로 비춰 들어가는 것과 같다. 이것은 부처님의 광명이 우리의 마음속으로 비추는 것을 말한다.

뜻이 고요하니 하늘에 구름이 없다[意定天無雲]는 것은 당신의 의념이 고요하면 마치 하늘에 구름이 없는 것과 같아 이러한 경계는 말할 수 없이 묘한 것이다. 그러므로 각자의 사람마다 만약 진실로 그 마음을 청정하게 할 수 있으면, 능엄(楞嚴)의 선정력[定力]을 얻을 수 있을 것이다.

3) 여래밀인(如來密因)

여래(如來) 여(如)란 '같지 않은 바가 없다[無所不如]'는 뜻이며, 래(來)란 '오지 않은 바가 없다[無所不來]'는 것이다. '무소불여'의 여(如)는 바로 법의 본체이다.

불법의 본체는 바로 같은[如] 것이며, 불법의 활용은 바로 오는[來] 것으로서 이것은 체(體)와 용(用)의 두 글자이다. 여는 '여여부동(如如不動)'이며, 래는 '오고 또 오는 것[來而又來]'이다. 그러면 어느 곳으로 간다는 것인가? 가는 곳이 없다. 어디로부터 오는가? 오는 곳이 없다. 그러므로 『금강경(金剛經)』에서 이르기를 "여래는 오는 바가 없으며, 또한 가는 바도 없다[如來者, 無所從來, 亦無所去]."라고 하였다. 또한 나의 이곳으로도 오지 않고 너의 그곳으로도 가지 않는다. 또한 너의 그곳에 있으며, 나의 이곳에도 있다. 이것이 바로 '여래'이다.

여래는 부처님의 열 가지 이름 가운데 하나이다. 각 부처님에게는 맨 처음 얼마나 많은 명호가 있었는가? 가장 처음에는 만 가지의 이름이 있었다. 이후 사람들이 만(萬) 가지의 이름을 다 기억하지 못하여 천(千) 가지로 축소되었다가 사람들이 여전히 다 기억하지 못하여 일백(一百) 개까지 축소되었다. 그러다가 중생들이 여전히 기억하기 힘들어 축소되고 또 축소되어 열 개까지 축소되었다. 그래서 이 열 개의 이름이 각 부처님의 공통된 명호가 되었다.

그러면 부처님의 열 가지의 명호는 무엇인가? 첫 번째 이름은 '여래(如來)'이다. 바로 여실한 도를 타고 와서 정각을 이룬다[乘如實之道來成正覺]. 바로 부처를 이룬 것이다. 두 번째 이름은 '응공(應供)'이다. 마땅히 사람과 하늘의 공양을 받을 수 있다는 것이다. 여래(如來), 응공(應供), 정변지(正遍知), 명행족(明行足), 선서세간해(善逝世間解), 무상사(無上士), 조어장부(調御丈夫), 천인사(天人師), 불(佛), 세존(世尊). 이 열 가지의 이름이 부처님의 명호이다.

밀인(密因) 도대체 무엇을 밀인이라고 하는가? 밀인이란 우리들 각자의 선정력의 본체를 말한다. 무엇 때문에 현인(顯因)이라 부르지 않고 밀인이라고 부르는가? 왜냐하면 이러한 정(定)의 본체는 각각의 사람마다 모두 가지고 있기 때문이다.

"사람마다 본래 갖추고 있으며, 개개인이 가지고 있지 않음이 없구나[人人本具, 個個不無]."

비록 본래부터 갖추고 있지만 각각의 사람들은 모르고 있다. 모르기 때문에 밀인이라고 하며, 비밀한 것으로 변한 것이다. 이 비밀이 바로 선정력의 본체이다. 이러한 선정력의 본체는 여래의 선정력의 본체이며, 여래의 선정력의 본체는 또한 모든 중생의 선정력의 본체이다. 그리고 모든 사람은 이러한 선정력의 본체를 가지고 있지만 자기는 깨닫지 못하고 알지 못한다. 알지 못하기 때문에 밀인(密因)이라고 부르는 것이다.

4) 수증요의(修證了義)

수증요의(修證了義) 이 밀인은 무엇을 하는 것인가? 이것은 당신으로 하여금 수행하여 증득하게 하는 것이다. 어떻게 수행하는가? 당신이 참선을 하든지 염불을 하는데, 이런 것들이 모두 수행하는 것이다. 그러나 이 '닦는다[修]'는 것은 전문적으로 참선을 하는 것이며, 참선을 수행하여야 비로소 증득할 수 있다. 이 증(證)은 증득(證得)하는 것을 말한다. 무엇을 증득하는가? 요의(了義)라는 이러한 의리(義理)를 증득하는 것이다.

그러면 무엇이 요의인가? 의(義)는 바로 의의(意義)이며, 이 의의를 끝내는 것이며, 바로 의의가 없는 것이다. 그러면 '의의가 없다'는 것은 "우리 보통의 사람들은 일을 하는 데 있어서 언제나 말하기를 조금의 의도도 없다고 하는데, 이것도 그런 '의의가 없다'는 것인지?" 그러나 이 '의의가 없다[了義]'는 것은 세간, 출세간의 법을 남김이 없이 완전히 증득하여 다시는 더 닦을 법이 없으며, 다시는 더 증득할 법이 없다는 뜻이다.

이것은 또한 영가(永嘉) 대사의 「증도가(證道歌)」에서 말하는 것과 같다.

"그대는 보지 못하는가, 절학무위의 한가한 도인은 망상을 제거하지도 않고 참됨을 구하지도 않네[君不見, 絶學無爲閑道人, 不除妄想不求眞]."

여기서 '절학(絶學)'은 배우지 않는다는 것이며, '무위(無爲)'는 아무것도 하지 않는다는 것이다. '한도인(閑道人)'은 무슨 일이든지 하지 않는다. 그는 망상을 제거하지도 않으며, 진리를 구하지도 않는다. 왜 그는 망상을 없애지 않는가? 없애는 것을 다 하였기 때문에 망상이 없으므로 그는 없애지 않는 것이다. 진리를 구하지 않는 것도 그는 이미 참됨을 얻었기 때문에 구하지 않는 것이다. 얻지 못해야 비로소 구하려고 한다. 그는 이미 이러한 진리를 얻었기 때문에 구할 필요가 없는 것이다. 그리고 망상이 없으므로 망상을 없애려고 할 필요가 없다는 것이다. 그러므로 '요의(了義)'도 이러한 뜻을 가지고 있으며, 또한 부처님께서 말씀하신 의리를 이미 남김없이 증득하였기 때문에 더 증득할 법이 없을 정도로 배움이 극점에 다다른 것이다.

그러면 '불요의(不了義)'는 여전히 뜻이 남아있는 것이다. 현재 이것은 아무런 뜻도 없이 순결하고 깨끗하게 될 때, 이때 '밀인'이라는 바른 선정[正定]의 본체에 이르게 되는 것이다. 그러므로 이것을 닦아 증득하여야 비로소 요의에 도달할 수 있는 것이다. 만약에 당신이 닦지 않으면 이러한 요의의 경계를 증득할 수 없다.

그러므로 '요의'라는 이것은 큰 뜻[大義]이다. 대의란 일체의 뜻을 포괄하는 것이다. "요의란 없는 것이다."라고 말하는데, 없어야 비로소 '참된 있음[眞有]'이 있게 된다. 당신이 만약 (무엇을) 가지고 있을 때 그것은 '참된 있음[眞有]'이 아니다. 따라서 이러한 '요의'를 증득하게 되면 다시는 더 증득할 뜻이 없게 되는 것이며, 바로 극점에 도달하게 된 것이다. 극점에 이르게 되는 것은 어떤 정도에 이르게 되는 것인가? 이 또한 부처의 경계에 이른 것이며, 부처의 과위에 도달한 것이다.

5) 제보살만행(諸菩薩萬行)

당신이 부처의 경계에 이르고자 한다면 아직 보살도를 행해야 한다. 그러므로 『제보살만행수능엄경(諸菩薩萬行首楞嚴經)』이라고 말하는 것이다.

제보살(諸菩薩) 여기서 '제(諸)' 자는 '매우 많다'고 해석하는 법과 또 '일체의 보살'이라고 말할 수 있다. 이 '일체의 보살'은 얼마나 많은 것을 포괄하느냐? 이것의 수량은 다 셀 수 없을 정도로 많다는 것이며, 총괄하면 오십오위(五十五位)의 단계가 있다.

이 오십오위의 보살의 단계는 나중에 본문에서 설명할 것이니 지금은 상세하게 설명하지 않겠다. 이 오십오위의 단계는 '십신(十信), 십주(十住), 십행(十行), 십회향(十回向), 십지(十地)'가 있으며, 여기에 '사가행(四加行)'과 '등각(等覺)'을 더하여 55개의 단계가 있다. 하나하나의 단계마다 수많은 보살을 포괄하고 있다. 그러므로 이 오십오위의 단계는 단지 55분의 보살이 아니라 무량무변의 수많은 보살을 포함하고 있으며, 총괄하여 오십오위의 단계가 있는 것이다. 그래서 '제보살'이라 부르는 것이다.

만행(萬行) 무엇을 만행이라고 하는가? 만행은 수행의 행문이 많다는 것을 말한다. 얼마나 많으냐? 팔만사천 종이나 많다. 원래 팔만사천의 수행문이라고 말할 수 있는데, 그러면 지금 만행이라고 하는 것은 보살이 수행하는 것을 말한다.

보살은 만행을 수행할 뿐 아니라 또한 육바라밀을 닦는다. 육바라밀은 보시(布施)·지계(持戒)·인욕(忍辱)·정진(精進)·선정(禪定)·반야(般若)바라밀을 말한다.

(1) 보시바라밀

보시에는 세 종류가 있으며, 단지 한 가지만 있는 것이 아니다. 세 가지란 무엇인가? 재보시(財布施), 법보시(法布施), 무외시(無畏施)를 말한다.

재보시財布施 ● 재(財)란 모든 금전과 재산을 가리킨다. 이것은 우리들이 가장 아끼는 물건이며, 또한 세계에서 가장 더러운, 가장 깨끗하지 못한 물건이다. 사람들이 돈을 세는데, 그 돈이 얼마나 많은 사람들의 손을 거쳐 왔는지 모르고 이렇게 세고 있다. 그 돈에는 얼마나 많은 미생물과 병균들이 있는지 알 수 없다.

불교에서는 이 돈을 '깨끗하지 못한 물건[不淨物]'이라고 한다. 왜 그렇게 부르는가? 그것이 오는 근원이 부정하기 때문이다. 어떤 것은 훔쳐오기도 하고, 어떤 것은 빼앗아 오기도 하며, 이것이 온 길이 정당하지 못한 것이므로 깨끗하지 못한 것이라고 한다. 그러면 어떤 사람은 말할 것이다. "나는 일을 해서 벌어 온 돈인데, 이것은 깨끗하지 않은가?" 당신이 일을 해서 벌어 온 돈은 비록 바른 것일지라도 돈 그 자체는 그 위에 많은 병균이 있다. 그러므로 당신이 한번 자세히 보라. 돈이 얼마나 깨끗하지 못한지를! 그러나 사람마다 모두 돈을 좋아하여 세고 또 센다. 어떤 사람은 돈을 세면서 침을 묻혀가면서 세는데, 그 가운데 쉽게 전염병에 감염될 수 있다. 왜 그런가? 그 돈에는 많은 병균이 있기 때문이다.

이 돈은 일종의 깨끗하지 못한 물건이지만 사람마다 많을수록 좋다고 한다. 그러나 돈이 만약 많으면 결점도 생긴다. 어떤 결점이 생기느냐? 잠을 잘 자지 못하는 것이다. 나는 이렇게 돈이 많은데 어디에 놓아두어야 할지 이리저리 생각하게 된다. 따라서 돈은 본래 일종의 좋지 않은 것이다. 비록 좋지 않은 것이지만 사람마다 좋아하면서 놓지를 못한다. 당신이 만약 그 돈을 버릴 수 있으면 그것이 바로 보시이며, 다른 사람에게 보시하는 그것이 바로 보살도를 행하는 것이다. 보살이 육도만행을 닦는 첫 번째가 바로 보시하는 것이다. 자기의 돈을 다른 사람들에게 내어주고 다른 사람을 돕는 것이 재물의 보시[財施]인 것이다.

그러나 사람들이 보시를 하는 것은 쉽지 않다. 사람의 마음은 '음양이 교감하는 곳' 즉 음과 양의 경계이며, 또한 '이성(理性)과 욕망의 전쟁터'이다. 이(理)는 도리를 말하며, 욕(欲)은 욕망을 말한다. 도리와 천리에 따라 말하자면, "나는 다른 사람에게 보시를 하고자 하는데, 내가 볼 때 저 사람은 매우 곤란하여 먹을 밥이 없으니, 내가 약간의 돈을 보내 그로 하여금 밥을 먹을 수 있게 하자." 그래서 손이 호주머니에서 돈을 꺼내다가 두 번째의 생각이 나며 "아, 안 돼! 내가 만약 그에게 약간의 돈을 주고 나면 나는 버스를 탈 돈이 없어 걸어가야 돼. 이거 …… 나는 그에게 돈을 주지 말자!" 이렇게 하면서 첫 번째의 생각은 돈을 주려고 하다가 두 번째의 생각은 자기가 버스를 타고 가야 하기 때문에 돈을 다시 호주머니에 놓아두고 버리지 못한 것이다. 바로 보시가 어려운 점이 이러한 것이다.

보시에는 작은 것에서부터 큰 것으로, 한 푼의 돈에서 억만의 돈으로까지 천차만별이다. 첫 번째의 생각에서 보시를 하려고 하다가 두 번째의 생각에서 자기를 생각하게 된다. "나는 식당에 가서 밥을 먹어야 해! 나는 돈이 없어!" 그래서 다른 사람을 돕지 못하는 것이다. 재물의 보시는 이처럼 쉽지 않은 것이다. 또한 어떤 사람은 생각한다.

"아, 내 돈을 너에게 줘? 그것은 매우 어리석은 짓이야! 당신은 어째서 나에게 주지 않지?" 이렇게 일종의 자기를 위하는 마음이 생긴다. 그러므로 보시는 말하기는 쉽지만 행하기는 도리어 쉽지 않다.

법보시法布施 ● 어떻게 하는 것을 법보시라고 하는가? 지금 내가 경을 강의하고 법을 설하는 것은 법으로써 보시하는 것이다. 모든 공양 가운데 법공양이 최고라고 한다. 당신이 돈으로 보시하는 것은 한정된 수량이 있지만, 법으로 보시하는 것은 수량이 없는 것이다. 내가 지금 경을 강의하면 여러분이 경전을 듣는데, 만약 깨달음을 열 수 있으면 그때는 나의 공덕이 매우 큰 것이다. 왜 그런가? 내가 강의하는 한 마디의 말이 여러분으로 하여금 성불하게 할 수 있기 때문이다. 당신이 성불하는 것은 내가 경을 강의하여 당신이 성불하는 것을 도와준 것이기 때문에 법의 보시 공덕이 가장 큰 것이다.

무외시無畏施 ● 무엇을 무외시라고 하는가? 마치 지금의 각종 횡화(橫禍)가 발생하고 혹은 뜻밖의 나쁜 일이 생기는 것처럼 두렵고 무서운 일이 발생할 때 당신은 그에게 조금의 위안을 줄 수 있다. "당신은 두려운 마음을 갖지 마세요. 무슨 일이든 천천히 잘 해결될 것입니다."라고 위안의 말을 하는 것과 같다.

최근에 어떤 부인이 손지갑을 잃어버렸다. 그날 나는 그녀가 매우 걱정하는 모습을 보았다. 그녀가 나에게 물었다. "저는 지갑을 잃어버렸습니다. 어떻게 하죠?" 나는 당시 그녀에게 일러주었다. "당신은 걱정하지 마세요! 찾을 수 있을 것입니다." 결과적으로 나의 이 말은 과연 영험이 있었는지, 그녀는 그곳에 가서 지갑을 찾게 되었다.

이것이 바로 무외시이다. 이것은 매우 작은 문제이며, 그 밖의 다른 큰 문제는 더욱 많다. 하지만 당신은 이 작은 문제를 알면 그렇게 큰 문제도 이해할 수 있다.

(2) 지계바라밀

불교에서 가장 중요한 것은 계율(戒律)이다. 계는 바로 '악을 그치고 잘못을 막는[止惡防非]' 것이다. 일체의 악을 그치게 하는 것이며, 잘못을 방비하는 것이다. 또한 '모든 악을 짓지 않고, 일체의 선을 받들어 행하는[諸惡莫作, 衆善奉行]' 것이다.

내가 여러분들에게 이야기하건대, 내가 젊었을 때 계산을 잘하지 못하였다. 어떻게 계산할 줄을 몰랐는가 하면, 나는 돈이 있으면 남에게 주어버렸다. 돈이 없으면 모르지만, 일 원이 있으면 남에게 일 원을 주고, 이 원이 있으면 이 원을 주면서 스스로는 돈을 원하지 않았다. 일반 사람에 비추어 보면 이것은 매우 어리석은 것이 아닌가? 자신은 자신을 도울 줄 모르고, 힘을 다하여 남을 도우러 갔다. 내가 어렸을 때 이랬었다.

남을 돕는 것은 남을 이익 되게 하는 것이며, 남을 이롭게 하는 것은 바로 보살의 발심이다. 보살의 발심은 남에게 이익을 주며 자기에게 이익을 주는 것이 아니다. 내 스스로는 고통과 괴로움을 참고 고통과 억울함을 받는 것은 할 수 있지만, 남이 억울함과 고통을 당하게 할 수는 없는 것이다. 따라서 이러한 마음을 발하는 것이 '이타의 마음'이다. 이타의 마음은 바로 보살심이며, 바로 모든 좋은 일을 행하는 '중선봉행(衆善奉行)'이다.

"아, 이번에 계산해 보자. 손해 보지는 않을 것인지?" 이렇게 말해서는 안 된다. 손해를 본다는 것은 자기는 잇속을 차리지 않는다는 것이며, 잇속을 차린다는 것은 모든 일에 계산해 본다는 것이다. "이것은 나에게 잇속이 있는지 없는지?" 마치 물건을 사는 것과 같이 서로 비교하는 것이다. "아, 이 회사의 상품은 값이 싸며 물건도 좋다. 돈을 적게 쓸 수 있어!" 그래서 그 물건을 사는 것이다. 비록 당신은 잇속을 차리려고 생각하지만 결과적으로는 여전히 손해를 보는데, 이것이 바로 자기를 위하여 계산하는 것이다. 사람은 마땅히 남을 위하여 계산해야 한다.

지계는 '제악막작 중선봉행(諸惡莫作, 衆善奉行)'하는 것이다. 도대체 계(戒)에는 얼마나 많은 종류가 있는가? 계에는 많은 종류가 있으며, 가장 기본적인 것은 오계(五戒)이다. 재가불자는 무릇 삼보에 귀의하고, 만약 다시 더 연구하고 진보하고자 한다면, 오계를 받아야 한다. 오계를 받은 후 다시 진보하려면 팔계를 받은 후 십계를 받는다. 십계는 사미계(沙彌戒)이다.

사미계를 받고 나면 출가인이 되며, 다시 이백오십계를 받아야 한다. 이것은 비구의 계이며, 비구니는 삼백사십팔계를 받는다. 보살도 계가 있는데, 보살은 십중사십팔경계(十重四十八輕戒)가 있다. 열 가지는 중한 것이며, 마흔여덟 가지는 가벼운 것이다. 열 가지는 매우 중한 죄로서 이것을 범하면 참회가 통하지 않는다. 만약 가벼운 죄를 당신이 범한다면 뉘우쳐서 허물을 고칠 수 있다.

부처님께서 열반에 들려고 할 때 아난 존자는 네 가지 일을 물었다.

"부처님께서 세상에 계실 때에는 부처님을 스승으로 삼았는데, 열반하신 후에는 누가 우리들의 스승입니까?"

부처님께서 그에게 말씀하셨다.

"내가 열반한 후에는 너희들은 계로써 스승으로 삼아라."

이것은 비구·비구니의 출가인에게 계로써 스승을 삼아야[以戒爲師] 한다고 알린 것이다. 그러면 재가인이 만약 계를 구하려고 하면 반드시 출가인에게 와서 계를 구해야 한다. 계를 준다는 것은 계를 당신에게 주는 것이니, 반드시 비구라야 계를 줄 수 있다. 부처님의 계율에서는 본래 비구니가 계를 전하는 것은 허락하지 않았다. 그러므로 계율도 사미계·비구계·비구니계·보살계와 같이 여러 종류가 있는 것이다.

우리들이 도를 닦으려고 한다면 반드시 계를 받아야 한다. 당신이 만약 청정한 계체(戒體)를 지킬 수 있으면 마치 보배 구슬과 같이 아름답다. 당신이 계를 지킬 수 있으면 이것은 보배 구슬과 같이 매우 가치가 있는 것이다.

며칠 전에 이야기한 적이 있는데, 종남산의 도선 율사는 계를 지킴이 매우 엄하여 하늘사람을 감동시켜 그에게 매일 공양을 보내왔다고 하였다. 그러므로 계의 덕은 매우 중요하고도 중요한 것이다.

당신이 불법을 배우는 데 있어서 만약 계를 지키지 않는다면, 당신이 무엇을 배워도 마치 병에서 물이 새는 것과 같이 소용이 없다. 당신이 만약 계를 잘 지키는 것이 오래되면 세지 않게 된다. 우리들의 이 신체는 세는[有漏] 신체이다. 이 세는 도리는 지금 내가 너희들에게 공개할 수 없다. 너희들 중에서 어떤 사람이 만약 세지 않는[無漏] 법문을 배우고 싶다면, 개별적으로 한 사람씩 물어야 할 것이다. "어떻게 하면 비로소 세지 않을 수 있습니까?" 그러면 내가 너희에게 이야기해 줄 것이다. 왜냐하면 지금 여기서 공개적으로 설하려고 해도 설할 방법이 없다. 너희들 가운데 누군가가 만약 세지 않으려고 한다면, 시간이 있을 때 나에게 와서 이야기해도 무방하다.

　지금 우리가 이야기하는 이 법은 매우 묘한 것이다. 그러나 법이 아무리 묘하더라도 묘한 사람이 와서 이 묘법을 청해야 할 것이다. 이 '묘한 사람'은 바로 역(易)의 건괘(乾卦)의 모습을 한 사람이다. 그의 법명은 '과용(果容)'이다. 그는 대략 4~5년 전에 와서 좌선을 한동안 배웠다. 지금 여름방학이라 다시 왔는데, 만약 이전이었으면 연극을 보거나 도박을 하거나 하는 등 오락을 찾았을 것이다.

　이번에는 어떠한가? 그는 속임을 당한 것이다. 무엇에 속임을 당한 것인가? 바로 『능엄경』에 속임을 당해서 배우려고 온 것이다.

　일반 사람이 '속임을 당하다'는 말을 들으면 마음속으로 낙심할 것이다. "아, 이번에는 대단하구나. 이것에 속임을 당하다니!" 왜 속임을 당하는가? 이 능엄법회는 가장 괴로운 법회이며, 또한 가장 어려운 법회이기 때문이다. 아침 6시에 일어나 저녁 9시까지 계속된다. 여러분들은 생각할 것이다. 학교에서도 이렇게 오래 강의하지 않는다고. 그러나 우리들은 지금 '생사를 마치려는' 학교에 온 것이며, '이해와 행동이 상응하는(行解相應)' 학교에 온 것이다.

　그러므로 『능엄경』을 강의하는 것은 이해하는 것[解]이며, 우리들이 좌선하는 것은 행하는 것[行]이다. 해와 행을 함께 닦아야 비로소 착실하게 실천하는 것이라고 할 수 있으며, 조금도 건성으로 하지 않고 조금도 자기를 속일 수 없는 것이다. 이것은 남을 속일 수 없다. 당신이 만약 남을 속인다면 그것은 바로 자기를 속이는 것이다. 지금 내가 당신이 속임을 당했다고 말하는 것은 바로 속지 않은 것이며, 이것은 당신의 생사의 문제를 해결하는 것이며, 장래에 그것은 당신에게 가장 큰 이익이 될 것이다. 그러므로 반드시 해와 행을 함께 닦아나가야 하는 것이다.

이 '이해와 수행의 병진[解行並進]'을 이야기하고자 하나의 비유를 들겠다. 어떤 비유인가 하면, 한 사람의 맹인(盲人)과 한 사람의 반신불수가 있는데, 두 사람이 함께 거주하고 있다. 다른 많은 사람들도 함께 거주하면서 그 두 사람을 도우면서 사는 것이다. 그런데 어느 날 다른 사람들은 모두 외출하고 단지 맹인과 반신불수인 사람만이 남게 되었다. 그런데 공교롭게도 그 집에 화재가 일어난 것이다. 여러분은 어떻게 하겠는가? 맹인은 보지 못해서 도망갈 방법이 없고, 반신불수는 눈은 있어 볼 수는 있지만 다리가 없어 걸어갈 수가 없다. 이런 경우를 만난 것을 대만 사람들은 "정말 재수가 없군!"이라고 말한다.

"너희 두 사람은 지금 죽지 않을 수 있으며, 이 불타는 집에서 벗어날 수 있다. 어떻게 하는가? 반신불수인 당신의 눈을 저 맹인에게 빌려주어 사용하게 하고, 이 맹인의 다리를 저 반신불수에게 빌려주어 사용하게 하는 것이다. 두 사람이 서로 도와주면 될 것이 아닌가!"

그래서 반신불수인 사람이 맹인의 몸에 업혀 문을 찾아 나갈 수 있도록 지시하여 두 사람은 무사히 그 불타는 집에서 벗어난 것이다.

이러한 도리를 이야기함에 있어서 당신은 오해하지 않아야 할 것이다. "아, 당신은 나를 보고 앞을 못 보는 맹인이라고? 나를 보고 반신불수라고?" 당신이 맹인이고 반신불수라고 말하는 것은 아니다. 하지만 지금 이런 도리를 알고 이야기하자면, 이것은 당신을 말하는 것이 아니며, 나를 말하는 것도 아니다. 또한 바로 당신을 말하는 것이기도 하고 나를 말하는 것이기도 하다.

우리 각자는 자만하지 말아야 한다. 나 자신은 이해한 사람이라고, 자기는 지혜가 큰 사람이라고 생각하지 않아야 한다. 왜 우리들은 성불하지 못하는가? 바로 너무 자만하기 때문이다. "아, 나는 이렇게 많은 지식을 배웠어. 나는 지금 어떠한 수준이야……." 무엇을 배우면 그것에 의하여 장애를 받게 된다. 당신이 배운 지식이 많으면 바로 지식에 의하여 장애를 받는다. 능력이 많으면 능력에 의하여 장애를 받는다. 왜냐하면 이러한 것들이 당신을 장애하기 때문에 도를 이루지 못하는 것이다.

현재 우리는 '너·나·그'라는 생각을 하지 말아야 하며, 그러한 생각을 편안하게 내려놓고 자신의 생각을 청정하게 해야 하며, 자신의 뱃속을 비워야 한다. 무엇을 하기 위해서인가? 우선 나는 너희들로 하여금 적게 먹게 하여 불법을 담게 하며, 지금 나는 너희들로 하여금 너희들의 생각을 청정하게 하려고 한다. 그것을 청정하게 해서 무엇을 담게 하는가? 제호(醍醐)의 묘한 맛을 담고 무상의 묘법을 담게 하려는 것이다.

나는 작년에 어떤 아가씨가 한 말을 아직도 기억하고 있다. 그녀는 자신의 머릿속에는 많은 쓰레기를 담고 있다고 말하였다. 그녀는 지금 박사과정을 공부하고 있다. 그녀의 말처럼 우리들 각자는 머릿속에 있는 쓰레기를 먼저 밖으로 버려야 할 것이며, 그런 연후에 다시 경을 들어야 할 것이다. 그러면 당신은 하나를 들으면 천을 깨닫게 될 것이며, 매우 쉽게 이해하게 될 것이다. 오늘 이 불교 강당은 단지 시작일 뿐이며, 아직 정식으로 경의 본문에는 들어가지 않았다. 오늘 저녁 나는 지금보다 더 알찬 강의를 할 것이다. 여러분을 속이는 것이 아니며, 또한 나 자신을 속이는 것도 아니다. 내 강의가 좋다고 나는 알고 있다.

▌ 편집자주 ▌
다음의 내용은 다른 곳에서 경을 강의하신 것이다.

이 경의 제목은 20자나 될 정도로 매우 길다. 앞의 19자는 이 경의 별명(別名)이며, 마지막 '경(經)'자는 통명(通名)이다. '제보살(諸菩薩)'은 모든 보살을 포괄한 것이며, '만행(萬行)'은 보살이 닦는 만행이다. 앞에서 보살이 닦는 육도만행에 대하여 두 가지를 강의하였으며, 네 가지의 바라밀이 남아있다.

(3) 인욕바라밀

인욕에는 '생인(生忍), 법인(法忍), 무생법인(無生法忍)'의 세 가지가 있다.

(4) 정진바라밀

정진이란 앞으로 향하여 나아가는 것이며, 뒤로 후퇴하는 것이 아니다. 가장 정진의 마음이 강한 것은 『묘법연화경』「약왕보살본사품(藥王菩薩本事品)」 가운데 약왕보살의 분신(焚身)공양이다. 그는 몸에 면화를 묶고 기름을 묻혀 부처님 앞에서 온몸에 불을 붙여 부처님께 공양한 것이다. 여러분이 만약 상세한 내용을 알고 싶으면 『법화경』을 연구하면 될 것이다.

그는 왜 몸을 분신하여 부처님께 공양하였는가? 왜냐하면 그는 부처님의 은혜가 너무나 높고, 너무나 깊고, 너무나 커서 그 은혜에 보답할 방법이 없었기 때문에 그는 자기의 몸과 마음으로써 온몸을 불태워 부처님께 공양한 것이다. 그러면 얼마나 오랫동안 탔는가? 그 시간은 너무나 길어 세려고 해도 셀 수 없는 그런 오랜 시간 동안 탔다.

그러므로 천태지자(天台智者) 대사께서는 이 『묘법연화경』을 보다가 약왕보살의 이 품에 이르러 "이것이 참된 정진이며, 참된 법공양이라고 이름한다[是眞精進, 是名眞法供養].”라는 문구를 읽을 때 정(定)에 들게 되었다. 선정에 들어 “영산회상이 엄연하게 아직 흩어지지 않음[靈山一會, 儼然未散]” 즉 석가모니 부처님께서 여전히 그곳에서 설법하며 큰 법륜을 굴리며 중생을 교화하시고 계심을 본 것이다. 그래서 그는 ‘법화삼매(法華三昧)’에 들어 ‘일선다라니(一旋陀羅尼)’의 경계를 얻게 되었다. 그 선정에서 나왔을 때 그는 크게 지혜가 열렸으며, 따라서 천태종(天台宗)을 세우고 천태종의 초조(初祖)가 되었다.

약왕보살께서 부처님께 분신공양을 한 공덕은 불가사의한 것이며, 이것이 진정한 정진이다. 우리들과 같은 사람은 하나의 털을 뽑는 것도 원하지 않는다. 하나의 털을 뽑아 천하의 사람에게 이익 되게 하는 것도 하지 않으려고 한다. 이것은 무엇 때문인가? 단지 자기를 이롭게 할 줄만 알지 남을 이롭게 하는 것은 알지 못하기 때문이다. 따라서 이것은 정진을 이야기할 가치도 없는 것이다.

⑸ 선정바라밀

선정에는 사선(四禪)과 팔정(八定)이 있다. 『능엄경』에서는 아홉 가지 단계의 선정[九次第定]을 이야기하고 있다. 본문에 가서 상세히 설명하고 여기서는 그렇게 길게 설명하지 않겠다.

제자 사선(四禪)과 팔정(八定)이 무엇입니까?

상인 사선(四禪)이란 네 종류의 선(禪)이 있다. 그것은 초선천(初禪天), 이선천(二禪天), 삼선천(三禪天), 사선천(四禪天)을 말한다.

네가 초선(初禪)의 경계에 이르면 이것을 이생희락지(離生喜樂地)라고 한다. 일종의 환희의 경계를 얻게 되며 너의 맥박이 정지된다. 그러나 스스로 매우 큰 환희를 느끼게 된다.

이선(二禪)에 이르게 되면 정생희락지(定生喜樂地)라고 한다. 초선의 선정력은 아직 견고하지 못하며, 이선의 선정은 초선보다 견고하다. 따라서 기식(氣息, 호흡)이 정지되며, 코로는 호흡을 하지 않는다. 그것은 죽은 것이 아닌가? 죽은 것이 아니며, 일종의 경계이다. 바깥의 호흡이 끊어지고 안의 호흡이 살아난다. 우리 사람들은 모두 바깥의 호흡을 하며 안으로는 호흡할 수 없다. 당신이 만약 안의 호흡을 할 수 있으면 죽지 않을 것이다. 얼마 동안 살려고 하든지 간에 모두 가능하다. 그러나 당신이 사는 시간이 오래되면 시체를 지키는 귀신[守屍鬼]으로 변한다. 즉 이 신체를 지키게 되는데, 그것은 아무 쓸모가 없는 것이다.

삼선(三禪)에 이르게 되면 당신의 식(識)도 끊어지고, 생각[念頭]도 끊어진다. 이 삼선은 이희묘락지(離喜妙樂地)라고 하며, 이것은 기쁨도 떠나게 된다. 일반적인 수행인은 매우 기쁘다고 말한다. 삼선의 이러한 기쁨은 매우 묘한 것이다. 기쁨을 떠나면 이러한 묘한 즐거움의 경계를 얻게 된다.

사선(四禪)은 사념청정지(捨念淸淨地)라고 하며, 생각과 식을 떠나 놓아버린다. 사선천의 이러한 선정에 들어야 비로소 도를 닦는 데 있어서 마치 한 걸음을 내딛는 것과 같다. 너는 이 사선에 이르러도 대단하다고 생각하지 않아야 한다. 이것은 아직 초보의 단계이다. 부처의 과위를 향하여 가는 첫걸음이다. 이것은 아직 아라한과를 증득한 것이 아니다. 이러한 때에 너는 천상과 인간의 일을 모두 알 수 있다. 그러나 이 경계에 머무는 것을 집착해서는 안 된다는 것을 알아야 한다. 이것은 사선이며, 여덟 가지 정[八定]에 대하여 이야기하자면 너무 길기 때문에 지금은 설명하지 않겠다.

(6) 반야바라밀

반야는 인도어이며, 중국어로 번역하면 '지혜'라고 한다. 일반인들은 모두 세상 사람의 총명함을 지혜라고 생각하는데 그건 아니다. 총명함은 세간의 지혜이며, 지혜는 출세간의 지혜이다. 세간의 지혜는 일반적으로 과학, 철학과 소리, 빛, 전기, 화학 등과 관련된 이러한 과학에서 발명되어 나온 것으로서 이러한 것들은 모두 '세간의 지혜'라고 부르며, 출세간의 지혜는 아니다. 지금 현재 (경전에서 공부하는) 이러한 지혜가 '출세간의 지혜'이다.

무엇을 출세간의 지혜라고 하는가? 바로 '부처를 이루는 지혜'이다. 성불의 지혜에도 한 가지가 아니며, 몇 가지가 있는가? 세 종류가 있다. 왜 '반야'라는 단어를 번역하지 않고 음을 그대로 사용하였는가? 왜냐하면 이것은 '다섯 가지 번역하지 않는' 것 가운데 '여러 뜻을 함축하므로 번역하지 않는' 것에 속한다. 그것은 여러 가지의 뜻을 함축하고 있으므로 번역하지 않은 것이다. 이 세 종류의 반야는 어떤 것이 있는가?

첫째는 문자반야(文字般若)이다. 모든 경전은 문자반야에 속한다.

둘째는 관조반야(觀照般若)이다. 당신이 관조하는 지혜로써 돌이켜 자성을 들으며[反聞聞自性], 회광반조(廻光返照)하는 것이다. 당신의 눈은 본래 밖을 향하여 보는 것이나, 이번에는 밖으로 보지 않고 당신의 안을 보는 것을 회광반조라고 한다. 즉 돌이켜 당신의 자성을 비추는 것이다. 당신이 회광반조할 수 있으면 이것을 관조반야라고 한다. 관이란 관찰하는 것이며, 조란 광명이 널리 비추는 것이다. 그러면 당신은 관찰하는 이러한 광명지혜로써 자기 안의 어두움을 비춰 깨뜨려 자기 안을 매우 청정하게 비추면 오염된 더러운 쓰레기 같은 번뇌는 없어지게 되는데, 이것도 일종의 관조의 지혜이다.

셋째는 매우 묘한 것이며, 가장 불가사의한 반야이다. 무엇인가 하면 실상반야(實相般若)이다. 무엇을 실상이라고 하는가? 이 실상반야는 또한 바로 이 경에서 이야기하는 '요의(了義)'이다. 요의는 바로 실상이며, 실상은 바로 요의이다. 당신이 만약 실상이 무엇인지 이해하지 못하고 말하기를, "이러한 명칭은 나는 매우 생소하며, 나는 그것을 어떻게 해석해야 할지 모르겠다."라고 하면, 그것이 바로 요의이며 요의는 바로 실상이다.

실상이란 무엇인가? 실상이란 상이 없는[無相] 것이다. 상이 없지만 '상이 아님도 없는[無所不相]' 것이다. 그것은 상이 없는가? 하지만 그것은 무슨 상이든지 다 있다. 그러므로 이것을 실상이라고 한다.

이러한 경계를 당신이 이해한다면 당신은 바로 부처와 이웃이 될 것이며, 부처와 단지 한 걸음 떨어져 있을 뿐이다. 그러나 이러한 경계는 말하기는 쉬워도 증득하기는 쉽지 않은 것이다. 쉽지 않기에 우리들은 그곳으로 가기 위한 방법을 생각해야 할 것이다. 만약 쉽지 않다고 해서 가지 않는다면 마치 내가 뉴욕으로 가려고 하면서, 마음속으로 "비행기를 타는데 돈도 많이 들고 버스를 타도 돈이 많이 드니, 나는 가지 않겠다!"라고 생각하는 것과 같다. 당신이 가지 않으면 영원히 뉴욕에는 도달하지 못할 것이며, 뉴욕이 어떠한 모습인지 당신은 모르게 될 것이다.

성불하는 것도 이와 같다. 당신이 부처를 이루려고 하면서, 이 길이 너무나 멀고 가야 할 시간이 너무 길다고 탄식하며 "아, 이것이 이렇게 어려운가! 나는 불법을 배우지 않겠다. 나는 조금 쉬운 일을 찾아 해야겠어!"라고 한다면 당신은 영원히 성불할 수 없을 것이다. 당신이 만약 성불하려고 하지 않는다면 그럼 무슨 할 말이 있겠는가? 그럼 당신 마음대로 할 수밖에. 당신이 만약 성불하려고 생각한다면 그 어려움을 극복하려고 노력해야 할 것이다. "어진 자는 먼저 어렵지만 후에 얻게 된다[仁者先難而後獲]." 반드시 한 번의 어려움을 겪은 연후에 비로소 쉬움을 얻을 수 있다.

중국에 이런 말이 있다. "한 번 골수에 사무치는 차가움이 아니면, 어찌 매화꽃의 향기가 코를 찌르겠는가?" 중국의 매화는 미국의 매화와는 달리 매우 향기로워서 멀리 떨어져 있어도 그 향기를 맡을 수 있다. 왜 그렇게 향기로운가 하면 겨울의 차가움을 견디었기 때문이다.

방금 설명한 실상반야는 어떤 사람은 가지고 있고, 어떤 사람은 없는 그런 것이 아니라 모든 사람들이 이러한 반야를 다 가지고 있으며, 모든 중생들은 모두 실상의 지혜를 구비하고 있다. 그러나 마치 이『능엄경』의 밀인(密因)과 같이 그것이 드러나지 못하는 것이다. 자기가 본래 가지고 있는 보배를 자기는 모르고 있는 것이다. 그러므로 가난한 사람이 된 것이다. 우리들 자성의 반야는 본래 갖추고 있는 실상이지만 자기가 알지 못하므로 불법에 대하여 결핍한 사람으로 변한 것이다.

『금강경』에서 이르기를 "무릇 모든 상은 모두 허망하며, 만약 모든 상을 상이 아닌 것으로 보면, 즉 여래를 보는 것이다[凡所有相, 皆是虛妄, 若見諸相非相, 卽見如來]."라고 했다. 모든 일체의 모습이 있는 것은 모두 거짓이다. 당신이 만약 모습이 있는 곳에서 모습이 없는 것을 안다면, 그것은 부처를 보는 것이다. 당신은 법의 본체를 이해하며, 법의 근원을 궁구하게 되어 이것은 부처를 보는 것과 같은 것이다. 당신이 일체법의 본원을 보게 되면 그것은 바로 부처를 보는 것이다. 따라서 이 반야는 우리들 각자가 본래 가지고 있는 지혜이며, 우리들이 만약 이 지혜의 보배창고를 열 수 있으면, 비로소 우리의 본래면목을 드러낼 수 있을 것이다.

이것은 마치 무엇과 같은가? 과거에 우리들이 실상반야를 가진 것을 모르는 것은 마치 금광석 속에 금이 들어 있는 것을 모르는 것과 같다. 어떤 사람은 금광석 속에 금이 들어 있음을 알지만, 그것을 채굴하지 않으면 이것은 모르는 것과 같은 것이며, 또한 금을 얻을 수 없다. 그럼 반드시 어떻게 해야 하는가? 반드시 이 금광석을 캐서 인공으로 금을 제련해야 비로소 금을 얻을 수 있을 것이다. 이것은 또한 무엇인가? 우리들 각자는 이 금광석을 가지고 있지만 모르고 있는 것이다. 이 금광은 무엇인가? 이것이 바로 실상반야이다.

그러면 우리들은 지금 경을 듣고 실상반야를 비록 알았다고 하더라도 우리들이 이 실상반야를 이용하지 않고 또한 우리들 자기의 실상반야라는 금광을 발굴하여 채취하지 않는다면, 그것은 모르는 것과 같은 것이다.

어떤 사람은 공력을 다하여 앞으로 나아가며, 용맹심을 발하여 수행하여 자기 자성속의 이 실상의 광석을 채굴하여 본래 갖추고 있는 불성을 드러내려고 한다. "아, 나는 바로 본래 부처로구나! 맞아!" 어떤 사람은 말할 것이다. "나는 본래 부처다! 일체중생은 모두 불성을 가지고 있으며 모두 부처가 될 수 있다. 부처님께서 나는 부처라고 말씀하시니, 나도 부처이므로 수행할 필요가 없어!" 당신이 수행을 하지 않는 것은 당신이 금광이 있는 것을 알지만 채굴하지 않는 것과 같은 것이다. 그러면 금을 얻을 수 있겠는가? 얻을 수 없는 것이다. 그러므로 아직 수행을 해야 한다. 여섯 바라밀은 이와 같은 것이다.

무엇을 바라밀이라고 하는가? 일종의 구경(究竟)의 성공이라고 할 수 있다. 당신이 어떤 일을 하는 데 있어서 원만히 성공하는 것을 바라밀이라고 한다. 당신이 부처를 이루려고 수행하여 부처를 이루면 이것이 바라밀이다. 당신이 대학에서 박사학위를 얻으려고 공부하여 박사학위를 얻으면 이것도 바라밀이다. 당신이 배가 고파서 밥을 먹으려고 생각하여 밥을 먹고 배가 부르면 이것도 바라밀이다. 당신이 잠을 자려고 생각하여 누워서 잠을 잘 자면 이것도 바라밀이다. 그러므로 이 모두 바라밀이다.

인욕도 바라밀이며, 정진도 바라밀이며, 선정도 바라밀이며, 보시도 바라밀이며, 지계도 모두 바라밀이다. 무슨 일을 당신이 원만하게 이루면 이것은 모두 바라밀이라고 한다. 인도어로 바라밀이라고 부르는데, 중국에도 일종의 과일을 바라밀이라고 하는데, 그것은 달다. 우리들이 어떤 일을 원만하게 하게 되면 그러한 달콤한 결과를 얻게 되는데, 이것을 바라밀이라고 부른다. 바로 원만한 곳에 도달하는 것을 말한다. 이 육바라밀은 보살이 닦는 것이다.

우리들 각자는 보살의 발심을 배울 수 있으며, 보살행을 행하고 보살의 일을 할 수 있다. 그러면 당신은 바로 처음으로 마음을 발한 보살이다. 보살은 자기만을 위하는 사사로운 사람이 아니다. 말하기를 "단지 나만이 보살이 될 수 있으며 당신은 보살이 될 수 없어. 당신은 나와 비교할 수 없어!" 보살은 이러한 사람이 아니다. 우리들은 보살이 될 수 있을 뿐 아니라 부처도 될 수 있다. 이 자리에 참석한 모든 사람은 자기가 성불할 수 있다는 것을 알고 있다고 믿으며, 더욱이 다년간 불학을 연구한 분들이야 더욱 이러한 도리를 알고 있을 것이므로 더 이상 말하지 않을 것이다.

6) 수능엄(首楞嚴)의 의미

수능엄(首楞嚴) 수(首)란 제일의 뜻이며, 첫 번째의 일이다. 첫 번째의 일이란 무엇인가? 능엄(楞嚴)이다. 능엄도 인도어로서 번역하면 "모든 일의 구경의 견고함[一切事究竟堅固]"이라고 한다. 소위 '모든 일'이란 무슨 일을 막론하고 모든 것을 포함한다. 모든 산하대지, 주택 건축, 모든 사람과 태생, 난생, 습생, 화생 등 이러한 가지가지의 문제, 가지가지의 도리를 '모든 일'이라 한다.

이러한 모든 일을 철저히 견고하게 한다는 것이다. 무엇을 철저히 견고하게 한다는 것인가? 이 정(定)의 본체를 얻고, 밀인(密因)의 정을 얻는 것이다. 이 밀인의 정을 얻어야 비로소 요의(了義)의 과위를 증득할 수 있다. 요의할 수 있는 정도를 증득하고 나서 당신은 다시 보살의 육도만행을 닦아야 '대행(大行)'을 얻으며, 대행을 얻은 연후에 다시 "모든 일의 구경의 견고함[一切事究竟堅固]"이라는 선정의 과(果)를 성취한다. 이것이 큰 결과[大果]이다.

이 '대불정(大佛頂)'은 바로 '대인(大因), 대의(大義), 대행(大行), 대과(大果)'이다. 이러한 네 가지의 묘한 인[妙因]이라고 말할 수 있으며, 또한 묘의(妙義)라고 할 수 있으며, 묘행(妙行)이라고 할 수 있으며, 묘과(妙果)라고 말할 수 있다. 이 네 가지는 모두 묘함을 얻기 때문에 그리고 이 묘(妙) 자는 이 네 가지의 뜻을 완전히 대표할 수 없기 때문에 대(大) 자를 사용하는 것이다.

"모든 일의 구경의 견고함[一切事究竟堅固]"이란 무엇인가? 바로 정(定)이다. 이 정은 부정(不定)과는 다르다. 무엇을 부정이라 하는가? 마치 우리들이 하나의 일을 하는 데 있어서 머뭇거리며 결정하지 못하고, 남쪽으로 갈까 하다가 북쪽으로 가고, 좋은 일을 할까 생각하다가 이 또한 하지 못하고 마는 등 이런 것을 주저하며 정하지 못하는 것이라 한다. 사람이 어떤 일을 하는 데 있어서 항구한 마음이 없는 것이 견고하지 못한 것이다. 항심(恒心)이란 바로 언제나 늘 변하지 않는 마음을 말한다. 따라서 우리들은 지금 『능엄경』을 공부하는데, 각자는 모두 마땅히 '견고하고[堅], 성실하고[誠], 항상하는[恒]' 마음을 가져야 할 것이다.

견(堅)이란 견고한 마음을 말하며, 영원히 변하지 않는 것이다. 말하기를 "나는 이번에 『능엄경』을 배우는데 어쨌든 이 경의 도리를 이해할 때까지 지속하겠다!"라고 하면서 중도에 그만두지 않는 것이다. 반쯤 배우다가 말하기를 "내가 이렇게 여러 날을 배웠는데 이해하지 못하니 아, 이것은 너무 어렵구나. 배우지 않을래!"라고 하면 이것을 중도에서 그만두는 것이라 한다. 이것이 견고하지 못한 것이다.

성(誠)이란 간절하고 정성스런 마음을 가지는 것이다. 경전을 공부하는 데 발분하여 먹고 자는 것도 잊고 공부하면서 나는 반드시 그것을 이해해야겠다고 노력하는 것이다. 침상에 누워 잠을 자지 못하고 경의 도리를 생각할 때 다른 망상을 짓지 않게 된다. 단지 "내가 들은 경의 내용은 무슨 도리일까? 내가 지금 듣는 것에 대하여 무슨 의견이 있는가?"라고 생각한다. 일종의 정성스런 마음이 생기게 된다. 이 성(誠)이란 바로 '마음을 옮기지 않는[不移動]' 모습이다. 정성스럽고 간절하게 이 경을 공부하는 것이다.

항(恒)이란 오래도록 변하지 않는 마음[恒遠心]을 가지는 것이다. 이삼일 배우다가 그만두지 않는 것이다.

"이것은 너무 어려워! 불법은 그야말로 무미건조하며, 내가 배우지만 무슨 흥취가 없어. 나는 놀러나 가자. 이러한 문제를 연구하는 것은 실용이 없어. 지금 같은 과학세계에서 이러한 골동품을 연구하는 것은 정말로 재미가 없어!"

그래서 멀리 도망가서 노는 것이다. 이것이 항상하는 마음이 없는 것이라 한다. 항심이 없는 것은 구경의 견고함이 아니다. 당신이 항심이 있으면 바로 구경의 견고함이다. 당신이 성실한 마음이 있으면 그것도 구경의 견고함이며, 견고한 마음이 있으면 더욱 구경의 견고함이다. 종합하면 일체의 환경의 변화에 따라 변하지 않는 것을 선정력[定力]이라 한다.

7) 경(經)의 의미

이 경의 제목의 대략적인 뜻은 앞에서 이야기한 바와 같다. 앞의 19자는 이 경의 별명이며, 다음은 다시 하나의 경(經)을 해석하겠다. 이것은 모든 경의 공통된 이름[通名]이다.

경(經) 인도어로는 수다라(修多羅)라고 하며, 범어로는 수트라(Sūtra)이고, 중국어로는 계경(契經)이라고 한다. 계는 계합(契合)한다는 뜻이다. 무엇을 계합한다고 하는가? 이 경전이 위로는 모든 부처의 이치에 계합하고, 아래로는 중생의 근기에 계합한다는 것이다. 이치에 계합하고 근기에 계합하는 것을 경(經)이라고 한다. 그리고 "경은 길이다[經者徑也]"라고 하는데, 이것은 도로 혹은 지름길이라는 뜻이다. 무슨 지름길인가? 모든 경은 범부로부터 부처의 과위에 이를 수 있으며, 성인(聖人)의 과위에 도달할 수 있으므로 이 길을 가는 것을 경이라 하며, 하나의 지름길인 것이다.

경에는 또한 '관(貫)·섭(攝)·상(常)·법(法)'이라는 네 가지의 뜻이 있다. 이전에 이미 설명한 적이 있으나, 듣지 못한 분이 있어 지금 다시 설명하고자 한다.

관(貫)이란 관통한다는 것이다. 무엇을 관통한다는 것인가? 부처님께서 말씀하신 뜻을 관통한다는 것이다. 하나의 끈으로 꿰어 한 줄로 만드는 것이다.

섭(攝)이란 교화할 근기의 중생을 받아들인다는 뜻이다. 모든 중생에 대하여 그 근기를 보고 그에 맞는 법을 설하여 그 중생을 제도하는 것이다. 소위 "사람에 따라 가르침을 베풀고, 병에 따라 약을 처방하는[因人施敎, 因病下藥]"것이다.

상(常)이란 예로부터 지금까지 변하지 않는 것이다. 한 글자도 제거하지 않고, 한 글자도 첨가하지 않는다. 그것은 변하지 않는 것이므로 항상하다는 것이다.

법(法)이란 과거·현재·미래의 중생들이 모두 이 법을 받들어 따르며 수도하여 성불하고, 중생을 교화해야 하는 것이며, 모두 이 방법에 의거하여 행해야 하는 것이다.

이러한 네 가지의 뜻을 구족하고 있기 때문에 경이라 하는 것이다. 경이란 마치 자석이 쇠를 빨아들이듯이 우리 중생들도 이 자석에 빨려 들어가는 것이다. 방금 말한 섭(攝)의 뜻도 이와 같은 것이다. 교화할 근기의 중생을 받아들이기 위하여 지금 현재 이 『능엄경』을 강의하는 것이며, 바로 능엄경이 쇠를 흡수하는 자석인 것이다.

어째서 견고함이라 하는가? 이 자석도 견고한 것이다. 그러나 이

『능엄경』은 자석보다 더 견고하다. 만약 이 중생들을 빨아들이면 절대로 다시는 타락하지는 않으며, 다시는 지옥에 내려가거나 아귀로 바뀌거나 축생으로 변하지 않을 것이다. 왜 그런가? 왜냐하면 (중생들을) 빨아들여서 그들이 도망을 가려고 해도 갈 수가 없으며, 떨어지려고 해도 떨어질 수가 없는 것이다. 이것은 이렇게 묘한 것이다. 그러므로 이번에 경을 들으러 오지 않은 사람은 어쩔 수 없지만, 일단 들으러 온 사람은 바로 흡수되며, 한 부분을 다 듣고 나면 다른 부분을 들으려고 한다. "아, 정말로 재미가 있어! 이러한 맛은 매우 달구나!" 경(經)의 뜻은 대략 이런 것이다.

모든 대장경은 십이부(十二部)로 나누어진다. 또한 십이류(十二類), 십이문(十二門), 십이종(十二種)이라고 말할 수도 있다. 종합하면 십이부가 있는데 어떠한 것이 있는가?

제1부는 장행(長行)이다. 경 속에는 한 행 한 행이 있는데, 매우 긴 것을 장행이라 한다.

제2부는 중송(重頌)이다. 장행의 뜻을 다시 게송으로 중복해서 말하는 것을 중송이라 한다.

제3부는 수기(授記)이다. 경전에서 석가모니 부처님께서 어떤 보살에게 수기를 주는 것을 말한다. "너는 어떤 겁(劫)에서 마땅히 성불할 것이며, 이름은 무엇이고, 수명은 얼마나 길며, 교화할 중생은 얼마이며, 너는 어떤 국토에 있을 것이다." 등등 모두 미리 그에게 예언을 해 주는 것을 수기라고 한다. 마치 석가모니불은 과거의 연등불께서 그에게 수기를 하신 것과 같다.

제4부는 인연(因緣)이다. 가지가지의 인연이 있으므로 갖가지의 법을 설하시는 것이다.

제5부는 비유(譬喩)이다. 어떤 물건으로써 어떤 일을 비유하며, 하나의 비유로써 불법의 묘한 점을 드러내는 것이다.

제6부는 본사(本事)이다. 부처님께서 자기의 전생의 일을 말하거나, 혹은 어떤 보살의 전생의 일을 말하는 것이다.

제7부는 본생(本生)이다. 석가모니불의 금생의 일을 말하거나 혹은 어떤 보살의 금생의 일을 말하는 것이다.

제8부는 방광(方廣)이다. 방이란 사방(四方)을 말하며, 광이란 넓다는 것이다. 말씀하시는 법이 극히 넓고 크며, 매우 정미(精微)하다는 것이다.

제9부는 미증유(未曾有)이다. 이전부터 지금까지 말한 적이 없는 것을 지금 현재 비로소 설하는 것을 가리킨다.

제10부는 무문자설(無問自說)이다. 청하여 묻는 사람이 없는데, 부처님 자신께서 이러한 법을 말씀하시는 것이다.

제11부는 고기(孤起)이다. 어떤 경 속에서 그것이 앞의 뜻과 서로 상관이 없으며, 뒤의 뜻과도 어떤 관계가 없이 홀로 어느 한 곳에서 몇 구의 게송을 설하신 것을 고기송(孤起頌)이라고 한다.

제12부는 논의(論議)이다. 논의를 강설하신 것이다.

이 열두 가지의 종류에 대하여 상세하게 알고 싶다면 『대지도론(大智度論)』을 보면 될 것이다.

> 장행중송병수기(長行重頌並授記)
> 고기무문이자설(孤起無問而自說)
> 인연비유급본사(因緣譬喩及本事)
> 본생방광미증유(本生方廣未曾有)
> 논의공성십이명(論議共成十二名)

광록대론삼십삼(廣錄大論三十三)

이것은 『대지도론』에서 말하는 십이부경의 이름이다. 이 십이
부경은 단지 이것을 지칭하는 것인가? 이것은 각 경전 속에 모두 열
두 종류가 속해 있으며, 모두 이 '십이부'의 뜻을 구족하고 있으며, 결
코 단지 각각 십이부로 나눠진 것은 아니다. 그러므로 십이부의 경이
라 하는 것이다.

2

가르침을 일으킨 인연

1) 전체 인연

앞에서 열 가지의 문으로 나누어 설명하는데, 다음은 두 번째 가
르침을 일으킨 인연에 대하여 설명하고자 한다.

무엇이 가르침인가? 불보살의 성인께서 중생을 교화하기 위하여
말씀하신 언어를 가르침[敎]이라고 한다. 어떻게 하여 가르침이 있게
되었는가? 하나의 인연이 있기 때문이다. 이러한 인연은 어디에서 오
는 것인가? 바로 중생이 있는 이곳에서 온 것이다. 만약 중생이 없으
면 부처도 없으며, 부처가 없으면 가르침도 없는 것이다. 그러므로 이

가르침은 중생을 위하여 나온 가르침이다. 이러한 인연은 바로 중생으로 하여금 생사를 그치고 해탈하려고 하기 때문에 마땅히 가르침이 있게 된 것이다.

중생으로 하여금 어떻게 생사를 해탈하게 하는가? 석가모니 부처님께서는 우리들 중생으로 하여금 생사를 해탈시키기 위하여 이 세상에 출현하신 것이다. 따라서 『법화경(法華經)』에서 말씀하시기를 "모든 불세존은 오직 하나의 큰일의 인연으로 말미암아 이 세상에 출현하신다[諸佛世尊唯以一大事因緣故, 出現於世]."라고 하였다.

무엇을 큰일이라 하는가? 바로 우리 각자의 생사의 문제이다. 어떻게 하여 태어나며, 어떻게 하여 죽는가? 당신은 이해하지 못하기 때문에 비로소 생사가 있으며, 당신이 만약 알게 되면 생사가 없을 것이다. 석가모니불께서 이 세계에 오신 것은 바로 중생으로 하여금 그것을 이해하게 하기 위함이다. 생은 어디에서부터 오며, 죽음은 어디로 가는가? 생은 어느 곳에서 오며, 죽음은 어느 곳으로 가는가?

우리들이 이 세계에 와서 생명이 있을 때 이 생명을 위하여 분주히 움직인다. 어째서 분주히 움직인다고 하는가? 바로 매우 고생하면서 바쁜 것이다. 무엇 때문인가? 우리가 머물 곳을 찾으려고 생각하면 머물 곳을 위하여 바쁘며, 몸을 위하여 차가움을 가릴 옷을 사려고 생각하면 그것을 위하여 바쁘며, 배가 고프면 안 되기 때문에 그것을 위하여 바쁘다. 보통 사람은 하루 세 끼의 식사를 위하여 일을 해야 한다. 어떤 사람이 "당신은 무엇 때문에 일합니까?" 하고 물으면 "나는 배부르게 먹기 위하여 일합니다."라고 할 것이다. 이것은 중국인의 생각이다. 우리들은 중국인이든 외국인이든 모두 의식주(衣食住)를 위하여 매우 바쁘게 생활한다. 왜 이것 때문에 바빠야 하는가? 만약 이것을 위하여 바쁘지 않으면 그것을 해결할 수 없기 때문이다.

그러나 생사를 위하여 바쁜 사람은 없다. 사람들은 "왜 나는 이 세계에 왔는가? 나는 어떻게 하여 온 것인가? 여기 와서 얼마나 오래 있을 것인가?"라고 생각하지 않는다. 당신은 사람을 만나면 모두 이렇게 물을 것이다. "당신은 어디에서 왔습니까? 이곳에 온 지 얼마나 되었습니까?" 잘 생각해 보라. 우리들은 자기가 어디에서 왔는지 묻지 않고, 자기가 온 곳은 모두 잊어버린 것이다. 그러면 온 곳은 잊어버렸는데 가는 곳은 기억하고 있는가? 그것도 잊어버렸다. 죽음에 임박하였을 때 "나는 곧 죽는구나. 어디로 가게 될까?" 이런 문제를 연구하는 것도 잊어버린 것이다.

석가모니 부처님께서 사람들이 이러한 생과 죽음의 문제를 모두 잊어버렸기 때문에 이 세계에 와서 우리들에게 이 문제를 연구해야 한다고 일깨워 주러 오신 것이다. 『법화경』에서 말씀하신 하나의 큰 일의 인연을 위하여 부처님께서는 이 세상에 출현하시는 것이다. 부처님께서 이 세상에 출현하셔서 일체의 중생으로 하여금 부처의 지견[佛知見]을 열고, 부처의 지견을 시현하고(가리키고), 부처의 지견을 깨닫고, 부처의 지견으로 들어가게 하기 위함이다. 이것을 부처의 지견을 '열고[開] · 가리키고[示] · 깨닫고[悟] · 들어가는[入]' 것이라 한다.

(1) 부처의 지견을 열다

무엇을 부처의 지견을 연다고 하는가? 일체의 중생은 본래 부처의 지견을 가지고 있으며, 본래 그의 지혜는 부처의 지혜와 같은 것이다. 하지만 앞에서 강의한 금광석과 같이 그 금광석 안에서 금을 채취하지 않은 것과 같이 당신이 본래 가지고 있는 불성이 나타나지 않은 것이다. 당신은 지금 자기가 본래 불성을 갖추고 있다는 것을 알고 법에 따라 수행하면 금광석에서 순수한 금[精金]을 채취해 낼 수 있을 것이다. 금 안에 불순물이 없어야 비로소 순수한 금이 된다.

따라서 우리가 본래 갖추고 있는 불성이 어디에 있는가? 우리가 본래 갖추고 있는 지혜는 어디에 있는가? 당신은 그것을 알려고 하는가? 나는 지금 당신에게 알려주고자 한다. 본래 가지고 있는 불성은 바로 우리 각자의 번뇌 속에 있다. 우리들 각자는 모두 번뇌를 가지고 있다는 것은 바로 우리들이 불성을 가지고 있다는 것이다. 그러나 이 불성을 당신이 드러내지 못하기 때문에 번뇌로 변한 것이다.

다시 하나의 비유를 들어 설명하겠다. 우리들의 번뇌는 얼음에 비유할 수 있으며, 우리들의 불성은 물에 비유할 수 있다. 물은 축축한 성질을 가지고 있으며, 얼음도 축축한 성질을 가지고 있다. 물은 바로 지혜이며, 얼음은 바로 번뇌라고 할 수 있다. 지혜와 번뇌 속에는 불성을 포함하고 있는 것이다.

불성이란 무엇인가? 바로 물의 축축한 성질에 비유할 수 있다. 당신은 얼음에 축축한 성질이 없다고 말할 수 없으며, 또한 물에 축축한 성질이 없다고 말할 수 없다. 물과 얼음은 같이 축축한 성질을 구족하고 있는 것이다. 그러나 얼음은 사람을 해칠 수 있으며, 물은 사람을 해칠 수 없다.

그럼 어떤 사람은 다음과 같이 말할 것이다.

"법사님! 당신이 말씀하신 이것도 도리가 있으나, 저는 그것이 도리가 없다고 생각합니다. 어째서 그런가 하면, 얼음이 사람을 해칠 수 있다는 것은 저도 압니다. 얼음으로 만약 사람을 때리면 사람을 죽게 할 수 있으니, 이것은 사람에게 해로움이 있습니다. 하지만 당신이

(얼음으로) 사람을 때려야만 비로소 사람을 죽일 수 있습니다."

어떤 것을 사람을 때린다고 하는가? 바로 당신이 번뇌를 일으키는 것이다. 번뇌를 일으키는 것은 사람을 때리는 것과 같은 것이다. 그러면 한 바가지의 물이 얼음으로 변하지 않았을 때 당신이 물을 사람에게 뿌리면 조금도 아프지 않은 것이다. 만약 그 물이 얼음으로 변했다면 당신이 (그 얼음으로) 사람의 머리를 때린다면 머리가 깨지고 심지어는 죽을 수도 있을 것이다. 이러한 도리는 매우 얕은 것이다.

그러면 어떤 지혜가 있는 사람이 다른 사람을 비난하여 말하기를 "당신은 이렇게 하지 마세요!"라고 한다면 다른 사람은 기쁘게 받아들인다. 이것은 마치 물을 사람 몸에 뿌리는 것과 같아서 조금도 아프지 않다. 당신이 만약에 번뇌가 있어 사람을 욕하여 말하기를 "당신은 무명(無明)이 대단하군요!"라고 하면, 그 사람의 번뇌도 나타나고, 심지어는 두 사람이 싸우게 될 것이며, 손상을 입게 될 것이다. 이것이 얼음과 물의 비유이며, 바로 번뇌와 지혜의 문제이다.

얼음과 물에는 모두 축축한 성질이 있으며, 이 축축한 성질은 불성에 비유할 수 있는 것이다. 우리들 각자는 우리들의 번뇌를 지혜로 바꿀 수 있으며, 이것이 바로 근원으로 돌아가는 것이다. 물은 본래 얼음에서 온 것은 아니지만, 당신은 얼음은 물이 아니라고 말할 수 없으며, 얼음은 물에서 변한 것이지만 당신은 물은 얼음이 아니라고 말할 수 없다. 물도 얼음으로 되는 것이다.

그러므로 우리들은 중생이 부처가 아니라고 말할 수 없으며, 또한 부처는 중생이 아니라고 말할 수 없다. 부처는 중생 속의 부처이며, 중생은 부처 속의 중생이다. 우리들은 이러한 도리를 이해할 수 있으며, 이 또한 얼음이 물이며, 물이 얼음이라는 것은 바로 하나의 전환이다. 당신이 만약 바뀌지 않으면 해로움이 있으며, 당신이 바뀌면 사람들에게 좋은 점이 있을 것이다.

　　말하기를 "물이 사람에게 해로움이 없다고 당신께서 말하시는데, 물이 많으면 마찬가지로 사람을 물에 잠겨 죽게 할 수 있습니다." 당신의 말은 옳다. 그러나 나는 지금 적은 양의 물을 가지고 비유하는 것이며, 결코 많은 양의 물을 가지고 비유하는 것이 아니다. 당신이 만약 이렇게 불합리한 문답을 하려고 한다면 그것은 너무도 많다. 그러므로 지금 당신은 그 뜻을 취해야 할 것이며, 장애를 만들면 안 될 것이다. "아, 당신은 물이 사람을 해치지 않는다고 말하는데, 물이 많으면 사람을 죽게 할 수 있어. 그래서 나는 이러한 도리를 믿을 수 없어!" 당신이 만약 실제로 믿지 않는다면 내가 무엇을 이야기해도 당신은 믿지 않을 것이다. 당신이 만약 믿으면 내가 계란이 나무에서 열린다고 해도 모두 믿을 것이다. 그러면 당신은 지혜가 있게 될 것이다.

　　당신이 만약 이러한 믿음이 없으면 진정한 지혜가 생기지 않을 것이다. 진정한 지혜는 또한 진정한 어리석음이 있는 그곳에서 나오는 것이다. 그러므로 얼음이 변하여 물이 되듯이 지혜가 생기게 된다. 물이 변하여 얼음이 되는 것은 바로 어리석음이다. 번뇌는 어리석음인데, 왜 번뇌가 생기는가? 그것은 당신이 이해하지 못하기 때문이다. 당신이 만약 이해하게 되면 어디에 번뇌가 생길 것인가? 당신이 투명체라면 근본적으로 번뇌가 없다.

　　그러므로 내가 경을 강의하는 것은 이치를 이야기하는 것이므로 당신은 그것을 사물에 가져가지 말아야 한다. 이러한 도리를 사물로써 평론하지 않아야 할 것이다. 사물과 이치는 같지 않다. 따라서 당신은 천천히 듣고 많이 듣게 되면 내가 이야기하는 것이 맞다는 것을 알게 될 것이다. 듣는 것이 적으면 도무지 이해하지 못하게 될 것이다. "강의하는 것이 무엇인지 나도 모르겠다!" 당신이 근본적으로 들은 적이 없는 것이면, 어떻게 이해할 수 있겠는가? 당신이 만약 들은 적이 없는데 이해한다면 당신의 지혜는 대단한 것이다.

당신이 과거생에서 들은 적이 있으면 금생에 처음 듣더라도 어쨌든 조금의 느낌이 있을 것이다. 마치 어떤 사람을 처음 만날 때 "이 사람을 내가 아는지? 만난 적이 있는가?" 하고 생각하게 되는데, 처음에는 잘 모르지만 여러 차례 만나게 되면 "아, 나는 이 사람을 알아!" 이와 같이 이것도 이러한 모습이다.

당신의 자성 속에 불성이 있다는 것을 이해하게 되면, 번뇌를 보리(菩提, 깨달음)로 바꿀 수 있다. 보리는 바로 깨달음이라는 도리이다. 당신은 무엇을 깨닫는가? 모든 것은 집착해서는 안 된다는 것을 깨닫는 것이다.

당신이 집착하는 바가 있으면 깨달을 수가 없다. 당신에게 집착이 없으면, 무슨 일에도 집착이 없으면, 마치 나처럼, 그러나 나는 깨달음은 없으나, 집착은 없다. 말하기를 "당신은 집착이 없으며 깨달음도 없으니, 그러면 우리들도 같습니다!" 당신과 나는 같지 않다. 당신이 만약 집착이 없으면 깨닫게 될 것이다. 왜냐하면 나는 중생을 버릴 수 없으므로 성불을 원하지 않고 항상 중생과 함께 있기를 원하기 때문에 당신은 나의 이러한 마음과는 같지 않은 것이다.

┃ 편집자주 ┃
선화 상인께서 성불하지 않고 영원히 중생을 제도하겠다는 마음을 은근히 드러내신 것이다.

나는 당신에게 이런 방법을 알려 당신으로 하여금 깨닫게 하고
자 하는 것이다. 이것은 바로 보살의 발심이다. 보살의 발심은 남들을
좋게 하고 자기에게는 문제가 없기를 원하는 것이다. 그래서 나는 사
람들에게 항상 말한다. "여러분들이 모두 성불한다면 나는 지옥에 들
어가 무량한 고통을 받아도 좋습니다!" 지금 나는 이런 방법을 여러
분에게 알리는 것이다. 마치 맛있는 물건이 있으면 자기는 적게 먹고,
남들에게 줘서 먹게 하는 것과 같다. 나는 지금 깨달음의 이런 맛에
대하여 이미 조금 맛보았으므로 모두들에게 이런 깨달음의 맛을 보
게 하는 것이다. 깨달음의 맛은 여러분들에게 번뇌를 끊게 하며 무명
을 없게 한다. 무명이 없으면 지혜가 생기며 해탈을 얻게 된다. 이것
이 '부처의 지견을 여는' 것이다.

(2) 부처의 지견을 가리키다

당신이 부처의 지견을 열었으면 또한 부처의 지견을 드러내야
한다. 드러낸다[示]는 것은 가리키는[指示] 것이다. 처음으로 (부처의 지견
을) 열었으면 아직 한 번의 노력(수련)을 더하여야 한다. 어떻게 노력해
야 하는가? 마치 광석을 캤으면 제련을 해서 금을 채취해야 하는 것
과 같다. 어떻게 해야 하는가? 먼저 땅을 파서 그것을 캔 연후에 조금
씩 조금씩 모래에서 금을 걸러내야 하는 것이다. 그러므로 중생이 어
떻게 진정한 순수한 금을 얻을 수 있는지를 가리키는 것이다. 이것이
바로 '부처의 지견을 가리키는' 것이다.

(3) 부처의 지견을 깨닫다

그런 연후에 다시 부처의 지견을 깨달아야 한다. 가리키면 당신

자신이 수행을 하고 노력을 해야 한다. 따라서 우리들은 매일 좌선을 해야 하는 것이다. 이렇게 좌선을 하다 보면 어느 때 당신은 활연히 관통하게 되며 깨닫게 될 것이다. 무엇을 깨닫는 것인가? "아, 원래 이랬었구나! 원래 이런 모습이구나!" 진정으로 사람의 문제를 이해하게 되는 것이다. 당신이 인생의 문제를 이해하게 되는 것이 바로 '부처의 지견을 깨닫는' 것이다.

부처의 지견을 깨닫는 것이지, 중생의 지견을 깨닫는 것이 아니다. 중생의 지견은 하루 종일 망상을 피우고 집착하는 마음을 낸다. 누가 나에게 조금만 좋지 않게 대해도 번뇌가 일어난다. "아, 그는 나를 좋지 않게 대하는구나!" 그가 어째서 당신에게 좋지 않게 대하는가? 당신이 만약 남을 좋게 대하면 어떻게 남이 당신을 좋지 않게 대하겠는가? 당신이 이런 도리를 이해하게 되면 당신에게 좋지 않게 대하는 사람은 없을 것이다. 남들이 당신을 좋지 않게 대하는 것이 아니라 당신이 남을 좋지 않게 대하는 것이다. 손뼉은 한 손으로는 소리가 날 수 없다. 두 손으로 손뼉을 쳐야 소리가 나는 것이다. 그러므로 당신이 만약 진정으로 남을 좋게 대하면 남도 당신을 진정으로 좋게 대해 줄 것이다.

사람마다 부처님께 예배하고 공경스럽게 절을 하는데, 무엇 때문인가? 그것은 부처님이 정말로 좋기 때문이다. 그러면 이렇게 말할 것이다. "나는 그렇게 믿지 않는다. 어떤 사람은 부처님을 비방하고 허물며, 좋지 않다고 말한다." 어떤 사람은 부처님을 훼방하는데 이것은 근본적으로 그 분을 사람으로 여기지 않는 것이다. 부처님을 훼방하는 이런 사람은 무엇 때문인가? 그는 사람의 도리를 이해하지 못하기 때문에 부처와 법과 스님을 비방하는 것이다. 부처가 어떻게 잘못

되었는지 말하지만 그는 근본적으로 인생의 문제를 이해하지 못하므로 부처와 법과 스님의 삼보를 비방하는 것이다. 만약 이런 도리를 이해한다면 그는 이런 훼방하는 마음이 생기지 않을 것이다.

(4) 부처의 지견으로 들어가다

부처의 지견을 깨달았으면 또 부처의 지견으로 들어가야 한다. 어떻게 부처의 지견으로 들어가는가? 이것은 당신이 노력을 해야 한다. 이해를 한 연후에 노력하여 회광반조(廻光返照)하여야 한다. 그 빛을 당신의 마음속으로 비추어야 한다. 당신의 마음속에 진정한 지혜가 열리는 것을 '들어간다[入]'고 하는 것이다. 부처의 지견에 들어가면 부처의 지견과 같게 되며 구별이 없게 된다. 이것을 부처의 지견을 '열고[開] 가리키고[示] 깨닫고[悟] 들어간다[入]'고 하는 것이다.

2) 특별한 인연

앞에서는 가르침을 연 전체적인 인연을 이야기하였다. 부처님께서는 49년간 총 300여 회의 경법을 설하여 중생을 교화하였다. 전체적인 인연은 부처님께서 설하신 일대시교(一代時敎)를 요약하여 대략적으로 말한 것이다. 만약 이 『능엄경』에 의거하여 즉 이 한 부의 『대불정여래밀인수증요의제보살만행수능엄경(大佛頂如來密因修證了義諸菩薩萬行首楞嚴經)』을 설하신 특별한 인연을 말하자면, 여섯 가지로 나누어 볼 수 있다.

(1) 다문에 의지하고 선정력을 소홀히 하다

시(恃)라는 것은 의지한다는 말이다. 무엇에 의지한다는 것인가? 많이 듣는 것[多聞]에 의지한다는 것이다. 어떤 것을 다문(多聞)이라 하는가? 다문은 바로 책을 많이 보고, 일을 많이 안다는 것이다. 마치 아난 존자에게 다문의 능력이 있는 것과 같은 것이다. 존자는 부처님을 몇 십 년 동안 모시면서 법회에서 하신 법문마다 모두 기억하였고, 한 번 들은 후에는 영원히 잊지 않을 정도로 기억력이 비상하였는데, 이것이 바로 다문이다. 또한 널리 듣고 억지로 기억하는 것[博聞强記]이라고도 한다. 아난 존자가 기억한 것은 억지로 기억할 필요가 없이 저절로 기억한 것이다. 만약 당신이 널리 듣는다는 것은 보는 책이 매우 많다는 것이며, 억지로 기억한다는 것은 마음을 써서 책에서 이야기하는 도리를 기억한다는 것이다.

기억하는 도리가 많으면 그는 의지하는 것이 생기게 된다. "나를 봐! 나는 당신들이 아는 것보다 훨씬 많아." 이렇게 의지한다는 것이다. "나는 배운 것이 많아. 과학, 철학, 문학에서 전부 박사학위를 땄어. 나를 봐! 나는 박사학위가 많아." 바로 이렇게 의지하는 것이 다문에 의지하는 것이다.

'선정력을 소홀히 한다'는 것은 무엇인가? "그래 문제없어. 괜찮아. 나는 아는 것이 많고 지혜가 있으면 됐어. 선정력 그거 관계없어. 정(定)에서 지혜가 생기는 법이야. 나는 이미 지혜가 있어." 이렇게 생각하고 선정을 닦는 것을 잊게 되는 것이다. 마치 아난 존자와 같이.

이 경은 석가모니 부처님께서 아난 존자를 위하여 설하셨다고 하는데, 왜 아난 존자를 위하여 설하신 것인가? 그것은 바로 아난 존자에게 선정력이 없었기 때문이다. 왜 선정력이 없었는가? 존자는 평소 노력하지 않고 오로지 글을 쓰고 책을 보면서 좌선하지 않고 참선하지 않은 것이다. 남들은 좌선하러 가는데 그는 책을 보러 가는 것이다. 이렇게 그는 선정을 소홀히 한 것이다.

이 자리에 있는 하계연수반은 참으로 뛰어난 일을 하고 있다. 좌선하면서 경을 듣는 것이다. 좌선은 바로 실행하는 것이고 경을 듣는 것은 이해하는 것이며 명백히 알려는 것이다. 이것은 해와 행이 함께 나아가는 것[解行幷進]이며, 행과 해가 서로 상응하는 것[行解相應]이다. 이해한 후에 행하는 것이고 열심히 수행하는 것이다. 노력해야 깨달음을 열 수 있는 것이다. 나는 이번 하계연수 기간 최소한 열 명 이상이 깨닫기를 바란다. 그래야 나의 원을 만족하는 것이다. 만약 한두 명이라면 이 시간의 대가는 부족한 것이다.

따라서 나는 여러분 개개인이 모두 일을 신중하게 하고 이 공부를 다잡기를 바라며, 다문에 의지하지 말고 선정력을 소홀하게 여기지 말기를 바란다. 우리들은 선정력을 중시하면서 또한 다문도 중시한다. 우리들은 많이 배워야 하며 선정을 많이 닦아야 한다. 이것이 두 가지를 병행한다는 것이다.

우리들이 이 두 가지를 힘써 닦는 것은 불가사의하며 수승한 경계이다. 따라서 이 법회는 매우 만나기 어려운 것이며, 여러분들이 만약 깨닫는다면 비로소 이 법회가 헛되지 않을 것이다. 또한 여러분도 헛된 고생을 하지 않은 것이고 나도 헛고생을 하지 않은 것이니 우리 모두가 크게 기쁠 것이다.

그래서 나는 여러분에게 날마다 자신의 생각이나 느낌을 적어서 제출하게 하는 것이다. 여러분이 좌선을 하면서 어떤 느낌이 들었는지 나에게 알리게 한 것이다. 또한 경을 들으면서 무슨 생각이 들었는지 적어서 알리게 하고 이와 함께 그날 배운 도리를 기록하게 한 것이다. 이러한 법회는 매우 희유한 것이다. 우리들은 이런 말법시대에서 이렇게 용맹정진하고 있다. 이른 아침부터 밤늦게까지 정진하며 불법을 배우는 것이며 이것이 바로 다문에 의지하지 않고 선정을 소홀히 하지 않는 것이다. 이 또한 다문을 배우는 것이며 선정을 닦는 것이다. 이것은 매우 얻기 어려운 기회다.

이 『능엄경』은 바로 아난 존자를 위해 능엄주를 설하여 아난을 구제하신 것이다. 무엇 때문에 아난 존자를 구제하였는가? 그것은 바로 아난 존자가 문자반야(文字般若)를 배우는 데만 치중하고 실상반야(實相般若)를 닦지 않았기 때문이다. 존자는 문자반야에 치중하면 깨달을 수 있고 성불할 수 있다고 생각한 것이다.

그리고 존자는 의지하는 것이 있었다. 무엇에 의지했는가? "나는 부처님의 사촌동생이고, 부처님께서는 이미 성불하셨으니 반드시 나를 도와 성불하게 하실 것"이라고 생각하고 수행하지 않아도 아무 문제가 없다고 생각한 것이다. 이러한 생각을 가지고 선정을 소홀히 대한 것이다. 그래서 좌선하지 않고 참선하지 않고 노력하지 않고 오로지 문자반야를 닦은 것이다. 이렇게 하면서 존자는 많은 시간을 보냈다.

어느 날 아난 존자는 혼자 걸식을 나갔다. 걸식은 발우를 들고 마을에 가서 탁발하여 밥을 얻어 와서 먹는 것이다. 그런데 존자는 마등가(摩登伽)라는 여자를 만난 것이다. 이 마등가의 모친은 외도(外道)로서 외도의 법을 닦아왔다. 이 외도들에게도 자신들만의 주술(呪術)이 있고 법력이 있었다. 그의 법력도 매우 힘이 있었다. 그래서 마등가는 아난 존자를 한번 보고는 그 모습이 원만하고 준수한 것에 반해서 좋아하게 되었다. 존자를 사모하여도 존자에게 다가갈 방법이 없었다. 그래서 그녀는 돌아와 어머니를 졸랐다.

"어머니, 반드시 아난을 데려와서 나하고 결혼하게 해줘요. 만약 그렇게 못한다면 나는 죽어버릴 거야. 살고 싶지 않아."

그녀의 어머니는 가장 사랑하는 딸을 위하여 외도의 주술인 선범천주(先梵天呪)를 사용하였다. 이 주를 외워서 주의 힘으로 아난을 미혹시켰다. 어떻게 미혹하였는가? 아난 존자는 자기 자신을 마음대로 주체할 수 없었다. 선정력이 없었기 때문에 자신을 주체할 수 없었던 것이다. 그래서 그녀의 주력에 이끌려 그녀의 집으로 가서 파계하게 될 지경에 이르렀다. 어떤 계를 깨는 것인가? 바로 사음의 계를 깨뜨리는 것이다. 살생·도둑질·사음·거짓말·술 마시는 것을 금하는 것을 오계라고 하는데, 그중에서도 음계를 깨려고 하는 것이다.

이 계를 깨려고 하는 순간 부처님께서 아셨다. 사촌동생인 아난 존자가 어려움에 처한 것을 알게 된 부처님께서는 재빨리 능엄주를 설하셨다. 능엄주를 설하여 외도의 선범천주(先梵天呪)의 힘을 깨뜨린 것이다. 능엄주의 힘으로 아난 존자를 미망에서 깨어나게 한 것이다. 아난 존자는 마치 술에 취하거나 독한 약을 먹은 것처럼 아무것도 알지 못하였다. 그러나 능엄주를 외우자 곧 알아차리게 되었다. 자기가 어떻게 이곳까지 오게 되었는지!

그래서 아난은 돌아와서 부처님을 향하여 눈물을 흘리고 통곡하면서 말했다. "저는 줄곧 많이 듣기만 하고 아직 도력(道力)을 닦지 못했습니다." 여기서 도력이란 바로 선정력(禪定力)을 가리킨다. "저는 선정력이 없으니, 부처님이시여, 저에게 알려주십시오. 시방의 모든 부처님들이 어떠한 수행을 하여 이와 같은 선정력을 얻게 되셨습니까?"

아난 존자는 다문을 의지하고 선정력을 소홀히 한 것이다. 그래서 부처님께서 아난 존자의 이러한 미혹함을 깨뜨려서 존자를 구하신 다음 이 능엄경을 설하셨다. 아난 존자는 이러한 일이 있은 후 비로소 발심 수행하게 된 것이다. 따라서 '다문에 의지하고 선정력을 소홀히 한 것'이 첫 번째 인연이다.

(2) 날뛰는 지혜를 경계하고 삿된 생각을 막다

경(警)은 경계하고 경고하는 것이다. 무엇을 경고하는가? 날뛰는 지혜를 가진 사람에게 경고하는 것이다. 어떠한 것을 날뛰는 지혜라고 하는가? 이런 사람은 태어날 때부터 매우 총명하지만 바른 길을 힘쓰지 않으며 오로지 정당하지 못한 일만 생각하고, 이러한 지혜로 남을 해치는 일을 저지른다. 이것을 삿된 생각이라고 한다. 그는 삿된 생각을 가지고 있으면서 이런 생각을 감추고 보호하며 도리어 정확한 것이라고 생각한다.

따라서 이 경은 날뛰는 지혜를 가진 사람이 자신의 정당하지 못한 사상을 지키고 보호하는 것을 경고하는 것이다. 삿된 생각을 보호한다는 것은 날뛰는 지혜를 가진 사람이 자기의 단점을 보호한다는 것이다. 그의 이러한 삿된 생각은 자기 스스로는 삿된 생각이 아니라고 생각하는 것이다. 나는 정당하다고 말한다. 이 세계에는 총명하지만 도리어 총명으로 인해 그르치는 사람이 많고, 총명하므로 힘써 어리석은 일을 저지른다. 여기에 이르러 생각나는 격언이 하나 있다.

총명함은 곧 음덕의 도움이며

음덕을 지음으로써 총명한 길로 이끄네.

음덕을 짓지 않고 총명을 사용하면

총명함은 도리어 그 총명함에 의해 그릇되네.

聰明乃是陰騭助 陰騭引入聰明路

不行陰騭使聰明 聰明反被聰明誤

총명내시음즐조 聰明乃是陰騭助 ● 왜 금생에 총명한가? 그것은 당신이 전생에 덕행을 쌓았기 때문이며, 혹은 전생에 책을 많이 읽었거나, 혹은 불경을 많이 읽었기 때문에 금생에 총명한 것이다.

음즐인입총명로 陰騭引入聰明路 ● 당신은 무엇 때문에 총명한가? 그 것은 당신이 좋은 일, 착한 일을 많이 지었기 때문이다. 음즐(陰騭)이 란 사람이 보지 못하고 알지 못하게 하면서 좋은 일을 짓는 것을 말한다. 즉 음덕을 짓는 것이다. 이것이야말로 진정으로 착한 일을 하는 것이다.

불행음즐사총명不行陰騭使聰明 ● 지금 당신은 총명하기 때문에 일을 하지 않고 착한 일을 짓지 않는다. 오로지 당신의 작은 총명과 작은 지혜를 사용하는데, 이것은 참된 총명이 아니고, 작은 지혜일 뿐으로 당신은 근본을 망각하는 것이다.

총명반피총명오聰明反被聰明誤 ● 당신은 이러한 작은 총명으로 인하여 도리어 그 총명함 때문에 일을 그르치게 되는 것이다.

마치 중국 삼국시대의 조조(曹操)와 같은 것이다. 중국에 이런 말이 있다. "조조의 간사함은 귀신과 같고, 요임금의 지혜로움은 신과 같네[曹公奸似鬼 堯帝智如神]." 따라서 당신들 미국에서 어떤 사람이 지혜가 있으면 신선(神仙)이라고 말한다. Joe Miller는 항상 여러 사람들에게 이야기한다. "이 방장(方丈)은 바로 God이며, 바로 신선이다." 사실 나는 신선이 되기를 원하지 않는다. 신선이 되어 무엇 하겠는가! 그는 이렇게 말하는 것이 나를 찬탄하는 것이라고 생각하는데, 나는 이렇게 하는 것이 나를 훼방하는 것이라 생각한다. 이 신이라는 것을 당신은 높은 것이라고 여기지 말아야 한다. 불교에서는 신은 매우 작은 존재이다. 천상의 신은 모두 삼보를 옹호하며, 불법승을 호지(護持)하니 그는 단지 불교의 하나의 호법이 될 수 있는 것이다.

날뛰는 지혜를 가진 사람은 전도된 일을 저지를 수 있으며, 정당하지 못한 일을 하면서도 그는 그것이 옳다고 생각하는 것이다. 심지어 그는 사람을 죽이고도 이렇게 말한다. "만약 이 사람을 내가 죽이지 않으면 그는 다른 사람을 죽일 거야! 그래서 내가 그를 죽여서 그가 남을 죽이지 못하도록 하는 거야!" 당신은 이렇게 말하는 것이 맞다고 생각합니까? 이러한 견해가 바로 날뛰는, 미친 지혜[狂慧]라고 부르는 것이다. 이것이 바로 삿된 생각[邪思]이라고 한다. 본래 그는 옳지 않은 것을 도리라고 이야기하는데, 이런 것을 삿된 생각이라고 한다.

이 『능엄경』은 이러한 사람이 삿된 생각을 보호하지 못하도록 경고하는 것이며, 허물을 뉘우쳐 새로운 사람이 되어 자기가 옳다고 생각하지 않기를 바라는 것이다. 이것이 날뛰는 지혜를 경계하고, 삿된 생각을 막는 것이다. 세간에는 총명한 사람이 많이 있지만 그들이 저지르는 일은 모두 정당하지 못한 것이다. 이것을 날뛰는 지혜라고 한다. 따라서 능엄경은 날뛰는 지혜를 가진 사람을 바로 잡아 바른 길에

들도록 하며, 바른 생각, 정당한 사상으로 돌아오게 하는 것이다.

(3) 참된 마음을 가리키고 근본의 성품을 드러내다

『능엄경』은 직지인심(直指人心)하여 견성성불(見性成佛)하게 하는 경전이다. 사람의 어떤 마음을 바로 가리키는가? 사람의 참된 마음을 가리킨다. 사람의 참된 마음은 어떤 것인가? 당신은 사람의 참된 마음을 볼 수 없다. "나에게 마음이 있는데 나는 그 마음을 볼 수 있다."고 한다면, 당신이 볼 수 있는 그 마음은 어떤 모습인가? "내 몸 속에 마치 거꾸로 건 연꽃 모습과 같은 마음이 있다는 것을 안다."고 대답한다면 그것은 당신의 참마음이 아니다. 그것은 단지 당신의 육단심(肉團心)[2]이다.

이 육단심은 결코 무슨 작용을 가지는 것이 아니고 단지 당신의 생명을 유지하여 생존하게 할 따름이니, 그것은 결코 당신을 지배할 수 있는 것이 아니며, 당신으로 하여금 모든 마음을 진정으로 알 수 있게 하는 것이 아니다. 무엇 때문인가? 만약 이 마음이 당신의 참마음이라면 당신이 죽어도 이 마음은 없어지지 않아야 할 것이다. 이 사람은 여전히 여기에 있을 것이며, 이 마음은 여전히 당신의 뱃속에 있을 것이기 때문에 어째서 그것은 당신을 지배할 수 없는가? 이것은 매우 명백하게 이 육단심은 당신의 진심이 아니기 때문이다.

그러면 참마음[眞心]은 당신이 본래 가지고 있는 불성(佛性)이기 때문에 당신의 근본 성품을 드러내는 것이다. 본래 가지고 있는 불성은 어디에 있는가? 본래 가지고 있는 불성은 바로 당신 자신 속에 있다.

---

2) 사심(四心)의 하나. 심장을 말함. 육단심(肉團心) · 연려심(緣慮心) · 집기심(集起心) · 견실심(堅實心)이 사심이다.

밖에도 있지 않고 안에도 있지 않고 중간에도 있지 않다.『능엄경』에 상세하게 설명되어 있으니 잘 살펴보면 이러한 도리를 이해할 수 있을 것이다. 그러므로 능엄경의 십번현견(十番顯見)에서 보는 성품을 드러내었다. 이 보는 성품이 비로소 당신의 참마음이다.

이 능엄경은 바로 성품을 보는 것[見性]에 대하여 해설하고 있다. 따라서 이 경의 인연은 우리들 각자의 상주하는 참마음[常住眞心], 정명한 성품의 체[性淨明體]를 명확하게 가리켜 주는 것이다. 상주하는 참마음은 가지도 않고 오지도 않으며, 움직이지도 않고 변하지도 않는 것으로 그것은 변화가 없는 것이다. 따라서 이것이 항상 머무는 참마음[常住眞心]이다. 정명한 성품의 체[性淨明體]는 오염되지 않은 것이다. 따라서 이것은 우리들 각자의 본래 가지고 있는 참마음을 가리키며, 이 근본 성품을 드러내는 것이다. 이것이 세 번째의 인연이다.

(4) 성품의 정을 나타내고 진실한 증득을 권하다

정(定)을 닦는 수행법은 여러 가지가 있다. 외도도 자신들이 닦은 정이 있으며 그들도 선정을 닦는다. 하지만 이 선정도 천차만별이다. 따라서 반드시 바른 선정을 닦아야 하며, 삿된 선정을 닦아서는 안 된다. 외도와 소승이 닦는 선정은 일종의 삿된 선정이며 바른 선정이 아니다. 바른 선정이 아니기 때문에 아무리 닦아도 성스러운 과를 이루지 못하는 것이다. 왜 성스러운 과를 이룰 수 없다고 하는가? 성품의 정[性定]이 아니고 삿된 정[邪定]이기 때문이다. 무엇을 성품의 정[性定]이라고 하는가? 이 성품의 정은 내가 말하는 이 두 구의 말은 매우 중요한 것이니, 여러분은 마땅히 기록해 두어야 할 것이다.

성품의 선정력으로 마를 조복하면 나날이 즐겁고

허망한 생각 일어나지 않으면 곳곳이 편안하네.

性定魔伏朝朝樂 妄念不起處處安

우리들이 수행을 하는데 왜 마의 장애가 있고, 업의 장애가 나타나는가? 그것은 우리들의 성품에 아직 선정이 없기 때문이다. 성품이 만약 고요하게 정하다면 어떠한 마도 모두 항복할 것이다. 당신은 왜 이러한 모든 마를 굴복시킬 수 없는가? 그것은 당신의 성품에 고요한 선정이 없기 때문이다.

마가 일어나는 데는 여러 종류가 있다. 『능엄경』에서는 오십 가지의 음마(陰魔)를 설명하고 있는데, 사실 마의 종류는 무수하게 많다. 크게 보면 천마(天魔), 지마(地魔), 인마(人魔), 귀마(鬼魔), 요마(妖魔)가 있다.

천마(天魔)는 천상의 마왕인데, 당신의 선정을 어지럽힌다. 지마(地魔)는 지상에 거주하는 마이고, 사람의 마도 있는데 그것들도 역시 당신의 선정을 어지럽힌다. 또 귀신의 마도 당신의 선정을 어지럽히며, 요괴의 마도 와서 당신의 선정을 어지럽힌다. 무엇 때문에 이러한 마들이 당신의 선정을 어지럽게 하려고 하는가?

왜냐하면 우리들이 부처님에게 귀의하기 전에는 모두 마왕과 한 가족이었고 같은 권속이었기 때문이다. 그런데 당신이 지금 그들과 분가하려고 하는 것이다. 선정을 닦아서 생사를 끝내고 윤회에서 벗어나려는 것이 바로 그들과 분가하는 것이다. 그러나 마왕은 당신에 대한 애착을 끊지 못하고 당신을 떠나보내지 않으려는 것이다. 그래서 마가 와서 당신의 정신을 어지럽힌다.

만약 당신에게 선정력이 없으면 마의 경계에 끄달려서 마와 함께 가게 된다. 그러나 선정력이 있으면 여여부동(如如不動)하고 항상 밝게 깨어있어[了了常明] 마를 따라가지 않을 것이다. 여여부동한 이것이 바로 선정의 힘이고, 항상 밝게 깨어있는 것이 바로 지혜의 힘이다. 당신에게 정과 혜의 힘이 있으면 어떤 마가 오더라도 당신을 움직이지 못할 것이다. 만약 당신에게 선정의 힘도 없고 지혜의 힘도 없으면 마와 함께 달아날 것이다. 어디로 달아가겠는가? 마의 고향으로 달아나서 마의 아들, 마의 손자가 될 것이며, 돌고 돌면서 생사의 세계에서 윤회할 것이다. 따라서 이것은 매우 위험한 것이다.

외도도 선정을 닦지만, 성품의 정은 알지 못하기 때문에 지엽적인 데서 시작하고 이 몸뚱이상에서 공부한다. 처음부터 이 식 즉 심의식(心意識)을 자신의 참마음이라고 여기기 때문에 잘못 닦는 것이다. 당신이 도를 닦을 때 조금의 적멸한 경계가 나타나게 되지만, 그 경계는 모두 실재하는 것이 아니다. 실재하지 않는다는 것은 마치 돌멩이가 풀을 누르고 있으면 잠시 동안 자라지 못하지만, 돌멩이를 치우면 여전히 풀이 잘 자라는 것과 같다. 그들 외도와 소승이 강제적인 방법을 사용해서 망상이 일어나지 못하게 하는 것은 마치 돌멩이가 풀을 누르고 있는 것과 같다. 이것은 완전하고 철저한 방법이 아니기 때문에 생사를 마칠 수 없으며, 망상의 뿌리를 자르지 못하기 때문에 윤회에서 벗어날 수 없다.

선종(禪宗)에서는 "염불하는 자가 누구인가?"와 같은 화두를 참구하여 깨닫게 한다. 이러한 화두가 바로 일체의 법을 쓸어 없애고 일체의 상을 떠나게 하는 것이다. 염불하는 자가 '누구인가'를 찾는 것은 이 망상의 뿌리를 철저하게 잘라내는 것이다.

어느 날 당신은 확철히 깨닫게 될 것이며, 활연히 관통할 것이다.

확철히 깨달은 후에 당신은 비로소 콧구멍이 위로 뚫렸는지, 아래로 뚫렸는지 알게 될 것이다. 지금 당신은 콧구멍이 위로 뚫렸는지, 아래로 뚫렸는지 알지 못한다. 당신이 만약 콧구멍이 위로 뚫렸는지, 아래로 뚫렸는지 알게 된다면 그것은 깨달을 방법이 생긴 것이다. 콧구멍이 위로 뚫렸는지, 아래로 뚫렸는지의 문제는 당신이 깨달아야 비로소 알 수 있는 것이다.

부처님 당시 인도에는 외도들이 많이 있었는데 그들은 깨달음을 이야기하지 않고 무엇을 배웠는가? 소를 배우고 개를 배운 것이다. 왜 소를 배우고 개를 배웠는가? 왜냐하면 그 외도들이 가끔 선정에 들어서 소가 천상에 태어나는 것을 보고는 "아! 소가 하늘에 태어났구나. 나는 소의 행동을 배워야지." 하고 생각하게 되었다. 그래서 소가 풀을 먹고 잠자는 모양을 배우며, 집 밖에 있는 외양간에서 살게 되었다. 그곳에 머물면서 당연히 소가 잠자는 모습을 배우곤 하였다. 잠이 오지 않으면 선정도 조금 닦았지만 결과적으로 그들은 성공하지 못하였다. 이것도 일종의 삿된 선정이다.

또 어떤 외도는 꿈을 꾸었는데 꿈에 개가 하늘에 태어나는 것을 보았다. 그래서 그는 "이런 개의 모습으로 하늘에 태어나는구나. 나는 개를 배워야겠군." 하고 생각하였다. 그는 개가 집을 지키는 것을 배우고 개가 음식을 먹는 것을 배우는 등 모든 행동에서 개를 모방하면서 배운 것이다. 이것은 모두 일종의 외도법을 닦는 것이다. 개가 먹지 않으면 그도 먹지 않고, 소가 먹지 않으면 그도 먹지 않았다. 결과적으로 그들은 어느 누구도 성공하지 못하였다.

또 오래 수행한 어떤 사람은 외도법을 닦는데 무상정(無想定)을 닦았다. 무상정은 아무것도 생각하지 않는 것이다. 그는 망상을 지어도 망상을 짓지 않는 것으로 생각하고, 아무것도 생각하지 않으면서 단지 왔다 갔다 하면서 무상천에 태어나려고 생각하였다. 결과는 어떠한가? 무상천에 태어난다고 해도 그 후에 인간 세상에 다시 떨어진다. 그러므로 이 모든 것이 삿된 선정이다. 삿된 선정은 바로 외도의 법을 닦는 것이다. 완전하지 못한 외도의 법문은 처음부터 배워서는 안 되는 것이다.

그러나 당신이 자기의 성품으로부터 자성을 닦는다면 이것은 근본으로부터 시작하는 것이다. 당신이 망상심으로 불법을 닦는다면 아무리 열심히 수행해도 마치 모래를 쪄서 밥을 만들려고 하는 것과 같아서 항하사 겁을 수행해도 생사의 윤회에서 벗어나기 어렵다. 당신은 항하사 겁의 그렇게 오랜 세월을 수행해도 성불할 수 없을 것이다.

그러므로 수행은 반드시 진정한 밝은 스승을 만나야 하며, 그래야 비로소 진정한 선정력을 얻을 수 있다. 그런데 당신이 진정으로 선정을 얻으려고 하면 반드시 마의 장애가 있게 된다고 말하였다. 그렇다. 갖가지 마가 생기게 된다. 어떤 것은 바깥에서 오기도 하지만, 스스로의 마음에서 생기는 마도 있다. 자기 마음속의 심마[自心魔]가 가장 조복받기 어렵다. 밖에서 온 마는 항복받기 쉽지만, 자신의 마음속에서 나온 마는 항복받기 쉽지 않다. 가장 항복받기 어려운 마가 있는데, 어떤 마일까? 그것은 병의 마[病魔]이다.

내가 젊을 때 불법을 닦으면서 나 스스로를 대단하다고 여기면서 매우 자만해서 아무 말이나 함부로 하였다. 무슨 말을 함부로 하였는가? 보통 사람들은 모두 마가 두렵다고 하는데, 나는 오히려 "마가 나를 겁낸다."는 말을 하고 다녔다. 생각해 보라. 이 얼마나 함부로 지껄인 말인지. 천마, 지마, 귀신마, 인마 등 어떠한 마를 불문하고 나는 겁이

나지 않는다고 말했다. 그런 말을 하고 나서 내가 어떻게 되었겠는가.

곧 바로 마가 나를 찾아왔다. 어떤 마가 왔는지 아는가? 병마(病魔)가 온 것이다. 병마가 오자 어떻게 되었겠는가? 이번에는 나도 마가 겁이 났다. 마가 나를 두려워한 것이 아니라 내가 이 병의 마를 두려워하게 되었다. 병이 한번 오자 마치 족쇄를 찬 것처럼 행동도 부자유스럽고 몸이 말을 듣지 않았다. 하루 종일 침대에 누워 물도 못 마시고 밥도 못 먹었다. 그제서야 내가 말을 잘못했다고 생각했다. "지금 병마가 나를 찾아왔는데 전혀 저항할 수 없구나." 그때가 내 나이 대략 17, 8세 때였다.

이 병의 상태가 어떠했느냐 하면 아무것도 모르고 숨만 한 가닥 붙어 있고 곧 죽을 것만 같았다. 그러나 죽으려 해도 죽지 못하고 있을 때 다른 경계가 생겨났다. 무슨 경계였는가? 동북 지방에 왕씨 성을 가진 효자가 세 분 있었는데, 그 중 두 분은 출가 수행자였고, 한 분은 재가 수행자였다. 출가한 두 분 중 한 분은 도교의 수행자였고, 다른 한 분은 불가에 귀의한 스님이었다. 그리고 출가하지 않은 분은 나이가 많은 노인이었는데, 그 세 분이 함께 나를 찾아오셔서 데리고 가는 것이었다. 나를 밖으로 데리고 나가 그들과 함께 놀았다. 나는 그분들을 따라 나갔는데, 매우 이상한 일이 생겼다.

문을 나가서 걸으려고 하는데 발이 땅에 닿지 않았다. 비행기를 탄 것도 아니고 구름을 탄 것도 아니었는데, 허공에서 달리는 것이었다. 걸을 때도 집의 꼭대기에서부터 걸었는데, 아래를 보니 집들이 매우 작게 보였고, 많은 사람들이 보였다. 어디로 갔는가? 많은 절과 명산대천을 다녔다. 중국의 오대산, 아미산, 구화산과 보타산 등 4대 성지를 모두 돌아보았다. 가는 곳마다 많은 사람들이 보였으며 많은 절

들을 보았다. 중국뿐만 아니라 외국의 여러 곳에도 가 보았다. 머리가 흰 사람, 눈썹이 흰 사람, 푸른 눈의 외국인 등 많은 사람들을 보았다. 마치 영화를 보는 것과 같았다. 한 장면을 보면 다시 한 장면이 오곤 하였다. 나는 그 세 분과 함께 세상의 곳곳을 보고 돌아왔다.

내 방으로 돌아와 보니 그곳에 또 다른 내가 있는 것이 아닌가? 또 다른 내가 있다는 것을 느끼면서, 두 개의 내가 다시 하나로 합쳐지는 것이었다. 하나로 변하자 곧 호흡을 하면서 움직이게 되었다. 당시 나의 부친이 내 곁에 있었고 모친도 옆에 있다가 나를 보고 말하였다. "죽지 않고 살아났어." 그러자 내가 병이 들었다는 것이 생각났다. 내가 이미 7, 8일 동안 말도 못하고 인사불성이 되어 누워 있다가 이제야 정신을 차리고 일어났다고 부모님이 말씀하셨다.

이런 일을 겪고 난 후 살아도 죽은 사람으로 변했다. 나는 스스로 내가 이미 죽었다가 지금 다시 태어난 사람이라고 생각하였다. 그 이후 나는 이전처럼 그렇게 날뛰지 않고 "나는 마가 두렵지 않고 마가 나를 겁낸다."는 등의 허튼 소리를 하지 않게 되었다. 여러분도 이런 말을 함부로 하지 말아야 한다. "나는 아무것도 두렵지 않아!" 이런 말을 하면 안 된다. 당신이 아무것도 두렵지 않다고 하면 앞으로 두려운 일이 생길 것이다. 그러면 "나는 모든 게 겁나!" 이렇게 말하는 것도 맞지 않다. 결론적으로, 이런 말은 하지 말아야 한다. 이런 말은 아무 쓸 데가 없는 말이다.

그 당시에 또 하나 이상한 일이 있었다. 그때 나는 수행을 하면서 나 스스로 공부가 좀 되었다고 생각했다. 내가 동북 지방에 있을 때 아직 병이 나기 전에 도덕회(道德會)에서 일했다. 도덕회에서 무슨 일을 하였는가? 도덕을 강의하고 인의(仁義)를 말하면서 사람들에게 선행을 하라고 권하였다. 남들에게 착한 일 하기를 권하면서 나 자신도 좋은 일을 하였다. 그때 책에서 장아헌(張雅軒)이라는 사람의 선행 이야기를 보았다.

그래서 나는 원을 발했다. 무슨 원을 발하였는가? 나는 하늘을 향하여 말했다. "하늘이시여, 하늘이시여, 장아헌의 이 일을 저는 반드시 배우겠습니다." 말을 마친 후 곧 후회했다. "내가 그를 배워 무슨 소용이 있는가?" 이 말을 한 후 어떻게 되었는가 생각해 보라. 정말 이상하게도 그날 저녁에 마의 시험을 만나게 되었다. 마가 와서 나를 시험한 것이다. 내가 장아헌을 본받을 수 있는지 없는지를 말이다. 이때 나는 사람이 원력을 세우면 아무도 모르게 보살께서 시험한다는 것을 알게 되었다. 그러니 함부로 자만에 가득 찬 말을 해서는 안 된다. 누구든지 "나는 이것이 좋다."거나 "나는 이것이 싫다."는 말을 해서도 안 될 것이다. 결국은 의미가 없는 말은 해서는 안 된다는 것이다.

그러면 어떻게 해야 하는가? 일심으로 도를 닦는 것이다. 이 성품의 정을 닦으면서 실제로 증득해야 하는 것이다. 실제로 증득한다는 것은 허망한 것이 아니다. 이것은 허망한 것과는 같지 않다. 허망한 것은 이런 것이다. 당신이 망상을 지으면서 생각하기를 "아, 나는 성불했어!" 그래서 좌선 중에 스스로 자신의 몸을 부처님의 모습처럼 느끼고 방광하며 땅이 진동한다고 느낀다. 사실 이런 일은 없는 것이며 허망한 것이다. 또 이것은 과(果)를 증득한 경계가 아니다. 어떤 때는 또 "나는 이번 좌선에서 부처님께서 오셔서 나에게 수기를 주시는 것을 보았어."라고 망상을 한다. 그러나 이것도 실재하는 것이 아니며, 이런 것은 모두 허망한 것이고, 과를 증득한 것이 아니다.

우리들이 지금 열심히 수도하는 과정에서 긴요한 관문을 만날 때마다 마의 시험이 있을 것이다. 당신의 공부가 아직 현전하지 않을 때, 어떤 진보가 없을 때는 마의 시험은 없을 것이다. 당신이 조금 공부가 되면 곧 마의 시험이 따라올 것이다. 마의 시험이 왔을 때 만약 당신이 알아차리지 못하면, 마를 따라 마의 권속으로 들어가게 될 것이다.

그러므로 당신이 만약 실증(實證)을 구하려면 반드시 성품의 정을 닦아야 할 것이다. 당신이 성품의 정을 닦아 공부가 있게 되면 당신의 성품은 요동하지 않을 것이며, 선정력이 생기게 된다. 그때가 되어야 당신이 증득한 과도 자연히 진실한 것이 된다. 만약 당신이 마에 움직인다면, 진정한 정이 아니고 외도의 삿된 정으로 변하게 된다. 외도의 삿된 정으로는 불과(佛果)를 증득할 수 없다.

앞에서 외도가 소가 하늘에 태어나는 것을 보고 소를 배우고, 개가 하늘에 태어나는 것을 보고 개를 배웠다고 하였다. 그런데 소가 어떻게 하늘에 태어날 수 있는가? 개가 어떻게 하늘에 태어날 수 있는가? 이 소는 전생에 십선(十善)을 닦았으나 십선을 닦기 전에 많은 나쁜 일을 저질렀기 때문에 그 과보로 소의 몸으로 떨어진 것이다. 소의 과보를 다 받은 후에는 전생에 지은 열 가지 선행 때문에 마땅히 하늘에 난 것이다. 개도 또한 이와 같은 것이다. 따라서 외도는 소의 전생을 알지 못하고, 단지 현생만 보고 소가 하늘에 태어났다고 생각한 것이다. 그래서 그는 맹목적으로 소와 개의 행위를 배운 것이며 결과적으로 성취한 게 아무것도 없었으며, 실증을 얻지 못하고 진정한 이익을 얻지 못한 것이다.

이러한 실증은 바로 실제적인 증득을 말한다. 무엇을 증득하는가? 자기가 본래 가지고 있는 지혜, 본래 가지고 있는 선정력을 증득하는 것이다. 소위 정혜원명(定慧圓明)이라고 하는데, 정은 혜를 돕고, 혜는 정을 도와, 상호 원융무애(圓融無礙)하게 되며, 참된 적멸의 이체(理體)를 증득하고, 자기의 참마음을 얻게 되는 것이다. 이것이 실증을 이 야기한 것이다.

(5) 전도된 생각을 없애고 미세한 번뇌를 제거하다

무엇을 전도된 생각이라고 하는가? "당신은 정말 전도되었군요." 라고 할 때 이것은 그 사람이 전도된 것이 아니라 그의 생각이 전도되었다는 말이다. 따라서 아난 존자가 마등가의 집에서 부처님 계신 곳으로 돌아왔을 때 곧 부처님께 정례하며 머리를 조아리며 말하였다.

'묘담총지부동존(妙湛總持不動尊)' 총지는 다라니를 말한다. 부동존은 능엄정을 표현하는 것으로 이 정을 부동존이라고 말한다. 묘담총지부동존은 합해서 말하면 석가모니 부처님을 가리킨다.

'수능엄왕세희유(首楞嚴王世稀有)' 능엄정이 세간에서 가장 희유한 것이라는 말이다. 어째서 희유하다고 하는가? '소아억겁전도상(銷我億劫顚倒想)' 할 수 있기 때문이다. 즉 내가 무량무변의 오랜 세월 동안 쌓아온 전도된 생각을 없앨 수 있다는 것이다. 도대체 무엇을 전도된 생각이라 하는가? 우리 세상 사람들이 생각하는 모든 것이 전도된 생각이다. 당신이 망상을 지으면 그것이 전도된 생각이다. 이『능엄경』의 공용은 우리들 각자의 전도된 망상을 없앨 수 있는 것이다.

미세한 번뇌를 제거한다는 것은 미세하여 눈으로 보이지 않고 귀로 들을 수 없고 마음으로 생각해 낼 수 없는 그러한 번뇌를 모두 제거한다는 것이다. 한 생각이지만 느끼지 못하는 사이에, 세 가지의 미세한 번뇌를 낸다. 한 생각하는 동안은 아주 짧은 시간이다. 이렇게 짧은 시간에 세 가지 종류의 미세한 번뇌가 생긴다는 것이다. 무엇과 같은가? 이 번뇌는 먼지에 비유할 수 있다. 방 안 가득 먼지가 있어도 많은 먼지가 거울에 붙어야 눈으로 볼 수 있지만, 조금만 붙었을 때는 잘 보이지 않는다. 먼지가 거울에 많이 앉으면, 거울이 물체를 잘 비추지 못한다. 우리들의 미세한 번뇌도 먼지가 거울에 내려앉는 것과 같다. 본래 우리의 자성(自性)은 밝은 거울과 같은 것이다. 대원경지(大圓鏡智)라는 것은 밝은 거울과 같은 지혜를 말한다. 그러나 이러한 미세한 번뇌가 일어나면 밝은 거울을 가로막게 되고, 갈수록 두터워진다. 신수 대사가 이렇게 게송을 읊었다.

몸은 보리의 나무요
마음은 밝은 거울과 같구나.
시시때때로 부지런히 털어내어야
거울에 먼지가 끼지 않네.
身是菩提樹 心如明鏡臺
時時勤拂拭 勿使惹塵埃

어떤 사람은 이 게송이 틀렸다고 말하는데, 나는 옳다고 생각한다. 무엇 때문인가? 이 몸은 보리의 종자이니, 보리수(菩提樹)와 같다고 비유한 것이다. 사람의 마음은 마치 밝은 거울과 같으니 시시때때로 닦아내야 한다. 항상 수행해야 한다는 말이다. 당신은 먼지가 거울에 앉지 않도록 해야 한다는 말이다. "오늘 닦고 내일 털어내고, 닦아내고 털어내어 밝은 거울과 같게 해야 한다." 당신은 먼지를 닦아내면 거울의 광명은 더욱 빛난다. 바로 미세한 번뇌가 없다는 것이다. 그래

서 "시시때때로 부지런히 털어내어야 거울에 먼지가 끼지 않네."라고
한 것이다. 이것도 맞다. 깨닫기 이전의 사람은 이런 도리를 준수해야
한다. 그러나 육조 혜능 대사는 이렇게 말하였다.

> 보리는 본래 나무가 아니며
> 밝은 거울 또한 대가 없구나.
> 본래 하나의 물건도 없는데
> 어느 곳에 먼지가 낄 것인가!
> 菩提本無樹 明鏡亦非臺
> 本來無一物 何處惹塵埃

혜능 대사가 말하기를 본래 보리수는 없으며, 밝은 거울은 밝은
거울이지만 대(臺)는 없다고 하였다. 먼지가 없는데 닦을 필요가 있겠
는가? 그러니 어디에 먼지가 앉을 것인가? 이 게송은 깨달은 사람은
다 아는 것이고 준수하는 것이다.

그래서 "한 생각이 나지 않으면 전체가 드러나고, 육근이 홀연
히 움직이니 구름에 가린다[一念不生全體現, 六根忽動被雲遮]."고 한 것이다.
일념이 생겨나지 않으면 불성이 현전하고 성품의 정이 나타나는 것
이다. 당신의 육근(六根)이 홀연히 움직이면, 즉 만약 당신이 눈·귀·
코·입·몸·뜻의 육근의 문에서 일을 행하면 마치 허공에서 구름이
일어나듯이 구름에 가린다는 것이다.

전도된 망상이 없어지고 미세한 번뇌가 제거되면 곧 빨리 부처
의 과를 이룰 수 있다. 하지만 애석하게도 우리는 성불하기를 원하지
않고 이 오탁악세에 머물기를 원한다. 이 세계에서 즐거움에 빠져 돌

아가는 것을 잊고 괴로움을 즐거움으로 착각하며, 깨달음을 등지고 번뇌와 합치니, 생사를 마치지 못하는 것이다. 그러면서 자기가 대단하다고 여긴다. 생각하기를 "봐, 나는 총명하고 아름답고 사람들이 모두 좋아한다. 사람들이 모르는 일을 나는 모두 알아."라고 생각한다. 실제로는 마치 거울 위에 먼지가 갈수록 쌓여 결국에는 조그마한 광명도 사라지게 된다. 지금은 당신이 총명하다고 느끼지만, 열 번 정도 윤회를 거듭하고 나면 돼지처럼 어리석게 변해 있을지 모른다. 우리들은 현생을 살면서 마땅히 주의해야 한다. 현생에서 우리가 내세에 갈 곳이 결정된다. 가는 곳을 분명히 알고 가야 비로소 방법이 있을 수 있다.

(6) 두 가지 문을 밝히고 지금과 후세를 이롭게 하다

두 가지 문이라는 것은 '평등문'과 '방편문'을 가리킨다. 평등문이란 진실의 법[實法]이고, 방편문이란 임기응변의 법[權法]이다. 진실의 법 속에서 이 임기응변의 법을 행하는 것이다. 임기응변의 법은 일시적인 법이며, 영원한 법이 아니다. 진실의 법이란 이 우주법계에 그대로 실재하는 법이며 영원불변한 법이다. 그러므로 이 법에는 권법과 실법이 있는 것이다. 방편법문이 바로 권법이며 권교방편의 법이다. 어떤 것을 권법이라 하는가?

예를 하나 들자면, 마치 석가모니 부처님께서 주먹을 쥐어서 어린아이를 제도한 이야기가 있다. 어떤 어린아이가 우물가를 기어가면서 우물 속으로 떨어지려고 하였다. 떨어지게 되면 물에 빠져 죽을 것이다. 석가모니 부처님께서 아이를 불렀지만 돌아오지 않고 계속 앞으로 가는 것이었다. 그래서 부처님께서는 "내 손에 사탕이 있다. 어

서 이리 오너라. 이 사탕을 너에게 주마." 하고 아이를 불렀다. 이 아이는 사탕을 준다는 말에 돌아왔다. 돌아와서 보자 실제로는 손 안에 사탕도 없고 아무것도 없었다.

그러면 이것은 부처님께서 거짓말을 하여 이 아이를 속인 것인가? 아니다. 이 아이가 우물 속으로 떨어지려고 했기 때문에 이런 방법을 쓰지 않으면 그를 돌아오게 할 수 없고 그러면 그는 우물에 빠져 죽을 것이기 때문이다. 그래서 빈주먹을 써서 아이를 구한 것이다. 주먹 속에는 아무것도 없었지만 부처님께서 사탕이 있다고 말하여 아이가 돌아오게 하였다. 그 아이는 왜 돌아왔는가? 사탕을 먹고 싶었기 때문이다.

그래서 모든 중생에게 이러한 법문을 사용하여 중생을 교화하신 것이다. 본래는 아무것도 없다. "여기 보배가 있다. 내가 있는 이곳으로 오너라. 그러면 이 보배를 줄게. 이곳에는 가치를 헤아릴 수 없는 보배가 많아. 그리고 좋은 게 무엇이든 있어."라며 중생을 부른 것이다. 왜냐하면 중생은 탐내는 마음이 있기 때문에 좋은 것이 있다고 하면 곧 오게 된다. 이렇게 부르는 것은 결과적으로 방편법문인 것이다. 권교방편으로 중생을 제도하는 것이 방편법문이다.

지금과 후세를 이롭게 한다[利今後]는 것은 지금과 미래의 중생들이 모두 이익을 얻을 수 있으며, 법의 관정을 받을 수 있다는 것이다. 그래서 두 가지 문을 밝히고 지금과 후세를 이롭게 한다[明二門, 利今後]는 것이다.

이러한 여섯 가지의 인연 때문에 석가모니 부처님께서 『능엄경』을 설하셨다. 능엄경을 설하시면서 이와 같은 평등법문과 방편법문을 사용하였다. 이 두 종류의 법문으로 일체중생을 교화하여 고통에서 벗어나 즐거움을 얻게 하신 것이다. 고통에서 벗어나 즐거움을 얻는다는 것은 바로 장래에 성불의 과를 증득하게 된다는 것이다. 이것이 『능엄경』이 중생을 이롭게 하는 도리이다. 이 여섯 가지의 인연이 있기 때문에 부처님께서 능엄경을 설하셨다.

3) 장(藏)과 승(乘)의 분류

세 번째 문은 장(藏)과 승(乘)이 어디에 속하는지를 논한다. 또한 장과 승의 분류라고도 말할 수 있다. 장(藏)은 경장과 율장과 논장을 말하며, 이것을 삼장(三藏)이라고 한다. 이 삼장은 또한 세 가지 무루학(無漏學)에 속한다. 세 가지 무루학은 바로 계(戒)·정(定)·혜(慧)이다. 경장은 정학(定學)에 속하며, 율장은 계학(戒學)에 속하며, 논장은 혜학(慧學)에 속한다. 중국의 경전에서 삼장법사라는 단어를 자주 보게 되는데 바로 이 삼장은 경장(經藏)·율장(律藏)·논장(論藏)을 말한다.

경장(經藏) 속에서 설명하고 분류하는 것은 정학(定學)이며, 그것이 강의하는 것은 대다수가 선정을 수행하는 법문에 속한다. 이『능엄경』은 바로 사람들에게 선정을 닦는 법을 가르치는 것이다. 앞에서 『능엄경』을 설한 인연에서 "성품의 정을 드러내고 진실한 증득을 권하다."를 설명한 것과 같이 이 경은 정학에 속하는 것이다. 그 중에는 또한 계학(戒學)도 겸하여 있다. 이 경전 속에는 또한 네 가지 근본 계율을 설명한 '사종청정명회(四種淸淨明誨)'가 있지 않은가? 이 경에는 또한 혜학(慧學)도 있지만 그렇게 많지 않다. 계학(戒學)과 혜학(慧學)이 많지 않기 때문에 이 『능엄경』은 정학에 속한다고 하는 것이다. 그리고 이 경전은 경장(經藏)에 속하며, 논장도 아니고 율장도 아니다.

무엇을 승(乘)이라고 하는가? 승(乘)이란 하나의 수레에 비유할 수 있다. 수레에는 큰 수레와 작은 수레가 있으며, 작은 수레는 단지 한두 사람이 탈 수 있을 따름이다. 이 소승은 보통의 작은 수레에 비유하여 탈 수 있는 사람이 많지 않으므로 소승(小乘)이라고 하는 것이다. 소승은 바로 성문(聲聞)과 연각(緣覺)을 말한다. 대승(大乘)은 보살승(菩薩乘)을 말하며, 보살승은 사람들을 많이 태울 수 있는 큰 수레를 비유한다.

그러면 이 『능엄경』은 대승경전에 속하는가, 소승경전에 속하는가? 이 경전은 보살법을 가르치므로 대승에 속한다. 어째서 이 경은 보살법을 가르친다고 하는가? 이것은 아라한들로 하여금 작은 데에서 큰 데로 향하게 하여 보살의 마음을 발하게 하고 보살도를 행하게 하기 때문이다. 아난 존자는 마등가라는 여자의 집에서 부처님 계신 곳으로 돌아와서 석가모니 부처님께 과거의 모든 부처님들께서 닦은 보리의 길을 가르쳐 주실 것을 청하였다. 이러한 법은 모두 보살들이 닦는 법이므로 이 경은 보살승에 속하며, 소승법에 속하는 것이 아니다.

4) 의리의 깊고 얕음

네 번째는 의리의 깊고 얕음에 대하여 설명하고자 한다. 이 경의 의리는 결국에 설명하는 것이 깊은 것인가, 얕은 것인가? 이 경에서 이야기하는 도리는 어느 가르침에 속하는가?

천태종의 분류에 따르면 모든 경전을 장교(藏教) · 통교(通教) · 별교(別敎) · 원교(圓敎)로 나눈다. 장교는 소승의 법문이며, 삼장교(三藏敎)에 속한다. 이 삼장교가 말하는 것은 어떤 경전인가? 그것은 아비달마(阿毗達磨)이며 『아함경(阿含經)』이라고도 한다. 아함은 인도어로서 중국어로 번역하면 무비법(無比法)이라고 한다. 비록 비할 바가 없는 법이지만 천태종의 가르침에 따르면 소승교에 속한다. 따라서 이 아함경은 삼장교라고 부른다.

삼장교의 후에 통교가 있다. 통이란 통달하다는 뜻이며, 앞으로는 삼장교에 통하고, 뒤로는 별교에 통한다. 전후로 통하므로 통교라고 한다. 통교의 뒤에는 별교가 있다. 즉 특별한 가르침이라는 것이다. 어째서 특별한 가르침이라 하는가? 그것은 앞의 통교와도 같지 않고, 뒤의 원교와도 같지 않다. 그래서 그것은 특별한 것이다. 별교의 뒤에는 바로 원교이다. 장 · 통 · 별 · 원은 천태종에서 말하는 네 가지 가르침이다.

그러면 현수종(賢首宗)의 가르침에 따르면 이 경의 교리는 어느 가르침에 속하는가? 현수종에서는 다섯 가지 가르침[五敎]을 이야기한다. 무엇이 다섯 가지 가르침인가? 그것은 소교(小敎) · 시교(始敎) · 종교(終敎) · 돈교(頓敎) · 원교(圓敎)이다. 소교(小敎)는 천태종에서 분류하는 장교이며, 시교(始敎)는 천태에서 말하는 통교와 별교이며, 종교(終敎) · 돈교(頓敎) · 원교(圓敎)는 모두 천태에서 말하는 원교에 포함된다. 따라서 이 오교와 사교는 명칭은 같지 않지만 이론은 같은 것이다.

그리고 시교는 대승교의 시작이다. 소승의 가르침은 단지 인공(人空, 즉 내가 공하다는 무아의 경지)은 알지만 법이 공한 도리(法空)는 알지 못한다. 사람은 공하다는 것은 알지만 법은 아직 공하지 못하므로 법에 대하여 여전히 일종의 집착을 가지고 있다는 것이다. 종교는 이미 대승의 가르침 속으로 들어가 사람이 공한 도리를 알며, 법이 공한 도리도 안다. 사람도 공하고 법도 공하여 사람과 법이 모두 없다[人法雙亡]는 것이다. 이것은 대승의 도리에 속한다.

사람과 법이 모두 없다[人法雙亡]는 것을 설명하니, 하나의 이야기가 생각난다. 석가모니 부처님께서 세상에 계실 때 자주 공양을 베풀기를 청하는 사람이 있었다. 즉 부처님을 청하여 공양을 하는 것이다. 부처님께서는 공양을 다 마친 후 주인에게 법을 설하신다. 주인이 부처님께 절한 후 법을 설하실 것을 청하는 것이다. 만약 부처님께서 안계시면 부처님의 제자, 나한(羅漢)을 청한다. 공양을 마친 후에는 또한 설법을 요구하는 것이다.

어느 날 부처님과 모든 대비구들이 모두 공양에 응하여 외출하고 사원에는 어린 사미 한 명만이 남게 되었다. 그런데 이 사미가 사원 입구를 보니 또 한 분의 시주가 재(齋)를 청하기 위하여 들어왔다. 그 시주는 공양을 청하려고 왔으나 절에는 단지 어린 사미 한 명이 있는 것을 보고 이 시주가 말하였다.

"당신은 사미군요. 괜찮습니다. 나는 당신을 청하여 공양을 올리고자 하오니 응해 주시기 바랍니다. 지금 저와 같이 갑시다!"

이 사미는 마음을 졸이며 따라갔다. 어째서 마음이 조마조마한 것인가? 그는 아직 자기가 공양에 응하여 간 적이 없으며 모두 비구스님들과 같이 간 것이다. 지금 다른 사람의 공양에 응하여 가는데, 그곳에서 어떤 설법을 해 주어야 할지를 몰랐다. 그리고 어떻게 설법하는지도 모르는 것이다. 그래도 따라 간 것이었다.

이 시주는 성심성의껏 그에게 공양을 올렸다. 식사를 마친 후 시주는 매우 공경스럽게 이 어린 사미에게 법을 구하기 위하여 큰절을 하면서 그가 법을 설하기를 기다렸다. 이 사미는 좌석에서 이 분이 큰 절을 한 후 그곳에서 몸을 일으키지 않고 머리를 숙이고 있는 것을 보았다. 여러분은 이 사미가 어떻게 했을 것이라 생각합니까? 사미스님은 설할 무슨 말이 없어 살며시 법석에서 내려와 도망을 갔다. 부처님께서 머무시는 기수급고독원으로 달려온 것이다. 공양을 마치고 설법도 해 주지 않고 도망을 왔으니 마음속으로는 매우 부끄럽고 쑥스러움을 느꼈을 것이다.

공양을 올린 이 시주는 그곳에서 한참을 꿇어앉아 머리를 숙이고 있는데, 아무런 말이 없어 "이 사미스님은 무슨 법을 설하실까?"라고 생각하면서 몰래 고개를 들어보니 법석에는 아무도 없는 게 아닌가! 사미스님이 없어진 것이었다. 그는 사미스님이 없음을 보고 그 자리에서 깨달은 것이다. 무슨 깨달음을 얻었는가 하면 사람도 공하고[人空] 법도 공한[法空] 도리를 깨달은 것이다. 사람도 없고 법도 없구나. 그는 말하였다. "아, 원래 이렇구나!"라고 깨달은 것이다. 단지 깨달은 것만으로는 안 되고 반드시 증명(인가)을 받아야 한다. 그래서 그는 기수급고독원으로 달려가 그 사미스님을 찾으러 갔다.

이 사미스님은 사원의 자기 방으로 돌아와서는 문을 꼭 잠그고 숨었다. 왜 문을 잠근 것인가? 그는 시주가 그를 찾아와서 설법의 빚을 요구할까 두려웠다. 다시 그를 찾아 설법을 요구해도 그는 설할 법이 없었다. 그래서 문을 잠그고 숨은 것이다. 하지만 얼마 지나지 않아서 과연 그분이 찾아 온 것이었다. 그분은 문을 두드렸지만 스님은 감히 소리를 내지 못하고 전전긍긍하였다. "이 일을 어떻게 하나? 남의 공양을 먹고 지금 법을 설하라고 요구하니 이것을 어떻게 할까?" 이렇게 그는 조급해 하였다. 어린 사미는 막다른 골목에 몰리자 급한 나머지 그도 깨달은 것이다. 두 사람이 함께 깨달은 것이다. 이 사미도 사람도 공하고[人空] 법도 공한[法空] 도리를 깨달은 것이다.

따라서 무슨 인연이 있었는지 모르지만, 혹은 당신도 급한 나머지 깨달을 수도 있을 것이며, 혹은 너무 기뻐서 깨달을 수도 있을 것이며, 혹은 어떤 경계가 와서 부딪치면서 깨달을 수도 있을 것이다. 그러므로 이 깨달음에는 같은 인연이 아니다. 어떤 사람은 바람 소리를 듣고 깨달으며, 어떤 사람은 흐르는 물소리를 듣고 깨달으며, 어떤 사람은 풍경이 울리는 소리를 듣고 깨달으며, 혹은 종소리를 듣고 깨닫기도 한다.

그러면 어떤 사람은 이렇게 말할 것이다. "나는 이렇게 많이 듣는데, 어째서 아직 깨닫지 못합니까?" (선화 상인께서 종을 치면서) 지금 이 소리를 듣고 깨달음이 있습니까? 그래서 이 깨달음은 때가 이르기를 기다려야 한다. 마치 밥을 짓는 것과 같이 밥이 익었을 때 비로소 먹을 수 있는 것과 같은 것이다. 당신이 깨닫는 데에도 또한 기연(機緣)이 성숙되기를 기다려야 한다. 부딪치고, 만나는 등 혹은 어떤 인연을 만나면 모두 깨달을 수 있을 것이다.

이전에 중국의 역대 조사(祖師)들이 깨닫는 모습은 수없이 많으며, 같은 인연이 아니다. 따라서 당신이 단지 전심전력으로 수행하고 불법을 연구하면 언젠가는 깨달을 날이 있을 것이다. 당신이 지금 만약 깨닫게 되면 더욱 좋을 것이다. 깨닫지 못하면 먼저 천천히 기다려야 하며, 초조해 하지 말아야 한다. Loni(果逸)는 조급해하지 않으므로 잠을 잘 자며, 언제나 잠을 자려고 한다는 것을 나는 안다. 왜냐하면 조급해하지 않기 때문에 잠을 자려고 하는 것이다.

종교(終敎)는 사람이 공한 것도 깨닫고 법이 공한 것도 깨닫는데,

이것은 대승의 가르침의 바다에 도달한 것이다. 이 종교는 아직 구경에 이르렀다고 할 수 없으며, 종교보다도 한 단계 더 높은 돈교(頓敎)가 있다. 이 종교는 보살의 법을 가르친다. 그리고 원교(圓敎)가 있는데, 이것은 일체의 모든 것이 원융무애(圓融無礙)하며, 본래가 부처이다. 『법화경』은 원교에 속하며 따라서 『법화경』에서 이르기를 "일체의 중생은 장래 모두 부처를 이룰 것이다."라고 하였으며, 그리고 "만약 사람이 산란심으로 탑이나 사원에 들어가 '부처님께 귀의합니다[南無佛]' 라고 한 번만이라도 말하면, 모두 불도를 이룰 것이다."라고 하였다. 이것은 사람이 탑이나 사원에 들어가 부처님께 예배할 때는 원래 마음이 정성스럽고 전일하게 되는데, 그러나 이 사람은 아무런 정성도 없이 "부처님께 귀의합니다[南無佛]"라고 염해도 장래에 부처를 이룬다는 것이다.

이야기가 이곳에 이르자 다시 하나의 이야기가 생각난다. 염불을 하면 마땅히 중생들에게 회향을 해야 할 것이며, 자기를 위하여 염불하지 않고 대중을 위하여 염불해야 할 것이다. 내가 한번 염불하여 이 공덕을 일체의 중생에게 회향하면, 이 공덕은 더욱 크며, 더욱 원융무애하다. 무엇 때문에 이렇게 말하는가?

왜냐하면 이전에 석가모니 부처님께서 제자들을 데리고 어떤 국가에 탁발을 나갔는데, 보시하는 사람이 아무도 없었으며, 어떠한 사람도 부처님께 공양하려고 하지 않았으며, 제자들에게도 공양하지 않았다. 당시 목련(目連) 존자는 부처님과 함께 오지 않았으며, 맨 나중에 오게 되었다. 그런데 목련 존자가 오자 이 성의 모든 사람, 국왕, 대신, 일반 백성들이 모두 나와 공경스럽게 존자에게 절하며 환영하는 것이었다.

또한 존자에게 물었다.

"당신은 무엇이 필요한지 말씀해 주시면 모두 공양하겠습니다."

다른 부처님의 제자들은 이러한 일에 대하여 이해하지 못하고 부처님께 물었다.

"부처님의 이렇게 큰 덕행을 갖추시고 이 성에 왔는데도 공양하는 사람이 없다가 목련 존자는 부처님의 제자로서 그가 오자 도리어 많은 사람들이 그를 공경하는 것은 무슨 도리입니까?"

부처님께서 제자들에게 말씀하셨다.

"내가 오자 이들 국왕, 대신, 백성들이 왜 공양을 하지 않는가? 왜냐하면 나는 그들과 과거생에 착한 인연을 심지 않아서 그들과는 어떤 인연이 없기 때문이다. 그러면 목련 존자는 그들과 무슨 인연이 있는가? 무량겁의 아주 오랜 이전에 목련 존자는 나무를 하는 나무꾼으로서 산에 가서 나무를 베 와서 불을 떼고 하였다. 어느 날 그가 나무를 할 때 한 무리의 벌들이 그를 쏘려고 하였다. 그는 당시 염불하면서 발원하여 말했다. '나무불! 너희들 벌들아, 나를 쏘지 마라. 내가 장래에 도를 얻을 때 나는 먼저 너희들을 제도하겠다. 너희들은 이런 악한 마음으로 사람을 해치지 말라!' 그가 이러한 원을 발하자 벌들도 그를 쏘지 않았다. 그 후 이 벌들의 왕은 이 나라의 왕이 되었으며, 일반 벌들은 대신이나 백성이 되어 이 지방에서 많은 인민을 번식하였다. 지금 목련 존자는 출가하여 비구가 되어 이 나라에 오자, 숙세에 그가 발한 그들을 제도하겠다는 원으로 말미암아, 오늘 그가 오자마자 이 벌들이 모두 그에게 머리를 숙이고 정례하며 그를 환영한 것이다."

이러한 일로 살펴보건대 우리들 각 사람은 수도를 하는 데 있어서 모두 좋은 인연을 맺어야 하며, 어떠한 사람에게도 좋게 대하여야 하며, 매 한 사람마다 모두 성불하기를 발원해야 한다. 모든 중생들이 모두 성불할 수 있도록 발원해야 할 것이다. 당신이 이러한 원을 발하면 당신은 보지 못하지만 무형 중에 사람과 중생의 마음속으로 하나의 무선통신으로 통하게 된다. 당신은 보지 못하지만 당신이 그에게 좋게 대하면 그는 무형 중에 반드시 알 것이다.

당신은 마땅히 일체중생에 대하여 제도할 마음을 가져야 한다. 우리들이 만약 이러한 마음을 간직한다면 어떤 곳에 가더라도 좋은 인연이 있게 될 것이다. 어떤 사람은 "내가 어떤 곳으로 가니 나를 맞이하는 사람이 없으며, 나를 상대하는 사람도 없다."라고 말한다. 이것은 무엇 때문인가? 숙세에 그곳 지방 사람들과 인연이 없기 때문에 그런 것이다.

그러므로 이 인연이라는 것은 매우 중요한 것이며, 우리들이 수도를 함에 있어서 반드시 일체중생과 좋은 인연을 맺어야 한다. 그래서 다음과 같이 말하는 것이다. "깨달음(보리)의 열매가 열리기 전에 먼저 중생들과 인연을 맺어야 한다[未結菩提果 先結衆生緣]." 즉 성불하기 전에 반드시 먼저 중생과 인연을 맺어야 한다는 것이다.

그럼 어떻게 중생과 인연을 맺는가? 바로 모든 중생에 대하여 잘 대하며, 좋은 마음으로 일체중생을 대하며, 좋은 일로써 일체중생을 대하는 것이다. 자기의 힘으로 할 수 있는 일은 힘써 좋은 일을 해야 한다는 것이다. 이것이 바로 대승보살의 발심이며, 소승의 나한, 즉 자기만 제도하면 그만이고, 남을 돌아보지 않는 자료한(自了漢)이 되지 말아야 한다.

"깨달음의 열매를 맺으려면 널리 중생의 인연을 맺어야 한다[欲結

菩提果, 廣結衆生緣].”

이 말은 중생에 대하여 인연을 맺어야 한다는 뜻이다. 무엇 때문 인가? 중생이 바로 부처이므로 당신이 중생에게 잘 대하면 그것은 바로 부처님에게 잘 대하는 것이다. 그러므로 당신은 만약 일체중생을 부처님으로 볼 수 있으면, 이 중생들도 당신을 부처님으로 볼 것이다. 당신이 중생을 보기를 마왕으로 보면, 중생도 당신을 마왕으로 볼 것이다. 이것은 무엇과 같은가? 당신이 녹색의 안경을 쓰면 사람도 모두 녹색으로 보일 것이며, 다른 사람도 당신을 또한 녹색으로 보게 될 것이다.

그러므로 내가 방금 말한 것과 같이 일체중생의 마음속에는 모두 무선의 전기가 서로 통하는 것과 같다. 내가 이곳에서 악한 생각을 일으켜도 그가 알지 못할 것이라고 생각하지 않아야 한다. 그러나 그의 자성(自性)에서는 하나의 느낌이 생기게 되며, 곧 알게 될 것이다. 따라서 사람과 사람 간에 있어서 당신이 다른 사람에게 좋게 대하면 이것은 양(陽)에 속하며, 좋지 않게 대하면 그것은 음(陰)에 속한다.

그럼 본론으로 돌아가서, 의리의 깊고 얕음[義理深淺]에서 의(義)란 경의 모든 의의(意義)를 말하며, 리(理)란 도리를 말한다. 이『능엄경』의 의리는 도대체 깊은가 얕은가? 이 경의 도리는 깊은 것으로서 마치 대해와 같이 깊다.『능엄경』의 도리는 큰 바다와 같이 깊어서 아무도 얼마나 깊은지를 헤아릴 수 없으며, 그 도리를 다 밝혀내기가 쉽지 않다. 각자는『능엄경』에서 좋은 점을 얻게 되는 것이 같지 않다. 하지만 이러한 지혜는 모두 이『능엄경』에서 얻는 것이다. 왜냐하면 경전의 도리가 매우 깊기 때문에 우리들이 얻는 지혜도 크며, 얻는 선정의 힘도 또한 견고하게 된다. 따라서 이 경을 "모든 일이 구경까지 견고한 [一切事究竟堅固]" 것이라고 하는 뜻도 바로 이러한 도리이다.

그러면 깊고도 견고한 선정의 힘을 우리 각자는 이 경의 연구를 통하여 각각 얻게 될 것이다. 이 경의 의리에 대하여도 무궁무진할 것이며, 다할 수 없을 것이다.

5) 『능엄경』 가르침의 체

무엇을 가르침의 체라고 하는가? 왜 또 가르침의 체가 있어야 하는가? 부처님의 모든 설법은 그것의 교체를 가지고 있다. 이 경의 교체는 무엇인가? 이것은 소리[聲], 이름[名], 구절[句], 문장[文]을 말한다.

문수보살이 석가모니 부처님의 물음에 답했다. "저는 지금 세존께 아룁니다. 부처님께서는 사바세계에 출현하였습니다." 여래께서 세상에 출현하실 때 설하시는 교체는 무엇인가? 말하기를 "이 세계의 진정한 가르침의 체는 청정함이 듣는 소리에 있습니다[此方眞敎體 淸淨在音聞]."라 했다. 즉 이 사바세계에서 진정한 가르침의 체는 무엇인가? 청정함이 듣는 소리에 있다는 것이다. 이 듣는 소리가 바로 가르침의 체이다. 듣는 소리는 바로 음성을 말한다. 그러나 단지 음성만으로는 가르침의 체라고 할 수 없다. 마치 바람도 소리가 있고, 물도 소리가 있으나, 그것은 가르침의 체가 될 수가 없다.

무엇이 가르침의 체인가? 그것은 소리[聲], 이름[名], 구절[句], 문장[文]을 말한다. 소리는 바로 부처님께서 설법할 때의 음성이다. 설법을 하실 때 음성이 있으며, 음성이 있은 연후에 이름[名目]이 있게 되며,

이름이 있으면 읽을 구절이 있게 된다. 한 구 한 구가 이어진 연후에 문장으로 변하며, 볼만한 문체가 있게 된다. 따라서 이 경의 교체는 바로 소리[聲], 이름[名], 구절[句], 문장[文]이다.

이 소리[聲], 이름[名], 구절[句], 문장[文]을 수상문(隨相門)이라 부르며, 또한 유식문(唯識門)이 있다. 이 경은 또 유식으로 가르침의 체를 삼는다. 그리고 귀성문(歸性門)이 있는데, 상을 말하지 않고 자성의 성품으로 돌아가며, 성품으로 돌아가는 것으로써 가르침의 체로 삼는다. 또한 무애문(無礙門)이 있으며, 무애로써 가르침의 체로 삼는다.

유식문(唯識門)은 삼계는 오직 마음이며, 만법은 오직 식이라는[三界唯心 萬法唯識] 것을 이야기한다. 석가모니 부처님께서 기연을 관찰하여 마땅히 어떤 법으로 제도할 것인가를 깨끗한 식[淨識]에서 이러한 설법이 나와서 중생을 교화하시는 것이다. 이 중생은 이 식의 테두리 안에서 또한 이러한 법의 이익을 얻게 된다. 따라서 이것을 유식문이라 하며, 유식으로 가르침의 체를 삼는 것이다.

귀성문(歸性門)은 원융무애하며, 식(識)도 없으며, 식을 돌이켜 자성(自性)으로 돌아가며, 자성으로 돌아가는 것을 가르침의 체로 삼는 것이다.

어째서 무애문(無礙門)이라 하는가? 앞에서 일[事]이 있고, 이치[理]가 있다고 하였는데, 귀성문은 일종의 이치이다. 그러면 이 네 가지[隨相門·唯識門·歸性門·無礙門]를 합하면, 사사무애(事事無礙), 이사무애(理事無礙), 이사구무애(理事俱無礙)가 있게 되는데, 이것을 무애라고 하며, 무애로써 이 경의 가르침의 체로 삼으며, 모든 일에 아무런 장애가 없고 원융무애한 것이다.

■ 편집자주 ■
다음은 1987년 5월 4일 '주관지능추동력(主觀智能推動力)' 강좌에서 기록한 것이다.

모든 대승경전은 실상(實相)으로 체를 삼는다. 실상은 상이 없으나[無相], 상이 아님도 없다[無所不相]. 이 실상은 바로 천지간에 가득한 에너지[能]이다. 이 에너지는 보이지 않는 것이다. 그러면 『능엄경』의 체는 네 가지의 문이 있다고 말하는데, 귀납하면 원융무애한 것이며, 바로 실상으로 체를 삼는다.

따라서 이 경을 강의하다 보면 여전히 실상으로 체를 삼고 있다. 여러분들이 이 경이 실상으로 체를 삼고 있다는 것을 이해하면 이 능엄경 속의 뜻이 모두 실상과 관계가 있음을 알 것이며, 모두 실상으로부터 나온다는 것을 알 것이다. 그러므로 당신이 수상문(隨相門)이든지, 유식문(唯識門)이든지, 귀성문(歸性門)이든지, 무애문(無礙門)이든지를 막론하고 모두 이 실상을 벗어나지 않는다. 무릇 대승경전은 모두 실상으로 그것의 체를 삼는다. 이 경은 네 가지 문으로써 실상을 해석하며 실상을 밝히고 드러낸다.

근본적으로 말하자면, 실상조차도 무상(無相)이다. 실상 무상인 것은 원융무애하며, 당신으로 하여금 상이 있는 것에 집착하지 않게 가르친다. 네 가지의 문으로써 이 경의 체를 해석하는 것은 바로 실상의 도리를 드러내는 것이다. 경의 각 권에서 설하는 도리는 모두 실상으로 귀납되며, 설명하고 설명하는 것이 실상을 드러내지 않음이 없다. 실상의 도리를 드러내는 것은 사람으로 하여금 실상의 도리를 이해하게 하는 것이다. "아, 이것은 원래 이런 것이구나!" 마치 사람이 백인인지, 흑인인지, 황인인지를 인식하는 것과 같은 것이다.

이 『능엄경』의 체는 실상이며, 이 경은 대승경전에 속하며, 당신은 실상으로 체를 삼으면 될 것이다. 그것이 네 가지의 문으로 분별하는 것은 당신으로 하여금 실상의 도리를 이해하게 하지 않음이 없는 것이다.

6) 『능엄경』의 교화대상

이 경이 교화할 대상은 어떤 중생인가? 그것은 유정과 무정의 중생들이 모두 함께 일체종지를 원만히 한다[情與無情, 同圓種智]는 것이다. 유정과 무정 모두 성불할 수 있다는 것이다. 교화할 대상은 주로 성문, 연각과 유학(有學)의 보살이 될 것이다.

무엇을 성문(聲聞)이라 하는가? 성문은 부처님의 음성을 듣고 도를 깨달으며, 사제의 법[四諦法]인 고(苦) · 집(集) · 멸(滅) · 도(道)를 닦는다.

연각(緣覺)은 무엇인가? 연각은 다시 두 개의 이름이 있는데, 부처님 재세시에 태어나 십이인연을 닦아 도를 깨달은 사람을 연각이라고 부르며, 부처님이 세상에 계시지 않을 때 십이인연을 닦아 도를 깨달은 사람을 독각(獨覺)이라고 부른다.

이 독각은 심산계곡에 머물면서 천지의 만사 만물의 생하고 멸하는 것을 보고 도를 깨닫는 것이다. 그러면 이 경은 바로 성문과 연각의 두 종류의 근기를 교화하며, 또한 유학의 근기를 교화한다.

무엇을 유학(有學)이라 하는가? 그는 아직 배워야 할 사람을 말한다. 이는 바로 보살을 말한다. 왜냐하면 부처의 과위에서 말하자면, 보살은 아직 배울 것이 있는 사람이기 때문에 그래서 유학위(有學位)라고 부르는 것이다. 부처의 과위에 도달해야 비로소 무학위(無學位)가 되는 것이다.

그리고 교화할 한 종류는 정성성문(定性聲聞)이다. 그는 작은 데서 큰 데로 향상하려고 원하지 않는 성문이다. 그러면 부정성의 성문은 어떠한가? 그는 작은 것에서 큰 것으로 향하려는 성문이다. 작은 것에서 큰 것으로 향한다는 것은 성문의 과위에서 연각을 거쳐 보살이 되는 것이다. 이 경은 바로 이러한 근기의 중생을 교화하는 것이다.

그러나 비록 이 네 종류의 근기가 교화할 당면한 근기이지만, 넓게 말하자면 모든 삼계의 중생이 교화할 대상의 근기이며, 모두 교화할 수 있는 것이다. 그래서 정성비구도 보살의 마음을 발하게 하여 보리의 과를 이루게 하므로 이 경은 제도하지 못할 사람이 없으며, 가피를 주지 못할 근기가 없는 것이다.

▮ 편집자주 ▮

다음은 1987년 5월 24일 '주관지능추동력(主觀智能推動力)' 강좌에서 기록한 것이다.

『능엄경』의 교리는 사람들에게 선정을 닦아 지혜를 열게 하는 것이다. 그렇게 하려면 먼저 계율을 지켜야 한다. 이것은 이 경의 「사종청정명회」(즉 네 가지 근본계율의 가르침)에서 분명하게 설명하고 있다. 만약 우리들이 「사종청정명회」에 따라 수행한다면, 『능엄경』의 교화의 근기가 되는 것이다. 누가 「사종청정명회」에 따르지 않고 수행한다면, 그 사람은 능엄경의 교화대상이 아니다. 중요한 것은 바로 이 점에 있는 것이다.

그러면 당신이 계율을 지키고 「사종청정명회」에 따라 수행하려면, 그래도 바른 지견을 가져야 한다. 그러면 어떻게 당신이 바른 지견을 가지고 있다는 것을 알 수 있느냐? 바른 지견은 바로 규칙을 지키려는 것이다. 어느 때, 어느 곳에서도 규칙을 지켜야 하는 것이다. 계율은 바로 규칙이다.

왜 당신은 반드시 규칙을 지켜야 하는가? 왜냐하면 규칙을 지키지 않으면 주화입마(走火入魔)에 빠지기 때문이다. 그래서 오십 가지의 음마[五十種陰魔]를 제시한 것이다. 오십 가지의 음마의 변화 속에 있으면 쉽게 다른 길로 빠질 수 있다.

만약 당신이 진정한 계의 힘, 선정의 힘, 지혜의 힘을 가지고 있지 않다면 맹종(盲從)하는 사람이 될 것이다. 따라서 경전에 의하여 교화될 근기는 성문·연각·보살 혹은 범부를 막론하고 누가 계율과 규칙을 잘 지키느냐에 따라 이 경의 교화대상에 포함될 것이다. 만약 당신이 이렇게 생각하면 경전이 매우 중요하며, 왜 중요한지를 알게 될 것이다. 허영을 좋아하지 말고 과장을 좋아하지 않아야 경전의 가피를 받는 근기가 될 것이다.

오늘 어떤 사람은 강의하는 것이 조리가 있으며, 어떤 사람은 도무지 이치에 맞지 않게 설명하는데, 이해하지 못하는 사람은 이해하는 사람에게 물어야 할 것이며, 이해하는 사람은 이해하지 못하는 사람을 가르쳐야 할 것이다. 이렇게 하면 모두 『능엄경』에 의하여 교화를 받을 수 있는 근기가 될 것이다.

7) 『능엄경』의 종취(宗趣)

어떠한 것을 종(宗)이라고 하는가? 존중하고 숭상하는 것을 종이라 한다[尊崇曰宗]. 그것을 숭상하면 하나의 종(宗), 즉 숭상하는 하나의 근본이라 부른다. 종의 돌아갈 곳을 취라고 하며, 종이 취향(趣向)하는 것을 취(趣, 즉 나아갈 방향)라고 한다.

무엇을 종이라고 하는가? 마치 이승(二乘)의 사람이 전문적으로 인과를 이야기하는 것과 같다. 이승은 바로 방편을 쓰는 사람이다. 부처님께서 말씀하신 교법에는 권승(權乘)과 실승(實乘)이 있는데, 권이란 잠시의, 임시의 것이며, 실이란 영원한 것이다. 잠시 말씀하신 권승법문은 대다수가 인과를 이야기한 것이다. 원인[因]이 바로 근본[宗]이며, 결과[果]가 바로 취향[趣]이다. 실승에 도달하면 깨달아 들어가는[悟入] 것을 주로 강의한다. 깨달음[悟]이 근본이며, 들어가는[入] 것이 취향이다.

이 『능엄경』은 아난 존자가 어려움에 빠진 것을 기연으로 삼는데, 이때 부처님께서 그를 구제하여 작은 것을 되돌려 큰 것으로 나아가게 하는 이것이 근본이며, 그가 극점(부처)에 도달하는 것이 취향이다. 이러한 종취(宗趣)는 불도(佛道)에 통하는 것이며, 다른 소승의 경전이 소승에만 국한되고 부처의 과위에 도달할 수 없는 것과는 같지 않다. 그러므로 소승과 교리를 구분하는 것이다.

❚ 편집자주 ❚
다음은 1987년 5월 26일 '주관지능추동력(主觀智能推動力)' 강좌에서 기록한 것이다.

이 경의 근본[宗]을 간단하게 말하자면, 미혹함을 깨뜨려 바름을 드러내는[破迷顯正] 것을 위주로 한다. 아난 존자의 미혹함을 깨뜨려 참된 마음을 드러나게 하고, 바른 길로 들어서게 하는 것이다.

무엇이 이 경의 취향인가? 미혹함을 돌이켜 깨달음으로 돌아가게 하는 것이 이 경의 취향이라고 말할 수 있다. 미혹의 길에서 깨달음의 길로 가게 하는 것이 이 경이 나아가는 방향이다.

우리들이 불법을 연구하는 목적은 돈을 벌기 위함이 아니며, 지혜를 얻기 위함이다. 우리들이 나아갈 방향은 바로 반야의 길로 가서 지혜를 여는 것이다. 이것은 사람마다 희망하는 것이며, 그렇지 않으면 우리들이 불법을 연구하여 무엇 하겠는가? 불법을 연구하는 것은 바로 어리석음을 없애고 그것을 되돌려 지혜를 이루는 것이다.

어리석음은 어떻게 없애는가? 바로 미혹함을 없애는 것이다. 미혹함이 바로 어리석음이다. 미혹하지 않고 전도되지 않는 것이 바로 지혜이다. 이것은 매우 간단한 도리이며, 높고 넓은 이론을 사용하지 않고 이 경의 종취를 설명하는 것이다. 이 경은 미혹함을 깨뜨려 바름을 드러내는 것이 좋이며, 성불하는 것을 취로 삼는다.

8) 『능엄경』을 설한 시기

부처님께서 이 경을 설하신 것은 어느 때인가? 만약 이 경에서 부처님께서 작은 것을 되돌려 큰 것으로 향하게 하는 법을 보이셨다면, 마땅히 방등(方等)의 시기에 설하신 것이다. 그리고 부처님께서 49년 동안 설법하셨는데, 이 시기는 파사닉왕(波斯匿王)이 62세였으므로 그와 부처님은 같은 연세였기 때문에 마땅히 반야(般若)의 시기에 이 경을 설하였을 것이다. 따라서 이 경을 설한 전후를 방등 혹은 반야의 시기로 정하면 이 경은 종교(終敎)로 판별할 수 있으며, 이 경은 실법(實法, 방편이 아닌 진실한 법)이다.

▌ 편집자주 ▌

다음은 1987년 6월 4일 '주관지능추동력(主觀智能推動力)' 강좌에서 기록한 것이다.

『능엄경』을 설한 시기에 대하여 이 경은 방등교(方等敎)에 속한다.

방등교는 통교(通教)에 속하며, 통이란 통달무애하며, 전(前)과 통하고 후(後)와도 통한다. 앞으로는 소승교와도 통하고 뒤로는 대승과도 통한다. 따라서 『능엄경』의 교의는 방등시(方等時)라고 할 수 있으며, 혹은 반야시(般若時)라고도 할 수 있다. 방등의 시기는 아함의 시기와 통한다. 그러므로 그것은 소승으로 하여금 작은 것을 돌려 큰 것으로 향하게 가르친다. 어째서 뒤와도 통하느냐 하면, 반야의 시기와 통하기 때문이다. 방등의 시기는 대승의 가르침의 시작이며, 처음으로 대승의 보리심을 발하는 시기이다.

따라서 이 『능엄경』은 방등 혹은 반야의 시기에 설한 것이라고 말할 수 있다. 우리들은 경전을 보는 데 있어서 융통성이 있어야 하며, 한 부분만을 집착해서는 안 된다. 한 부분만을 집착하게 되면 하나로써 백 가지를 폐기하게 되어 이 또한 고집불통이라고 말할 수 있다.

『능엄경』을 설한 시기는 당시 파사닉왕이 62세로서 부처님도 같은 연령이셨다. 본래 부처님께서 방등의 경전을 다 설한 시기가 50세이다. 부처님께서 30세에 도를 이루고 12년간 아함의 경전을 설하고, 8년간 방등의 경전을 설하였으므로 방등을 다 설한 시기를 50세라고 말하는 것이다. 그러나 파사닉왕이 62세라고 말하니 이때는 반야의 시기일 가능성도 있다. 그러나 당시 부처님께서 설한 이 『능엄경』은 반야교에 속하지 않고 통교에 속하므로 방등의 시기라고 분류하는 것이다. 이것이 대략적인 뜻이다.

우리들은 해결할 수 없는 문제에 끝까지 매달려서는 안 될 것이며, 이 시기의 문제에 너무 집착하지 않아야 할 것이다. 이 시기는 어떤 하나의 문제가 아니다. 예로부터 고승대덕들이 과(科)를 나누고 교(教)를 판별하면서 어떤 곳은 정확하고 어떤 곳은 필요 이상으로 부질 없는 일을 한 것이 많다. 후세 사람들은 그것의 도리를 융통성 있게 이해해야 할 것이며, 반드시 그렇다고 생각하거나 반드시 그렇지 않다고 말해서는 안 된다.

부처님의 설법에 대하여 고덕(古德)이 비록 다섯 가지의 시기 - 화엄시, 아함시, 방등시, 반야시, 법화시로 나누지만, 경전은 반드시 어느 시기에 설하였다고 하여 어느 분류에 속하며 혹은 어느 시기에 귀속되는 것이 아니다. 이렇게 생각하면 그것이 정말로 원융무애한 것이 될 것이며, 비로소 전과 후를 관통할 수 있으며, 진정으로 경의 뜻을 얻을 수 있다.

예를 들어 말하자면, 비록 부처님께서 22년간 반야경을 설하셨지만, 부처님께서 22년 동안 단지 반야만 설하셨다고는 나는 믿지 않는다. 22년 동안에 반드시 다른 교의의 경을 설하였을 것이다. 그러므로 시기에 대하여 너무 집착할 필요는 없을 것이다. 아마도 반야를 설하실 때 다른 방등의 가르침도 이야기하며, 방등을 가르칠 때 반야의 가르침도 설하였을 것이다. 만약 야수다라가 수기를 받은 때를 표준으로 삼아서 그것이 법화, 열반의 시기라고 말한다면, 당신은 어떻게 부처님께서 이전에 그녀에게 수기를 주지 않았다는 것을 아는가? 이 것은 일정하지 않은 것이며, 이것은 바로 범부의 생각으로 부처님의 경계를 헤아리는 것이다.

부처님의 경계는 불가사의한 것으로서 우리들은 알 방법이 없다. 우리는 부처님께서 어느 시기에 어떤 경전을 설하였는지에 너무 집착하지 않아야 한다. 그리고 부처님께서 한 부의 경을 설하신 후에 다시 그것을 설하지 않았다고 말할 수 없다. 어쨌든 우리가 지금 『능엄경』을 연구하면 이것이 바로 『능엄경』을 말하는 때이며, 아무 때도 연구하지 않으면 『능엄경』을 말하는 시기가 아닌 것이다.

당신은 파사닉왕이 다시 『능엄경』에 대하여 가르침을 청하지 않는다고 어떻게 아는가? 그러므로 우리는 부처님께서 설하신 후에 그것의 도리를 다시 중복해서 설하지 않는다고 말할 수 없다.

예를 들면 이전에 내가 『능엄경』을 강의했을 때가 1968년이었는데, 지금 다시 강의하고 있으며, 현재는 1987년이다. 이러할 경우 우리가 『능엄경』을 연구한 시기가 어느 시기라고 말할 수 있는가? 부처님께서 『반야경』을 설하실 때 모두가 『능엄경』의 도리에 대하여 이해하지 못하면 다시 연구했을 가능성도 있다는 것이다. 이렇게 되면 그 시기를 어떻게 확정할 수 있겠는가?

9) 『능엄경』의 전래와 번역

이 『능엄경』의 인연을 말하자면 매우 오래되었다. 천태 지자(智者) 대사는 당시 인도에서 중국으로 온 한 분의 법사를 만났는데, 이 법사가 인도에 『능엄경』이라는 경전이 있는데 이 경은 구경의 견고함이며, 가장 구경(究竟)이며, 가장 깊으며, 가장 오묘하여, 그 경의 이러한 도리는 불가사의한 것이라고 알려주었다. 지자 대사는 이런 말을 듣고 매일 서쪽으로 향하여 절을 하면서 『능엄경』을 볼 수 있기를 발원하였다. 이렇게 절하기를 18년 동안이나 오랫동안 하였지만 결국에는 이 경을 보지 못하였다.

왜냐하면 인도의 국왕이 『능엄경』을 국보로 생각하여 밖으로 유출되는 것을 금지하였기 때문이다. 어째서 국보라고 하는가? 이 경은 용수보살(龍樹菩薩)께서 용궁에 가서 가져온 경이었으므로 그 나라에서는 이 경을 국보로 정하여 외국으로 유통되는 것을 금한 것이다.

그 당시 경을 번역한 반라밀제(般刺密諦) 법사는 이 경을 다른 나라, 특히 중국에 유통시키려고 생각하였다. 그는 이 경전을 가지고 중국으로 가려고 하였으나 출입국관리소에서 검사원에게 발각되어 가지고 오지 못하였다. 그래서 그 스님은 여러 방법을 궁리하였으나 생각하지 못하다가 나중에 매우 작은 글씨로 아주 가는 비단에 쓴 연후에 그것을 양초로 봉하여 팔의 살을 가르고 그 속에 넣은 후에 다시 고약을 붙였다. 상처가 아물기를 기다린 후 출입국의 세관을 무사히 통과하여 중국으로 가져온 것이다.

중국으로 가져온 후 광동(廣東) 지방으로 와서 그곳으로 유배 온 승상 방융(房融)을 만나게 되었으며, 승상 방융은 반라밀제 법사를 광동의 어떤 절로 모셔와 이 경을 번역하게 되었다. 이 경을 번역하게 된 경위가 이렇게 어려움이 많았다. 그러므로 우리들이 지금 이 경을 연구할 수 있는 것은 모두 이 법사께서 이러한 고심으로 중국에 가져왔기 때문이다. 그러니 이 경이 얼마나 중요한 것인가! 지자 대사께서 이 경이 있다는 말을 듣고 오랜 세월을 매일 절하였으나 결국 보지 못한 것이다. 그러나 우리들은 지금 이 경에 절하지 않았지만 이 경을 만나게 되고 또한 읽을 수 있으니, 이러한 인연이 얼마나 수승한가!

당(唐), 중천축사문(中天竺沙門), 반라밀제 역(般刺密諦譯)

당은 중국 당나라를 말한다. 당나라의 어떤 시기였나 하면 바로 여황제 무측천(武則天)이 퇴위를 한 후 신룡(神龍) 원년(元年)의 시기이다. 중천축은 중인도의 하나의 명칭이며, 사문은 인도어로서 중국어로 번역하면 근식(勤息)이라고 한다. 바로 힘써 계정혜(戒定慧)를 닦아, 탐욕과 성냄과 어리석음을 없앤다[息滅貪瞋癡]는 뜻이다. 부처님도 사문이라고 하는데, 이전에 부처님께서 세상에 머무실 때 마승(馬勝) 비구가 가사 장삼을 걸치고 거리에 나가자 사리불 존자가 그를 보고 물었다.

"당신의 모습이 이렇게 장엄하고 위엄이 있군요! 당신에게는 반드시 스승이 있을 것 같은데, 누구에게 배운 것입니까?"

마승 비구가 말하였다.

모든 법은 인연으로부터 생하며
모든 법은 인연으로부터 멸하네.
우리 부처님 대사문께서
항상 이와 같이 말씀하시네.
諸法從緣生 諸法從緣滅
我佛大沙門 常作如是說

사리불 존자는 그가 이렇게 말하는 것을 듣고, 그를 따라 부처님 계신 곳으로 가서 부처님께 절하고 스승으로 삼아 출가한 것이다. 따라서 부처님도 사문이라고 한 것이다.

이 『능엄경』을 번역하신 스님은 반라밀제라고 한다. 이것은 범어로서 중국어로 번역하면 극량(極量)이라고 한다. 그 지혜와 재능이 극히 풍부하며 매우 원만하다는 뜻이다. 그의 재능도 최고이며, 그의 지혜도 극점에 도달했다는 것이다.

역(譯)이란 번역하다는 뜻이며, 또한 바꾸다[易]는 뜻이다. 즉 그것을 교환한다는 뜻이다. 무엇을 바꾸는가? 인도의 문장을 중국어 문장으로 바꾼다는 것이다. 반라밀제 법사는 이 경의 번역에 있어서 한 분의 역주(譯主)이다. 어째서 역주라고 하는가? 그 당시 함께 경전을 번역한 분은 단지 그 한 사람만이 아니라 많은 법사들이 함께 참가하여 공동으로 이 경을 번역하였다. 얼마나 많은 사람들이 참가하였는가 하면 대략 이백여 명의 법사가 함께 연구하고 번역한 것이다. 당시 그 스님은 지금의 광동성 광주(廣州)에 있는 제지사(制止寺)에 거주하면서 이 경을 번역하였다.

그 스님은 번역을 할 때 매우 빨리 이 경의 번역을 마쳤다. 왜 그는 매우 빨리 번역을 서둘렀는가 하면 이 『능엄경』을 몰래 가지고 중국으로 온 후 그 나라의 왕이 알고 국경을 지키는 관리를 문책하려고 한다는 사실을 알았기 때문이다. 그래서 법사는 빨리 돌아가 자기가 죄를 받으려고 원하였으며, 자기 때문에 국경을 지키는 관리가 벌을 받는 것을 원하지 않았다. 따라서 그 스님은 매우 서둘러 이 경의 번역을 완성한 후에 인도로 돌아가 어떤 죄도 달게 받으려고 한 것이다. 반라밀제 법사의 『능엄경』에 대한 공헌과 그 공덕은 매우 크며, 우리들이 지금 이 경전을 연구할 수 있는 것은 모두 마땅히 먼저 이 스님께 감사해야 할 것이다. 그래서 이 스님의 이러한 과정을 먼저 여러분에게 소개하는 것이다.

방금 앞에서 사문(沙門)은 "힘써 계정혜를 닦아[勤修戒定慧], 탐욕과 성냄과 어리석음을 없앤다[息滅貪瞋癡]."라고 하였다. 우리들 각 개인도 마땅히 이것을 배워야 한다. 어떻게 하는 것을 "힘써 계정혜를 닦는다[勤修戒定慧]."라고 하는가?

당신은 먼저 삼보에 귀의해야 하며, 그런 후에 오계(五戒)를 받고 그것에 따라 실천해야 한다. 단지 오계만 받고 그만인 것이 아니다. 실천하는 것은 어떻게 하는 것인가? 바로 계를 범하지 않는 것이다. 많은 사람들이 오계가 무엇인지는 안다. 바로 살생하지 않으며, 훔치지 않으며, 사음하지 않으며, 거짓말하지 않으며, 술을 마시지 않는 것이다. 오계는 매우 중요한 것이며, 만약 각자가 이 오계를 수지하고 실천한다면 사람의 몸을 잃지는 않을 것이다.

오계를 받고 만약 당신이 계를 범하지 않으면 각 조의 계마다 계를 보호하는 다섯 분의 호법선신(護法善神)이 있어 당신을 보호할 것이다. 당신이 만약 계를 범하면 이 선신들이 가버리고 당신을 보호하지 않을 것이다. 그러므로 불교에 있어서 계를 받는 것은 매우 중요한 것이다.

그러면 계는 어떻게 받는가? 자기가 책을 보고 오계를 받는다고 말하는 것이 계를 받는 것이 아니며, 또한 자기가 불전에서 향을 피우고 몇 개의 향을 태운 흉터를 만든다고 계를 받은 것이 아니다. 그러면 어떻게 해야 하는가? 재가인이 오계를 받으려고 하면 반드시 한 분의 고승대덕을 찾아 그 스님이 당신에게 계를 받았다는 증명을 주어야 한다. 이것을 수계(受戒)라고 하는 것이다. 계를 받은 연후에는 계를 지켜야 하며, 계를 지키는 공덕은 불가사의한 것이다. 그러므로 당신이 계를 받으려고 하면 반드시 스님의 면전에 와서 계법을 받겠다고 구하여야 비로소 법에 합당하다.

정(定)이란 이야기를 하자면 여러 종류가 있으나, 결론적으로 말하면, 당신이 일체의 외부 경계에 동요되지 않는 것이 정이다. 그러면 어떻게 하면 이러한 선정을 얻을 수 있는가?

먼저 고요해져야[靜] 한다. 어떻게 고요해지는가? 바로 참선을 하고 좌선을 하는 것이다. 왜냐하면 우리 일반인들은 안정되지 못하여 오늘은 동쪽으로 내일은 서쪽으로 달려가며, 아침에는 진나라로 저녁에는 초나라로 도처로 왔다 갔다 하면서 언제나 안정하지 못한다. 당신이 만약 안정되려고 하면 힘써 수행을 해야 할 것이다. 우리는 지금 매일 매일 선정을 닦고 있지만 어떤 때는 많은 경계가 생기게 된다. 당신은 경계가 올 때 절대로 경계에 움직여서는 안 된다는 것을 기억해야 한다. 경계에 움직이지 않는 것이 정(定)이다. 당신이 만약 경계에 움직이면 그것은 정이 없는 것이다.

마치 하나의 편지를 받고 그 속에 안 좋은 소식이 있으면 마음속으로 일종의 걱정하고 고민하게 되는데, 이것은 정이 없는 것이다. 시련을 받아들이지 못하면 시험을 통과하지 못하는 것이다. 혹은 기쁜 일을 만나게 되어도 당신은 이 기쁜 일을 따라 달려가는 것도 정이 없는 것이다. 혹은 당신으로 하여금 화가 나게 하는 일을 만날 경우 당신이 화를 낸다면, 이러한 선정도 성공하지 못하는 것이다. 당신은 기뻐하지도 않고, 노하지도 않고, 슬퍼하지도 않고, 즐거워하지도 않아야 하며, 희로애락의 이러한 감정으로 일을 해서는 안 되며, 도의 마음[道心]으로 일을 처리해야 이것이 일종의 정(定)이다.

선정을 닦은 후에야 비로소 지혜를 열 수 있다. 당신이 만약 선정력이 없으면 지혜의 힘도 없으며, 지혜의 힘이 없으면 어떻게 불법을 배울 수 있겠는가?

당신의 선정력과 지혜력은 어느 곳으로부터 오는가? 계를 지키는 그곳으로부터 오는 것이다. 먼저 계를 받고, 계를 지킨 연후에 수행을 하여야 비로소 법과 상응할 수 있다. 법과 상응하여야 당신은 법수(法水)의 가피를 얻을 수 있는 것이다.

탐·진·치, 이 세 가지는 마치 독약과 같아서 세 가지 독[三毒]이라고 한다. 우리들이 성불하지 못하는 원인은 바로 이 세 가지의 독이 있기 때문이다. 만약 이 삼독을 그칠 수 있으면 우리들은 매우 빨리 성불할 수 있다.

탐하는 마음[貪心]은 바로 탐하여 싫어할 줄을 모르는 것이다. 무슨 물건이든지를 막론하고 많은 것을 탐하며, 많으면 많을수록 좋아한다. 성내는 마음[瞋心]은 어떤 일을 만나 화를 내고 원망하고 증오하는 마음을 내는 것이다. 어리석은 마음[癡心]은 어리석은 망상을 하고 매우 우둔하여 일을 하는데 흐리멍덩하고 모호한 것이다. 이 세 가지의 마음을 소멸하면 도와 상응할 것이며, 당신의 도업을 매우 쉽게 성취할 것이다.

사문에는 네 가지가 있다.

(1) 승도사문(勝道沙門)

수행하여 과를 증득한[修行證果] 사문을 말한다. 혹은 아라한과를 증득하거나 혹은 보살의 과를 증득하는 것을 과를 증득한 것이라 한다.

(2) 설도사문(說道沙門)

법을 널리 펴서 중생을 이롭게 하는[弘法利生] 사문을 말한다. 홍법이란 바로 불법을 널리 펼치는 것이며, 내가 지금 여러분들에게 경을 강의하는 것을 홍법이라고 한다. 이생은 일체의 중생으로 하여금 모두 이익을 얻게 하는 것이다.

(3) 활도사문(活道沙門)

계율을 엄정하게 지키며[精持戒律] 수도하는 사문을 말한다. 계율에 대하여 정밀하게 연구하고 치중하며, 계를 범하지 않고 도로써 스스로 살아가는 즉 수도함으로써 그의 생활을 살아가는 사문이다.

(4) 오도사문(汚道沙門)

재계를 파괴하는[開齋破戒] 사문을 말한다. 그는 부처님의 계율을 위배하며, 불교에 대하여 더럽히며 나쁜 영향을 준다. 그래서 일반인들이 그를 보고는 말한다. "아, 이 출가인은 조금도 계율을 지키지 않는구나!" 그리하여 믿는 마음을 내지 않는 것이다. 믿는 마음을 내지 않기 때문에 불교에 친근하지 않게 된다. 그러므로 그를 도를 더럽히는[汚道] 사문이라고 하는 것이다.

그러면 이 경을 번역한 반라밀제 법사는 어느 종류에 속하는가? 그 분은 앞의 세 종류에 속한다. 승도사문이라고 할 수 있으며, 또한 설도사문, 활도사문이라고 말할 수 있다. 그러나 오도사문은 아니다. 무엇 때문에 이 경을 번역한 역주(譯主)를 이야기하는가 하면 그분의 『능엄경』에 대한 공헌과 공덕이 너무나 크기 때문이며, 그래서 본문을 강의하기 전에 이 분의 이름을 먼저 이야기하는 것이다. 이 문(능엄경의 전래와 번역)의 제일은 바로 번역한 주인공이다.

오장국사문(烏萇國沙門), 미가석가 역어(彌伽釋迦譯語)

이 반라밀제 법사는 이 경의 번역 작업을 주관하였으며, 당시 또한 한 분의 조수가 있었으니, 오장국의 사문으로 미가석가라고 하였다. 이 이름을 중국어로 번역하면 '굴복시킬 수 있다[能降伏]'는 뜻이다.

그는 모든 번뇌를 굴복시킬 수 있으며, 또한 일체의 마장을 항복시킬 수 있다고 말할 수 있다. 종합하면 그는 무엇이든지 항복시킬 수 있다는 것이다. 이 법사는 번역 작업에서 언어를 수정하는 역어를 맡았다. 즉 인도어를 어떤 중국어로써 번역할 것인가를 담당한 것이다. 그래서 당시에 이 역경장에서 최고의 법사였다.

나부산남루사사문(羅浮山南樓寺沙門), 회적 증역(懷迪證譯)

이 경의 보통의 번역본에는 이 법사의 이름은 없다. 그러나 옛날 번역본에는 모두 이 증역인의 이름이 들어 있다. 이분은 어느 지방의 사람인가? 그는 나부산에 있는 남루사의 사문이다. 이 나부산은 광동 지방의 이름난 산이며, 남루사는 회적 법사가 머물던 절이다.

회적 법사는 번역한 것을 증명하는 것을 맡았는데, 어떻게 증명하는가? 증(證)이란 바로 보증한다는 뜻이다. 회적 법사의 스승께서는 그에게 이름을 지어줄 때 그가 힘써 정진할 것을 희망하여 회적이라 지었다. 회적의 '적(迪)' 자는 나아간다는 것으로 뜻은 언제나 수행 정진해야 한다는 것이다. 이 법사의 학문은 매우 좋아서 평소에도 경을 연구하여 경전의 도리에 대하여 매우 밝게 이해하고 있었으며, 인도의 범어에 대하여도 밝았다. 그래서 당시 역경의 구성원으로 참가하여 증역하는 법사가 된 것이다.

반라밀제와 미가석가 두 분의 법사는 원래 중국어와 범어에 모두 정통하였는데, 왜 중국 스님으로 증역인으로 삼았는가? 왜냐하면 인도의 두 분 법사가 비록 중국어와 범어에 통달하였을지라도 처음으로 중국에 와서 아마 중국어에 대하여 아직 완전히 철저하게 이해하지 못하였을 가능성이 있으므로 중국인으로 증역을 삼은 것이다.

그러나 지금의 경전상에서는 이 법사의 이름이 없으나, 고본(古本)의 경전에서는 여전히 이름이 기재되어 있다. 그러면 도대체 누가 이 법사의 이름을 삭제하였는가? 나도 고증하지 못했지만, 나는 여러분들은 이 증역인이 누구인지를 마땅히 알아야 한다고 생각한다. 그러므로 오늘 내가 『능엄경』을 강의할 때 특별히 증역인을 제기하여 말하는 것이다.

보살계제자(菩薩戒弟子), 전정의대부동중서문하평장사(前正議大夫同中書門下平章事), 청하방융필수(淸河房融筆受)

보살계는 출가인도 받아야 하며, 재가인도 받아야 한다. 『보살계경』에 이르기를 국왕이나 대신을 막론하고 그 직위에 임할 때 모두 보살계를 받아야 한다고 하였다. 방융은 불법을 이해하였기 때문에 부처님으로서 그의 부친을 삼고, 보살로서 그의 형제를 삼았으므로 보살계 제자라고 하였다. 보살계는 열 가지 특별히 중요한 계율과 마흔여덟 가지 가벼운 계율이 있다. 따라서 그는 보살계를 받은 후 자기를 제자라고 칭한 것이다.

그는 이전에 정의대부를 한 적이 있다. 『사기(史記)』에서 정간(正諫)이라 칭하는 것이 간의대부(諫議大夫)라고 한다. 간의는 무슨 일을 관장하는 관리인가 하면 바로 언관(言官)을 말한다. 어째서 언관이라 하는가? 국가에 무슨 잘못된 일이 있으면 그는 가서 이야기하고, 비평하는 것이다. 어떤 시대에서는 어사(御史)라고 불렀다. 대부라는 것은 관리의 명칭이다.

중서·문하는 모두 승상부의 하나의 명칭이다. 중서는 황제의 모든 서찰이나 조서를 관리하며, 황제가 내리는 모든 지시는 중서승상에서 관리하며, 문하는 정무를 관리하는 행정장관이다. 문하란 바로 정부의 일을 관리하며, 중서는 황제의 일을 관리한다. 하나는 문서의 시행령을 발하고, 하나는 그 명령을 집행하는 기관이다.

동(同)이라고 한 것에는 두 가지의 해석이 있다. 하나는 좌우의 승상을 모두 그 한 사람이 겸하므로 '동중서문하'라고 하고, 또 하나는 그가 중서, 문하와 동료, 즉 동등한 것으로서 공동으로 일을 처리하는 사람이라고 해석하는 것이다.

평장사라는 것은 조정 안의 모든 일에 대하여 평균하고 현저하게 드러내는 업무의 직책이다.

청하방융이라고 한 것은 그는 청하 출신이며, 이름이 방융이라는 것이다.

필수(筆受)라는 것은 그가 경전의 문장을 필사하고 윤색한 것이다. 이것을 윤문(潤文)하는 사람이라 한다. 즉 문장을 더욱 아름답게 수식하는 것이다. 따라서 『능엄경』의 문장은 이보다 더 좋을 수 없다. 왜냐하면 승상 방융은 당시 가장 학문이 있는 대문학가로서 그가 친히 문장을 윤색하였기 때문이다. 그러므로 『능엄경』의 문장은 특히 좋으며, 이보다 더 좋은 것이 없을 정도이다. 『능엄경』의 문법도 가장 좋아서 당신이 중국어를 배우고 싶으면 『능엄경』을 숙독할 것이며, 능히 외울 수 있으면 가장 좋을 것이다.

위에서 소개한 네 사람은 우리들이 번역할 때 사용하는 네 단계로써 설명할 수 있다.

(1) 번역 이것은 처음 번역[初譯]을 말한다.

(2) 역어 이것은 초역한 문장을 고치고 수정하는 것이다.

(3) 필수 이것은 윤색하는 것이다.

(4) 증역 이것은 증어(證語)하는 것이다.

이것은 우리들이 지금 하고 있는 번역 작업과 서로 부합된다.

10) 본문 해석[別解文義]

현수종의 경전 분류에 의하여 열 가지의 문으로 나누어 해설하였다. 앞에서 아홉 가지의 문은 이미 해설을 마쳤다. '여시아문(如是我聞) 일시불재실라벌성(一時佛在室羅筏城) 기환정사(祇桓精舍)'에서부터 마지막까지는 열 번째 문으로서 '별해문의(別解文義)' 즉 본문을 해설하는 것이다.

여기에서 '여시'는 믿음의 성취[信成就]이며, '아문'은 들음의 성취[聞成就]이다. '일시'는 때의 성취[時成就]이며, '불'은 설법의 주인공의 성취[主成就]이다. '실라벌성기환정사'는 장소의 성취[處成就]이며, '여대비구중천이백오십인구'에서 대아라한, 제대보살까지는 듣는 무리의 성취[衆成就]라고 한다.

부처님께서 설하신 경은 어지럽게 아무렇게나 설하신 것이 아니며, 어떤 경의 맨 처음에는 모두 이러한 여섯 가지의 성취가 들어있다. 이러한 여섯 가지의 성취가 있어야 비로소 하나의 법회가 성립되어 법을 설하는 것이다. 만약 여섯 가지의 성취가 이루어지지 않으면 법을 설할 수 없는 것이다.

지금 경의 본문을 강의하는 데 있어서 매 사람마다 모두 특별히 주의해서 듣기를 바란다. 이전에 강의한 도리는 경을 강의하기 전의 방편이며, 지금 정식으로 경의 본문을 강의하는 것이다. 도안(道安) 법사는 경의 본문을 서분(序分), 정종분(正宗分), 유통분(流通分)으로 나누었다. 서분은 경의 전반부의 서문이며, 정종분은 이 경의 종취(宗趣)이며, 경의 후반부에서 모든 사람들에게 이 경전의 유통을 권하는 부분을 유통분이라 부른다.

‖ 편집자 주 ‖

이상으로 열 가지의 문으로 나누어 본문을 해석하기 전에 『능엄경』에 대하여 현수종의 해설법에 따라 선화 상인께서 해설하신 것이다. 그리고 1987년에 개최한 ‘주관지능추동력(主觀智能推動力)’ 강좌에서 기록한 것 중에서 중요한 것은 추가하고, 전의 해설과 중복된 내용이 많은 것은 번역하지 않았다. 본문에 들어가기 전에 『능엄경』을 이해하는 데 많은 도움이 될 것이다.

二

서분
(序分)

1

믿음을 증명하는 서분[證信序]

如是我聞, 一時佛在室羅筏城, 祇桓精舍.

이와 같이 나는 들었다. 이때에 부처님께서는 실라벌성 기환정사에
계셨다.

여(如)는 믿을 '신(信)' 자로 설명할 수 있으며, 또 법을 가리키는 말이
다. 바로 이 법을 명확히 이해함을 가리키는 것이다. 시(是)는 이『능엄
경』의 글을 가리킨다.『능엄경』의 글, 이 경에서 설하신 법과 같음을
말하는 것이다. 아문(我聞)이란 나 아난이 부처님께서 설하신 것을 친
히 들었다는 것을 말한다. 그래서 이것을 여시아문이라고 한 것이다.

　또한 여시는 믿음의 성취를 말한다. 무릇 부처님께서 설하신 법
과 설하신 경전은 경의 앞부분에 모두 여섯 가지의 성취를 가지고 있
다. 이 여섯 가지의 성취는 ① 믿음의 성취[信成就] ② 들음의 성취[聞成
就] ③ 때의 성취[時成就] ④ 주인공의 성취[主成就] ⑤ 장소의 성취[處成就]
⑥ 듣는 대중의 성취[衆成就]를 말한다.

1) 믿음의 성취[信成就]

무엇 때문에 믿음이 있어야 하는가? "믿음은 도의 근원이고 공덕의 어머니이며, 일체의 선근을 자라게 한다[信爲道元功德母 長養一切諸善根]." 따라서 이 믿음은 특별히 중요한 것이다. 또 말하기를 "불법은 큰 바다와 같아서 오직 믿음으로 들어갈 수 있다[佛法如大海 唯信可入]."이라고 하였다. 따라서 이 믿음은 가장 중요한 것이다.

마치 지금 내가 경을 강의하는데 여러분이 반드시 믿어야 하며, 의심하는 마음을 품지 않아야 하는 것과 같다. 당신이 만약 의심하는 마음을 품는다면 내가 강의하는 것이 옳아도 당신은 틀렸다고 생각할 것이다. 왜냐하면 당신은 믿음이 없기 때문이다. 당신이 만약 믿는 마음이 있으면 내가 강의하는 것이 틀려도 당신은 일리가 있다고 생각할 것이다.

그러면 내가 강의하는 것이 틀리느냐? 당신은 두려워하지 말아야 한다. 나는 절대로 틀리지 않을 것이며, 반드시 옳게 강의할 것이다. 내가 이렇게 말하는 주요한 목적은 여러분들이 믿음을 가져야 한다는 것이며, 여러분의 믿음을 견고하게 하기 위해서이다. 당신은 당신 자기를 믿지 말고 나를 믿어야 한다. 나는 여러분에게 『능엄경』이 매우 좋다고 하면, 당신도 "아, 이것이 그렇게 좋은 것이구나!"라고 생각하는 것이다. 당신이 나의 이런 설법에 동의하는 것이 바로 믿음이 있는 것이다. 이것을 믿음의 성취라고 한다.

2) 들음의 성취[聞成就]

당신이 믿음의 성취가 있으면, 내가 말하는 것을 들으려고 할 것이다. 당신이 단지 믿음만 있고 내가 경을 강의할 때 다른 곳으로 놀러가 버리거나, 혹은 커피 마시러 가버렸다면 당신이 돌아왔을 때는 이미 들을 수 없게 될 것이다. 그것은 들음의 성취가 아니다. 내가 경을 강의할 때 당신은 커피도 마시지 않고 심지어 밥을 먹지 않아도 배고프지 않으며, 반드시 이 경을 들으려고 하는 것이다. 마치 어제 백씨 아가씨가 병이 나서 내가 그녀를 쉬게 하였지만 경을 강의할 시간에 와서 경을 들었다. 이것이 바로 들음의 성취인 것이다. 만약 성의가 없거나 진실한 마음이 없다면 와서 경을 듣겠는가? 이것은 바로 그녀가 성심을 가지고 있다는 것을 증명하는 것이다.

백씨 아가씨뿐만 아니라 여러분들도 시애틀에서부터 여기까지 천 리 먼 길을 오신 것은 모두 약간의 들음의 성취가 있다고 믿는다. 따라서 나는 어쨌든 여러분들에게 이러한 들음의 성취를 이루게 하려는 것이다. 여러분이 믿음의 성취가 있으면, 나 또한 여러분의 믿음의 성취를 이루게 하고 또 들음의 성취를 이루게 하는 것이다.

3) 때의 성취[時成就]

여러분이 믿음이 있고 또한 들음의 성취를 이루려는 마음이 있어도, 만약 시간이 없으면 와서 경을 들을 방법이 없을 것이다. 여러분 각자는 어떤 분은 학교에 다니고 어떤 분은 일을 하는데, 다들 시간이 없어서 경을 듣지 못한다. 그래서 모두가 상의하여 이번 여름휴가를 이용하여 경전을 연구하고 아울러 중국어도 배우려고 하였다. 한편으로는 경전을 연구하고 한편으로는 중국어를 배우게 되었으니, 만약 어려움을 두려워하지 않는다면 중국어로 된 경전에 따라 중국어를 쓰면 될 것이다. 이 얼마나 좋은가! 중국어도 알게 되고, 경전도 이해하게 되니 이 이익은 매우 큰 것이다. 따라서 이것을 때의 성취라고 하며, (법을 들을 만한) 상당한 시간이 있어야 함을 말한다.

4) 주인의 성취[主成就]

바로 법을 설하는 주인을 가리킨다. 시간이 있어도 또한 법을 설하는 주인이 있어야 한다. 마치 여러분이 경을 들으려고 하여도 강의하는 사람이 없으면, 당신은 미국의 법사를 청하는 것과 같다. 따라서 한 분의 법을 설할 주인을 찾아야 한다. 그래서 나를 무덤으로부터 끌고나온 것이다. 본래 나는 '무덤 가운데 있는 스님[墓中僧]'이라고 불렸는데, 이번에 나와서 여러분들과 만나 경을 강의하고 법을 설하는 것이다. 이것을 주인의 성취라고 한다. 그러면 이 경의 주인은 누구인가? 바로 부처님이다. 부처님이 이 경의 주성취인 것이다.

5) 장소의 성취[處成就]

설법하는 사람이 있으면 곧 법을 설할 수 있는가? 아직 안 된다.

다시 적당한 장소를 찾아야 비로소 경을 강의하고 법을 설할 수 있다. 당신이 만약 장소가 없어 어떤 공원에 들어가 법을 설한다고 한다면, 하루 이틀은 괜찮을지 몰라도 계속되면 아마 정부에서 찾아와 "이곳은 공공의 장소이기 때문에 당신이 혼자 이곳을 점유할 수 없습니다."라고 말할 것이다. 그러면 당신은 경을 강의할 수 없다. 따라서 당신은 적당한 장소가 있어야 하는데, 이 장소를 '장소의 성취[處成就]'라고 한다. 이 경의 설법장소는 바로 사위국 기수급고독원이며, 바로 기환정사(祇桓精舍, 다른 경에서는 일반적 기원정사라고 함)이다.

6) 대중의 성취[衆成就]

앞의 다섯 가지가 성취되어도 아직 부족하다. 또한 무리의 성취가 있어야 한다. 즉 들으러 오는 사람이 있어야 한다. 만약 경을 들으러 오는 사람이 없으면 이 탁자, 의자에게 강의해야 한다. 강의야 할 수 있지만 그들이 들을 수 있는가? 이것이 문제인 것이다. 그래서 대중의 성취가 있어야 한다. 지금 시애틀로부터 이렇게 멀리 온 많은 사람들이 대중의 성취인 것이다. 본 경의 대중은 바로 큰 비구와 보살들의 청중인 것이다.

'내가 들었다[我聞]'에서 나[我]는 아난이 스스로 칭한 거짓의 나[假我]이다. 나라는 것은 네 가지 종류가 있다.
① 범부가 집착하는 나가 있다. 범부는 내가 가지고 있는 신체를 집착한다.

② 외도가 말하기를 "나는 바로 신(神)이다."라고 하는데, 이것은 신아(神我)이다.

③ 보살은 거짓의 나[假我]가 있다.

④ 부처님이라야 비로소 참된 나[眞我]를 가진다.

범부는 자기를 집착하는데, 이 몸뚱아리를 바로 자기라고 생각한다. 사실 이 몸은 마치 임시로 거주하는 여관과 같은 것이다. 당신이 그 안에 머물지만 결국에는 이사를 가야 하며, 영원히 이곳에 머물 수 없는 것이다. 그러나 일반 범부는 이러한 도리를 모르고 이 몸이 나라고 생각하여 잘 먹어야 하고 잘 입어야 하고 잘 누려야 하며, 머무는 집을 아름답게 꾸며야 한다고 생각하며, 모든 환경이 아름다워야 한다고 생각하는 것이다. 무엇 때문인가? 바로 자기의 이 냄새나는 가죽 주머니(몸)를 도우려고 하기 때문이다.

이 몸뚱아리가 냄새나는 가죽 주머니인 것이니, 매우 고약한 것이다. 당신은 그렇다고 믿지 않는가? 당신은 이 몸을 봐라. 눈에는 눈곱이 끼고, 귀에는 귀지가 생기며, 코에는 콧물이, 입에는 침이나 가래가 나오는데 이 모두 깨끗하지 못한 물건이다. 당신이 만약 3일간 이를 닦지 않는다면 입 냄새가 얼마나 고약하겠는가! 당신이 4일을 목욕하지 않는다면 몸에서도 얼마나 고약한 냄새가 나겠는가? 이 몸을 애석하게 생각할 어떤 것이 있겠는가? 당신은 그것을 위하여 좋은 옷을 입고 향수로 닦고 하면서 매우 바쁘다. 죽을 때가 되면 그것은 조금의 인정도 없다. 그는 "당신은 나에게 이렇게 잘하는데 나는 며칠을 더 살면서 당신과 함께하죠!"라고 말하지 않는다. 그러니 이 몸이 무슨 좋은 것이 있는가?

하지만 범부는 이 몸이 자신의 것이라고 집착한다. "아, 이것은 나의 몸이다. 당신이 나를 때려? 나는 당신에게 대응할 수 없다. 당신이 나를 욕해? 당신은 왜 나를 욕하는가?" 도대체 당신은 누구인가? 자기는 자기가 누구인지 모르고 또 남들이 그를 욕하고 때린다고 말한다. 근본적으로 그는 자기의 본래면목을 인식하지 못하고 이 몸이 나의 것이라고 생각한다. 사실 그 영혼이 비로소 진정한 나의 것이며, 그의 자성(自性)이 진정한 나의 것[我的]이다. 그러나 그는 찾지 못하고, 보지 못하며, 또한 찾을 줄도 모르며 이것이 맞다고 생각하고 이 몸을 위하여 바쁜 것이다.

나는 하나의 예를 들고자 한다. 마치 화장실과 같이 당신이 그것에 아름다운 옷을 입히고, 아름다운 물건을 걸어서 매우 아름답게 장식을 하는 것과 같다. 그러나 당신이 화장실을 아무리 아름답게 장식해도 그 속에는 냄새나고 깨끗하지 못한 것을 담고 있는 것이다. 우리들의 이 뱃가죽 안에는 깨끗하지 못한 물건이 들어 있지 않은가? 따라서 당신이 만약 너무 자기를 위하여 수지타산을 생각한다면 책임질 수 없는 것을 면하지 못할 것이다. 책임질 줄 모르는 사람들이 오로지 자기를 위하여 바쁜 것이다. 따라서 나는 내 자신을 위하여 바쁘지 않으며, 남을 위하여 바쁘다. 나는 남들이 일이 있으면 나로 하여금 돕게 하기를 원하며, 나는 가서 돕는 것이다. 이상에서 이야기한 것이 범부가 집착하는 나[我]이다.

여시(如是)는 믿음의 성취이며, 아문(我聞)은 들음의 성취이다. 본래 귀로 듣는 것인데 왜 이문(耳聞)이라고 말하지 않고 아문(我聞)이라고 말하는가? 왜냐하면 귀로는 근본적으로 들을 수 없는 것이고 능히 들을 수 있는 것은 그것의 성품[性]이지, 귀가 아니다. 귀는 단지 듣는 문호(門戶, 통로)일 따름이다. 이러한 듣는 성품은 항상 존재하는 것이며, 나는 한몸의 종합이기 때문에 아문(我聞)이라고 말하는 것이다. 아문(我聞)은 또한 마음으로 듣는 심문(心聞)이다. 즉 마음에서 듣는 것이지, 귀가 듣는 것은 아니다.

왜 아난 존자는 '나'라는 것을 가지고 있는가? 아난 존자의 이 나[我]는 거짓의 나[假我]의 나이며, 참된 나[眞我]가 아니다. 이 '나'라는 것은 앞에서 설명한 적이 있는데, 범부는 '나'가 있다고 집착한다. 이것도 '나'의 것이고, 저것도 '나'의 것이라고 하면서 일체의 물질을 놓지 못하며, 자기의 몸뚱아리는 더욱 놓지 못한다. 이것이 집착하는 '나'인 것이다. 외도에게는 신아(神我)가 있는데, 그는 이 나가 누구라고 생각하는가? 바로 신이라고 하는 것이다. 이것이 외도의 신아(神我)이며, 만약 자세하게 분석한다면 매우 많아서 상세하게 설명하지 않겠다.

보살에게는 거짓의 나[假我]가 있다. 이 나는 말하자면 거짓이라는 것이다. 왜 거짓인가? 보살은 어째서 거짓의 일을 짓는가? 왜냐하면 보살은 나라는 상이 없기 때문이다. 이 나는 거짓의 나이며 참된 나가 아니다. 거짓으로부터 참된 나에 도달할 수 있는 것이다. 당신은 거짓이 있다는 것을 알아야 비로소 참됨을 찾을 수 있다. 당신이 거짓이 있음을 모르면 참됨을 찾을 수 없는 것이다.

우리는 지금 무엇 때문에 불법을 연구하는가? 바로 진리를 추구하기 때문이다. 왜 진리를 추구하는가? 왜냐하면 우리들은 세상의 모든 것이 거짓이며, 이 거짓의 위에서 참됨을 찾아야 한다는 것을 알기 때문이다. 따라서 보살은 이 몸의 나는 거짓된 나로 생각하고, 자성의 참된 나를 찾으려고 하는 것이다. 자기 성품의 참된 나는 누구인가? 바로 부처를 이루는 것이다. 부처가 되어야 비로소 참된 나가 되는 것이다. 당신이 만약 성불하기 이전에는 당신의 그 나[我]라는 것은 모두 거짓된 것이다.

　　따라서 어떤 사람이 나에게 묻는다. "보살은 어째서 아직 거짓된 나[假我]가 있습니까?" 그는 보살이기 때문에 이것이 거짓된 나라는 것을 알기 때문이다. 만약 보살이 아니라면, 범부는 말할 것이다. "아, 당신은 거짓이라고 말하는데, 내가 보니 내 이 몸은 가장 좋습니다. 건장하고 높고 크며 당당합니다. 내 몸이 거짓된 것이라고 당신이 말하는데, 나는 이것이 진짜라고 생각합니다."

　　그는 간파하지 못하며, 따라서 놓지를 못한다. 놓지를 못하니 자재로움을 얻지 못한다. 당신은 부처를 이루어야 비로소 참된 나를 얻게 되는 것이다. 성불하기 이전에는 모두 거짓의 나이다. 이것이 네 종류의 나[我]를 설명한 것이다.

　　여시아문이란 이와 같은 법을 말하는 것이다. 즉 이 『능엄경』을 말한다. 인도의 반라밀제 법사께서 비단에 서사한 후 팔의 살을 베어 그 속에 감추고 중국에 가져와 중국어로 번역한 것이다. 지금 이 경은 다시 미국으로 전해져서 다시 영어로 번역하려고 한다. 내가 여러분에게 알리노니, 당신은 지금 이해하는가? 이 여시의 법[如是之法]은 바로 『능엄경』의 법이다. 이 법은 어떠한가? 이 법은 나 아난이 부처님께서 설하신 것을 친히 들은 것이며, 부처님께서 나에게 전수해 주신 것이며, 나 자신이 지어낸 것이 아니라 부처님께서 이전에 설하신 것이다.

　　왜 '여시아문'이라는 네 글자를 사용하는가? 불경은 여시아문을 사용하여 시작하는데, 네 가지의 뜻이 있다. 첫째는 여러 대중들의 의심을 그치게 하며, 둘째는 부처님의 유촉을 따르며, 셋째는 논쟁을 그치게 하며, 넷째는 외도와 다르다는 것을 나타낸다.

첫째, 여러 대중들의 의심을 그치게 하다

어째서 여러 대중들의 의심을 그치게 한다고 하는가? 왜냐하면 부처님께서 열반에 드신 후 경장을 결집할 때 아난 존자는 부처님의 자리에 올라가 법을 설하였다. 아난 존자가 법석에 오를 때 모든 부처님의 제자들은 갑자기 세 가지의 의혹이 일어났다.

(1) "아, 석가모니 부처님께서 다시 살아오신 것인가?" 그들은 아난 존자가 법석에 오를 때 상호가 원만한 것이 마치 부처님의 모습과 같이 32가지의 상과 80종류의 모습이며, 광명을 발하고 대지가 진동하여 부처님의 제자들은 부처님을 너무나 생각하여 머리가 어지러울 정도였으므로 부처님께서 다시 오신 것이라 생각한 것이다.

(2) 그리고 아난 존자가 성불하여 이렇게 상호가 장엄하고 원만한 것이라고 생각하였다.

(3) 또한 다른 세계에서 부처님이 오신 것이라 생각한 것이다. "이것은 석가모니 부처님이 아니며, 아난이 성불한 것도 아니라 다른 세계의 부처님께서 여기에 오신 것인가?"라고 생각한 것이다.

왜 대중들은 이러한 세 가지의 의혹을 갖게 되었는가 하면 아난 존자가 법석에 올랐을 때 먼저 선정에 든 모습을 드러내었기 때문이다. 대략 5분 정도 말을 하지 않고 이렇게 선정에 들자, 상호가 부처님과 같아져서 각 대중들은 마음속으로 이러한 의혹이 생긴 것이다. 아난 존자가 "나는 이와 같이 들었다[如是我聞]."라고 말하자 대중들은 이러한 의심이 일시에 사라진 것이다. 무엇 때문에 이러한 의혹이 없어졌는가? 그가 이와 같이 내가 들었다고 말하였기 때문이다. 이것이 첫 번째의 뜻이다.

둘째, 부처님의 유촉을 준수한다

부처님의 유촉과 분부를 따른 것이다. 부처님께서는 무엇을 분부한 것인가? 부처님께서는 열반에 들려고 할 때 모든 제자에게 알렸다.

"나는 열반에 들고자 한다."

부처님의 이런 말씀을 들은 모든 제자들은 울기 시작하였다. 특히 아난 존자는 부처님과 사촌간이었기 때문에 그의 슬픔은 더욱 깊었다. 그래서 눈물이 얼굴을 씻을 정도였다. 아나율 존자가 그런 아난 존자에게 말하였다.

"당신은 울면 안 됩니다. 부처님께서 열반에 들려고 하는데, 당신은 마땅히 뒷일을 어떻게 처리하면 좋을지를 물어야 합니다."

아난이 물었다.

"무슨 뒷일입니까? 나는 무엇을 물어야 합니까?"

"당신은 다음과 같은 일을 물어야 합니다. 첫째, 장래 경장을 결집할 때 경 앞에 마땅히 무슨 말로써 대표해야 합니까? 둘째, 지금 부처님께서 세상에 계실 때는 우리들은 부처님께 의지하여 머무나, 부처님께서 열반에 들고나면 우리는 누구를 의지하여 생활합니까? 셋째, 우리들은 지금 부처님을 스승으로 삼지만, 부처님께서 열반하시고 나면 우리들은 누구를 스승으로 삼아야 합니까? 넷째, 부처님께서 세상에 계실 때는 부처님께서 버릇이 나쁜 비구들을 조복할 수 있었으나, 부처님께서 열반에 드신 후에는 성질이 나쁜 비구는 어떻게 그들을 항복받습니까? 당신은 이 네 가지의 일을 부처님께 물어야 할 것입니다."

아난 존자는 말을 듣고 생각해 보니 옳다고 생각하여 부처님께 물었다.

"부처님께서 세상에 계실 때는 우리들은 부처님을 스승으로 삼지만, 부처님께서 열반하시고 나면 우리들은 누구를 스승으로 삼아야 합니까?"

부처님께서 답하였다.

"계로써 스승을 삼거라."

"그러면 지금 부처님께서 세상에 계실 때는 우리들은 부처님께 의지하여 머무나, 부처님께서 열반에 들고 나면 우리는 누구를 의지하여 생활합니까?"

"바로 사념처(四念處)에 의지하여 머물러야 한다."

사념처란 무엇인가? 즉 신(身) · 수(受) · 심(心) · 법(法)을 말한다. 첫째, 관신부정(觀身不淨)이다. 이 몸이 깨끗하지 못한 것이라고 관하는 것이다. 이렇게 관할 수 있으면 이 몸에 애착을 가지지 않을 것이다.

둘째, 관수시고(觀受是苦)이다. 당신이 받아들이는 모든 것은 괴로운 것이라고 관하는 것이다. 그렇게 할 수 있으면 향락을 탐하지 않게 될 것이다.

셋째, 관심무상(觀心無常)이다. 이 마음은 항상 변하여 무상한 것이라고 관하는 것이다. 그러면 마음속에서 망상을 짓지 않을 것이다.

넷째, 관법무아(觀法無我)이다. 일체의 법, 즉 색 · 수 · 상 · 행 · 식은 모두 나가 없다고 관하는 것이다.

"또한 장래 경장을 결집할 때 부처님께서 설하신 경전 앞에 마땅히 무슨 말로써 대표해야 합니까?"

부처님께서 말씀하셨다.

"이와 같이 나는 들었다[如是我聞]는 말을 사용하여라."

그리하여 부처님께서 설하신 모든 경전은 앞에 "이와 같이 나는 들었다[如是我聞]."는 문구를 사용하며, 그런 후에 다시 여섯 가지의 성취가 있어야 비로소 경의 원만한 의리(義理)를 표시할 수 있으며, 또한 이 경이 부처님께서 설하신 경이라는 것을 증명할 수 있다.

아난 존자는 다시 부처님께 물었다.

"부처님께서 세상에 계실 때는 부처님께서 버릇이 나쁜 비구들을 조복할 수 있었으나, 부처님께서 열반에 드신 후에는 성질이 나쁜 비구는 어떻게 그들을 항복받습니까?"

부처님께서 답하여 말씀하셨다.

"악성(惡性)비구를 대하면 마땅히 묵묵히 아무런 응대도 하지 말고 그를 물리쳐라."

즉 상대하지 말고 그들과 말하지도 말고 그들과 함께 앉지도 말라는 것이다. 그들을 상대하는 사람이 없으면 그들이 아무리 나빠도 자기는 어찌할 방법이 없을 것이다. 악성비구란 도리를 무시하는 출가인을 말한다.

부처님 재세시에도 육군비구(六群比丘)라는 나쁜 비구들이 있었는데, 그들은 매우 악했다. 여러분은 출가인들이 모두 다 착하다고 여기지 않아야 한다. 출가인들 속에도 규칙을 지키지 않는 사람들이 많이 있다. 그들이 규칙을 지키지 않으면 어떻게 해야 하는가? 바로 상대하지 않는 것이며, 그들과 말하지 않는 것이다. 그렇게 하면 그들을 조복할 수 있다.

셋째, 논쟁을 멈추게 하다

부처님의 제자들은 매우 많았다. 오래 수행한 상좌(上座)들은 아난 존자보다 도덕이 높고 깊었으며, 각자의 신분도 아난 존자보다 높았다. 경장을 결집할 때 아난 존자는 단지 막 아라한과를 증득한 사람이 었다. 제자들 가운데는 이미 아라한과를 증득한 분들이 매우 많았다. 따라서 만약 아난 존자가 설한 경전이라고 하면 일반인들에게 설득력 이 없을 것이다. 그래서 "이와 같이 나는 들었다[如是我聞]."는 말을 함으 로써 모두 들은 이 경전이 아난 존자가 설한 경전이 아니라 부처님께 서 설하신 경전을 들은 것이라는 것을 알게 되었다. 일반인들은 아난 존자가 기억력이 매우 강하여 부처님께서 49년간 설하신 경전을 모두 조리 있게 기억한다는 것을 안다. 따라서 그가 "이와 같이 나는 들었다 [如是我聞]."고 말하자 모두들 논쟁을 할 필요가 없어진 것이다.

넷째, 외도와 다르다

이것은 외도와 같지 않음을 말하는 것이다. 외도들은 모든 일을 논할 때 유(有)와 무(無)를 떠나지 않는다. 무가 아니면 유라는 것이다. 또한 유가 아니면 무라는 것이다. 따라서 외도의 경전에는 '아(阿)·구 (歐)'라는 두 글자로 시작한다. '아(阿)'는 없다는 뜻이며, '구(歐)'는 있다 는 뜻이다. 불경에 "이와 같이 나는 들었다[如是我聞]."는 것으로 시작하 는 것은 외도의 경전과 같지 않음을 뜻하는 것이다.

與大比丘衆, 千二百五十人俱.

큰비구의 대중들 천이백오십 명과 함께하였다.

대비구란 도를 수행하여 장차 과를 증득하려는 비구를 말한다. 비구
는 인도어로서 번역하면 세 가지의 뜻이 있다.

(1) 걸사(乞士) (2) 마를 두렵게 하다[怖魔] (3) 악을 깨뜨린다[破惡].

(1) 걸사(乞士)

발우를 들고 밖으로 가서 인연을 구하고 밥을 구하는 사람을 뜻
하며, 이것을 탁발걸식(托鉢乞食)이라고 한다. 비구가 걸식하는 방법은
어떤 집이 부유하기 때문에 인연을 구하러[化緣] 가지 않거나, 그 집이
가난하다고 해서 가지 않아도 안 된다. 혹은 오로지 가난한 집만 찾아
가도 안 되며, 부유한 집만 찾아가도 안 된다. 반드시 평등하게 걸식해
야 한다. 평등하게 걸식한다는 것은 집의 차례대로 탁발하는 것이다.

(2) 마를 두렵게 하다[怖魔]

비구가 비구계를 받을 때 '세 명의 스승과 일곱 명의 증명법사[三
師七證]'가 있기 때문이다. 세 명의 스승이란 계화상 · 갈마화상 · 교수
화상을 말하며, 일곱 명의 증명법사란 당신이 스님이 되어 재계를 깨
뜨리고 범하지 않을 것을 보증하는 분이다. 따라서 계를 받을 때 계
화상이 묻는다. "당신은 이미 보리심을 발하였습니까?" 그러면 대답
한다. "이미 보리심을 발하였습니다." 또 묻는다. "당신은 대장부입니
까?" 계를 받는 사람이 또 대답한다. "대장부입니다."

이렇게 답을 다하고 나면 땅을 다니는 야차[地行夜叉, 즉 우리 이 세계에
서 선과 악을 순찰하는 신]가 말한다. "지금 부처님의 권속이 또 한 분 증가
하였으며, 마왕의 권속은 한 사람 줄어들었다!" 이렇게 전보를 서로

보낸다. 지행야차가 공행야차(공중을 다니는 야차)에게 전하며, 공행야차
는 허공 속에서 서로 전하여 육욕천에까지 전해진다. 육욕천은 마왕
이 거주하는 곳이며, 마왕은 이 말을 듣고 공포심을 낸다. 따라서 마
를 두렵게 한다는 것이다.

(3) 악을 깨뜨린다[破惡]

무슨 악을 깨뜨리는가? 무명의 번뇌악을 깨뜨린다. 비구에게 이
러한 세 가지의 뜻이 있기 때문에 번역하는 규칙에 따라 번역하지 않
고 인도어를 그대로 사용하는 것이다.

이들 대비구는 얼마나 있었는가? 일천이백오십 명이 되었을 정
도로 많았다. 원래는 일천이백오십오 명이다. 지금은 다섯 명은 떼어
버리고 일천이백오십 명의 제자라고 말한다. 이 일천이백오십 명의
제자는 부처님의 상수중(常隨衆, 항상 따르는 스님)이다. 그들은 이전에는 대
다수가 외도였다. 부처님의 교화를 받고 부처님의 깊은 은혜를 감사
하므로 항상 부처님을 따라 머문다. 부처님께서 머무는 곳에 그들도
머문다.

그러면 이 일천이백오십 명의 제자인 부처님의 상수중(常隨衆)은
어떻게 구성되었는가? 부처님은 녹야원에서 교진여 등 다섯 명을 제
도하였으며, 이것이 최초의 다섯 비구이다. 그 다음에 가섭파의 세 형
제를 제도하였으며, 그들은 모두 일천 명의 제자를 거느리고 있었다.
이전에 가섭파가 닦던 것은 불을 섬기는 외도였으며, 이후에 모두 부
처님께 귀의하였다. 그들이 귀의하자 일천 명의 제자들도 모두 귀의
하였다.

그리고 목건련과 사리불이 각각 일백 명의 제자를 데리고 귀의

하여 이백 명이며, 이 모두를 합치면 일천이백오 명이 되는데, 야사장자의 아들이 오십 명을 데리고 귀의하여 모두 일천이백오십오 명이 된다. 여기서 다섯 명은 줄여서 "대비구 천이백오십 명과 함께 머문다"고 하는 것이다.

■

皆是無漏大阿羅漢. 佛子住持, 善超諸有, 能於國土, 成就威儀, 從佛轉輪, 妙堪遺囑, 嚴淨毘尼, 弘範三界, 應身無量, 度脫衆生, 拔濟未來, 越諸塵累.

■

모두 무루의 대아라한이며, 이들 부처님의 아들들은 불법에 머물고 지키며, 모든 생사의 세계에서 잘 벗어났다. 모든 국토에 갈 수 있으며, 위의를 성취하였다. 부처님을 따라 법륜을 굴리며, 묘하게 부처님의 유촉을 받아들일 수 있다. 계율을 장엄하고 청정하게 하며 크게 삼계의 모범이 되었다. 응신은 무량하며 중생을 제도하고 해탈하게 하며, 미래의 중생을 구제하여 모든 진루에서 벗어나게 한다.

■

皆是無漏大阿羅漢 무엇이 무루이며, 무엇이 유루인가? 우리는 습기와 결점을 가지고 있는데, 이것을 모두 유루(有漏)라고 한다. 그런 후에 다투는 마음이 있으며, 탐하는 마음이 있으며, 구하는 바가 있으며, 자기만을 위하는 사리사욕이 있으며, 거짓말을 하는 이 모든

것이 유루이다. 당신이 만약 새지 않는 무루의 마음을 가지는 것은 바로 일체의 욕망을 끊으며, 일체의 지혜가 현전하는 것이다. 욕망이 다하고 지혜가 드러나는 것을 무루라고 한다.

능엄회상에 참가한 이들 큰비구들은 단지 큰비구가 아니라 모두 보살이 비구의 몸으로 시현한 분들이다. 소위 말하기를 "안으로는 보살의 행을 감추고, 밖으로 성문의 몸을 나타내다[內秘菩薩行 外現聲聞身]." 라고 하는 것과 같이, 내심으로 간직한 모든 것은 대승의 근성이며, 안으로는 모두 보살의 마음이지만 단지 밖으로 그가 행하는 것은 소승의 법이다.

이들 큰비구들은 또한 대아라한이다. 대아라한은 또한 큰비구이며, 이것은 큰비구를 찬탄하는 것이다. 어떠한 것을 무루라고 하는가? 내가 이전에 설명한 적이 있는데, 바로 새지 않는 것이다. 어떤 새는 것이 없다는 것인가? 욕루(欲漏), 유루(有漏), 무명루(無明漏)가 없다는 것이다.

(1) 욕루(欲漏)

욕이란 욕망, desire를 말한다. 무루란 새지 않아 삼계에 떨어지지 않는 것이다. 삼계는 욕계, 색계, 무색계이다. 무엇을 욕계라고 하는가? 지금 현재 우리들 모든 사람은 욕계에 있다. 우리는 지상에서 생활하며, 지거천(地居天)이라 부르며, 욕계천의 일부분이다. 어째서 욕계라고 부르는가? 왜냐하면 사람마다 모두 일종의 욕념, 욕망을 가지고 있으며, 이 욕망을 멈출 수 없기 때문이다.

욕망에는 물욕과 색욕의 두 가지가 있다. 물욕은 일체의 물질적인 향유를 탐하는 것이다. 비유하면 집이 없는 사람은 집을 사려고 하며, 집이 있는 사람은 더 좋은 집을 가지려고 하는 것이다. 이것은 집에 대한 물욕이다. 이전에 자동차가 없을 때는 사람들은 말을 타기를 좋아하여 한 필의 말을 사려고 하였으나, 지금은 좋은 자동차를 사려고 한다. 싼 차를 타고 다니면 사람들이 얕보기 때문에 좋고 비싼 차를 사려고 한다. 이것은 차에 대한 물욕이다. 심지어 차가 있어도 또 비행기를 사려고 하며, 호화 요트를 장만하려고 한다. 이러한 물욕은 멈출 수가 없다. 그래서 "아, 나는 충분해! 다시는 다른 물건들을 탐하지 않을 거야!"라고 생각하지 못하는 것이다.

이 욕망은 어디로부터 나오는가? 바로 무명(無明)으로부터 오는 것이다. 물건을 탐하고 맛있는 것을 탐하고 좋은 옷을 탐하고 좋은 집을 탐하는 이 모든 것이 물욕이다. 이 물욕은 사람마다 만족을 하지 못하는 것이다.

색욕은 내가 설명하지 않아도 여러분들이 중국어를 알면 이해할 것이다. 색욕은 아름다운 미색을 탐하는 것으로서 이 또한 사람마다 만족하지 못한다. 한 명의 부인으로는 만족하지 못하고 두 명, 세명을 취하려고 한다. 중국인 중에는 어떤 사람은 열 몇 명, 스물 몇 명이나 되는 사람도 있다. 여러분 생각에 한 사람이 어떻게 그렇게 많은 부인을 거느릴 수 있느냐고 생각할 것이다. 마치 황제와 같이 수백, 수천 명의 여인을 궁 안에 둔다. 이것은 매우 평등하지 못한 것이 아닌가? 지금 민주국가에선 일부일처를 주장하면서 결혼을 두 번 허용하지 않지만, 남자나 여자나 몰래 어지러운 생활을 하면서 규칙을 지키지 않는 사람도 많다. 이 모두 색욕에 동요된 것이다. 당신이 색욕과 물욕에 동요되는 것을 욕루(欲漏)라고 한다.

(2) 유루(有漏)

유(有)에는 욕계유, 색계유, 무색계유가 있다. 이 유는 무엇이든 모두 있다는 것이다. 이 유가 많기 때문에 새는 것이다. 이 유루도 당신이 있음을 탐함으로써 새는 것이다. 샌다는 것은 새는 구멍이 있어서 빠져나가므로 당신은 그것을 보존하지 못하는 것이다. 많으면 새는 것이다.

(3) 무명루(無明漏)

무명은 바로 번뇌의 근본이다. 이것도 새는 것이며, 가장 크게 새는 것이다. 당신이 만약 무명루가 있으면 유루와 욕루가 생긴다. 만약 무명루가 없으면 유루도 없고 욕루도 끊어진다. 따라서 새는 것에는 이 세 가지가 있다.

그러면 이들 대아라한은 모두 과를 증득하였으며, 과를 증득한 사람은 새는 것이 없는 무루의 경지에 오른 것이다. 욕계, 색계, 무색계 등 어느 곳으로도 새지 않는다. 따라서 그들은 대아라한으로서 보통의 아라한과는 같지 않다.

佛子住持　석가모니 부처님의 아들은 라후라인데 이 또한 부처의 아들[佛子]이다. 그러나 이곳의 불자는 결코 라후라를 지칭하는 것은 아니다. 이것은 앞에서 말한 대비구·대아라한을 가리키며, 이들은 모두 불자이다. 왜 그들을 모두 불자라고 하는가?

『범망경(梵網經)』에서 말하였다.

중생이 부처의 계를 받으면

모든 부처의 지위에 들어가네.

지위는 대각과 같으니

이미 참된 불자이네.

衆生受佛戒 卽入諸佛位

位同大覺已 眞是諸佛子

중생이 불계를 받으면 부처를 이룰 자격이 있으며, 그가 깨달음을 얻으면 진정한 부처의 아들이 되는 것이다. 『법화경』에서 이르기를 "부처의 입에서 나오며, 법으로부터 화하여 나와서 불법의 분량을 얻는다(從佛口生 從法化生 得佛法分)."라고 하였듯이, 모두 부처가 될 수 있는 것이다.

종불구생(從佛口生)이란 어떤 뜻인가? 바로 부처님께서 교화한 이들이 모두 깨달음을 여는 것이다. 종법화생(從法化生)이란 불법으로부터 새로 태어나는 것을 말한다. 마치 여러분들이 삼보에 귀의하는 것과 같이, 귀의할 때 내가 말하기를 여러분은 지금이 하나의 새로운 생일이며, 새로운 생명이라고 하는 것과 같다. 이 또한 이러한 뜻이다. 여러분이 기왕 삼보에 귀의하였으니, 이 또한 불자(佛子)라고 칭할 수 있다. 바로 부처의 제자이다.

주지(住持)란 무슨 뜻인가? 머문다는 것은 불법에 머무는 것이며, 지키다(持)는 것은 불법에 따라 수행하는 것이다. 또한 『능엄경』에서 이르기를 여래장의 성품에 머문다고 한 이것을 머문다(住)고 한다. 구경의 견고한 선정을 지킨다고 하는데, 이러한 견고한 선정을 지키고 지니며, 머물면서 잃어버리지 않는 것을 지킨다고 한다. 이 불자주지(佛子住持)란 바로 불자들이 모두 불법에 머물고 지키며, 불법이 끊어지지 않고 계속 지속되게 하는 것이다.

그러면 절에서 방장스님을 왜 주지라고 하는가? 이 두 글자는 바로 이곳(『능엄경』)에서 나온 것이다. 주지란 불법에 머물고 불법을 지키며, 부처님의 혜명이 계속 이어지게 하는[住持佛法 續佛慧命] 사람이다. 그는 부처님의 혜명을 계속 이어 불법이 단멸하지 않게 하는데, 이것을 주지라고 한다. 이들 대아라한과 대비구들은 모두 불법이 단멸하지 않게 하는 사람이므로 불자주지라고 한 것이다.

대아라한들은 수행에서 용맹정진하는 분들이니, 큰 정진이 있으며, 큰 희생이 있으며, 큰 인내를 가진다. 그들은 용맹정진하므로 미래의 불자(佛子), 즉 부처님의 계승자이다. 주지하는 것은 불법을 주지하고 정법을 주지하는 것이다. 세계에 이러한 성인(聖人)이 계시면 그것이 바로 불법이 세상에 머무는 것이다.

善超諸有 일체의 유(有)를 모두 잘 초월하였다는 것이다. 유가 없으면, 곧 인공(人空), 법공(法空)으로서 일체의 집착을 깨뜨렸다. 그러나 큰 보리심을 발하지 않았다. 그들은 이미 삼계이십오유(三界二十五有)를 벗어났다. 그들은 삼계의 안에 있지 않은 것이다.

‖ 편집자주 ‖

이십오유(二十五有) : 업의 원인으로 인하여 태어나는 과보가 있게 된다. 그래서 유라고 이름하는 것이다. 삼계의 과보를 받는 법을 나누면 스물다섯 종류가 되며, 이십오유라고도 한다. 그 중에 욕계 십사유, 색계 칠유, 무색계가 사유이다.

能於國土 그들은 모든 일체의 국토에 있을 수 있는 능력이 있다는 뜻이다. 여기서 능은 그들은 이러한 능력을 가지고 있다는 것이

다. 그들은 시방의 국토에 갈 수 있다. 왜냐하면 그들은 모두 아라한의 과를 증득하였기 때문에 모두 신통이 있으며, 하늘을 날고 온갖 변화를 부릴 수 있다.

成就威儀 그들은 위의를 성취하여 사람들이 한 번 보면 그들로 하여금 공경하게 한다. 이들은 대아라한으로서 일거수일투족이 모두 다른 사람과 같지 않다. 그들은 어디를 가든지 위의가 있어 사람마다 공경한다. 그들은 행주좌와에 위의를 범하지 않으므로 '성취위의'라고 하는 것이다.

從佛轉輪 부처님을 따라 수행하여 법륜을 굴린다는 뜻이다. 전륜이란 큰 법륜을 굴린다는 뜻이다. 경을 강의하고 법을 설하는 것도 법륜을 굴리는 것이며, 계율을 수지하는 것도 법륜을 굴리는 것이며, 위의를 엄정하게 하는 것도 모두 법륜을 굴리는 것이다. 일거일동, 말 한 마디, 행동도 모두 사람들에게 모범이 되고 법칙이 되는 것도 법륜을 굴린다고 할 수 있다.

그러면 왜 바퀴[輪]라고 칭하는가? 바퀴란 최연(摧碾, 꺾어 깨뜨리고 짨는다)의 뜻을 가지고 있다. 바퀴는 일체의 방문외도(旁門外道)를 꺾어 깨뜨리며 정확하지 못한 삿된 이론을 타파하는 것이다. 따라서 이것을 전법륜이라고 한다. 또한 바퀴는 실어 나르다[運載]는 뜻이다. 법륜을 굴린다는 것은 중생을 생사의 이곳에서 열반의 피안으로 실어 나른다는 것이다.

妙堪遺囑 그들은 모두 불가사의한 지혜를 가지고 있으며, 그

래서 여래의 가업을 맡을 수 있다. 그들은 모두 불가사의한 경계를 가지고 있기 때문에 묘하다(妙)고 말하는 것이다. 감(堪)은 받들 수 있다는 뜻이다. 그들은 불가사의한 경계를 가지고 있으므로 부처님의 유촉을 받아들일 수 있다. 유촉이란 부처님께서 열반에 들 때 제자들에게 분부하고 당부하는 것이다.

嚴淨毘尼 엄(嚴)이란 바로 빈틈이 없이 완전하다는 뜻이며, 매우 장엄하고 존엄하고 위엄이 있으며, 일을 신중하게 처리한다는 것이다. 정(淨)이란 청정함을 뜻한다. 어떻게 하여 청정할 수 있는가? 바로 악을 끊는 것이다. 일체의 악을 끊는 것을 정(淨)이라 한다. 또한 일체의 습기와 결점이 없는 것이다. 또한 견혹, 사혹, 진사혹을 모두 끊어 무명이 없는 것을 청정함이라 한다. 비니(毘尼)라는 것은 범어이며 잘 다스린다[善治]라고 번역하며, 결점을 잘 다스릴 수 있다는 것이다. 비니는 바로 계율이다. 엄정비니란 잘못을 대치하는 법이 최고에 이르렀음을 뜻한다. 즉 계율을 잘 지킬 수 있음을 뜻한다.

弘範三界 그들은 삼계의 도사(導師), 삼계의 영수(領袖), 삼계의 모범, 삼계의 사표(師表)가 될 수 있다. 이 두 구절은 그들의 계율을 지키는 덕행을 찬탄한 것이다.

應身無量 응신은 화신(化身)이라고도 한다. 응신, 화신은 같은 것이다. 이것은 본래 없는 것인데, 그가 변화로 나타내어 마땅히 제도해야 할 중생을 교화하는 것이다. 이 응신이 무량하다는 것이다.

度脫衆生 응신은 가서 무엇을 하는가? 응신은 그곳으로 가서 신통을 드러내 사람으로 하여금 알게 하는가? 아니다. 그들은 중생의 근기에 따라 감응하는 것이며, 어떤 기연이 있으면 그 중생을 제도하는 것이다. 도탈이란 가서 교화하여 중생으로 하여금 해탈을 얻게 하여 삼계를 벗어나게 한다.

拔濟未來 미래의 사람을 고통에서 뽑아내어 구제한다는 것이다.

越諸塵累 모든 진로(塵勞)의 부담에서 벗어나는 것을 뜻한다. 우리들의 이러한 부담, 습기와 결점, 욕념들을 모두 진루(塵累)라고 부른다. 우리들은 지금 왜 날지 못하며, 허공으로 갈 수 없는가? 왜냐하면 이러한 진(塵, 번뇌)에 묶여 있기 때문이다. 묶여서 우리들은 이곳에서 몸이 매우 무거운 것이다. 어떤 사람은 말하기를 지구 중심의 흡인력이 있기 때문이라고 한다. 지구의 중심에 비록 흡인력이 있지만 당신에게 만약 진(塵, 번뇌)이 없으면 그것은 당신을 빨아들이지 못할 것이다. 당신에게 객진번뇌가 너무 많기 때문에 당신을 잡아서 날지 못하게 한다. 이것을 진루(塵累)라고 한다. 그러나 이들 대아라한들은 모든 중생들로 하여금 진루를 벗어나게 할 수 있다. 뒤의 이 두 구절 '발제미래(拔濟未來) 월제진루(越諸塵累)'는 비덕(悲德)을 찬탄한 것이다.

——

其名曰 大智舍利弗, 摩訶目犍連, 摩訶拘絺羅, 富樓那彌多羅尼子, 須菩提, 優波尼沙陀等, 而爲上首. 復有無量辟支無學, 幷其初心, 同來佛所, 屬諸比丘, 休夏自恣.

<hr/>

그 이름은 다음과 같다. 대지혜의 사리불, 마하목건련, 마하구치라, 부루나, 수보리, 우파니사타 등이 상수제자이다. 그리고 다시 무량의 벽지불의 무학과 아울러 초심의 제자들이 함께 부처님이 머무는 곳으로 왔으며, 소속된 모든 비구들이 여름 안거를 마칠 때 자자를 하였다.

<hr/>

大智舍利弗 사리불은 범어이며 중국어로 번역하면 추자(鶖子)라고 하며, 또는 주자(珠子) 혹은 신자(身子)라고 부른다. 그를 왜 추자라고 부르는가? 그의 모친을 추라고 불렀기 때문이다. 그의 어머니는 눈이 마치 해오라기[鶖鷺]의 눈처럼 매우 잘생겨서 추라고 이름 지었다고 한다. 또 어머니의 눈이 마치 구슬 같다고 하여 주(珠)라고 하였다. 그래서 사리불은 그의 아들이므로 추자, 주자로 부른 것이다.

사리불 존자는 지혜제일이라고 하였다. 그는 아직 태어나기 전에 지혜가 이미 나타났다. 사리불의 외삼촌은 마하구치라라고 한다. 외삼촌은 그의 여동생(사리불의 어머니)과 자주 변론을 하여 매번 외삼촌이 이겼으나, 여동생이 사리불을 임신한 이후 이상한 일이 발생하였다. 그가 여동생과 변론을 하면 매번 지는 것이었다. 그래서 외삼촌은 알았다. "여동생이 이전에는 이렇게 총명하지 못했는데, 지금 이렇게 총명한 것은 반드시 뱃속에 지혜로운 아이가 있어 엄마의 변론을 도울 것이야." 그래서 그는 생각하기를 "나는 지금 재주를 배우러 가야겠다. 만약 배우지 않는다면 장래 조카가 태어난 후에 내가 외삼촌으로서 조카에게 변론에서 지게 되면, 얼마나 체면이 깎이고 창피한 일인 가!" 그래서 그는 남인도로 법을 배우러 갔다.

그는 하루 종일 독서를 하면서 머리카락이 길어도 깎지 않고 손톱이 길어도 깎을 시간이 없을 정도로 열심히 독서를 하였다. 그래서 일반인들은 그를 '장조범지(長爪梵志)'라고 칭한다.

그 당시 그는 남인도의 모든 의술, 점성술, 관상술과 일체의 변론을 배워 돌아왔으며, 돌아와서 여동생을 만나러 갔다.

"조카는 어디로 갔지?"

여동생이 말했다.

"조카는 부처님을 따라 출가했어."

그는 부처님을 따라 출가했다는 말을 듣고 큰 아만의 마음이 나왔다.

"내 조카는 여덟 살에 법좌에 올라 설법하고 그 소리가 오 일간이나 진동을 하여 다섯 인도에서 큰 반향을 불러 일으켰으며, 몇 백이나 되는 논사들이 모두 그에게 졌어. 이렇게 총명한 아이가 어떻게 사문을 따라 출가를 하는가? 이것은 너무나 아까운 일이야."

그는 교만심이 나서 부처님을 만나러 갔다. 그는 부처님을 만나 온갖 방법으로 부처님을 공격하려고 생각하였으나, 하나의 방법도 생각나지 않았다. 십여 년의 공부 후에 돌아와 그의 조카와 변론을 하려고 준비를 했는데, 의외로 조카가 부처님을 따라 출가를 해버렸으니 소용이 없었다. 지금 부처님을 만나 어떤 종지로 변론을 할까 생각하다가 하나의 종지가 생각났다.

부처님이 그에게 물었다.

"당신은 무엇으로 종지를 삼습니까?"

"나는 '받아들이지 않는[不受]' 것으로 종지를 삼습니다. 당신이 무엇을 이야기하든지 나는 모두 받아들이지 않습니다. 나는 당신의 말하는 도리를 받지 않을 것입니다. 당신은 어떤 방법이 있는지를 보겠습니다. 당신은 말해 보세요!"

"좋습니다. 당신은 받아들이지 않는 것을 종지로 삼는데, 그러면 당신은 여전히 '받아들이지 않는 종지'라는 견해를 받아들이는 것이 아닙니까?"

부처님이 이렇게 그에게 묻자 생각하였다.

만약 "이 견해를 받아들인다."라고 말하면, 이것은 또한 받아들이는 것이니, 근본적으로 자기의 종지는 세울 수 없다. 만약 "이 견해를 받아들이지 않는다."라고 말한다면, 그것은 근본적으로 종지가 없다. 자기 스스로 자기의 말에 위배되는 것이니, 도리가 없는 것이다. 마치 나무에 뿌리가 없는 것과 같이. 왜냐하면 "받아들이지 않는 것을 종지로 삼는다."는 것은 바로 일종의 지견이기 때문이다.

변론을 하기 전에 그는 부처님과 내기를 하였다.

"내가 만약 변론에서 지면 나의 머리를 베어 당신에게 주겠습니다. 당신이 만약 진다면 당신의 제자인 나의 조카 사리불을 나에게 주십시오."

그러나 결과적으로 이번의 변론에서 여지없이 패하고 말았다.

"내가 머리를 베면 끝나는 것이 아닌가! 이게 어떻게 될 일인가!"

그래서 그는 도망을 가버렸다. 도망을 가다가 생각을 하였다.

"나는 남자가 아닌가. 어찌 내가 한 말에 책임을 지지 않을 것인가? 내가 지면 나의 머리를 베겠다고 했는데, 지금 도망을 나왔어. 이게 어떻게 될 말인가? 그래도 돌아가서 내 머리를 베고 말자!"

그래서 다시 부처님 계신 곳으로 돌아왔다. 돌아와서는 부처님께 칼을 요구하였다.

"당신의 계도(戒刀)를 나에게 주십시오!"

"당신은 칼을 가지고 무엇을 하려고 합니까?"

"나는 당신과의 변론에서 이미 졌으니, 나의 머리를 베어 당신께 바치겠습니다."

"나의 불법 속에는 이러한 방법은 없습니다. 당신이 졌으면 그만입니다. 어찌 머리를 벨 필요가 있겠습니까?"

그래서 부처님은 그를 위하여 법을 설하였다. 한번 법을 설하자 그는 그 자리에서 법의 눈이 청정함을 얻어 법안(法眼)이 열렸다. 법안이 열리자 불법이 오묘하고 무궁하다는 것을 알게 되었다.

"원래 내가 이렇게 많은 해 동안 외도의 법을 배웠는데, 불법의 만 분의 일조차도 못하구나!"

그리하여 그는 조카를 빼앗아오지도 않고 자기도 부처님을 따라 출가하였다. 사리불의 외삼촌에게 이러한 인연이 있었다.

사리불 존자는 왜 그렇게 큰 지혜를 가지게 되었는가? 그는 이전에 도를 닦을 때 계율을 지니고, 선정력을 닦았으며 이후 큰 지혜가 있게 되었다. 사리불 존자는 가지가지의 법문을 닦았으며, 하지만 계율을 위주로 하였다. 따라서 사리불 존자는 지혜가 제일일 뿐만 아니라 그의 신통도 매우 뛰어났다.

摩訶目犍連　목건련을 중국어로 번역하면 래복근(萊菔根), 또 채숙씨(采菽氏)라고 하며, 그의 이름은 구리타(拘利陀)이다. 이것은 나무

의 이름인데, 그의 부모가 구리수의 나무를 향하여 아들을 구하여 그를 낳았기 때문에 나무로써 이름을 삼은 것이다.

목건련 존자는 부처님 제자 가운데서 신통이 제일이었다. 어떻게 하여 신통을 얻었는가? 그는 선정력을 중시하였기 때문이다. 사리불 존자는 계율을 중시하였지만, 그는 선정을 중시하였으며, 그래서 그는 자주 선정에 들어갔으며, 고요함이 극에 달하면 광명이 통달하여 신통을 얻게 되었다. 이것이 주요한 요소이다.

목건련 존자의 전문은 신통이었지만 비록 신통이 제일이었을지라도 최후에는 어떤 사람에게 살해되었다. 이것은 신통이 있더라도 과보가 도래하면 여전히 받아야 하는 것을 증명한다. 따라서 우리는 착실하게 수행하는 것이 좋은 것이며, 살생하지 말고, 훔치지 말고, 사음하지 말고, 거짓말하지 말고, 술 마시지 말아야 할 것이며, 계율을 근본으로 삼는 것이 매우 중요하다.

摩訶拘絺羅　구치라는 대슬씨(大膝氏)라고 번역한다. 그의 조상의 무릎이 매우 컸기 때문이다. 그는 사리불의 외삼촌이며 변론에 능하였다.

富樓那彌多羅尼子　부루나를 번역하면 만원(滿願, 원을 만족하다)이라고 한다. 이것은 그의 아버지의 이름이다. 미다라니는 그의 어머니의 이름이며 자녀(慈女, 자애로운 여자)라고 번역한다. 부루나미다라니자(富樓那彌多羅尼子)는 부루나(富樓那)와 미다라니(彌多羅尼) 두 사람의 아들이라는 뜻이다. 중국어로는 만자자(滿慈子)라고 한다. 일반적으로 약칭으로 부루나 존자라고 하는데, 그는 설법제일이라고 한다. 그가 설법을

할 때는 하늘에서 꽃이 내리고 땅에서 금빛 연꽃이 솟아나왔다.

당신이 불법을 배우려면 먼저 참아야 한다. 인(忍)이란 참고 받아들이는 것이다. 당신이 참을 수 있어야 비로소 받아들일 수 있다. 받아들인다[受]는 것은 바로 수용한다는 것이다. 당신이 법을 들을 때 조급해 하지 않아야 하며, 졸지 말고 정신을 집중하여 들어야 한다. 강의하는 것이 좋아도 듣고, 좋지 않아도 듣는 것이다. 이렇게 연습하여야 법에 대하여 참음이 생긴다.

참을성이 있어야 당신은 수용함이 있을 수 있다. 당신이 만약 참을 수 없으면 근본적으로 받아들일 수 없을 것이다. 참고 받아들이는 것은 마음을 집중하여 듣는 것이다. 인내심을 가지고 법을 듣는 것이 진짜로 법을 듣는 것이다. 당신이 들을 때 그가 강의하는 것이 좋거나 좋지 않거나, 맞거나 맞지 않거나를 안다. 그러나 그것을 분별하려고 하지 말고 알면 그만이다. 이렇게 오래 훈습이 되면 당신의 보배창고에는 법보가 무량할 것이다.

須菩提　수보리 존자는 해공제일(解空第一)이다. 공의 도리를 이해하는 것이 최고라는 것이다. 수보리라는 이름에는 세 가지의 뜻이 있다. 공생(空生), 선현(善現), 선길(善吉)이라는 뜻이 있다.

優波尼沙陀等, 而爲上首　우파니사타는 진성공(塵性空)이라고 번역한다. 그는 일체의 먼지의 성질이 본래 공함을 보고, 먼지의 성질이 무상하다는 도리를 깨달았기 때문에 그는 집착함이 없고 공의 이치를 잘 이해하였다. 상수(上首)란 상좌(上座)라고도 하며, 비구의 자격이 오래된 분으로 앞자리에 앉는다.

屬諸比丘, 休夏自恣   속(屬)은 부속되다[附屬]는 뜻이다. 벽지 무학에 부속된 모든 비구들이 여름안거를 마칠 때 자자(自恣)를 한다. 불교에서는 여름에 결제하여 안거하는 제도[結夏安居]가 있다. 결하란 음력 4월 15일부터 7월 15일까지 3개월간 안거를 하는 것이다. 안거란 아무 곳에도 가지 않고 그곳에 머무는 것이다. 왜 안거를 하는가? 4월부터 7월까지의 기간은 날씨가 너무 더우며, 벌레들이 길가로 많이 나오기 때문에 밟혀 죽는 것을 피하기 위함이다. 결하안거(結夏安居)의 제도를 결제(結制)라고도 하며, 결제를 마치는 것을 해제(解制)라고 하며, 여기서 말하는 휴하(休夏)를 뜻한다.

자자(自恣)란 무엇인가? 3개월의 안거 기간에 범한 자기의 잘못을 대중들에게 고하는 것이다. 자기가 아는 과실은 자기가 솔직하게 말하며, 자기가 자기의 잘못을 알지 못하면 다른 사람이 점검하여 드러내는 것이다. 그리하여 서로가 잘못을 고치게 하는 제도이다. 이것은 승려 사회에서 매우 중요하다.

十方菩薩, 諮決心疑, 欽奉慈嚴, 將求密義. 即時如來, 敷座宴安, 爲諸會中, 宣示深奧, 法筵淸衆, 得未曾有, 迦陵仙音, 遍十方界, 恒沙菩薩, 來聚道場, 文殊師利, 而爲上首.

시방의 보살들은 부처님께 자문하여 마음속의 의심을 해결하였으며, 공경스럽게 부처님을 받들면서 장차 밀인요의의 법문을 구하였다. 이

때 여래께서는 자리를 펴고 평안하고 고요하게 앉으셔서 법회의 모든 대중을 위하여 깊고 오묘한 법을 선설하였으며, 법회의 청정한 대중들은 이전에 듣지 못한 미증유의 법을 얻었다. 가릉빈가의 소리처럼 아름다운 부처님의 음성은 시방의 세계에 두루 퍼졌으며, 항하사 수의 보살들이 도량에 모였으며, 문수사리보살이 상수가 되었다.

■

十方菩薩, 諮決心疑   시방에서 온 보살들이 마음속의 의문을 자문하여 해결하려는 뜻이다. 그들은 공동으로 와서 마음속에서 이해하지 못한 일을 자문하는 것이다.

欽奉慈嚴, 將求密義   자엄(慈嚴)은 부처님을 가리키며, 흠봉(欽奉)은 부처님을 공경스럽게 대하는 것이다. 장구밀의(將求密義)란 장차 그들의 지혜가 이해하지 못하는 도리를 구하려고 하는 것이다. 그들은 이 밀인(密因)의 도리에 대하여 이해하지 못하므로 시방에서 석가모니 부처님께서 설하시는 『능엄경』과 능엄주를 듣기 위하여 이곳으로 왔으며, 모두 밀인요의 법문을 들으려고 한다.

即時如來, 敷座宴安   그때 여래께서는 자리를 펴고 평안하고 고요하게 앉으셨다. 왜 부좌연안(敷座宴安) 하시는가? 왜냐하면 평온하게 정에 들어 관찰하기 때문이다. 연안이란 정에 들어 일체중생의 근성을 관찰하는 것이다.

爲諸會中, 宣示深奧   법회의 모든 대중을 위하여 깊고 오묘한 밀인요의(密因了義)의 법문을 펼치셨다. 그 당시의 이 능엄법회에서는 비구와 무량의 벽지불, 시방의 보살들 등 무량한 백천만억의 중생들이 부처님을 둘러싸고 있었지만, 지금 우리의 이곳에는 단지 2~30명의 사람만 있을 뿐이다. 하지만 신(神)과 귀(鬼)는 무수히 와서 밖에서 듣고 있다. 또한 많은 호법의 신들은 바깥에서 수호하고 있다.

法筵淸衆, 得未曾有   법연(法筵)이란 법회를 뜻한다. 법회의 청정한 대중들은 이전에 들어보지 못한 미묘한 법을 얻게 되었다.

迦陵仙音, 遍十方界   가릉(迦陵)은 새의 이름이며, 가릉빈가(迦陵頻伽)라고 부른다. 이 새는 알에서 나오지 않았을 때 알속에서 짓는 소리를 멀리서도 들을 수 있으며, 알에서 나온 후에는 그 소리가 매우 크다. 가릉빈가를 번역하면 묘성(妙聲)이라고 한다. 여기서 가릉선음(迦陵仙音)이란 새의 소리를 가리키는 것이 아니라, 부처님의 음성이 그 새의 소리처럼 아름답다는 것이다. 부처님을 대각금선(大覺金仙)이라고 한다. 따라서 가릉선음이란 부처님의 음성을 뜻한다.

文殊師利, 而爲上首   문수사리보살은 시방의 항하사 수의 보살 가운데 자격이 가장 오래된 분으로 보살의 대표가 되었다. 그는 대지(大智) 문수사리보살이다. 보살 가운데서도 지혜제일이다. 문수사리는 번역하면 묘덕(妙德)이다. 미묘한 덕행이 있다는 것이다. 또 묘길상(妙吉祥)이라고도 한다. 그가 가는 곳은 어디든지 길상하다는 것이다.

이 능엄법회에 항하사 수의 보살들이 참가하였지만 반드시 모든 사람들이 볼 수 있는 것은 아니다. 만약 범부의 눈으로 이렇게 많은 보살을 볼 수 있다면, 아마도 인도 전체도 그 많은 보살들을 수용할 장소가 없을 것이다. 그러면 어떠한 것인가? 이것은 보살들이 허공으로 온 것이다. 허공 속에서는 항하사 수의 보살도 받아들일 수 있다. 허공은 빈 것이기 때문에 다 수용할 수 있으며 보살들의 권속들도 이 도량에 올 수 있다. 이러한 경계는 오안이 열린 성인(聖人)은 볼 수 있으며, 그러한 까닭을 알 수 있다.

2

법문을 일으키는 서[發起序]

1) 파사닉왕이 부처님을 청하여 재를 베풀다

時波斯匿王, 爲其父王諱日營齋, 請佛宮掖, 自迎如來, 廣設珍羞無上妙味, 兼復親延諸大菩薩. 城中復有長者居士, 同時飯僧, 佇佛來應.

그때 파사닉왕은 그의 부친을 위하여 제사일에 재식을 준비하였다. 부처님을 궁전의 편전으로 청하여 친히 여래를 영접하였으며, 최상의 맛

있는 음식으로 널리 마련하였으며, 아울러 친히 대보살을 청하였다. 성중의 장자와 거사들도 동시에 승려들을 공양하려고 하였으며, 문 앞에 서서 부처님과 일행들의 응공하러 오시는 것을 기다렸다.

■

時波斯匿王   파사닉왕은 그 당시의 인도의 왕이며, 월광(月光)이라고 번역한다.

爲其父王諱日營齋   음력 7월 15일 해제하고 자자(自恣)하는 날이 공교롭게도 파사닉왕 부친의 제사일이었다. 휘일(諱日)이란 기일(忌日)이며, 제사일이라는 뜻이다. 영재(營齋)란 재식(齋食)을 설치한다는 것으로 고기와 오신채를 넣지 않은 채식으로 부처님과 대보살, 비구들을 공양하는 것이다.

請佛宮掖   궁액(宮掖)이란 궁전의 편전(偏殿)을 뜻한다. 정전(正殿)에는 국사를 처리하는 곳이기 때문에 한쪽의 편전에서 공양을 준비하는 것이다.

佇佛來應   저불(佇佛)이란 문 앞에 서서 부처님을 기다린다는 뜻이며, 응이란 응공(應供)으로 공양에 응한다는 뜻이다.

2) 아난이 마등가의 삿된 주술에 걸려들다

―

佛勅文殊, 分領菩薩及阿羅漢, 應諸齋主. 唯有阿難, 先受別請, 遠遊未還, 不遑僧次. 旣無上座, 及阿闍黎, 途中獨歸.

―

부처님께서는 문수보살에게 분부하여 보살과 아라한들을 나누어서 모든 재주(齋主)의 공양에 응하게 하셨다. 오직 아난은 먼저 특별한 요청을 받아 멀리 가서 아직 돌아오지 않았으며, 그를 기다릴 기회(시간)가 없었다. 그는 상좌와 아사리스님의 인솔이 없이 도중에서 혼자서 돌아가는 중이었다.

―

先受別請 스님은 원래 별청을 받을 수 없는 것이다. 비유하면 이곳에 10명의 스님이 있는데, 당신이 오직 특별하게 한 분의 스님만 청하여 공양을 올리는 것을 별청이라고 한다.

不遑僧次 불황(不遑)이란 시간에 맞춰 도착하지 못하는 것을 뜻한다. 아난이 돌아오는 것을 기다릴 기회가 없었다는 것이다.

旣無上座, 及阿闍黎 출가인(스님)은 문을 나서면 두 사람이나 세 사람이 함께 가야 한다. 한 사람은 상좌(上座, 계를 받은 지 20년이 된 스님)이고, 혹은 아사리(阿闍黎)가 있어야 한다. 아사리는 궤범사(軌範師)라고 하며, 당신으로 하여금 규칙을 이해시켜 지키게 하는 스님을 말한다.

■

其日無供, 即時阿難, 執持應器, 於所遊城, 次第循乞. 心中初求, 最後
檀越, 以爲齋主, 無問淨穢, 刹利尊姓, 及旃陀羅. 方行等慈, 不擇微賤,
發意圓成, 一切衆生, 無量功德.

■

그날 아난은 그에게 공양하는 사람이 없어서 아난은 발우를 들고 실라
벌성에 가서 순서대로 걸식을 하였다. 마음속으로 처음에 생각하였다.
일곱 집을 걸식하는데 마지막까지 누가 채식을 보시하면 최후의 재주
(齋主)라고 생각하고, 깨끗하고 더러움을 묻지 않을 것이며, 귀족과 돼
지를 잡는 사람을 따지지 않고 평등과 자비로써 행하여 미천한 계급이
라고 선택을 하지 않는 걸식은 하지 않겠다는 마음을 발하여 일체중생
이 무량한 공덕을 지어 그 원을 원만하게 이루기를 소원하였다.

■

執持應器 응기란 발우를 뜻한다.

次第循乞 순서대로 걸식을 하는 것을 말한다. 규칙에 따르면
걸식하는데 일곱 집을 넘지 않아야 한다. 만약 일곱 집에서도 공양하
는 사람이 없으면, 그날은 굶어야 한다.

刹利尊姓, 及旃陀羅 찰리는 찰제리를 말하며 인도의 귀족,
왕족이다. 전다라는 돼지를 도살하는 것을 업으로 삼는 사람을 말한
다. 가장 미천한 종족이다.

■

阿難已知, 如來世尊, 訶須菩提, 及大迦葉, 爲阿羅漢, 心不均平. 欽仰
如來, 開闡無遮, 度諸疑謗. 經彼城隍, 徐步郭門. 嚴整威儀, 肅恭齋法.

■

아난은 여래 세존께서 수보리와 대가섭이 아라한이 되어 마음을 평등
하게 가지지 못한다고 책망하였다는 것을 이미 알고 있다. 부처님의
법문은 방편의 문을 크게 열어 막힘이나 장애가 조금도 없으며, 모든
의혹과 비방을 제거하시는 여래를 흠모하였다. 저 실라벌성의 성호(城
壕)를 지나 천천히 성 밖의 문으로 가면서, 위의를 엄정하게 하여 공경
스럽게 탁발 재식의 법을 행하였다.

■

訶須菩提, 及大迦葉   수보리는 걸식할 때 오로지 부유한 집
에만 가서 걸식을 하였으며, 대가섭은 오로지 가난한 사람 집에만 가
서 걸식하는 것을 부처님께서 책망하신 일을 말한다. 수보리는 생각
하기를 부유한 사람은 더욱 더 복을 많이 지어 내생에도 계속 부유한
사람이 되기를 바라는 뜻에서 그렇게 하였다. 그러나 대가섭은 정반
대로 가난한 사람은 마땅히 복을 심어야 내생에는 부유한 사람이 될
수 있을 것이라는 뜻에서 그렇게 하신 것이다.

爾時阿難, 因乞食次, 經歷婬室, 遭大幻術, 摩登伽女, 以娑毘迦羅, 先
梵天呪, 攝入婬席, 婬躬撫摩, 將毀戒體.

이때 아난은 순서에 따라 걸식하면서 기녀의 집을 지나가게 되었다.
그런데 큰 환술을 만나 마등가라는 여인이 황발외도의 선범천주를 사
용하여 아난으로 하여금 기녀의 방에 들어가게 하였으며, 기녀가 아난
의 몸을 만지면서 곧 계의 몸을 훼손하려고 하였다.

마등가는 삿된 술법을 가지고 있었는데, 황발외도의 주술을 가지고
있었다. 이것은 일종의 외도의 주술로서 그들은 그것이 범천으로부터
전해 내려온 것이라고 사칭하면서 일반인들이 믿게 하였다. 이때 선
범천주를 외워 아난 존자의 정신을 어지럽게 하여 자기도 모르게 음
실에 들어가게 되었으며, 마등가의 딸이 곧 아난 존자의 몸을 만지려
고 하는 지경에 이르러 계체가 무너지려고 하였다.
　　아난 존자는 왜 자기도 모르게 그렇게 되었는가 하면 삿된 주술
에 자성이 미혹되었기 때문이다. 아난 존자는 본래 초과의 아라한을
증득한 성인인데, 왜 이러한 사술에 미혹되었는가? 왜냐하면 그는 많
이 듣는 것에 치중하고 선정을 중시하지 않았기 때문이다. 선정력이
약하여 이러한 마의 힘에 미혹되어 사창가의 여인의 집에까지 들어
가게 된 것이다.
　　아난 존자의 생긴 모습이 매우 준수하여 마등가의 딸이 그를 한

번 보고 사랑하는 마음이 생겼다. 그녀는 심지어 생명도 고려하지 않고 아난을 사랑하려고 하였다. 여러분 이러한 사랑이 얼마나 대단한지 알겠는가? 마치 지금 시대에 애정을 위하여 자살을 하는 것처럼. 마등가의 딸이 왜 아난에게 이렇게 호감을 갖게 되었는가?

왜냐하면 과거생에 오백 세 동안 아난 존자와 마등가의 딸은 부부로 산 적이 있었기 때문에 지금 한번 보자마자 이전의 이러한 습기가 발생한 것이다. 따라서 그녀는 아난에게 특별히 사랑하는 마음이 생긴 것이다. 이 모두가 숙생의 종자에 근거하여 온 것이므로 지금 그녀는 아난에 대하여 생명도 돌보지 않고 반드시 아난에게 시집가려고 한 것이다.

아난과 마등가의 딸은 이전에 오염된 인연이 있었기 때문에 이러한 경계를 만난 것이다. 이것은 원인을 심어 결과를 맺은 것이며, 이전의 원인이 지금 다시 발아하여 나온 것이다. 따라서 우리들이 세계에서 만나는 모든 환경은 모두 이전의 원인과 지금의 결과가 조금도 틀리지 않는다고 말할 수 있다. 하지만 우리들은 그것을 이해하지 못하고 하늘을 원망하고 남을 탓하면서 지금의 환경을 견딜 수 없다고 느끼며 현실에 불만을 느끼게 된다.

사실 이 모든 것은 인과의 순환이며 법칙이 이와 같은 것으로 이상한 것이 조금도 없다. 우리가 만약 이것을 이해하게 되면 일체의 일들이 기이하거나 괴상하지 않고 태연하게 동요되지 않고 그것을 처리할 수 있으며, 그렇게 중한 감정을 가지지 않고 어떤 문제를 해결할 수 있을 것이다.

3) 여래께서 능엄신주를 설하여 아난을 구하다

如來知彼, 姪術所加, 齋畢旋歸. 王及大臣, 長者居士, 俱來隨佛, 願聞
法要. 於時世尊, 頂放百寶無畏光明, 光中出生千葉寶蓮, 有佛化身,
結跏趺坐, 宣說神呪.

여래께서는 아난에게 삿된 주술이 가해지는 것을 아시고, 재를 마치고
돌아가려고 하였다. 왕과 대신, 장자와 거사들은 함께 부처님을 따라
와서 중요한 법을 듣기를 원하였다. 이때 세존께서는 백 가지 보배 빛의
두려움 없는 광명을 놓으셨으며, 그 광명 가운데는 천 잎의 보배연꽃에
서 화신의 부처님이 나오셔서 결가부좌하여 능엄신주를 선설하였다.

우리는 여기서 주의할 필요가 있다. 이 능엄신주는 석가모니 부처님
의 육신, 보신(報身)이 설한 주가 아니라, 화신불(化身佛)이 설한 것이다.
화신불이 설한 것은 오직 능엄주가 있을 뿐이다.

그러므로 이것은 주 가운데 묘한 주이며, 주 가운데 신령스런 글
[靈文]이다. 일반의 주, 즉 부처님이거나 혹은 어떤 보살의 보신이 설한
주와는 같지 않다. 이것은 밀인 중의 밀인이며, 주 가운데의 주의 왕
[呪王]이다. 따라서 이 능엄주는 특별히 중요한 것이다.

이 화신불은 왜 능엄신주를 설하였는가? 왜냐하면 황발외도의
선범천주를 깨뜨리기 위함이다. 황발외도는 당시 고독(蠱毒)을 놓는 외

도로서 일종의 사술을 가지고 있으며, 사람의 혼백(魂魄)을 거두어들여 사람으로 하여금 자기도 모르게 그가 하고자 하는 것을 따르게 한다.

우리는 여기에서 마땅히 능엄신주의 중요성을 알아야 한다. 이 신주는 마의 그물을 깨뜨리는 신주이며, 마의 모든 주술을 깨뜨리는 신주이다. 단지 당신이 성심으로 지송하면 그 감응은 불가사의하다. 내가 만난 어떤 사람은 매일 아무리 바빠도 반드시 능엄주를 일곱 번 지송하는데, 그의 일생 항상 특별한 감응이 있었으며, 그 감응은 말로 다할 수 없을 정도로 많았다.

불법을 배우는 우리는 사람마다 마땅히 능엄주를 전심으로 지송해야 한다. 이 『능엄경』은 능엄주를 위하여 설한 것이며, 만약 능엄주가 없으면 『능엄경』도 없다. 따라서 천마외도들과 삿된 지견을 가진 사람들은 『능엄경』을 훼방하며 『능엄경』이 가짜라고 말한다. 그들은 왜 그렇게 말하는가? 그들은 만약 이렇게 말하지 않으면 그들이 넘어지며, 서 있을 수 없기 때문이다. 그들은 이렇게 말하여 사람들로 하여금 의심하고 믿지 못하게 하려고 한다. 그러면 그들은 마음대로 할 수 있기 때문이다. 능엄주와 『능엄경』을 믿는 사람이 없으면 그들은 무슨 일이든지 마음대로 할 것이며, 그들을 관리하는 사람이 없게 될 것이다. 바로 이러한 도리가 있기 때문에 능엄주가 중요한 것이다.

삿된 지견을 가진 일부의 학자, 스님, 거사들은 쓸데없는 말을 지어내며, 저술에서 엉뚱한 설을 지어내어 『능엄경』이 어떻다고 하면서 『능엄경』을 파괴하려고 한다. 사실 그들은 『능엄경』을 파괴하려고 하는 것이 아니라 주요한 것은 능엄주를 파괴하려고 하는 것이다. 그들은 이러한 헛된 말을 지어내어 『능엄경』과 능엄주를 믿지 못하게 하려는 것이며, 그러면 불법이 없어지고 말법시대가 다가오는 것이다.

우리 불법을 배우는 사람은 만약 능엄주를 독송할 줄 알면 이번 일 생에 사람으로 태어난 것이 헛되지 않을 것이다. 만약 능엄주를 할 줄 모르면 보배의 산에 들어와서 빈손으로 돌아가는[如入寶山, 空手而回] 꼴이다.

그러므로 나는 여러분들이 최소한도로 능엄주를 배워서 외울 수 있고, 읽을 수 있으면, 이것은 여러분이 이번에 시애틀로부터 온 것이 헛되지 않을 것이다. 당신은 몇 십 일의 노력을 한다고 말하지 않아야 한다. 몇 십 년의 노력이라도 매우 가치가 있는 일이다. 그러므로 이 번은 매우 좋은 기회이며 가장 얻기 어려운 기회이다. 이것은 매우 만나기 어려운 무상의 깊고 깊은 미묘한 법이다. 이보다 더 높은 것은 없으며, 이보다 더 깊은 것은 없다. 이것은 가장 미묘한 법이다. 무슨 법인가? 바로 능엄주이다.

여러분 보세요. 당초 아난 존자가 초과의 아라한을 증득하여도 능엄주로써 그를 구하러 갔던 것이다. 지금 우리들 일체의 범부가 만약 능엄주에 의지하지 않는다면, 어떻게 생사를 마칠 수 있겠는가? 따라서 여러분 각자는 모두 발심하여 나의 말을 듣고 먼저 능엄주를 배워 외울 수 있으면, 이것이 가장 좋으며, 내가 가장 바라는 것이다.

勅文殊師利, 將呪往護. 惡呪銷滅, 提奬阿難, 及摩登伽, 歸來佛所.

부처님께서는 문수사리보살에게 명하여 능엄주를 가지고 마등가녀의 집으로 가서 아난을 구호(救護)하고 악주를 소멸시키라고 하였다. 문수

보살은 아난을 부축하고 마등가녀를 격려하여 부처님 계신 곳으로 돌아왔다.

━

將呪往護 능엄주를 가지고 음실(淫室), 즉 마등가녀의 집으로 가서 아난을 구호한다는 뜻이다.

惡呪銷滅 그곳에 도착해서 이 능엄주를 외우면 악주, 즉 선범천주가 소멸한다는 것이다.

提獎阿難, 及摩登伽 제(提)란 부축해서 데리고 가는 것을 뜻하며, 장(獎)이란 마등가녀를 달래고 격려한다는 뜻이다.

三

성불을 이루는
선정(禪定) 방편

1

아난이 성불의 도리를 묻다

阿難見佛, 頂禮悲泣, 恨無始來, 一向多聞, 未全道力. 殷勤啓請, 十方如來, 得成菩提, 妙奢摩他 · 三摩 · 禪那, 最初方便.

아난은 부처님을 보고 절하며 눈물을 흘리면서 무시이래로 줄곧 다문에 치중하고 도력을 온전히 갖추지 못함을 한탄하였다. 그래서 은근히 부처님께 청하였다. 시방의 여래께서 보리(깨달음)를 이루는 묘한 사마타, 지관, 사유수를 닦는 최초의 방편에 대하여 법문을 설해 주실 것을 청하였다.

문수사리보살이 능엄주로써 아난을 구하여 돌아왔다. 돌아오는 시간 동안 아난의 꿈을 깨게 하였다. 아난 존자는 돌아와 정례한 후 울기 시작하였다. 아난은 왜 울었는가? 그는 자기를 원망한 것이다. 그는 하는 체 가장한 것이 아니라 진짜로 자기의 결점을 솔직하게 인정한 것이다. 무시이래로 다문에 치중하여 선정력을 소홀히 한 것이다. 도력(道力)은 선정력을 말한다. 선정력이 약한 것이었다.

그래서 석가모니 부처님께 은근하게 청한 것이다. 무엇을 구하여 청한 것인가? 시방의 여래가 성불한 도리를 설명해 주실 것을 청한 것이다.

무슨 도리인가? 그도 무슨 공부를 해야 성불할 수 있는지를 몰랐다. 따라서 평상시에 들었던 세 가지의 선정에 관한 명칭을 제시하였다. 이 세 가지의 명칭은 묘사마타 · 삼마 · 선나였는데, 이 세 가지는 본래 석가모니 부처님께서는 단지 사마타 · 삼마 · 선나라고 하였으며, 지금 아난은 그 위에 묘(妙) 자를 첨가하여 시방여래의 성불의 묘한 정(定)에 대하여 물었다. 부처님께서는 그가 이렇게 말하는 것을 듣고 그가 수행에 문외한이라는 것을 알았다. 그는 부처를 이루는 이 정(定)을 이해하지 못하였다. 성불을 하는 데는 무슨 정인가? 본 경의 능엄정(楞嚴定)이 바로 부처를 이루는 정이다. 부처님은 아난이 능엄법문을 이해하지 못하는 것을 아시고 가지가지의 비유와 논리로 설명하신 것이다.

최초 방편이란 처음으로 시작하는 방편법문으로서 가장 쉽게 닦을 수 있고, 쉽게 행할 수 있는 법문을 말한다. 따라서 아난 존자가 돌아오자 곧 석가모니 부처님을 향하여 이러한 계청을 올린 것이다. 이것은 그가 잘못을 알고 뉘우치는 것을 알며, 무시이래로 줄곧 많이 듣는 것에만 치중하고 선정에 전념하지 못한 것을 한탄하였다. 따라서 그 후에 그는 과를 증득할 수 있었으며, 이것은 그가 뉘우치는(恨) 마음이 있었기 때문이다.

어떤 사람은 일종의 편견을 내는데, 무슨 편견이냐 하면, "아, 아난 존자는 줄곧 많이 들어서 타락할 뻔하였는데, 다문을 배우는 것은 소용이 없구나. 나는 오로지 선정만 닦고 다문을 배우지 말아야겠다!"라고 생각하는 것이다. 이것도 편견이다. 편견이란 중도(中道)에 부합되지 않는 것이다. 중도란 어느 쪽에도 치우치지 않은 것이다. 아난 존자는 줄곧 다문에 치중하고 정의 힘을 소홀히 한 이것을 편견이라 한다. 그러나 당신이 만약 선정력에만 치중하고 많이 듣는 것을 소홀히 한다면, 이것도 지혜를 낼 수 없을 것이다. 따라서 당신은 다시 이해하는 것을 배워야 하며, 행하는 것을 배워야 한다. 이것을 행해상응(行解相應)이라 한다.

처음에 여러분들이 이곳 불교 강당에 왔을 때 말한 적이 있지 않습니까? 우리들은 이곳에서 경전을 연구하는데, 좌선을 시작하여 모든 인연을 놓아버리고 이것저것을 생각하지 말아야 하며, 일심으로 불법을 배우는 데에 마음을 집중할 것이며, 가장 고귀한 시간을 헛되이 낭비하지 않아야 할 것이다. 그래서 쓸데없는 잡담을 하지 말고 유익하지 않은 일은 해서는 안 될 것이다. 그런데 오늘 몇몇 사람은 목탁을 친 후에도 여전히 이야기하는 소리가 들린다. 선방의 규칙은 시작하는 목탁을 세 번 친 후에는 '지정(止靜)'이라 하여 어떠한 사람도 말을 하면 안 되는 것이다. 다시 한 번 이야기를 하면 위타(韋陀)보살이 보배 방망이를 들고 때릴 것이다.

"지금 위타보살이 나를 때리지 않는데!"라고 말하지만 그는 아직 화를 내지 않은 것이다. 만약 그 보살이 화를 낸다면 대단할 것이다. 따라서 우리들은 이러한 규칙을 잘 지켜야 한다. 규칙을 지켜야 비로소 상당한 성취가 있을 것이며, 그래서 너무 함부로 해서는 안 된다. 본래 대다수 사람들은 모두 규칙을 잘 지키지만 어떤 사람은 그것을 잊을까봐서 다시 한 번 언급하는 것이다.

우리들이 지금 『능엄경』을 배우는데 한마음 한뜻으로 경을 배우는 데 집중하고 좌선을 하는 데 마음을 오로지 해야 한다. 이렇게 하면 나는 반드시 상응함이 있을 것이라 보증하며, 반드시 성취하는 바가 있을 것이다. 큰 깨달음은 열지 못해도 반드시 작은 깨달음은 열 것이며 절대로 여러분의 공부가 헛되지 않을 것이다.

이 기간 동안 여러분이 성심성의로 배움과 아울러 실행한다면 더욱 좋을 것이다. 만약 여러분이 규칙을 지키지 않는다면 그것은 몽고인이 중국의 극을 보는 것처럼 아무런 도움이 되지 않을 것이다. 우리는 이번 능엄법회 기간 동안 각 사람은 헛되이 공부하지 말아야 한다. 천리 먼 길을 법을 배우기 위하여 온 것은 다름이 아니라 불법을 배우기 위함이다. 그래서 나는 매우 기쁘며 내가 아무리 수고스러워도 두려워하지 않는다. 이번 법회에서 나도 경전을 연구하여 내가 아는 것 모두를 여러분에게 강의할 것이며, 여러분들 각자는 모두 불법의 좋은 점을 얻기를 바란다.

하지만 내가 이렇게 말해도 듣고 듣지 않는 것은 여러분에게 달려 있다. 실제로 듣지 않는다면 나도 방법이 없다. 나는 당신이 아니고 당신도 내가 아니며, 또한 당신은 바로 나이며, 내가 바로 당신이라고 말할 수 있다. 어떤 뜻인가 하면, 우리는 지금 모두가 호흡을 하면서 서로 통하며 아무런 분별이 없다. 모두는 일체이며 하나이다. 따라서 당신도 나를 장애하지 않아야 하며, 나도 당신을 장애하지 않아야 한다. 모두는 공동으로 불법을 연구하고 공동으로 모두 깨달으며, 한 사람이라도 깨닫지 못하면 이 또한 내가 책임을 다하지 못한 것이다. 이 법회는 매우 중요하며, 모두는 전심으로 불법을 연구하고 경전을 연구하여 그것이 깊고 얕음을 불문하고 알아도 연구하고 모르면 더욱 연구해야 한다. 내가 조금 이해하는 것은 이해하지 못하는 것보다 훨씬 낫다.

아난 존자는 초과의 아라한, 즉 수다원을 증득하였는데, 왜 선범천주에 대항할 수 없었는가? 왜냐하면 그는 과거에 닦은 것은 그의 심식(心識)으로 선정을 닦았기 때문이다. 심식은 생멸하는 것이며, 철저하지 못한 것이다. 심식으로 정을 닦는 것은 바로 천태종에서 수행하는 '지관(止觀)'이라는 그런 정이다. 이러한 정은 팔식(八識)에 속하는 것이며, 불생불멸의 성품에 속하는 것이 아니다. 불생불멸의 성품으로써 생멸하지 않는 정을 닦아야 비로소 진정한 정이며, 바깥의 경계에 동요되지 않는다.

그러므로 아난 존자는 이 마음을 다하여 무슨 일이든지 마음을 쓰며, 경을 듣는데도 이 마음으로 기억하며, 부처님께서 무슨 도리를 이야기하면 그는 모두 강한 기억력으로써 기억하였다. 이것은 모두 일종의 식(識)이며, 근본적으로 해결하는 방법이 아니다. 따라서 그는 마의 경계를 만나게 되어서는 명료하게 인식하지 못한 것이다.

우리 수도인들에게 가장 중요한 것은 환경을 잘 인식하는 것이며, 경계를 잘 인식하는 것이다. 경계가 왔을 때 당신이 만약 그것을 인식하면 경계에 움직이지 않으며, 이 경계가 당신을 동요시킬 수 없으며, 당신의 선정력으로 그 경계를 이겨낼 수 있는 것이다. 좋은 경계이든지 나쁜 경계이든지, 순경계이든지 역경계이든지 불문하고 그런 경계가 왔을 때 당신은 모두 여여부동하고 항상 밝게 깨달으면 이것이 진정한 선정력인 것이다.

만약 기쁜 일을 만나서 당신이 기뻐하고, 슬픈 일을 만나 슬퍼하면 이것은 경계에 동요된 것이다. 희로애락에 당신이 놀아나면 이것은 경계에 움직여진 것이라 한다. 경계에 움직이지 않는 것은 마치 거울과 같은 것이다. 일이 오면 응하고 일이 가면 고요한[事來則應, 事去則靜] 것이다. 거울은 사람이 오면 비춰 거울 속에 그림자가 생기고 사람이 가면 그림자도 없어진다.

이것이 바깥 경계에 움직이지 않는 것이다. 거울의 본체는 시종 밝은 것이며, 오염되지 않는다. 따라서 우리들은 만약 선정력이 있으면 움직이지 않음이 마치 거울과 같으며, 진정한 지혜가 있고 철저하게 이해하는 것이 가장 중요하다.

사마타(奢摩他)는 범어이며, 번역하면 적정(寂靜)이며, 적연하고 고요하다는 뜻이다. 그러나 적연하고 고요하다는 것은 마음을 강제적으로 망상을 짓지 않게 하여 선정력을 있게 하는 것이며, 철저한 정이 아니다. 이것은 최초에 석가모니 부처님께서 이승인(二乘人)에게 강의한 것이며, 소승이 닦는 일종의 방편법문이다.

삼마(三摩)는 중국어로 관조(觀照)라고 한다. 무엇을 관조하는가? 십이인연을 관조하고 사제법(四諦法)을 관조한다.

선나(禪那)는 중국어로 사유수(思惟修)라고 하며, 또한 정려(靜慮)라고도 한다. 사유수는 이 마음으로 언제나 그것을 생각하고 언제나 사유하는 것이다. 마치 지관(止觀)을 닦는 것과 같다. 천태종에서는 삼지삼관(三止三觀)을 말하며, 공(空)·가(假)·중(中)을 말한다. 본래 아주 좋은 법이지만 만약 능엄정과 비교한다면 상당한 차이가 난다. 우리는 지금 좌선을 하는데, 이것도 선나(禪那)라고 한다. 비록 선나이지만 그것에도 철저한 것과 철저하지 못한 것이 있다. 소승이 닦는 것은 식심으로 분별하는 것이며, 식심은 생멸이 있는 것이므로 생멸이 있는 식심으로 공부를 하고 선정을 닦으면 이것은 철저하게 진정한 부처의 정[佛定]을 얻을 수 없다.

그러면 무엇을 닦아야 하는가? 바로 능엄정을 닦아야 한다. 능엄정은 어떻게 닦는가? 다음의 경문속에서 조금씩 조금씩 여러분에게 알려 줄 것이다. 당신이 이 경을 듣고 이해하면 곧 능엄정이 어떠한 정인지를 알 수 있을 것이다. 지금 아직 알지 못하고 "아, 어느 곳으로부터 손을 써야 할지?"를 모른다. 지금 당신은 마치 산속에 있는 것처럼 "이 산은 어떤 모양일까?" 하고 생각하는 것과 같다. 숲이 울창한 산속에서는 산의 모습을 알지 못한다.

마치 소동파가 말한 바와 같다. "여산의 진면목을 알지 못하고, 단지 몸이 이 산속에 있을 뿐이네[不識廬山眞面目, 只緣身在此山中]." 왜 당신은 여산의 진면목을 알지 못하는가? 그것은 당신이 여산 속에 있어 보지 못하기 때문이다. 당신이 만약 산과 멀리 떨어져서 보면 여산이 어떤 모습인지 볼 수 있을 것이다.

그러므로 우리들은 지금 『능엄경』 속으로 뚫고 들어가 천천히 『능엄경』 속이 어떤 모습인지 보아야 할 것이다. 당신이 명확하게 보고 나면 말할 것이다. "이번에 나는 보물을 얻었어! 이번에 보배산에 들어왔구나!" 이 금은의 보배를 마음껏 가지고 집으로 돌아갈 것이다. 그러면 당신은 다 가져가지도 못하며, 다 쓰지도 못할 것이며, 당신은 일생 동안 다 수용하지 못할 것이다. 장래 능엄의 부처의 과위를 증득하면, 그때는 마땅히 중생을 교화하러 가야 할 것이다.

━

於時, 復有恒沙菩薩, 及諸十方大阿羅漢, 辟支佛等, 俱願樂聞, 退坐默然, 承受聖旨.

이때 다시 항하사 수의 보살과 시방의 대아라한, 벽지불 등이 모두 부
처님의 가르침을 듣기를 좋아하여 한쪽으로 물러나 묵연히 성인(聖人)
의 묘한 가르침을 받들었다.

2
부처님께서 수능엄삼매를 설하다

爾時世尊, 在大衆中, 舒金色臂, 摩阿難頂, 告示阿難, 及諸大衆. 有三
摩提, 名大佛頂首楞嚴王, 具足萬行. 十方如來, 一門超出, 妙莊嚴路.
汝今諦聽. 阿難頂禮, 伏受慈旨.

이때 세존께서는 대중 가운데서 금색의 팔을 펴서 아난의 정수리에 대
고 아난과 모든 대중들에게 알렸다. 삼마제[定]가 있는데, 대불정수능
엄왕이라고 한다. 만가지의 수행문을 포괄하며 시방의 모든 여래께서
이 한가지의 문으로부터 초월하시며, 이것은 특별히 장엄하고 미묘한
길이다. 너희들은 지금 주의하여 들어라. 아난은 부처님께 절을 하고
엎드려 부처님의 자비로운 가르침을 받았다.

이 문단은 본래 뒤에 있는 것인데, 원영(圓瑛) 노스님께서 이 문장이 뒤에 있으면 전후의 문장이 서로 부합되지 않는다고 보고 이 문단을 이곳으로 옮겼다. 그래서 나도 여러 차례 연구를 해 보니 이 문장을 이곳으로 옮기는 것이 앞뒤가 서로 상응하게 된다고 생각한다. 왜냐하면 뒤에 있게 되면 전후의 문장이 관통되지 않기 때문이다. 이곳으로 옮기니 전과 후가 연대의 관계가 있게 되고 상하의 문장이 비교적 하나의 기로 관통되고 연결이 된다. 따라서 원영 노법사께서 이 문단을 이곳으로 옮기는 것에 나는 동의한다.

摩阿難頂　마정(摩頂)이란 자비로 중생을 사랑하고 보호한다는 것을 표시한다. 부처님께서 당신의 머리에 대면, 부처님의 손에서 광명을 놓아 당신 속에 있는 어둠을 모두 비춰 없애며, 당신으로 하여금 모든 악을 소멸하고 선근을 증장하게 하신다.

具足萬行　구족이란 포괄한다는 뜻이다. 만 가지의 수행문을 그것이 모두 포괄한다는 것이다.

마음은 어디에 있는가?

1
―

일곱 곳에서 마음을 찾다[七處徵心]

1) 생사윤회의 원인

―

佛告阿難. 汝我同氣, 情均天倫. 當初發心, 於我法中, 見何勝相, 頓捨世間深重恩愛?

―

부처님이 아난에게 일렀다. "너와 나는 사촌 형제 간으로 같은 혈통이며, 친지의 정은 천륜이다. 네가 당초 발심하여 출가할 때 나의 불법 가운데 어떤 수승한 모습을 보고 세간의 깊고 무거운 은애를 갑자기 버렸는가?"

―

汝我同氣, 情均天倫   너와 나는 사촌형제으로 같은 혈통이며, 친지의 정은 천륜이다. 천은 자연이라는 뜻이며 자연스럽게 이러한 윤상(倫常)이 있다. 이 윤(倫)은 윤회한다는 그 윤(輪)이라고 할 수도 있다. 조부모, 부모, 형제, 자녀, 손자 이렇게 서로 이어져 차례로 상환한다. 당신이 자녀가 된 후에 다시 결혼하여 자녀를 가지면 부모가 된다.

따라서 중국인은 효도를 중시하는데, 당신이 만약 지금 부모에게 효도하면 장래 당신의 자녀도 효순할 것이다. 그래서 이러한 속어가 있다. "백 가지의 선행 가운데 효도가 최우선이며, 만 가지 악 가운데 음란함이 으뜸이다[百善孝爲先, 萬惡淫爲首]." 부모에 효순하는 것이 가장 근본의 선이며, 가장 근본의 도리이다.

當初發心, 於我法中, 見何勝相, 頓捨世間深重恩愛 네가 당초 발심하여 출가할 때 나의 불법 가운데 어떤 수승한 모습을 보고 세간의 깊고 무거운 은애를 갑자기 버렸는가?

━

阿難白佛, 我見如來三十二相, 勝妙殊絶, 形體映徹, 猶如瑠璃. 常自思惟, 此相非是欲愛所生. 何以故? 欲氣麤濁, 腥臊交遘, 膿血雜亂, 不能發生勝淨妙明, 紫金光聚. 是以渴仰, 從佛剃落.

━

아난이 부처님께 대답하였다. "저는 여래의 32상이 뛰어나게 묘하고 빼어나 몸이 투명한 것이 마치 유리와 같음을 보고, 항상 스스로 생각하였습니다. 이러한 상호는 정욕과 애념에서 나온 것이 아니다. 무슨 까닭인가? 음욕의 기운은 거칠고 탁하며, 남녀간의 성행위는 더럽고 냄새나며, 농혈이 뒤섞여 깨끗하지 못하므로 수승하고 묘한 자금광의 청정하고 광명이 나는 형상을 낼 수 없을 것이다. 이러한 원인으로 갈망하고 앙모하여 부처님을 따라 머리를 깎았습니다."

佛言. 善哉阿難! 汝等當知, 一切衆生, 從無始來, 生死相續, 皆由不知
常住眞心性淨明體, 用諸妄想, 此想不眞, 故有輪轉.

부처님께서 말씀하셨다. "정말 좋구나, 아난아! 너희들은 마땅히 알아야 한다. 일체중생은 무시이래로부터 생사가 서로 이어지는 것은 모두 상주진심의 성정명체를 알지 못하고 온갖 망상을 내며, 이 망상은 참되지 못하기 때문에 윤회하는 것이다."

왜 생사가 있는가? 항상 머무는 참된 마음[常住眞心]을 이해하지 못하기 때문이다. 그것은 동요하지 않으며, 생멸하지 않으며, 더럽지도 깨끗하지도 않으며, 늘어나지도 않고 줄어들지도 않은 것이다. 그것은 동요하지 않기 때문에 '항상 머문다[常住]'고 하며, 증감하지 않으므로 '참된 마음[眞心]'이라고 한다. 단지 이 참된 마음을 아는 것만으로는 부족하며, 그것은 또한 '자성이 청정하고 밝은 체[性淨明體]'를 가지고 있다. 당신의 자성, 당신의 법성은 청정하고 광명이 두루 비치는 체이다. 그러나 당신은 알지 못하고 그것을 잊어버린 것이다.

『법화경』에서 이르기를 어떤 사람이 돈이 많은 친구집에 갔는데, 술에 취하여 자고 있을 때 이 친구는 마침 일이 있어 외출을 하였다. 외출을 할 때 그의 친구는 그가 밖에 나가면 돈이 없을 것을 걱정하여 한 알의 여의주를 그의 옷 속에 넣어두고 실로 봉하였다. 그러나 그가 자고 있었기 때문에 이 일을 알리지 못하였다.

그가 깨어난 후 밖으로 나가 도처에서 유랑의 생활을 하였지만 옷 속에 가치를 알 수 없는 보배구슬이 들어있는 것을 몰랐다. 그래서 비록 보배구슬을 가지고 있을지라도 알지 못하였기 때문에 그것을 이용하지 못한 것이다. 우리는 이 상주하는 참된 마음의 성정명체는 또한 이 보배구슬과 같다. 그러나 당신이 알지 못하면 그것을 이용할 수 없는 것이다.

그러면 당신은 무엇을 사용하는가? 당신이 사용하는 것은 바로 생멸심이며, 생멸하지 않는 진심이 아니다. 이 생멸하는 마음은 바로 식(識)이다. 이 식은 당신을 지배하여 전도되게 하며 혼미하게 한다. 당신이 망상으로 일을 처리하며, 이 망상은 진실하지 않기 때문에 생사의 윤회 속에서 이리 돌고 저리 도는 것이다. 윤전(輪轉)이란 갔다가 왔다가, 왔다가 갔다가 하는 것이다. 생사윤회의 속에서 돌며, 어느 때에 멈출지를 모른다.

당신은 왜 윤회하는가? 바로 망상을 가지고 있기 때문이다. 만약 당신이 망상을 다 제거하고 생하지 않으면 당신의 생사도 정지될 것이다. 우리의 생사윤회가 멈추지 않는 것은 망상으로 일을 처리하기 때문이다. 망상은 바로 이 식(識)이다. 즉 심의식(心意識)이다. 이 심의식을 사용하기 때문에 자기 스스로를 진흙탕 속으로 밀어 넣어 빠져나오지 못하는 것이다. 이것이 부처님께서 아난에게 설한 생사윤회의 원인이며, 바로 참된 마음을 인식하지 못하기 때문이다. 만약 당신이 진심을 인식하면 생사는 매우 쉽게 그칠 수 있다.

∥ 편집자주 ∥
다음은 1988년 봄 '주관지능추동력(主觀智能推動力)' 강좌에서 보충 설명한 내용임.

이 경문에서 우리는 두 구의 말로써 설명할 수 있다. 이 두 구의 말은『논어(論語)』에 나오는 말씀이다.

"빨리 하려고 하지 않으면 작은 이익을 보지 않고, 빨리 하려고 하면 이르지 못하며, 작은 이익을 보면 큰일을 이루지 못한다[無欲速, 無見小利. 欲速, 則不達. 見小利, 則大事不成]."

우리는 왜 도를 이루지 못하는가? 그것은 바로 '빨리 이루려고 하는' 잘못된 습성이 있기 때문이다. 빨리 이루려고 하는 것은 망상이다. 이러한 망상으로 허망한 번뇌의 경계를 이루려고 하기 때문에 결과적으로는 자기의 진심을 잊어버리고 본래 가지고 있는 지혜가 드러날 수 없는 것이다. 왜 이렇게 되는가? 그것은 바로 빨리 이루려고 생각하기 때문이다.

비유하면 공부를 하는 것과 같다. 소학교를 마치지 않고 대학에 들어가려고 생각하는 것과 같은 것이다. 이것은 옳은 것이 아니며, 반드시 대학의 과정을 따라갈 수 없을 것이다. 당신이 만약 하나의 사탕을 탐하면 장래 일생의 행복을 잊게 된다. 이것이 작은 이익을 탐하는 것이다. 작은 이익을 탐하면 큰일을 이루지 못한다. 당신의 아이가 달콤한 사탕을 탐하면, 자기의 전도를 소홀히 하게 되므로 원대한 포부를 잃어버리게 된다.

우리는 불법을 배우고 사람됨을 배우는 데 있어서 빨리 이루려는 것을 탐하지 말아야 하며, 또한 작은 성취를 탐하지 말아야 한다. 우리가 큰 성취를 이루려고 한다면 반드시 큰 노력을 해야 한다. 큰 공부를 하는 것은 무슨 체면을 세우고 무슨 광고를 하면서 "나는 무엇을 한다."라고 말하는 것이 아니다. 이것은 형상이 없는 것이다. 행주좌와에 언제나 배우고 전일하게 배워야 한다.

비유하면 글자 쓰는 것을 배우는 것과 같이 길을 갈 때도 글자를 쓰는 것이다. 즉 글자첩을 본다는 것이다. 그곳에 서서 글자첩을 생각하며, 저곳에 앉아서도 글자첩을 생각하고 누워서도 글자첩을 관상하며, 오래 오래 지속되면 명필을 이룰 수 있다. 당신이 만약 수련을 하지 않고 좋은 글씨를 쓰려고 하면 이룰 수 없는 것이다. 다른 일도 유추해 보면 알 수 있을 것이다. 무슨 일이든지 막론하고 당신은 행주좌와에 언제나 생각하면, 마음속으로 망상이 없어지고 번뇌가 없어져 청정하게 된다. 이 모든 것은 노력하는 데 달려 있다.

참선도 그렇고 교학을 배우는 것도 그렇고, 염불도 그렇다. 어떤 법문을 수행하든지 간에 전일하게 해야 한다. 당신이 전일하게 되면 영험이 있으며, 마음이 분산되면 막히는 것이다. 무슨 일이든지 빨리 이루려고 탐하지 말아야 한다. 그러므로 "빨리 하려고 하지 않으면 작은 이익을 보지 않고, 빨리 하려고 하면 이르지 못한다[無欲速, 無見小利. 欲速, 則不達]."라고 한다.

당신은 빨리 이루려고 하면 생사를 마칠 수 없다. 당신은 작은 성취를 탐하지 않아야 한다. 작은 성취를 탐하게 되면 큰 성취를 이룰 수 없는 것이다. 오늘 이 단락의 경문에서 나는 여러분에게 이러한 뜻을 말해 주며, 여러분이 이 뜻을 이해하면 이 경문의 뜻에 대하여 약간의 계합하는 곳이 있을 것이다.

2) 허망한 식은 있는 곳이 없다

汝今欲硏無上菩提, 眞發明性, 應當直心, 酬我所問. 十方如來, 同一道故, 出離生死, 皆以直心, 心言直故, 如是乃至終始地位, 中間永無諸委曲相.

"너는 지금 무상보리의 성품이 발명되는 근원을 연구하려고 하니, 마땅히 곧은 마음으로 내가 하는 질문에 응답을 해야 할 것이다. 시방의 여래는 모두 하나의 도로 생사를 벗어났으며, 모두 곧은 마음으로써 마음과 말이 곧은 까닭으로 이와 같이 내지 건혜지(乾慧地)로부터 시작하여 묘각의 부처님 지위에 이르기까지 중간에 영원히 굽은 모습이 없었다."

부처님께서 다시 아난에게 말씀하시기를 만약 네가 지금 무상의 보리성을 발명하는 근원을 연구하고자 하면, 너는 마땅히 곧은 마음을 써야 하고 굽은 마음을 써서는 안 된다. 그래서 내가 묻는 말에 곧은 마음으로써 대답을 해야 할 것이다. 즉 묻는 말에 생각하면서 "이것은 어찌 된 일인가? 나는 어떻게 대답해야 옳지?"라고 사량분별하지 말고 대답해야 한다는 것이다.

곧은 마음은 바로 도의 마음[道心]이다. 『유마힐경(維摩詰經)』에서 이르기를 "곧은 마음이 도량이다[直心是道場]."라고 하였다. 왜 곧은 마음이 도량이라고 하는가? 당신이 한 생각도 움직이지 않을 때 바로 당신의 진심이다. 당신이 만약 한 생각이 움직이고, 한 번 망상을 하게 되면 그것은 진심이 아니다.

한 생각이 없으면 이것을 제일념(第一念)이라고 하며, 그것은 진심에서 나온 것이며, 두 번째의 생각에 떨어지면 이것은 두 번째의 뜻[第二義]이다. 당신은 무엇을 생각하면 바로 그것을 말해야지 많은 생각을 하지 말아야 한다. 당신이 만약 생각하기를 "아, 나는 이렇게 말해서는 안 돼, 이렇게 말하면 옳지 않아, 나는 저렇게 말해야 돼!" 이렇게 한번 생각하고 방향을 바꾸면 이것은 제이념(第二念)이며, 이것은 사람의 마음이다.

당신이 제일념을 쓰면 그것이 바로 도의 마음이며, 도량이다. 따라서 제일념을 또한 제일의제(第一義諦)라고도 한다. 생각이 움직이지 않을 때 나오는 것이 제일의제이다. 이 직심도량은 바로 당신이 사람의 마음으로 전후좌우를 생각하지 않고 곧은 마음으로 답하는 것이다.

무엇 때문에 내가 너로 하여금 곧은 마음으로 답하게 하는가? 왜냐하면 시방의 여래는 모두 곧은 마음으로 부처를 이루기 때문이다. 당신은 굽은 마음을 써서는 안 되며, 심(心) 자와 같아서는 안 된다. 이 심(心) 자는 가장 좋지 않은 물건이다. 당신은 이 심(心) 자를 한번 보라.

세 점은 마치 별이 분포된 것과 같으며
굽은 갈고리는 월아와 같네.
축생이 되어 털을 덮어 쓰는 것도 이것 때문이며
부처가 되는 것도 그것(한 생각)으로 말미암네.
三點如星布 彎鉤似月牙
披毛從此起 做佛也由它

즉 축생이 되고 부처를 이루는 것이 모두 이 한마음으로 인한 것이다. 그래서 내가 이전에 십법계가 모두 한마음을 떠나지 않는다고 말하지 않았던가? 천상에 태어나는 것도 이 마음이 조성한 것이며, 당신이 아라한과를 이루는 것도 당신의 마음으로부터 이루는 것이며, 보살도를 행하는 것도 마음으로부터 나오는 것이다.

마치 여러분이 지금 불법을 배우려고 『능엄경』을 연구하는 것과 같이 모두 당신의 선천(先天)의 한마음으로 말미암은 것이다. 이것은 당신이 무량겁에 심은 금강의 종자(種子)이며, 보리(깨달음)의 씨를 심었기 때문에 오늘 불법을 배우러 온 것이며, 『능엄경』을 배우러 온 것이다. 이 모두는 한마음의 진심으로부터 성취된 것이다.

시방의 여래가 부처를 이룬 것은 모두 곧은 마음을 사용하였기 때문이며, 따라서 생사를 벗어나는 것도 모두 곧은 마음으로 인한 것이다.

心言直故, 如是乃至終始地位　그가 곧은 마음을 사용하기 때문에 이(직심)와 같이 처음의 건혜지(乾慧地)로부터 마지막의 묘각(妙覺, 즉 부처)의 지위에 이른다. 건혜지는 금강초심(金剛初心)이라고도 하는데, 이것은 보살이 닦는 55가지의 단계 중에서 첫 시작을 말하며, 건혜지로부터 묘각에 이르기까지를 '지위(地位)'라고 부른다.

이와 같이 건혜지로부터 묘각에 이르기까지 즉 십신(十信), 십주(十住), 십행(十行), 십회향(十廻向), 사가행(四加行), 십지(十地)에 이르고 그런 연후 등각(等覺), 묘각(妙覺)에 이르기까지 장구한 시간 동안 그 가운데 영원히 굽은 마음이 없이 완전히 곧은 마음을 써야 부처를 이룰 수 있는 것이다.

이것은 석가모니 부처님께서 아난이 물음에 곧은 마음으로 답하지 않을까 염려하여 이렇게 말한 것이다. 아난에게 먼저 내가 지금 처음으로 성불의 도리를 설할 것이니 물음에 함부로 답하지 말고 반드시 직심으로 대답하라는 것이다.

■

阿難! 我今問汝, 當汝發心, 緣於如來三十二相, 將何所見, 誰爲愛樂?
阿難白佛言. 世尊! 如是愛樂, 用我心目. 由目觀見如來勝相, 心生愛樂, 故我發心, 願捨生死.

■

"아난아! 내가 지금 너에게 묻노니, 네가 발심할 그 당시 여래의 32상에 반연하는 마음을 낼 때 너는 무엇으로 보았으며, 누가 좋아하게 되었는가?" 아난이 부처님께 말하였다. "세존이시여! 제가 이와 같이 좋아하는 마음을 낸 것은 저의 마음과 눈을 사용하였습니다. 여래의 뛰어난 모습을 눈으로 보고 마음으로 좋아하는 마음을 내었으며, 따라서 저는 발심하여 생사를 떠나고자 원하였습니다." (즉 아난이 출가한 원인을 말하는 것이다.)

■

여기서 연(緣)이란 일종의 반연하는 마음이며, 아난이 부처님의 모습을 보고 생각하는 식심(識心)이다. 즉 일종의 반연하는 식심을 말한다. 그리고 수위애요(誰爲愛樂)에서 요(樂)는 '락'으로 읽는 것이 아니라 '요'라고 읽어야 하며, 매우 좋아하는 모습을 뜻한다.

佛告阿難. 如汝所說, 眞所愛樂, 因於心目, 若不識知心目所在, 則不
能得降伏塵勞. 譬如國王爲賊所侵, 發兵討除, 是兵要當知賊所在. 使
汝流轉, 心目爲咎. 吾今問汝, 唯心與目, 今何所在?

부처님께서 아난에게 말씀하셨다. "네가 말하는 정말로 좋아하는 것은
너의 마음과 눈으로부터 일어나는 것인데, 만약 너의 마음과 눈이 어느
곳에 있는지를 모른다면, 번뇌를 항복시킬 수 없다. 비유를 들자면 한
분의 국왕이 있어 나라의 영토가 적에게 점령당했으면 국왕은 군사를
풀어 적을 토벌해서 그들이 영토에서 물러나게 해야 하는 것과 같다.
이때 군사들은 마땅히 적이 어디에 있는지를 알아야 그들을 제거할 수
있다. 너로 하여금 생사에 윤회하게 하는 것은 마음과 눈의 잘못이다.
내가 지금 너에게 묻겠는데, 이 마음과 눈은 지금 어느 곳에 있는가?"

若不識知心目所在 마음이 어디에 있고 눈이 어디에 있는지
를 물었는데, 이 물음은 그야말로 도리가 없는 것처럼 들린다. 눈은
얼굴에 있고, 마음은 우리의 몸에 있는 것은 누구나 다 아는 것이다.
그러나 이것은 너의 진심이 아니며, 너의 진정한 보는 것도 아니다.
따라서 만약 네가 인식하지 못한다면 너의 마음과 눈이 어디에 있는
지 이해하지 못할 것이다. 부처님께서 이렇게 물은 것은 부처님에게
이러한 지혜가 있기 때문이다. 그러나 우리 일반인들은 부처님과 같
은 이러한 지혜가 없다. 이 문단의 글을 보면 부처님께서 이치에 맞지

않는 것을 말하는 것처럼 느껴진다.

則不能得降伏塵勞 당신이 만약 마음과 눈이 있는 곳을 알지 못한다면, 번뇌를 항복시킬 힘이 있을 수 없다. 진(塵)이란 오염되고 깨끗하지 못한 것을 뜻하며, 노(勞)는 어지럽다는 뜻이다. 너의 마음을 어지럽히고 너의 성품을 어지럽다는 뜻이다. 이 진(塵)도 너의 심성을 오염시키므로 그것을 항복시키지 못하면 그것을 변화시킬 수 없으며, 망상을 진심으로 변화시킬 수 없다. 마치 두 나라의 군대가 전쟁을 하는 것처럼 한쪽이 패하면 항복하는데, 이것을 항복시킨다는 것이다. 당신이 번뇌를 항복시킬 수 없다는 것은 번뇌가 이기고 당신이 지는 것이다.

이 단락의 글은 부처님께서 아난에게 마음과 눈이 어디에 있는지를 물었다. 당신이 만약 마음과 눈이 소재하는 곳을 모르면 당신은 생사를 마칠 수 없는 것이다. 항복진로(降伏塵勞)라는 것은 생사를 마치는 것이며, 생사의 길을 끊는 것이다. 만약 당신이 진로를 항복시킬 수 없으면 당신이 비록 출가를 해도 생사를 마치지 못한다. 그러므로 당신은 마음과 눈이 어느 곳에 있는지를 알아야 한다.

譬如國王爲賊所侵, 發兵討除, 是兵要當知賊所在 비유를 들자면 한 분의 국왕이 있어 나라의 영토가 적에게 점령당했으면 국왕은 군사를 풀어 적을 토벌해서 그들이 영토에서 물러나게 해야 하는 것과 같다. 이때 군사들은 마땅히 적이 어디에 있는지를 알아야 그들을 제거할 수 있다. 만약 적이 어디에 있는지를 모른다면 이 적을 토벌할 수 없는 것이다. 그러므로 지금 무시이래의 생사를 멈출 수 없는 것은 마음과 눈이 있는 곳을 알지 못하기 때문이다. 당신이 만약 생사를 마치고자 한다면 반드시 마음과 눈의 문제를 연구하여 명료하게 이해해야 당신의 생사를 비로소 마칠 수 있을 것이다.

네가 왜 생사를 마칠 수 없는가? 너로 하여금 육도윤회 속에서 끊임없이 돌아다니게 하는 것은 무엇 때문인가? 이것은 모두 너의 이 마음과 눈의 잘못 때문이다. 그러므로 나는 지금 너(아난)에게 너의 이 마음과 눈이 어느 곳에 있는지를 묻는 것이다.

(1) 마음이 몸 안에 있다는 집착을 깨뜨리다

━

阿難白佛言. 世尊！一切世間, 十種異生, 同將識心, 居在身內. 縱觀如來靑蓮華眼, 亦在佛面. 我今觀此浮根四塵, 祇在我面, 如是識心, 實居身內.

━

아난이 부처님께 말하였다. "세존이시여! 일체 세간의 열 종류의 다른 중생은 모두 이 식심은 몸 안에 머물며, 제가 지금 머리를 들어 자세히 보니 세존, 당신의 푸른 연꽃 같은 눈은 부처님의 얼굴위에 있습니다. 저 아난은 지금 눈, 귀, 코, 혀(입)를 살펴보니, 이 네 가지의 물건도 저의 얼굴에 있습니다. 이와 같이 식심은 사실상 저의 몸속에 머물고 있습니다."

이 단락에서 아난은 곧은 마음으로 답을 하는 것이 아니라 굽은 마음으로 답을 하고 있다. 어째서 그런가 하면 아난은 부처님께서 마음이 어디에 있으며, 눈은 어디에 있는가 질문을 받고 대답을 하는 것이다. 이때 그는 어떻게 답해야 할지를 몰랐다.

아난이 부처님께 말하였다. 이 세계의 모든 열 가지 종류의 다른 중생, 즉 태생, 난생, 습생, 화생, 유색(有色), 무색(無色), 유상(有想), 무상(無想), 비유상(非有想), 비무상(非無想)의 열 가지를 말한다. 이것은 『금강경』에서 말하는 것으로 본래는 열두 종류의 중생이 있으나 지금은 열 종류만을 말한다. 이것은 뒤의 본문에서 상세하게 분석하고 있으므로 여기서는 이렇게만 이야기한다.

同將識心, 居在身內   이 열 종류의 중생의 마음은 모두 몸 안에 있습니다. 무엇을 식심이라고 하는가? 바로 생멸하는 마음이며, 분별하는 마음을 말한다. 아난이 자기를 말하지 않고 열 종류의 중생을 말하는 것은 아난이 자기가 말하는 답이 틀릴까 봐서 이렇게 말하는 것이다. "이 열 종류의 중생이 모두 이러한 모습입니다. 나 아난 혼자만 이런 것이 아닙니다!"라고 하는 뜻이 내포되어 있다. 이 속에는 일종의 변명하는 성질이 들어 있는 것이다. 말하기를 "이것은 누구나 모두 아는 것이 아닙니까? 이 마음은 몸 안에 있습니다!"라고 답하는 것이다.

縱觀如來靑蓮華眼, 亦在佛面   종관이란 눈으로 멀리 보는 것을 말한다. 제가 지금 머리를 들어 자세히 보니 세존, 당신의 푸른 연꽃 같은 눈은 부처님의 얼굴위에 있습니다. 이것은 무형 중에 아난이 부처님의 말씀을 반박하는 것이다. "이런 질문을 어떻게 저에게 묻습니까? 이 눈은 얼굴위에 있고 마음은 몸속에 있는 것은 모두 이곳에 지금 이루어져 있습니다!"라고 말하고 싶으나 아난은 감히 정식으로 이렇게 말하지 못하는 것이다. 그래서 아난은 "부처님! 당신의 푸른 연꽃 같은 눈은 당신의 얼굴위에 있습니다."라고 말한다.

我今觀此浮根四塵, 祇在我面　　저 아난은 지금 눈, 귀, 코, 혀(입)를 살펴보니, 이 네 가지의 물건도 저의 얼굴에 있습니다. 부근사진(浮根四塵)이란 눈, 귀, 코, 혀(입)를 말하며, 얼굴위에서 매우 두드러지게 볼 수 있으므로 부근(浮根)이라 한 것이다.

∎

佛告阿難. 汝今現坐如來講堂, 觀祇陀林, 今何所在? 世尊! 此大重閣淸淨講堂, 在給孤園, 今祇陀林, 實在堂外. 阿難! 汝今堂中, 先何所見? 世尊! 我在堂中, 先見如來, 次觀大衆, 如是外望, 方矚林園.

∎

부처님께서 아난에게 말씀하셨다. "너는 지금 부처님의 강당에 앉아서 기타태자의 숲을 바라보고 있는데, 지금 현재 어디에 있는가?" "세존이시여! 이 이층으로 된 청정한 강당은 굽고독장자의 정원 안에 있습니다. 지금 당신께서 말씀하신 기타태자의 숲은 확실히 강당의 밖에 있습니다." "아난아! 너는 지금 이 강당 안에서 우선 무엇을 보았느냐?" "세존이시여! 저는 지금 강당 안에서 우선 본 것은 부처님이며, 그 다음은 여러 대중들입니다. 이와 같이 먼저 안을 보고 난 연후에 다시 바깥을 보면 비로소 밖의 기타태자 숲과 급고독의 정원이 보입니다."

━

부처님께서 말씀하셨다. "너는 지금 부처님의 강당에 앉아서 기타태자의 숲을 바라보고 있다. 지금 현재 어디에 있는가?" 부처님께서는 아난의 대답에 맞는지, 틀렸는지를 말하지 않고 도리어 그에게 다시 묻는 것이다. "이것은 부처님께서 만든 수수께끼와 같은 것으로서 아난의 생각을 바꾸려는 것이다."

촉(矚)이란 바라본다는 뜻이며, 또한 보인다는 뜻이다.

━

阿難! 汝矚林園, 因何有見? 世尊! 此大講堂, 戶牖開豁, 故我在堂, 得遠瞻見. 佛告阿難. 如汝所言, 身在講堂, 戶牖開豁, 遠矚林園, 亦有衆生, 在此堂中, 不見如來, 見堂外者? 阿難答言. 世尊! 在堂不見如來, 能見林泉, 無有是處!

━

부처님께서 물었다. "아난아! 너는 이 기타 숲과 급고독 정원을 보는데 어째서 (그것이) 보이는가?" 아난이 대답하였다. "이 큰 강당은 문도 열려 있고 창문도 열려 있기 때문에 저는 안에서 바깥의 사물을 볼 수 있습니다." 부처님께서 아난에게 이르셨다. "만약 네가 말한 것처럼 이렇게, 이 몸은 강당 안에 있으며, 문과 창문이 열려 있기 때문에 밖의 기타 숲과 급고독 정원을 볼 수 있다고 하는데, 그러면 이 강당 안에서 여래는 보지 못하고 단지 강당 밖의 숲과 정원만을 보는 중생이 또 있는가?" 아난이 대답하였다. "세존이시여! 강당 안에서 여래는 보지 못하고 숲이나 샘을 볼 수 있다는 것은 옳지 않습니다."

━

개활(開豁)이란 활짝 열려 있다는 뜻이다.

━

阿難! 汝亦如是! 汝之心靈, 一切明了. 若汝現前所明了心, 實在身內, 爾時先合了知內身. 頗有衆生, 先見身中, 後觀外物? 縱不能見心肝脾胃, 爪生髮長, 筋轉脈搖, 誠合明了, 如何不知? 必不內知, 云何知外? 是故應知, 汝言 覺了能知之心, 住在身內 無有是處.

━

"아난아! 너 또한 이와 같다. 너의 심령은 일체를 명료하게 안다. 만약 네가 지금 명료하게 아는 이 마음이 네가 말한 대로 실재로 몸 안에 있다고 한다면, 이때 너는 먼저 너의 몸속이 어떻다는 것을 마땅히 알아야 할 것이다. 먼저 몸 안의 물건을 보고 난 연후에 바깥의 사물을 보는 중생이 있는가, 없는가? 설령 네가 안의 심장, 간장 등을 보지 못하면, 바깥의 손톱이 자라고 머리털이 자라고 근육이 움직이고 맥박이 도는 것을 마땅히 알 것이다. 그러나 너는 왜 모르는가? 너는 반드시 안을 알지 못하면서, 어떻게 또 바깥의 사정은 아는가? 그렇기 때문에 마땅히 알아야 한다. 알아차리고 분별하고 사량하고 밝게 이해하는 이 마음이 몸 안에 있다고 하는 것은 맞지 않다."

■

아난이 이렇게 답하자 이것이 잘못되었다는 것을 말하는 것이다. 부처님께서 말씀하셨다. "아난아! 너 또한 이와 같다. 너도 이런 중생과 같이 강당 안에서 부처는 보지 못하고 단지 바깥만 보는 것이다." 부처님께서 "너 또한 이와 같다."라고 하신 것은 아난이 여전히 참된 마음[眞心]의 본체가 무엇인지를 깨닫지 못하고 망상심과 식심의 위에서 공부한다는 것을 알기 때문이다.

"너의 심령은 일체를 명료하게 안다." 여기서 심령이란 식심을 말한다. 파유(頗有)란 있을 수 있는가 없는가를 묻는 뜻이다. 아난에게 다시 묻는 것이다. 너는 이 마음이 몸 안에 있으며, 보는 것은 눈에 있다고 말하는데, 그러면 너는 마땅히 눈은 보고 마음은 바로 알 것이다. 그러면 너의 마음이 몸 안에 있으면 또한 너의 심장, 간장, 비장, 위장이 어떻게 생겼다는 것을 알 것이며, 보아야 마땅할 것이다. 설령 네가 안의 심장, 간장 등을 보지 못하면 바깥의 손톱이 자라고 머리털이 자라고 근육이 움직이고 맥박이 도는 것을 마땅히 알 것이다. 그러나 너는 왜 모르는가? 왜 너는 안을 보지 못하는가? 몸 안의 일은 모르는가? 너는 어째서 또 바깥의 사정은 아는가?

부처님께서는 갖가지의 비유와 이론으로써 형용한 연후에 지금 정식으로 아난에게 답하기를 "이 마음이 몸 안에 있다는 것은 맞지 않다."라고 한 것이다.

■

阿難稽首, 而白佛言. 我聞如來, 如是法音, 悟知我心, 實居身外. 所以
者何? 譬如燈光, 然於室中, 是燈必能先照室內, 從其室門, 後及庭際.
一切衆生, 不見身中, 獨見身外. 亦如燈光, 居在室外, 不能照室. 是義
必明, 將無所惑, 同佛了義, 得無妄耶?

■

아난은 절을 하고 부처님께 말하였다. "저는 여래께서 이와 같은 이
론, 도리를 듣고 지금 이해하였습니다. 저의 이 마음이 몸 안에 있지
않고 실재로 몸 밖에 머문다는 것을 깨달았습니다. 무엇 때문인가? 마
치 등불과 같이 방 안에서 등불을 붙이면, 그 등불이 만약에 방 안에 있
으면 반드시 먼저 방 안을 비추고 방 안이 밝아질 것입니다. 그런 연후
에 그 등불을 방의 문으로 가져가면 바깥의 정원을 비춥니다. 모든 중
생이 자기 몸 안의 모습을 보지 못하고 단지 몸 밖의 사물을 볼 수 있는
것도 또한 등불이 방 밖에 있으면 방 안을 비출 수 없는 것과 같습니다.
이러한 뜻은 반드시 옳을 것이며, 절대로 의혹이 없을 것입니다. 이 이
론은 부처님의 요의(了義)의 도리와 같으며, 아마도 틀리지 않겠죠?"

■

아난이 세운 마음은 몸 안에 있다는 견해와 이론은 깨지고 성립되지
못하였다. 아난도 매우 이론에 밝았다. 그의 마음도 언제 바깥으로 달
려갔는지 모른다. 그는 지금 갑자기 마음이 몸 밖에 있다고 말한다.

아난은 비록 단정적으로 말하면서도 무망야(無妄耶)라고 하면서 자문을 구하는 말투이다.

佛告阿難. 是諸比丘, 適來從我室羅筏城, 循乞搏食, 歸祇陀林, 我已宿齋. 汝觀比丘, 一人食時, 諸人飽不? 阿難答言. 不也, 世尊! 何以故? 是諸比丘, 雖阿羅漢, 軀命不同, 云何一人, 能令衆飽?

부처님께서 아난에게 말씀하셨다. "현재 이 강당에 있는 모든 비구들이 실라벌성에서 방금 나를 따라 순서에 따라 걸식하고 기타 숲으로 돌아왔다. 나는 이미 머물고 먹지 않는다. 네가 비구를 보면 한 사람이 식사를 할 때 모든 사람이 배가 부르는가?" 아난이 답하였다. "아닙니다, 세존이시여! 다른 모든 비구들은 비록 아라한이지만 신체와 목숨[性命]이 다르기 때문에 어찌 한 사람이 밥을 먹어 다른 사람을 배부르게 할 수 있겠습니까?"

循乞搏食 한 집 한 집 순서에 따라 차례로 걸식하며, 왼손으로는 바루를 잡고 오른손으로 음식을 집어 먹는 것을 말한다. 그 당시에도 인도에는 수저를 사용하지 않고 손으로 집어먹었다.

我已宿齋 나는 이미 배가 불러 먹지 않는다는 뜻이다. 한 사람

212

이 밥을 먹을 때 다른 모든 사람이 배가 부른지 아난에게 물었다. 여러분들이 만약 이 도리를 이해하지 못하면 내일 나 혼자 밥을 먹을 때 여러분이 나를 보고 배가 부른지 시험해 보기 바란다. 그러면 경전의 이 뜻을 증명하게 될 것이다.

■

佛告阿難. 若汝覺了知見之心, 實在身外, 身心相外, 自不相干. 則心所知, 身不能覺. 覺在身際, 心不能知. 我今示汝兜羅綿手, 汝眼見時, 心分別不? 阿難答言. 如是世尊! 佛告阿難. 若相知者, 云何在外? 是故應知, 汝言 覺了能知之心, 住在身外 無有是處.

■

부처님께서 아난에게 이르셨다. "만약 느끼고 분별하고 알고 보는 마음이 실재로 몸 밖에 있다고 한다면, 몸과 마음은 서로 간섭하지 않으므로 마음이 아는 것을 몸은 느끼지 못하며, 느끼는 감각이 몸에 있으면 마음은 알지 못하게 된다. 내가 지금 너에게 나의 도라면 솜 같은 손을 보이는데, 네가 눈으로 볼 때 마음으로 (나의 손을) 분별하는가?" 아난이 답하였다. "그렇습니다. 세존이시여!" 부처님께서 아난에게 말씀하셨다. "만약 눈이 보고 마음으로 분별한다면, 어찌 (마음이) 몸의 바깥에 있다고 하는가? 그러므로 마땅히 알아야 한다. 네가 말한 느끼고 이해하며 능히 아는 이 마음이 너의 몸 밖에 있다는 것은 맞지 않다."

여기서 부처님도 그의 마음이 안에 있다고 말씀하시지 않은 것은 앞에서 이미 그의 마음이 안에 있다고 한 것이 맞지 않다고 말씀하셨다. 그러면 지금 아난의 마음은 다시 밖으로 달려갔으며, 부처님께서는 그것도 맞지 않다고 하신 것이다. 왜냐하면 너의 마음이 만약 밖에 있으면 너의 눈이 보는 것을 마음은 알지 못하기 때문이다.

則心所知, 身不能覺   각(覺)은 느끼다, 감각하다는 뜻이다.

여기에서 도라면 솜 같은 손에 대하여 말하는데, 지금 내가 여러분에게 관상을 보는 한 가지 법을 알려주고자 한다. 누구를 막론하고 여러분이 어떤 사람의 손이 솜처럼 부드럽다면 그 사람은 귀인의 상이며, 장래 귀한 신분이 될 것이다. 그래서 소위 말하기를 "손이 솜처럼 부드러우면, 부귀가 벌써 따르네[手軟如綿, 富貴已攀]."라고 한다.

보통 사람의 손은 모두 매우 딱딱하다. 나는 나의 손이 나무토막처럼 딱딱하다는 것을 안다. 어떤 사람의 손이 솜처럼 그렇게 부드럽다면 그 사람은 장래에 부귀한 사람이 될 방법이 있을 것이다. 하지만 단지 손만 부드럽다고 장래에 큰일을 할 것이라는 것은 일정치 않다. 여전히 그의 상이 영웅의 상인지, 호걸의 상인지, 대장부의 상인지를 보아야 한다. 내가 이전에 만난 두 사람도 모두 손이 매우 부드러웠는데, 그 당시에는 아직까지 큰 발전이 없는 평범한 사람이었다. 왜 그런가? 그들의 얼굴 모습이 어울리지 않았기 때문에 드러나지 못한 것이다. 어쨌든 사람의 손이 부드러운 것은 귀한 상의 하나다.

(3) 마음이 눈에 있다는 집착을 깨뜨리다

■

阿難白佛言. 世尊! 如佛所言, 不見內故, 不居身內. 身心相知, 不相離故, 不在身外. 我今思惟, 知在一處.

■

아난이 부처님께 말하였다. "세존이시여! 부처님께서 말씀하신 바와 같이 만약 마음이 몸 안에 있다면 마땅히 오장육부를 볼 수 있어야 하지만, 그러나 몸 안을 볼 수 없기 때문에 그것은 몸 안에 있지 않습니다. 그리고 몸과 마음이 서로 통하여 알며 서로 분리할 수 없기 때문에 마음이 몸 밖에 있지도 않습니다. 저는 지금 사유해 보니 그것은 어느 하나의 곳에 있다는 것을 알았습니다."

■

佛言. 處今何在? 阿難言. 此了知心, 旣不知內, 而能見外. 如我思忖, 潛伏根裏. 猶如有人, 取瑠璃椀, 合其兩眼, 雖有物合, 而不留礙, 彼根隨見, 隨卽分別. 然我覺了能知之心, 不見內者, 爲在根故. 分明矚外, 無障礙者, 潛根內故.

■

부처님께서 말씀하셨다. "그 곳이 지금 어느 곳에 있는가?" 아난이 말하였다. "제가 능히 분별하고 밝게 이해하는 이 마음은 기왕 몸 안을 알지 못하지만 밖을 볼 수 있으므로 제가 생각해 보니 이 마음은 안근(眼根) 속에 잠복되어 있습니다. 마치 어떤 사람이 유리로 된 안경을 끼고 보는 것과 같이 비록 어떤 물건으로 눈의 바깥을 덮으면 서로 장애가 없으면 눈이 안경과 합해져서 보는 것에 따라 분별하게 됩니다. 그러나 제가 느끼고 이해하는 능히 아는 이 마음이 안근에 있기 때문에 안을 보지 못합니다. (안을 보지 못하고) 밖을 명료하게 볼 수 있는 것은 바로 이 마음이 안근 속에 잠복되어 있기 때문입니다."

■

瑠璃椀 지금의 안경을 가리킨다. 아난은 부처님의 물음에 계속 답을 하지만 다 틀리는 것은 생멸심(生滅心)으로써 이리 저리 생각하기 때문이다. 앞에서도 이미 몇 번 아난이 사유한다고 한 것은 일종의 식심으로 생각하는 것이며, 이 식심을 알아차리는 것이 바로 진심(眞心)이다.

아난은 진심이 (이 우주에 널리) 있지도 않으며 있지 않음도 없음을 알지 못하는 것이다. 이 참된 마음은 또한 성품[性]이기도 하다. 그러나 아난은 당시 이러한 도리를 이해하지 못하고 갈수록 멀리 가는 것이다. 마치 길을 잘못 들어서면 갈수록 멀어지고 갈수록 갈림길로 가는 것과 같다. 그래서 그는 이런 비유를 들어서 부처님께 맞는지 판단을 청하는 것이다. 그는 이 마음과 보는 것이 안근 속에 잠복되어 있기 때문에 안을 보지 못하고 밖을 보면 명료하게 보인다. 따라서 이 마음과 보는 것[見]이 안근의 이곳에 숨어 있다고 말하는 것이다.

佛告阿難. 如汝所言, 潛根內者, 猶如瑠璃. 彼人當以瑠璃籠眼, 當見山河, 見瑠璃不? 如是世尊! 是人當以瑠璃籠眼, 實見瑠璃. 佛告阿難. 汝心若同瑠璃合者, 當見山河何不見眼?

부처님께서 아난에게 말씀하셨다. "네가 말한 바와 같이 안근 안에 잠복되어 있는 마음은 마치 유리로 된 안경을 쓴 것처럼 그 사람이 안경을 쓰고 산하대지를 볼 수 있는데, 그러면 이 안경은 볼 수 있는가 없는가?" 아난이 말하였다. "그렇습니다. 세존이시여! 이 사람은 안경을 썼을 때 실제로 안경을 볼 수 있습니다." 부처님께서 아난에게 말씀하셨다. "너의 마음이 만약 안경을 쓴 것과 같다면 너의 눈이 산하대지를 볼 때 안경도 볼 수 있다고 하였는데, 그러면 너는 어찌 자기의 눈은 보지 못하는가?"

어떤 사람은 "나도 나의 눈을 볼 수 있다."라고 말할 것이다. 그러나 그것은 거울에 비춰봐야 볼 수 있는 것이다. 거울이 없을 때 당신은 회광반조하여 자기의 눈을 볼 수 있는가? 이런 도리도 성립하지 않는다. 왜냐하면 우리의 육안은 자기의 눈을 돌이켜 볼 수 없다. 아난 존자도 그렇다. 아난 존자가 비록 초과의 아라한을 증득하였지만 그의 눈은 자기의 눈을 볼 수 없는 것이다.

若見眼者, 眼卽同境, 不得成隨. 若不能見, 云何說言, 此了知心, 潛在
根內, 如瑠璃合? 是故應知, 汝言 覺了能知之心, 潛伏根裏, 如瑠璃合
無有是處.

■

"만약 네가 자기의 눈을 볼 수 있으면, 너의 눈은 몸 밖으로 가서 바깥
의 경계와 같이 되어서 너의 몸을 따를 수 없을 것이다(즉 너의 몸 위에 있는
것이 아니라는 뜻이다). 만약 네가 자기의 눈을 볼 수 없다면, 왜 너는 이 아
는 마음이 안근 속에 감추어져 마치 안경을 쓴 것과 같다고 하였는가?
그러므로 마땅히 알아야 한다. 네가 말한 즉 네가 느끼고 이해하는 능
히 아는 마음이 안근의 속에 잠복되어 있는 것이 마치 안경을 쓴 것과
같다고 한 것은 옳지 않다."

■

이상에서 설하신 내용은 매우 간단하고 평이한 것이며, 무슨 오묘한
도리가 있는 것이 아니라서 사람마다 모두 알 수 있는 것이다. 당신이
만약 그것을 매우 묘하고 너무 높고 깊게 설명한다면, 당신은 영원히
이해하지 못할 것이다. 부처님께서 설하신 경전은 그 당시 제자들과
서로 도리를 토론한 것을 제자들이 기록한 것이다. 이것이 경전이다.
따라서 이 도리는 결코 생각함을 어떻게 높고 깊게, 어떻게 오묘하게
할 필요가 없는 것이다(즉 너무 어렵게 생각하지 말라는 뜻이다).

지금 이 단락은 일곱 곳의 마음을 찾는[七處徵心] 경문이다. 징심(徵
心)이란 실제로는 보는 것을 드러내는[顯見] 것이다. 우리의 눈이 보는

이 견(見)에서는 보는 경계가 있다. 그것은 어째서 볼 수 있으며, 귀는 어째서 들을 수 있으며, 코는 어째서 냄새를 맡을 수 있으며, 혀는 어째서 맛을 볼 수 있으며, 몸은 어째서 촉감을 느낄 수 있으며, 뜻은 어째서 이 법을 알 수 있는가?

이 속에는 '보고, 듣고, 냄새 맡고, 맛을 보고, 감촉을 느끼고, 아는' 여섯 가지의 작용이 있다. 이 여섯 가지의 작용은 모두 '상주진심 성정명체(常住眞心性淨明體)'라고 하며, 또한 불성(佛性)이라고도 한다. 이 여섯 가지의 작용은 불성(또는 진심)의 변화이며, 이미 그것의 본체는 아니다. 그러면 부처님은 지금 아난으로 하여금 그것의 본체를 이해하게 하려는 것이다. 본체를 이해하면 밖으로 구할 필요가 없는 것이다. 이와 같을 따름이다. 따라서 칠처징심(七處徵心)과 십번현견(十番顯見) 모두 이런 도리를 설명하는 것이다.

(4) 마음이 명암을 분별한다는 집착을 깨뜨리다

阿難白佛言. 世尊! 我今又作如是思惟. 是衆生身, 腑臟在中, 竅穴居 外, 有藏則暗, 有竅則明 今我對佛, 開眼見明, 名爲見外. 閉眼見暗, 名爲見內. 是義云何?

아난은 다시 부처님께 말하였다. "세존이시여! 저는 지금 또 이러한 생각이 있습니다. 이 중생의 몸에는 오장육부가 들어 있으며, 중생의 신체는 바깥에 구멍이 있습니다. 몸 안에 장부가 있으며 잠복되어 있기 때문에 그 속은 어두우며, 바깥에는 통하는 구멍이 있기 때문에 밝습니다. 오늘 저 아난은 부처님을 대하여 눈을 뜨면 밝음이 보이는데, 이것은 밖을 보는 것이라 하며, 눈을 감으면 어둠이 보이는데, 이것은 안을 보는 것이라 합니다. 이러한 뜻은 어떻습니까?"

━

아난은 부처님의 비판을 받고 그는 다시 하나의 이론을 만들어 부처님의 물음에 답을 한다.

是衆生身 중생이란 여러 가지 인연이 모여 생한 것을 말한다. 여러 가지 인연이란 여러 가지 업과 합하여 생기는 것이다. 각 사람은 하나의 업으로 이루어진 것이 아니며, 매우 많은 업과 연으로 한 사람이 생성된다. 마치 밭에 씨를 심는 것과 같이 하나의 씨만 있으면 되는 게 아니라 태양이 비춰야 하고, 하늘에서 비가 때맞춰 내려야 그 씨는 발아될 수 있다. 우리 사람들도 갖가지의 인연이 있어야 한 사람으로 태어날 수 있다. 따라서 여러 인연이 모여 생하는 것을 중생이라고 한다.

腑臟在中 이 중생의 몸에는 오장육부가 들어 있다. 오장이란 심장·간장·비장·폐장·신장이고, 육부는 담(膽, 쓸개)·위·대장·소장·삼초(三焦)·방광을 말한다. 부(腑)란 이 오장을 저장하는 것이다.

竅穴居外 중생의 신체는 바깥에 구멍이 있다. 몸에는 규와 혈이 있는데, 규란 무엇이며, 혈이란 무엇인가? 마치 눈과 같이 이것이

바로 눈의 구멍이며, 귀에는 귀의 구멍이 있다. 귀의 굴을 이혈(耳穴)이라고 한다. 이 혈이라고 하는 것은 마치 동굴과 같다는 것이다.

有藏則暗, 有竅則明　몸 안에 장부가 있으며 잠복되어 있기 때문에 그 속에는 광명이 없으며 따라서 어둡다. 그리고 바깥에는 통하는 구멍이 있기 때문에 밝다는 것이다.

여기서 아난은 마음과 눈이 안에도 있고 밖에도 있다고 한다. 그래도 그는 감히 결정하지 못하고 "이러한 뜻은 어떻습니까?"라고 부처님께 인증을 구하는 것이다.

아난 존자는 지금껏 바깥에서 공부를 해서 진정으로 보배가 있는 곳에 이르지 못했으며, 큰 지혜를 열지 못하였다. 왜냐하면 그는 많이 듣는 것을 좋아하고 선정력을 소홀히 하였기 때문이다. 선정력을 소홀히 하니 계의 힘도 견고하지 못하며, 계의 힘이 견고하지 못하니 선정의 힘도 부족한 것이다. 따라서 진정한 지혜도 열지 못하고 말하는 것이 모두 구경처를 말하지 못하는 것이다.

그러므로 우리는 이 『능엄경』을 연구한 후에는 아난 존자가 어떤 잘못을 했으며, 우리도 무슨 병이 있는지를 알아야 할 것이다. 모든 법은 모든 병을 고치기 위해서이며, 우리는 이런 병을 잘 치료해야 진정으로 불법을 이해할 것이다.

■

佛告阿難. 汝當閉眼見暗之時, 此暗境界, 爲與眼對? 爲不對眼? 若與眼對, 暗在眼前, 云何成內? 若成內者, 居暗室中, 無日月燈, 此室暗中, 皆汝焦腑. 若不對者, 云何成見?

부처님께서 아난에게 말씀하셨다. "네가 눈을 감고 어두움을 볼 때 이 참참한 경계는 눈과 마주 대하는 것인가, 눈과 마주 대하지 않은 것인 가? 만약 눈과 마주 대한 것이라면 어두움이 눈앞에 있으니, 어찌 보는 것[見]이 몸의 안에 있다고 할 수 있겠는가? 만약 안에 있다는 이유가 성립한다면, 네가 어두운 방에 있으면 해와 달과 등이 없으니, 그 어두 운 방 안은 모두 너의 삼초와 오장육부와 같이 되는 것이다(왜냐하면 너는 보이지 않으므로 모두 똥, 오줌을 담는 장부가 된다는 것이다). 만약 어둠의 경계가 너 의 눈과 마주 대하는 것이 아니라면 어떻게 볼 수 있겠는가?"

若離外見, 內對所成, 合眼見暗, 名爲身中. 開眼見明, 何不見面? 若 不見面, 內對不成. 見面若成, 此了知心, 及與眼根, 乃在虛空, 何成在 內? 若在虛空, 自非汝體. 即應如來今見汝面, 亦是汝身. 汝眼已知, 身 合非覺. 必汝執言, 身眼兩覺, 應有二知. 即汝一身, 應成兩佛. 是故應 知, 汝言 見暗名見內者 無有是處.

"만약 네가 어두움을 볼 때 바깥의 보는 것[見]을 떠나게 되면, 너는 안 과 마주 대하여 하나의 봄[見]이 이루어진다. 그러나 눈을 감고 어두 움을 보면, 이것은 몸 안을 보는 것과 같이 된다. 하지만 네가 눈을 뜨 고 밝음을 볼 때 너는 어째서 자기의 얼굴은 보지 못하는가? 만약 자기 의 얼굴을 보지 못한다면, 너는 어떻게 눈을 감고 몸 안을 볼 수 있겠는가? 만약 네가 자기의 얼굴을 볼 수 있다고 한다면, 너의 이 분별하고 아는 마음과 안근은 허공에 있게 되므로 어째서 안에 있다고 말할 수 있겠는가? 만약 너의 안근과 마음이 허공에 있다면, 이것과 너의 몸은 하나가 아닐 것이다. 만약 너와 관계가 있다면 내가 지금 너의 얼굴을 보는 것은 나 또한 너의 몸이 되어 너의 눈은 부처인 내가 너를 보고 있다는 것을 알고, 너의 몸은 마땅히 아무런 느낌이 없어야 할 것이다. 만약 네가 고집하여 반드시 너의 이론이 성립한다고 말한다면, 너의 몸도 느낌이 있으며, 눈도 느낌이 있으며, 두 종류의 느낌이 서로 합하여 응당 두 가지의 아는 것이 있게 될 것이다. 그러면 현재 너 한 사람의 몸에서 응당 두 분의 부처를 이룰 것이다. 그러므로 마땅히 알아야 한다. 네가 말한 어두움을 볼 때 곧 안을 본다는 것은 옳지 않다."

■

그러므로 안으로 마주 대한다는 것은 성립할 수 없다는 뜻이다.

見面若成, 此了知心, 及與眼根, 乃在虛空, 何成在內 만약 네가 자기의 얼굴을 볼 수 있다고 한다면, 너의 이 분별하고 아는 마음은 안근과 허공에 있게 되며 너의 얼굴에 있는 것이 아니다. 그러므로 너의 이 마음과 보는 것이 어째서 안에 있다고 말할 수 있겠는가?

若在虛空, 自非汝體 만약 너의 안근과 마음이 허공에 있다면, 이것과 너의 몸은 하나가 아닐 것이다. 허공은 본래 너의 몸이 아니며, 너와는 관계가 없다.

卽應如來今見汝面, 亦是汝身 만약 너와 관계가 있다면 내
가 지금 너의 얼굴을 보는 것은 나 또한 너의 몸이 되어 너와 무슨 구
별이 없어질 것이다. 이러한 도리가 있을까?

汝眼已知, 身合非覺 너의 눈은 부처인 내가 너를 보고 있다
는 것을 알고, 너의 몸은 마땅히 아무런 느낌이 없어야 할 것이다. 그
러나 너의 몸은 아무런 느낌이 없느냐?

必汝執言, 身眼兩覺, 應有二知 만약 네가 고집하여 반드
시 너의 이론이 성립한다고 말한다면, 너의 몸도 느낌이 있으며, 눈도
느낌이 있으며, 두 종류의 느낌이 서로 합하여 응당 두 가지의 앎이
있게 될 것이다. 즉 너의 눈도 알고, 몸도 알 것이다.

卽汝一身, 應成兩佛 그러면 현재 너 한 사람의 몸에서 응당
두 분의 부처를 이룰 것이다. 너 한 사람이 두 분의 부처를 이룰 수 있
을까?

(5) 마음은 인연이 화합하는 곳을 따른다는 집착을 깨뜨리다

■

阿難言. 我嘗聞佛開示四衆. 由心生故, 種種法生. 由法生故, 種種心
生 我今思惟, 卽思惟體, 實我心性. 隨所合處, 心則隨有, 亦非內外中
間三處.

224

아난이 말하였다. "저 아난은 이전에 부처님께서 사중의 제자들에게 설하신 법문을 자주 들었습니다. 이 마음이 나오는 까닭으로 갖가지의 법이 생기며, 법이 생기는 까닭으로 갖가지의 마음이 생한다. 저는 지금 생각합니다. 제가 사유하는 본체는 바로 내가 이해하고 능히 아는 마음이며, 이것은 바로 나의 이 심성(心性)입니다. 이 마음은 어떤 인연을 만나면 이 인연이 화합하는 곳을 따라 마음이 생기게 됩니다. 이것은 안에 있는 것도 아니요 밖에 있는 것도 아니며, 중간에 있는 것도 아닙니다."

由心生故, 種種法生 당신은 이 마음(아난이 말한 이 마음은 여전히 식심이다)이 있기 때문에 가지가지의 법이 일어난다. 이 가지가지의 법은 바로 식(識)에서 나타나는 일체의 경계를 말한다. 법에는 자성(自性)이 없으며, 법은 인연으로부터 일어나며, 이 인연 때문에 비로소 이 법이 생기는 것이다. 이 법이 생기기 때문에 갖가지의 마음도 생긴다. 이것은 이전에 부처님께서 말씀하신 것이다. 세존께서 말씀하신 이러한 도리는 아마 틀리지 않을 것이다. 저는 지금 세존의 이런 도리에 근거하여 하나의 견해가 생겼습니다. 즉 지금 또 생각이 났다는 뜻이다.

卽思惟體, 實我心性 제가 사유하는 본체는 바로 내가 이해하고 능히 아는 마음이며, 이것은 바로 나의 이 심성(心性)입니다. 지금 아난이 말하는 이 성품이라는 것은 자성(自性)이 아니며, 여전히 일종의 식의 성품[識性]을 말한다.

隨所合處, 心則隨有 이 마음은 어떤 인연을 만나면 이 인연을 따라 합해져서 마음이 생기게 된다. 만약 합해지는 것이 없으면 마음도 없다.

亦非內外中間三處 이것은 안에 있는 것도 아니요, 밖에 있는 것도 아니며, 중간에 있는 것도 아니다. 그것은 인연을 만나면 합해져서 마음이 생기게 되며, 만약 인연이 없으면 마음도 없다. 아난이 이렇게 말하는 것은 여전히 옳은 것 같으면서도 그르며, 아직 명료하게 인식하지 못하고 있는 것이다.

■

佛告阿難. 汝今說言, 由法生故, 種種心生, 隨所合處, 心隨有者, 是心無體, 則無所合. 若無有體, 而能合者, 則十九界, 因七塵合. 是義不然!

■

부처님께서 아난의 말을 듣고 설명하였다. "네가 지금 말하기를 법이 생하기 때문에 가지가지의 마음도 생한다. 왜냐하면 갖가지 법이 화합하는 곳을 따라 마음이 생기는 것이라면, 이 마음은 실체가 없으며, 따라서 갖가지 법이 화합하는 것도 없을 것이다. 만약 실체가 없이 합해질 수 있는 것이라면, 이 십팔계(十八界)는 마음이라는 하나의 계(界)가 더 나와서 십구계로 변할 것이다. 왜냐하면 일곱 개의 진(대상)과 합하기 때문이다. 그러므로 네가 말한 이러한 도리는 옳지 않다."

■

隨所合處, 心隨有者　왜냐하면 합해지는 곳을 따라 마음이
존재를 따른다. 만약 합해지는 것이 없으면 마음은 당연히 없다고 이
야기하였다.

是心無體, 則無所合　그러나 네가 말한 이 마음이라는 것이
도대체 본체가 있느냐, 없느냐? 만약 너의 마음이 본체가 없다면 너
는 누구와 합하느냐?

若無有體, 而能合者　네가 억지로 이치에 맞지 않게 말하여
만약 이 마음이 본체가 없이도 그것이 합해질 수 있다고 한다.

則十九界, 因七塵合　그러면 이 십팔계(十八界)는 마음이라는
하나의 계(界)가 더 나와서 십구계로 변할 것이다. 본래 육진(六塵)인데
너는 지금 또 하나의 '마음이 그것을 따라 합해지는 곳[心隨所合處]'이
더 생겨 '이것은 또 하나의 번뇌[塵]로서' 육진이 일곱 개의 번뇌[七塵]
로 변할 것이다. 이것과 하나의 계는 어떻게 생겨난 것인가?
　무엇을 십팔계(十八界)라고 하는가? 이것은 뒤에 나오는 본문에서
설명할 것이다. 즉 안(眼)·이(耳)·비(鼻)·설(舌)·신(身)·의(意)는 육근
(六根)이며, 이 육근이 대하는 색(色)·성(聲)·향(香)·미(味)·촉(觸)·법
(法)을 육진(六塵)이라 부르며, 육근이 육진을 대하여 중간에 일종의 분
별심 즉 안식(眼識)·이식(耳識)·비식(鼻識)·설식(舌識)·신식(身識)·의
식(意識)을 일으키는데, 이것을 육식(六識)이라 한다. 육근·육진·육식
을 합하여 십팔계라고 한다. 단지 육근과 대하는 육진을 십이처(十二處)
라고 하며, 또한 십이입(十二入)이라고 한다.

—

若有體者, 如汝以手自挃其體, 汝所知心, 爲復內出? 爲從外入? 若復內出, 還見身中. 若從外來, 先合見面.

—

"만약 실체가 있다면, 네가 자기의 손으로 자기의 몸을 꼬집으면 그 몸은 아프다는 것을 안다. 그러면 네가 아는 마음은 안으로부터 나오는 것인가, 밖으로부터 들어오는 것인가? 만약 그것이 안으로부터 나오는 것이라면 그것은 마땅히 너의 몸속의 사물을 먼저 볼 것이다. 만약 밖에서 오는 것이라면 그것은 응당 너 자신의 얼굴을 먼저 보아야 할 것이다."

—

여기서는 부처님께서 왜 아난이 한 말이 옳지 않은지를 설명한다. 만약 체가 있다면, 네가 자기의 손으로 자기의 몸을 꼬집으면 그 몸은 아프다는 것을 안다. 이것은 너의 마음으로 아는 것이다. 그러면 이 마음은 안으로부터 나오는 것인가, 밖으로부터 들어오는 것인가?

若復內出, 還見身中　만약 그것이 안으로부터 나오는 것이라면 그것은 마땅히 너의 몸속의 사물을 먼저 볼 것이다. 왜냐하면 이전에 너는 마음이 안에 있다고 말하였으며, 지금은 안에도 없고 밖에도 없으며, 중간에도 없다고 말하며, 마음이 합해지는 곳을 따라 너의 마음이 생긴다고 말하기 때문이다. 지금 나는 너로 하여금 너의 몸을 꼬집게 하였는데, 이것이 합해지는 것이다. 그렇게 합해지면 도대

228

체 너의 이 아는 마음은 안에서 나오는 것인가, 밖에서 들어오는 것인가? 만약 안에서 나오는 것이라면 응당 마음은 몸 안의 사물을 먼저 보아야 할 것이다.

若從外來, 先合見面   만약 밖에서 오는 것이라면 그것은 응당 너 자신의 얼굴을 먼저 보아야 할 것이다. 그러면 너의 이 마음은 너의 얼굴을 먼저 보았는가?

▬

阿難言. 見是其眼, 心知非眼, 爲見非義. 佛言. 若眼能見, 汝在室中, 門能見不? 則諸已死, 尙有眼存, 應皆見物. 若見物者, 云何名死?

▬

아난이 말하였다. "볼 수 있는 것[見]은 눈이며, 마음은 능히 아는 것이고 눈의 공능이 아닙니다. 당신께서는 이 보는 것은 마음이 보는 것이라고 하시는데, 이것은 옳지 않습니다." 부처님께서 말씀하셨다. "만약 너의 눈으로 볼 수 있다고 한다면 네가 방 안에 있을 때 이 방의 문은 볼 수 있는가? 그러면 사람이 죽으면 눈은 여전히 존재하며, 또한 마땅히 사물을 볼 수 있어야 할 것이다. 만약 죽어도 눈은 여전히 사물을 볼 수 있다고 한다면, 어째서 죽음이라고 하는가?"

▬

아난은 이번에는 약간 열이 올랐다. 이번에는 이렇게 생각하였다.

"아, 부처님께서 하신 말씀은 너무나 이치에 맞지 않아!" 따라서 그는 즉시 반박하였다. "볼 수 있는 것은 눈이며, 마음은 능히 아는 것이고 눈의 공능이 아닙니다. 당신께서는 이 보는 것은 마음이 보는 것이라고 하시는데, 이것은 옳지 않습니다."

부처님께서 앞에서 아난에게 '是義不然(네가 말한 이러한 도리는 옳지 않다)'이라고 하였는데, 아난도 지금 '爲見非義'라고 한 것이다. 아난이 말하는 뜻은, 능히 볼 수 있는 것은 눈이며, 능히 아는 것이 마음이다. 그러므로 부처님께서 말씀하시는 도리는 옳지 않다는 것이다.

若眼能見, 汝在室中, 門能見不 만약 너의 눈으로 볼 수 있다고 한다면 네가 방 안에 있을 때 이 방의 문은 어떤 사물을 볼 수 있는가?

則諸已死, 尚有眼存, 應皆見物 너는 눈이 볼 수 있다고 하는데, 그러면 사람이 죽으면 눈은 여전히 존재하며 또한 마땅히 사물을 볼 수 있어야 할 것이다. 너의 이 눈은 어째서 사물을 볼 수 없는가?

若見物者, 云何名死 만약 죽어도 눈은 여전히 사물을 볼 수 있다고 한다면, 어째서 죽음이라고 하는가?

따라서 경전에서 지금 설명하는 도리는 바로 눈은 볼 수 없다는 것이다. 우리는 지금은 의술이 발달하여 사람이 죽으면 눈을 눈 보관소에 보존하여 다시 이식하여 사용할 수 있다. 하지만 눈이 볼 수는 있지만 그것은 당신의 자성 속에 있는 신령스런 성품에 의탁하여 볼 수 있는 것이다. 단지 눈만으로는 지각하는 능력이 없으며, 볼 수 없는 것이다. 그것은 반드시 사람의 신령하고 밝은 깨달음의 성품[靈明覺性]에 의지하여야 비로소 볼 수 있는 것이다.

눈은 마치 창문과 같이 그것은 투명체로서 창구가 되어야 비로소 사물을 볼 수 있는 것이다. 그러므로 당신이 만약 눈이 볼 수 있다고 한다면, 사람이 죽으면 눈은 어째서 볼 수 없는가? 만약 당신이 사람이 죽어도 사물을 볼 수 있다고 말한다면, 그것은 죽음이라 부를 수 없을 것이다.

━

阿難! 又汝覺了能知之心, 若必有體, 爲復一體? 爲有多體? 今在汝身, 爲復遍體? 爲不遍體?

━

"아난아! 너의 이 느끼고 아는 마음이 만약 몸이 있다고 하면 그것은 하나의 몸인가, 여러 개의 몸인가? 지금 너의 몸에서 두루하는가, 아니면 몸 위에서 두루하지 않는가?"

━

若一體者, 則汝以手挃一肢時, 四肢應覺, 若咸覺者, 挃應無在. 若挃有所, 則汝一體, 自不能成. 若多體者, 則成多人. 何體爲汝? 若遍體者, 同前所挃. 若不遍者, 當汝觸頭, 亦觸其足, 頭有所覺, 足應無知. 今汝不然! 是故應知, 隨所合處, 心則隨有, 無有是處.

■

"만약 네가 말하는 이 마음이 하나의 몸이라면, 네가 손으로 사지(양다리와 양팔) 중에서 하나를 꼬집을 때 너의 사지는 모두 응당 아픈 감각이 있어야 할 것이다. 만약 한 곳을 꼬집었는데, 네 곳이 모두 같은 느낌이라면 꼬집은 곳은 응당 없는 것과 같다. 만약 꼬집은 곳이 소재하는 곳이 있다고 한다면, 너의 몸이 하나라는 것은 자연히 성립할 수 없을 것이다. 만약 여러 몸이라면 여러 사람을 이룰 것이다. 그러면 어떤 몸이 너인가? 만약 이 마음이 하나의 몸이지만 두루하는 것이라면, 앞에서와 같이 한 곳을 꼬집으면 온몸이 아플 것이다. 이 마음의 몸에 두루하지 않는다고 하면, 네가 머리를 부딪혔을 때 또한 동시에 그 발도 부딪힐 것이다. 그러면 너의 머리에 아픈 느낌이 있을 때 너의 발은 응당 아픈 감각을 모를 것이다. 그런데 지금 너는 그렇지 않다. 이러한 까닭으로 너는 마땅히 알아야 한다. (마음이 대상과) 합해지는 곳을 따라 마음이 생긴다는 것은 옳지 않다."

■

若一體者, 則汝以手捏一肢時, 四肢應覺 만약 네가 말하는 이 마음이 하나의 몸이라면, 네가 손으로 사지(양 다리와 양 팔) 중에서 하나를 꼬집을 때 너의 사지는 모두 응당 아픈 감각이 있어야 할 것이다. 왜냐하면 그것은 하나의 몸이기 때문이다. 네가 하나의 사지를 꼬집을 때 왜 단지 한 곳만 아프고 나머지 세 곳은 아픈 느낌이 없는가?

若咸覺者, 捏應無在 만약 한 곳을 꼬집었는데, 네 곳이 모두 같은 느낌이라면 꼬집은 곳은 응당 없는 것과 같다.

若挃有所, 則汝一體, 自不能成　만약 꼬집은 곳이 소재하는 곳이 있다고 한다면, 너의 몸이 하나라는 것은 자연히 성립할 수 없을 것이다.

若多體者, 則成多人, 何體爲汝　만약 이 마음이 여러 몸이라면 사지 중에서 한 곳을 꼬집어도 다른 세 곳은 알지 못한다. 그러면 이 마음은 여러 몸을 가지고 있으니 마땅히 한 사람이 아니고 여러 사람으로 이루어질 것이다. 그러면 어떤 몸이 너인가?

若遍體者, 同前所挃　만약 이 마음이 하나의 몸이지만 두루하는 것이라면, 너와 앞에서 말한 바와 같이, 한 곳을 꼬집으면 온몸이 아플 것이다.

若不遍者, 當汝觸頭, 亦觸其足, 頭有所覺, 足應無知　이 마음이 몸에 두루하지 않는다고 하면, 네가 머리를 부딪혔을 때 또한 동시에 그 발도 부딪힐 것이다. 그러면 너의 머리에 아픈 느낌이 있을 때 너의 발은 응당 아픈 감각을 모를 것이다.

今汝不然!　그러나 지금 너도 알지만, 너의 머리가 어떤 경계를 부딪히게 되면 발도 느낌이 있게 된다. 그러므로 그것이 두루하지 않는다고 네가 말한 이러한 도리는 옳지 않다.

(6) 마음이 중간에 있다는 집착을 깨뜨리다

阿難白佛言. 世尊! 我亦聞佛與文殊等諸法王子, 談實相時, 世尊亦言. 心不在內, 亦不在外 如我思惟, 內無所見, 外不相知, 內無知故, 在內不成. 身心相知, 在外非義. 今相知故, 復內無見, 當在中間.

아난이 부처님께 말하였다. "세존이시여! 저 또한 이전에 부처님께서 문수보살 등 여러 법왕자와 실상(實相)을 담론할 때 들었습니다. 세존께서 말씀하시기를 마음은 안에도 있지 않고 밖에도 있지 않다고. 지금 제가 이렇게 생각하는 것과 같습니다. 만약 그것이 안에 있으면 사물을 보지 못하고 그것이 밖에 있다고 말한다면 안과 서로 알지 못합니다. 바깥은 안의 일을 모르고 안은 바깥의 일을 모릅니다. 안이 모르기 때문에 이 마음이 안에 있다는 것은 성립하지 않습니다. 우리의 이 몸과 마음은 서로 압니다. 그러므로 마음이 밖에 있다는 말은 맞지 않습니다. 지금 저는 이 몸과 마음이 서로 알기 때문에 또한 안에 있으면서 보이지 않으므로 그것은 당연히 중간에 있습니다."

여기서 아난은 이전에 부처님께서 마음은 안에도 있지 않고 밖에도 있지 않다고 말씀하였는데, 어째서 지금은 내가 그렇게 말하자 틀렸다고 하시는지를 말하는 것이다.

內無知故, 在內不成 안이 모르기 때문에 이 마음이 안에 있다는 것은 성립하지 않습니다.

身心相知, 在外非義 우리의 이 몸과 마음은 서로 압니다. 만약 이 마음이 밖에 있다고 한다면 그것은 서로 모릅니다. 그러나 몸과 마음은 서로 알기 때문에 마음이 밖에 있다는 말은 맞지 않습니다.

今相知故, 復內無見, 當在中間 지금 저는 이 몸과 마음이 서로 알기 때문에 또한 안에 있으면서 보이지 않으므로 그것은 당연히 중간에 있습니다.

■

佛言. 汝言中間, 中必不迷, 非無所在. 今汝推中, 中何爲在? 爲復在處? 爲當在身?

■

부처님께서 말씀하셨다. "아난아! 네가 말하는 중간이라는 것은 반드시 헷갈리면 안 된다. 이 중간이라는 것은 결코 소재하는 곳이 없는 것이 아니다. 반드시 일정한 장소가 있어야 하는데, 도대체 어떤 곳이 중간인가? 지금 네가 말한 중간이라는 곳은 어떤 곳에 있는가? 바깥의 처소에 있는가, 너의 몸에 있는가?"

■

若在身者, 在邊非中, 在中同內. 若在處者, 爲有所表? 爲無所表? 無表同無, 表則無定. 何以故? 如人以表, 表爲中時, 東看則西, 南觀成北. 表體既混, 心應雜亂.

■

"만약 그 중간이 너의 몸 위에 있다면, 그것은 네 몸의 가장자리에 있으므로 이것은 중간이 아니며, 중간에 있다는 것은 안에 있다는 것과 같다. 만약 중간이 몸 밖의 어떤 곳에 있다고 말한다면 그것이 어느 곳이라고 가리킬 수 있는가, 없는가? 만약에 그것을 표현할 수 없고 일정한 장소를 말할 수 없다면 그것은 없는 것과 같다. 만약 표현할 바가 있다면 그 중간이라는 것은 일정하게 정해진 것은 없는 것이다. 무엇 때문인가? 만약 어떤 사람이 하나의 표시를 하고 그것을 중간이라고 삼는다면, 그 중간의 동쪽에서 보면 이 중간은 서쪽에 있는 것으로 변할 것이며, 만약 이 중간의 남쪽에서 보면 이 중간은 북쪽에 있는 것으로 변할 것이다. 이미 표시할 것이 없으므로 이 마음은 마땅히 무질서하고 어지럽게 될 것이다."

■

若在身者, 在邊非中, 在中同內   만약 그 중간이 너의 몸 위에 있다면 그것은 네 몸의 가장자리에 있으므로 이것은 중간이 아니다. 몸 위에 있다면 어느 곳에 있는 것인가? 만약 네가 네 몸의 중간에 있다고 말한다면 그것은 안에 있는 것과 같은 것이다. 그러므로 그것은 여전히 네가 앞에서 말한 몸 안에 있는[在內] 것이다.

若在處者, 爲有所表? 爲無所表? 만약 중간이 밖에 있다고 말한다면 그것이 어느 곳이라고 가리킬 수 있는가? 즉 그것을 일정하게 표시할 법이 있는가의 뜻이다.

無表同無, 表則無定 만약에 그것을 표현할 수 없고 일정한 장소를 말할 수 없다면 그것은 없는 것과 같다. 만약 표현할 바가 있다면 그 중간이라는 것은 일정하게 정해진 것은 없는 것이다.

何以故? 如人以表, 表爲中時, 東看則西, 南觀成北 무엇 때문인가? 만약 어떤 사람이 하나의 표시를 하고 그것을 중간이라고 삼는다면, 그 중간의 동쪽에서 보면 이 중간은 서쪽에 있는 것으로 변할 것이며, 만약 이 중간의 남쪽에서 보면 이 중간은 북쪽에 있는 것으로 변할 것이다. 그러므로 이것도 중간이 아니다.

表體旣混, 心應雜亂 이미 표시할 것이 없으므로 이 마음은 마땅히 무질서하고 어지럽게 될 것이다. 이 표시할 바가 근본적으로 표시할 수 없는 것이다. 그러니 도대체 어느 곳이 중간인가? 하나의 중간이란 곳이 없으므로 네가 말한 "중간에 있다"고 한 것도 틀린 것이다.

＿＿

阿難言. 我所說中, 非此二種. 如世尊言, 眼色爲緣, 生於眼識 眼有分別, 色塵無知, 識生其中, 則爲心在.

■

아난이 말하였다. "제가 말한 중간이라는 것은 세존께서 말씀하신 몸 안과 몸 밖의 두 종류가 아닙니다. 마치 세존께서 이전에 말씀하신 것과 같이 안근이 색진을 대하는 것은 일종의 연(緣)이라고 하였습니다. 이러한 인연의 중간에서 안식이 나옵니다. 눈에는 분별하는 것이 있으나 색진은 근본적으로 지각하는 것이 없기 때문입니다. 그러나 눈이 색진의 대상을 접촉하면 중간에 분별심이 생깁니다. 아마도 마음은 바로 이곳에 있습니다."

■

앞의 문단에서 아난은 하나의 중간을 들고 나왔다. 부처님은 그 중간도 깨뜨려 버리고 그에게 도대체 중간이란 어느 곳인가 물었다.

眼有分別, 色塵無知 왜 안근과 색진에 연이 생기는가? 눈에는 분별이 있으나 색진은 근본적으로 지각하는 것이 없기 때문입니다.

識生其中, 則爲心在 그러나 눈이 색진의 대상을 접촉하면 중간에 분별심이 생깁니다. 즉 식이 나온다는 것이다. 이 식이 아마도 마음이 아닙니까? 마음은 바로 이곳에 있습니다. 내가 말하는 중간이란 눈과 색진이 접촉하여 연이 되는 가운데이며, 그 가운데서 생기는 식이 바로 마음입니다.

■

佛言. 汝心若在根塵之中, 此之心體, 爲復兼二, 爲不兼二? 若兼二者, 物體雜亂, 物非體知, 成敵兩立, 云何爲中? 兼二不成, 非知不知, 卽無 體性, 中何爲相? 是故應知, 當在中間, 無有是處.

■

부처님께서 말씀하셨다. "너의 마음이 만약 안근과 색진의 중간에 있 다면, 이 마음의 체는 두 개인가, 하나인가? 만약 중간에 있는 이 마음 이 두 개의 몸이 있다면, 사물과 마음의 체는 뒤섞이고 어지러울 것이 다. 사물은 마음의 체가 아니라서 알지 못하고 느끼지 못하는 것이므 로 너의 마음과 물체는 적대관계로 양립될 것이다. 그러면 어떤 곳이 중간이 되는가? 만약 너의 마음이 두 개가 아니라면, 물체는 알고 알지 못하는 것이 아닌, 즉 체성(體性)이 없는 것이므로 이 중간이라는 곳은 도대체 어떠한 모습인가? 그러므로 너는 마땅히 알아야 한다. 네가 말 한 이 마음이 중간에 있다고 한 이론은 성립할 수 없으며, 옳은 도리가 아니다."

■

若兼二者, 物體雜亂   만약 중간에 있는 이 마음이 두 개의 몸이 있다면 구경에 어느 것이 네 마음의 체이며, 어느 것이 사물의 체인가? 너는 그것을 분별할 수 있는가? 네가 만약 분별할 수 없으면 네 마음의 체는 어지럽고 무질서한 것이다.

物非體知, 成敵兩立, 云何爲中   그러면 사물의 체는 알지

못하고 느끼지 못하는 것이다. 너는 안근에 하나의 마음의 체가 있고, 사물에 또 하나의 마음의 체가 있으며, 하나는 아는(느끼는) 것이고 하나는 모르는 것이다. 이것이 만약 하나의 모습을 대비하게 되면 적대 관계로 변하게 된다. 너의 이 마음과 물체는 양립되어 너의 마음은 아는 것이고 저 물체는 모르는 것이다. 그러면 도대체 이 중간이라는 것은 어느 곳에 있는가?

兼二不成, 非知不知, 卽無體性, 中何爲相? 만약 너의 마음이 두 개가 아니라면 물체는 아는 바가 없을 것이며, 기왕 아는 바가 없으면 그것은 지각하는 성품이 없으며, 체성(體性)이 없는 것이다. 그러므로 이 중간이라는 곳은 도대체 어느 곳에 있는가?

(7) 마음이 머무는 바가 없다는 집착을 깨뜨리다

阿難白佛言. 世尊! 我昔見佛與大目連, 須菩提, 富樓那, 舍利弗四大弟子, 共轉法輪. 常言 覺知分別心性, 既不在內, 亦不在外, 不在中間, 俱無所在. 一切無著, 名之爲心 則我無著, 名爲心不?

아난이 부처님께 말하였다. "세존이시여! 제가 이전에 부처님께서 대목건련, 수보리, 부루나, 사리불의 4대 제자와 함께 법륜을 전하시는 것을 보았습니다. 그 당시 부처님께서 항상 말씀하시기를 '느끼고 아는 마음의 성품은 안에도 있지 않고 밖에도 있지 않으며 중간에도 있지 않고 어떤 곳에도 있는 바가 없다. 이 느끼고 아는 마음은 일체에 머무는 곳이 없으며, 이것을 마음이라고 이름한다.' 지금 저의 머묾이 없는 이 마음을 마음이라고 불러도 되는지요?"

―

아난은 부처님께서 자기가 세운 이론을 모두 깨뜨리자 아마도 마음이 조급해지고 지혜가 다하였다. 이때 그는 도망가려고 해도 갈 곳이 없었다. 그래서 이전에 부처님께서 설하신 도리를 들고 나와 자기의 실패를 구하려고 하였다.

常言 覺知分別心性, 旣不在內, 亦不在外, 不在中間, 俱無所在 그 당시 부처님께서 항상 말씀하시기를 느끼고 아는 마음의 성품은 안에도 있지 않고 밖에도 있지 않으며 중간에도 있지 않고 어떤 곳에도 있는 바가 없다고 하셨다.

一切無著, 名之爲心 이 느끼고 아는 마음은 일체에 머무는 곳이 없으며, 이것을 마음이라고 이름한다.

則我無著, 名爲心不 지금 제가 말하는 이 마음도 머무는 곳이 없으며, 이것을 마음이라고 불러도 되는지?

아난은 이번에 물은 것을 부처님께서는 반드시 인가해 주실 것이라 생각하였다. 왜냐하면 부처님께서 당초에 모두 이렇게 말씀하셨기 때문이다. 그러나 부처님께서 당시 그렇게 말씀하신 것은 세상

의 법을 따르고 일반인을 따르기 위해서이다. 소승의 사람은 대승의
법을 이해하지 못한다. 당신이 만약 즉각 참된 마음[眞心]을 이야기한
다면 그들은 믿지 못한다. 그래서 이 식심(識心)을 말하신 것이다. 현재
아난도 세간의 일반인의 식심을 가지고 그의 마음으로 삼았다. 이것
이 옳은가? 본래 일반인을 상대로 설한다면 그럴 수 있지만 부처님께
서 설하신 마음은 항상 머무는 참된 마음[常住眞心]이며, 망상의 마음이
아니다. 따라서 아난은 지금도 도둑을 자식으로 여기며, 망상심을 그
의 진심으로 생각하는 것이다.

　

■

佛告阿難. 汝言覺知分別心性, 俱無在者. 世間虛空水陸飛行, 諸所
物象, 名爲一切. 汝不著者, 爲在爲無?

■

부처님께서 아난에게 말씀하셨다. "너는 지금 이 느끼고 분별하는 심
성이 어떤 곳에도 있지 않다고 말한다. 허공, 물, 육지에서 날고 다니
는 세간의 모든 물상을 일체(一切)라고 한다. 지금 너는 머물지 않는다
고 하는데, 어느 곳에 머물지 않는가? 소재하는 곳이 있는가, 소재하
는 곳이 없는가?"

■

　汝言覺知分別心性, 俱無在者　너는 지금 이 느끼고 분별하
는 심성이 어떤 곳에도 있지 않다고 한다. 무착(無著)과 무재(無在)는 같
은 뜻이다.

世間虛空水陸飛行, 諸所物象, 名爲一切　세간에는 유정
세간(有情世間)과 기세간(器世間)의 두 가지가 있다. 중생은 바로 유정세
간이며, 일체의 산하대지와 집과 건물들은 기세간이라 한다. 수륙비
행이란 물에 사는 중생과 육지에 사는 중생, 나는 새와 육지를 다니는
유정을 가리킨다. 산하대지와 건물, 허공만물의 모든 의보(依報)와 정
보(正報)를 모두 물상(物象)이라고 한다. 의보는 산하대지와 집과 건물
을 말하며, 정보는 중생의 몸을 말한다. 이 세계는 의보와 정보로 이
루어진 것이다.

汝不著者, 爲在爲無　지금 너는 머물지 않는다고 하는데, 어
느 곳에 머물지 않는가? 소재하는 곳이 있는가, 소재하는 곳이 없는
가? 이것은 어떤 뜻인가 하면, 아난 네가 (느끼고 아는 마음이 어떠한 대상에도)
머물지 않는 것이라고 말하는데, 머물지 않는 곳이 있는가, 아니면 머
물지 않는 곳이 없는 것인가?

■

無則同於龜毛兔角, 云何不著? 有不著者, 不可名無. 無相則無, 非無
則相, 相有則在, 云何無著? 是故應知, 一切無著, 名覺知心, 無有是處.

■

"네가 만약 머무는 곳이 없다면, 그것은 거북의 털과 토끼의 뿔과 같은
것으로서 근본적으로 없는 것인데, 너는 또 무엇을 집착하는가? 네가
만약 한 곳에 '머물지 않는다[不著]'라고 말한다면, 이것은 없다고 말할

수 없는 것이다. 만약 형상이 없으면 이것은 없는 것이며, 만약 없는 것이 아니라면 이것은 형상이 있는 것이다. 너의 이 마음이 만약 형상이 있다고 한다면 있는 것이니, 어찌 '머물 곳이 없다[無著]'라고 말할 수 있는가? 이러한 까닭으로 너는 마땅히 알아야 한다. 네가 말한 일체에 머물지 않는 것을 느끼고 아는 마음[覺知心]이라고 하는 것은 옳지 않다."

■

無則同於龜毛兔角, 云何不著 네가 만약 있는 곳이 없다면 그것은 거북의 털과 토끼의 뿔과 같은 것으로서 근본적으로 없는 것이다. 거북의 털과 토끼의 뿔은 본래 없는 것이다. 이왕 없는데 너는 또 무엇을 집착하는가? '착(著)'이란 머물다, 붙다, 집착하다는 뜻이다. 즉, 너는 도대체 무엇에 붙으려고 하는가? 어째서 '머물지 않는다[不著]'라고 말할 수 있는가?

有不著者, 不可名無 네가 만약 한 곳에 '머물지 않는다[不著]'라고 말한다면, 이것은 없다고 말할 수 없는 것이다. 너는 여전히 하나의 사물이 있기 때문에 '머물지 않는다[不著]'라고 말하는 것이다. 만약 정말로 없는 것이라면 너는 왜 그것에 이름을 지어 '머물지 않는다[不著]'라고 하는가? 이것은 정말로 "머리 위에 다시 머리를 붙이는 것이며, 당나귀를 타고 당나귀를 찾는[頭上安頭, 騎驢覓驢]" 것이다.

無相則無, 非無則相 만약 형상이 없으면 이것은 없는 것이며, 만약 없는 것이 아니라면 이것은 형상이 있는 것이다.

相有則在, 云何無著 너의 이 마음이 만약 형상이 있다고 한다면 있는(머무는) 곳이 있을 것이니, 어찌 '머물 곳이 없다[無著]'라고 말할 수 있는가?

3) 허망한 식심은 마음이 아니라는 것을 배척하다

(1) 생사의 두 가지 근본

■

爾時阿難在大衆中, 即從座起, 偏袒右肩, 右膝著地, 合掌恭敬, 而白佛言. 我是如來最小之弟, 蒙佛慈愛, 雖今出家, 猶恃憍憐, 所以多聞, 未得無漏, 不能折伏娑毘羅呪, 爲彼所轉, 溺於婬舍, 當由不知眞際所指. 唯願世尊, 大慈哀愍, 開示我等, 奢摩他路. 令諸闡提, 隳彌戾車. 作是語已, 五體投地. 及諸大衆, 傾渴翹佇, 欽聞示誨.

■

이때 아난이 대중 가운데서 일어나 오른쪽 어깨를 드러내고 오른 무릎을 꿇고 합장공경하며 부처님께 말하였다. "저는 여래의 가장 어린 동생으로서 부처님의 자비로운 사랑을 받아 지금 비록 출가하였으나, 의지하고 어리광을 부리고 가엾게 여김을 받아서, 많이 들었으나 아직 무루(無漏)의 경지를 얻지 못하였습니다. 저는 황발외도의 주문을 굴복시키지 못하고 미혹되어 음란한 집에 빠져 근본의 진심[眞際]이 어디에 있는지를 몰랐습니다. 오직 원하옵나니, 세존께서는 큰 자비를 내시어 저희들을 가엾이 여겨 선정을 닦는 길을 가르쳐 주셔서 모든 선근이 없는 사람들로 하여금 나쁜 지견을 깨뜨리게 하여 주십시오." 아난이 이 말을 하고 난 후 오체투지의 예로 부처님께 절하고, 모든 대중들도 부처님께 절한 후 부처님을 보고 서서 부처님의 법문을 매우 갈망하듯이 가르침을 공경하게 들으려고 하였다.

■

중국의 풍습에는 어깨를 드러내는 것은 공경스럽지 못한 것이나, 인도의 풍습에는 가장 공경하는 일종의 예의다.

姿毗羅呪 황발외도의 선범천주(先梵天呪)를 말한다. 진제(眞際)란 근본의 참된 마음을 말하며, 천제(闡提)란 인도어로서, 중국어로 번역하면 신불구(信不具)하고, 신심이 갖추어지지 못한 것이며, 또한 '선근을 불태우다'는 뜻이다. 선근을 불태우니 남는 것은 악근(惡根)이다. 따라서 믿음이 갖춰지지 않으므로 가장 제도하기가 어려운 중생이다. 그에게 도리를 이야기하면 그는 언제나 불신의 마음을 가지는 것이다. "에이, 어디에 그러한 도리가 있을까보냐?"라고 생각하면서 아무리 좋게 설명해도 그는 믿지 않는 것이다.

彌戻車 번역하면 락구예(樂垢穢)이다. 즉 깨끗하지 못한 곳을 좋아하고 즐긴다는 뜻이다. 또한 나쁜 지견[惡知見]이라고 번역한다. 일반인의 지견은 모두 선한 것인데, 그는 전문적으로 나쁜 아이디어를 내며, 독한 물을 낸다. 그래서 자기에게도 좋지 않고 다른 사람에게도 좋지 않은 영향을 주는 것이다.

傾渴翹佇 경(傾)이란 귀를 기울여 주의 깊게 듣는 것을 말하며, 갈(渴)이란 목이 타면 물을 마시고 싶듯이 무엇을 갈망한다는 뜻이다. 교(翹)란 발꿈치를 들고 서 있는 모습을 말하며, 저(佇)란 오래 서 있다는 뜻이다. 즉 발꿈치를 들고 부처님의 설법을 기다리면서 오래 서 있는 모습을 말한다.

이 모두 법을 듣는 사람들의 공경스러운 모습을 표시하고 있다. 왜 그들은 부처님을 보려고 하는가? 왜냐하면 부처님은 32상과 80가지의 좋은 모습을 가지고 있기 때문에 사람마다 부처님의 이런 장엄스런 모습을 보기 좋아하는 것이다. 그 당시 이 법회에서는 많은 대보살 대아라한 대비구들이 있었으며, 또한 재가의 사람들도 있어 모두 부처님의 상호를 보려고 한 것이 아난의 견해와 별다를 바가 없었다. 아난은 부처님의 32상을 보고 출가하였으니, 이들 왕공, 대신과 장자, 거사들도 대략 부처님의 32상의 모습 때문에 법을 들으러 온 것이다.

━

爾時世尊從其面門, 放種種光, 其光晃耀, 如百千日. 普佛世界, 六種震動, 如是十方微塵國土, 一時開現. 佛之威神, 令諸世界, 合成一界. 其世界中, 所有一切諸大菩薩, 皆住本國, 合掌承聽.

━

이때 세존의 얼굴로부터 가지가지의 광명이 나왔으며, 그 광명의 빛남이 백천 개의 태양과 같았다. 모든 부처님의 세계가 여섯 가지로 진동하였으며, 이와 같은 시방의 미진같이 많은 국토가 일시에 나타났다.

부처님의 위신과 신통의 힘으로 이 모든 미진같이 많은 국토를 합하여 하나의 세계로 만들었다. 그 세계 가운데 일체의 대보살이 모두 원래의 자기 나라에 머물면서 합장하여 『능엄경』의 설법을 들으려고 하였다.

普佛世界, 六種震動   이 우주의 모든 백천만 세계에서 무릇 부처님이 계신 곳을 보불세계(普佛世界)라고 한다. 이곳 사바세계만 진동하는 것이 아니라 모든 세계가 여섯 가지로 진동한다는 것이다. 육종진동이란 어떠한 것인가? 세 가지는 형상이 있는 것이고, 세 가지는 소리가 나는 것이다.

형상에 속하는 것은 동(動), 용(湧), 기(起)이다. 동(動)이란 땅이 흔들리는 것이며, 용(湧)이란 물이 샘솟듯이 위로 오르는 것이며, 기(起)란 계속 위로 오르는 것이다. 따라서 우리의 이 지구는 어떤 때는 높이 솟아오르고 어떤 때는 밑으로 가라앉으며, 지금 이 지구는 변하는 것은 모두 육종의 진동과 관계가 있다.

소리에 속하는 것은 진(震), 후(吼), 격(擊)이다. 진(震)이란 진동하는 것이며, 땅이 움직이는[動] 것과 땅이 진동하는 것은 같지 않다. 진동은 단지 그렇게 흔들리는 것이지만, 지진은 땅이 갈라지는 모습이다. 어떤 지진은 땅이 폭발하고 갈라지는데, 이것을 진이라 한다. 후(吼)는 울부짖는 듯한 소리가 나는 것을 말하며, 땅속에서 일종의 알 수 없는 소리가 나온다. 격(擊)이란 땅과 땅이 서로 부딪치는 것이다. 이것이 대지가 여섯 가지로 진동하는 모습이다.

지진에 대하여 말이 나오니, 이전에 내가 대략적으로 지진의 도리에 대하여 설명한 적이 있다. 왜 여섯 가지로 진동하는가? 이 세계에서 어떤 사람이 성불하면 여섯 종의 진동이 있게 된다. 혹은 어떤 사람이 깨달아 과를 증득하면 비록 성불하지는 않더라도 이 또한 여섯 가지의 진동이 있을 것이다. 또 어떠한 것이 있는가 하면 마왕이 세계의 사람의 마음을 어지럽게 하려고 하면 땅을 여섯 가지로 진동시킨다.

따라서 지진에는 좋은 것과 좋지 않은 것이 있다. 부처님이 도를 이루고 수도인이 과를 증득할 때는 비록 여섯 종의 진동이 있을지라도 그것은 사람에게 해를 입히지 않을 것이며, 큰 진동은 없을 것이다. 비록 진동이 아무리 크더라도 우리들 이 세계에는 조금도 손해나 파괴를 가져오지 않을 것이다.

그러나 마왕이 이러한 마의 힘을 실행하여 사람의 마음을 어지럽게 하려고 하면 그것은 사람을 다치게 하고 재산의 손실을 가져올 것이다. 이것은 마왕이 그의 세력을 확장하려는 일종의 시위이다.

佛之威神, 令諸世界, 合成一界 부처님의 위신과 신통의 힘으로 이 모든 미진같이 많은 국토를 합하여 하나의 세계로 만들었다. 마치 지금 우리들이 사진을 찍거나 동영상을 찍을 때 작은 부분을 크게 확대하거나, 큰 모습을 작게 축소하는 것과 같은 것이다. 부처님께서는 모든 삼천대천세계를 축소하여 하나로 만든 것이다. 그러나 비록 하나가 되었지만 각 국토 안의 모습은 완연하여 뒤섞이지 않았다. 이것은 마치 사진기와 같이 원경을 가까운 것으로 축소하는 것과 같이 부처님께서는 이러한 신통력으로 이러한 경계를 성취한 것이다.

부처님께서 왜 이렇게 많은 국토와 세계를 축소하여 하나로 만들었는가? 왜냐하면 각각의 사람들로 하여금 모두 능엄대정(楞嚴大定)

을 듣게 하고 각 국토의 보살들에게 이러한 도리를 이해할 수 있게 하려는 것이다. 따라서 부처님은 얼굴에서 큰 광명을 놓으시고 그 빛남이 백천 개의 태양과 같이 각각의 국토에 모두 비추었다.

佛告阿難. 一切衆生, 從無始來, 種種顛倒, 業種自然, 如惡叉聚. 諸修行人, 不能得成無上菩提, 乃至別成聲聞緣覺, 及成外道, 諸天魔王, 及魔眷屬. 皆由不知二種根本, 錯亂修習, 猶如煮沙, 欲成嘉饌, 縱經塵劫, 終不能得.

부처님께서 아난에게 말씀하셨다. "일체의 중생은 무시이래로 가지가지의 전도됨으로써 가지가지의 업을 지어 마치 악차취와 같은 과실이 열리는 것과 같다. 많은 수행인들이 무상의 깨달음을 얻지 못하고 별다르게 성문과 연각을 이루며, 온갖 외도와 모든 하늘의 마왕과 마의 권속이 되는 것은 모두 두 가지의 근본을 모르고 잘못되게 수행하기 때문이다. 마치 모래를 쪄서 좋은 음식을 만들려는 것과 같이 무수한 겁을 지나더라도 마침내 얻을 수 없을 것이다."

從無始來 부처님께서 경을 설하실 때도 이 도리를 완전하게 말할 수 없다. 무시(無始)란 시작이 없다는 것이다. 이 무시라는 것은 어떤 시기인가? 만약 당신이 도리를 연구한다면 이것은 모호하다고

말할 것이다. 사실 우리들은 시작을 설명할 방법이 없다. 어떤 것이 시작인가? 한 집안을 가지고 말하자면 나는 나의 부친의 아들이다. 그러면 당신의 부친은 조부의 아들이며, 조부는 또 누구의 아들인가? 위로 계속 올라가 보면 끝이 없을 것이다.

사람은 원숭이가 변한 것이라고 말하는데, 원숭이는 무엇이 변한 것인가? 그러면 원숭이가 사람으로 변할 수 있다면, 사람은 원숭이로 변할 수 없는 것을 어찌 아는가? 또 사람은 완전히 원숭이가 변한 것이라고 어떻게 아는가? 돼지가, 개가, 소가 변할 수는 없는가? 원숭이가 기왕 사람으로 변할 수 있다면 그 밖의 일체중생도 변할 수 있을 것이며, 모두 서로 변할 수 있는 것이 아닌가! 따라서 당신이 추구해 가다 보면 시작이 없으며, 시작을 찾을 수 없을 것이다.

지금 과학이 발달하고 철학이 발달하여 몇 천 년, 몇 만 년 이전의 일을 안다고 한다. 또한 어떤 지방에서 사람의 뼈가 발굴되면 그것이 몇 만 년, 몇 백만 년 이전의 것인가를 안다. 그것은 또 어떻게 할 수 있는가? 당신은 이것이 바로 증거라고 말할 수 있는가? 말할 수 없으며, 증거로서 부족한 것이다. 그것으로는 증거로서 부족한데 왜 국가에서는 돈을 들여 연구를 하고 현지 조사를 하는가?

이것이 바로 이 세계에서 법석을 떠는 것이며, 일이 없는데 할 일을 찾는 것이다. 그가 만약 이러한 모호한 일을 하지 않는다면 이 세계는 어떻게 소모되는 것이 있겠는가? 이 세계의 물건이 어떻게 소모되겠는가? 이들 금전이 어떻게 소모되겠는가? 사람은, 당신이 만약 정말로 이해한다면 이 세계는 어떤 것이 참된 것인가? 무슨 물건이 참된 것인가? 당신은 참된 것을 찾아서 나에게 보여 다오. 모두 취생몽사(醉生夢死, 헛되이 일생을 보내는)하고 있는 것이다.

말하기를 "아, 나라를 다스리는 것은 또 어떠한 모습인가!"라고
한다. 이들 모두 어리석은 사람이 어리석은 일을 하는 것이다. 스스로
는 총명하다고 생각하는데 실제로는 모두 자기가 자기를 속이는 것
이다.

種種顚倒 ‖ 무시이래로 어떻다는 것인가? 방금 내가 말한 이런
법석을 떠는 것이 바로 전도됨이다. 이 전도됨이 바로 법석을 떨면서
일생을 헛되이 보내는 것이다. 이 몸뚱어리에 좋은 것을 먹여야 하고
좋은 것을 입혀야 한다. 그러면 또 어떠한가? 결국에는 어떠한가? 내
가 일러주노니, 이것이 모두 전도된 것이 아닌가!
　　내가 며칠 전에 이야기하지 않던가? 화장실에 아름다운 옷을 입
히는 것과 같아서 무슨 대단한 것이 있는가? 이러한 갖가지의 전도됨
은 바로 아무 일이 없는데 할일을 억지로 찾는 것이다. 자기의 청정한
본체를 인식하지 못하고 망상위에서 공부를 하고 있다.
　　말하기를 "어떤 사람은 정말 좋아!"라고 한다. 정말 좋으면 또 어
떠한 모습인가? 말하기를 "정말 나쁜 사람이 있어!"라고 한다. 정말
나쁜 것은 또 어떤 모습인가? 당신이 만약 한층 깊이 연구한다면, 이
러한 일들은 모두 없는 것이다. 어떤 것이 좋고 나쁜 것인가?
　　이것은 중생의 눈으로 보면 좋고 나쁨을 구별하고, 선과 악을 나
누고, 옳고 그름을 나눈다. 당신이 여래장(如來藏) 속에서 보면 이러한
문제들은 없으며, 아무것도 없이 깨끗한 것이다. 우리들이 이 산하대
지와 삼라만상을 눈으로 보는 것은 모두 일종의 식(識)이다. 오직 식의
나타남[唯識所現]이다. 만약 당신이 생멸하지 않는 법을 정말로 이해한
다면 근본적으로 아무것도 없는 것이다. 하지만 이러한 도리는 설명

을 해도 쉽게 이해하기 어려우며 천천히 체험하게 될 것이다.

業種自然, 如惡叉聚 중생이 가지가지의 업을 짓는 것은 전도되었기 때문이다. 이러한 전도됨은 무명이 일으킨 것이다. 무명이 있으므로 갖가지의 전도됨이 있으며, 또한 갖가지의 업을 짓는다. 갖가지의 업이 있으므로 갖가지의 과보를 받는다. 내가 며칠 전에 칠판에 '기혹(起惑), 조업(造業), 수보(受報)'라고 썼는데, 과보를 받는다는 것은 또한 괴로움을 받는다고 말할 수 있다. 미혹을 일으킨다는 것은 바로 무명을 말한다.

왜 사람들은 악을 저지르는가? 그것은 바로 그가 무명을 가지고 있으며 이해하지 못하기 때문이다. 이해하지 못하기 때문에 갖가지의 악업을 짓는 것이다. 악업을 지은 연후에 괴로운 과보를 받는다. 그러므로 이것을 또 '혹(惑), 업(業), 고(苦)'라고 한다. 이것은 마치 악차취의 과실과 같다는 것이다.

인도에 악차취라는 과일이 있는데, 꼭지에 세 개의 열매가 생긴다고 한다. 나도 이 과일을 보지 못했는데, 보지 못해도 당신이 이 경을 보고 믿으면 이해가 될 것이다. 이 악차취는 꼭지에 세 개의 열매가 맺힌다고 해서 이것은 이 "미혹을 일으켜, 업을 짓고, 과보를 받는" 연대관계를 비유한다. 모두 하나의 꼭지 위에 열리기 때문이다. 그러면 갖가지 업을 짓고 갖가지 과보를 받는 것은 모두 무명으로부터 나오는 것이 마치 악차취라는 이 과일과 같이 모두 연대의 관계가 있는 것이다.

그러므로 "시작이 없다"는 것은 어느 곳이 시작인지 말해 보라. 시작이 없이 그것은 돌고 도는 것이다. 육도윤회 속에서 돌고 도는 것이다. 우리들은 이 세계에 태어난 것을 하나의 비유로 말할 수 있다. 우리들은 이 세계에서 마치 한 알의 먼지와 같아서 갑자기 올라갔다 가 갑자기 내려간다. 당신이 착한 공덕의 일을 지으면 올라갔다가, 죄 를 지으면 또 아래로 내려가는 것이다.

따라서 우리들은 마땅히 선한 공덕을 지어야 할 것이며, 죄를 지 어서는 안 될 것이다. 이 세계에 이러한 인과가 있기 때문에 이러한 업이 있는 것이다. 이 업은 바로 행하는 업[行業]이며, 당신이 무슨 업 을 행하면 무슨 과보를 받는 것이다.

이 업은 원인[因]과는 같지 않다. 무슨 인을 심으면 무슨 과를 맺 는다고 말한다. 업은 당신이 매일 짓는 것이며, 인은 가끔씩 한 번 짓 는 것으로서 인을 심으면 장래 결과를 맺게 된다. 마치 봄에 씨를 뿌 리는 것과 같아서 일 년의 시간을 기다려야 한다. 씨를 심는 것으로부 터 열매를 맺는 것을 "원인을 심고 과실을 맺는다[種因結果]."라고 한다. 이 업은 봄부터 가을까지 긴 시간을 필요로 하며, 그 중간에 많은 일 이 발생한다.

그러면 당신이 무슨 인을 심느냐에 따라 과보를 얻게 된다. 착한 인을 심으면 좋은 결과를 맺으며, 악한 인을 심으면 나쁜 결과를 가져 온다. 이 업은 당신이 평소 무슨 업을 짓는 것이 많으냐에 따라, 즉 선 업을 지으면 선업이 많으며, 악업을 지으면 악업이 많게 된다. 그러므 로 최초의 한 생각의 무명으로 말미암아 이러한 업을 짓게 되면, 그런 연후에 과보를 받게 된다. 이 '혹(惑), 업(業), 고(苦)'의 세 가지는 마치 악차취와 같이 서로 연결되어 있으며, 부처님은 먼저 아난에게 이러 한 업감(業感)의 관계를 설명하는 것이다.

업은 항상 있는 것이며, 인은 잠시에 짓는 것이다. 마치 당신이 장사를 하면서 물건을 파는 것과 같이 이것을 상업(商業)이라고 부른다. 당신이 어떤 일을 하면 이것을 직업(職業)이라고 한다. 이 업은 바로 당신이 행하는 것이며 그것에도 선한 것과 악한 것이 있다. 따라서 업과 인은 같지 않으며, 인은 잠시의 것이며, 업은 당신이 늘 하는 일이다. 그러면 당신이 늘 하는 일이 선한 것이면 선업이고, 악한 일이면 악업인 것이다.

그러면 "인을 짓는다[做因]"라고 말할 수 있는가? 그것은 그렇게 말할 수 없다. 왜냐하면 인은 일시의 것이며, 매일 매일 짓는 것이 아니다. 업은 매일 매일 짓는 것이다. 이 인은 "인을 심는다[種因]"라고 말해야 하며, "인을 짓는다[做因]"라고 말하는 것이 아니다. 이 업은 언제나 지으며, 그렇기 때문에 언제라도 과보를 받을 가능성이 있다. 그러므로 업과 인은 이러한 구분이 있는 것이다.

諸修行人, 不能得成無上菩提　모든 외도와 불교인을 포함하여 일체의 수행인은 본래 무상의 깨달음을 성취하고 무상의 깨달음의 과를 얻기를 원한다. 그러나 현재 여전히 불과를 이루지 못하고 있다. 보리(菩提)란 깨달음의 과를 말한다. 올라갈 위가 아직 더 있는 것은 보살이며, 보살을 유상사(有上士)라고 한다. 그 위에는 또 부처가 있는 것이다. 부처님은 무상사(無上士)라고 부른다. 이 무상의 보리라는 것은 부처님의 과위를 말한다.

乃至別成聲聞緣覺, 及成外道　별(別)이란 특별하다는 것이며, 부처의 과위와는 구별된다는 뜻이다. 그들은 부처를 이루지 못할 뿐 아니라 그 밖의 성문과 연각의 과위를 성취하였으며, 혹은 외도로 변한 경우도 있다는 것이다. 도대체 무엇을 외도(外道)라고 하는가? "마음 밖에서 법을 구하는 것을 외도라고 한다." 모든 범부는 또한 도의 바깥에 있다고 말할 수 있다. 과를 증득하지 못하고 부처를 이루지 못하면 모두 도의 바깥에 있는 것이다.

諸天魔王, 及魔眷屬 혹은 수행하여 각각의 천상으로 올라가며, 혹은 타락하여 마왕이나 마의 권속이 되기도 한다. 이 마왕은 육욕천(六欲天)에 머물며, 마도 부부가 있고 권속들이 있다. 마왕의 권속은 매우 많으며 따라서 마왕도 한 지방(육욕천)에서 제패하고 있는 것이다.

외도의 법을 닦으면 대다수가 마왕이나 그 권속이 된다. 상등으로는 마왕이 되고, 중등으로는 마민이 되고, 하등으로는 마녀가 된다. 마녀는 모두 생긴 것이 매우 아름다우며, 따라서 유혹하는 성질이 있다. 아난과 같이 수행을 해도 선정력이 약하면 마녀를 만나면 큰일난다. 심장이 쿵쿵 뛰는 것이다. 그러므로 마녀는 대단히 고약한 것이다. 수도하는 사람은 절대로 마에 물려가서는 안 될 것이다.

어떠한 것을 마에 물려가는 것이라 하는가? 당신이 만약 선정력이 부족하면 이러한 경계가 오면 마음을 안정하지 못할 것이다. 그래서 마에 움직여져 마녀를 따라갈 것이다. 어디로 따라가는가? 마의 소굴로 들어가는 것이다. (이때 마이크가 갑자기 흔들리면서 소리가 분명하지 못하였다)

아마도 마가 내가 하는 말을 듣고 신통을 부리는가 보다. 그는 말한다. "아, 당신이 이렇게 많이 말하면 어떡합니까? 우리의 이런 결점은 당신에게 발각되어 드러나는구나!" 그러므로 이 마는 그렇게 많이 말하면 안 된다. 종합하면 여러분은 조심해야 한다. 여러분의 선정력이 강하면 두려워할 필요가 없다. 이것은 내가 여러분에게 주는 가장 묘한 suggestion(건의)이다.

그럼 왜 성불을 못하고 이승이나 천상, 심지어 하늘의 마와 외도에 떨어지는가?

皆由不知二種根本, 錯亂修習　이것은 모두 그들이 두 가지의 근본을 알지 못하고 어지럽게 수행하며, 어떻게 수련을 해야 할지를 모르기 때문이다. 수행을 잘못하는 것이다. 마치 이전에 인도에 그러한 외도가 고행을 닦는 것과 같다. 못이 박힌 침상에서 잠을 자면서 공덕이 있다고 말하는 것이다. 그리고 소를 보고 소의 행동을 배우고, 개를 보고 개의 행동을 배우면서 공덕이 있다고 생각하거나 자기가 진정한 수도인이라고 생각하는 것이다. 이러한 것을 무익한 고행을 하는 것이라고 한다. 무익한 고행이란 당신이 어떻게 닦아도 좋은 결과가 없는 것이다.

이 '두 가지의 근본'은 가장 중요한 것이며, 뒤에 나오므로 지금은 설명하지 않는다.

猶如煮沙, 欲成嘉饌, 縱經塵劫, 終不能得　위에서 언급한 잘못하는 수행이나 무익한 고행은 마치 모래를 쪄서 밥을 짓는 것과 같다는 것이다. 그래서 아무리 많은 세월이 지나도 모래는 여전히 모래이며 밥이 되지 않듯이 성불을 하지 못하는 것이다.

云何二種? 阿難! 一者, 無始生死根本. 則汝今者, 與諸衆生, 用攀緣心, 爲自性者.

"이 두 가지는 무엇인가? 아난아! 첫 번째, 무시이래로 생사가 이어지는 근본은 현재 너와 일체의 중생들이 반연하는 마음을 자기의 성품[自性]으로 생각하는 것이다."

반연심은 망상을 말한다. 반연이란 힘써 망상을 짓는 것이다. 학교 공부와 비유를 하면, 학생이 교수와 사회관계를 맺는 것이다. 교수에게 아첨하며 그를 치켜세우는 것이다. 이렇게 하는 것은 무엇 때문인가? 조금이라도 학점을 잘 받기 위해서이며, 무형 중에 좋은 것을 얻기 위함이다. 이것을 반연심이라고 한다. 그리고 선거에 출마하려는 사람이 표를 얻기 위하여 허리를 굽히는 것도 일종의 반연심이다. 이것은 모두 자연스럽지 못한 것이다.

당신은 이러한 반연심을 자성이라고 착각하는 것이다. 따라서 생사를 마치지 못하는 것이다. 당신이 명확하게 인식하지 못하기 때문에 도적을 자식으로 인식하는 것이다.

二者, 無始菩提涅槃, 元淸淨體. 則汝今者, 識精元明, 能生諸緣, 緣所遺者. 由諸衆生, 遺此本明, 雖終日行, 而不自覺, 枉入諸趣.

■

"두 번째의 근본은 무시이래로 불생 불멸하며, 원래 청정한 본체이다. 이것은 바로 지금 너의 광명이 두루 비치는 식정(識精)으로서 일체의 가지가지 인연을 내며, 그 인연이 (근본마음을) 잃어버린 것은 모든 중생이 본래 밝은 식정을 잃어버렸기 때문이다. 그래서 비록 종일 참된 마음의 청정한 본체를 사용하지만 깨닫지 못하고 헛되이 육도윤회 속으로 들어가는 것이다."

■

無始菩提涅槃, 元淸淨體   두 번째 근본은 무시이래로 불생 불멸하며, 본래 청정한 체이다. 보리(菩提)란 깨달음의 도[覺道]라는 뜻이며, 이것에는 세 가지가 있다.

(1) 진성보리(眞性菩提)   이것은 우리가 근본적으로 갖추고 있는 불성을 가리킨다.

(2) 실지보리(實智菩提)   실재하는 진실한 지혜를 말한다.

(3) 방편보리(方便菩提)   사람이 성불한 후에 권교방편으로 중생을 교화하는 것을 말한다.

이 세 종류의 보리는 하나라고 말할 수 있으며, 또한 세 가지라고 말할 수 있다. 나누면 셋이요, 합하면 하나이다. 바로 진성보리이다. 진성보리에서 실지보리가 나오며, 또 방편보리가 나오는 것이다. 그러면 보리는 마침내 어디서 나오는 것인가? 이 보리는 어디에서도 오는 것이 아니며, 어디로 가는 것도 아니다. 우리들 각자 모두 한 부분씩 가지고 있으며, 모자라지도 않고 남지도 않으며, 증가하지도 않고 감소하지도 않으며, 생하지도 않고 멸하지도 않으며, 더럽지도 않고 깨끗하지도 않다.

열반(涅槃)이란 불생불멸(不生不滅)을 말한다. 일반인들은 열반을 죽은 후라고 생각하는데, 사실 열반은 반드시 죽은 후가 아니고 일종의 도리를 증득한 것이다. 즉 생사가 없는 곳에 도달한 것을 열반이라고 부른다. 부처님께서 돌아가신 것은 '열반에 드신 것'이며, 열반의 '상(常), 낙(樂), 아(我), 정(淨)'의 이체(理體)를 증득한 것이다. 따라서 불학에 대하여 명확히 연구하지 못한 사람들은 열반을 곧 죽음이라고 생각하는데, 이것은 불교의 이치를 이해하지 못한 견해이다. 그러면 열반이 불생불멸이라고 한다면, 당신이 이러한 열반의 경계에 이르면 생사가 없으며, 생사가 그치는 것이다.

원(元)이란 본래라는 뜻이며, 무시이래로 이 보리열반은 본래 청정한 체이며, 불구부정(不垢不淨)하며 부증불감(不增不減)한 것이다.

則汝今者, 識精元明 이 본래 청정한 체는 바로 지금 광명이 두루 비치는 너의 식정(識精)이다. 여기서 식은 안식 · 이식 · 비식 · 설식 · 신식 · 의식 · 말나식과 아뢰야식의 여덟 가지 식이 아니고, 식정(識精)이다. 식의 정으로서 이것도 보리열반의 하나의 다른 이름이다. 이 단락 이후에는 다시 보리열반이라고 말하지 않고 식정원명(識精元明)이라고 말한다. 식정이란 식의 가장 정묘(精妙)한 곳이며, 원명이란 본래 광명이 두루 비치는[光明遍照] 것이다. 이리 저리 말을 많이 했지만 그것은 바로 우리가 본래 가지고 있는 불성(佛性)이며, 상주하는 참된 마음[常住眞心]이다.

能生諸緣, 緣所遺者 이 상주하는 진심의 성정명체(性淨明體) 위에서 다시 일체의 인연이 나온다. 도리어 갖가지 인연을 내는 본체는 마치 당신 멀리 달려갈수록 잃어버리는 것과 같은 것이다. 제연(諸緣)이란 모든 일체의 인연을 말한다. 앞에서 내가 말했듯이 아난과 부처님이 문답을 할수록 옳은 답은 더욱 멀어지는 것과 같다. 지금의 이 모든 인연은 식정 속에서 화현하여 나타난 것이다.

그러나 이 모든 인연을 내는 본체는 오래되고 오래되어 당신이 그것을 잃어버린 것과 같다. 무엇을 잃어버렸는가? 아무것도 잃어버리지 않았다. 잃어버린 것 같지만 잃어버리지 않은 이것은 무엇인가? 바로 식정원명(識精元明)이다. 그러므로 "인연이 잃어버린 것[緣所遺者]"은 또한 이 식정원명(識精元明), 보리열반(菩提涅槃, 元淸淨體)을 가리킨다.

이것은 당신 집의 보배이며, 본래 당신의 그곳에 있는 것이다. 그러나 당신은 그것을 이용할 줄을 모르고 쓸 줄을 모르는 것이다. 그래서 마치 잃어버린 것과 같다는 것이다. 또한 마치 우리들이 본래 가지고 있는 가장 귀한 보배를 감추어 두었다가 그곳이 너무 비밀스러워서 시간이 오래 지나자 자기도 (그곳을) 잊은 것이다. 따라서 그것을 사용하지 못한 것이다. 비록 어렵고 힘들지만 그 보배를 이용할 줄을 모르는 것이다. 이것은 마치 잃어버린 것 같지만 실제로는 잃어버린 것이 아니다. 이 기간 당신은 그것을 사용할 줄을 모르니 없는 것과 같다는 것이다.

그러면 당신이 사용할 줄 아는 것은 무엇인가? 그것은 바로 망상이며, 반연심이다. 왜냐하면 당신은 마음껏 이 반연심을 사용했기 때문에 진심을 잊은 것이다. 잊었다는 것은 잃어버린 것과 같은 것이다. 우리가 성불하지 못하는 것은 자기의 진심을 찾지 못했기 때문이다. 만약 자기의 진심을 찾는다면 생사의 속박을 받지 않을 것이다.

由諸衆生, 遺此本明　중생이 본래의 식정을 잃어버렸기 때문에, 실제로는 잃어버리지 않았지만 중생의 분상에서는 잃어버린 것과 같은 것이다.

雖終日行, 而不自覺, 枉入諸趣　우리 중생들은 비록 하루 종일 이 상주하는 진심을 사용하지만 자기는 알지 못하고 깨닫지 못한다. 왜냐하면 중생은 이 진심의 본체를 모르고 단지 반연심을 쓰기 때문에 결과적으로 이해하지 못하여 억울하게 육도윤회 속으로 떨어진 것이다. 하루 종일 진심이 당신을 돕고 언제 어느 곳에서나 모두 이 진심이 나타나지만 당신은 그것을 모르고 망상심, 반연심을 쓸 줄만 아는 것이다. 이 망상심, 반연심의 근본도 진심에서 나오는 것이다.

∎

阿難! 汝今欲知奢摩他路, 願出生死, 今復問汝. 即時如來擧金色臂, 屈五輪指, 語阿難言. 汝今見不? 阿難言. 見.

∎

"아난아! 네가 지금 사마타의 길에 대하여 알고 싶은가? 너는 정말로 생사를 벗어나고 싶은가? 그럼 지금 너에게 다시 묻겠다." 즉시 여래 께서는 금색의 팔을 들어 다섯 손가락을 쥐고 아난에게 말하였다. "너 는 지금 이것이 보이느냐?" 아난이 말했다. "보입니다!"

ㅡ

이곳에서 세존께서는 왜 팔을 들어 손가락을 쥐었는가? 이것은 아난 으로 하여금 안근(眼根) 위에서 상주하는 참된 마음의 깨끗하고 밝은 체를 알게 하려는 것이다. 즉 보는 성품을 드러나게 하려는 것이다. 따라서 이 단락 뒤에는 이 견(見)을 가지고 많은 도리를 설명하게 된 다. 이것은 보는 성품 위에서 아난으로 하여금 깨달음을 열게 하려는 것이다.

중국의 선종 대덕들은 어떤 때는 당신이 그분에게 법문을 청할 때 이렇게 한 손가락을 펴 보이기도 하는 것은 바로 당신으로 하여금 보는 성품 위에서 깨닫게 하려는 것이다. 어떤 때는 그는 눈을 부릅뜨 고 말을 하지 않는데, 당신으로 하여금 이곳에서 철저하게 깨달아 이 러한 뜻을 알게 하려는 것이다. 따라서 선종의 대선사들께서 보이시 는 어떤 동작도 모두 제자들로 하여금 이러한 표현을 깨닫게 하려는 것이다. 당신이 이해하면 깨달은 것이며, 만약 이해하지 못하면 기회 를 놓친 것이다.

그러므로 많은 중국의 조사들은 이러한 모습이다. 하지만 그 조 사들은 깨달은 사람이기 때문에 그렇게 사람을 교화할 수 있다. 그런 데 아무나 손가락을 들고 "내가 너를 깨닫게 해 줄게!"라고 하면서 그 렇게 한다고 해서 되는 게 아니다. 자기가 만약 깨닫지도 못했으면서 먼저 남을 깨닫게 도우려고 하는 것은 "진흙으로 만든 보살이 강을 건너는 것과 같이 자기의 몸도 보전하기 어렵다[泥菩薩過河, 自身難保]." 즉 진흙으로 만든 보살은 강을 한 번 건너면 물에 젖게 되어 곧 녹아버리니 보살도 없어지게 된다는 뜻이다.

이것은 바로 자기가 무루(無漏)의 경지를 얻지 못하고 남을 도우러 가는 것은 사회의 탁한 풍조에 녹아버리게 된다는 것이다. 그러므로 당신은 남을 교화하지도 못하고 세속에 휩쓸려 들어가 버리고 마니, 이러한 세속을 교화할 수 없게 되는 것이다. 그러므로 무루의 경지를 얻지 못했을 때 남을 교화하는 것은 매우 위험하고도 위험한 것이다. 앞에서도 내가 이야기하지 않던가! 당신 스스로 아직 이해하지 못하면서 어떻게 남을 교화할 수 있겠는가?

부처님께서 다섯 륜[五輪]의 손가락을 쥐었다고 하였는데, 어째서 다섯 륜[五輪]이라 하였는가? 왜냐하면 부처님의 손가락에는 천 폭의 윤상(輪相)이 있기 때문이다. 발에도 천 폭의 윤상이 있다.

부처님께서 어째서 다섯 손가락을 쥐면서 아난에게 이렇게 간단하게 물었는가? 지금 여러분들이 보기에 이 물음이 간단할 것이다. 그러나 사실 이 물음은 간단하지가 않다. 이 문제는 뒤에서 더욱 깊게 들어가며 더욱 묘하게 된다. 그러므로 일상생활 속에서 이곳을 볼 수 있으면, 이것은 바로 당신의 본래면목을 인식하는 것이다. 다른 곳이 아닌 바로 이곳에서!

따라서 당신이 매일 접하는 곳에는 모두 불성의 표현이다. 그러나 당신은 알지 못하는 것이다. 이것은 본래 잃은 것이 아니지만 잃은 것과 같은 것이며, 본래 잊은 것이 아니지만 생각이 나지 않는 것과 같다. 이것은 당신 스스로 본래 가지고 있는 집안의 보배이며, 본지의 풍광이다. 이해하기가 쉽지 않은 것이다. 왜 이해하기가 쉽지 않은 것인가? 왜냐하면 무시이래로 이 생사의 근본-반연하는 마음이 너무 무겁기 때문이다. 만약 반연하는 마음이 없으면 즉시 당신은 본래 가지고 있는 불성을 이해하게 될 것이다.

佛言. 汝何所見? 阿難言. 我見如來擧臂屈指, 爲光明拳, 曜我心目. 佛言. 汝將誰見? 阿難言. 我與大衆, 同將眼見. 佛告阿難. 汝今答我. 如來屈指, 爲光明拳, 耀汝心目. 汝目可見, 以何爲心, 當我拳耀?

부처님께서 말씀하셨다. "너는 무엇을 보았느냐?" 아난이 대답하였다. "저는 여래의 손을 들고 쥔 주먹을 보았으며, 부처님의 주먹은 빛이 나서 저의 마음과 눈에 비칩니다." 부처님께서 말씀하셨다. "너는 무엇으로 보는가?" 아난이 말하였다. "저는 대중과 함께 눈으로 봅니다." 부처님이 아난에게 말씀하셨다. "네가 지금 나에게 답하기를 여래의 쥔 주먹이 빛이 나서 너의 마음과 눈에 비친다고 하였는데, 너의 눈이 이것을 볼 수 있다고 한다면, 그러면 무엇으로서 너의 마음으로 삼아 나의 빛나는 주먹을 대하는가?"

阿難言. 我與大衆, 同將眼見 아난은 이곳에서도 그는 자기만 이야기하는 것이 아니라 옆에 있는 대중을 끌고 들어왔다. 마치 법원에 송사를 할 때 증인을 데리고 오는 것처럼. 지금 아난도 자기만 눈으로 보는 것이 아니라 대중들도 그렇게 본다고 주장하는 것이다.

以何爲心, 當我拳耀   눈으로 본다는 것은 그렇다고 하더라
도, 그러면 무엇으로 너의 마음으로 삼아서 나의 주먹을 보느냐고 진
일보하여 추궁하는 것이다.

—

阿難言. 如來現今徵心所在, 而我以心追窮尋逐, 卽能推者, 我將爲心.
佛言. 咄! 阿難! 此非汝心.

—

아난이 말하였다. "여래께서 지금 저의 마음이 어디에 있는지를 물으
시는데, 저는 이 마음으로 추구하고 찾으며 쫓는 이것을 저의 마음으
로 삼고자 합니다." 부처님께서 말씀하셨다. "에끼! 아난아! 그것은
너의 마음이 아니야!"

—

而我以心追窮尋逐   아난 자신은 지금 이 마음으로 도리를
추구하고 찾으며 쫓아간다는 뜻이다.

卽能推者, 我將爲心   이렇게 추구할 수 있는 것을 마음으로
삼으려고 한다는 뜻이다. 내가 추구할 수 있는 이것이 마음이라는 것
이다. 그러나 아난은 장(將)을 써서 대략 그렇게 하고자 한다는 것으로

266

확정적인 말은 아니다.

　아난은 말하는 것이 이유가 충분하고 당당하여 이번에는 마음을 찾았다고 생각하였는데, 뜻밖에도 부처님의 비난을 받았다. 돌(咄)은 광동어(廣東語)로서 꾸짖다, 책망하다는 뜻이다.

　阿難! 此非汝心　책망을 하고 나서 "아난아! 그것은 너의 마음이 아니다!"라고 하였다.

　부처님께서 왜 아난을 꾸짖었는가? 왜냐하면 아난이 하는 말이 크게 틀렸기 때문이다. 이전에 그는 이 식심을 마음으로 인식하여 이미 잘못되었는데, 지금도 여전히 이해하지 못하고 있다. 부처님께서 주먹을 쥐고 그로 하여금 보는 성품으로써 그의 자성을 이해하게 하였다. 그러나 아난은 미혹함이 너무나 오래되어 이해하지 못하고 이 보는 성품[見性]을 알지 못한다.

　아난은 보는 것은 눈과 마음이라고 말하였다. 그러자 부처님께서는 "좋아, 볼 수 있는 것이 눈이라고! 그러면 너는 무엇으로 너의 마음으로 삼아 나의 주먹이 빛나는 것을 보는가?"라고 물었다. 아난은 도리를 추구하는 이것이 자기의 마음이라고 말하였다. 그것은 여전히 식심이다.

　따라서 부처님께서는 음성으로써 그가 깨닫게 하려고 하였다. 그로 하여금 듣는 성품위에서 깨닫게 하려고 "에끼!(咄)"라고 할을 하셨다. 이것은 그로 하여금 음성을 듣고 깨닫게 하려는 것이다. 그러나 아난은 미혹함이 심하여 단지 많이 듣는 것만을 알고 선정력을 소홀히 하였다. 그래서 부처님께서는 노파심이 간절하게 그를 교화하려고 하였으나 이해하지 못하였다. 따라서 또 말씀하시기를 "아난아! 그것은 너의 마음이 아니야!"라고 설명하신 것이다.

　　그러면 먼저 "에끼!" 하는 이곳에서는 매우 엄한 모습이었다. 엄하게 책망하고 나서 아난을 보니 여전히 이 도리를 깨닫지 못하자, 그렇게 큰 소리가 아닌 작은 소리로 "아난아!"라고 마치 아이를 구슬리는 것처럼 타이르면서 "그것은 너의 마음이 아니야!"라고 하신 것이다. 이것은 먼저 그를 위엄으로 책망하고 나서 자비심으로 그를 섭수하신 것이다.

阿難矍然, 避座合掌, 起立白佛. 此非我心, 當名何等? 佛告阿難. 此是前塵虛妄相想, 惑汝眞性. 由汝無始, 至於今生, 認賊爲子, 失汝元常, 故受輪轉.

이때 아난은 놀라 즉시 자리에서 일어나 합장하고 부처님께 말하였다. "이것이 저의 마음이 아니라면 그것을 무엇이라고 이름지을 수 있습니까?" 부처님께서 아난에게 이르셨다. "이것은 앞의 대상인 허망한 모습에 따라 일으키는 분별망상이며, 너의 상주하는 참된 성품을 미혹시킨다. 너는 무시이래로부터 지금까지 도적을 자식으로 인식하고, 너의 상주불변하는 진심을 잃어버렸다. 그러한 까닭으로 윤회하는 것이다."

이 경문에서 부처님께서는 아난의 잘못을 지적하실 뿐만 아니라 지금 우리들 모두의 잘못도 말씀하시는 것이다. 각자는 알아야 한다. 우리들은 무시이래로부터 도적을 자식으로 잘못 인식하여 본성을 매몰시켜 드러나지 못하게 한 것이다.

此是前塵虛妄相想, 惑汝眞性　이것은 육근의 대상인 육진(六塵)의 허망한 모습을 따라 일으키는 분별망상이며, 그것이 상주하는 참된 마음을 미혹시킨다는 뜻이다. 진심은 이러한 육진의 그림자에 의하여 미혹된 것이다. 당신의 생각[想]이 분별하는 번뇌의 그림자 속으로 떨어진 것이다. 이 진심은 번뇌의 그림자 속에서 이전의 일을 일으키려고 한다. 당신이 사용하는 이 추구하는 마음은 당신의 자성이 아니며, 당신의 진심이 아니고, 일종의 분별하는 망상이다.

하지만 그것은 앞의 먼지[前塵]이며 그렇게 드러나지 않은 다소 미세한 것으로서 이것은 허망한 모습이며, 거짓의 것이다. 여기에 생각[想]을 더하면 바로 생각의 허망한 모습이며, 그것은 너의 진성(眞性)을 미혹시킨다. 왜 그것은 당신의 참된 성품을 미혹시키는가?

由汝無始, 至於今生, 認賊爲子, 失汝元常　무시이래로부터 지금까지 너는 전진(前塵)의 허망한 모습(생각의 허망한 모습)을 자식으로 잘못 인식하여 네가 본래 가지고 있던 가보(상주불변하는 진심)를 잃어버렸기 때문이다. 여기서 잃어버렸다[失]는 것은 결코 진짜로 잃은 것이 아니고 '마치 잃은 것과 같다'는 것이다.

故受輪轉 그래서 생사의 윤회를 받아 온 것이다. 생사의 윤회 속에서 돌고 도는 것이 끝이 없는 것이다.

> 말이 되었다가 소가 되었다가
> 염라대왕전에 오기를 몇 번이나 하였는가?
> 옥황상제의 궁전 앞을 막 지나왔는데
> 다시 염라대왕 지옥의 가마솥에 떨어졌구나.
> 出馬腹 入牛胎 閻王殿前幾度回
> 始從帝釋殿前過 又到閻君鍋裏來

어떤 때는 말이 되었다가 어떤 때는 소가 되고, 어떤 때는 염라대왕의 궁전 앞을 몇 번이나 왔다 갔는지 모른다. 방금 천상에 태어났다가 하늘의 복이 다하면 다시 지옥에 떨어져 가마솥에 태워지는 신세를 면치 못한다. 이 생사의 윤회는 당신이 한번 조심하지 않으면 길을 잘못 들게 된다. 한번 지옥에 떨어지면 벗어나기가 쉽지 않다. 여러분 보세요. 윤회가 얼마나 위험한지! 그러므로 우리들이 지금 사람의 몸을 얻었을 때 하루빨리 용맹스럽게 깨어나고 깨달아야 한다. 다시는 도적을 자식으로 오인하지 말아야 한다.

(2) 허망한 식은 체가 없다

━

阿難白佛言. 世尊! 我佛寵弟, 心愛佛故, 令我出家. 我心何獨供養如來, 乃至遍歷恒沙國土, 承事諸佛及善知識, 發大勇猛, 行諸一切難行

法事, 皆用此心. 縱令謗法, 永退善根亦因此心. 若此發明, 不是心者,
我乃無心, 同諸土木, 離此覺知, 更無所有. 云何如來說此非心? 我實
驚怖, 兼此大衆, 無不疑惑, 唯垂大悲, 開示未悟!

■

아난이 부처님께 말하였다. "세존이시여! 저는 부처님이 가장 총애하
는 동생으로서 저는 부처님의 상호를 보고 좋아하여, 저더러 출가하
라고 해서 출가하였습니다. 저의 마음은 여래를 공양하였을 뿐 아니
라 항하사의 많은 국토를 편력하면서 여러 부처님과 선지식을 섬겨왔
습니다. 큰 용맹심을 발하여 일체의 하기 어려운 일을 하고 삼보를 공
양하는 갖가지의 일을 해왔습니다. 설령 법을 비방하여 영원히 선근을
끊고 물러나는 것도 또한 이 마음으로 인한 것입니다. 만약 제가 이렇
게 법을 설하는 것이 저의 마음이 아니라면, 저는 마음이 없는 것이며
땅과 나무와 같은 것이 될 것입니다. 이러한 느끼고 아는 마음을 떠나
서 더욱 다른 것은 없습니다. 어찌하여 여래께서는 이것이 저의 마음
이 아니라고 하십니까? 저는 실로 두렵습니다. 아울러 여기 있는 대중
들도 의혹이 없지 않을 것입니다. 원컨대 큰 자비로 미혹함을 일깨워
주시기 바랍니다."

■

여기서 대중들은 어째서 의혹의 마음을 가지고 아난은 왜 두렵다고
하였는가? 왜냐하면 다른 대중들은 방관자로서 아난과 부처님의 문
답을 듣는 입장이기 때문에 부처님의 질문이 자기의 몸에 떨어진 것
이 아니다. 그래서 그들은 "이러한 도리는 이해하지 못하겠어."라고

생각하므로 의혹이 생기는 것이다. 그러나 아난은 몸소 부처님의 질문을 받는 입장이기 때문에 자기는 생각한다. "이것은 마음이 없는 것인데, 될 말인가? 그러면 나의 목숨도 아마 없어질 것인가!" 그래서 그는 두려운 것이다.

대중이 의혹하는 마음이 생긴다고 하는 것도 아난이 식심으로 추측하는 것이다. 대중들도 이 문제에 대하여 이해하지 못할 것이라고 추측하는 것이다. 그러나 그곳에는 많은 대보살들이 있었지만 단지 말을 하지 않을 뿐이지, 사실 그들은 이미 알고 있는 것이다. 아난이 이렇게 생각하는 것은 소승으로써 대승의 도리를 추측하는 것이라고 한다.

무생법인

━

爾時世尊開示阿難, 及諸大衆, 欲令心入無生法忍.

━

이때 세존께서 아난과 모든 대중들이 무생법인에 들어가게 하시고자 법문하셨다.

━

'무생법인(無生法忍)'은 어떠한 것인가? 무생법인이란 생함도 없으며 멸하는 법도 없다. 이때 무생법인을 증득한 사람은 사성육범(四聖六凡, 네 가지 성인의 세계와 여섯 가지 범부의 세계)의 법계에서, 즉 삼계 밖의 세계와 삼계 안의 세계에서 생멸의 법이 없는 것이다. 각 법계의 본체상에서 그 당체는 여여부동(如如不動)하다. 여여부동하기 때문에 법의 본체는 생멸이 없다.

이러한 경계를 얻으면 마음에 참을 수 있는 인내[忍]가 갖추어진다. 만약 본래 이해하지 못하는 사람이 이 세간에 생멸이 없고 일체의 모든 법이 아무것도 없다는 말을 들으면 마음속에 일종의 두려움이 생겨서 견딜 수가 없게 된다. 그러나 그는 마음에 참을 수 있는 인내의 힘이 생겼기 때문에 "아, 그래! 이렇구나, 이상할 것이 아무것도 없어!"라고 생각하게 된다.

그는 이때 상응하는 도를 증득하게 된다. 마치 과를 증득하려고 하지만 아직 과를 증득하지 못했을 때를 '상응(相應)함'이라고 한다. 상응할 이때는 단지 마음에 도를 품고 마음속에서는 스스로 알지만 다른 사람에게 이런 도리를 설명할 수 없으며, 설명하려고 해도 할 수가 없고, 말하려고 해도 말이 나오지 않는다. 이때를 '무생법인(無生法忍)'이라고 한다.

당신이 산하대지와 삼라만상을 보고 모든 것이 자기 성품[自性] 속의 일이며, 삼계가 오직 마음이며[三界唯心], 만법이 오직 식의 나타남[萬法唯識]이라고 볼 수 있으며, 이 모든 것이 "아, 모든 것이 불생불멸의 법이구나!"라고 알며, 산하대지와 집과 건물들이 모두 하나의 실상(實相)으로 보게 되면 이것을 무생법인(無生法忍)이라고 부른다. 그러나 이때 당신은 아직 정식으로 증득한 것이 아니며, 마음속으로 (그러한 실상을) 참고 견뎌야 하는 것이다. 지금 부처님께서는 모든 대중들로 하여금 무생법인이라는 경계를 얻게 하시려는 것이다.

■

於獅子座, 摩阿難頂, 而告之言. 如來常說, 諸法所生, 唯心所現, 一切因果 · 世界微塵, 因心成體.

■

사자좌에서 아난의 이마를 대고 말씀하셨다. "여래가 항상 설하기를 모든 법이 나오는 바는 오직 마음이 나타나는 것이며, 일체의 인과와 미진같이 많은 세계는 모두 마음으로 인하여 이루어지는 것이다."

■

於獅子座, 摩阿難頂, 而告之言 부처님께서는 일체중생으로 하여금 무생법인에 들어가게 하시고자 사자좌에서 앉아서 손으로 아난의 정수리를 만지고 말씀하셨다. 여기서 사자좌란 부처님의 설법이 마치 사자후와 같다고 해서 부처님께서 앉은 좌석을 사자좌라고 말하는 것이다. 마정(摩頂)이란 머리를 만지는 것으로서 불교에서는 일종의 가장 자애롭게 섭수하는 힘을 표시한다.

諸法所生, 唯心所現 모든 법은 바로 우리의 마음에서 나타나는 것이다.

一切因果 · 世界微塵, 因心成體 모든 이 세계의 일체의 인과와 미진같이 많은 세계는 모두 우리 이 마음 때문에 이루어지는 것이다. 그러므로 중국의 선종에서 말하는 날카로운 말에 이런 말이 있다. "만약 사람이 자기의 마음을 인식하면, 대지에 한 촌의 땅도 없

네[若人識得心, 大地無寸土]."이것은 무엇을 말하는가? 애석하게도 우리들은 마음을 인식하지 못하니 대지에 이렇게 많은 땅이 있는 것이다.

—

阿難! 若諸世界, 一切所有, 其中乃至草葉縷結, 詰其根元, 咸有體性. 縱令虛空, 亦有名貌. 何況清淨妙淨明心, 性一切心, 而自無體? 若汝執恡分別覺觀, 所了知性, 必爲心者, 此心卽應離諸一切色香味觸, 諸塵事業, 別有全性. 如汝今者, 承聽我法, 此則因聲而有分別, 縱滅一切見聞覺知, 內守幽閑, 猶爲法塵, 分別影事.

—

"아난아! 만약 모든 세계에 존재하는 일체의 모든 것은 그 중에 풀잎과 가는 실조차도 그 근원을 추구해 보면 모두 각자의 체성을 가지고 있다. 설령 허공일지라도 또한 이름과 모양이 있으니, 하물며 이 청정하고 묘하게 깨끗하며 묘하게 밝은 마음, 즉 일체의 성품의 마음이 어찌 각자의 체성이 없을 것인가? 만약 네가 분별하고 느끼는 관찰력으로 이해하고 아는 성품이 반드시 너의 마음이라고 고집한다면, 이 마음은 마땅히 일체의 색·성·향·미·촉·법의 육진을 떠나 별도의 마음이 존재하는 것이 된다. 네가 지금 나의 법을 듣는 것과 같이 그것은 소리를 따라 분별하는 것이다. 설령 네가 일체의 견문각지가 없어지고 안으로 그윽하고 고요함을 지키더라도, 그것은 법진(의식)이 그림자의 일을 분별하는 것과 같은 것이다."

若汝執悋分別覺觀, 所了知性, 必爲心者 린(悋)이란 인색
하고 버리지 못한다는 뜻이다. 가령 네가 반드시 그러한 견해, 주관을
고집한다면, 어떤 견해인가 하면 분별하고 느끼는 관찰력으로 이해하
는 이 성품이 바로 너의 마음이라고 고집한다는 뜻이다.

此心卽應離諸一切色香味觸, 諸塵事業 너의 이 마음은
마땅히 일체의 형색·향기·맛·촉감과 소리와 법의 여러 가지 육진
의 일을 떠나 별도로 또 하나의 마음이 존재하게 되는 것이다. 여기서
먼저 색·향·미·촉만 언급했는데, 제진(諸塵)에서 소리[聲]와 법(法)을
포함하고 있다.

別有全性 네가 만약 반드시 이것이 마음이라고 말한다면, 그
것은 마땅히 색·성·향·미·촉·법의 육진과는 관계가 없이 별개
로 하나의 마음이 존재하게 된다는 뜻이다. 따라서 만약 네가 분별하
는 이 마음이 너의 마음이라고 말한다면, 이 마음은 응당 모든 육진의
경계를 떠나 또 하나의 마음이 존재하게 된다는 뜻이다.
　부처님께서 드러내신 진심은 모두 육근[眼·耳·鼻·舌·身·意]의 문
에 있으며, 보는 성품은 동요하지 않는 것으로서 이것이 비로소 진심
이라는 것을 드러내신 것이다. 만약 진심이 아난이 말하는 '분별하고
느끼며 관찰하는 그 마음'이라면, 그것은 육근과는 아무런 관계가 없
는 것이다.
　그러므로 부처님께서 말씀하시기를 만약 색·성·향·미·촉·
법의 모든 육진의 일을 떠나고 일체의 경계를 떠난다면, 마땅히 별개

의 마음이 존재한다는 것이다. 그러면 이러한 것인가? 본래 이러한 것이 아니다. 하지만 부처님께서 이렇게 아난에게 설명하는 것이다.

如汝今者, 承聽我法, 此則因聲而有分別 그러나 너는 지금 이러한 것이 아니다. 마치 네가 지금 이곳에서 나의 법을 듣고 있는데, 너는 지금 이 소리 때문에 일종의 분별하는 마음을 내는 것이지, 결코 이 소리를 떠나서 하나의 마음이 존재하는 것은 아니다.

縱滅一切見聞覺知 설사 네가 잠시 견문각지를 없애고, 너는 또 안으로 '그윽하고 고요함[幽閑]'을 지키더라도 실제로는 그것은 여전히 제육(第六)의식의 작용이며, 여전히 법진(法塵)의 안에 있는 것이다.

內守幽閑 네가 견문각지를 모두 없애고 또 안으로 이러한 그윽하고 고요함을 지킨다는 것이다. 견문각지가 없어지면 이것은 공(空)의 경계이며, 일종의 공부의 단계이다. 유(幽)란 매우 맑고 그윽한 상태이며, 한(閑)이란 아무런 일도 없으며, 무슨 일도 하지 않는 매우 텅 빈 상태를 말한다. 외도(外道)는 이러한 상태를 가장 높은 경계로 생각하고, 이곳에 앉아 남도 없고 나도 없다고 느끼며, 모든 것이 공하며 자기의 몸조차도 없다고 느끼면서 이것이 공부가 된 것으로 생각한다. 이것을 내수유한(內守幽閑)이라고 한다. 실제로 이것은 여전히 육진이 그림자를 분별하는 것이다.
이런 상태는 공부의 경계에서 말하자면 약간의 경안(輕安, 몸이 가볍고 편안한)의 경계이다. 경안은 약간의 안정된 상태일 뿐이며, 외도들은 이러한 상태를 극점에 도달한 것으로 생각하면서, 그러한 경지를 꽉

붙잡고 잃지 않으려고 한다. 이것이 외도가 닦는 내수유한(內守幽閒)의 공부이다. 이것은 실제로는 여전히 제육의식의 작용이다. 전오식(前五識, 안·이·비·설·신)이 없어졌지만 의식 속에서 안으로 그윽하고 고요함을 지키는 것이다.

이 내수유한(內守幽閒)은 바로 제육의식을 말하며, 이 의식에는 독두의식(獨頭意識)이 있으며, 그것은 여전히 안에서 지키는 것이다. 독두의식은 마치 우리들이 꿈을 꾸는데, 꿈을 꾸는 경계이며 제육의식의 작용을 '제육독두의식(第六獨頭意識)'이라 부른다. 견문각지(見聞覺知, 보고 듣고 느끼며 아는 것)가 없어지는 것도 여전히 제육의식상의 공부이다. 외도의 공부는 그들이 느끼기에는 대단한 공부이지만 불교에서 말하자면 아직 한 걸음도 내딛지 못한 것이다.

猶爲法塵, 分別影事　이것은 아직 법진의 안에 있는 것이지만 그것은 매우 미세하여 당신은 느끼지 못한다. 이것은 의식 안에서 매우 미세하게 그림자의 일을 분별하는 것이며, 여전히 은은하게 감추며, 일종의 참되지 못한 경계이다. 당신은 이곳에서 얻은 작은 것으로 만족하지 않아야 한다. "아, 이것은 좌선을 해서 나온 공부인가 보다!" 여기에서 아직 앞으로 나아가야 하며, 이곳에서 멈추면 안 된다. 이곳에서 멈추면 어두운 공[頑空]에 떨어지기 쉬우며, 좌선을 함에 있어서 도움이 안 된다. 어두운 공[頑空]이란 견문각지가 소멸되어 아무것도 없는 상태이다.

독두의식

제육의식에는 독두의식이 있으며, 이것은 다른 길로 잘못 들어가기 쉽다. 이곳에서 길을 잘못 가는 것이다. 독두의식에는 네 가지가 있다.

(1) 산위독두의식(散位獨頭意識) 우리들은 하루 종일 산란심으로 갖가지를 분별하는데, 이것을 산위독두의식이라 부른다.

(2) 광란독두의식(狂亂獨頭意識) 발광하고 미친 사람이 어지러운 말을 하는데, 그 가운데도 모두 독두의식이 그를 지배한다. 이것을 광란독두의식이라 한다.

(3) 몽중독두의식(夢中獨頭意識) 꿈을 꿀 때 꿈속에서 가지가지의 모습을 보며, 이상한 일을 겪게 되는데, 이 모두 독두의식이 수작을 부리는 것이다.

(4) 정중독두의식(定中獨頭意識) 이것은 바로 지금 우리가 설명하는 것으로서 견문각지가 모두 없어지면, 독두의식이 정중에서 여전히 살아 정지하지 않는다. 당신이 느끼기에 견문각지가 없어졌지만, 그러나 당신은 여전히 하나의 생각[意念]이 그 속에 있다. 이것이 정중독두의식이며, 이것도 용납할 수 없는 것이다.

▎ 편집자주 ▎
다음은 선화 상인께서 독두의식에 대하여 1980년대에 보충 설명한 내용이다.

독두의식(獨頭意識)이라는 말에서 독두란 단독이라는 것이며, 그것은 홀로 내왕하고 홀로 주장을 한다. 그러므로 독두의식이라고 한다. 또한 독두란 우두머리라는 뜻이다. 그러면 왜 안식(眼識), 이식(耳識) 등은 독두의식이라고 말하지 않고, 의식(意識)을 독두의식이라고 하는가? 왜냐하면 뜻[意]은 독재자이기 때문이다.

비록 그것이 안·이·비·설·신의 오식(五識)을 대표할 수 있지만 의식은 스스로 단독으로 행하는 것이며, 앞의 다섯 식과 같이 가지 않는다. 그리고 그것은 또한 제7식에 알리지도 않는다. 따라서 그것은 앞의 오식과도 관계를 벗어나고, 뒤의 제7식(第七識)과도 아무런 왕래가 없다. 이때 그것은 마치 도적의 우두머리와 같아서 어떤 때는 홀로 나가서 강도짓을 하든지 무슨 행동을 한다. 그에게는 부하들이 있지만 어떤 때는 자기 혼자 재산을 다 차지하려고 몰래 나가기도 한다.

이해를 할 때는 안·이·비·설·신의 오식은 제6식의 지휘를 받는다. 당신이 눈으로 무엇을 보려고 하면 제6식은 먼저 안식으로 하여금 "네가 먼저 가서 봐!"라고 한다. 그러면 눈은 가서 본다. 이식으로 하여금 "네가 가서 들어봐!"라고 하면 귀는 가서 듣는다. 만약 제6식이 명령을 내리지 않으면 눈도 귀도 행동을 하지 않을 것이다.

안·이·비·설·신·의를 여섯 도적[六賊]이라고 하는데, 뜻[意]이 두목이며, 오식은 그의 관할에 들어간다. 그러나 오식은 제6식을 관리할 수 없다. 그러므로 그것은 꿈속에서 자기 혼자 몰래 나가서 일을 저지른다. 그래서 이것을 독두의식이라고 한다.

의식은 그를 따르는 반려가 없이 홀로 마치 협객이 자기 혼자 가는 것과 같다. 그래서 독두의식이라고 한다. 꿈속에서 맛있는 것을 먹으면서 "정말 맛있구나" 하고 느끼는데, 그때 비록 모두 의식의 작용으로 먹는 것은 먹는 것이지만 이 다섯의 식은 근본적으로 자기의 몫이 없다. 하지만 의식은 자기가 이곳에서 함부로 경계를 나타낸다. 그래서 그것을 독두의식이라고 부른다.

그것은 홀로 왔다갔다하면서 천하를 주유하며, 그곳에서 헛된 경계를 낸다. 무엇을 먹고 싶으면 맛있는 것을 먹는 경계를 나타낸다.

좋은 옷을 입고 싶으면 좋은 옷이 나타난다. 이 모두 망령스럽게 만들어 내는 것이며, 헛된 생각을 지어내는 것이다. 만약 자구의 뜻에 따라 설명하면, 그것은 전오식과도 아무런 연대관계가 없으며, 제7식과도 상의를 하지 않는다. 그러므로 독두의식이라고 부르는 것이다.

▬

我非勅汝, 執爲非心, 但汝於心, 微細揣摩, 若離前塵, 有分別性, 即眞汝心. 若分別性, 離塵無體, 斯則前塵分別影事. 塵非常住, 若變滅時, 此心則同 龜毛兎角, 則汝法身, 同於斷滅, 其誰修證無生法忍? 即時阿難與諸大衆, 默然自失.

▬

"나는 너로 하여금 네가 말하는 마음이 아닌 것을 집착하라고 시키지도 않았는데, 너는 마음속에서 상세하게 헤아리고 있구나. 가령 이 앞의 육진을 떠나서 별개로 분별하는 성품이 있다면 이것이 진정한 너의 마음이다. 하지만 만약 네가 분별하는 성품이 육진을 떠나서 하나의 본체를 찾을 수 없다면 이것은 즉 육진의 앞에 있는 일종의 그림자의 일을 분별하는 것이며, 이것은 너의 마음이 아니다. 너는 육진을 대하면 마음이 있고, 육진을 대하지 않으면 마음이 없는 것이다. 육진은 상주하는 것이 아니므로 만약 그것이 없어질 때는 이 마음도 거북의 털과 토끼의 뿔과 같이 존재하지 않은 것이며, 너의 법신도 단멸한 것과 같으므로, 누가 수행하여 무생법인을 증득할 수 있겠는가?" 이때 아난과 모든 대중들은 묵연히 어찌할 바를 몰랐다.

我非勅汝, 執爲非心　나는 너에게 명령하여 너로 하여금 마음이 아닌 것을 집착하게 한 것이 아니라는 뜻이다.

但汝於心, 微細揣摩　그런데 아난 너는 마음속에서 미세하고 상세하게 헤아린다는 것이다. '췌마(揣摩)'란 자세하게 생각한다는 뜻이다.

若離前塵, 有分別性, 卽眞汝心　아난의 말대로 설명하자면 만약 눈앞에 놓인 대상[塵]을 떠나 별개로 분별하는 마음이 있다면, 이것이 비로소 너의 진정한 마음이 된다는 뜻이다.

若分別性, 離塵無體　만약 네가 분별하는 마음이 대상을 떠나면, 너는 그것의 본체를 찾을 수 없다.

斯則前塵分別影事　이것은 대상의 앞에 있는 것이며, 일종의 그림자를 분별하는 것으로서 이것은 너의 진심이 아니다.

塵非常住, 若變滅時, 此心則同 龜毛兎角　이 단락에서 설명이 명백해진다. 너는 만약 대상을 대하면 마음이 있고, 대상을 대하지 않으면 마음이 없다. 그러나 이 대상은 어떤 때는 없어지는 것으로서 상주불멸하는 것이 아니다. 대상이 만약 없어질 때 너의 분별이 없어지는데, 그러면 너의 이 마음은 마치 거북의 털과 토끼의 뿔처럼 존재하지 않는 것이다.

則汝法身, 同於斷滅, 其誰修證無生法忍. 너는 기왕 마음
이 없으니 너는 법신도 없는 것이다. 너는 근본적으로 마음조차도 없
으며, 몸도 없다. 그러면 너는 무엇으로써 수행하여 과를 증득할 것인
가? 또한 누가 수행하여 무생법인을 증득할 수 있겠는가?

위에서 부처님께서 너는 대상을 대하면 마음이 있고 대상이 사
라지면 너의 마음도 없어지게 된다. 이것은 귀모토각(龜毛兔角)과 같이
근본적으로 존재하지 않는 것이다. 마음이 없으면 너의 법신도 없으
며, 그러면 너는 어떻게 수행하여 무생법인을 증득할 것인가라고 반
문하였다.

이렇게 말하자 즉시 아난과 대중들은 생각하였다. "아, 그래 맞
아! 눈앞의 대상을 대하면 분별이 생기고, 대상이 떠나면 분별이 없어
진다. 이것은 어찌 마음이 없는 것이 아닌가?" 그래서 대중들은 말을
하지 못하고 눈만 뜬 채로 어찌할 바를 몰랐다.

▬

佛告阿難. 世間一切諸修學人, 現前雖成九次第定, 不得漏盡, 成阿羅
漢, 皆由執此生死妄想, 誤爲眞實. 是故汝今雖得多聞, 不成聖果.

▬

부처님께서 아난에게 말씀하셨다. "세간의 모든 수행인은 비록 이미
아홉 단계의 선정을 닦아 이루었을지라도, 누진의 경지를 얻지 못하여
아라한을 증득하지 못하는 것은 모두 생사의 망상을 집착하여 이 망상
을 진실한 것으로 잘못 인식하기 때문이다. 그러한 까닭으로 너는 비

록 많이 들었지만 성스러운 과를 이루지 못한 것이다."

■

現前雖成九次第定, 不得漏盡, 成阿羅漢 우리 이 세계에서 수행하는 사람들이 비록 이미 아홉 단계의 선정[四禪, 四空處, 滅受想定]을 닦아 이루었지만 그러나 누진통을 얻지 못하여 아라한을 이루지 못하는 것은

皆由執此生死妄想, 誤爲眞實 왜 아홉 단계의 선정을 닦아도 누진통을 얻지 못하여 아라한을 증득하지 못하는가? 그것은 바로 생사를 이루는 망상을 집착하기 때문이며, 망상이 있기 때문에 이 망상을 참된 것으로 오인하기 때문이다.

是故汝今雖得多聞, 不成聖果 따라서 아난 너는 지금 비록 많이 듣는 이익을 얻었지만 도리어 무루(無漏)의 경지를 얻지 못하였다. 그러면 아난은 지금 본래 초과(初果)의 아라한을 증득하였지만 이 곳에서는 왜 성스러운 과를 이루지 못하였다고 말하는가? 여기서 불성성과(不成聖果)는 누진통을 얻지 못한 것을 가리킨다. 소승에서는 초과도 성과(聖果)에 속하지만, 만약 대승의 보살에서 보면 무루를 얻지 못하면 성과(聖果)로 치지 않는다. 따라서 부처님도 그렇게 말씀하신 것이다.

五

보는 성품[見性]과 실상(實相)

1

여래장의 체를 보게 하다

1) 아난은 허망함을 버리고 참됨을 구하다

▬

阿難聞已, 重復悲淚, 五體投地, 長跪合掌, 而白佛言. 自我從佛, 發心
出家, 恃佛威神, 常自思惟, 無勞我修, 將謂如來, 惠我三昧, 不知身心
本不相代, 失我本心, 身雖出家, 心不入道, 譬如窮子, 捨父逃逝.

▬

아난이 (부처님의 말씀을) 듣고 거듭 슬픈 눈물을 흘리면서 오체투지하고
장궤합장하며 부처님께 말하였다. "저는 부처님을 따라 발심하여 출
가한 후 부처님의 위신력을 믿고 항상 스스로 생각하기를 '내가 힘들게
선정을 닦지 않아도 장래에 여래께서 나에게 삼매를 내려주실 것이다'
고. 그러나 몸과 마음은 서로 대신할 수 없다는 것을 알지 못했습니다.
저는 본래의 참된 마음을 잃어 몸은 비록 출가하였지만 마음은 도에 들
어가지 못하였습니다. 비유하면 부잣집의 가난한 아들이 부친을 버리
고 멀리 도망을 간 것과 같습니다."

阿難聞已, 重復悲淚 아난은 부처님의 말씀을 들은 후 울기 시작하였다. 왜 울기 시작하였는가? 한편으로는 아난 스스로 생각하였다. "아, 나는 세월을 잘못 보내 성스러운 과를 증득하지 못했으니 매우 애석한 일이야!" 그래서 슬픈 것이고, 한편으로는 부처님께서 그에게 참된 마음을 가르쳐 주시니 일종의 감격한 마음이 나와서 눈물을 흘린 것이다.

五體投地, 長跪合掌, 而白佛言 그래서 아난은 오체투지로 큰절을 한 후 그곳에 꿇어앉아 부처님께 말하였다. 장궤(長跪)라고 한 것은 본래 절을 한 후에는 일어나는 것인데, 그는 여전히 꿇어앉아 있는 것이다.

自我從佛, 發心出家 출가에는 세 가지가 있다. 세속의 집을 출가하는 것, 삼계의 집을 출가하는 것, 번뇌의 집을 출가하는 것이다. 그러나 아난은 세속의 집은 출가했지만 나머지 두 가지의 집을 출가하지 못한 것이다.

不知身心本不相代 나는 부처님의 몸과 마음은 나의 몸과 마음을 대신할 수 없다는 것을 알지 못했다는 뜻이다. 따라서 나는 몸과 마음이 본래 서로 대신할 수 없다는 것을 알지 못하고, 선정력을 내 스스로 닦아야 한다는 것을 알지 못했다는 것이다. 아난은 부처님께서 자기에게 선정의 힘을 한 무더기 내려줄 것이라고 생각한 것이다.

失我本心, 身雖出家, 心不入道　나는 단지 망상심을 쓸 줄만 알고 본래 내가 가지고 있는 참된 마음을 잃어버린 것이다. 이렇게 나의 몸은 비록 출가했지만 나의 이 마음은 아직 도에 들지 못했으며 선정의 힘을 얻지 못하였다. 여기서 입도(入道)란 바로 선정력을 얻지 못한 것을 말한다.

譬如窮子, 捨父逃逝　이것은 비유하자면 돈이 많은 부자에게 아들이 있는데, 그는 부친의 재산을 사용하지 않고 밖으로 나가 가난함을 겪는 것과 같다는 것이다. 이 뜻은 나는 부처님을 따라 출가하였지만 도를 닦지 않아 선정력이 없는 것은 바로 '가난한 아들'이라는 것이다. 본래 나는 부처님의 가업을 이어받을 수 있는데, 그러나 선정력이 없으므로 이러한 부처님의 법의 재산을 받을 자격이 없는 것이다. 왜 자격이 없느냐? 왜냐하면 자기는 선정력이 없기 때문이다. 그래서 아난은 눈물을 흘리며 어린아이와 같이 울기 시작한 것이다.

今日乃知, 雖有多聞, 若不修行, 與不聞等, 如人說食, 終不能飽. 世尊! 我等今者, 二障所纏, 良由不知, 寂常心性. 唯願如來, 哀愍窮露, 發妙明心, 開我道眼.

"저는 오늘 비로소 알았습니다. 비록 많이 들어도 수행을 하지 않으면, 듣지 않은 것과 같으며, 마치 사람들이 먹는 것만을 이야기하고 (먹지 않으면) 끝내 배가 부르지 않는다는 사실을. 세존이시여! 저와 오늘 이곳에 있는 대중들은 모두 두 가지의 장애에 얽혀 적연하고 상주하는 심성을 알지 못했습니다. 오직 원하옵건대, 여래께서는 저희들이 법의 옷을 입지 못하여 다 노출된 것을 불쌍히 여기시어 묘하고 밝은 참된 마음이 드러나게 하셔서 저의 도의 눈을 열게 하시옵소서."

■

如人說食, 終不能飽 마치 사람이 먹는 것만을 이야기하고 한 입도 먹지 않으면 전혀 배가 부르지 않는다는 뜻이다. 이러한 말이 있다.

> 하루 종일 남의 보물을 세어보아도
> 자기에게는 반 푼의 돈도 없네.
> 법에 있어서 수행하지 않으면
> 그 잘못이 또한 이와 같네.
> 終日數他寶 自無半錢分
> 於法不修行 其過亦如是

我等今者, 二障所纏 오늘 이 자리에 있는 우리들은 두 가지의 장애에 얽혀 있다는 뜻이다. 두 가지의 장애란 무엇인가? 하나는 '나'라는 장애[我障]이고, 하나는 '법'의 장애[法障]이다.

'아장(我障)'이란 바로 번뇌장이며, 번뇌가 나의 자성을 장애하여 무슨 일을 만나든지 간파하지 못하고 놓지 못하는 것이다. 간파하지 못하고 놓지 못하기 때문에 무슨 일이든지 집착을 낸다. 집착을 내면 번뇌가 그에 따라 오므로 번뇌장이라 한다.

법장(法障)이란 바로 소지장(所知障)이다. 내가 아는 것이 많으면 이 것도 장애이다. 배운 것이 많으면 지식이 높은 것이 아니라 이러한 지식에 가로막혀 장애를 낸다는 것이다.

어째서 장애가 되는가? 그는 아만심을 내는 것이다. "나를 봐! 너희들은 모르지만 나는 알아! 나는 너희들보다 높아! 너희들은 나와 비교할 수 없으며, 너희들은 지식이 없어! 나의 이러한 학문은 세상에서 그야말로 유일무이하다! 하늘에나 약간 있을까 땅에서는 더욱 찾을 수 없어!" 이러한 아만의 마음이 나오는 것을 소지장(所知障)이라 한다. 이러한 두 가지의 장애에 얽혀서 해탈을 얻지 못하고 자유를 얻지 못하는 것이다.

惟願如來, 哀愍窮露 우리들이 이러한 도리를 이해하지 못하기 때문에 여래께서는 우리들의 궁로(窮露)함을 불쌍히 여긴다고 하는데, 여기서 궁로란 무슨 뜻인가? 즉 능엄의 선정이 없는 것을 궁(窮)이라 하며, 능엄정의 이러한 법의 옷을 얻지 못한 것을 로(露)라고 한다. 법의 옷을 입지 못해 몸이 드러난 것을 말한다. 그는 능엄의 정을 얻지 못하였기 때문에 가난한 사람과 같으며, 또한 능엄의 이러한 법을 얻지 못하고 법의 옷을 입지 못한 것이다.

發妙明心, 開我道眼 여래께서는 저희들을 불쌍히 여기셔서 이러한 묘하고 밝은 진심을 깨닫게 하여 저의 도의 눈을 열게 해 주시라고 청하는 것이다.

2) 여래께서 진체(眞體)를 드러내다

—

即時如來, 從胸卍字, 涌出寶光. 其光晃昱, 有百千色, 十方微塵, 普佛
世界, 一時周遍. 遍灌十方所有寶刹, 諸如來頂, 旋至阿難, 及諸大衆.
告阿難言. 吾今爲汝建大法幢, 亦令十方一切衆生, 獲妙微密, 性淨明
心, 得淸淨眼.

—

즉시 여래의 가슴에 있는 만(卍) 자로부터 보배의 광명이 솟아나왔다.
그 광명은 밝게 빛나며 백천 가지의 빛깔이었으며, 시방의 미진같이
많은 부처님세계를 비추고 일시에 두루 가득하였으며, 시방의 모든 보
찰의 모든 여래의 정수리를 비추고 서로 빛이 교차하였으며, 다시 돌
아와서 아난과 모든 대중의 정수리를 비추었다. 그런 연후에 부처님께
서 아난에게 말씀하셨다. "나는 지금 너를 위하여 큰 법의 기를 세우고
또한 시방의 일체중생으로 하여금 미묘하고 비밀한 깨끗하고 밝은 마
음을 얻어 청정한 눈을 얻게 하겠다."

—

이 경의 앞부분에서 부처님께서는 광명을 비추셨으며, 그 광명은 밝
기가 백천 개의 태양과 같은 빛이었다. 이것은 무엇을 나타내는가?
그것은 허망을 깨뜨리며, 망상의 마음을 깨뜨리는 것을 나타낸다. 현
재 부처님 가슴의 '만(卍)' 자로부터 광명을 비추시는데, 이것은 진심
을 드러내는 것을 표시한다.

卽時如來, 從胸卍字, 涌出寶光　당시 세존의 가슴에 있는 만(卍) 자로부터 보배의 광명이 솟아나왔다. 여러분이 이곳에 있는 불상을 보면 모두 가슴에 만(卍) 자가 있으며, 이 만(卍) 자는 무엇을 표시하는가? 즉 만덕의 장엄함을 나타내며, 부처님의 덕행은 모두 원만하다.

其光晃昱, 有百千色, 十方微塵, 普佛世界, 一時周遍　이 보배의 광명은 사방으로 비쳤는데, 그 빛의 색은 서로 섞여 백천 가지나 되었다. 부처님의 이러한 광명은 단지 사바세계만 비추는 것이 아니라 시방의 미진같이 많은 부처님세계를 비추었으며, 이러한 광명이 동시에 두루 가득하였다.

遍灌十方所有寶刹, 諸如來頂, 旋至阿難, 及諸大衆　부처님이 계신 곳을 보찰(寶刹)이라 한다. 부처님의 광명은 시방의 모든 부처님의 세계를 가득 비추었으며, 그 세계에 계신 모든 부처님의 정수리를 비추며, 서로 빛이 교차되었다. 시방의 여래를 비춘 후에 다시 돌아와 아난과 모든 대중의 정수리를 비추었다. 부처님께서 이러한 광명을 놓으시는 것은 매 한 사람마다 모두 자기의 상주하는 진심의 성정명체(性淨明體)를 깨닫게 하려는 것이다.

獲妙微密　가장 미묘한 비밀의 인을 얻게 한다는 것은 무엇인가? 앞에서 경의 제목을 설명할 때 이 밀인(密因)에 대하여 말하였다. 이 밀인은 부처님의 가르침이 없을 때는 일반인들은 모두 알지 못하는 것이다. 마치 땅속에 금광이 있는데 지질학자의 발견을 거치지 않으면 아무도 그곳에 금광이 있다는 것을 모른다. 이 '미묘하고 비밀한

성품[微密性]도 금광을 캐는 것에 비유할 수 있다.

性淨明心 성품은 청정하고 밝은 것이다. 당신의 성품이 청정하고 밝기 때문에 청청한 눈을 얻는다[得淸淨眼]. 어떠한 것을 청정한 눈이라 하는가? 청청한 눈이란 또한 앞 단락에서 아난이 말한 '개아도안(開我道眼)'의 도안과 같은 것이며, 또한 '지혜의 눈'이라고 부르기도 한다. 청정이란 조금의 오염됨도 없는 것이며, 지혜의 눈은 이치를 명확하게 보며 참됨을 보는 것이다. 어떠한 이치를 막론하고 이러한 지혜의 눈이 있으면 어떠한 장애도 존재할 수가 없으며, 이해하지 못하는 것이 없다. 그러므로 '청정한 눈'이라고 하는 것이다.

(1) 보는 것이 마음임을 드러내다

■

阿難! 汝先答我, 見光明拳. 此拳光明, 因何所有? 云何成拳, 汝將誰見? 阿難言. 由佛全體, 閻浮檀金艷如寶山, 淸淨所生, 故有光明, 我實眼觀, 五輪指端, 屈握示人, 故有拳相.

■

"아난아! 너는 먼저 나에게 답하여라. 나의 빛나는 주먹을 보는 데 있어, 이 주먹이 어째서 광명이 있으며, 어떻게 이 주먹이 이루어졌으며, 너는 무엇으로써 이 주먹을 보느냐?" 아난이 대답하였다. "부처님의 전체 몸이 염부단금으로서 보배의 산처럼 빛이 나며 청정함으로 이루어졌기 때문에 광명이 나며, 저는 실제로 눈으로 보는 것이며, 다섯 손가락의 끝을 구부려 쥐어 사람들에게 보이시므로 주먹의 모습이 있게 되었습니다."

佛告阿難. 如來今日實言告汝. 諸有智者, 要以譬喩, 而得開悟. 阿難!
譬如我拳, 若無我手, 不成我拳. 若無汝眼, 不成汝見. 以汝眼根, 例我
拳理, 其義均不? 阿難言. 唯然世尊! 旣無我眼, 不成我見, 以我眼根,
例如來拳, 事義相類.

부처님께서 아난에게 말씀하셨다. "여래가 오늘 너에게 진실하게 알려
주겠다. 모든 지혜가 있는 사람은 비유로써 깨달음을 얻는다. 아난아!
나의 주먹으로써 비유를 하자면, 만약 내 손이 없으면 나의 주먹을 만
들 수 없으며, 너의 눈이 없으면 너는 볼 수 없다. 너의 안근으로써 나의
주먹을 이루는 이치를 예로 들면 그 뜻이 같은가?" 아난이 대답하였다.
"그렇습니다. 세존이시여! 눈이 없으면 저는 볼 수 없으며, 저의 안근
으로써 여래의 주먹을 비유로 하면 두 가지의 사정이 비슷합니다."

佛告阿難. 汝言相類, 是義不然. 何以故? 如無手人, 拳畢竟滅, 彼無眼者,
非見全無. 所以者何? 汝試於途詢問盲人. 汝何所見? 彼諸盲人, 必來答
汝. 我今眼前, 唯見黑暗, 更無他矚. 以是義觀, 前塵自暗, 見何虧損?

■

부처님께서 아난에게 말씀하셨다. "너는 비슷하다고 말하는데, 이것은 그렇지 않다. 왜 그런가? 손이 없는 사람은 주먹은 결국에는 없는 것이지만, 눈이 없는 사람은 보는 것이 완전히 없는 것이 아니다. 왜 그러한가? 너는 길에서 시험삼아 맹인에게 물어 보아라. '당신은 무엇이 보입니까?' 그 맹인은 반드시 너에게 이렇게 대답할 것이다. '나는 지금 눈앞에 오직 참참한 것만이 보이고 다른 것은 보이지 않습니다.' 이러한 도리로 관찰해 보면 눈앞의 대상이 본래 어두운 것이라도 보는 성품은 어찌 없어지겠는가?"

■

이 단락은 부처님께서 아난의 대답이 틀렸다고 비평하는 것이다.

以是義觀, 前塵自暗, 見何虧損 앞에서 말한 이러한 도리로 연구하여 관찰해 보면 이렇게 눈앞이 보이지 않는 캄캄한 것이라도 보는 성품은 어찌 줄어들고 없어지겠는가? 보는 성품은 늘어나지도 않고 줄어들지도 않는 것이다. 맹인에게 보이는 것은 어두운 것이지만, 결코 보이지 않는 것은 아니다. 그의 보는 성품은 줄어들지 않은 것이다. 그러나 손이 없으면 주먹은 자연히 없는 것이다. 주먹을 찾아도 찾을 수 없다.

■

阿難言. 諸盲眼前唯覩黑暗, 云何成見? 佛告阿難. 諸盲無眼, 唯覩黑

暗, 與有眼人處於暗室, 二黑有別? 爲無有別? 如是世尊! 此暗中人,
與彼群盲, 二黑校量, 曾無有異.

아난이 대답하였다. "이들 맹인은 눈앞에 오직 검은 어두움만 보이는
데, 이것이 어떻게 보는 것이라고 할 수 있습니까?" 부처님께서 아난
에게 말씀하셨다. "이들 맹인이 눈이 없어 오직 검은 어두움만 보는 것
은 눈이 있는 사람이 어두운 암실에 있는 것과 그 어두움이 다른가, 다
르지 않은가?" "그렇습니다, 세존이시여! 이 암실에 있는 사람은 저
맹인과 그 두 가지의 어두움을 비교하면 다름이 없습니다."

阿難! 若無眼人, 全見前黑, 忽得眼光, 還於前塵, 見種種色, 名眼見
者. 彼暗中人, 全見前黑, 忽獲燈光, 亦於前塵, 見種種色, 應名燈見.
若燈見者, 燈能有見, 自不名燈, 又則燈觀, 何關汝事? 是故當知, 燈能
顯色. 如是見者, 是眼非燈. 眼能顯色, 如是見性, 是心非眼.

"아난아! 만약 눈이 없는 사람이 눈앞에 보이는 것이 전부 참참한데 갑
자기 시력을 회복한다면, 다시 눈앞의 대상에 대하여 여러 가지 색을
볼 수 있게 될 것이다. 이것은 이름을 붙이자면 '눈이 보는 것[眼見]'이
라고 할 수 있다. 저 암실에 있는 사람이 눈에 보이는 것은 전부 어두움
뿐인데, 만약 갑자기 등불을 얻게 된다면, 앞의 대상에 대하여 여러 가

지의 색을 볼 수 있게 된다. 이것은 이름을 짓자면 응당 '등이 보는 것 [燈見]'이라고 할 수 있다. 만약 등이 볼 수 있는 것이라면 그것은 자연히 등이라고 이름할 수 없는 것이다. 게다가 이 등이 볼 수 있는 것은 너와 무슨 관계가 있는가? 그러므로 마땅히 알아야 한다. 등불은 모습이 나타나게 할 수 있으며, 이와 같이 볼 수 있는 이것은 눈이며, 등이 아니다. 눈은 형상이 드러나게 할 수 있으며, 이와 같이 능히 볼 수 있는 보는 성품[見性]은 마음이며, 눈이 아니다."

여기서 왜 '눈이 보는 것[眼見]'과 '등이 보는 것[燈見]'이라고 하는가? 눈이 없는 사람은 볼 수가 없는데, 눈이 있으면 볼 수 있다고 말하니, 이것은 '눈이 보는 것[眼見]'이라고 한다. 그러면 현재 암실에 있는 사람은 등불이 없으면 볼 수 없는데, 등이 있으면 다시 볼 수 있다고 말한다. 이것으로 유추해 보면 이것은 마땅히 '등이 보는 것[燈見]'이라고 한다. '네가 보는 것'이 아니며, 또한 눈이 보는 것도 아니다. 그런가? 부처님께서는 이렇게 말씀하시는 것이다.

지금 이것은 마음을 가리키는 것으로서 여기에서 열 번의 보는 성품을 드러내고 있다. 앞의 제2부를 어떤 사람은 칠처징심(七處徵心)이라고 말하며, 어떤 사람은 삼처징심(三處徵心)이라고 말하는데, 우리는 지금 그런 것을 개의하지 않으며, 우리는 이 문단의 뜻을 이해하면 될 것이다. 현재는 십번현견에서 첫 번째의 현견(顯見)이며, 보는 성품이 마음이며 눈이 아니라는 것을 말하고 있다. 이것은 우리가 보는 것은 눈이 보는 것이 아니라 마음이 보는 것이며, 우리의 진심(眞心)에 보는 성품이 있음을 말한다.

(2) 보는 성품은 움직이지 않음을 드러내다

▬

阿難雖復得聞是言, 與諸大衆, 口已默然, 心未開悟. 猶冀如來, 慈音
宣示, 合掌淸心, 佇佛悲誨.

▬

아난은 비록 이런 말씀을 다시 들었지만, 모든 대중들과 묵연히 아무
말을 못하고 있었으며, 마음은 아직 깨닫지 못하여 여래께서 자비의
법음을 내려 주시기를 바라면서, 맑은 마음으로 합장하고 서서 부처님
의 자비의 가르침을 기다렸다.

▬

合掌淸心, 佇佛悲誨 두 손을 함께 모으는 것을 합장(合掌)이
라고 한다. 왜 손을 함께 모으는가? 이것은 일심(一心)이라고 하며, 두
마음이 아니다. 이렇게 손을 분리하면 열 가지의 마음이 되지만 합장
하면 하나의 마음이 된다. 두 손을 하나로 모으면 마음도 하나로 모아
진다. 이것을 합장(合掌)이라 한다. 청심(淸心)이란 마음을 깨끗하게 정
리하는[淸理] 것을 뜻한다. 마음속에 있는 쓰레기 같은 번뇌를 깨끗이
청소하는 것이다. 저(佇)란 서서 기다리는 것이다. 이때 아난을 비롯한
대중들은 합장하면서 마음을 전일하게 하여 부처님께서 다시 자비의
법문을 해 주시기를 기다리는 것이다.

■

爾時世尊, 舒兜羅綿網相光手, 開五輪指, 誨勅阿難, 及諸大衆. 我初成道, 於鹿園中, 爲阿若多五比丘等, 及汝四衆言. 一切衆生, 不成菩提及阿羅漢, 皆由客塵煩惱所誤. 汝等當時, 因何開悟, 今成聖果?

■

이때 세존께서는 솜처럼 부드럽고 망이 있는 광명이 나는 손을 펴고 다섯 손가락을 열어 아난과 모든 대중들에게 가르침을 주셨다. 내가 처음으로 도를 이루고 나서 녹야원(鹿野苑)에서 아야교진여 등 다섯 명의 비구들과 너희들 사부 대중들에게 다음과 같이 말하였다. " '일체 중생이 깨달음과 아라한을 이루지 못하는 것은 모두 객진번뇌에 의하여 잘못되었기 때문이다.' 너희들은 그 당시 어떻게 깨달아 성스러운 과를 이루었느냐?"

■

我初成道, 於鹿園中, 爲阿若多五比丘等, 及汝四衆言 내가 보리수 아래에서 밤에 밝은 별을 보고 도를 깨달은 후 녹야원에서 다섯 비구에게 법을 설하여 그들이 깨닫게 하였으며, 그 후 승단이 이루어지고 나서 여러 대중들에게 말한 적이 있다는 뜻이다. 여기서 녹원(鹿園)은 녹야원을 가리키며, 이것은 큰 정원으로서 전문적으로 사슴을 기르던 곳이다. 그래서 '사슴정원'이라고 부르는 것이다. 그리고 아야다(阿若多)는 교진여(憍陣如) 비구를 말한다.

一切衆生, 不成菩提及阿羅漢, 皆由客塵煩惱所誤 모

든 중생이 깨닫지 못하고 성불하지 못하며, 아라한이 되지 못한 것은 무엇 때문인가? 그것은 객진번뇌에 의하여 잘못되었기 때문이다.

무엇을 객진이라 하는가? 객이란 잠시 머무는 손님이며, 진(塵, 티끌)도 본래는 없는 것인데 잠시 존재하는 것으로서 바로 우리들의 망상을 가리킨다. 또한 견혹(見惑)과 사혹(思惑)도 객진이라고 말할 수 있다. 번뇌도 진사혹(塵沙惑)과 무명(無明)이라고 말할 수 있다. 번뇌가 먼지와 모래와 같이 그렇게 많다고 해서 진사혹이라 하며, 무명은 일체의 일에 대하여 이해하지 못하는 것이다.

여러분 생각해 보세요. 사람은 정말 이상하지! 좋은 밥과 빵은 먹지 않고 하루 종일 오로지 번뇌를 먹으려고 하니. 우리들은 하루 종일 이 객진번뇌를 밥으로 삼고 먹으며, 한번 성미를 부리면 배에 기가 차서 부르니, 밥을 먹을 필요도 없다. 이러한 사람은 정말로 가련하다. 번뇌 먹기를 좋아하니! 그러므로 부처님께서 말씀하시기를 일체중생이 부처를 이루지 못하는 것은 모두 객진번뇌에 잘못되었기 때문이라고 하였다.

객진번뇌

時憍陳那, 起立白佛. 我今長老, 於大衆中, 獨得解名, 因悟客塵二字成果. 世尊! 譬如行客, 投寄旅亭, 或宿或食, 宿食事畢, 俶裝前途, 不遑安住. 若實主人, 自無攸往.

■

그때 교진여 비구께서 일어나 부처님께 말하였다. "저는 지금 장로로서 대중 가운데서 홀로 '본제를 이해한 사람'이라는 이름을 얻게 되었습니다. 이렇게 된 까닭은 객진이라는 두 글자로 인하여 깨달아 과를 이루었기 때문입니다. 세존이시여! 비유하자면, 여행을 하는 나그네가 여관에 투숙하여 식사를 하고 잠을 자고 나면 짐을 정돈하여 다시 길을 떠나며, (그 여관에) 편안히 머무를 수가 없습니다. 그러나 만약 주인이라면 자연히 갈 곳이 없습니다."

■

時憍陣那   교진나는 교진여 비구를 말하며 번역하면 '본제를 이해한 사람[解本際]'이다. 또 '가장 최초로 이해한 사람[最初解]'이라고 한다. 그는 최초로 아라한과를 증득한 사람이다.

我今長老, 於大衆中, 獨得解名   그래서 자기는 홀로 '해(解)'라는 이름을 얻게 되었다. 왜 '해(解)'라는 이름을 얻게 되었는가? 왜냐하면 그는 도를 이해하고 깨달았기 때문이다. 무엇으로 깨달았는가?

因悟客塵二字成果   그는 객진이라는 두 글자를 이해했기 때문에 깨달아 아라한과를 증득한 것이다.

譬如行客, 投寄旅亭, 或宿或食, 宿食事畢, 儆裝前途, 不遑安住   여행하는 나그네를 비유하자면, 그는 여관을 찾아 그곳에 머물며, 그곳에서 먹고 자고 한다. 그곳에서의 일을 다 마치면 그

302

는 짐을 정돈하여 다음의 행선지로 가야하므로 머물 필요가 없다. 불황(不遑)이란 할 수 없다[不能]는 뜻이다.

若實主人, 自無攸往 그러나 만약 주인이라면 자연히 아무 곳에도 갈 필요가 없다. 유(攸)란 소(所)와 같은 뜻이다. 이 주인은 바로 우리들의 상주하는 참된 마음[常住眞心]이며, 성품이 깨끗하고 밝은 체[性淨明體]이다. 객은 바로 모든 번뇌망상을 가리킨다.

어째서 객진이라고 비유하는가? 왜냐하면 이것은 우리들이 본래 갖추고 있는 것이 아니며, 밖으로 나가 몸에 붙는 것이기 때문이다. 마치 우리의 몸은 본래 깨끗한 것인데, 밖에서 바람이 불면 흙먼지가 몸에 붙어 불결하게 되는 것과 같다. 그러면 우리는 손으로 한번 털어내면 또 없어진다. 그래서 객진이라 부르는 것이다. 이것은 무엇을 표시하는가? 우리들의 번뇌, 무명은 마치 먼지와 같아서 실재로는 존재하지 않는 것이다.

───

如是思惟, 不住名客, 住名主人, 以不住者, 名爲客義. 又如新霽, 淸暘升天, 光入隙中, 發明空中諸有塵相. 塵質搖動, 虛空寂然. 如是思惟, 澄寂名空, 搖動名塵, 以搖動者, 名爲塵義. 佛言. 如是.

───

"이와 같이 생각하면, 머물지 않는 사람은 손님이라 하며, 항상 머무는 사람은 주인이라 부릅니다. 머물지 않는 것은 손님이라는 뜻이 됩니다. 그리고 마치 비가 온 후에 하늘이 맑게 개이면, 틈으로 빛이 들어와서 허공 가운데 있는 모든 미세한 먼지가 드러나며, 먼지의 성질은 움직이는 것이고, 허공의 성질은 고요하여 움직이지 않는 것입니다. 이러한 도리와 같이 사유하면, 맑고 적정한 그것을 공(空)이라고 이름하며, 움직이는 것을 티끌[塵]이라고 이름할 수 있습니다. 그래서 움직이는 것은 티끌이라는 뜻이 됩니다." 부처님께서 말씀하셨다. "그렇다."

　■

이 단락에서 교진여는 이렇게 말한다. 나는 위에서 말한 것처럼 생각하면, 여행하는 나그네는 여관에 도착한 후 먹고 잠자고 나면 다시 떠날 사람이다. 그는 영원히 이 여관에 머물지 않을 것이다. 그러면 여관에 영원히 머무는 사람은 어떤 사람인가? 바로 그 여관의 주인이다.

　무엇이 객인가? 견혹, 사혹이 객이며, 바로 번뇌무명이 객이다. 그러면 이 먼지는 움직이는 것이며, 움직이지 않는 것이 바로 진정한 주인이다. 움직이지 않는 것은 무엇인가? 허공은 움직이지 않는 것이다. 이 허공은 우리의 보는 성품이라고 비유할 수 있으며, 이 보는 성품도 움직이지 않는 것이다. 진정한 주인은 바로 우리의 상주하는 진심이며, 그것은 오지도 않고 가지도 않는다.

　不住名客, 住名主人, 以不住者, 名爲客義　이 여관이란 무엇인가? 바로 우리들의 몸이다. 우리의 자성은 바로 우리의 참된 주인이다. 우리가 머무는 이 여관은 일시적인 것이며, 우리의 참된 주인은 영원한 것이다. 우리는 이왕 이 몸이 잠시 머무는 여관이며 진실

한 우리의 집이 아니라는 것을 알았으면 응당 그것에 너무 집착하면
안 될 것이다.

又如新霽, 淸暘升天, 光入隙中, 發明空中諸有塵相   신
제(新霽)란 비온 후에 날이 맑게 개인 것을 말한다. 발명(發明)이란 밝게
드러난다는 뜻이다. 즉 날이 새롭게 맑은 후 해가 떠서 햇볕이 창문
틈으로 비치면 방 안에 있던 먼지가 밝게 보인다는 것이다. 어두울 때
는 보이지 않던 것이 햇빛이 들어오자 먼지가 환하게 모습이 드러나
는 것이다.

塵質搖動, 虛空寂然   이 먼지의 성질은 움직일 따름이나, 허
공의 본체는 움직이지 않는 것이다. 그래서 허공은 바로 우리의 보는
성품을 표시한다.

문틈으로 먼지의 모습이 보이는 것은 무엇인가? 이것은 바로 지
혜의 빛을 얻은 것이다. 여러분이 초과의 아라한을 증득하면 팔십팔
품의 견혹을 조복받는다. 견혹이 제거된 후에는 지혜의 광명[智光]이
생긴다. 지혜의 광명이 있게 되면 당신은 비로소 진사혹, 즉 무명의
이러한 번뇌를 볼 수 있게 된다. 이렇게 볼 수 있게 되는 것은 당신의
지혜의 광명이 비춰주기 때문이다. 이 지혜의 광명은 바로 태양이 문
틈으로 비추는 것을 표시한 것이다.

澄寂名空, 搖動名塵, 以搖動者, 名爲塵義   맑고 고요한
것을 공이라고 이름하며, 움직이는 것을 티끌이라고 이름한다. 태양
이 비춰 방 안의 먼지를 보면 언제나 가만히 있지 않고 움직인다. 이

것이 바로 티끌[塵]이라는 뜻이다. 아야다(교진여)가 이렇게 말하자 부처님께서는 그에게 그렇다고 인증을 하신 것이다.

■

即時如來, 於大衆中, 屈五輪指, 屈已復開, 開已又屈. 謂阿難言. 汝今何見? 阿難言. 我見如來百寶輪掌, 衆中開合. 佛告阿難. 汝見我手衆中開合, 爲是我手, 有開有合? 爲復汝見, 有開有合? 阿難言. 世尊寶手, 衆中開合. 我見如來, 手自開合, 非我見性, 有開有合. 佛言. 誰動誰靜? 阿難言. 佛手不住, 而我見性, 尙無有靜, 誰爲無住? 佛言. 如是!

■

이때 여래께서는 대중 가운데서 다섯 손가락을 쥐었다가 다시 펴고, 폈다가 다시 주먹을 쥐었다. 아난에게 이르셨다. "너는 지금 무엇을 보았느냐?" 아난이 말하였다. "저는 지금 여래의 보배의 지문이 있는 손바닥을 쥐었다 폈다 하는 것을 보았습니다." 부처님께서 아난에게 이르셨다. "너는 내가 손을 폈다 쥐었다 하는 것을 보았는데, 내 손이 폈다 쥐었다 하였는가, 아니면 너의 보는 성품이 폈다 쥐었다 하였는가?" 아난이 대답하였다. "세존의 손이 대중 가운데서 폈다 쥐었다 하였는데, 저는 여래의 손이 폈다 쥐었다 하시는 것을 보았으며, 저의 보는 성품이 폈다 쥐었다 한 것이 아닙니다." 부처님께서 말씀하셨다. "누가 움직이며, 누가 고요히 머무는가?" 아난이 말하였다. "부처님의 손이 머물지 않으며, 저의 보는 성품은 오히려 고요하여 머무는 모습도 없는데, 어떻게 머물지 않겠습니까?" 부처님께서 말씀하셨다. "그러하다!"

■

阿難言. 佛手不住, 而我見性, 尙無有靜, 誰爲無住   아
난이 대답하기를 "부처님의 손이 정지하지 않으며[不住], 저의 보는 성
품은 가만히 머무는 모습조차도 없는데, 이 보는 성품이 어찌 움직일
리가 있겠습니까?"라는 뜻이다. 무주(無住)란 바로 머물지 않고 움직인
다는 뜻이다.

아난 존자는 왜 고요히 머무는 모습도 없다고 말하는가? 고요함
은 움직임으로부터 오는 것이며, 만약 움직임이 없으면 근본적으로
고요함도 없다. 따라서 이 능엄대정은 "나감도 없고, 들어옴도 없다[無
出, 無入]."고 말하는 것도 바로 이러한 도리이다.

보는 성품은 무시이래로 근본적으로 움직임이 없으며, 움직이는
모습도 없다. 그러므로 고요한 모습도 없다고 하는 것이다.

■

如來於是從輪掌中, 飛一寶光, 在阿難右, 即時阿難迴首右盼. 又放一
光, 在阿難左, 阿難又則迴首左盼. 佛告阿難. 汝頭今日, 何因搖動? 阿
難言. 我見如來出妙寶光, 來我左右, 故左右觀, 頭自搖動. 阿難! 汝盼
佛光, 左右動頭, 爲汝頭動, 爲復見動? 世尊! 我頭自動, 而我見性, 尙
無有止, 誰爲搖動? 佛言. 如是!

■

여래께서는 손바닥으로부터 하나의 보배의 광명을 아난의 우측으로

날려 보내자, 즉시 아난은 머리를 돌려 오른쪽으로 보았으며, 다시 광명을 아난의 좌측으로 보내자 아난은 다시 머리를 왼쪽으로 돌려 보았다. 부처님께서 아난에게 말씀하셨다. "너는 오늘 무엇 때문에 머리를 좌우로 움직이느냐?" 아난이 답하였다. "저는 여래께서 내시는 묘한 보배의 광명이 저의 좌우로 오는 것을 보기 위하여 머리가 자동으로 움직입니다." "아난아! 네가 불광을 보려고 머리를 좌우로 움직이는데, 너의 머리가 움직이는가, 아니면 너의 보는 성품이 움직이는가?" "세존이시여! 저의 머리가 저절로 움직이는 것이며, 저의 보는 성품은 오히려 머무는 모습도 없는데, 어찌 움직이겠습니까?" 부처님이 말씀하셨다. "그러하다!"

━

於是如來普告大衆. 若復衆生, 以搖動者, 名之爲塵. 以不住者, 名之爲客. 汝觀阿難, 頭自動搖, 見無所動. 又汝觀我, 手自開合, 見無舒卷. 云何汝今, 以動爲身, 以動爲境? 從始洎終, 念念生滅, 遺失眞性, 顚倒行事, 性心失眞, 認物爲己, 輪廻是中, 自取流轉.

━

이때 여래께서는 대중들에게 널리 이르셨다. "만약 (객진의 뜻을 이해하지 못하는) 어떤 중생이 있으면 움직이는 것을 티끌[塵]이라 이름하며, 머물지 않은 것을 손님[客]이라 이름한다. 여러 대중은 지금 아난이 머리를 스스로 움직이는 것을 보고, 보는 성품은 조금의 움직임도 없으며, 다시 내가 손을 폈다 쥐었다 하는 것을 보고, 보는 성품은 폈다 쥐는 것이 없는 것을 알았을 것이다. 너희들은 지금 어째서 움직이는 것을 자기의 신체로 생각하고, 움직이는 것을 진실한 경계로 여기는가? 시작으로 부터 최후에까지 생각생각이 생멸하면서 참된 성품을 잃어버리고 전도되어 일을 행하며, 성품과 마음에서 진실함을 잃어 일체의 만물을 자기 자신으로 여기며, 그 가운데서 윤회하면서 스스로 돌고 도는구나."

━

이것은 부처님께서 대중들에게 반문하는 것이다.

云何汝今, 以動爲身 以動爲境   너희들 대중은 지금 어째서 움직이는 것으로써 자기의 몸으로 삼는가? 너희들은 자기의 진정한 보는 성품을 보지 못하고 이 몸을 진실한 것으로 생각한다. 그래서 "움직이는 것으로써 진실한 경계로 여긴다[以動爲境]."고 하는 것이다. 그러나 본래 이 움직이는 것은 경계이며 자기의 성품이 아니다.

從始洎終, 念念生滅   시작으로부터 최후에 이르기까지 너희들의 생각생각이 생하고 멸하면서 이 생멸하는 가운데서 일을 하고 공부를 하므로 보는 성품을 진정으로 이해하지 못하는 것이다.

遺失眞性, 顚倒行事   너희들은 무시이래로 지금까지 참된 성품을 잃어버렸다. 사실 잃어버린 것은 실제로 잃어버린 것이 아니라 마치 잃어버린 것과 같은 것이다. 왜 이렇게 마치 잃어버린 것과 같은가? 중생은 자기의 성품이 움직이지 않는 경계를 모르고 이러한 도리를 이해하지 못하기 때문에 마치 잃어버린 것과 같은 것이다. 참된 성품을 잃어버렸기 때문에 전도되게 일을 하는 것이다. 본래 좋은 방향으로 일을 한다고 시작했는데, 이상하게 나쁜 방향으로 가는 것이다. 본래 좋은 일을 해야 하는데, 그는 기어코 나쁜 일을 저지른다. 이러한 것을 전도(顚倒)된 것이라 한다.

性心失眞, 認物爲己 일을 함에 전도되었기 때문에 너의 성품과 마음이 협력하지 않는다. 협력하지 않으므로 이러한 진실함을 잃게 되며, 따라서 바깥의 경계를 자기라고 인식하게 되는 것이다. 또한 잠시 머무는 이 여관을 자기라고 인식하지 않아야 하는데, 도리어 이 여관을 자기라고 생각하는 것이다.

輪廻是中, 自取流轉 일체의 만물을 자기라고 인식하기 때문에 갖가지의 집착을 내게 되며, 갖가지의 일에 대하여 간파하지 못하고 이해하지 못한다. 이해하지 못하기 때문에 결과적으로 그 가운데서 윤회하면서 자기 자신이 스스로 생사를 찾아 생사에 돌고 도는 것이다.

그러나 생사의 문제는 당신 자신이 만약 전도되지 않으면, 도적을 자식으로 인식하지 않으면, 만물을 자기라고 여기지 않으면, 당신은 생사를 마칠 수 있다. 생사를 마치려고 생각한다면 이 문제는 매우 쉽다. 당신 자신이 뒤로 되돌아가면 되는 것이다. 당신은 지금 앞으로 가는데, 이것은 생사의 길이다. 당신이 뒤로 한번 돌아서면 이 생사를 마칠 수 있다. 무슨 큰 어려움이 없는 것이다. 당신이 마음을 돌이키면 되는 것이다. "고해가 끝이 없지만 머리를 돌리면 바로 피안이다[苦海無邊, 回頭是岸]."라고 하였다.

(3) 보는 것은 멸하지 않는다

생멸하는 것과 생멸하지 않는 것

▬

爾時阿難, 及諸大衆, 聞佛示誨, 身心泰然. 念無始來, 失卻本心, 妄認
緣塵分別影事. 今日開悟, 如失乳兒, 忽遇慈母. 合掌禮佛, 願聞如來,
顯出身心眞妄虛實, 現前生滅與不生滅, 二發明性.

▬

이때 아난과 모든 대중들은 부처님의 가르침을 듣고 난 후 몸과 마음이
매우 편안하였다. 그들은 생각해 보니, 무시이래로 본심을 잃어버리
고 바깥의 인연과 티끌의 경계를 잘못 인식하고, 육근의 그림자 같은
허망한 일을 분별하였다. 오늘 깨달으니 마치 어머니의 젖을 잃은 아
이가 갑자기 자애스런 어머니를 만난 것과 같았다. 합장하여 부처님께
절하면서 이러한 법의 은혜에 감사하였다. 그리하여 몸과 마음의 참되
고 허망하며 거짓과 진실함을 드러내고, 생멸하는 것과 생멸하지 않는
두 가지의 성품을 드러내기를 원하였다.

▬

생멸하는 마음은 무엇이며, 불생멸하는 마음은 무엇인가? 생멸하는
마음은 바로 우리의 식심(識心)이며, 또한 우리의 반연심(攀緣心)이다. 반
연심이란 밖을 향하여 구하는 마음이며, 자성에서 공부하지 않는 것
이다. 생멸하지 않는 마음은 바로 자성상에서 공부하는 것이다. 당신

은 산하대지와 삼라만상이 모두 제불의 법신이 아님이 없다는 것을 체험할 수 있다. 제불의 법신은 생멸함이 없으며, 따라서 우리 각 사람의 상주하는 참된 마음도 생멸함이 없는 것이다.

우리들은 왜 생멸하고 생사가 있는가? 그것은 바로 이런 상주하는 참된 마음을 인식하지 못하기 때문이며, 또한 우리의 날뛰는 마음, 미친 마음을 쉬지 못하기 때문이다. 소위 "날뛰는 마음이 만약 쉬게 되면, 쉬면 바로 깨달음이다[狂心若歇, 歇卽菩提]."라고 하는 것이다. 즉 날뛰는 마음이 쉬어 멈추게 되면 바로 당신의 보리심이 현전할 것이다. 그러므로 우리들에게 깨달음이 나타나지 못하는 것은 날뛰는 마음을 쉬지 못하기 때문이다. 현재 강의하는 매 단락의 경문은 모두 우리들의 진심이 드러나게 하려는 것이다.

■

時波斯匿王, 起立白佛. 我昔未承諸佛誨救, 見迦旃延, 毗羅胝子, 咸言. 此身死後斷滅, 名爲涅槃 我雖値佛, 今猶狐疑. 云何發揮, 證知此心不生滅地? 令此大衆, 諸有漏者, 咸皆願聞.

■

그때 파사닉왕이 일어서서 부처님께 말하였다. "저는 이전에 부처님의 가르침을 받지 못했을 때 외도인 가전연과 비라지자는 함께 말하기를 '이 몸은 죽은 후에 아무것도 없으며, 이것을 열반이라 한다'고 하였습니다. 내가 비록 부처님을 만나 가르침을 받지만 지금 여전히 의심이 많은 여우처럼 의심이 됩니다. 어떻게 하면 이 마음이 불생불멸하는 도리를 증득하여 알 수 있겠습니까? 지금 이 모든 대중, 유루의 사람들은 모두 듣기를 원합니다."

■

時波斯匿王, 起立白佛 파사닉은 범어로서 '전쟁에서 승리한 사람[戰勝]'이라고 하며, '승리한 군대[勝軍]'라고 하며, 또한 '월광(月光)'이라고도 한다. 그가 태어날 때 마침 부처님이 탄생하여 광명이 비치자 그의 부친은 자기 자식이 태어나 광명이 비친다고 생각하여 월광이라고 불렀다.

我昔未承諸佛誨敕, 見迦旃延, 毗羅胝子 그는 이전에 부처님의 교화를 받지 못했을 때 외도를 믿는 사람이었다. 그는 단견(斷見)의 외도를 믿었으며, 그 외도는 가전연과 비라지자였다. 가전연을 번역하면 '전발(剪髮)'이며, 가전연은 이전에 머리를 깎지 않고 길렀기 때문에 전발이라고 부른 것이다. 비라지자(毗羅胝子)는 비라지의 아들이다. 비라지는 그의 모친의 이름이며, 번역하면 불주(不做)이다. 좋은 일은 짓지 않고 나쁜 일은 마음대로 저지르므로 이렇게 부른 것이다. 이 두 외도는 어떻게 주장하였는가?

咸言. 此身死後斷減, 名爲涅槃 그들은 말하기를 "이 몸은 죽고나면 아무것도 없어진다. 원인[因]도 없으며, 결과[果]도 없다. 내생도 없으며, 전생도 없다. 사람이 죽으면 근본적으로 영혼도 없으며, 지각도 없으며, 성품도 없으며, 아무것도 없는 것을 열반이라고 한다."라고 하였다. 단멸이란 바로 없는 것이다. 이것이 외도가 주장하는 것이다.

그러나 나는 여러분에게 알린다. 이것은 크게 틀렸다. 사람이 죽으면 단멸하는 것이 아니다. 그러므로 불교와 외도가 서로 구별되는 점이 바로 이 점에 있다. 어떤 외도는 단멸을 주장하고 어떤 외도는 항상함[常]을 주장한다. 이러한 외도는 사람을 그르치는 것이 가장 심하다.

我雖值佛, 今猶狐疑 파사닉왕은 이어서 말하였다. 비록 내가 부처님을 만나 지금 저를 교화하시지만 저는 지금 여전히 믿지 못하고 있다. 무엇을 믿지 못하는가? 부처님께서 말씀하시는 도리를 믿지 못한다. 나는 여전히 사람이 죽으면 단멸한다고 느끼고 있다.

어떠한 것을 여우의 의심[狐疑]이라고 하는가? 여우는 성질이 의심이 많아 무엇을 이야기해도 그는 믿지 않는다. 어떻게 의심이 많은가? 겨울에 강물이 얼었을 때 여우는 강을 건너가면서 한 걸음 가서 귀로 듣고 한 걸음 가서 소리가 나는지 귀로 듣는다. 이 얼음이 이상이 있는지 없는지 살피는 것이다. 만약 소리가 나면 얼른 되돌아간다. 그는 매우 총명하여 의심이 많고 잘 변한다.

云何發揮, 證知此心不生滅地? 今此大衆, 諸有漏者, 咸皆願聞 어떻게 발휘를 해야 이 마음이 생멸하지 않는 도리를 진정으로 알 수 있겠는가? 현재 이 자리에 있는 대중과 무루의 경지에 이르지 못한 사람들은 모두 이러한 도리를 이해하려고 한다는 뜻이다. 현재 대중들은 모두 이러한 불생불멸의 법을 이해하고 불생불멸의 마음을 증득하려고 원하면서 부처님의 법을 들으려고 하는 것이다.

■

佛告大王. 汝身現在. 今復問汝. 汝此肉身, 爲同金剛常住不朽, 爲復
變壞? 世尊! 我今此身, 終從變滅. 佛言大王! 汝未曾滅, 云何知滅?
世尊! 我此無常變壞之身, 雖未曾滅, 我觀現前念念遷謝, 新新不住.
如火成灰, 漸漸銷殞. 殞亡不息, 決知此身, 當從滅盡. 佛言. 如是!

■

부처님께서 대왕에게 이르셨다. "당신의 몸은 지금 존재하고 있는데,
다시 묻겠습니다. 당신의 이 몸은 금강과 같이 항상 머물며 썩지 않습
니까, 아니면 다시 변하여 무너집니까?" "세존이시여! 지금 이 몸은
마침내는 없어질 것입니다." 부처님이 대왕에게 말씀하셨다. "당신의
몸은 아직 멸하지 않았는데, 어떻게 없어질 것이라고 압니까?" "세존
이시여! 저의 이 무상하며 무너질 몸은 비록 아직 없어지지 않았지만,
저는 지금 관찰해 보니, 생각생각이 천류하며 사라지고 새로운 생각
이 일어나지만 영원히 머물지 않습니다. 마치 불이 일어나 재가 되듯
이 점점 소멸되어 없어집니다. 소멸하는 것이 쉬지 않으니 저는 이 몸
이 장래에 반드시 없어질 것이라고 결정코 압니다." 부처님께서 말씀
하셨다. "그렇습니다!"

■

이 단락은 부처님께서 파사닉왕에게 이 몸이 무너지는가를 묻는다.

念念遷謝, 新新不住   생각이 일어났다가 생각이 사라진다.
이 생각이 나타나면 저 생각은 없어진다. 새로운 생각은 영원히 머무

를 수 없다. 마치 파도와 같이 파도가 일어나기를 그치지 않으며, 하나의 파도는 다른 파도를 쫓아간다. 이것을 천사(遷謝)라고 한다. 천은 변천한다는 뜻이고, 사는 없어진다는 뜻이다.

如火成灰, 漸漸銷殞. 殞亡不息. 마치 향불이 재가 되는 것과 같이 점차로 없어지는 것이다. 이것은 사람의 몸이 사망하는 것과 같다. 언제나 이런 과정이 멈추지 않는다. 소(銷)는 변화하는 것이고 운(殞)은 떨어지는 것이다. 불이 일어났다가 작아지다가 재로 변하여 없어지는 것이다.

大王! 汝今生齡, 已從衰老, 顔貌何如童子之時? 世尊! 我昔孩孺, 膚腠潤澤. 年至長成, 血氣充滿, 而今頹齡. 迫於衰耄, 形色枯悴, 精神昏昧, 髮白面皺, 逮將不久, 如何見比充盛之時?

"대왕! 당신의 금년 연세는 이미 노쇠하였습니다. 얼굴의 모습이 어릴 때와 비교하여 어떻습니까?" "세존이시여! 저는 이전 어렸을 때는 피부가 윤택하였으며, 장년에 이르러서는 혈기가 충만하였으나, 지금은 늙었습니다. 쇠하여 죽을 때가 다 되어가니 형색은 초췌하고 정신은 혼미하며 머리털은 희고 얼굴에 주름이 져서 곧 죽을 날이 얼마 남지 않았는데, 어찌 젊었을 때의 혈기가 충만한 시기와 견줄 수 있겠습니까?"

316

■

大王, 汝今生齡, 已從衰老, 顔貌何如童子之時 　생령(生
齡)이란 나이를 말한다. 지금 당신의 연세는 이미 늙어 얼굴에도 주름
이 있으며, 머리털도 희고 수염도 희게 변하였다. 이러한 당신의 모습
은 어릴 때와 비교하면 어떤가라는 뜻이다.

而今頹齡. 迫於衰耄 　퇴령(頹齡)이란 늙음을 표시하며, 모(耄)
는 팔십 세의 늙은이를 말한다. 그러나 지금은 늙어서 죽음이 가까운
노인이 다 되었다는 뜻이다.

　사람은 살아가는 데 있어서 세 가지의 크게 경계할 점이 있다. 젊
었을 때는 음욕을 경계해야 한다. 만약 음욕을 경계하지 않으면 당신
의 신체가 건강하지 못할 것이다[君子有三戒, 少之時, 血氣未定, 戒之在色]. 그리
고 장년에 이르러서는 혈기가 강하여 남들과 싸우고 다투는 것을 경
계해야 한다[及其壯也, 血氣方剛, 戒之在鬪]. 그리고 늙어서는 혈기가 쇠하여
탐하는 것을 그칠 줄 모르므로 탐하는 마음을 내지 말아야 한다[及其老
也, 血氣旣衰, 戒之在得].

逮將不久, 如何見比充盛之時 　죽을 날이 얼마 남지 않았는
데, 어떻게 기력이 왕성할 때와 비교할 수 있겠는가라는 뜻이다.

■

佛言. 大王! 汝之形容, 應不頓朽. 王言. 世尊! 變化密移, 我誠不覺,
寒暑遷流, 漸至於此. 何以故? 我年二十, 雖號年少, 顔貌已老初十歲

時. 三十之年, 又衰二十. 於今六十, 又過於二. 觀五十時, 宛然强壯. 世尊! 我見密移, 雖此殂落, 其間流易, 且限十年. 若復令我微細思惟, 其變寧唯一紀二紀? 實爲年變. 豈唯年變? 亦兼月化, 何直月化? 兼又日遷. 沉思諦觀, 刹那刹那, 念念之間, 不得停住. 故知我身, 終從變滅.

■

부처님께서 말씀하셨다. "대왕! 당신의 모습은 응당 갑자기 늙은 것은 아니겠죠?" 왕이 답하였다. "세존이시여! 변화는 보이지 않는 가운데 천이[遷移]하며, 저는 진실로 느끼지 못하였으며, 겨울과 여름이 번갈아 가면서 점차로 지금에 이르렀습니다. 무엇 때문인가? 저는 20세가 되었을 때 비록 젊었지만 얼굴은 이미 10세 때보다 늙었으며, 30세에는 또 20세보다는 노쇠하였습니다. 그리하여 지금은 62세인데, 50세 때를 관찰해 보니 지금보다는 훨씬 건장하였습니다. 세존이시여! 제가 자기도 모르게 세월이 변천하는 것을 보니, 신체가 하루하루 쇠락하는 것이 마치 물이 흘러가는 것과 같으며, 잠시 10년을 단위로 한정하여 보았습니다. 그러나 만약 다시 자세하게 사유해 본다면 그 변화는 어찌 일기(一紀), 이기(二紀)에 그치겠습니까? 실제로는 매년 변하는 것입니다. 또한 어찌 매년 변하겠습니까? 매월 변하는 것입니다. 어찌 매월마다 변하겠습니까? 날마다 변하는 것입니다. 깊이 사유하고 관찰해 보면 찰나찰나, 생각생각마다 늙어 가는 변화는 멈추지 않습니다. 그러므로 저의 몸은 마침내는 변천하여 없어진다는 것을 압니다."

■

若復令我微細思惟, 其變寧唯一紀二紀? 實爲年變 만

318

약 저로 하여금 다시 미세하게 사유하게 한다면, 그것의 변천은 어찌 단지 1기(1紀는 12년임), 2기에만 그치겠는가? 실제로는 해마다 변천하는 것이라는 뜻이다.

豈唯年變? 亦兼月化. 何直月化? 兼又日遷　그리고 어찌 단지 해마다 변천하겠는가? 또한 그와 아울러 매월마다 변천하는 것이며, 어찌 매월마다 변하는 것뿐이겠는가? 또한 그와 겸하여 날마다 변천하는 것이다. 하직(何直)은 하지(何止)와 같은 뜻으로 '어찌 ~뿐이겠는가?'라는 뜻이다.

沉思諦觀, 刹那刹那, 念念之間, 不得停住　더욱 깊이 생각하고 관찰해 보면 아주 짧은 찰나찰나에, 매 생각의 사이마다 늙어가는 변천은 멈추지 않는다는 뜻이다. 어떠한 것을 찰나라고 하는가? 『인왕호국반야경(仁王護國般若經)』에서 이르기를, 한 생각 속에는 구십 개의 찰나가 있다는 것이다. 매우 짧은 한 생각 사이에 구십 개의 찰나가 있다는 것이다. 그리고 하나의 찰나 가운데는 구백 개의 생멸이 있다고 한다. 이해하기가 매우 쉽지 않으며 느끼기도 쉽지 않은 것이다.

파사닉왕은 앞에서 변천하고 멸하는 도리를 말하고 나서 만사만물은 시시각각으로 모르는 사이에 변화하며, 모두 생멸하는 모습이 존재하고 있다. 따라서 그는 말하기를, 내가 앞에서 본 이러한 경계와 모습 때문에 나는 현재 나의 이 몸은 장래 변하여 멸할 것이라는 것을 안다. 항상 머물 수 없는 것이다.

佛告大王. 汝見變化, 遷改不停, 悟知汝滅. 亦於滅時, 汝知身中有不滅耶? 波斯匿王, 合掌白佛. 我實不知. 佛言. 我今示汝, 不生滅性.

부처님께서 대왕에게 말씀하셨다. "당신은 신체가 끊임없이 변화하는 것을 보고 멸하여 없어질 것이라는 것을 깨달아 알았습니다. 또한 멸할 때 당신은 몸 가운데 멸하지 않는 것이 있다는 것을 압니까?" 파사닉왕이 부처님께 합장하고 대답하였다. "저는 실로 알지 못합니다." 부처님께서 말씀하셨다. "나는 지금 당신에게 생멸하지 않는 본성을 가르쳐 주겠습니다."

大王! 汝年幾時, 見恒河水? 王言. 我生三歲, 慈母携我, 謁耆婆天, 經過此流, 爾時即知是恒河水. 佛言. 大王! 如汝所說, 二十之時, 衰於十歲, 乃至六十, 日月歲時, 念念遷變, 則汝三歲見此河時, 至年十三, 其水云何? 王言. 如三歲時, 宛然無異, 乃至於今 年六十二, 亦無有異.

"대왕! 당신은 몇 세 때 항하의 강물을 보았습니까?" 왕이 말하였다. "저는 세 살 때 어머니께서 저를 데리고 기바천의 사원에 가면서 이 강을 지나가게 되었는데, 이때 항하의 강물을 알았습니다." 부처님께서 말씀하셨다. "대왕! 당신이 말씀하시는 바와 같이 20세 때는 10세 때

보다 쇠하였으며, 지금 60여 세에 이르렀습니다. 그 동안 해와 달이 바뀌고 시시각각, 생각생각이 변천하였습니다. 당신이 3세 때 본 그 강물이 13세에 이르렀을 때 그 강물은 어떠하였습니까?" 왕이 대답하였다. "3세 때 본 것과 같이 완연히 차이가 없었으며, 지금 62세에 이르렀어도 조금도 다름이 없습니다."

■

慈母携我, 謁耆婆天 기바천은 장수천(長壽天)이다. 자애로운 모친께서 자기를 데리고 장수천의 사원에 기도하러 갔다는 뜻이다.

■

佛言. 汝今自傷髮白面皺, 其面必定皺扵童年, 則汝今時, 觀此恒河, 與昔童時, 觀河之見, 有童耄不? 王言. 不也! 世尊! 佛言. 大王! 汝面雖皺, 而此見精, 性未曾皺. 皺者爲變. 不皺非變. 變者受滅, 彼不變者, 元無生滅. 云何扵中受汝生死? 而猶引彼末伽梨等, 都言此身死後全滅. 王聞是言, 信知身後捨生趣生, 與諸大衆, 踊躍歡喜, 得未曾有.

■

부처님께서 말씀하셨다. "당신은 지금 머리가 희고 얼굴에 주름이 진 것을 슬퍼하시는데, 그 얼굴의 주름은 반드시 어렸을 때로부터 변천하여 온 것입니다. 당신은 지금 그 항하의 강물을 살펴볼 때 옛날 어렸을 때 보던 그 보는 성품에 어리고 늙음이 있습니까?" 왕이 답하였다. "아닙니다. 세존이시여!" 부처님께서 말씀하셨다. "당신의 얼굴에 비록 주름이 생겼지만 그러나 이 보는 성품은 아직 주름진 적이 없습니다. 주름지는 것은 변천하는 것이며, 주름지지 않는 것은 변하지 않는 것입니다. 변하는 것은 없어질 것이며, 변하지 않는 보는 성품은 원래 생멸이 없습니다. 그런데 어찌하여 그 가운데서 당신은 생사를 받습니까? 그리고 당신은 말가리 등 외도의 인도를 받아 그들이 말하는 이 몸이 죽은 후에는 전부 없어진다는 단멸의 견해를 믿게 되었습니다." 왕은 부처님의 이런 말씀을 듣고 몸이 죽은 후에는 이 몸을 버리고 다른 생으로 나아간다는 도리를 믿고 알게 되었으며, 그 자리에 있던 모든 대중들과 함께 이전에 듣지 못한 법의 즐거움을 얻게 되었다고 크게 기뻐하였다.

(4) 보는 성품은 잃지 않는다

■

阿難即從座起, 禮佛合掌, 長跪白佛. 世尊! 若此見聞, 必不生滅, 云何世尊, 名我等輩, 遺失眞性, 顚倒行事? 願興慈悲, 洗我塵垢. 卽時如來垂金色臂, 輪手下指, 示阿難言. 汝今見我母陀羅手, 爲正爲倒? 阿難言. 世間衆生, 以此爲倒, 而我不知誰正誰倒?

■

아난은 이때 자리에서 일어나 예불하고 합장하며, 장궤합장으로 앉아서 부처님께 말하였다. "세존이시여! 만약 이 보는 성품이 반드시 생멸하지 않는다면, 어째서 세존께서는 저희들이 참된 성품을 잃어버리고 전도되게 일을 한다고 하십니까? 큰 자비의 물로써 저의 의심하는 티끌과 때를 씻어주시기 원하옵니다.” 이때 여래께서는 금색의 팔을 내리며 손을 아래로 가리키며 아난에게 말씀하셨다. “너는 지금 나의 손을 보면 (나의 손이) 바른 것인가, 뒤집어진 것인가?” 아난이 말하였다. “세간의 중생은 이것을 뒤집어진 것이라고 합니다만 저는 어떤 것이 바른 것이고 어떤 것이 뒤집어진 것인지 모르겠습니다.”

∎

若此見聞, 必不生滅   여기서 견문(見聞)도 보는 성품[見性]을 뜻한다.

汝今見我母陀羅手, 爲正爲倒   모다라수(母陀羅手)도 손의 이름이며, 결코 수인(手印)의 이름은 아니다. 이것도 솜처럼 부드러운 도라면수(兜羅綿手)와 같은 것이다. 그러니 당신은 이것을 수인으로 잘못 해석하면 안 된다. 수인을 중시하는 것은 밀종을 배우는 사람이다. 그래서 말한다. “오, 부처님은 모두 수인이 있구나. 우리들은 빨리 이런 수인을 배우자!” 여기서는 이렇게 설명할 수 없는 것이다.

∎

佛告阿難. 若世間人, 以此爲倒, 即世間人, 將何爲正? 阿難言. 如來
豎臂, 兜羅綿手, 上指於空, 則名爲正. 佛即豎臂, 告阿難言. 若此顚倒,
首尾相換. 諸世間人, 一倍瞻視. 則知汝身, 與諸如來淸淨法身, 比類
發明, 如來之身, 名正遍知. 汝等之身, 號性顚倒.

■

부처님께서 아난에게 말씀하셨다. "만약 세상 사람이 이것을 뒤집어진 것이라면, 세상 사람은 어떤 모양을 바른 것이라고 하는가?" 아난이 대답하였다. "여래께서 팔을 똑바로 세우고 손을 위로 허공을 가리키는 모습을 바른 것이라 이름합니다." 부처님께서는 즉시 팔을 똑바로 세우고 아난에게 이르셨다. "만약 이런 모습을 뒤집어진 것이라고 하는데, 머리와 끝을 서로 바꾸면, 세상 사람은 두 가지 종류의 보는 법이 있을 것이다. 그러면 이렇게 미혹한 가운데서 알아야 한다. 너의 몸과 모든 여래의 청정한 법신을 서로 유추하여 보는 성품을 드러내 보면, 부처의 몸은 '정변지(正遍知)'라고 하며, 너희들의 몸은 '자성의 전도'라고 한다."

■

이 모두 더욱 미혹하여 '바른 것과 뒤집어진[正, 倒]' 도리를 이해할 수 없다. 위로 가리키는 것을 바른 것이라고 하고, 아래로 가리키는 것을 뒤집어진 것이라고 하는 것은 근본적으로 일종의 전도된 것이다. 이러한 전도된 것과 같이 단지 하나는 위로 향하고 하나는 아래로 향하여 서로 위치를 바꿨을 따름이다. 손의 본체에는 결코 두 가지의 모습이 없는 것이다.

여래는 일체를 바로 알며, 일체를 두루 알며, 무엇이 바르며 무엇이 뒤집어진 것이라는 것을 안다. 그러나 당신들은 전도되어 바른 것을 전도된 것으로 생각하며, 전도된 것을 바른 것이라고 생각한다.

隨汝諦觀, 汝身佛身, 稱顚倒者, 名字何處, 號爲顚倒? 於時阿難與諸
大衆, 瞪瞢瞻佛, 目睛不瞬, 不知身心, 顚倒所在. 佛興慈悲, 哀愍阿難
及諸大衆. 發海潮音, 遍告同會.

"너는 자세히 관찰해 보아라. 너의 몸을 부처의 몸과 비교하여 성품이
전도된 것이라 칭하였는데, 성품이 전도된 것이라는 이름은 어디에서
나온 것인가?" 이때 아난과 모든 대중은 눈을 크게 뜨고 멍청하게 눈을
깜박거리지도 않고 부처님을 바라보면서 몸과 마음이 어디에서 전도
되었는지를 알지 못하였다. 부처님께서는 자비의 마음으로 아난과 여
러 대중들을 불쌍히 여겨 큰 소리로 널리 법회에 참석한 사람들에게 말
씀하셨다.

諸善男子! 我常說言, 色心諸緣, 及心所使, 諸所緣法, 唯心所現 汝身
汝心, 皆是妙明眞精妙心中所現物. 云何汝等, 遺失本妙圓妙明心, 寶
明妙性, 認悟中迷?

"모든 선남자들이여! 내가 항상 말하듯이, 색법(色法), 심법(心法), 모
든 인연[諸緣]과 심소법(心所法)의 모든 이러한 인연이 생하는 법은 모
두 마음에서 나타나는 것이다. 너희들의 몸과 식심은 모두 묘하고 밝

은 진정묘심(眞精妙心, 참되고 정묘한 마음) 가운데서 나타나는 것이다. 어찌하여 너희들은 본래 묘하고 원만, 미묘하고 밝은 이 마음과 보배와 같이 귀하고 밝은 묘한 성품을 잃어버렸으며, 깨달음 가운데서 미혹하였는가?"

—

色心諸緣, 及心所使, 諸所緣法, 唯心所現　여기서 색은 색법이며 심은 심법이다. 마음이 부리는 것[心所使]은 바로 심소법이며, 모든 이러한 인연이 생하는 법은 모두 우리의 현전하는 진심(眞心)을 벗어나지 않는다. 『백법명문론(百法明門論)』에서 다음과 같이 말하였다.

색법은 열한 가지이고 심법은 여덟 종류이며
오십일 개의 심소법과
스물네 개의 상응하지 못하는 것
여섯 개의 무위의 법이 모두 백 가지의 법을 이루네.
色法十一心法八　五十一個心所法
二十四個不相應　六個無爲成百法

색법에는 열한 가지가 있으며, 심법에는 팔식이 마음의 왕이며 여덟 종류가 있다. 심소법에는 오십일 개가 있다. 그리고 스물네 개의 불상응의 법이 있으며, 그것은 색법, 심법과 모두 불상응하는 것이며, 무위법과도 상응하지 못한다. 여섯 종류의 무위가 있는데, 위의 모두를 합치면 백법이 된다.

諸緣 이 인연에는 네 종류가 있다. (1) 친인연(親因緣) : 비교적 서로 가까운 것이다. (2) 증상연(增上緣) (3) 차제연(次第緣) : 이것은 등무간연(等無間緣)이라고도 한다. (4) 소연연(所緣緣) : 인연이 되는 물건

諸所緣法, 唯心所現 모든 인연이 생하는 이러한 법은 모두 우리의 현전하는 한 생각의 진심을 벗어나지 않는다. 모든 법 소위 산하대지와 건물, 삼라만상은 어디로부터 있는 것인가? 모두 우리들 마음속에서부터 나오는 것이다. 만약 당신이 본래 가지고 있는 참된 마음을 인식하면, 이들 물건들은 모두 사라질 것이다.

汝身汝心, 皆是妙明眞精妙心中所現物 당신의 몸과 마음, 여기서의 마음은 식심을 가리킨다. 이 모두는 묘하고 밝은 진정묘심 속에서 나타나는 것이다. 이 식심의 밖에 다른 하나의 묘한 마음이 있는가? 아니다. 이 식심의 본체 위에 묘한 마음이 있다. 하지만 우리는 쓸 줄을 모른다. 따라서 이 식심을 우리의 마음이라고 생각하는 것이다. 사실 이것은 도적을 자식으로 착각한 것이다. 그래서 전도(顚倒)된 것으로 변한 것이다.

認悟中迷 이것은 이해하였다고 생각하는데 사실은 결코 이해하지 못한 것이다. 무엇을 이해하지 못하였는가? 우리의 이 상주하는 진심의 성품이 깨끗하고 밝은 체[常住眞心性淨明體]를 이해하지 못한 것이다. 당신은 원묘하고 밝은 마음의 귀하고 밝은 묘한 성품을 가지고 있는 것을 모르고 도리어 당신이 알고 있는 식심을 자기의 마음이라고 여긴 것이다. 당신은 이해하고 있다고 생각하며 이러한 마음을 깨

달았다고 생각했는데, 사실은 이것은 미혹한 것이며 이해하지 못한 것이다. 이것이 바로 당신의 전도됨이며, 또한 도적을 자식으로 착각한 것이다.

∎

晦昧爲空, 空晦暗中, 結暗爲色. 色雜妄想, 想相爲身. 聚緣內搖, 趣外奔逸. 昏擾擾相, 以爲心性. 一迷爲心, 決定惑爲色身之內. 不知色身, 外泊山河虛空大地, 咸是妙明眞心中物.

∎

"어두운 것은 완공(頑空)이 되었으며, 공의 어두운 가운데서 어두움이 뭉쳐서 형색이 되었다. 형색은 망상과 뒤섞이며 망상과 색상이 결합하여 몸이 되었다. 이러한 인연들이 함께 모아져서 안의 동요함에 인연하여 밖으로 달리게 된다. 어둡고 어지러운 모습을 자기의 심성으로 삼는다. 한번 미혹되어 자기의 진심이 색신(몸)의 안에 있다고 인식하게 된다. 그리하여 이 색신으로부터 밖으로 산하와 허공, 대지에 이르기까지 이러한 갖가지의 사물들이 모두 묘명한 진심 가운데의 사물인 것을 모른다."

∎

晦昧爲空, 空晦暗中, 結暗爲色 내가 색과 마음의 법을 이야기하였는데, 무엇이 색인가? 이 색법은 어두운 것이다. 회(晦)란 어둡다는 표현이며, 매(昧)도 밝지 못하고 어리석은 것이다.

328

회매위공(晦昧爲空)이란 매우 어두운 암흑이 공으로 변한다는 것이다. 공은 공이로되 완공(頑空)이다. 이 공은 어두움 가운데에 있으면서 하나로 결집되어 어두운 모습으로 어두운 형색으로 변하며, 어두운 모습이 존재하게 되는 것이다. 이것은 하나의 검은 색[黑色]이라고도 할 수 있다. 결(結)이란 하나로 뭉치는 것을 뜻한다.

色雜妄想, 想相爲身 하나로 뭉쳐지면 형색(形色)이 생기게 되며 그런 연후에 이 망상과 함께 뒤섞이게 된다. 망상과 이 색상이 결합되어 하나의 몸이 이루어진다.

앞 문장에서 회매위공(晦昧爲空)이라고 하였는데, 회매란 바로 무명(無明)을 가리킨다. 이 무명은 비록 무명이라고 말하지만 당신은 볼 수가 없는 것이다. 그래서 그것은 어두운 공[頑空]과 같은 것이다. 이 공과 무명의 안에서 형색이 만들어지는 것이며, 이것도 십이인연(十二因緣) 가운데서 '무명이 행을 인연하는[無明緣行]' 도리이다. 이미 형색이 있게 되면 이 색은 또 일종의 망상을 만들어낸다. 이 망상은 무엇인가? 바로 식(識)을 말한다. 그래서 십이인연에서 행은 식을 인연하고 식은 명색을 인연한다[行緣識, 識緣名色]고 한 것이다.

상상위신(想相爲身)이란 바로 망상 때문에 이 신체가 이루어지는데, 이 또한 명색(名色)이다. 이것은 십이인연 안의 도리이다.

聚緣內搖, 趣外奔逸. 昏擾擾相, 以爲心性 취연(聚緣)이란 갖가지의 인연이 함께 모이는 것을 말한다. 내요(內搖)란 이때 눈·귀·코·혀·몸·뜻의 육입(六入)이 생기게 되는 것이다. 이것은 십이인연에서 명색은 육입을 인연하는[名色緣六入] 것을 말한다. 육입이 있게 되면 촉(觸)이 생기게 된다.

따라서 밖으로 향하여 달리게 되는[趣外奔逸] 것으로 이것도 일종의 촉이다. 어떠한 것을 취외(趣外)라고 하는가? 밖으로 나가는 것을 말한다. 밖으로 나가서 도처로 내달리는 것을 분일(奔逸)이라고 한다. 이곳에서 저곳으로 달리며 저곳에서 다른 곳으로 달리는 것으로 이 또한 바로 이 망상의 마음이 사방으로 달리는 것이다. 그러면 이 촉은 또한 내달리는 것이라고 말할 수 있다. 마치 어린아이가 촉각을 가지는 것과 같다. 그러나 도처로 달리는 것은 자기가 진정한 지혜가 없기 때문이며, 어둡고 어지러운 모습[昏擾擾相]이다. 어디로 가는지도 모른다. 그리하여 이런 이해하지 못하는 어두운 것을 자기의 심성으로 삼는 것이다.

一迷爲心, 決定惑爲色身之內 일단 미혹하여 깨닫지 못하게 되면 자기의 참된 마음이 색신의 안에 있다고 인식하게 된다. 일반인들은 모두 마음이 이 몸 안에 있다고 생각하는데, 이것은 가장 큰 잘못이다. 우리의 마음은 결코 몸 안에 있지 않으며, 또한 몸 밖에 있는 것도 아니다. 왜냐하면 마음이 몸 안에 있는 것이 아니라 우리 사람이 진심의 안에 있는 것이기 때문이다.

不知色身, 外洎山河虛空大地, 咸是妙明眞心中物 당신의 색신으로부터 밖으로 모든 산하, 허공, 대지, 건물 등 갖가지의 사물에 이르기까지 모두 당신의 묘하고 밝은 진심[妙明眞心] 가운데의 사물인 것을 모르는 것이다. 따라서 당신은 알아야 한다. 우리의 마음은 삼라만상과 허공을 포괄하고 있으며, 허공이 우리를 포괄하고 있는 것이 아니다. 당신이 만약 이러한 도리를 이해한다면 당신의 참된 성품은 잃어버리지 않을 것이며 참된 마음도 잃어버리지 않을 것이다.

譬如澄淸百千大海, 棄之. 唯認一浮漚體, 目爲全潮, 窮盡瀛渤. 汝等即是迷中倍人. 如我垂手, 等無差別. 如來說爲可憐愍者!

"비유하자면 맑고 깨끗한 백 천의 큰 바다는 버리고 오직 하나의 물거품을 전체의 파도, 전체의 바다라고 인식하는 것과 같은 것이다. 너희들은 미혹한 가운데 더욱 미혹한 사람이다. 마치 내가 손을 내리면 뒤집어진 것이고 손을 올리면 바른 것이라고 하는 것과 같으며 차별이 없다. 그래서 여래는 너희들을 가련한 자라고 말하는 것이다."

부구(浮漚)란 바다 위의 물거품을 뜻한다. 바다의 물거품을 보고 바다라고 생각하니, 이것이 어찌 크게 틀린 것이 아니겠는가? 우리의 몸 안에 있는 식심은 마치 물거품과 같이 그렇게 작으며, 몸 밖의 진심은 마치 백 천 대해와 같이 큰 것이다. 여러분은 백 천 대해의 큰 바다를 버리고 그것이 바다라는 것을 인식하지 못하고 알지 못한다. 당신은 이렇게 작은 바다의 물거품을 가지고 바다라고 생각한다.

　　이것은 마치 당신의 상주하는 진심과 법성신이 법계에 두루하여 어디에도 존재하는 것과 같은 것이다. 그러나 당신은 이것이 자기의 진심인 줄을 알지 못하고 당신의 몸 안에 있는 그것이 당신의 마음이라고 인식하는 것이다. 이것은 마치 당신이 바다 위의 매우 작은 물거품을 보고 대해의 본체라고 인식하는 것과 같으니, 어찌 크게 잘못된 것이 아닌가?

당신의 진심은 안에 있지도 않고 밖에 있지도 않으며, 모든 사람이 구족하고 있는 것이며, 단지 당신이 자기의 진심을 인식하지 못할 따름이다. 영(瀛)이란 큰 바다를 뜻하며, 발(渤)이란 바다 옆의 작은 물이 있는 곳을 말하며 그다지 크지 않은 것이다.

汝等即是迷中倍人 현재 성인의 과를 증득하지 못한, 무루의 경지를 얻지 못한 사람은 미혹한 가운데 더욱 미혹한 사람[迷中之迷]이다. 이것은 내가 손을 내리는 도리와 같다. 나의 아래로 손을 내리면 뒤집어진[倒] 것이라고 하고 위로 올리면 바른[正] 것이라고 하는데, 사실은 하나의 손에는 본래 바르고 뒤집어진 것은 없다. 그러나 도리어 하나의 명칭을 붙여 바르고 뒤집어진 것이라고 말한다. 본래 문제가 없는데, 당신은 도리어 하나의 문제를 만들어 낸다. 따라서 이것을 미중배인(迷中倍人, 즉 迷中之迷)이라고 한다.

(5) 보는 성품은 돌려보낼 수 없다

＿

阿難承佛悲救深誨, 垂泣叉手, 而白佛言. 我雖承佛如是妙音, 悟妙明心, 元所圓滿, 常住心地. 而我悟佛現說法音, 現以緣心, 允所瞻仰, 徒獲此心, 未敢認爲本元心地. 願佛哀愍, 宣示圓音, 拔我疑根, 歸無上道.

■

아난은 부처님의 자비로 구제받고 깊은 가르침의 은혜를 입었기 때문에 눈물을 흘리며 합장하고 부처님께 말하였다. "저는 비록 부처님의 이와 같은 묘한 법음을 듣고 묘하고 밝은 마음은 원래 원만하고 상주하는 진심이라는 것을 깨달았지만, 그러나 제가 깨달은 부처님의 미묘한 법음을 저는 지금 반연심으로써 듣고 보는 바입니다. 다만 이 마음을 얻어 이해하였지만, 저는 아직 본원의 심지(心地)를 분명하게 인식할 수 없습니다. 그래서 부처님께서 저를 불쌍히 여기셔서 원만무애한 법음으로 가르쳐 주시어 저의 의심의 뿌리를 뽑아 무상의 도[無上道]로 돌아가게 하여 주시기 바랍니다."

■

元所圓滿, 常住心地   원(元)은 본래라는 뜻이며, 심지(心地)는 진심(眞心)을 말한다.

宣示圓音, 拔我疑根, 歸無上道   원음은 원만무애한 음을 말한다. 부처님은 비록 하나의 음으로써 불법을 연설하지만 육도의 중생 각자 해탈을 얻는다. 단지 부처님과 인연이 있는 중생은 거리에 관계없이 들을 수 있으며, 또한 마치 부처님의 옆에서 법을 듣는 것과 같아서 멀게 느끼지 않는다.

佛告阿難. 汝等尚以緣心聽法, 此法亦緣, 非得法性. 如人以手, 指月
示人. 彼人因指, 當應看月. 若復觀指以爲月體, 此人豈唯亡失月輪,
亦亡其指. 何以故? 以所標指, 爲明月故. 豈唯亡指, 亦復不識明之與
暗. 何以故? 卽以指體, 爲月明性. 明暗二性, 無所了故. 汝亦如是!

부처님께서 아난에게 이르셨다. "너희들은 여전히 반연심으로써 법을
들으니, 이 법도 또한 인연이 되어 법의 성품을 얻을 수 없다. 마치 사
람이 손으로 달을 가리키는데, 그 사람은 가리키는 손가락 때문에 마
땅히 달을 보아야 할 것이다. 만약 손가락을 보고 달이라고 생각하면,
그 사람은 달을 잃어버릴 뿐만 아니라 손가락도 잃어버리게 될 것이
다. 무엇 때문인가? 목표(달)를 가리키는 손가락을 달로 인식하기 때
문이다. 어찌 손가락만 잃어버리겠는가? 또한 밝음과 어두움을 인식
하지 못한다. 왜 그러한가? 손가락의 체성을 밝은 달의 체성이라고 인
식하여 밝음과 어두움의 두 가지 성질을 이해하지 못하기 때문이다.
너 또한 이와 같다."

汝等尚以緣心聽法, 此法亦緣, 非得法性　너희들은 지금
여전히 반연심으로 나의 설법을 들으니 이 법도 하나의 연(緣)으로 변
하게 된다. 즉 생멸하는 법으로 변하게 된다는 것이다. 이것은 당신이
법의 본체를 얻지 못하고 법의 체성을 얻지 못한 것이다.

以所標指, 爲明月故　그는 달을 가리키는 손가락을 달로 여기기 때문이다. 표지(標指)는 목표를 가리키는 손가락을 말한다. 여기서 달은 진심을 말한다.

豈唯亡指, 亦復不識明之與暗　이 사람이 어찌 손가락만 인식하지 못하는 사람이겠는가? 그는 광명과 어둠도 이해하지 못한다. 그는 달을 인식하지 못할 뿐 아니라 달도 잃어버리고 손가락도 잃어버렸다. 그러면 결국 이 손가락을 잃어버린 것인가? 잃어버리지 않았다. 달을 잃어버린 것인가? 잃어버리지 않았으며, 여전히 존재한다. 하지만 그는 잃어버렸다고 생각한다. 그는 이해하지 못하고 인식하지 못하기 때문에 잃어버렸다고 말한다. 이 사람은 근본적으로 무엇을 깨달음이라고 하는지 모른다. 무엇이 무명이고 무엇이 밝음인지 모른다.

何以故? 卽以指體, 爲月明性　무슨 까닭으로 그는 이해하지 못하는가? 그는 손가락의 체성이 밝은 달의 본체라고 생각하는 것이다. 어떤 사람이라도 이것이 전도된 것이라고 알지만 전도되게 일을 행하려고 하는 것이다.

明暗二性, 無所了故　이것은 광명과 어둠의 두 가지 성질을 그는 이해하지 못하기 때문이다.

아난은 이때 어떤 느낌이었는지 모른다. 이전에 이 마음을 잃어버려서 그는 크게 놀라 어찌할 바를 몰랐는데, 지금 부처님께서 그가 이 손가락과 달을 모두 잃어버렸다고 말씀하시니 그는 어떤 생각을 해야 하는지를 모른다.

왜 석가모니 부처님께서는 아난이 손가락을 달의 본체로 여긴다고 하였는가? 그 손가락에는 밝은 모습이 없는 것이며, 어두운 것이다. 달빛은 밝은 모습이다. 그는 이러한 밝음과 어두움을 분별하지 못하는 것이다. 이것은 진정한 지혜가 없는 것이다. 부처님께서 말씀하시는 법이 가리키는 것은 진심이지만, 아난은 이 진심이 소재하는 곳을 듣고는 진심이 이 법(法)의 위에 있다고 생각한 것이다. 따라서 부처님은 아난이 반연하는 마음으로 법을 듣는다고 하신 것이다. 만약 이 반연심을 쓰지 않으면 들을 법이 없는 것이다.

그래서 그는 이러한 의혹을 낸 것이다. "내가 이 반연심을 쓰지 않는 것은 가능하다. 하지만 내가 이 반연심을 놓아버리면 나는 무엇으로 법을 들을 것인가? 나는 마음이 없는 것이 아닌가!" 그는 여전히 이 반연심이 그의 마음이라고 생각하는 것이다. 그는 이 반연하고 분별하는 마음이 식심이며 생멸하는 마음이라는 것을 모른다. 그는 이 반연심을 놓아버리면 이 법을 들을 방법이 없을 것이라 생각하는 것이다. 그가 두려워하는 것은 법을 듣지 못하는 것이다. 그는 만약 진심으로 법을 들으면 모든 법이 참되며 일체의 법이 참되는 것을 모른다. 그는 반연심으로 법을 듣다보니 언제나 옳은 것 같으면서도 아닌 것 같아서 언제나 의혹이 생기는 것이다.

■

若以分別我說法音, 爲汝心者. 此心自應離分別音, 有分別性. 譬如有客, 寄宿旅亭, 暫止便去, 終不常住. 而掌亭人, 都無所去, 名爲亭主.

■

"만약 네가 내가 설하는 법음을 분별하는 마음을 너의 진심으로 인식한다면, 이 마음은 마땅히 분별하는 음을 떠나 또 하나의 분별하는 성품이 있어야 할 것이다. 비유하면 손님이 여관에 숙박을 하면 잠시 며칠 머물다가 갈 것이며 마침내는 영원히 머물지 않는 것과 같다. 그러나 여관을 관리하는 사람은 어디로 가지 않으므로 여관의 주인이라고 이름하는 것이다."

■

此亦如是! 若眞汝心, 則無所去. 云何離聲, 無分別性? 斯則豈唯聲分別心? 分別我容, 離諸色相, 無分別性. 如是乃至分別都無, 非色非空. 拘舍離等, 昧爲冥諦. 離諸法緣, 無分別性. 則汝心性, 各有所還, 云何爲主?

■

"이것도 또한 이와 같다. 만약 너의 진심은 어디로 갈 곳이 없다면, 어째서 소리를 떠나면 분별하는 성품이 없는가? 이것은 어찌 오직 소리에만 분별하는 마음이 있겠는가? 나의 상호를 분별하는데, 모든 색상을 떠나면 분별하는 성품이 없게 될 것이다. 이와 같이 심지어 어떠한 분별도 없을 것이다. 그러면 이것은 색도 아니고 공도 아닌 경계에 이르러 구사리 등과 같은 외도와 같이 어리석어 이것을 명제(冥諦)로 삼으며, 모든 법의 인연을 떠나면 분별하는 성품이 없게 될 것이다. 즉 너의 심성은 각각 돌아갈 곳이 있을 것인데, 그러면 어떤 것이 너의 주인공인가?"

若眞汝心, 則無所去. 云何離聲, 無分別性 당신의 식심은 여관의 손님과 같은 것으로서 당신의 진심이 아니다. 만약 당신의 진심이라면 어디에도 가지 않을 것이니, 어찌 소리를 떠나면 분별하는 성품이 없어질 것인가?

斯則豈唯聲分別心 이러한 도리는 어찌 말하는 소리를 분별하는 마음에만 국한되겠는가?

分別我容, 離諸色相, 無分別性 나의 32상을 보면 분별하고 그것을 떠나면 분별하는 성품이 없다는 것이다. 사람이 소리를 듣는 것은 팔식(八識)에 남아있는 흔적이며 그림자이다. 이것은 참된 것이 아니며, 일종의 환각이다. 그러므로 이 환각을 진실한 것으로 인식하지 말아야 한다. 이것은 모습을 분별하는 성품이 아니다.

如是乃至分別都無, 非色非空 이러한 도리와 같이 소리를 떠나면 분별하는 성품이 없으며, 모습을 떠나도 분별하는 성품이 없다. 심지어 어떠한 분별도 없다. 이때 그것은 공인가, 색인가? 그것은 공도 아니고 색도 아니다. 공도 아니고 색도 아닌 경계에 이른 것이다. 이러한 경계에 도달하면 이것은 외도들이 닦는 명제(冥諦) 즉 안으로 고요함을 지키는[內守幽閑] 데에 이르러 아무것도 알지 못하는 경계에 이른 것이다. 외도들은 이것을 최고의 경계라고 생각한다.

拘舍離等, 昧爲冥諦 구사리 등 외도는 어리석어 이것을 명제(冥諦)라고 한다. 매(昧)란 어리석어 캄캄한 것을 말하며, 이해하지 못하는 것이다. 이런 경계에 이르면 그는 근본적으로 이해하지 못한다. 불교에서 삼매(三昧)라고 말하는데, 이것은 정(定)이다. 그러나 이 매(昧)는 정이 아니다. 명제는 아무것도 없는 것이며 모든 것이 공한 것이다. 그러나 이것은 진정한 공이 아니다. 이 공은 어두운 공[頑空]으로서 마치 잠을 자는 것 같기도 하고 깨어있는 것 같기도 한 상태로서 이러한 경계를 명제라고 하는 것이다.

離諸法緣, 無分別性 이 명제는 만약 일체의 법의 인연을 떠나면 분별하는 성품이 없는 것이다. 또한 법의 인연이 한번 일어나면 다시 분별하는 성품이 생기는 것이다.

則汝心性, 各有所還, 云何爲主 현재 너의 이 심성은 마땅히 각각 돌아갈 곳이 있을 것이다. 그러면 돌아가고 나서 어떤 것이 너의 주인공인가? 너의 주인공은 또 누구인가? 환(還)은 귀환(歸還)하다는 뜻이다. 어떠한 것을 귀환한다고 하는가? 비유하자면 만약 당신이 남의 빚을 졌다면 지금 당신은 그 사람에게 돌려주어야 한다. 이것을 환(還)이라 한다. 당신이 만약 육진의 대상 때문에 이 마음이 있다고 한다면, 너도 마땅히 대상으로 돌려보내야 할 것이다.

▬

阿難言. 若我心性, 各有所還, 則如來說, 妙明元心, 云何無還? 惟垂哀愍, 爲我宣說. 佛告阿難. 且汝見我, 見精明元. 此見雖非妙精明心, 如第二月, 非是月影, 汝應諦聽, 今當示汝無所還地.

■

아난이 말하였다. "만약 저의 마음의 성품이 각각 돌아간다면, 여래께서 말씀하신 묘하고 밝은 근본마음은 어찌하여 돌아가지 않습니까? 불쌍히 여기셔서 저를 위하여 설하여 주십시오." 부처님께서 아난에게 말씀하셨다. "네가 나를 볼 수 있는 이 보는 정[見精]의 밝은 본체는 보는 것이 비록 묘정명심이 아니더라도, 그것은 마치 제2의 달과 같아서 달의 그림자가 아니다. 너는 마땅히 자세히 들어라. 지금 너에게 돌아갈 곳이 없는 도리를 설명해 주겠다."

■

아난은 이때 더욱 이해하지 못하였다. 만약 나의 이 심성이 나의 것이 아니라면 마땅히 사람들에게 돌려주어야 할 것이다. 그러면 여래께서 말씀하신 묘명원심(妙明元心), 즉 본래 상주하는 진심은 어째서 갈 곳이 없으며, 돌려줄 곳이 없습니까? 이 도리를 들을수록 이해하지 못하겠습니다. 정말로 저는 무엇이 마음인지 모르겠습니다. 모든 것은 다 돌아갈 곳이 있는데, 어째서 저의 이 진심은 돌아갈 곳이 없습니까? 그래서 아난은 저를 위하여 '진심은 돌아가지 않는다[眞心不還]'는 도리를 설명하여 주기 바란다고 간청하는 것이다.

且汝見我, 見精明元　네가 나의 32상을 볼 수 있는 보는 정[見精]의 본래 광명의 본체라는 뜻이다.

此見雖非妙精明心　이 보는 것이 비록 묘정명심이 아니더라도, 그것은 본래 여덟 개 식(識)의 심왕(心王)이며, 또한 제8식이다. 제8식을 심왕이라고 한다. 심왕인 보는 것은 선의 방향으로도 달려가고, 악의 방향으로도 달려간다. 그것은 다시 위로 올라가 불성과 통하고 아래로 내려가 제7식과 통한다. 따라서 이 8식의 본체는 비록 그것이 우리의 진심이 아니라도 그러나 우리의 진심은 8식을 포함하고 있다.

그러므로 잘못 오해하지 말아야 한다. 이곳에서는 묘정명심이 아니라고 말하는 것은 바로 이것이 진심이라고 감히 인정하지 않는 것이다. 이 보는 정은 또한 진심이다. 앞에서 부처님께서 이미 인증을 하셨다. 이 보는 견(見)도 또한 진심이라고.

如第二月, 非是月影　그러면 이 견정명원(見精明元)은 무엇과 같은가? 마치 제2의 달과 같은 것이다. 어떠한 것을 제2의 달이라고 하는가? 당신이 손으로 눈을 비틀면서 달을 보면 달이 두 개로 보이는데, 이 두 개의 달은 모두 같은 하나의 달이며, 결코 정말로 두 개의 달이 있는 것은 아니다. 당신이 손으로 눈을 비틀었기 때문에 두 개로 보인 것이다. 그러나 이것도 달은 달인 것이다.

부처님께서는 이 8식의 심왕은 바로 우리의 진심의 본체라고 말하는 것이다. 당신은 이 8식은 진심이 아니라고 잘못 인식하지 않아야 한다. 따라서 눈을 비틀어 보는 두 개의 달 모두 진정한 달이며, 결코 물 속의 달이 아니라고 말한다. 그 달은 달의 그림자이며, 참된 것은 아니다.

■

阿難! 此大講堂, 洞開東方, 日輪升天, 則有明耀. 中夜黑月, 雲霧晦暝, 則復昏暗. 戶牖之隙, 則復見通. 牆宇之間, 則復觀擁. 分別之處, 則復見緣. 頑虛之中, 遍是空性. 鬱孛之象, 則紆昏塵. 澄霽斂氛, 又觀清淨.

■

"아난아! 이 대강당에 동쪽으로 문이 열려 있는데, 해가 솟아오르면 밝게 빛나며, 밤중에 달이 없고 구름과 안개가 많이 끼면 다시 어둡게 된다. 창문의 틈으로 다시 통함을 보게 되고, 벽 사이에는 다시 막힘을 보게 된다. 분별하는 곳에는 다시 대상을 보게 되며, 어두운 허공 가운데는 모두 텅 빈 성질이다. 조밀하게 흙먼지가 날리는 현상이 일어나면 어두운 먼지가 감돌며, 안개가 맑아지고 걷히면 다시 청정함을 볼 수 있다."

■

阿難! 汝咸看此諸變化相. 吾今各還本所因處. 云何本因? 阿難! 此諸變化, 明還日輪. 何以故? 無日不明, 明因屬日, 是故還日. 暗還黑月. 通還戶牖. 擁還牆宇. 緣還分別. 頑虛還空. 鬱孛還塵. 清明還霽. 則諸世間, 一切所有, 不出斯類.

■

"아난아! 너는 이러한 모든 변화의 모습을 보았는데, 나는 지금 그것이 본래 온 곳으로 각각 돌려보내려고 한다. 어떠한 것이 본래 온 곳인가? 아난아! 이 모든 변화에서 밝음은 태양에게 돌려보내고자 한다. 무엇 때문인가? 태양이 없으면 밝지 않으며 밝음은 태양에 속하기 때문에 태양에 돌려보내려고 한다. 어둠은 달이 없는 참참한 밤으로 돌려보내려고 한다. 통함은 창문으로 돌려보내고 막힘은 벽에 돌려보려고 한다. 대상(경계)은 분별함에 돌려보내고 어두운 허공은 텅 빈 곳으로 돌려보낸다. 탁한 현상은 먼지에 돌려보내고 청명함은 맑은 하늘에 돌려보내면, 세간의 모든 변화하는 현상은 이런 여덟 가지의 범주(종류)를 벗어나지 않는다."

汝咸看此諸變化相 제변화상이란 명암(明暗), 통색(通塞), 이동(異同), 청탁(淸濁)의 여덟 가지 변화하는 모습을 말한다.

吾今各還本所因處 인처(因處)란 그것이 온 곳을 가리킨다. 즉 내가 지금 여덟 가지의 변화 가운데 하나하나를 그것이 본래 온 곳으로 되돌려 주고자 한다는 뜻이다.

此諸變化, 明還日輪. 何以故? 無日不明, 明因屬日, 是故還日 이 여덟 가지의 변화상에서 밝음은 태양으로 돌려보내고자 한다. 무엇 때문인가? 만약 태양이 없으면 밝지 않기 때문이다. 밝지 않다는 것은 밝음이 돌아간 것이다. 어디로 돌아갔는가? 태양으로 돌아간 것이다. 태양의 빛이 있기 때문에 밝으므로 따라서 이 밝음은 태양에 속한다는 뜻이다. 그래서 태양에 돌려보내자는 것이다. 그러면 아난은 어떤 의견이 있을까?

暗還黑月 흑월이란 달이 없는 시기를 말한다. 그래서 어둠은 달이 없는 밤으로 돌려보내는 것이다.

緣還分別. 頑虛還空 대상(경계)이 있으므로, 분별하는 마음이 있으므로 대상을 분별하는 마음으로 돌려보낸다는 것이다. 그리고 어두운 허공은 텅 빈 공(空)으로 돌려보낸다는 뜻이다.

鬱埻還塵. 淸明還霽 탁한 현상은 먼지가 조밀한 경계이므로 먼지로 돌려보내고 맑음은 맑은 하늘로 돌려보낸다는 뜻이다.

則諸世間, 一切所有, 不出斯類 현재 내가 말하는 이러한 여덟 가지의 현상을 각각 돌려보냈다. 그러면 이 세간의 모든 현상은 적은 데로부터 많은 것으로, 가까운 데로부터 먼 곳으로 넓게 유추해 보면 모두 이러한 현상에서 벗어나지 않는다.

∎

汝見八種見精明性, 當欲誰還? 何以故? 若還於明, 則不明時, 無復見暗, 雖明暗等, 種種差別, 見無差別. 諸可還者, 自然非汝, 不汝還者, 非汝而誰? 則知汝心, 本妙明淨. 汝自迷悶, 喪本受淪, 於生死中, 常被漂溺. 是故如來, 名可憐愍.

■

"네가 여덟 가지의 변화의 모습을 보면 이러한 모습을 볼 수 있는 '보는 정의 밝은 성품[見精明性]'은 마땅히 어디로 돌려보내야 하는가? 무엇 때문인가? 만약 밝음으로 돌려보내면 밝지 않을 때는 다시 어둠을 보는 것이 없기 때문이다. 비록 밝음과 어둠 등의 가지가지의 분별이 있을지라도, 보는 성품은 차별이 없다. 모든 돌려보낼 수 있는 것은 자연히 너의 것이 아니며, 네가 돌려줄 수 없는 것은 너의 것이 아니면 누구의 것인가? 그래서 나는 안다. 너의 마음은 본래 묘하고 밝으며 청정하지만 너 스스로 미혹하고 흐리멍덩하게 되어 본성을 상실하여 윤회에 떨어져 생사 가운데서 항상 표류하고 빠진다. 그러한 까닭으로 여래는 너희들을 가련하다고 하는 것이다."

■

汝見八種見精明性, 當欲誰還   위에서 내가 말한 여덟 가지의 변화상에서 너는 이러한 모습을 볼 수 있는 보는 성품[見性]은 마땅히 어디로 돌려보내야 하는가? 부처님께서 이렇게 아난에게 물은 것이다. 이곳에서 말하는 것은 당신은 누구에게 돌려보낼 것인가를 포함하고 있다. 돌려보낼 곳이 있는가? 이 보는 성품은 어느 종류의 현상에 돌려보낼 수 있는가 묻는 것이다. 답은 당연히 돌려보낼 곳이 없는 것이다.

若還於明, 則不明時, 無復見暗   만약 너의 보는 성품을 밝음으로 돌려보낸다면, 어두울 때 이 보는 성품은 어둠을 보지 못할 것이다. 밝음으로 돌려보내지 않아야 비로소 어둠을 볼 수 있는 것이다.

당신이 만약 이 보는 성품을 어둠에 돌려보낸다고 말한다면, 밝을 때가 되면 그것은 여전히 밝음을 볼 수 있다. 따라서 그것은 밝음에도 돌려보내지 않고 어둠에도 돌려보내지 않은 것이다.

雖明暗等, 種種差別, 見無差別 비록 이것은 단지 밝음과 어둠의 경우만을 들어 설명하였지만, 그 밖의 여섯 종류도 같은 것이다. 갖가지의 변화의 모습은 모두 그것의 분별성이 있다. 그러나 이 보는 것은 차별이 없다. 어떠한 분별이 있는가? 분별이 없는 것이다.

밝음을 보는 것도 보는 것이며, 어둠을 보는 것도 보는 것이며, 맑음을 보는 것도 보는 것이고, 탁함을 보는 것도 보는 것이다. 통함을 보는 것도 보는 것이며, 막힘을 보는 것도 보는 것이다. 이 보는 것에 무슨 차별이 있는가?

밝고 어둠은 보는 것이 아니라 당신의 분별심이며 반연심이다. 당신은 이러한 것을 보는 성품으로 여기면 안 된다. 우리들은 이곳에서 특별히 주의해야 한다. 이 분별하는 마음을 우리의 보는 성품[見精明元]으로 여기지 말아야 할 것이다.

諸可還者, 自然非汝, 不汝還者, 非汝而誰 그러한 각각의 변화하는 모습은 자연히 너의 것이 아니다. 네가 돌려 줄 수 있는 것이 아니라면, 너의 것이 아니라면 누구의 것인가라는 뜻이다. 만약 너의 것이 아니면 마땅히 다른 사람에게 돌려 줄 수 있다. 현재 당신이 돌려보낼 수 없는 것은 누구에게 주는가? 아무도 요구하지 않을 것이다. 당신이 밝음에 주려고 해도 어둠에 주려고 해도 바라지 않는다. 당신이 만약 줄 수 있으면 다시는 볼 수 없다. 따라서 이것은 당신이 남들에게 줄 수 없는 것이며, 줄 방법이 없는 것이다. 당신이 비록 초과의 아라한을 증득해도 당신의 보는 성품을 다른 사람에게 주어 자기가 보지 못하게 할 신통은 없다.

이 열여섯 자는 이런 도리를 명료하게 말하고 있다. 따라서 이 『능엄경』은 문장도 아름다워서 중국어를 배우려고 한다면 『능엄경』을 반드시 배워야 할 것이다. 보배의 산에 들어와 빈손으로 돌아가지 않기를 바란다. 중국에 이런 말이 있다. "곰이 옥수수를 따는 것처럼 따는 즉시 버린다." 이 곰은 옥수수 밭에 들어가면 옥수수를 하나 따면 이곳에 놓아두고 다시 다른 것을 따고, 다시 놓아두고 다른 것을 따는 식이다. 그는 많이 땄지만 최후에는 단지 하나밖에 남지 않을 것이다.

이것은 바로 당신이 보배의 산에 온 것이다. 우리가 지금 경을 듣는 것은 바로 보배의 산이다. 이것은 세간의 보배산보다 더 귀하고 가치가 있는 것이다. 왜 그런가? 당신이 만약 한 구절의 경전을 이해하고 수행하면서 언제나 물러나지 않고 용맹스럽게 앞으로 나아간다면 당신은 부처를 이루는 것이다. 그러므로 당신은 방금 말한 곰처럼 하나를 얻고는 다시 버리면 뒤에 가서 하나도 얻지 못할 것이다.

則知汝心, 本妙明淨. 汝自迷悶, 喪本受淪 너는 이 참된 마음을 감히 인정하지 않기 때문에 나는 안다. 무엇을 안다는 것인가? 본래 이러한 묘하고 밝으며 청정한 이 마음을 너 스스로 미혹하고 분명하지 못하여 본성을 상실하고 진심을 이해하지 못하여 떨어지게 된 것이다.

미(迷)는 이해하지 못하는 것이며, 민(悶)은 옳은 것 같으면서도 아닌 것을 뜻한다. 본래 너의 것인데, 너 스스로 알지 못하기 때문에 마치 잃어버린 것과 같은 것이다. 륜(淪)은 타락한 것을 뜻한다.

於生死中, 常被漂溺 어디로 떨어진 것인가? 한 생 한 생 아래로 내려가며 아래로 떨어지는 것이다. 왜 떨어지는가? 바로 당신의 진심을 상실하였기 때문이다. 생사의 고해로 떨어져 왔다 갔다 하면서 마치 물위에서 표류하는 것과 같은 것이다. 그래서 이러한 중생을 가련한 자라고 말하는 것이다.

(6) 보는 성품은 잡되지 않다

阿難言. 我雖識此見性無還. 云何得知是我眞性? 佛告阿難. 吾今問汝, 今汝未得無漏清淨, 承佛神力, 見於初禪, 得無障礙. 而阿那律, 見閻浮提, 如觀掌中菴摩羅果. 諸菩薩等, 見百千界. 十方如來, 窮盡微塵, 清淨國土, 無所不矚. 衆生洞視, 不過分寸.

아난이 말하였다. "저는 비록 이 보는 성품이 돌아갈 곳이 없다는 것을 인식할지라도, 어떻게 하면 보는 성품이 저의 진실한 성품이라고 알 수 있습니까?" 부처님께서 아난에게 말씀하셨다. "내가 지금 너에게 묻겠다. 지금 너는 아직 무루의 청정함을 얻지 못하여 부처의 신통력을 의지해야 초선천을 보는 데 장애가 없다. 그러나 아나율은 이 염부제의 세계를 보는 것이 마치 손바닥 안의 암마라의 열매를 보는 것과 같다. 모든 보살들은 백 천의 세계를 볼 수 있으며, 시방의 여래는 미진같이 많은 청정국토를 볼 수 없는 것이 없으며, 그러나 중생은 최대한 본다고 해도 일 촌, 일 분에 지나지 않는다."

■

今汝未得無漏淸淨, 承佛神力, 見於初禪, 得無障礙 지금 너는 단지 초과의 아라한의 경지만을 얻어 아직 무루의 청정함은 얻지 못하였다는 것이다. 그래서 부처님의 신통력을 빌려야 초선천의 경계를 명료하게 볼 수 있다는 것이다.

무루청정은 가장 청정한 것이며 다시는 오염되지 않는 것이다. 말은 쉬운 것 같지만 사실은 이 무루의 경지는 매우 어려운 것이다. 무루란 눈 · 귀 · 코 · 혀 · 몸 · 뜻의 육근이 새지 않는 것이다. 당신은 눈으로 물건을 보면 정신도 밖으로 나가는데 이것도 새는[漏] 것이다. 귀가 소리를 들으면 당신은 돌이켜 듣는 공부를 알 줄 모르니 단지 밖으로 듣는 것만을 안다. 이것도 새는 것이다. 당신의 코가 냄새를 맡거나, 혀가 맛을 보거나, 몸이 촉감을 느끼거나, 뜻이 법을 인연하는 이 모든 것은 새는 것에 속한다.

사람이 만약 수행을 하지 않아 무루의 경지에 이르지 못하면, 각 사람은 모두 마치 새는 병과 같아서 항상 새는 것이다. 이리저리 새다 보니 천상에서 떨어져 인간으로 왔다가, 인간에서 새어 축생으로 들어가며, 축생에서 다시 새어 아귀나 지옥 속으로 들어간다. 이렇게 새다 보니 어디로 새 가는지 모른다. 그것은 각자의 업에 달려 있을 것이다.

아난은 비록 무루의 경지는 얻지 못했지만 지혜의 눈이 열렸다.

하지만 지혜의 눈을 여는 데도 천차만별로 차이가 많다. 아난은 부처님의 신통력을 빌려야 초선천을 보는 데 장애가 없다는 것이다.

而阿那律, 見閻浮提, 如觀掌中菴摩羅果 그러나 아나율은 다르다. 그는 천안제일(天眼第一)로서 아나율을 번역하면 '가난하지 않다[不貧]'라고 한다. 그는 금생에만 빈궁하지 않을 뿐 아니라 세세생생 빈궁하지 않았다. 이런 복을 얻게 된 것은 아주 오랜 세월 전에 농부로 살면서 벽지불의 과위를 얻은 어떤 수행자에게 거친 밥 한 그릇을 보시하여 이런 복을 얻게 되었다고 경에 설명되어 있다.

이 존자는 부처님의 사촌동생으로서 부처님께서 경을 설하실 때 항상 꾸벅 꾸벅 졸다가 크게 꾸중을 받은 후 7일간을 잠을 자지 않고 정진하다가 눈이 멀었다. 그러나 부처님께서 그에게 금강조명삼매를 가르쳐 천안통을 얻게 되었다. 그는 천안통이 열려 이 세계를 보는 것이 마치 손바닥 안의 암마라 열매를 보는 것처럼 명료하게 볼 수 있었다.

사물을 보는 것을 가지고 말하자면 수행의 단계에 따라 같지 않다. 초과의 아라한은 초선천 위를 볼 수 없으며, 이과의 아라한은 초선천은 볼 수 있지만 이선천은 볼 수 없으며, 삼과의 아라한은 이선천은 볼 수 있지만 사선천은 볼 수 없다. 그러나 만약 부처님의 신력으로 그를 도와준다면 그도 사선천을 볼 수 있으며, 네 가지의 공처천도 볼 수 있다. 보살과 아라한은 또 같지 않다.

諸菩薩等, 見百千界 초지의 보살은 일백 개의 세계를 볼 수 있으며, 이지의 보살은 일천 개의 세계를 볼 수 있으며, 삼지의 보살은 일만 개의 세계를 볼 수 있다. 따라서 각 과위에서 볼 수 있는 것이 같지 않다.

十方如來, 窮盡微塵, 淸淨國土, 無所不囑 부처가 볼 수 있는 것은 미진같이 많은 청정하고 장엄한 불국토를 모두 다 볼 수 있다는 것이다. 따라서 이렇게 말하는 것이다. "일체의 중생이 마음에 심은 것은 여래께서 다 알고 다 보신다."고 한 것이다. 부처님은 말할 것도 없이 설사 보살이라도 그가 타심통이 있으면 당신의 마음속에서 생각하는 것을 말하지 않아도 보살은 모두 아는 것이다. 부처님은 더욱 명료하게 보는 것이다.

衆生洞視, 不過分寸 우리 같은 범부인 중생들은 역량을 다하여 보더라도 일 분 일 촌의 범위 밖에는 볼 수 없다는 것이다. 동시 (洞視)란 당신의 역량을 최대한 발휘하여 보는 것을 뜻한다. 중생은 종이 한 장이 가로막혀 있어도 보지 못하며 나무판이 한 장 가로막혀도 볼 수 없다.

阿難! 且吾與汝, 觀四天王所住宮殿. 中間遍覽水陸空行, 雖有昏明, 種種形像, 無非前塵, 分別留礙. 汝應於此, 分別自他. 今吾將汝, 擇於見中, 誰是我體? 誰爲物象?

"아난아! 잠시 나와 네가 사천왕이 머무는 궁전을 보면 중간에 물과 육지와 공중의 모든 물질, 동물들을 다 볼 수 있다. 비록 어둡고 밝은 가지가지의 서로 다른 형상이 있을지라도 이 모든 것은 눈앞의 대상이 아

님이 없으며, 너의 분별심이 일종의 장애를 남기는 것이다. 너는 마땅히 이곳에서 자기의 진심과 사물을 분별해야 한다. 지금 나는 너로 하여금 이 보는 성품 가운데서 선택하게 하겠다. 어떤 것이 나의 본체이며, 어떤 것이 사물인가?"

■

觀四天王所住宮殿　사천왕천은 우리의 인간세계와 근접해 있는 하늘로서 수명은 오백 세이며 이곳의 하루는 우리 인간세계의 50년이다. 어째서 사천왕천의 하루가 인간의 50년인가? 내가 하나의 예를 들어보면 이해할 수 있을 것이다. 우리는 만약 하루가 매우 즐거우면 느끼지 못하는 사이에 하루가 지나가며, 그날은 하루가 매우 짧다고 느낀다. 천상은 매우 즐겁기 때문에 그들의 하루는 우리 이곳의 50년의 시간과 같다는 것이다.

우리 인간은 번뇌하고 고뇌하며 다투면서 하루 종일 이렇게 바쁘기 때문에 무엇을 하는지도 모른다. 마치 파리가 공중에서 동으로 날아갔다가 서쪽으로 날아갔다가 하면서 무엇을 하는지 모르는 것과 같다. 이곳에 무슨 즐거움이 있는가? 그래서 이 시간이 긴 것이다. 그리고 우리 인간의 하루는 또한 지옥의 50년입니다. 왜 지옥은 시간이 또 긴가? 너무나 고통스럽기 때문에 길게 느껴지는 것이다.

이것으로부터 우리는 이해할 것이다. 이 시간은 길고 짧은 것이 없다. 이전에 과심(果尋)이 나에게 물었다. "무엇을 시간이라고 합니까?" 나는 말했다. "시간은 없다." 이 시간은 각 사람 스스로의 감각이 길고 짧을 따름이다. 만약 어떤 사람은 걱정이 없고 즐거우면 일생이 눈 깜짝하는 사이에 지나갈 것이다. 결국 이 시간이라는 것은 각 사람의 느낌에서 분별할 따름이다. 그래서 내가 시간은 없다고 말한 것이다.

雖有昏明, 種種形像. 無非前塵, 分別留礙　비록 이 세계에 어둡고 밝은 갖가지의 서로 다른 형상이 있을지라도 이 모든 것은 당신 눈앞에 나타나는 대상이다. 당신의 분별하는 마음이 눈앞의 사물에 대하여 일종의 장애를 남기는 것이지, 당신 자기의 물건이 아니다. 이 모두는 바깥의 대상[塵境]이며, 따라서 이 대상[塵]은 일종의 남겨진 장애로서 당신의 뇌와 생각 속에 남겨진 것이다.

아난은 아직 진심의 도리를 이해하지 못하였기 때문에 진심과 망상의 마음을 구별할 수 없다. 앞에서 말하기를 가지가지의 형상은 모두 눈앞의 대상을 분별하여 남긴 장애이며, 분별하는 바가 있으면 장애를 발생시킨다고 하였다.

따라서 부처님께서는 아난 너는 이곳에서 무엇이 자기의 진심이며, 무엇이 물체인지를 분별해 보라고 하신 것이다. 나는 지금 너로 하여금 너의 보는 성품 가운데서 선택을 하게 하겠다. 어떤 것이 보는 성품의 체이며, 어떤 것이 물체의 모습인가? 너는 분별해 보아라. 아체(我體)란 보는 성품의 체를 뜻한다.

▬

阿難! 極汝見源, 從日月宮, 是物非汝. 至七金山, 周遍諦觀, 雖種種光, 亦物非汝. 漸漸更觀, 雲騰鳥飛, 風動塵起, 樹木山川, 草芥人畜, 咸物非汝.

■

"아난아! 네가 보는 근원을 극점에까지 추구하면 태양과 달로부터 이 모든 것은 물상(物象)이지 네가 아니며, 그리고 칠중의 금산에까지 이르러 모든 곳을 두루 다 깊이 살펴보아도 비록 갖가지의 광명도 또한 물상이지 네가 아니다. 조금씩 더 살펴보면 구름이 일어나고 새가 날며 바람이 움직여 먼지가 날며, 수목과 산천, 초목, 사람, 가축들도 모두 물상이며 네가 아니다."

■

이러한 도리는 정말로 묘하여 말로 표현할 수 없으며, 당신이 말로 하는 것은 모두 아니며, 당신이 형용할 수 있는 것도 아니다. 어떠한 모습인가? 바로 말로 할 수 없는 것이다.

極汝見源, 從日月宮, 是物非汝 극(極)이란 극점에 이르는 것을 뜻한다. 네가 보는 근원을 극점까지 추구하여 보면 태양과 달의 궁전으로부터 보이는 것은 모두 물체이며 네가 아니라는 뜻이다.

至七金山, 周遍諦觀, 雖種種光, 亦物非汝 수미산 밖에서 둘러싸고 있는 칠중의 금산에 이르기까지 천안으로, 지혜의 눈으로 두루 깊이 살펴보면 비록 갖가지의 광명이 있지만, 이것도 모두 물상이며 너의 보는 성품은 아니다. 그러니 어떤 것이 너의 자기인가? 찾아 봐라.

漸漸更觀, 雲騰鳥飛, 風動塵起　바람이 움직이고 먼지가
일어난다고 하였다. 이곳에서 설명할 방법이 없다. 육조 혜능 대사에
게 가서 물어봐야겠다. 『육조단경』에서 이르기를 "바람이 움직이는
것도 아니며, 깃발이 움직이는 것도 아니다. 인자의 마음이 움직이는
것이다."라고 하였다.

우리는 지금 이곳에서 누구의 마음이 움직이는지 모르겠다. 너의
마음이 움직이는가, 나의 마음이 움직이는가, 그의 마음이 움직이는
가? 누구의 마음이 움직이는가? 따라서 이 경을 나는 어떻게 강의할
까? 그야말로 강의할 방법이 없으며, 무엇이 움직이는지 모르겠다. 이
곳에서 지금 그래도 경문의 뜻에 따라 설명해 보자.

풍동진기(風動塵起)는 바람이 움직이니, 즉 바람이 부니 먼지가 일
어나는 것이다. 먼지 스스로는 일어나지 못하며 바람이 불어야 비로
소 먼지가 나는 것이다.

樹木山川, 草芥人畜, 咸物非汝　수목, 산천, 풀, 식물, 사람,
축생 등 모든 것은 물상이지 네가 아니다.

￭

阿難! 是諸近遠諸有物性, 雖復差殊, 同汝見精, 淸淨所矚, 則諸物類,
自有差別, 見性無殊. 此精妙明, 誠汝見性. 若見是物, 則汝亦可見吾
之見. 若同見者, 名爲見吾. 吾不見時, 何不見吾不見之處?

"아난아! 가깝고 먼 모든 물상은 각각 사물의 체성은 비록 다르더라도 이것은 모두 너의 이 청정한 보는 정[見精]이 보는 것이다. 즉 모든 물상의 종류는 각각의 차별이 있지만, 보는 성품은 차이가 없다. 따라서 정미하고 미묘하며 밝은 이것이 진실로 너의 보는 성품이다. 만약 보는 성품이 물질이라면 너도 나의 보는 성품을 볼 수 있을 것이다. 만약 함께 볼 수 있는 것을 나를 본다고 한다면, 내가 보지 않을 때 너는 어찌 내가 보지 않은 곳을 볼 수 없는가?"

則諸物類, 自有差別, 見性無殊 이 견정(見精)이 접촉하는 모든 사물의 종류는 자연히 같지 않은 것이다. 그러나 당신이 물체를 볼 수 있는, 물질을 볼 수 있는 보는 성품은 분별이 없는 것이다. 장씨를 보는 것도 보는 것이며, 이 씨를 보는 것도 보는 것이다. 고양이를 보는 것도 보는 것이며, 사람을 보는 것도 보는 것이다. 당신이 보는 이 견(見)이 변하는가? 분별이 있는가?

내가 여러분들에게 묻는 것이 아니라, 이것은 석가모니 부처님께서 아난에게 이렇게 묻는 것이다. 아난은 말을 할 수가 없다.

此精妙明, 誠汝見性 가장 정미(精微)하고 가장 미묘하며 가장 밝은 이 물건은 무엇인가? 말해 봐라! 아난은 여전히 소리(답)를 내지 못한다. 이곳에서 당신은 이렇게 생각할 수 있다. 부처님께서는 당초 이곳에서 반드시 아난에게 이렇게 물어야 할 것이다. "이것은 무엇인가? 말해 봐라!" 아난은 할 말이 없다. 이것은 바로 너의 보는 정[見

精], 보는 성품[見性]이다. 알겠는가? 이러한 어투이다.

若見是物, 則汝亦可見吾之見   이전에 아난 네가 말하기를 이 보는 것과 물체가 서로 섞여서 명료하게 분별하기 어려우며, 너는 이 보는 것이 바로 물질이며 무슨 분별이 없다고 생각하였다. 아난아! 그러면 지금 나는 너에게 묻겠다. 보는 것이 기왕 물질이라면 너는 나의 이 보는 성품이 어떤 모습인지를 볼 수 있을 것이며, 나도 너의 보는 성품이 어떤 모습인지 볼 수 있을 것이다. 그러니 너는 그것을 보았는가?

이것은 내가 사물을 본다고 말하는 것이 아니라, 내가 사물을 보는 이 보는 성품이 어떤 모습인지를 말하는 것이다. 아난은 이때 또 말을 할 수 없었다. 물질을 볼 수 있는 이 보는 성품은 무슨 모습인가 하고 아난에게 묻는 것이다.

당신이 만약 이 보는 것[見]이 물질이라면 물질은 반드시 형상이 있을 것인데, 그것은 어떤 형상인가? 산에는 산의 형상이 있고 나무는 나무의 형상이 있으며, 하천은 하천의 형상이 있는데, 그러면 도대체 너의 이 보는 성품은 어떤 모습인가? 너는 본 적이 있는가? 부처님께서는 아난에게 이렇게 묻는 것이다.

이 경문은 정말 강의하기가 쉽지 않다. 이러한 도리를 드러내는데, 만약 당신의 머리가 맑지 않으면 설명하지 않는 것이 좋을 것이다. 이 문장을 보면 당신을 멍청하게 할 것이다. "무엇을 말하는가? 이것은 무엇인가?" 어찌된 일인지 모르겠어!

若同見者, 名爲見吾. 吾不見時, 何不見吾不見之處 가령 당신이 말하기를 "당신도 이 물건을 보았으며, 나도 이 물건을 보며, 모두 본다."라고 말한다면, 이것은 "당신이 나의 이 보는 것을 본다."고 치자! 기왕 당신이 나의 이 '보는 것[見]'을 볼 수 있다면 내가 비록 눈을 부릅뜨더라도 나는 물건을 보지 않지만 당신은 여전히 물건을 보는 것이니, 그러면 당신도 마땅히 내가 보지 않는다는 것을 알아야 할 것이다. 그러나 내가 그 '보는 것'을 보지 않으면, 당신은 어떻게 보지 않는가? 이 보는 것을 당신은 보지 않는 것이다.

이것은 여전히 아난에게 묻는다. 네가 말한 도리는 바로 이러한 것인가? 너는 이 사물이 보는 성품인가? 그러면 너도 이 물건을 보면 나도 이 물건을 보니, 너는 이것은 나의 이 보는 성품을 보는 것이라고 말하는 것이다. 너의 뜻은 이러한 것인가? 그러면 내가 보지 않는 것은 너도 마땅히 '내가 보지 않는' 이 보는 성품을 보아야 할 것이다. 이것을 너는 볼 수 있는가? 보이지 않는다. 그러면 너는 여전히 나의 이 '보는 것'을 보지 못하는 것이다.

이것은 일종의 비유를 든 것으로서 이것은 표현하기가 쉽지 않다. 하지만 당신이 만약 이런 도리를 이해하면 쉽게 이해할 수 있다. 만약 이런 도리를 이해하지 못하면, 이리저리 설명을 해도 사람을 멍청하게 할 것이다. "도대체 설하는 것이 무엇인가? 어째서 이렇게 많은 견(見)이 나오는가? 보는 것은 무슨 보는 것[見的什麼見]?"

그러므로 나는 이 『능엄경』을 가장 좋아하며 그것의 이론은 매우 묘하여 묘고산(妙高山)보다도 더 묘하다.

━

若見不見, 自然非彼不見之相. 若不見吾不見之地, 自然非物, 云何非汝? 又則汝今見物之時, 汝旣見物, 物亦見汝, 體性紛雜, 則汝與我, 幷諸世間, 不成安立. 阿難! 若汝見時, 是汝非我, 見性周遍, 非汝而誰? 云何自疑汝之眞性? 性汝不眞, 取我求實.

━

"만약 내가 보지 않은 곳을 본다면 자연히 이것은 내가 보지 않은 모습이 아니다. 만약 내가 보지 않은 곳을 볼 수 없다면, 이 보는 것[見]은 자연히 사물이 아니니 어찌하여 너의 것이 아니라고 하는가? 그리고 네가 지금 물체를 볼 때 네가 물체를 보면 물체도 너를 보게 되는데, 그러면 체성이 어지럽게 뒤섞여서 너와 나, 아울러 모든 세간이 성립될 수 없을 것이다. 아난아! 만약 네가 볼 때 네가 보는 '보는 성품'은 너의 것이지 나의 것이 아니다. 보는 성품은 온 법계에 두루하여 있는데, 너의 것이 아니면 누구의 것인가? 어찌하여 너는 스스로 너의 참된 성품을 의혹하여 너의 성품이 참되지 않다고 도리어 나에게 진실을 구하는가?"

━

이전에 아난 네가 언제나 의혹을 품고 말하기를, 이 보는 것과 물체를 함께 섞어 구별을 못했는데, 지금 나는 너에게 말한다. 네가 '내가 보지 않은' 곳을 볼 수 없다면, 내가 보고 안 보는 것을 너는 알 수가 없을 것이다. 왜냐하면 나의 보는 것은 형상이 없기 때문에 너는 볼 수 없는 것이다. 네가 볼 수 없는 것이므로 자연히 이 보는 것은 물체가 아니며 사물이 아니다.

물건이 아니며 그것은 보는 성품[見性]이다. 보는 성품은 물건이 아니다. 중국인이 다른 사람을 욕할 때 "너는 물건이 아니다![你不是東西]"라고 한다. 사실 "물건이 아니다"라고 하는 속에는 매우 묘한 뜻이 함축되어 있지만 일반인들은 단지 이런 뜻을 이해하지 못하고 있다. 물건이 아니면 그것은 바로 '보는 정[見精]'이다. 왜 "물건이 아니다"라고 말하는지를 그 미묘한 뜻을 아난은 이해하지 못한다. 그는 바로 『능엄경』을 이해하지 못하기 때문이다. 만약 『능엄경』을 이해한다면 그는 바로 이렇게 알아챌 것이다. "아, 물건이 아니면 진정한 우리 자신의 보는 성품이구나!"

자연히 물체가 아니다[自然非物]라고 하는 것도 앞에서 말한 "돌려보낼 수 있는 모든 것은 자연히 네가 아니다[諸可還者, 自然非汝]."와 같은 뜻이다. 다른 사람에게 돌려보낼 방법이 없는 것은 너의 것이 아니면 누구의 것이냐? 이곳의 뜻도 앞의 경문의 뜻과 그 도리는 같은 것이다. 따라서 말하기를, 네가 볼 수 있는 것은 당연히 물체이며, 네가 볼 수 없는 것은 자연히 사물이 아니다. 그러면 지금 네가 보지 못하는 그 보는 성품은 다른 사물과 함께 합할 수 없다. 따라서 그것은 사물과 함께 합할 수 없으므로 이것은 누구의 것인가? 생각해 보라! 참구해 보라!

참선을 하는 사람은 화두를 참구하는 것을 중시하는데, 이것도 화두이다. 물체가 아니면 그것은 누구(무엇)인가? "염불하는 자가 누구인가?" 이 또한 이것을 참구하는 것이다. 또한 바로 이곳의 도리를 말하는 것이다. 이곳에서 당신이 이 보는 성품을 이해한다면, "아, 이 보는 성품은 원래 가는 것도 아니고 오는 것도 아니구나! 원래 불생불멸하는구나! 원래 원융무애한 것이구나!"라고 알 것이다. 당신 자기의 보는 성품이 진정한 자기라는 것을 알 것이다. 따라서 "너의 것이 아니면 누구의 것인가?"라고 말하는 것이다.

석가모니 부처님께서는 말씀하시기를, 네가 이미 나의 보는 성품을 볼 수 없다면, 이 보는 것은 형상이 없다. 그러면 도대체 본 성품이 있는 것인가 없는 것인가? 이 보는 성품은 여전히 있는 것이다. 그러나 비록 있지만 그것은 모습이 없으며 형체가 없으며, 돌려보낼 곳이 없는데, 너는 어떻게 이것이 너의 것이라고 인정하지 않는가?

又則汝今見物之時, 汝旣見物, 物亦見汝, 體性紛雜   만약 네가 또 집착하여 너의 이 보는 것이 반드시 물체라고 말한다면, 네가 지금 물체를 볼 때 네가 사물을 볼 수 있으면, 사물도 너의 보는 성품을 볼 수 있을 것이다. 그러면 체성이 어지럽게 뒤섞여진다.
혹은 아난은 이렇게 말할 것이다. "마치 두 사람과 같이 당신도 나를 보고 나도 당신을 본다." 그러나 사람과 사람은 당신이 나를 보면 나도 알고, 내가 당신을 보면 당신도 안다. 그러나 물체가 당신을 볼 때 그 물체는 아는가 모르는가? 이 보는 성품이 물체라고 너는 말하는데, 그러면 그것이 다른 사물을 볼 때 다른 사물은 아는가 모르는가?
다시 덧붙여 이야기하자면, 당신이 당신의 보는 성품이 사물이라고 인식한다면 다른 사물도 마땅히 보는 성품이 있을 것이며, 너의 보는 성품을 볼 것이다. 그렇다면 당신이 물체를 볼 때 물체도 너를 볼 수 있을 것이며, 이렇게 서로 볼 수 있으면 도대체 누가 누구를 보는 것인가? 어떤 것이 어떤 것을 보는가? 근본적으로 구별이 되지 않는다. 따라서 "체성이 어지럽게 뒤섞이다[體性紛雜]."고 한 것이다. 이것은 근본적으로 어지러운 것이다.

則汝與我, 幷諸世間, 不成安立 이미 체성이 어지럽게 뒤섞이게 되면 지금 심지어 너와 나의 신체, 그리고 모든 세간이 서로 용납할 수 없게 될 것이다. 이 세계의 모든 것이 세계를 이룰 수 없게 될 것이다. 이 뜻도 이러한 것이다. 세간은 유정세간(有情世間)과 기세간(器世間)으로 나누는데, 유정세간은 우리 사람을 포함한 모든 유정을 말하며, 기세간은 산하대지와 건물을 가리킨다. 무엇을 정보(正報), 의보(依報)라고 하는가? 정보란 바로 정당한 인과응보로 받은 우리의 신체를 말하며, 의보란 우리가 의지하는 산하대지와 건물을 가리킨다. 즉 일체의 중생이 생존하기 위하여 의존하는 것을 의보라고 말한다.

若汝見時, 是汝非我, 見性周遍, 非汝而誰 만약 네가 사물을 볼 때 네가 보는 '보는 것'은 바로 너의 보는 것이며 나의 보는 것이 아니다. 이 보는 성품은 온 법계에 두루한 것으로서 너도 보는 성품을 가지고 있고, 나도 보는 성품을 가지고 있으며, 어떠한 사람도 보는 성품을 가지고 있다. 이것은 부처와 같은 성인(聖人)의 분상에서 조금도 늘어나지 않고, 범부의 지위에서도 조금도 줄어들지 않는다. 묘한 점은 바로 이곳에 있다. 각 사람은 모두 그의 보는 정[見精]을 가지고 있다. 기왕 이렇게 법계에 두루하다면, 당신이 이 보는 성품을 받아들이지 않는다면 당신은 그것을 누구에게 주려고 생각하는가? 당신이 이 보는 성품을 감히 승인하지 않는다면 이것은 누구의 것인가? 이때 아난은 또 말문이 막혔다.

云何自疑汝之眞性　왜 너는 자기의 참된 물건을 의혹하려고 하는가? 너 자기의 것을 인정하지 않고 의혹의 마음을 낸다. 무엇을 의혹하는가? 너는 너의 그 진실한 보는 성품이 너 자신의 것이 아니라고 의혹하는 것이다.

性汝不眞, 取我求實　너의 그 참된 성품은 조금도 거짓이 없는데, 너는 도리어 너의 보는 성품이 참되지 않다고 생각하며 의심을 하면서 오히려 나로 하여금 이 보는 성품이 너의 것인가 아닌가를 증명하게 하는구나. 너의 이런 생각은 더욱 멀어지니 매우 가련하구나! 부처님은 이때 방법이 없었다. 마치 나의 제자가 말을 안 들어 나도 방법이 없는 것과 같았다. 이때 부처님께서 이렇게 많은 도리를 설명하였지만 아난은 듣지 않고 설명할수록 더욱 이해하지 못하므로 따라서 부처님도 방법이 없는 것이다.

(7) 보는 성품은 장애가 없다

▬

阿難白佛言. 世尊! 若此見性, 必我非餘. 我與如來, 觀四天王勝藏寶殿, 居日月宮, 此見周圓, 遍娑婆國. 退歸精舍, 祇見伽藍. 淸心戶堂, 但瞻簷廡.

▬

아난이 부처님께 말하였다. "세존이시여! 만약 이 보는 성품이 반드시 나의 것이며 다른 것이 아니라고 한다면, 저는 여래와 함께 사천왕의 뛰어난 보배궁전을 보고 일궁과 월궁에서 세상을 보면 이 보는 것은 주위가 툭 트여 막힘이 없었는데, 사바세계에 이르러 기원정사로 돌아오면 단지 가람만 보이며, 가람 안에서 보이는 것은 단지 처마만 보입니다."

清心戶堂, 但瞻簷廡 여기서의 청심은 사람의 마음을 가리키는 것이 아니라 청정한 정사의 중간을 뜻한다. 즉 정사의 중간에서 보면 단지 처마만 보인다는 뜻이다.

世尊! 此見如是, 其體本來周遍一界. 今在室中, 唯滿一室, 爲復此見, 縮大爲小? 爲當牆宇, 夾令斷絶? 我今不知, 斯義所在. 願垂弘慈爲我敷演.

"세존이시여! 이 보는 것이 이와 같이 그 체는 본래 한 세계에 두루 걸림이 없는데, 지금 방 안에서 보면 오직 하나의 방만 보이므로 이 보는 것이 큰 것에서 작은 것으로 축소되었으며, 벽에 의하여 단절되었습니다. 저는 지금 이 뜻이 어떠한 것인지 모르겠습니다. 큰 자비로 저를 위하여 명확하게 설명하여 주십시오."

■

此見如是, 其體本來周遍一界. 今在室中, 唯滿一室. 이
보는 것이 이와 같이 하늘에서는 막힘이 없이 두루 보였는데, 방 안으
로 들어오니 방 하나밖에 보이지 않습니다. 즉 이 보는 체는 본래 하
나의 허공세계에 두루하였으나 지금 현재 방에 들어오니 이 보는 것
이 축소되어 단지 방만 보인다는 뜻이다.

爲復此見, 縮大爲小 그러니 이 보는 것이 다시 큰 것에서
작은 것으로 축소된 것은 아닙니까? 그러면 이 보는 것은 도대체 어
떻게 축소되는 것입니까? 저는 이러한 도리를 이해하지 못하겠습니
다. 아난은 이 보는 것을 다시 하나의 물건으로 만든 것이다.

그는 언제나 생각하기를, 하나의 비유로써 부처님과 변론하여 반
드시 부처님을 이겨 그의 이론이 성립되지 않도록 하면 이것은 자기
의 이론이 맞다는 것을 나타내므로 부처님은 인증을 해 주실 것이라
고 생각하는 것이다. 아난의 심리는 이러한 것이다. 내가 무엇을 말해
도 부처님 당신께서는 맞지 않다고 말씀하시니, 나는 반드시 맞는 이
론을 찾아서 당신께 보이겠다는 것이다.

爲當牆宇, 夾令斷絶 방으로 들어오니 벽에 의하여 나의 이
보는 것을 단절하였다는 것이다.

여기서 내가 여러분들에게 재미있는 이야기를 하나 하겠다. 중국
에서 어떤 사람이 어린 학생을 가르치는데, 그의 부모는 매우 돈이 많
아 학문이 높은 선생님 한 분을 청하여 자식을 가르치게 했다. 그 부
모는 선생에게 말하기를 "당신은 너무 엄격하게 할 필요는 없으며, 단

지 하루에 한 글자씩을 가르쳐 주면 됩니다."라고 하였다. 이 선생은 그것은 아주 쉬운 일이라고 말하였다. 선생은 첫날 일(一) 자를 쓰면서 아이에게 말하기를 "너 보아라. 이렇게 한 번 옆으로 그으면서 쓰면 일(一) 자라고 한다."고 가르쳤다. 이 아이는 매우 어리석었으나, 며칠을 가르치자 학생은 잊지 않고 일(一) 자를 기억하였다.

어느 날 학생의 부모는 선생을 청하여 식사를 대접하였는데, 선생은 매우 자만하면서 말하였다.

"당신은 이 애가 매우 어리석다고 말하지만 내가 가르쳐 보니 아이는 매우 총명하여 글자를 압니다."

주인은 기뻐하면서 말하였다.

"무슨 글자를 압니까? 시험삼아 한번 봅시다."

그 선생은 정원의 땅에다 한 획을 그어서 일(一) 자를 쓰면서 아이에게 물었다.

"이것이 무슨 글자지?"

아이는 한참을 보더니 모르겠다고 대답하였다. 선생은 말하였다.

"내가 매일 너에게 가르치지 않더냐, 이것이 일(一) 자라고."

아이는 대답하였다.

"선생님께서 저에게 가르친 일(一) 자는 이렇게 크지 않았습니다."

아난도 이 어린애와 같이 밖에서 보는 것은 컸는데, 방 안으로 들어오니 왜 이렇게 작아졌는지를 묻는 것이다. 이것은 벽이 나의 이 보는 것을 단절시킨 것은 아닌지를 말하는 것이다.

我今不知, 斯義所在 저는 지금 모르겠습니다. 이것은 어떻게 된 것입니까? 이 보는 것은 도대체 어째서 컸다 작아졌다 하는 것입니까? 저는 그것을 축소하지 않았는데 그것은 어째서 작아졌습니까? 저는 이러한 도리를 이해하지 못하겠습니다.

願垂弘慈爲我敷演　부연(敷演)이란 명료하게 분석하는 것을 뜻한다. 큰 자비심으로 저를 위하여 이런 도리를 더욱 상세하게 설명해 주시기를 원한다는 뜻이다.

━

佛告阿難. 一切世間, 大小內外, 諸所事業, 各屬前塵, 不應說言, 見有舒縮. 譬如方器, 中見方空. 吾復問汝, 此方器中, 所見方空, 爲復定方, 爲不定方? 若定方者, 別安圓器, 空應不圓. 若不定者, 在方器中, 應無方空. 汝言不知斯義所在. 義性如是, 云何爲在?

━

부처님께서 아난에게 말씀하셨다. "일체 세간의 크고 작은 것과 안과 밖에 있는 모든 형상은 각각 눈앞의 티끌의 모습이다. 그러므로 보는 성품이 신축성이 있다고 말해서는 안 된다. 비유하면 모가 난 그릇은 그 안에 모가 난 허공의 모습이 보이는 것과 같다. 내가 다시 너에게 묻겠다. 이 모가 난 그릇 가운데서 보이는 모가 난 허공은 반드시 모가 난 모습인가, 모가 나지 않은 모습인가? 만약 반드시 모가 난 것이라면 그것을 별도로 둥근 그릇에 놓으면 그 허공은 마땅히 둥글지 않아야 할 것이다. 만약 반드시 모가 난 것이 아니라면 모가 난 그릇 가운데서 마땅히 모가 난 허공은 없어야 할 것이다. 너는 이 뜻이 어떠한 것인지를 모른다고 말했는데, 이 뜻, 도리는 이와 같으니, 어찌하여 보는 성품이 어디에 있느냐고 묻느냐?"

■

此方器中, 所見方空, 爲復定方, 爲不定方 이것은 네가 만약 보는 것이 신축하는 성질이 있다고 한다면 나는 지금 모가 난 그릇을 가지고 비유해 보겠다. (보는 성품을 空에 비유함) 이 모가 난 그릇 안의 공은 모가 난 것이다. 그러면 이 모가 난 그릇 속의 공의 성품은 모가 난 허공으로 변하는 것인가? 만약 모가 난 것이라고 한다면 이 모가 난 허공과 일반의 허공은 함께 합쳐질 수 없을 것이다. 따라서 이 허공은 반드시 모가 난 허공으로 되는 것인가, 아니면 반드시 모가 나지 않는 허공으로 되는가라고 묻는 것이다. 만약 모가 나지 않는 허공이라면 그것은 두루 보편적인 것이다. 이것은 너의 보는 것과 같은 것이다. 너는 왜 그것이 크거나 작게 되는 신축성이 있다고 의혹하는가?

若定方者, 別安圓器, 空應不圓 별안(別安)이란 다르게 바꿔 놓는 것을 뜻한다. 만약 이 모가 난 공간이 일정하다고 한다면 다시 그것을 둥근 그릇에 바꿔 놓으면 이 둥근 그릇 안의 공은 반드시 둥근 허공이 아니고 모가 난 허공일 것이다.

若不定者, 在方器中, 應無方空 만약 이 허공의 위치가 일정하지 않다면 모가 난 그릇 안에서 이 공의 위치는 반드시 모가 난 것은 아닐 것이다. 어째서 그것은 모가 난 것으로 변하는가?
부처님께서는 아난에게 이 공(空)은 도대체 모가 난 것인가, 둥근

것인가를 묻는 것이다. 이 공은 보는[見] 것을 비유한다. 이 보는 것이
커지고 줄어드는가? 이 허공이 모가 나고 둥근 것인가? 아난은 이 문
제에 더욱 대답하기가 어려워지고 더욱 멍청하게 되었다.

　　義性如是, 云何爲在　사실 이 보는 성품[見]과 공(空)의 도리
는 같은 것이다. 이 허공이 도대체 모가 난 것인가, 둥근 것인가? 내
가 지금 말하는 공의 뜻과 도리는 이와 같은 것이다. 네가 묻는 보는
성품의 도리도 이 공과 같은 것이다. 이 보는 성품은 도대체 큰 것에
서 작은 것으로 변하는 것인가? 벽에 의하여 단절될 수 있는 것인가?
이 도리는 이미 명확하게 답을 한 셈이다. 너는 지금 이 공의 도리를
이해한다면 어째서 이 보는 성품이 어느 곳에 있느냐고 물을 수 있는
가? 보는 성품은 일체의 장소에 두루하는 것인데, 너는 어째서 말을
세워서[立言] 나에게 보는 성품이 어떤 곳에 있느냐고 반문하는가?

■

阿難! 若復欲令入無方圓, 但除器方, 空體無方. 不應說言, 更除虛空,
方相所在. 若如汝問, 入室之時, 縮見令小. 仰觀日時, 汝豈挽見, 齊於
日面? 若築牆宇, 能夾見斷. 穿爲小竇, 寧無續跡? 是義不然.

■

"아난아! 만약 네가 다시 이 허공을 모가 나고 둥근 그릇 속으로 들어
가지 않게 하려면 너는 단지 이 그릇을 제거하면 될 것이다. 이 허공의
체성은 모난 것이나 둥근 것이 없다. 그러므로 너는 허공 속에서 모가

난 형상을 제거한다고 말해서는 안 된다. 만약 네가 묻는 것처럼 방에 들어갈 때 보는 성품이 축소되어 작아진다면, 태양을 볼 때 너는 어찌 보는 성품을 태양이 있는 그곳으로 보내는가? 만약 벽을 만들 때 이 벽이 보는 성품을 단절시키는가? 조그만 구멍을 관통하여 볼 때 어찌 이어진 흔적이 없는가? 그러므로 이 뜻은 그렇지 않다."

不應說言, 更除虛空, 方相所在   따라서 아난 너는 이렇게 말하면 안 될 것이다. 이 허공에서 모난 형상을 제거해야 한다고 말해서는 안 된다는 뜻이다. 허공은 근본적으로 모난 것이 없으며, 둥근 것도 없다. 모가 나고 둥근 것은 그 그릇의 형상에 따라 존재하는 것이다. 이 그릇 바깥의 허공도 결코 그릇 안의 허공과 끊어진 것이 아니고 여전히 연결되어 있는 것이다. 너는 이 그릇이 이곳에서 막혀있다고 보기 때문에 그릇 속의 허공이 모가 나고 둥글다고 느끼는 것이다.

실제로 허공이 어떻게 둥근 것이 있고 모가 난 것이 있겠는가? 이 것은 또한 너의 보는 성품이 어떻게 큰 것이 작은 것으로 변할 수 있겠으며, 혹은 장벽으로 단절될 수가 있겠는가? 이러한 도리는 없는 것이다. 그러니 너는 이렇게 말하면 안 된다고 아난을 책망하는 것이다.

若如汝問, 入室之時, 縮見令小   만약 네가 묻는 이런 도리와 같다면 방에 들어갈 때 이 보는 성품을 축소시켜 작게 만든다는 뜻이다. 마치 사진기와 같이 거리를 당기고 늘어뜨리는 것과 같이 한다는 것이다.

仰觀日時, 汝豈挽見, 齊於日面 지금 너는 얼굴을 들어 태양을 볼 때 너는 보는 성품을 태양이 있는 그곳으로 보내는가? 만(挽)이란 손으로 당기거나 늘어뜨리는 것을 말한다. 제어일면(齊於日面)이란 태양을 보는 것을 뜻한다. 결코 태양에 얼굴이 있다는 것이 아니다.

若築牆宇, 能夾見斷 만약 집을 지을 때 벽이 보는 성품을 끊을 수 있고 다시 이을 수 있는가?

穿爲小竇, 寧無續跡 소두(小竇)는 작은 굴을 말한다. 만약 이 벽에 작은 구멍을 뚫어 구멍을 관통하여 밖으로 가면 그것이 통하는 것을 볼 수 있다면, 이 작은 구멍이 통할 때 너는 어떻게 너의 보는 성품을 이을 것인가? 영무속적(寧無續跡)이란 하나의 노끈에 비유하면 네가 다시 그것을 이었을 때 그곳에는 하나의 매듭을 지어야 한다. 그러면 너의 보는 성품이 끊어졌을 때 너는 다시 그것을 이으면, 어떻게 하나의 흔적도 없는가? 그것을 이었을 때는 반드시 하나의 형상이 있을 것이다.

是義不然 그러므로 네가 말한 이 도리는 완전히 틀린 것이다.

중생은 물질을 자기로 착각하다

▬

一切衆生, 從無始來, 迷己爲物, 失於本心, 爲物所轉. 故於是中, 觀大觀小. 若能轉物, 則同如來, 身心圓明, 不動道場. 於一毛端, 遍能含受十方國土.

▬

"일체중생은 시작이 없는 때로부터 미혹하여 자기를 물질이라고 인식하여 본래의 참된 마음을 잃어버려 물질에 움직이게 되었다. 따라서 그 가운데서 큰 것을 보고 작은 것을 보게 된 것이다. 만약 능히 물질을 움직일 수 있으면 여래와 같아서 몸과 마음이 원명하여 여여부동(如如不動)한 도량(道場)이 될 것이며, 하나의 털끝에서 두루 시방의 국토를 용납할 수 있을 것이다."

▬

一切衆生, 從無始來, 迷己爲物   일체의 중생은 시작이 없는 때로부터 자기를 미혹시켰다. 어떻게 미혹되었는가? 자기를 물질이라고 생각하고 그 물질은 본래 자기 진심 속의 물건이라는 것을 모르는 것이다. 자기는 물질에 의하여 움직이며 물질을 움직일 수 없었다.

失於本心, 爲物所轉   따라서 이 본심은 본래 잃은 것이 아닌데, 마치 잃은 것과 같이 자기에게 본심이 있는 것을 모른다. 본래 이 상주하는 참된 마음이 물질에 움직이게 된 것이다. 여기서 물(物)이란 일체의 바깥 경계, 사물을 뜻한다.

若能轉物, 則同如來　만약 바깥의 경계를 움직일 수 있으면, 여래와 같은 것이다. 어떻게 하면 이렇게 될 수 있는가? 우리들은 모두 물질에 움직이고 물질을 움직일 수 없기 때문이다.

어떠한 것을 물질에 움직인다고 하는가? 바로 어떤 경계를 보고 그 경계에 사로잡히는 것이다. 당신이 그 경계에 사로잡히기 때문에 그 사물과 도망가는 것이다. 그리하여 당신의 자기 성품은 주재함을 잃고 외부의 경계로 달려가는 것이다. 달릴수록 더욱 멀어지며, 멀어질수록 더욱 달리게 된다. 마치 어떤 길을 잃은 사람이 길을 찾지 못하면 더욱 초조해지고, 초조해지면 더욱 길을 잃게 되는 것과 같다.

물질을 움직인다는 것은 물질과 같이 가는 것이 아니라 물질로 하여금 자기를 따라오게 하는 것이다. 물질이란 스스로 뛰어가지 못하는데, 어떻게 우리를 따라오겠는가? 당신이 자기의 진심을 깨달으면 이 모든 외부의 경계는 모두 오직 마음의 드러남이며, 당신 자기의 마음속에서 나타나는 물건이다. 이 사물과 당신은 본래 떨어진 것이 아니다. 당신이 만약 일체유심조(一切唯心造)와 유심소현(唯心所現)의 이러한 경계를 깨달으면 사물을 움직일 수 있다.

사물에 의하여 움직여지는 사람이 되려면 "깨달음을 등지고 외부의 사물과 합치는[背覺合塵]" 길로 가는 것이다. 배각합진이란 깨달음의 도리를 위배하고 외부의 사물과 합작하는 것을 말한다. 그러나 만약 사물을 움직이는 사람이 되려면 "사물을 등지고 깨달음과 합하는[背塵合覺]" 길로 가야 할 것이다. 사실 이 두 가지의 길은 손바닥을 뒤집는 것처럼 쉽다. 당신이 깨달음의 길을 이해하고 돌아오면 바로 부처가 되는 것이다. 우리가 만약 자기의 진심을 이해하면 여래와 같이 되는 것이다.

身心圓明, 不動道場 당신의 몸과 마음이 원명하면 이때 당신은 곳곳이 도량이며 삼라만상이 모두 법신이다. 몸과 마음은 어떻게 원명해지는가? 당신이 깨달음을 얻기 때문에 여래와 같은 것이다. 따라서 당신에게도 광명이 있으며, 특별히 원만해진다.

무엇을 도량이라 하는가? 바로 수도하는 곳이다. 마치 부처님께서 보리수 아래에서 수행하여 깨달았는데, 이것을 보리도량(菩提道場)이라 하는 것과 같다. 당신이 만약 사물을 움직일 수 있으면 곳곳이 모두 법신이며, 곳곳에서 모두 여여부동하게 된다.

움직이지 않는다(不動)는 것은 바로 선정력이 있다는 것이다. 부동도량이란 선정력이 있는 도량을 말한다. 무엇 때문에 사물을 움직이는가? 바로 선정력이 있기 때문이다. 어떤 선정이 있는가? 바로 능엄의 선정력 즉 능엄대정(楞嚴大定)이 있는 것이다.

於一毛端, 遍能含受十方國土 땀구멍의 한 털끝에서 두루 시방의 국토를 완전히 용납할 수 있는 것이다. 불법이란 이렇게 묘한 것이다. 당신이 불법을 이해하지 못하는 것도 이곳이다. 털끝의 작은 곳에서 시방의 국토를 나타내는 이런 경계는 당신이 만약 부처의 지혜의 눈(佛眼)을 열게 되면 명료하게 볼 수 있을 것이며, 이러한 신통묘용(神通妙用)을 가지게 될 것이다. 따라서 뒤에서는 이렇게 말한다. "한 털끝에서 보왕의 불국토를 나타내며, 미진 속에서 큰 법륜을 굴린다(於一毛端現寶王刹, 坐微塵裏轉大法輪)." 한 알의 미진 속에 앉아 법륜을 굴리며 중생을 교화한다는 것이다.

이런 도리는 특별히 묘하여 당신이 만약 오랜 시간 불법을 배워야 비로소 이런 묘한 뜻을 이해할 수 있을 것이다. 내가 지금 어떤 비유를 해도 당신은 여전히 이런 도리를 받아들일 수 없을 것이다. 따라서 지금은 단지 이 문장의 뜻을 설명할 따름이다.

(8) 보는 성품은 분리할 수 없다

阿難白佛言. 世尊! 若此見精, 必我妙性. 令此妙性, 現在我前, 見必我眞. 我今身心, 復是何物? 而今身心, 分別有實. 彼見無別, 分辨我身. 若實我心, 令我今見. 見性實我, 而身非我? 何殊如來, 先所難言 物能見我? 惟垂大慈, 開發未悟.

아난이 부처님께 말하였다. "세존이시여! 만약 이 보는 정이 반드시 나의 묘한 성품이라면, 지금 이 묘한 성품이 내 앞에 나타나는데, 만약 보는 성품이 정말로 나의 진심이라고 하면, 나의 지금 이 몸과 마음은 다시 어떤 물건입니까? 그러나 지금 나의 몸과 마음이 분별하는 것은 실재합니다. 그러나 저 보는 성품은 나의 신체를 분별하지 못합니다. 만약 보는 성품이 실제로 나의 참된 마음이라면 그것은 나로 하여금 이 신체를 볼 수 있게 할 것입니다. 보는 성품이 진실로 나라고 한다면 이 몸은 나의 것이 아닙니까? 그러면 이것은 여래께서 이전에 말씀하신 '보는 성품이 만약 물질이라면 이 물질은 마땅히 나를 볼 수 있을 것이다.' 하신 어려운 말씀과 어떤 차이가 있습니까? 오직 부처님의 대자비로 이런 도리를 이해하게 해 주시기 바랍니다."

若此見精, 必我妙性. 令此妙性, 現在我前   만약 이 보는
견정(見精)이 반드시 나의 묘한 성품이라면, 지금 나의 이 묘한 성품이
내 앞에 나타날 것이다.

見必我眞. 我今身心, 復是何物   그러면 나의 이 보는 성품
은 내 앞에 있는데, 그것은 마땅히 나를 볼 수 있을 것이다. 만약 이
보는 성품이 정말로 나의 진심이라면, 나의 지금 이 몸과 마음은 다시
어떤 물건인지를 묻는 것이다.

而今身心, 分別有實. 彼見無別, 分辨我身   그러나 지금
나의 몸과 마음은 분별함이 있으며, 이것은 실재하는 물건이다. 그러
나 나의 저 보는 성품은 분별함이 없으며, 나의 이 몸을 분별할 수 없
다는 뜻이다.

若實我心, 令我今見. 見性實我, 而身非我   만약 이 보는
성품이 실제로 나의 진심이라면 그것은 나로 하여금 이 몸을 볼 수 있
게 할 것이다. 그러면 보는 성품은 비로소 나의 것이 될 것이며, 나의
이 몸은 나의 것이 아닌가? 왜냐하면 내가 보기 때문에 그것(보는 성품)
이 정말로 나의 것이라는 것을 안다. 만약 이 보는 성품이 나를 볼 수
있으면, 나의 이 신체는 나의 것이 아니고 그것은 다시 하나의 사물로
변할 것이다.

何殊如來, 先所難言, 物能見我   하수(何殊)란 어떤 차이가

있느냐는 뜻이다. 이것은 세존께서 이전에 저에게 어려운 질문을 하실 때 하신 말씀, 즉 "보는 성품이 만약 물질이라면, 이 물질은 마땅히 나를 볼 수 있을 것이다."라는 말씀과 어떤 차이가 있느냐는 뜻이다. 현재 이 보는 성품이 만약 내 앞에 있다면, 이것은 부처님께서 이전에 말씀하신 그 도리와 같은 것이라는 말이다.

━

佛告阿難. 今汝所言 見在汝前 是義非實. 若實汝前, 汝實見者, 則此見精, 旣有方所, 非無指示.

━

부처님께서 아난에게 말씀하셨다. "지금 네가 말한 보는 성품이 너의 앞에 있다는 말은 그 뜻이 실재하지 않다. 만약 보는 성품이 실제로 너의 앞에 있다고 한다면, 네가 실제로 볼 수 있는 이 견정(見精)은 여전히 존재하는 장소(위치)가 있게 될 것이며, 그러면 가리키고 표시함이 없지 않을 것이다."

━

아난은 지금 이러한 문답 가운데서 미혹한 가운데 더욱 미혹하였다고 말할 수 있을 것이다. 왜 그가 이렇게 하는가? 사실 아난 존자는 결코 미혹하지 않았으며, 하지만 그는 이러한 미혹된 정황을 시현하여 일체중생으로 하여금 미혹되지 않게 하려는 것이다. 또한 중생에게 하나의 모범을 보여 중생으로 하여금 아난과 같은 미혹함을 보고 깨닫게 하려는 것이다. 그러면 우리는 지금 이 경전의 뜻을 보면서 어떤 사람은 아난보다 총명하면 미혹되지 않을 것이다. 바로 이러한 뜻이 있는 것이다.

앞에서 아난은 이 보는 것이 자기의 앞에 있다고 하면서, 그러면 자기의 신체와 아무런 관계가 없다고 하였는데, 그래서 부처님께 이러한 도리를 설해 주실 것을 청한 것이다.

今汝所言 見在汝前 是義非實　네가 지금 한 이 말은, 즉 볼 수 있는 성품이 너의 앞에 있다고 말했는데, 이 뜻은 사실이 아니라는 것이다. 이러한 생각은 완전히 틀렸다고 아난을 질책하는 것이다.

若實汝前, 汝實見者, 則此見精, 旣有方所, 非無指示　만약 보는 성품이 진실로 너의 앞에 있다고 한다면, 네가 실제로 볼 수 있는 이 견정은 여전히 장소, 위치가 있게 될 것이다. 이미 장소가 있게 되면 표시함이 없는 것이 아니다. 그러나 너는 무엇으로써 이 보는 목표 또는 기호를 삼아 보는 성품을 표시하여 너로 하여금 그것이 너의 앞에 있다고 알게 할 것인가? 방소(方所)란 일정한 위치를 말하며, 지시(指示)란 바로 목표 혹은 기호를 뜻한다. 근본적으로 너는 지금 이 보는 성품을 보지 못하고 있으므로 아난 네가 하는 말은 맞지 않다는 것이다.

▬

且今與汝坐祇陀林, 遍觀林渠, 及與殿堂, 上至日月, 前對恒河. 汝今於我師子座前, 擧手指陳, 是種種相. 陰者是林, 明者是日. 礙者是壁, 通者是空. 如是乃至草樹纖毫, 大小雖殊, 但可有形, 無不指著.

■

"지금 너와 함께 기타의 숲에 앉아서 두루 숲과 물이 있는 구거, 그리고 사원의 전당을 보고 있으며, 위로는 태양과 달을 보고, 앞으로는 항하의 강을 대하고 있다. 너는 지금 나의 사자좌 앞에서 손을 들어 앞에 존재하고 있는 갖가지의 모습을 가리킨다. 그늘진 곳은 숲이며, 밝은 곳은 태양이 비치는 곳이며, 막힌 곳은 벽이며, 장애가 없이 통하는 곳은 허공이다. 이와 같이 심지어 풀과 나무, 미진, 털 등등 크고 작은 것이 비록 다르지만 모두 형상이 있으며, 가리킬 수 있는 대상이 아님이 없다."

■

大小雖殊, 但可有形, 無不指著   위에서 언급한 여러 형상은 큰 것, 작은 것, 높은 것, 낮은 것 등 각각의 형상이 비록 같지 않지만, 그러나 각자의 형상이 있으며, 이 모든 형상이 있는 것은 가리킬 수 있다. 그것은 모두 머무르는 모습이 있으므로 어떤 물건이 너의 견(見)인가?

앞에서 여러 번 이 견(見)에 대하여 설명하였으나, 아난은 이해하지 못하고 지금도 여전히 이 견(見)을 말하고 있다. 열 번 보는 성품을 설명하는 것은 이 보는 성품은 불생불멸하며 가고 옴이 없다는 것을 드러낸다. 아난은 당시 이미 이해하였을지라도 중생을 위하여 법을 청하는 것이다. 왜냐하면 중생은 여전히 이해하지 못하는 것이 많기 때문이다. 이것은 마치 연극을 하는 것처럼 한 사람은 노래를 하고 한 사람은 화답을 하는 것과 같이 아난 존자는 석가모니 부처님과 함께 보는 성품을 연구하는 것이다.

■

若必其見, 現在汝前. 汝應以手, 確實指陳, 何者是見? 阿難當知, 若空是見, 旣已成見, 何者是空? 若物是見, 旣已是見, 何者爲物? 汝可微細披剝萬象, 析出精明淨妙見元, 指陳示我, 同彼諸物, 分明無惑.

■

"만약 반드시 보는 성품이 너의 앞에 놓여 있다고 한다면, 너는 마땅히 손으로 확실하게 무엇이 보는 것인가를 가리킬 수 있을 것이다. 아난은 마땅히 알아야 한다. 만약 허공이 보는 성품이라면 이미 보는 것을 이루었으니 무엇이 허공인가? 만약 물질이 보는 성품이라면 기왕 그것은 이미 보는 것이 되었으니 무엇이 물질인가? 너는 만물의 모습을 미세하게 쪼개고 벗겨서 정명하고 정묘한 본래의 보는 성품을 분석하여 나에게 가리켜 알려다오. 너는 너의 보는 성품을 저 모든 물질과 같이 분명하게 가리켜 한 점의 의혹이 없게 해 다오."

■

若必其見, 現在汝前 만약 네가 반드시 너의 보는 것이 물질이라서 그것이 너의 앞에 놓여 있다고 말한다면, 즉 이 보는 것이 너의 앞에 있다고 말한다면, 당연히 마치 물건과 같아서 그곳에 진열할 수 있을 것이다.

汝應以手, 確實指陳, 何者是見 그러면 너는 지금 당연히 너의 손으로 확실하게 어떤 것이 견(見)인지 가리킬 수 있을 것이다. 너의 앞에 있는 어떤 것이 견(見)인가? 빨리 말해 봐라! 아난은 말할 수 없었다. 왜 그런가? 그는 파악한 바가 없었으며, 다시 하나의 이유를 생각해 내려고 하지만 생각이 나지 않았다. 그래서 할 말을 잊은 것이다.

若空是見, 旣已成見, 何者是空 만약 네 앞에 있는 허공이 너의 견(見)이라고 한다면, 너는 이미 그것이 견(見)이라고 생각하면 마땅히 허공이라는 이름이 있으면 안 될 것이다. 어떤 것이 또 허공인가? 보는 것이 있으면 응당 허공이 있으면 안 된다. 허공은 또 어떤 곳으로 도망갔는가? 너는 빨리 말해 봐라!

若物是見, 旣已是見, 何者爲物 만약 네가 보는 것이 허공이 아니고 물건이라고 말한다면, 즉 내 앞에 보이는 이 물건, 이 물질이 모두 나의 보는 성품[見]이라고 말한다면, 그것은 이미 보는 견(見)으로 변하였기 때문에 그러면 무엇이 물질인가? 왜냐하면 물질이 만약 너의 견(見)이라면 마땅히 물질이라는 이름이 있으면 안 될 것이며, 응당 너의 견(見)이라고 말해야 할 것이다. 그러면 지금 물질이라는 이름이 없으니, 도대체 물질은 또 무엇인가? 어떤 것이 또 물질인가? 빨리 말해 봐라. 이것은 정말로 당면에서 아난을 핍박하여 묻는 것이다.

汝可微細披剝萬象 지금 너는 자세하게 특별히 너의 머리를 써서 연구해 봐라. 너는 멍청하게 어지러운 말을 해서는 안 되며, 생

각하지 않고 나의 문제에 답해서는 안 될 것이다. 너는 지금 정신을 고요하게 하여 만사 만물의 형상을 분석해 보아라. 피(披)는 칼로써 쪼개는 것이며, 박(剝)은 칼로써 조금씩 껍질을 벗기는 것을 뜻한다.

析出精明淨妙見元, 指陳示我   너는 그것을 명확하게 분석해 봐라. 정명하며, 가장 청정하고 가장 미묘하며, 본래의 보는 근원을 분석하여 나에게 드러내 봐라. 어떤 물질이 너의 보는 것인가? 진(陳)이란 어떤 곳에 진열하여 놓는 것을 말한다.

同彼諸物, 分明無惑   너는 너의 보는 것과 이 물질을 분명하게 가리켜 말하여 한 점의 의혹이 없게 해 봐라.

—

阿難言. 我今於此重閣講堂, 遠洎恒河, 上觀日月, 擧手所指, 縱目所觀, 指皆是物, 無是見者. 世尊! 如佛所說, 況我有漏初學聲聞, 乃至菩薩, 亦不能於萬物象前, 剖出精見, 離一切物, 別有自性.

—

아난이 말하였다. "저는 지금 이 이층의 큰 강당에서 멀리 항하의 강을 보고 위로는 해와 달을 보며, 손을 들어 가리키고 눈으로 둘러보는 것은 모두 사물이며 보는 정[見精]은 없습니다. 세존이시여! 부처님께서 말씀하신 바와 같이 하물며 저와 같은 유루의 초학의 성문과 내지 보살에 이르기까지 또한 만물의 모습 앞에서 보는 정을 해부할 수 없으며,

일체의 사물을 떠나서 별도로 자성이 있을 수 없습니다."

■

擧手所指, 縱目所觀, 指皆是物, 無是見者　내가 손을 들
어 가리키는 어떠한 물건과 혹은 눈으로 멀리 둘러봐서 보이는 사물은
모두 사물이며, 어떠한 물건도 능히 볼 수 있는 견정(見精)은 아니다.

亦不能於萬物象前, 剖出精見, 離一切物, 別有自性　무
루의 경지를 얻지 못한 초학의 성문으로부터 보살에 이르기까지 그
들도 만사 만물의 형상의 앞에서 보는 정을 해부하여 찾아낼 수 없다
는 뜻이다. 그것은 이 사물을 떠나서 별도로 보는 성품이 존재하지 않
는다는 뜻이다. 따라서 이 보는 정은 물질이 아니라고 아난은 말한다.

■

佛言. 如是, 如是! 佛復告阿難. 如汝所言, 無有見精, 離一切物, 別有
自性. 則汝所指, 是物之中, 無是見者. 今復告汝! 汝與如來, 坐祇陀
林, 更觀林苑, 乃至日月, 種種象殊, 必無見精, 受汝所指. 汝又發明此
諸物中, 何者非見?

■

부처님께서 말씀하셨다. "그렇고 그렇다!" 부처님께서 아난에게 다시
이르셨다. "네가 말하는 바와 같이 일체의 사물을 떠나서 별도로 자성
을 가지는 보는 정은 없다고 한다. 그러면 네가 가리키는 사물 가운데

는 보는 정이 없는 것이다. 지금 너에게 다시 말하고자 한다. 너와 여래가 기타의 숲에 앉아서 다시 숲과 정원을 보며 내지 해와 달 등 가지가지의 형상은 모두 같지 않은데, 이 모두는 반드시 네가 가리킬 수 있는 보는 정은 없다. 너는 다시 연구하여 이 모든 사물 가운데서 어떤 것이 보는 정이 아닌가?"

여러분 보세요. 부처님께서는 이번에는 더 어려운 말씀을 하십니다. 이전에는 이 사물이 보는 정이 아니라고 하였는데, 지금은 다시 아난에게 묻기를 어떤 사물이 보는 정이 아닌가? 따라서 『능엄경』의 이곳을 당신이 만약 명확하게 이해하지 못한다면 멍청하게 될 것이다.

阿難言. 我實遍見此祇陀林. 不知是中, 何者非見. 何以故? 若樹非見, 云何見樹? 若樹卽見, 復云何樹? 如是乃至, 若空非見, 云何爲空? 若空卽見, 復云何空? 我又思惟, 是萬象中, 微細發明, 無非見者.

아난이 말하였다. "저는 실제로 이 기타의 숲을 두루 보지만, 이 가운데 어떤 것이 보는 정이 아닌지는 모르겠습니다. 어째서 그러한가? 만약 나무가 보는 정이 아니라면 어찌하여 나무를 볼 수 있습니까? 만약 나무가 바로 보는 정이라면 또 어찌하여 나무라고 이름할 수 있습니까? 이러한 도리와 같이 내지 허공을 이야기하자면, 만약 허공이 보는 정이 아니라면 어찌하여 허공을 볼 수 있으며, 만약 허공이 보는 정이라면 또 어째서 허공이라고 합니까? 저는 다시 사유해 보면, 만물의 모습 가운데 상세하게 연구해 보면, 보는 정이 아닌 것은 없습니다."

—

何以故? 若樹非見, 云何見樹 무슨 까닭인가? 만약 이 나무가 보는 정이 아니라면 나는 왜 또 나무를 봅니까? 왜냐하면 만약 나무가 보는 정이 아니라면 나는 나무를 볼 수 없기 때문입니다. 따라서 나는 이 나무가 보는 정이 아니라고 말할 수 없습니다.

若樹卽見, 復云何樹 만약 내가 이 나무가 바로 보는 정이라고 한다면, 그러면 이 나무는 또 어디로 도망간 것입니까? 이 나무는 또 마땅히 무슨 이름으로 불러야 합니까? 아난은 나무에게 이름을 지을 수가 없었다. 만약 나라면 나는 곧 그것을 나무[木頭]라고 말하겠다! (상인과 제자들이 크게 웃었다)

如是乃至, 若空非見, 云何爲空 이와 같이 나는 이 나무는 형질이 있는 것을 말했는데, 그러면 지금 나는 형질이 없는 허공을 가지고 말해 보겠습니다. 내가 허공을 보는데, 만약 이 허공이 보는 정이 아니라면 나는 왜 또 허공을 볼 수 있습니까? 내가 보고 있는 공이 바로 보는 정입니다.

若空卽見, 復云何空 만약 내가 공이 바로 보는 정이라고 말한다면, 또 어째서 공이라고 합니까? 따라서 나는 이 도리를 어떻게 말할지를 모르겠습니다. 아난은 지금 입이 있어도 말을 할 수가 없었다.

是萬象中, 微細發明, 無非見者　이 만물의 모습 가운데 나
는 상세하게 생각하고 생각해 보니, 보는 것이 아닌 것은 아무것도 없
습니다. 그러므로 모든 물건은 보는 정입니다. 왜 그런가? 내가 보니
까! 이 모두는 보는 정이라는 뜻이다.

━

佛言. 如是, 如是! 於是大衆, 非無學者, 聞佛此言, 茫然不知, 是義終
始, 一時惶悚, 失其所守. 如來知其魂慮變慴, 心生憐愍. 安慰阿難及
諸大衆. 諸善男子! 無上法王, 是眞實語, 如所如說, 不誑不妄. 非末伽
梨, 四種不死, 矯亂論議. 汝諦思惟, 無添哀慕.

━

부처님께서 말씀하셨다. "이와 같고 이와 같다!" 이때 무학위에 이르
지 못한 대중들은 부처님의 이런 말씀을 듣고 망연히 이 뜻이 무엇인지
를 몰라 일시에 당황하여 이전부터 지켜 오던 견해를 잃었다. 여래께
서는 그들의 정신이 불안정함을 아시고 마음으로 연민의 마음을 내어
아난과 모든 대중을 안위하였다. "모든 선남자들이여! 무상의 법왕인
부처는 진실한 말을 하며 내가 말하는 도리는 합리적이며, 속이고 거
짓되는 말은 하지 않는다. 말가리의 외도들이 네 가지의 죽지 않는다
는 정확하지 않고 어지러운 논의와는 같지 않다. 여러분들은 깊이 사
유하여 걱정하지 말고 슬퍼하지 말라."

茫然不知, 是義終始, 一時惶悚, 失其所守 유학의 제자들
은 부처님의 이런 말씀을 듣고 이해하지 못하였다. 그들의 이전의 종지
(宗旨), 마음속에 품고 있던 견해가 지금은 모두 성립하지 않았으며, 모
두 무너졌다. 따라서 망연히 이런 도리의 시작과 끝을 알지 못하였다.
무엇을 말씀하는 것인지를 이해하지 못하여 일시적으로 두렵고 당황스
러웠다. 마치 그들이 이전부터 소유하고 있던 보물을 잃은 것 같았다.

非末伽梨, 四種不死, 矯亂論議 말가리는 외도의 하나로서
그는 네 가지의 이론을 가지고 있었다. 말가리는 번역하면 '도를 보지
못한(不見道)'이라 한다. 도를 보지 못했기 때문에 멍청한 길로 가는 것
이다. 그의 네 가지 이론은 부처님께서 말하는 도리와는 상반되므로
그의 이론은 정확하지 않다고 하시는 것이다. 그는 무엇을 말하는가?

(1) 변하기도 하고 항상하기도 한다[亦變亦恒].
(2) 더럽기도 하고 깨끗하기도 한다[亦垢亦淨].
(3) 생하기도 하고 멸하기도 한다[亦生亦滅].
(4) 증가하기도 하고 감소하기도 한다[亦增亦減].

부처님께서는 불생불멸을 이야기하는데, 그는 역생역멸을 말하
며, 부처님은 모든 것은 변하지 않으며, 변하지 않고 인연을 따르며,
인연을 따르면서 변하지 않는다[不變隨緣, 隨緣不變]고 하는데, 그는 변하
기도 하고 항상하기도 한다[亦變亦恒]고 한다. 이와 같이 그의 이론은
부처님의 도와는 서로 상반되는 것이다.

■

是時文殊師利法王子, 愍諸四衆, 在大衆中, 卽從座起, 頂禮佛足, 合
掌恭敬, 而白佛言. 世尊! 此諸大衆, 不悟如來發明二種精見色空, 是
非是義. 世尊! 若此前緣色空等象, 若是見者, 應有所指. 若非見者, 應
無所矚. 而今不知是義所歸, 故有驚怖.

■

이때 문수사리법왕자께서 사부대중을 불쌍히 여겨서 대중 가운데서
일어나 부처님의 발에 정례하고 공경히 합장하면서 부처님께 말씀하
셨다. "세존이시여! 이 모든 대중들은 여래께서 말씀하신 보는 정이
물질[色]인지, 공(空)인지 하는 두 가지의 도리가 맞는지 틀린지를 깨닫
지 못하고 있습니다. 세존이시여! 만약 이 앞에 있는 인연(대상)인 물질
과 허공 등의 모습이 만약 보는 정이라면 마땅히 가리킬 수 있는 표시
(목표)가 있을 것입니다. 만약 물질과 허공 등의 모습이 보는 정이 아니
라면 응당 볼 수 있는 대상이 없을 것입니다. 그러나 지금 대중들은 이
러한 도리가 구경에 어찌된 일인지를 모르기 때문에 놀라고 두려워하
는 것입니다."

■

不悟如來發明二種精見色空   이 정견(精見)은 바로 보는 정
[見精]을 말하며, 색은 물질이며 공은 텅 빈 것을 뜻한다. 여래 당신께
서 말씀하신 보는 정이 물질인지, 공인지 하는 두 가지의 도리를 이
대중들은 이해하지 못하고 있다는 뜻이다.

若此前緣色空等象　여기서 전연(前緣)은 또한 전진(前塵)과 같은 뜻이다. 즉 앞에 있는 인연, 대상이라는 뜻이다. 색은 물질이며, 공은 허공을 뜻한다. 등상(等象)이란 물질과 공 등의 사물의 모습이란 뜻인데, 또한 상징이라고 할 수 있으며, 반드시 물건이 있다는 것은 아니며, 하나의 상징으로 하나의 비유로 설명하는 것이다.

若是見者, 應有所指. 若非見者, 應無所矚　물질과 공 등 사물의 모습이 만약 보는 정이라고 한다면 마땅히 어떤 표시, 나타남이 있을 것이며, 만약 보는 정이 아니라면 응당 보이지 않을 것이다. 소지(所指)란 하나의 목표, 하나의 목적물이 있다는 뜻이다. 세존께서는 먼저 이 보는 정은 물질이 아니라고 하였으며, 그 후에 다시 보는 정은 물건이라고 하였으며, 또 어떤 물건이 보는 정이 아닌 것이 있는가 물었다. 따라서 모두는 이러한 뜻을 이해하지 못한 것이다. 이 도리는 모두를 어지럽게 만든 것이다.

而今不知是義所歸　그러나 지금 모두는 이런 도리를 알지 못하고 이 뜻과 이치의 돌아갈 곳이 구경에 어찌된 일인지를 모르는 것이다. 도대체 보는 정이 있는가, 없는가? 도대체 보는 정이 물질인가, 이 물질이 보는 정인가? 이런 도리에 대하여 대중들은 명확하게 이해하지 못하고 있는 것이다. 문수보살은 아난과 같이 '나와 대중이'라고 말하지 않고 '대중들이 이해하지 못하여'라고 말을 하였는데, 이 것을 보더라도 아난보다 지혜가 훨씬 높다는 것을 알 수 있다. 이 몇 구의 간단한 말 속에 매우 묘한 것을 알 수 있는 것이다.

非是疇昔善根輕尠. 唯願如來大慈發明, 此諸物象, 與此見精, 元是何物? 於其中間, 無是非是.

"이들은 전생에 선근이 얕고 적어서 그런 것이 아닙니다. 오직 원하오니 여래께서는 큰 자비로 이런 도리를 개발하여 드러내셨는데, 이 모든 사물의 모습과 이 보는 정[見精]은 본래 어떤 물건입니까? 그 중간에 그런 것입니까, 아닙니까?"

非是疇昔善根輕尠 이 대중들이 놀라고 두려워하는 원인이 전생에 선근이 얕고 적어서 그런 것이 아니라는 뜻이다. 주석(疇昔)이란 이전이라는 뜻인데, 여기서는 이전이라고 가리키는 것이 아니라 전생이라는 뜻이다. 선(尠)이란 매우 적다는 뜻이다.

어떤 사람은 선근이 얕기 때문에 수도하는데 어떤 때에는 공포감이 자주 생긴다. 그러니 마땅히 좋은 일을 많이 지어 당신의 선근을 키워야 한다. 당신의 선근이 깊게 심어지면 자연히 선정력이 생길 것이다. 당신의 선근이 부족하면 선정력도 부족하게 될 것이다. 그러므로 각자는 마땅히 자기의 선근을 잘 심어야 할 것이다. 그러면 능엄법 회상에 참석한 대중들은 선근이 적어서 놀라고 두려운 것이 아니라 이런 도리에 대하여 완전히 이해하지 못하기 때문에 두려운 것이다.

此諸物象, 與此見精, 元是何物 이 모든 사물의 모습과 능

히 볼 수 있는 견정은 도대체 본래 어떤 물건인가?

於其中間, 無是非是   이 사물의 중간, 공의 중간과 보는 정의 중간에 도대체 옳은 것[是]이 없는가, 옳지 않은 것[非是]이 없는가? 여러분 보세요, 문수보살은 이미 이 도리에 대하여 이해하고 있는 것이다. 따라서 그는 비로소 이러한 '무시비시(無是非是)'라는 말을 하는 것이다.

■

佛告文殊, 及諸大衆. 十方如來, 及大菩薩, 於其自住三摩地中, 見與見緣, 并所想相. 如虛空花, 本無所有. 此見及緣, 元是菩提妙淨明體. 云何於中, 有是非是?

■

부처님께서 문수보살과 모든 대중들에게 말씀하셨다. "시방의 여래와 대보살들은 스스로 머무는 삼매 가운데서 보는 정과 보게 되는 인연, 아울러 그가 상상하는 물건은 마치 허공 가운데의 꽃과 같이 본래 아무것도 없는 것이다. 이 보는 정과 보게 되는 인연은 원래 보리(깨달음)의 묘정명체(妙淨明體)이다. 그러므로 그 가운데 어찌 옳고 옳지 않음이 있겠는가?"

■

於其自住三摩地中, 見與見緣, 并所想相. 如虛空花, 本無所有   여기서 자주삼마지(自住三摩地)는 능엄의 대정(大定)을 말한다.

시방의 여래와 대보살들은 능엄의 대정 가운데서 보는 정[見分]과 보이는 인연[相分], 그리고 그가 상상하는 물건 모두 마치 허공 속의 꽃과 같아서 본래 아무것도 없다는 뜻이다.

허공 속에는 본래 꽃이 없는데, 당신의 눈이 침침하여 꽃이 보이는 것이다. 만약 당신의 눈이 침침하지 않으면 허공 가운데는 꽃이 없는 것이다. 이것이 하나의 설명이고, 또 하나의 설명법이 있는데, 당신이 만약 부처의 눈이 열리면, 당신이 무슨 꽃을 보고 싶으면 허공 속에 모두 나타나는데, 이것도 허공의 꽃이다.

그러면 부처의 눈이 열린 사람이 보는 꽃은 참된 것인가? 그것도 진실한 것이 아니다. 그것도 환화(幻化)로써 나타난 것이다. 하지만 당신이 보고 싶으면 나타나는 것이다. 이와 같이 본래 아무것도 없는데, 당신은 어째서 보는 정이 물질인지, 공인지를 찾는가? 무슨 물건을 찾는가? 밖으로 아무리 찾아도 없는 것이다.

此見及緣, 元是菩提妙淨明體 이 보는 정과 보이는 인연은 바로 당신의 본래 가지고 있는 보리심의 묘하고 깨끗하며 밝은 체이며, 또한 상주하는 진심의 성정명체(性淨明體)이다. 하지만 이곳에서는 또 다른 이름인 보리(菩提)라고 칭하는데, 이것은 문법상과 뜻의 관계로 이름을 바꾼 것이다.

云何於中, 有是非是 그러니 당신은 어째서 이 안에서 다시 하나의 옳고 그름을 찾는가? 이것은 근본적으로 상대적인 것을 끊는 것으로서 대응할 것이 없는 것이며, 이미 대응하는 것을 끊었으니, 옳다, 그르다(또는 이다, 아니다)는 것도 없는데, 당신은 무슨 옳고 그름을 찾는가?

文殊! 吾今問汝. 如汝文殊, 更有文殊, 是文殊者? 爲無文殊? 如是, 世尊! 我眞文殊, 無是文殊. 何以故? 若有是者, 則二文殊. 然我今日, 非無文殊, 於中實無是非二相.

"문수야! 내가 지금 너에게 묻겠다. 너 문수와 같이 또 다른 하나의 문수가 있다면, 옳은 문수라고 하는가, 문수가 없다고 하는가?" "이와 같습니다. 세존이시여! 내가 바로 진짜 문수이며, 나 이외에 다른 문수는 없습니다. 무엇 때문인가? 만약 옳은 문수라는 사람이 있다고 한다면 두 사람의 문수가 있게 되는 것입니다. 그러나 나는 지금 결코 문수가 없는 것이 아닙니다. 이 가운데는 진실로 옳고 그른 두 가지의 모습이 없습니다."

如汝文殊, 更有文殊, 是文殊者, 爲無文殊 마치 너 문수라는 사람과 같이, 또 다른 하나의 문수가 있다면, '옳은 문수'라고 하는가, 또한 '문수가 없다'라고 하는가?

我眞文殊, 無是文殊 내가 바로 진짜 문수이며, 나 이외에 다른 옳은 문수는 없다는 뜻이다.

何以故? 若有是者, 則二文殊 무슨 까닭인가? 어째서 옳은 문수는 없다고 하는가? 만약 옳은 문수라고 한다면, 어떤 사람이 옳지 않은 문수인가? 이것은 두 사람의 문수가 있어야 되는 것이다. 따라서 만약 옳은 문수라는 사람이 있으면 옳지 않은 문수라는 사람이 있게 된다. 그러면 이것은 두 사람의 문수로 변하게 되는 것이다.

然我今日, 非無文殊 그러나 나는 지금 결코 문수가 없는 것이 아니다. 문수가 있지만 옳은 문수는 없다.

於中實無是非二相 따라서 나 문수라는 몸에서 말하자면, 옳고 그른 두 가지의 모습은 없는 것이다. 지금 부처님께서 나에게 '옳은 문수'가 있는가, '옳지 않은 문수'가 있는가 물으시는데, 이것은 옳지 않습니다. 옳은 문수와 옳지 않은 문수는 없으며, 옳은 것도 없고 그른 것도 없다는 것이다.

이때 문수보살은 대중들로 하여금 이해하기 위하여 이 보는 정 [見精]도 견인 것도 없고 견이 아닌 것도 없이, 이 견은 상주하는 것이다. 결코 물질이 견이다, 공이 견이라고 말하지 않는다. 이 보는 정은 바로 보리심의 묘정명체이므로 이 위에 옳고 그름을 세울 수 없으며, 옳고 그름을 말할 수 없다는 것이다.

━

佛言. 此見妙明, 與諸空塵, 亦復如是. 本是妙明無上菩提淨圓眞心.
妄爲色空, 及與聞見. 如第二月, 誰爲是月, 又誰非月? 文殊! 但一月
眞, 中間自無, 是月非月. 是以汝今觀見與塵, 種種發明, 名爲妄想. 不
能於中, 出是非是. 由是眞精妙覺明性, 故能令汝出指非指.

—

부처님께서 말씀하셨다. "이 보는 정의 미묘하고 밝음과 같이 모든 공과 진(塵, 물질)도 이와 같다. 이 모든 것은 본래 미묘하고 밝은 무상보리의 청정하고 원만한 진심인데, 망념이 물질과 공에 의하여 움직여졌으며, 아울러 듣고 보는 데서 미혹된 것이다. 마치 두 개의 달과 같이 어떤 것이 진짜 달이며, 어떤 것이 달이 아닌가? 문수야! 단지 진짜 달은 하나이니, 그 중간에 '달이다 달이 아니다'라는 것은 없다. 그러한 까닭으로 너는 지금 보는 성품과 물질을 관찰하면, 네가 발명하여 드러내는 갖가지의 형상은 모두 망상이라고 부른다. 그 가운데서는 '이다, 아니다'라는 것을 찾을 수 없다. 이 진정한 보는 정은 미묘하고 밝게 깨달은 성품이기 때문에 너로 하여금 가리킬 수 있는 것을 있게 하지만, 가리킬 수 있는 것은 아니다."

—

此見妙明, 與諸空塵, 亦復如是   이 보는 성품의 미묘하고 밝음과 같이 모든 공과 티끌도 또한 이 보는 성품과 같다는 뜻이다.

부처님께서는 이 경을 강의하실수록 더욱 넓어지며, 보는 것이 보리심의 미묘하고 밝은 본체라고 할 뿐 아니라 공과 진도 모두 보는 성품과 같다는 것이다. 뒤에 나오는 '지·수·화·풍'의 사대(四大)도 모두 여래장 가운데의 묘진여성(妙眞如性)이라고 하였다.

따라서 이 경의 강의는 갈수록 더욱 묘하며, 강의할수록 더욱 이해하기가 어렵다. 어렵다고 배우지 않으면 당신은 영원히 이해하지 못할 것이며, 영원히 지혜를 열지 못할 것이다. 당신이 지금 배우면 지금 지혜를 열어 불법의 도리가 오묘하고 무궁하다는 것을 알 수 있을 것이다.

本是妙明無上菩提淨圓眞心　우리의 이 모든 것은 본래 미묘하고 광명한 것이며, 무상의 깨달음의 청정하고 원만한 진심이라는 것이다.

妄爲色空, 及與聞見　본래 이 본체는 청정하고 원만한 진심인데, 그러나 한 생각의 망상이 일어나 이 물질과 공에 의하여 움직여진 것이다. 앞에서 나왔는데, "만약 물질을 움직일 수 있으면, 바로 여래와 같다[若能轉物, 卽同如來]."라고 하지 않던가? 망상이 생기기 때문에 이 물질과 공에 의하여 움직여진 것이다. 심지어 듣는 성품과 보는 성품조차도 이해하지 못한 것이다. 왜 이해하지 못하는가? 왜냐하면 한 생각의 망념이 생기기 때문이다. 따라서 한 생각이 잘못되면 생각생각이 잘못되는 것이다.

如第二月, 誰爲是月, 又誰非月　마치 본래 하나의 달인데, 당신의 눈에 병이 나서 두 개의 달로 보이는데, 어떤 달이 달이고, 어떤 달이 달이 아닌가?

但一月眞, 中間自無, 是月非月　그러나 너는 알아야 한다. 단지 하나의 달이 진짜 달이다. 그 중간에는 '달이다, 달이 아니다'라는 것은 없다. 당신이 만약 '이다, 아니다'라는 것이 있으면, 그것은 상대적인 법으로 변하게 된다. 지금은 절대적이며, 이 깨달음의 성품은 상대적인 것이 없다.

是以汝今觀見與塵, 種種發明, 名爲妄想　이러하기 때문에 너는 지금 너의 보는 성품과 물질을 관찰해 보면, 네가 발명해 내는 가지가지의 형상은 모두 망상이라고 한다. 즉 너의 망상이 나타내는 것이다. 진(塵)이란 바로 물질을 말한다.

不能於中, 出是非是　너는 공 가운데서 이것이 '공이다, 공이 아니다'라는 것을 찾을 수 없다. 공은 바로 공인 것이다. 어떻게 또한 '공이다, 공이 아니다'는 것이 있겠는가? 이 물질도 '물질이다, 물질이 아니다'라고 말할 수 없다. 바로 물질이라고 하면 이것이 그것의 본래 이름인데, 어떻게 '물질이다, 물질이 아니다'라고 말할 수 있겠는가? 보는 것도 이러한 것이다. 보는 것이 '물질이다, 혹은 공이다'라고 말할 수 없으며, 혹은 '보는 것이다, 보는 것이 아니다'라고 하는 것은 맞지 않은 것이다. 이 속에서 당신은 '이다, 아니다'라는 것을 찾을 수 없다.

由是眞精妙覺明性, 故能令汝出指非指　이 진정한 보는 정이 미묘하고 밝게 깨달은 성품 속에 있기 때문에 너로 하여금 지시할 바가 생기게 한다. 그러나 네가 지시하는 것은 또한 성립될 수 없다. 왜냐하면 네가 생각하는 이 도리를 너는 맞다고 생각하지만, 그러나 그것은 또 맞지 않기 때문이다. 그러므로 이전에는 보는 정이 물질이라고 말하였으나, 이후에는 또 보는 정이 물질이 아니라고 말했는데, 그러면 결국에 그것은 물질인가, 물질이 아닌가? 근본적으로 '이다, 아니다'는 분별이 없는 것이다. 따라서 네가 지금 가리킬 수 있다는 것은 완전히 잘못된 것이며, 근본적으로 가리킬 수 없는 것이다.

(9) 보는 성품은 정(情)을 초월한다

—

阿難白佛言. 世尊! 誠如法王所說, 覺緣遍十方界, 湛然常住, 性非生滅. 與先梵志娑毗迦羅, 所談冥諦, 及投灰等諸外道種, 說有眞我遍滿十方, 有何差別?

—

아난이 부처님께 말하였다. "세존이시여! 법왕께서 말씀하신 바와 같이 진실로 보는 성품이 느끼는 인연은 시방세계에 두루하고 담연히 항상 머물며, 그 성품은 생하고 멸하지 않는다고 하신 도리는 황발외도가 말하는 명제(冥諦)와 나체로 몸에 재를 물히는 모든 외도들이 말하는 시방세계에 두루가득한 진아(眞我)와는 어떤 차이가 있습니까?"

—

覺緣遍十方界, 湛然常住, 性非生滅 보는 성품이 느끼고 아는 인연은 시방세계에 두루 가득하여 그것은 청정하고 상주하는 것으로 이 성품은 불생불멸하는 것이다. 담연(湛然)하다고 하는 것은 항상 머무는 모습으로 담(湛)은 일종의 청정하고 적멸한 것이다. 마치 탁한 물이 오래되어 모래와 찌꺼기가 바닥에 가라앉으면 투명하게 되는 것을 담이라고 한다.

與先梵志娑毗迦羅, 所談冥諦 선(先)이란 이전이라는 뜻이고, 범지(梵志)란 청정한 모습을 말하는데, 그들이 말하기를 이전에 대범천의 하늘에서 내려온 천인이 낳은 자손이라서 장래에 그 하늘로 올라가려고 원한다는 뜻에서 범지라고 부르는 것이다. 사비가라(娑毗迦羅)는 황발외도(黃髮外道)라고 번역하며, 마등가라는 여자의 모친이 믿었던 외도이다. 명제(冥諦)란 앞에서 이미 설명한 적이 있는데, 그 외도들이 말하는 가장 높은 수행의 경계로서 아무것도 모르는 어둡고 신령하지 못한 경계를 말한다. 명(冥)이란 바로 아무것도 모르는 것이다. 이러한 경계를 추구하는 이론을 명제(冥諦)라고 한다.

    及投灰等諸外道種 인도에는 고행을 하는 외도들이 많은데, 투회(投灰) 외도는 옷을 입지 않고 온몸에 재를 바르는 외도이다. 또한 날카로운 못 위에서 잠을 자는 외도가 있으며, 밥을 먹지 않고 전문적으로 나뭇잎이나 풀을 먹는 외도도 있다. 이러한 모두는 무익하게 고행을 하는 외도이다.

    說有眞我遍滿十方, 有何差別 진아(眞我), 대아(大我), 소아(小我)를 외도의 삼아(三我)라고 한다. 그들은 진아가 시방세계에 두루 가득하다고 한다. 아난이 묻는 것은 부처님 당신께서 말하시는 느끼는 인연도 시방세계에 두루 가득하고 외도들이 말하는 진아도 시방에 두루하다고 하는데, 이것은 어떤 구별이 있는가 하는 것이다.

世尊亦曾於楞伽山, 爲大慧等, 敷演斯義. 彼外道等, 常說自然, 我說因緣, 非彼境界. 我今觀此, 覺性自然, 非生非滅, 遠離一切虛妄顚倒, 似非因緣與彼自然. 云何開示, 不入群邪, 獲眞實心妙覺明性?

"세존께서는 또한 이전에 능가산에서 대혜보살 등을 위하여 이러한 도리를 부연 설명하였는데, 저 외도들은 항상 자연을 말하고 우리는 인연을 말하며, 그런 자연의 경계와는 다르다고 합니다. 저는 지금 이 느끼는 성품도 자연이며 생하고 멸하지 않으며, 일체의 허망한 모습과 전도된 마음을 멀리 떠나 마치 인연이 아닌 것 같은데, 어떻게 설명하여야 모든 외도의 삿된 이론에 현혹되지 않고, 저의 진실한 마음의 묘각의 밝은 성품을 얻을 수 있겠습니까?"

世尊亦曾於楞伽山, 爲大慧等, 敷演斯義 세존께서 이전에 능가산에서 대혜보살과 많은 보살들을 위하여 이런 도리를 연설하였다는 것을 말한다. 부처님께서 『능가경(楞伽經)』을 설하실 때는 대혜보살이 기연을 담당하였으며, 이 『능엄경』에서는 아난 존자가 기연을 만들었다.

彼外道等, 常說自然 당시 이들 외도들은 항상 자연의 도리를 이야기하였다. 자연이란 아무런 조작을 하지 않는 것을 뜻한다. 그들은 산과 바다, 식물과 동물들이 모두 자연적으로 존재하며, 자연이 낳은 것이라는 것이다.

我說因緣, 非彼境界 여기서 나[我]라는 것은 아난이 부처님을 대신하여 말한 것이며, 이 나[我]라는 것은 본래 부처님께서 설하신 것이다. 부처님 당신도 이 인연을 말씀하신 적이 있는데, 외도의 자연과는 그 경계가 다릅니다. 그러나 지금 당신께서 말하시는 도리와 외도의 도리는 비슷하여 무슨 구별이 없는 것 같습니다.

我今觀此, 覺性自然, 非生非滅, 遠離一切虛妄顚倒, 似非因緣與彼自然 저는 지금 세존께서 말씀하신 이 느끼는 성품을 관찰해 보니, 바로 자연인 것 같습니다. 그것도 생하지 않으며, 멸하지도 않습니다. 하지만 그것은 일체의 허망한 모습과 전도된 마음을 떠납니다. 또한 그것은 이 인연이 저 자연과 비슷한 것 같으면서 아닌 것 같습니다.

云何開示, 不入群邪, 獲眞實心妙覺明性 부처님께서는 어떻게 설법하셔야 제가 비로소 외도의 이론을 쫓아가지 않고 저의 진실한 마음의 묘한 깨달음의 밝은 성품을 얻을 수 있겠습니까? 군사(群邪)란 바로 모든 외도를 가리킨다. 모든 삿된 외도에 들어가지 않는다[不入群邪]는 것은 외도의 이론을 믿지 않는다는 것을 뜻한다.

■

佛告阿難. 我今如是開示方便, 眞實告汝, 汝猶未悟, 惑爲自然. 阿難!
若必自然, 自須甄明有自然體.

■

부처님께서 아난에게 말씀하셨다. "나는 지금 이와 같이 방편법문을
설하여 진실하게 너에게 말하였지만, 너는 아직 깨닫지 못하고 자연이
라는 이론에 미혹되는구나. 아난아! 만약 반드시 자연이라고 한다면,
지금 우리는 당연히 구분하여 자연에는 자연의 몸이 있다는 것을 이해
해야 한다."

■

汝猶未悟, 惑爲自然   너는 내가 이야기한 도리와 외도의 자
연의 이론을 같은 것이라고 의혹한다는 뜻이다.

阿難! 若必自然, 自須甄明有自然體   아난아! 네가 반드
시 내가 설한 이 법과 외도가 말한 자연의 도리가 같다고 말한다면,
지금 우리는 당연히 외도가 말한 자연에는 자연의 체가 있다는 것을
구별해야 한다. 견명(甄明)이란 구별하고 분석한다는 뜻이다. 강이나
바다가 자연적으로 있는 것이라면, 그것은 여전히 강이나 바다라는
본체가 있다는 뜻이다.

■

汝且觀此妙明見中, 以何爲自? 此見爲復以明爲自, 以暗爲自, 以空爲自, 以塞爲自? 阿難! 若明爲自, 應不見暗. 若復以空爲自體者, 應不見塞. 如是乃至諸暗等相以爲自者, 則於明時見性斷滅, 云何見明?

■

"너는 또한 이 묘하게 밝은, 느끼는 인연의 보는 가운데서 무엇으로써 자연의 체로 삼을 것인가? 이 보는 것은 밝음을 자연의 본체로 삼는가, 어둠을 자연의 본체로 삼는가? 텅 빈 공을 자연의 본체로 삼는가, 막힌 것을 자연의 본체로 삼는가? 아난아! 만약 밝음을 자연의 본체로 삼는다면, 마땅히 어둠을 보지 못할 것이며, 또 만약 공으로써 자연의 본체를 삼는다면 응당 막힌 것을 볼 수 없을 것이다. 이와 같이 내지 모든 어둠의 모습을 자연의 본체로 삼는다면, 밝을 때는 보는 성품이 단멸되어 어떻게 밝음을 볼 수 있겠는가?"

■

汝且觀此妙明見中, 以何爲自   너는 다시 마음으로 관찰해 봐라. 너의 묘하게 밝은, 느끼는 인연의 보는 견(見) 가운데서 '보는 것이 자연이라고' 하면, 자연은 또한 그것의 본체를 가지고 있는데, 무엇이 너의 이 보는 본체인가?

阿難! 若明爲自, 應不見暗   만약 네가 밝음으로 자연의 본체를 삼는다면, 마땅히 어둠은 보지 못할 것이다. 어두울 때 이 밝음은 마땅히 단멸되고 없어지기 때문이다. 왜냐하면 단지 밝음만이 그것의 본체이기 때문이다.

若復以空爲自體者, 應不見塞 만약 공으로 너의 보는 성품을 자연의 본체로 삼는다면, 그것이 통하지 못하는 막힌 곳은 응당 볼 수 없을 것이다. 왜 그런가? 이 공이 그것의 본체이기 때문에 네가 막힌 것을 볼 때는 그것은 없기 때문이다. 그것이 공하지 않으면 그것의 자체는 없는 것이다.

如是乃至諸暗等相以爲自者, 則於明時見性斷滅, 云何見明 이와 같이 내지 모든 어둠의 모습을 자기의 본체로 삼는다면, 밝을 때는 그것의 보는 성품이 단멸되니 너는 어떻게 밝음을 볼 수 있겠는가? 그러므로 네가 이 어둠이 그것의 본체라고 말하는 것도 잘못된 것이다.

■

阿難言. 必此妙見, 性非自然. 我今發明, 是因緣生. 心猶未明, 諮詢如來, 是義云何, 合因緣性? 佛言. 汝言因緣, 吾復問汝. 汝今因見, 見性現前. 此見爲復因明有見, 因暗有見, 因空有見, 因塞有見? 阿難! 若因明有, 應不見暗. 如因暗有, 應不見明. 如是乃至因空因塞, 同於明暗.

■

아난이 말하였다. "(부처님의 말씀을 듣고 보니) 이 미묘한 보는 정[見精]의 성품은 반드시 자연이 아닙니다. 제가 지금 (제가 발명한 이론을 드러내 보면) 그것은 인연으로 나오는 것입니다. 마음이 아직 밝지 못하여, 여래께 자문을 구합니다. 이 뜻은 어떻습니까? 인연의 성품과 서로 부합됩니까?" 부처님께서 답하였다. "네가 인연을 말하는데, 내가 다시 너에게 묻겠다. 너는 지금 인연으로 인하여 보는 것이 있다고 하는데, 보는 성품이 너의 앞에 있을 때 이 보는 것은 다시 밝음으로 인하여 보는 것이 있는가, 어둠으로 인하여 보는 것이 있는가, 공으로 인하여 보는 것이 있는가, 막힘으로 인하여 보는 것이 있는가? 아난아! 만약 밝음으로 인하여 있다고 한다면, 마땅히 어둠을 보지 못할 것이며, 어둠으로 인하여 있다고 한다면 응당 밝음을 보지 못할 것이다. 이와 같이 공함과 막힘으로 인하여 보는 것이 있다는 것도 밝음과 어둠의 이치와 같을 것이다."

必此妙見, 性非自然 부처님 당신의 뜻은 반드시 이것이 미묘한 보는 정이라면 무엇이든 볼 수 있으므로 그것의 성품은 자연이 아닙니다. 왜냐하면 그것은 자연의 본체가 없기 때문입니다.

我今發明, 是因緣生 아난은 지금 사유한다고 말하지 않고 발명한다고 말하고 있다. 지금 저는 이러한 도리를 발명하고자 합니다. 이 보는 것은 인연으로부터 나온 것입니다.

心猶未明, 諮詢如來, 是義云何, 合因緣性 자순(諮詢)이란 청하여 묻는 것을 말한다. 저는 아직 마음속으로 저의 이론이 맞는지 확실하게 이해하는 것이 아니므로 여래께 청하여 묻습니다. 저의 이러한 도리는 어떠합니까? 이것은 인연의 성품과 서로 부합됩니까?

그는 지금 이해하지도 못하면서 억지로 '인연'이라는 모자를 보는 성품에다 씌웠다. 그리고 나서 부처님께 설명해 주시라고 말하는 것이다. 이러한 제자를 만나면 정말로 머리가 아플 것이다.

汝今因見, 見性現前. 此見爲復因明有見, 因暗有見, 因空有見, 因塞有見 아난 너는 지금 인연으로 인하여 보는 것이 있기 때문에 이 보는 것이 바로 인연이라고 말하는 것이다. 그러면 너의 이 보는 성품이 지금 너의 앞에 있으면, 이 보는 성품은 밝음으로 인하여 이 보는 것이 있는가, 어둠으로 인하여 보는 것이 있는가, 공으로 인하여 이 보는 것이 있는가, 막힘으로 인하여 이 보는 것이 있는가? 너의 이 보는 것은 도대체 어떻게 하여 있는 것인가?

若因明有, 應不見暗. 如因暗有, 應不見明 만약 밝음으로 인하여 이 보는 성품이 있다고 하면 어두울 때는 보는 성품이 없으므로 마땅히 어둠을 보지 못한다는 뜻이다. 만약 어둠으로 인하여 있다고 한다면 밝을 때는 보지 못할 것이다. 왜냐하면 너는 어둠을 빌려 보기 때문이다. 지금 어둠이 없으니 너의 보는 성품도 마땅히 없어야 할 것이다.

如是乃至因空因塞, 同於明暗 이러한 도리와 같이 공과 막힘도 앞에서 말한 밝음과 어둠의 도리와 같다는 것이다. 즉 공으로 인하여 보는 것이 있다고 하면, 막힐 때는 보지 못하는 것이다. 그러니 보는 성품이 인연이라고 네가 말하는 도리가 어떻게 맞겠는가?

■

復次阿難! 此見又復緣明有見, 緣暗有見, 緣空有見, 緣塞有見? 阿難!
若緣空有, 應不見塞. 若緣塞有, 應不見空. 如是乃至緣明緣暗, 同於
空塞.

■

"다시 아난 너에게 묻겠다. 이 보는 것이 또 밝음을 따라 보게 되는가,
어둠을 따라 보게 되는가, 공을 따라 보게 되는가, 막힘을 따라 보게
되는가? 아난아! 만약 공을 따라 보게 된다면 마땅히 막힌 것은 보지
못할 것이며, 막힘을 따라 보게 된다면 텅 빈 것을 보지 못할 것이다.
이와 같이 밝음과 어둠을 따라 보는 것도 공과 막힘을 따라 보는 것과
같다."

■

　　復次阿難　내가 다시 너에게 묻겠다. 앞에서는 인(因)을 말했는
데, 지금은 너에게 연(緣)을 묻겠다. 네가 말하는 '인연'은 반드시 인이
있으며, 연이 있어야 되는 것이다. 부처님은 지금 다시 아난에게 연을
묻는 것이다.

　　此見又復緣明有見, 緣暗有見, 緣空有見, 緣塞有見　이
보는 성품은 밝음을 따라 보는 것이 있는가, 어둠을 따라 있는가, 공
을 따라 있는가, 막힘을 따라 있는가?

若緣空有, 應不見塞. 若緣塞有, 應不見空   만약 공을 연하여 이 보는 것이 있다면, 마땅히 막힌 것은 볼 수 없을 것이다. 만약 막힘의 연고로 인하여 이 보는 것이 있다면, 공을 보지 못할 것이다. 이 도리와 앞에서 말한 뜻은 비슷하다. 하지만 부처님께서는 자비 때문에 이렇게 상세하게 설명하시는 것이다.

■

當知如是精覺妙明, 非因非緣, 亦非自然, 非不自然, 無非不非, 無是非是, 離一切相, 即一切法.

■

"너는 마땅히 알아야 한다. 이러한 정미하게 느끼며 묘한 밝음을 가진 보는 성품은 인도 아니고 연도 아니며, 또한 자연도 아니고 자연 아님도 아니며, (이러한 보는 정에는) 아님도 없으며, 아님이 아님도 없고, 옳음도 없고 옳지 않음도 없으며, 일체의 상을 떠나며, 바로 일체의 법이다."

＼

■

當知如是精覺妙明, 非因非緣, 亦非自然, 非不自然   이러한 정각묘명(精覺妙明)의 보는 성품은 인(因) 때문에 있는 것도 아니며, 연(緣) 때문에 있는 것도 아니며, 자연 때문도 아니고 '자연이 아님' 때문도 아니다.

無非不非, 無是非是   이러한 보는 정[見精]에는 아님도 없고,

아님이 아님도 없으며, 옳음도 없고 옳지 않음도 없다. 너는 이 속에서 분별심으로 그것을 생각할 수 없다.

離一切相, 即一切法 네가 만약 일체의 허망한 모습을 떠나면, 이것이 바로 진실한 법이다. 너는 허망한 모습 위에서 공부를 하지 말아야 하며, 너는 일체의 허망한 모습을 떠나면 이것이 바로 진정한 보는 정[見精]이며, 이것이 바로 진정한 묘법[妙法]이다.

즉일체법(即一切法)이란 바로 진여의 묘법이라는 뜻이다. 당신이 만약 일체의 망상의 모습을 떠나지 않으면 일체의 진여의 묘법에 합하지 못한다.

━

汝今云何於中措心, 以諸世間戲論名相, 而得分別? 如以手掌撮摩虛空, 祇益自勞. 虛空云何隨汝執捉?

━

"너는 지금 어찌하여 망상 가운데서 마음을 쓰면서 모든 세간의 희론과 명상(名相)으로써 묘법을 분별하고 있느냐? 이것은 마치 손으로 허공을 잡으려고 하는 것과 같아서 단지 스스로 힘들 뿐이다. 허공이 어찌 너의 손에 잡히겠는가?"

汝今云何於中措心 너는 지금 어째서 망상 속에서 마음을 쓰고 있는가? 즉 너는 망상 속에서 공부를 하고 있다는 뜻이다.

以諸世間戲論名相, 而得分別 모든 세간의 자연과 인연은 모두 일종의 희론이다. 너는 이런 희론과 이름과 모습으로써 나의 이 묘법, 즉 능엄의 묘한 정을 분별하려고 하는가? 희론(戲論)이란 실재하지 않은 것을 이야기하는 것을 말한다.

如以手掌撮摩虛空, 祇益自勞 네가 망상의 마음으로 분별하는 식심으로 능엄의 묘정(妙定)을 추측하는 것은 마치 손으로 허공을 잡으려고 하는 것과 같아서 단지 스스로 힘들게 한다는 뜻이다.

虛空云何隨汝執捉 이 허공이 어찌 너를 따라 손에 잡히겠는가? 허공은 근본적으로 텅 빈 것으로 어떻게 잡을 수 있겠는가?

중국에 등은봉(鄧隱峰)이라는 선사가 있었다. 등은봉 선사가 죽을 때가 되어 염라의 귀신이 그를 잡으러 왔다. 그는 귀신에게 말하였다.

"네가 만약 허공을 잡을 수 있으면, 그런 연후에 다시 나를 잡으러 오너라."

왜냐하면 이전에 그 귀신이 그를 잡으러 왔을 때 그는 귀신에게 잡혔다. 그래서 그는 귀신에게 말했다.

"너는 잠시만 기다려 달라. 내가 아직 할 일이 조금 남아있는데, 이 일을 마친 후에 나는 너와 함께 염라왕에게 가겠다."

등은봉 선사는 수도를 하신 분으로서 선정력이 있는 분이었다. 그가 비록 선정력이 있었지만 정중에서는 이 귀신이 그를 볼 수 없었으며, 선정에서 나와야 귀신이 그를 볼 수 있었다. 그가 정에서 나왔을 때 이 무상귀는 그 선사를 잡아가려고 하였다. 무상귀란 목숨이 다 되어 죽을 때 그와 함께 염라왕에게 가는 귀신이다.

"당신의 수명은 다 되었습니다. 나를 따라 염라왕에게로 갑시다!"

그래서 등은봉 선사는 귀신에게 잡혔을 때 말하였다.

"친구, 당신은 이렇게 인정이 없어서는 안 되지. 나는 할 일을 하나 마친 후 너를 따라가겠다."

이 귀신은 생각하기를 어쨌든 당신은 이미 나에게 잡혔으니 걱정할 것 없으니 약간의 인정을 베풀면서 말하였다.

"당신은 무슨 일이 있는지, 빨리 마치시오!"

등은봉 선사는 결가부좌로 앉자 바로 선정에 들었다. 그는 '무상정(無想定)'에 든 것이다. 그는 정에 들기 전에 귀신에게 말하였다.

"너는 지금 허공을 잡으러 가서 다시 나 등은봉을 데려가라."

즉 너는 허공을 잡을 수 있으면 가서 잡고 돌아와 다시 나를 데리고 염라왕에게 가자는 것이다. 선사가 정에 들자 그 귀신은 그를 잡을 방법이 없었다. 따라서 이 선정력이 가장 중요한 것이다.

무엇을 선정력이라고 하는가? 이것은 물질에 움직이지 않고 일체의 물질을 움직일 수 있는 것이다. 앞에서도 말했듯이 물질을 움직일 수 있으면 여래와 같다고 하였다. 그러므로 당신이 선정을 닦으면 이와 같이 무슨 일을 만나든지 선정의 힘이 있게 된다. 당신에게 참으로 선정의 힘이 있으면 아무리 아름다운 여자를 봐도 마음속으로 움직이지 않으며 정욕심이 일어나지 않는다. 이것이 선정의 힘이 있다는 것이다. 수행을 하는 데는 이와 같이 여여부동하여 정욕에 움직이지 않는 것이 바로 선정력이다. 이것은 수행의 첫걸음으로서 이것을 대단하다고 여기지는 말아야 한다.

제일 첫걸음은 당신이 정욕에 움직이느냐, 보고도 안 본 것처럼 경계에 대하여 무심하면 이것이 바로 선정력이다.

(10) 보는 정[見精]은 보는 것을 떠난다

━

阿難白佛言. 世尊! 必妙覺性, 非因非緣. 世尊云何常與比丘, 宣說見性具四種緣. 所謂因空, 因明, 因心, 因眼. 是義云何? 佛言. 阿難! 我說世間諸因緣相, 非第一義.

━

아난이 부처님께 말하였다. "세존이시여! 보는 정[見精]의 묘각명성이 반드시 인연이 아니라면, 세존께서는 어찌하여 비구들에게 설하시기를 보는 성품은 네 가지의 인연을 갖추고 있다고 하십니까? 소위 공과 밝음, 마음과 눈, 이 네 가지를 말하였습니다. 이 뜻은 어찌된 것입니까?" 부처님께서 말씀하셨다. "아난아! 내가 말한 세간의 모든 인연상은 제일의(第一義)가 아니다."

━

아난은 정말로 언변에 능하여 부처님도 굴복시키려고 한다. 부처님께서는 내가 그때 말한 세간의 모든 인연상의 도리는 진정한 제일의가 아니다. 그러니 내가 그때 한 말의 도리는 권교방편으로써 너는 참된 것이라고 생각하지 말라. 내가 그때는 마치 어린애를 달래는 것처럼 너희들에게 말한 것이다.

『유마경(維摩經)』에서 문수보살이 유마 거사에게 묻기를 "무엇이 제일의제입니까?"라고 하자, 그는 어떻게 대답했는지 추측해 보라. 여러분이 만약 아는 사람이 있으면 정말로 지금의 유마 거사이다. 만약 『유마경』을 본 사람이 있으면 알 것이다.

유마 거사는 눈을 감고 입도 열지 않고 아무것도 말하지 않았다. 문수보살이 말하였다. "오, 당신은 알고 계시군요! 바로 이러한 것입니다!" 여러분은 다른 곳에 가서 어떤 사람이 "무엇이 제일의제인가?"라고 물으면 이렇게 하면 안 된다. 여러분이 이 도리를 알면 그렇게 해도 되지만, 이와 같이 마치 이미 유마 거사와 같은 것처럼 뽐내면 안 된다. 더욱이 어떤 사람은 『육조단경(六祖壇經)』을 보고 그 안의 많은 도리를 어떤 때는 구두선(口頭禪)으로 이야기하는데, 만약 진정으로 이런 도리를 이해하면 괜찮지만, 그렇지 않으면 구두선의 공부를 하면 안 될 것이다.

내가 다시 매우 중요한 것을 말하노니, 당신들은 어떤 곳에 가서 기봉(機鋒)을 겨루지 말아야 할 것이다. 어떻게 기봉을 겨루는가? 혹은 한 손가락을 세우고 혹은 주먹을 내고 혹은 어떤 모습을 짓는데, 이것은 모두 하면 안 된다. 왜 그런가? 당신은 건너온 사람[過來人]이 아니기 때문이다. 즉 당신은 깨달은 사람이 아니기 때문에 이러한 동작을 하면 안 되는 것이다. 이러한 동작을 하는 사람은 모두 깨달은 사람으로서 통하지 않은 바가 없는 분들이다.

어제 내가 말했듯이 어떤 사람은 자기도 흐리멍덩하여 마치 술에 취한 듯하였는데, 그는 자기가 깨달은 것이라고 생각하고 있었다. 내가 몇 가지를 물어봐도 하나도 답을 하지 못했다. 만약 깨달은 사람은 비록 자기가 몰랐던 일을 물어도 그는 도리를 말할 줄 안다. 왜 그런가? 일체의 도리는 모두 마음으로부터 나오기 때문이다. 만약 깨달은 사람은 그의 마음이 밝으면 무슨 도리라도 통하여 모르는 일에도 이유를 말할 수 있다. 이것을 깨달은 사람이라 한다.

따라서 마치 중국의 속담에 이런 말이 있다. "차가운 물에 차를 우린다(涼水打茶)."고 하는데, 마치 억지로 차가운 물에 차를 우리는 것과 같이 아무리 해도 차의 맛이 우려 나오지 않는 것이다. 이것은 깨닫지 못한 사람이 아무리 자기가 깨달았다고 해도 깨달음의 맛이 나오지 않는 것을 말한다. 이런 사람은 정말 부끄러운 줄을 모르는 사람이다. 불교 안에 이러한 사람이 있어서는 안 될 것이다. 이러한 사람은 바로 불교의 쓰레기이다.

∎

阿難! 吾復問汝. 諸世間人, 說我能見, 云何名見? 云何不見? 阿難言. 世人因於日月燈光, 見種種相, 名之爲見. 若復無此三種光明, 則不能見.

∎

"아난아! 내가 다시 너에게 묻겠다. 모든 세간 사람들이 '나는 볼 수 있다'고 말하는데, 어떠한 것을 본다고 하며 어떠한 것을 보지 않는다고 하는가?" 아난이 말하였다. "세상 사람은 해와 달, 등불에서 갖가지의 모습을 보기 때문에 본다고 이름합니다. 만약 이 세 종류의 빛이 없으

414

면 볼 수 없습니다."

阿難! 若無明時, 名不見者, 應不見暗. 若必見暗, 此但無明, 云何無見? 阿難! 若在暗時, 不見明故, 名爲不見. 今在明時, 不見暗相, 還名不見. 如是二相, 俱名不見. 若復二相自相陵奪, 非汝見性於中暫無. 如是則知二俱名見, 云何不見?

"아난아! 만약 밝음이 없을 때를 '보이지 않는다'고 하면, 마땅히 어둠을 보지 못할 것이다. 만약 반드시 어둠을 본다면 이것은 단지 밝음이 없는 것인데, 어찌 보이지 않는다고 하는가? 아난아! 만약 어두울 때 밝음이 보이지 않기 때문에 보이지 않는다고 한다면, 지금 밝을 때 어두운 모습이 보이지 않는 것도 또한 보이지 않는다고 한다. 이와 같은 두 가지의 모습을 다 같이 '보이지 않는다[不見]'고 한다. 만약 다시 두 가지의 모습이 서로 쟁탈한다면, 너의 보는 성품은 그 가운데서 잠시 없는 것이 아닐 것이다. 이와 같이 이 두 가지의 경우를 모두 본다고 이름하는 것을 알아야 하는데, 너는 어찌하여 '보이지 않는다'고 하는가?"

若復二相自相陵奪, 非汝見性於中暫無   만약 밝음과 어둠의 두 가지 모습이 서로 쟁탈한다면, 이것은 네가 능히 볼 수 있는 보는 성품이 잠시 없는 것이 아니다. 즉 이 두 가지의 모습이 서로 쟁탈한다면, 너도 보는 것을 다투고, 그것도 보는 것을 다투게 된다. 밝음은 내가 본다고 말하고, 어둠도 내가 본다고 말한다. 이것은 밝음과 어둠이 서로 다투므로 결코 너의 보는 성품은 그 가운데에 잠시 없는 것이 아니라는 뜻이다. 너의 이 보는 성품은 어느 때를 막론하고 늘어나지도 않고 줄어들지도 않으며, 생하지도 않고 멸하지도 않으므로 잠시 없는 것은 아니다.

■

是故阿難! 汝今當知, 見明之時, 見非是明. 見暗之時, 見非是暗. 見空之時, 見非是空. 見塞之時, 見非是塞, 四義成就. 汝復應知, 見見之時, 見非是見. 見猶離見, 見不能及. 云何復說因緣自然, 及和合相?

■

"그러므로 아난아! 너는 지금 마땅히 알아야 한다. 밝음을 볼 때 보는 성품은 결코 밝음이 아니며, 어둠을 볼 때 보는 성품은 결코 어둠이 아니며, 텅 빈 것을 볼 때 보는 성품은 결코 공이 아니며, 막힘을 볼 때 보는 성품은 결코 막힌 것이 아니다. 네 가지의 뜻(인연)이 보는 성품을 성취하니, 너는 다시 마땅히 알아야 한다. 보는 것을 볼 때 보는 것[見]은 결코 보는 것[見]이 아니다. 진정한 봄은 이 보는 정을 떠나며, 이 보는 것은 진정한 봄[眞見]에 미칠 수 없다. 그러므로 어찌 다시 인연이니 자연이며, 화합된 모습이라고 말하는가?"

밝음을 볼 때 우리의 보는 성품은 밝음을 따라 밝게 바뀌지 않는다는 뜻이다. 우리의 보는 성품은 경계에 움직이지 않고 바뀌지 않으며, 바깥의 사물에 흔들리지 않으며, 그것은 우리의 상주불변하는 보는 성품이다.

四義成就 앞에서 말한 네 가지의 뜻으로부터 이 네 가지의 인연으로부터 보는 성품을 성취한다는 뜻이다.

見非是見 앞의 견(見)은 우리의 진정한 봄[眞見]이고, 뒤의 견(見)은 견정(見精)의 봄이다. 견정의 봄은 비록 하나의 참된 봄[眞見]이라고 하지만 약간은 허망함을 가지고 있으며, 약간의 망견(妄見)을 띠고 있다. 따라서 너의 진정한 봄은 네가 능히 보는 그 망견은 아니다. 너의 진정한 봄은 또한 일체의 체상(體相)을 떠났다. 체상이 없으며 보는 것조차도 이루지 않으며, 근본적으로 아무것도 없는 것이다. 아무것도 없기 때문에 그것에 이름을 붙일 수 없다.

이곳은 바로 언설의 모습을 떠났다[離言說相]고 하여 말을 할 수 없는 것이다. 소위 언어가 끊어지고 마음이 가는 곳이 소멸하였다[言語道斷, 心行處滅]라고 하여 언어로 표현할 길이 끊어지고 없어지고 이 마음이 갈 곳이 없어졌다는 것이다.

이 도리는 이해하기가 쉽지 않지만, 당신이 만약 불법에 대하여 인식하는 바가 있으면 또한 쉽게 이해할 수 있다.

見猶離見, 見不能及 너의 진정한 보는 것[眞見]은 이 보는 정

[見精]을 떠났으며, 이 보는 것은 진정한 봄에 미칠 수 없다. 이것은 없는 것인데, 너는 어떻게 찾을 수 있는가? 너는 무엇을 찾는가? 따라서 네가 능히 볼 수 있는 이 견(見)은 볼 수 없는 것이다. 네가 볼 수 없는 이 견(見)은 무엇인가? 이것은 바로 너의 그 진정한 견(見)이다.

云何復說因緣自然, 及和合相　너는 왜 내가 이전에 말한 인연을 가지고 외도의 자연과 비교하고 화합된 모습과 혼합시키려고 하는가? 내가 이전에 말한 인연법은 근기가 낮은 소승과 외도를 위하여 외도의 자연과 소승의 방편을 타파하기 위한 것이다. 현재 내가 이 『능엄경』을 설하는 것은 능엄대정의 묘한 도리를 드러내기 위한 것이니, 근본적으로 인연법과는 비교할 수 없는 것이다. 지금 너는 어떻게 인연을 가지고 능엄대정의 제일의제(第一義諦)와 비교할 수 있는가? 이것은 마치 구리를 가지고 금으로 생각하는 것과 같다.

실상과 깨달음의 길

—

汝等聲聞, 狹劣無識, 不能通達淸淨實相. 吾今誨汝, 當善思惟. 無得疲怠妙菩提路.

—

"너희들 성문은 마음이 좁고 진정한 지식이 없어 청정한 실상을 통달할 수 없다. 나는 지금 너에게 가르치니 마땅히 잘 사유하여 묘각의 길을 가는데 게으르면 안 된다."

汝等聲聞, 狹劣無識　너희들 성문들은 마음이 협소하여 단지 자기만 이롭게 하고 남을 위할 줄은 모른다. 일체중생의 고통을 돌보지 않는다는 것이다. 자기만 생사를 마치려는 사람이 되려고 한다는 것이다. 무식(無識)이란 진정한 지식이 없다는 뜻이다. 이러한 지식은 보통의 지식을 말하는 것이 아니라 진정한 대승불법의 지식을 가리킨다. 너희들은 대승불교의 지식이 없으므로 이 능엄의 제일의제의 묘정(妙定)을 이해하지 못한다는 것이다.

不能通達淸淨實相　너희들은 지금 여전히 집착심이 중하고 분별심이 많아서 대승의 교리, 대승의 불법을 명백하게 통달할 수 없으며, 청정한 실상을 이해할 수 없다는 것이다. 청정한 실상이란 바로 대승법의 법상(法相)이다.

무엇을 실상이라고 하는가? 실상은 상이 없다[實相無相]. 또한 실상은 모습이 아님도 없다[實相者, 無不相也]. 모든 상은 이 실상으로부터 나오는 것이 아님이 없다. 그리고 실상은 상이 없으며 상이 아닌 것도 없다[無相無所不相]. 일체의 법은 모두 이 실상으로부터 나오므로 실상은 바로 법의 본체이다. 당신이 만약 실상을 찾아 이 법의 본체가 도대체 어떤 모습인가를 보려고 생각한다면 당신은 볼 수 없을 것이다. 이것은 단지 그것에 이름을 붙여 실상이라고 할 따름이다.

이것은 또한 마치 노자(老子)께서 말씀하신 "도를 도라고 하면 항상하는 도가 아니며, 이름을 이름지을 수 있으면 항상하는 이름이 아니다[道可道, 非常道. 名可名, 非常名]."라는 것과 같다. 도를 만약 말할 수 있는 것이면, 그것은 변하지 않는 도가 아니며, 하나의 이름을 말할 수 있으면 그것도 변하지 않는 이름이 아니다.

이 실상은 또한 바로 진공(眞空)이며 묘유(妙有)이다. 참된 공은 공이 아니다. 참된 공은 결코 텅 빈 것이 아니다. 왜 그것은 텅 빈 것이 아닌가? 그것으로부터 묘한 존재가 생겨나기 때문이다. 묘유는 있는 것이 아니다. 그것은 있는 것이 아니기 때문에 묘하게 있을 수 있는 것이다. 이 실상도 이러한 도리이므로 당신은 이 도리를 이해해야 하나를 통하면 일체를 통하게 되는 것이다.

우리들의 자성은 어떤 모습인가? 자성은 허공과 같다. 여러분은 허공 속에는 아무것도 없다고 생각하지만, 허공 속에는 무엇이든 모두 있다. 하지만 당신에게는 보이지 않는다.

만약 진정한 본체에 대하여 설명하자면 아무것도 없는 것이다. 일체의 법을 쓸고 일체의 상을 떠난다. 만약 당신이 세간의 일체의 상을 떠날 수 있으면 이것이 법이다. 그러나 일반인들은 모두 이 상을 떠나지 못한다. 따라서 일체의 법을 얻지 못하는 것이다. 방금 지진을 보았는데, 두렵지 않은가? 나는 많은 사람들이 놀라고 두려워한다는 것을 안다. 이것이 바로 상을 떠날 수 없다는 것이다. 만약 상을 떠나면 태산이 무너져도 두렵지 않을 것이다. 따라서 물질을 움직일 수 있는 사람은 어떤 경계를 만나도 놀라지 않는다.

왜 경계가 생기고 마장이 생기며, 왜 마(魔)가 당신의 선정을 어지럽게 하는가? 왜냐하면 당신이 흔들리기 때문이다. 당신이 한번 흔들리면 마는 허함을 타고 들어오는 것이다. 만약 당신이 움직이지 않는다면 어떠한 마도 당신에게 어찌할 방법이 없을 것이다. 아난에게 만약 진정한 능엄의 정이 있었다면 부처님께서는『능엄경』을 설할 필요가 없을 것이며, 능엄주도 설할 필요가 없을 것이다. 따라서 이것 모두 일종의 인연이다.

　　無得疲怠妙菩提路　묘보리로(妙菩提路)란 묘각(妙覺)의 길이란
뜻이다. 이것은 성불의 길이며 능엄대정이다. 당신에게 능엄대정이
있으면 묘각의 과위에 갈 수 있다. 묘각의 과위란 바로 부처의 과위이
다. 성불은 묘각이다. 성불은 묘각이라 하고, 보살은 등각이라 하며,
묘각과 동등하다는 것이다. 이 묘각의 길은 성문승으로부터 보살승
에 이르러 불승의 묘각의 위치에까지 도달하게 된다. 이『능엄경』에
서 설하시는 것은 중간에 보살의 55단계를 경유하는데, 이것은 뒤에
서 설명할 것이다.

六

윤회의 근본원인
두가지의 전도(顚倒)

1

두가지의 전도(顚倒)

阿難白佛言. 世尊! 如佛世尊, 爲我等輩, 宣說因緣, 及與自然, 諸和合相, 與不和合, 心猶未開. 而今更聞, 見見非見, 重增迷悶. 伏願弘慈, 施大慧目, 開示我等, 覺心明淨. 作是語已, 悲淚頂禮, 承受聖旨.

아난이 부처님께 말하였다. "세존이시여! 부처님께서 이전에 저희들에게 말씀하신 인연과 자연, 모든 화합상과 불화합상에 대하여 마음이 아직 깨닫지 못하여 이해하지 못합니다. 그리고 지금 더욱 '보는 것을 볼 때 보는 것은 보는 것이 아니다'라는 말씀을 듣고 다시 더욱 미혹됩니다. 엎드려 원하오니, 넓은 자비로써 큰 지혜의 안목을 베푸셔서 저희들에게 밝고 청정한 깨달은 마음을 열 수 있도록 설하여 주시기 바랍니다." 이 말을 마치고 슬프게 눈물을 흘리며 부처님께 정례하고 성스러운 가르침을 받았다.

1) 대다라니(大陀羅尼)

■

爾時世尊, 憐愍阿難, 及諸大衆. 將欲敷演大陀羅尼, 諸三摩提妙修行
路. 告阿難言. 汝雖强記, 但益多聞, 於奢摩他微密觀照, 心猶未了. 汝
今諦聽, 吾當爲汝分別開示. 亦令將來, 諸有漏者, 獲菩提果.

■

이때 세존께서는 아난과 모든 대중들을 불쌍히 여겨 대다라니의 모든
삼매의 미묘한 수행의 길에 대하여 부연 설명하고자 하였다. 부처님
께서 아난에게 말씀하셨다. "너는 비록 기억력이 강하여 단지 다문을
도울 뿐 사마타의 미묘한 관조에 대하여는 마음이 아직 깨닫지 못하였
다. 너는 지금 깊이 사유하며 들어라. 나는 너를 위하여 하나하나 구분
해서 법문하여 장래의 모든 유루의 수행자로 하여금 보리의 깨달음의
과를 얻도록 하겠다."

■

將欲敷演大陀羅尼, 諸三摩提妙修行路　　대다라니(大陀羅
尼)란 무엇인가? 바로 큰 총지[大總持]를 말한다. 다라니는 범어로서 주
(呪)이며, 중국어로 번역하면 총지라고 한다.

이 뜻은 무엇인가? 모든 법을 총괄하여 무량한 뜻을 지닌다[總一
切法, 持無量義]는 것이다. 즉 일체의 법이 이 주(呪) 안에 포괄되며, 무량
의 묘한 뜻이 이 주(呪)에서 나온다는 뜻이다. 이것이 하나의 해석법이
고, 또 하나의 해석법이 있는데, 이것은 내가 하는 해석법이다. 총(總)

은 몸과 입과 뜻의 세 가지 업의 청정함을 총지하는 것이며, 지(持)는 바로 수지(受持)하는 뜻으로 계정혜의 세 가지 무루학을 수지하여 정근하는 것을 말한다. 이 또한 총지이다. 현재의 이 대총지는 작은 것과는 같지 않다. 작은 것이란 작은 주이며 하지만 그것의 공능과 효과는 그렇게 크지 않다.

제삼마제(諸三摩提)의 삼마제는 삼마지(三摩地)라고도 하며, 정(定)이라는 뜻이며, 묘수행로(妙修行路)는 삼마지의 대총지의 법을 수행하는 길을 말한다.

諸有漏者 유루라는 것은 사과(四果)의 아라한을 증득하지 못한 사람을 유루라고 한다. 루(漏)라는 것은 갖가지의 결함이나 잘못이라는 뜻이다. 비유하자면 술을 좋아한다면 이것은 술로 인하여 새는 것이며, 담배를 좋아하면 담배로 인하여 새는 것이다. 그러면 좌선을 좋아하면 좌선으로 인하여 새는 것인가? 이것은 같지 않다. 왜냐하면 좌선을 하면 위로 향상하기 때문이다. 당신의 마음속에서 생각이 움직이면 이것이 새는 것이다. 이것은 이렇게 무서운 것으로서 단지 한 생각이 움직이면 아래로 새는 것이다.

獲菩提果 어떻게 해야 보리의 깨달음의 과를 얻을 수 있는가? 바로 새지 않아야 비로소 얻을 수 있는 것이다. 만약 샌다면 이 깨달음의 과는 얻으려고 하지 말아야 한다. 믿어지지 않으면 시험해 봐라. 무시이래로부터 지금까지 당신은 그렇게 긴 시간 동안 시험해 왔다.

따라서 지금 여전히 흐리멍덩하지 않아야 할 것이다. 혹은 이렇게 생각한다. "저 법사님께서는 나를 말하는 것은 아닐 것이야, 이렇게 많은 사람이 있는데 아마도 다른 사람을 말할 거야! 나에게 작은 결함이 있는 것은 괜찮아. 이것을 내가 좋아하는데, 이 작은 결함은 잠시 버리지 못하겠어!" 그러나 당신은 자기를 스스로 흐리지 말아야 할 것이다. 그러면 성불을 그르치게 될 것이다.

　따라서 우리들이 무시이래의 겁으로부터 생사에 유랑하면서 이 사바세계에서 태어났다 죽고, 죽고는 다시 태어나고 하기를 반복하면서 떠나기가 아쉬워서 돌아가기를 잊고 있는데, 이것이 전도된 것이다. 지금 우리는 불법을 만났으니 마땅히 조속히 용맹정진의 마음을 발하고 깨달으려는 마음을 발하여야 할 것이며, 다시는 떠나기를 아쉬워해서는 안 될 것이다.

2) 두 가지의 견(見)

■

阿難! 一切衆生, 輪迴世間, 由二顚倒分別見妄, 當處發生, 當業輪轉. 云何二見? 一者, 衆生別業妄見. 二者, 衆生同分妄見.

■

"아난아! 일체중생이 세간에 윤회하는 것은 두 가지의 전도된 분별하는 식심의 허망한 봄이 곳곳에서 발생하여 업을 지어 윤회하는 것이다. 무엇이 두 가지의 견(見)인가? 첫째는 중생의 별업망견이고, 둘째는 중생의 동분망견이다."

—

由二顚倒分別見妄 두 가지의 전도된 분별식심이 내는 망견(妄見)때문이라는 뜻이다.

當處發生 언제 어디에서나 이러한 정황이 발생한다는 뜻이다. 어떤 정황이 발생하는가? 망상, 망견이 발생한다는 것이다. 무엇을 견망(見妄)이라고 하는가? 보는 것이 허망하며 참된 것이 아니라는 것이다. 우리들이 만약 진정으로 이해한다면 이 산하대지와 집과 건물들은 모두 아무것도 없는 것이다. "그러면 정말 큰일이군, 아무것도 없으니, 나는 어디로 가서 머물지?" 당신은 여전히 당신의 집에서 머물며 이것을 걱정할 필요는 없다.

當業輪轉 당신이 무슨 업을 지으면 무슨 과를 받는 것이다. 당신이 어떤 업을 지어 어떤 과보를 받기 때문에 따라서 '당처발생(當處發生), 당업윤전(當業輪轉)'이라고 하며, 언제 어디서나 망상, 망견을 내면서 업을 짓는 것이다.

불법은 매우 미묘한 것이며, 불법 안에서는 불법의 좋은 점을 느끼지 못한다. 그러나 불법에서는 당신이 일분(一分)의 공을 들이면 일분(一分)의 열매를 얻는 것으로서 조금도 어긋나지 않는다. 불교 안은 가장 자유로우며, 가장 평등하여 절대로 치우침이 없다. 어째서 가장 평등하다고 말하는가? 일체중생은 아귀와 지옥을 포함하여 만약 당신이 발심하여 불도를 수행하면 당신이 아무리 나쁜 사람이라도 모두 성불할 수 있기 때문이다.

그리고 불법은 가장 자유로운 것이다. 선을 짓든지 악을 짓든지 지은 사람을 따르는 것이며, 아무도 당신을 제한하는 사람이 없다. "너는 반드시 악한 일을 짓지 말고, 착한 일을 해야 한다."고 강요하는 사람은 없다. 나는 단지 여러분에게 "나쁜 일을 하지 말라!"고 권할 따름이다. 나라의 법에는 법을 어기면 감옥에 가두지만, 불법의 안에는 그러한 법률도 없다. 따라서 이 불교는 가장 자유로운 것이다.

그러면 일체중생으로 하여금 육도에 윤회하게 하는 두 가지의 망견은 무엇인가?

衆生別業妄見 첫 번째는 중생의 별업의 망견이다. 무엇을 별업(別業)이라 하는가? 별업이란 다른 사람과는 같지 않은 업으로서 오직 자기만의 업이다. 자기의 업이라고 말할 수 있으며, 특별한 것이므로 별업이라 한다. 별업망견은 별분(別分)의 망견이라고도 할 수 있으며, 동분망견은 동업의 망견이라고도 할 수 있다.

별업망견은 자기의 견해도 특별하고 행위도 특별하므로 자기의 지은 업도 특별하다. 이 별업망견의 사람은 언제나 자기가 다른 사람들과 같지 않다고 느끼며, 짓는 업도 다른 사람과 다르다. 이것은 모두 망상의 마음이 지어내는 것이다. 어떤 망상을 짓는가? 바로 현실에 맞지 않게 턱없이 높은 이상만을 추구한다. 그래서 홀로 자기의 견해를 내므로 일종의 별업을 만들어 내는 것이다.

衆生同分妄見 두 번째는 중생의 동분망견이다. 동분이란 다른 사람과 같다는 것이다. 그래서 공업(共業)이라고도 부른다. 보통으로 발생하는 것으로는 천재지변과 각종 사고로 많은 사람들이 함께 죽는 것이다. 이것을 공업이라고 부른다. 이것은 동분망견의 망상이

조성한 동업(同業)이다.

왜냐하면 중생은 물질에 미혹되어 자기라고 생각하며, 도적을 자기의 자식이라고 생각하기 때문에 이러한 동분의 망견을 지어낸다. 이것은 동일한 망상이 지은 허망한 견해이다. 여기서 이 견(見)은 반드시 보는 견[看見]이 아니라 견해(見解)의 견이다. 모두의 의견이 서로 같으면 이것이 동분망견이다. 중생의 공동의 망상으로부터 이러한 공동의 허망한 업이 조성되므로 그래서 공동의 허망한 과보를 받는 것이다. 소위 "미혹을 일으켜서, 업을 짓고, 과보를 받는다[起惑, 造業, 受報]." 라고 하는 것이다. 처음에 이해하지 못하기 때문에 업을 짓고, 업을 지으므로 과보를 받는 것이다.

이 공업(共業)은 앞에서 말한 것과 같이 천재지변이라든지, 가뭄, 홍수 등이 일어나 그 지방의 사람들이 모두 굶어죽거나 하는 것은 그 지방 중생의 공업이 일으키는 것이다.

2

별업망견(別業妄見)

云何名爲別業妄見? 阿難! 如世間人, 目有赤眚, 夜見燈光, 別有圓影, 五色重疊.

"어떠한 것을 별업망견이라고 하는가? 아난아! 마치 세간 사람이 눈병이 나 붉게 충혈되면, 밤에 등불을 볼 때 별도로 둥근 그림자가 생기고 오색이 중첩되게 보이는 것과 같다."

目有赤眚 눈에 병이 나 붉게 충혈되고 눈곱이 끼는 것을 뜻한다.

夜見燈光, 別有圓影, 五色重疊 눈병이 난 사람이 야간에 등불을 보면 등불 주위로 하나의 둥근 그림자가 보이며, 오색이 중첩되어 무슨 색인지 모를 정도이다. 당신 생각에 이 색은 진짜인지, 가짜인지? 소위 말하기를 "너는 그림자의 문에서 일을 한다."는 것이 이것이다. 당신이 눈에 병이 들어 등불을 보면 여러 가지의 변화가 생긴다. 무슨 변화가 생기는가? 등불 주위에 여러 가지 빛깔의 그림자가 생기는데, 이 그림자는 진짜인가, 가짜인가?

於意云何? 此夜燈明所現圓光, 爲是燈色, 爲當見色? 阿難! 此若燈色, 則非眚人, 何不同見? 而此圓影, 唯眚之觀. 若是見色, 見已成色, 則彼眚人見圓影者, 名爲何等? 復次阿難! 若此圓影離燈別有, 則合傍觀屛帳几筵, 有圓影出. 離見別有, 應非眼矚, 云何眚人, 目見圓影?

432

■

"너는 어떻게 생각하느냐? 이 밤의 등이 나타내는 오색이 중첩된 불빛은 등이 나타내는 빛깔인가, 보는 견(見)이 나타내는 빛깔인가? 아난아! 이 둥근 그림자가 나타내는 것이 만약 등 자신이 나타내는 것이라면, 눈에 병이 없는 사람은 왜 보지 못하는가? 이 등의 둥근 그림자를 오직 눈병이 난 사람만 볼 수 있다면, 만약 그것이 눈이 보는 색이라면 이 보는 것은 이미 하나의 색을 이루며, 저 눈병이 난 사람이 보는 둥근 그림자는 어떤 이름을 불러야 하는가? 다시 아난아! 만약 이 둥근 그림자가 등을 떠나도 여전히 둥근 그림자가 남아있다면, 옆에 있는 병풍, 탁자 등 모든 물체도 둥근 그림자가 있어야 할 것이다. 만약 보는 것을 떠나 별도로 둥근 그림자가 있다면, 이것은 마땅히 눈이 보는 것은 아닐 것이다. 그러면 어찌하여 단지 눈병이 난 사람만이 둥근 그림자를 볼 수 있는가?"

■

此夜燈明所現圓光, 爲是燈色, 爲當見色 이 밤의 등불에서 오색이 중첩되게 나타나는 등빛은 등에서 나오는 빛깔인가? 보는 성품이 드러내는 빛깔인가?

此若燈色, 則非眚人, 何不同見 이 둥근 그림자가 오색이 중첩한 빛을 나타내는 경계가 만약 등 자체에서 나오는 것이라면, 눈에 병이 없는 사람은 왜 그런 것을 보지 못하는가?

비생인(非眚人)이란 무엇인가? 이것은 부처와 모든 대보살을 가리킨다. 생인(眚人)이란 우리들 중생을 가리킨다. 등은 진리를 표시하며,

불보살은 진리를 보는데, 우리 중생들은 진리를 보지 못하고 등 밖의 오색이 중첩한 불빛을 보는 것이다.

어떠한 것을 오색이 중첩한 것이라 하는가? 오색이란 오온(五蘊)을 대표한다. 이것은 색수상행식(色受想行識)의 오온이 우리를 감싸고 있는 것을 나타낸다. 본래 이 등은 진리의 표현이지만, 그는 황홀하여 비록 등이 있다는 것을 알지만 별다르게 둥근 그림자를 보게 된다는 것이다. 이것은 우리들이 오온에 둘러 쌓여 있어 진리를 보지 못한다는 것을 뜻한다.

而此圓影, 唯眚之觀 등의 둥근 그림자는 단지 눈에 붉은 눈곱 끼는 사람이 볼 수 있는 것이다. 이것은 눈이 아물거리는 것을 뜻한다. 마치 중국의 여인들이 자수를 놓을 줄 아는데, 많은 여인들이 눈이 아물거리면 바늘귀가 두 개로 보이는 것과 같다.

若是見色, 見已成色, 則彼眚人見圓影者, 名爲何等 만약 둥근 그림자가 등의 색이 아니고 눈이 보는 색이라면, 이 보는 성품은 이미 하나의 색으로 변화되어 형질이 있는 것으로 될 것이며, 눈에 병이 있는 사람이 보는 둥근 그림자는 마땅히 무슨 이름으로 불러야 하는가?

若此圓影離燈別有, 則合傍觀屛帳几筵, 有圓影出 만약 이 둥근 그림자가 등을 떠나서도 여전히 둥근 그림자가 있다면, 그것은 결코 등에서 나오는 것은 아니다. 그러면 마땅히 옆에 있는 모든 물질, 즉 병풍, 탁자 등을 볼 때도 둥근 그림자가 있어야 옳을 것이다.

그러나 실제로는 없다.

離見別有, 應非眼矚　만약 너의 보는 성품을 떠나 별도로 둥근 그림자가 있다고 한다면, 너의 이것도 당연히 눈이 보는 것이 아닐 것이다. 보는 것은 눈이 보는 것이다. 그런데 지금 보는 것을 떠나 별도로 둥근 그림자가 있다면, 그것은 눈이 보는 것이 아니라 물질 자체가 본래 가지고 있는 것이다. 그러므로 너의 눈이 이 등을 볼 때 비로소 둥근 그림자가 있는 것이 아니라, 너의 눈에 보이지 않으면 그것은 없는 것이다.

云何瞽人, 目見圓影　기왕 네가 등을 떠나도 등 자체에 둥근 그림자가 있다면, 모든 사람도 마땅히 둥근 그림자를 볼 수 있을 것이다. 그러면 지금 왜 단지 눈병이 있는 사람은 둥근 그림자가 보이고 눈병이 없는 사람은 보이지 않는가?

■

是故當知, 色實在燈, 見病爲影. 影見俱眚, 見眚非病. 終不應言, 是燈是見, 於是中有非燈非見. 如第二月, 非體非影. 何以故? 第二之觀, 揑所成故. 諸有智者, 不應說言, 此揑根元, 是形非形, 離見非見. 此亦如是! 目眚所成, 今欲名誰是燈是見? 何況分別非燈非見?

■

"그러므로 마땅히 알아야 한다. 둥근 그림자의 색은 실제로 등에서 나오는 것이며, 보는 눈에 병이 있기 때문에 그림자가 생기게 된 것이다. 둥근 그림자와 보는 것이 모두 결점이 있지만, 네가 그림자를 볼 수 있는 이 보는 성품에는 결코 병이 없다. 그러므로 마침내 너는 (둥근 그림자를 보게 된 것은) 등 때문이거나, 혹은 보는 것 때문이라고 말해서는 안 되며, 그래서 이 가운데 등 때문이 아니거나, 혹은 보는 것 때문이 아니라고 말해서도 안 된다. 이 둥근 그림자는 마치 두 개의 달을 보는 것처럼 어떤 달이 본체인지 어떤 달이 그림자인지 말할 수 없다. 무슨 까닭인가? 너에게 보이는 두 번째 달은 네가 너의 눈을 누르기 때문에 보이는 것이다. 지혜가 있는 모든 사람은 두 번째 달이 형체가 있는지, 없는지 말할 수 없으며, 또한 이 보는 성품을 떠난 것은 보는 것이 아니라고 말할 수 없다. 이것 또한 이와 같이 눈에 생긴 병으로 보이는 것을 등인지, 보는 것인지를 어떻게 이름지을 수 있으며, 하물며 등이 아닌지, 보는 것이 아닌지를 분별할 수 있겠는가?"

■

色實在燈, 見病爲影 둥근 그림자의 색은 바로 등에서 나타나는 것이며, 너의 눈에 흠이 있기 때문에 비로소 둥근 그림자가 보이는 것이다. 만약 눈병이 없으면 둥근 그림자는 보이지 않는다. 이 보는 병[見病]은 결코 보는 성품에 병이 생긴 것을 말하는 것이 아니라 눈에서 나온 것이다.

影見俱眚, 見眚非病 이 그림자와 보는 눈이 함께 병이 있는 것이지, 둥근 그림자를 볼 수 있는 보는 성품에는 결코 무슨 병이 없다. 비록 둥근 그림자와 보는 눈에 흠이 있다고 말할지라도, 실제로는 눈에 병이 있기 때문이다.

終不應言, 是燈是見, 於是中有非燈非見   너의 이 보는 것에 만약 병이 없다면, 너는 둥근 그림자를 보는 것이 등이다, 혹은 보는 것이라고 말할 수 없다. 또한 여기에서 등이 아니다, 보는 것이 아니라고 말할 수 없다. 그러니 너는 마땅히 이 안에서는 망상 분별해서는 안 된다.

如第二月, 非體非影   이 둥근 그림자는 마치 눈을 누르면 달이 두 개로 보이는 것처럼 너는 어떤 달이 원래의 달이고 어떤 달이 그림자인지를 말할 수 없는 것과 같이 또한 따로 하나의 그림자의 몸체가 있는 것이 아니며, 혹은 이 몸체에 둥근 그림자가 있는 것이 아니다. 이 모두 근본적으로 없는 것이다. 너의 눈에 흠이 있기 때문에 둥근 그림자가 보이는 것이다.

何以故? 第二之觀, 捏所成故   무슨 까닭인가? 두 개의 달이 보이는 것은 눈을 누르기 때문에 생긴 것이다. 하지만 실제로는 하나의 달이 있을 뿐이다.

諸有智者, 不應說言, 此捏根元, 是形非形, 離見非見   지혜가 있는 모든 사람은 눈을 눌러 보이는 달이 진짜인지 가짜인지, 형체가 있는지 없는지를 말할 수 없으며, 또한 이 보는 것을 떠나면 보는 것이 아니라고 말할 수 없다. 따라서 참된 봄[眞見]은 이곳에서는 '이다, 아니다'를 찾을 수 없다.

此亦如是! 目眚所成　내(즉 부처님을 가리킴)가 말한 "인연이 아니며, 자연이 아니며, 화합된 것이 아니다."는 것도 또한 눈에 생긴 흠으로 인하여 두 개의 달이 보이는 것과 같은 도리이다. 그것은 너의 눈에 병이 생겨 눈에 붉은 눈곱이 끼었기 때문에 등불을 보면 오색이 중첩된 둥근 그림자가 보이는 것이다.

　　이것은 바로 모든 산하대지와 집과 건물 등 일체의 형상은 모두 우리 자성에 흠이 있기 때문에 비로소 진짜와 같은 형상이 보이는 것이다. 그러므로 실제로는『금강경』의 말씀과 같다. "일체의 유위법은 꿈과 같고 환화와 같고 물거품과 같고 그림자와 같으며, 이슬과 같고 또한 번개와 같으니, 마땅히 이와 같이 관해야 한다[一切有爲法, 如夢幻泡影, 如露亦如電, 應作如是觀]."

　　今欲名誰是燈是見　이미 허망한 것이라면 너는 지금 어떤 것에 등이다[是燈], 보는 것이다[是見]라고 이름을 지을 수 있는가? 등에 둥근 그림자가 있으면 눈병이 없는 사람은 어째서 둥근 그림자를 볼 수 없는가? 이 등 자체에는 이러한 둥근 그림자가 없는 것이다. 보는 것에 둥근 그림자가 있다면 눈병이 없는 사람은 왜 그것을 보지 못하는가? 따라서 너도 등에 둥근 그림자가 있다고 말할 수 없으며, 보는 것에도 둥근 그림자가 있다고 말할 수 없다. 단지 눈에 흠이 있는 사람에게 오색이 중첩된 둥근 불빛이 보이는 것이다.

　　何況分別非燈非見　하물며 너는 다시 분별심을 내어 이곳에서 등에 오색 원광이 있는 것이 아니며, 보는 것에 오색 원광이 있는 것도 아니라고 분별한다. 근본적으로 이것은 등이 가지고 있는 것이

아니며, 보는 것이 가지고 있는 것도 아니다. 이 문제에 대하여 분별심으로 이렇게 허망되게 분별해서는 안 될 것이다.

『능엄경』은 지혜를 여는 경이며, 아난이 범한 잘못은 바로 반야의 지혜를 쓰는 것이 아니라 그의 심의식(心意識)으로써 갖가지 경계, 갖가지 이론을 분별한다. 따라서 부처님께서는 곳곳에서 그의 이러한 심의식을 타파하려고 하신다. 옛사람이 이르시기를 "법의 재물을 소모시키고 공덕을 없애는 것은 이 심의식으로부터 말미암지 않은 것은 없다. 선(禪)으로써 마음을 해결하면 문득 무생의 지견력으로 들어간다[損法財, 滅功德, 莫不由斯心意識, 是以禪門了卻心, 頓入無生知見力]."라고 하였다.

중국의 선종에서는 당신으로 하여금 하나의 화두를 참구하여 깨치게 한다. 당신으로 하여금 참구하여 갈 길을 없게 하고 통하는 길이 없게 한다. 그러면 산이 막히고 물이 다하여 의심하여 갈 길이 없으면, "버드나무 우거지고 꽃이 밝게 피어 또 하나의 마을에 이르네[山窮水盡疑無路, 柳暗花明又一村]."

『능엄경』은 모두 사람의 집착을 타파하고, 사람의 심의식을 깨뜨린다. 우리는 언제, 어느 곳에서나 반야의 지혜를 쓸 수 있으면 일체의 도리는 자연스럽게 해결되며, 심의식으로 그것을 분별하지 말아야 한다. 우리들이 경전을 배우는 데 있어서 진정한 지혜를 배워야 한다. 진정한 지혜는 마치 거울과 같은 것으로서 비추면 바로 깨달으며, 비춤에 따라 깨달음이 따른다. 일이 오면 응대하고 일이 가면 고요하며 흔적을 남기지 않는다.

3

동분망견 (同分妄見)

云何名爲同分妄見? 阿難! 此閻浮提, 除大海水, 中間平陸, 有三千洲, 正中大洲, 東西括量, 大國凡有二千三百. 其餘小洲在諸海中, 其間或有三兩百國. 或一或二, 至於三十, 四十, 五十. 阿難! 若復此中, 有一小洲, 只有兩國. 唯一國人, 同感惡緣, 則彼小洲, 當土衆生, 睹諸一切不祥境界. 或見二日, 或見兩月, 其中乃至暈適, 珮玦, 彗孛, 飛流, 負耳, 虹蜺, 種種惡相. 但此國見彼國衆生, 本所不見, 亦復不聞.

"어떠한 것을 동분망견이라고 하는가? 아난아! 이 염부제에서 큰 바다를 제외하면 중간에 육지가 있으며, 그 가운데 삼천여 개의 주(洲)가 있으며, 중간에 동서남북으로 그 숫자를 세어보면 큰 나라는 대략 이천삼백여 개가 있으며, 그 밖에 작은 주에는 이삼백 개의 나라가 있다. 혹은 하나 또는 두 개의 나라에서부터 삼십, 사십, 오십 개의 나라가 있다. 아난아! 이 가운데 어떤 하나의 주에 단지 두 개의 나라가 있다고 한다면, 한 나라의 사람은 함께 악연을 감응하여 그 나라의 중생은 일체의 길상하지 못한 경계를 보게 되는데, 혹은 두 개의 해를 보거나 혹은 두 개의 달을 보거나 하며, 그 가운데 심지어 훈적(暈適), 패결(珮玦), 혜패(彗孛),

비류(飛流), 부이(負耳), 홍예(虹蜺) 등 갖가지의 악한 모습을 보게 되지만, 그러나 다른 나라의 중생들은 본래 보지도 못하며 듣지도 못한다."

———

云何名爲同分妄見　동분망견은 지은 업이 비슷하여 같은 업보를 받는 것을 말한다. 사람의 용모가 각각 다르며 환경도 다르고 행위도 다르지만, 다른 신분, 다른 지방, 다른 행위에서 함께 같은 업을 지으며, 또 함께 모여 같이 과보를 받는 것을 동분망견이라고 한다.

이러한 견(見)은 업에서 발생하는 것으로 무슨 업을 짓느냐에 따라 어떤 업을 받으며, 함께 모이는 것이다.

正中大洲, 東西括量, 大國凡有二千三百　남섬부주의 삼천 개의 큰 주 가운데 동서남북으로 그 숫자를 세어보면, 큰 나라는 대략 이천삼백여 개가 있다는 뜻이다. 괄량(括量)이란 수를 센다는 뜻이다.

若復此中, 有一小洲, 只有兩國. 唯一國人, 同感惡緣　만약 이 가운데 하나의 작은 섬이 있는데, 단지 두 개의 나라가 있다고 한다면, 이 두 개의 나라가 비록 하나의 섬에 경계가 서로 인접하여 있지만, 느끼는 업보는 같지 않다. 한 나라의 국민은 악업이 충만하여 함께 이 악한 인연을 느끼게 된다는 것이다. 무엇을 악연이라 하는가? 바로 길상하지 못한 일이며, 태풍이 분다거나 큰비가 내린다거나 하는 많은 재난을 가리킨다.

이 천지(天地)는 비록 매우 정상적이 아닐지라도 만약 그 나라의 인민의 마음이 바뀌면 좋게 바뀔 것이다. 한 나라가 만약 흥하려고 하면 일체가 모두 길상하며, 국가가 망하려고 하면 일체가 길상하지 못하다.

그리고 이런 말이 있다. "한 사람이 경사스러우면, 만조 백성이 그 혜택을 받는다[一人有慶, 兆民賴之]." 이것은 국가의 원수, 영수, 대통령이 복이 있다면, 일반 백성들도 그를 따라 복을 받는다는 뜻이다. 만약 그가 복이 없으면 백성들도 그를 따라 고통을 당하는 것이다. 한 나라에 길상치 못한 경계가 나타나면, 이것은 그 국가의 영수가 덕행이 없고 지혜가 없기 때문이다. 덕행이 없기 때문에 지혜가 없으며, 지혜가 없으면 또한 복의 과보가 없으며, 복의 과보가 없으므로 백성들이 나쁜 재앙을 만나게 된다. 한 나라의 원수는 이러한 일체의 상황을 대표한다.

則彼小洲, 當土衆生, 觀諸一切不祥境界 두 나라의 중생이 하나의 작은 섬에 거주하고 있지만, 보는 경계는 같지 않다. 악업을 짓는 나라의 사람은 일체의 길상하지 못한 일을 보게 되며, 선업을 짓는 나라는 그런 일을 보지 않는다.

或見二日, 或見兩月 혹은 하나의 태양이 두 개로 변하여 보이며, 혹은 두 개의 달이 보이는 것이다. 이것은 결코 눈에 병이 있어서 그렇게 보이는 것이 아니라 그들이 악업을 감응하여 이러한 재난의 상징이 나타나는 것이다. 그러면 구경에 두 개의 태양이 있는 것인가? 그것은 아니다. 그러나 중생의 공업이 느끼는 바에 따라 이러한 일이 발생하는 것이다.

두 개의 태양이 나타나는 것은 주로 국가에 큰 변화가 있을 때 나타나는 것이다. 당신이 두 개의 태양을 보게 되는 것은 길상하지 못한 일이다. 두 개의 달이 출현하는 것도 주로 국가에 길상하지 못한 것이다.

其中乃至暈適, 珮玦, 彗孛, 飛流, 負耳, 虹蜺 어떤 국가를 막론하고 만약 많은 재난이 발생하면 이것은 모두 그 나라의 집정자에게 덕을 닦지 않고 인(仁)을 행하지 않는 것이다. 이러한 악연이 나타날 때는 가물지 않으면 홍수가 나든지, 지진, 산사태 등이 자주 볼 수 있는 재난이며, 훈적(暈適), 패결(珮玦), 혜패(彗孛), 비류(飛流), 부이(負耳), 홍예(虹蜺) 등은 자주 볼 수 있는 재난은 아니지만 이 모두 나쁜 모습이며, 재난의 표현이다. 종합하면 달, 별, 해의 세 가지의 모습이다.

훈적(暈適)이란 달을 감싸고 돌며 달빛을 막는 나쁜 기운을 말한다. 패결(珮玦)에서 패(珮)란 달 주위를 도는 흰 기운을 말하며, 결(玦)이란 고대 중국인은 반쪽의 옥으로 만든 패를 차는 것을 좋아했는데, 이런 모양과 같이 흰 기운이 달 주위를 반쯤 둘러싸고 있는 것을 말한다. 이 모두 정상적이 아니며, 좋지 않은 모습이다. 총괄하면 태양과 달 주위에 어떤 것이 있으면 안 되며, 무엇이 있게 되면 그것은 좋지 않은 현상이다.

혜패(彗孛)란 혜성과 패성을 말하며, 중국인은 그것을 소파성(掃把星)이라고 부른다. 하늘에 이 혜성의 별이 있으면 꼬리를 끌고 가는 형상이 빗자루와 같다. 이 별은 빛이 멀리까지 비치며, 끌고 가는 빛이 매우 길다. 패성은 끌고 가는 빛이 짧으며 불꽃과 같아서 없어졌다가 생기고 없어졌다가 생기고 하는데, 이 모두 악한 별의 모습이다. 중국의 진시황 시절에 자주 혜성이 출현하였는데, 따라서 그때의 백성들은 모두 매우 고통스럽게 생활했다. 이 별이 한번 출현하면 사람마다 모두 재수가 없어 나쁜 일을 많이 당하며, 심지어 사람마다 죽게 된다. 그러므로 어떤 때는 그 별이 인간 세상으로 오면 혼탁한 세상의 마왕이 된다.

비류(飛流)란 비성(飛星)이라고 하며, 하늘에서 가로 지나가는 별이며 중국에서는 유성(流星)이라고 하며 또는 적성(賊星)이라고 한다. 류(流)는 별빛이 아래로 쏟아지는 것이며, 그 빛이 매우 밝다. 유성은 바로 운석(隕石)이며 하늘에서 돌이 떨어지는 것이 마치 비가 내리는 것처럼 많다. 이 모두 자주 보는 것이 아닌 재난의 현상이며, 이것은 별이 나타내는 나쁜 경계이며 나쁜 징조이다.

그러면 이것은 진짜인가? 이것은 이 나라의 사람은 보지만 그 밖의 다른 나라의 사람은 보지 못하는 것이다. 왜 그런가? 동분망견 때문으로 모두 이러한 업의 감응이 있기 때문에 비로소 이러한 모습을 보는 것이다. 만약 같은 업이 아닌 사람은 볼 수 없는 것이다.

중국인의 세속전설에는 유성을 보게 되면 도적이 물건을 훔친다고 한다. 그래서 중국의 여인은 이 유성을 볼 때 옷의 단추를 풀었다가 다시 단추를 끼운다고 한다. 그러면 그것을 잡아서 머물게 하면 금이나 은을 얻거나 무슨 보배를 얻는다고 한다. 혹은 바지의 허리띠를 풀었다가 다시 잡아매도 유성의 이 도적을 묶어둘 수 있다고 한다.

부이(負耳)란 태양이나 달이나 별의 주위에 생기는 검은 기운을 말하며 귀처럼 생겼다고 한다. 태양이 나타내는 재난에서 악한 기운이 만약 태양의 배후에 있는 것을 부(負)라고 하며, 태양의 옆에 있는 것을 이(耳)라고 한다.

홍예(虹蜺)란 비온 뒤에 날이 개면 자주 볼 수 있는 무지개를 말한다. 하지만 일반적으로 보이는 것은 그렇게 나쁜 것은 아니다. 아침에 보이는 것을 홍(虹)이라 하고 저녁에 보이는 것을 예(蜺)라고 한다. 이러한 재화(災禍)를 나타내는 무지개는 모두 음에 속하며 그렇게 아름답지 않다. 비록 그것이 화려하게 보기 좋지만 그 안에는 살기를 감추고 있다. 볼 수 있는 사람은 이것이 길하지 않은 징조라는 것을 알아야 한다.

種種惡相 앞에서 말한 그러한 나쁜 모습뿐만 아니라 또한 여러 가지의 모습이 있다. 왜 이러한 나쁜 모습이 있게 되는가? 중국에서는 유사 이래로 무릇 왕조가 바뀌거나 혹은 무슨 재화가 있게 되면 이러한 악성(惡星)이 출현한다. 이러한 악성이 출현하면 어떻게 해야 하는가? 국가의 지도자는 덕을 닦고 인을 행하며 좋은 일을 지어야 한다. 우리는 수행을 하면서 일이 닥쳐서 향을 피우거나 부처님께 절하지 말고, 평소 일이 없을 때 마땅히 수행해야 하며, 향을 피우고 염불해야 될 것이다. 당신이 만약 평소에 덕을 쌓고 인을 행하면 이러한 재해는 자연히 없어질 것이다.

但此國見彼國衆生, 本所不見, 亦復不聞 한 나라의 사람들이 이러한 길상하지 못한 경계를 보게 되지만, 다른 나라의 사람은 근본적으로 이러한 재난의 상징을 보지 못하며, 그러한 소식을 듣는 것조차도 듣지 못한다. 따라서 이웃한 두 개의 나라이지만 한 나라는 업력이 비슷하여 악연을 보게 되는 것을 '동분망견'이라고 한다. 다른 나라는 업력이 같지 않아 그러한 죄업이 없으므로 이러한 모습을 보지 않는 것이다.

4

아난에게 도리를 이해시키다

1) 보는 성품은 흠이 없다

阿難! 吾今爲汝, 以此二事, 進退合明. 阿難! 如彼衆生, 別業妄見, 矚
燈光中所現圓影, 雖現似境, 終彼見者, 目眚所成. 眚卽見勞, 非色所
造. 然見眚者, 終無見咎.

"아난아! 나는 지금 너를 위하여 이 두 가지의 일로써 나아가고 물러나
면서 이해하게 하겠다. 아난아! 마치 저 중생이 별업망견으로 등불을
보고 둥근 그림자가 나타나는 것을 보는 것과 같이, 비록 비슷한 경계
가 나타나지만 마침내는 그것을 보는 것은 눈병이 나서 이루어진 것이
다. 눈에 눈곱이 끼면 보는 것이 피로해지는 것은 결코 등 자체에서 만
들어내는 것이 아니다. 그러나 둥근 그림자를 보는 것은 결국에는 보
는 성품에 흠이 있는 것은 아니다."

阿難, 吾今爲汝, 以此二事, 進退合明　부처님께서는 아마도 아난이 주의해서 듣지 않을까봐서 아난이라고 부른 것이다. 아난아! 너는 이미 이 보는 정[見精]의 도리를 이해하지 못하고 있으니, 내가 지금 두 가지의 일, 즉 하나는 눈에 병이 있으면 등불에 둥근 그림자가 생기는 것을 보는 것이며, 다른 하나는 어떤 하나의 국가는 갖가지 악연을 함께 보지만, 다른 나라는 보지 못하는 것이다. 또한 동분망견과 별업망견이라는 두 가지의 도리를 가지고 혹은 나아가고 혹은 물러나면서 서로 대비하고 형용하여 이 두 가지 일의 인연을 너에게 말하여 너로 하여금 이해하게 하려고 한다. 진(進)이란 이러한 도리를 약간 많이 말하는 것이고, 퇴(退)란 그러한 도리를 약간 적게 말하는 것이다. 이렇게 가고 오며 말하여 도리를 이해시키는 것을 '진퇴합명(進退合明)'이라고 한다.

如彼衆生, 別業妄見, 矚燈光中所現圓影　마치 내가 방금 말한 눈곱이 낀 중생이 자기의 특별한 업 때문에 망령된 견해를 내므로 등불을 볼 때 이 등불 바깥에 오색이 중첩된 둥근 그림자가 나타나는 것이다.

雖現似境, 終彼見者, 目眚所成　비록 그가 이 등불에 둥근 그림자가 있음을 보지만, 그러나 이러한 경계는 결코 진짜로 있는 것은 아니다. 이런 도리를 연구해 보면 결과적으로는 둥근 그림자를 보는 그 사람은 눈에 병이 있기 때문에 이루어진 모습이다. 이것은 결코 그의 보는 성품에 둥근 그림자가 있는 것이 아니라 눈에 병이 있기 때문에 그런 것이다.

　眚卽見勞, 非色所造. 然見眚者, 終無見咎　눈에 병이 있어서 보는데 일종의 허망한 봄이 발생한 것인데, 이러한 망견(妄見)을 보는 것이 피로해진 것[見勞]이라고 한다. 이러한 견로상은 바깥에 진짜로 이러한 경계가 있는 것이 아니며, 이 색상이 조성한 것이 아니다. 그러나 둥근 그림자를 보게 되는 사람은 눈에 병이 있는 것이지, 결코 그의 보는 성품에 흠이 있는 것은 아니다.

　근본적으로 둥근 그림자가 생긴 것은 눈에 흠이 있기 때문이다. 그러므로 너는 등의 탓으로 돌릴 수 없으며, 둥근 그림자를 등이 가지고 있다고 말할 수 없으며, 등이라는 색진(色塵)이 만들어 낸 것이 아니다.

▬

例汝今日, 以目觀見山河國土, 及諸衆生, 皆是無始見病所成. 見與見緣, 似現前境. 元我覺明, 見所緣眚, 覺見卽眚. 本覺明心, 覺緣非眚.

▬

"예를 들면 네가 오늘 산과 강, 국토 그리고 모든 중생을 보는 것은 모두 시작이 없는 이전부터 지금까지 보는 병으로 말미암아 이루어진 것이다. 보는 것과 보는 인연은 마치 앞에 나타나는 경계와 같다. 원래 우리의 무명으로 인하여 망견이 인연한 경계가 둥근 그림자를 만들어 낸 것이며, 보는 것이 흠이 있음을 깨닫게 된다. 그리고 우리의 본각의 밝은 진심인 경계를 느끼는 깨달음의 성품은 결점이 없다."

448

例汝今日, 以目觀見山河國土, 及諸衆生, 皆是無始見病所成 눈으로 네가 보는 산하대지와 모든 중생의 경계는 모두 무시이래로 무명의 보는 병으로 말미암아 이루어진 것이다. 너에게 이러한 망상이 있기 때문에 망견이 이루어지며, 나아가 보이는 경계도 모두 일종의 허망한 것이다. 따라서 일체의 경계는 모두 망상의 마음에서 나타난 것이며, 너는 곧 이러한 경계에 집착된 것이다.

그러면 비록 망상에서 나타난 것이라도 또한 진심에서 나온 것이다. 네가 만약 진심을 깨닫게 되면 이러한 경계는 없어진다. 너는 진심을 깨닫지 못하기 때문에 이러한 경계가 존재하는 것이다. 마치 눈에 병이 있는 사람이 등불 주위에 둥근 그림자를 보는 것과 같다.

見與見緣, 似現前境 견여견연(見與見緣)에서 첫 번째의 견(見)은 "능히 볼 수 있는 견분[能見的見分]"이며, 두 번째의 견(見)은 "보이는 대상의 상분[所見的相分]"이다. 능히 볼 수 있는 견분과 보이는 상분은 마치 앞에 나타나는 경계와 같다. 그러나 이러한 경계는 반드시 참된 것은 아니다.

앞에서 말한 눈에 병이 나면 등불의 둥근 그림자를 볼 수 있다고 했는데, 사람이 만약 업장이 있으면 국토에 갖가지의 불길한 상징을 보게 될 것이다. 그러나 이 나라의 사람은 보지만, 저 나라의 사람은 보지 못한다. 눈에 병이 있는 사람이 둥근 그림자를 보는 것으로써 한 나라의 사람들이 갖가지의 재난의 모습을 보는 것으로 비유한 것은 모두 "오직 업의 나타남[唯業所現]"이다.

元我覺明, 見所緣眚 이 각명(覺明)은 깨달음의 그 밝음이 아니고 무명을 가리킨다. 이것은 본래 우리들이 무명 망상 때문에 망견이 인연한 경계를 내는 것은 마치 눈에 병이 있는 사람이 등불을 보면 갖가지의 색이 나타나는 것과 같다. 그러므로 이것은 우리 본래의 깨달음의 성품과는 관계가 없는 것이다.

覺見卽眚 이미 너는 보는 것이 눈에 병이 있으면 눈곱이 낀다는 것을 깨달았으므로, 너는 이 보는 것이 바로 망견(妄見)이라는 것을 깨닫는다는 뜻이다.

本覺明心, 覺緣非眚 본래 자기의 본각의 밝은 진심인 이 보는 것을 능히 볼 수 있는 깨달음의 성품은 결점이 없다는 뜻이다. 그러나 당신의 그 깨달음의 밝은 마음은 여전히 한 생각의 무명(無明)이다. 그러나 우리의 이 본각(本覺)은 결점이 있는 눈이 아니며, 마치 사람의 눈에 병이 있는 모습은 아니다. 그러므로 깨달음의 성품은 본래 결점이 없는 것이다. 이 속의 도리는 아마 들어도 이해가 잘 되지 않을 것이다. 하지만 먼저 이렇게 설명하고 넘어가기로 하며, 뒤에 가면 이런 도리의 설명이 통하게 될 것이며, 여러분도 이해하게 될 것이다.

覺所覺眚, 覺非眚中, 此實見見, 云何復名, 覺聞知見? 是故汝今見我及汝, 幷諸世間十類衆生, 皆卽見眚, 非見眚者. 彼見眞精, 性非眚者, 故不名見.

"너의 진정한 깨달음이 눈에 결점이 있다는 것을 깨닫게 되면, 너의 눈에 결점이 있다고 느끼는 참된 깨달음[眞覺]은 이러한 눈의 결점 속에 있지 않다는 것을 깨닫게 된다. 이 깨달음은 진실로 네가 능히 눈의 병(결점)을 볼 수 있는 그 견(見)이다. 그런데 너는 어찌하여 다시 묘각명성(妙覺明性)의 이 보는 성품[見性]을 각문지견(覺聞知見)의 그 보는 것[見]이라고 하는가? 이러한 까닭으로 너는 지금 나와 너, 아울러 모든 세간의 열 가지 종류의 중생을 보는 것은 모두 망견(妄見)의 잘못 때문이며, 보는 성품의 흠 때문이 아니다. 저 보는 참된 정[見精]은 그것의 본성에는 결점이 없는 것이다. 그러므로 그것을 견(見)이라고 이름할 수 없다."

覺所覺眚, 覺非眚中 이것은 앞에서 나온 '견견비견(見見非見)'의 도리와 같은 것이다. 너의 그 '진정한 깨달음'이 마치 눈에 결점이 있다는 느낌을 깨달으면, 이 진정한 깨달음은 눈에 있는 결점이 있는 것이 아니라는 것을 너는 비로소 깨닫게 된다는 뜻이다.

이것은 마치 우리가 물속에서는 물을 볼 수 없는 것과 같다. 당신이 물에서 나오면 그 물을 보게 된다. 이것이 바로 진정한 본각(本覺)이다. 각생(覺眚)에서의 각은 마치 물속에 있는 것과 같은 것이다. 당신이 물속에 있을 때는 그러한 결점을 보지 못한다. 그러나 물에서 나온 후에는 그 물을 볼 수가 있다.

각소각생(覺所覺眚)에서 첫 번째의 각(覺)은 바로 당신이 그 눈병으로 보는 것이 허망하다는 것을 깨닫는 것이다. 이 각(覺)은 눈병 가운데의 허망한 각(覺)이 아니다. 이것은 눈병이 있을 때 아는 것이 아니고, 당신이 그러한 결점을 떠나야 비로소 알 수 있는 것이다.

此實見見, 云何復名, 覺聞知見 이것[覺]은 바로 너의 진정한 보는 성품이며, 당신이 "눈병을 볼 수 있는" 그 보는 견(見)이다. 그런데 너는 어째서 묘각명성의 보는 성품이 "느끼고 듣고 알고 보는[覺聞知見]" 그 견(見)이라고 하는가? 각문지견(覺聞知見)의 그 보는 것은 "참된 봄[眞見]"이 아니다. 너는 어째서 아직도 이 가운데서 분별하면서 찾으려고 하는가?

皆卽見眚, 非見眚者 이것은 모두 별업망견, 동분망견의 허망한 결점으로 인한 것이며, 또한 자기의 망견에서 나온 결점이며, 참된 진견(眞見)에 결점이 있는 것은 아니다. 즉 당신의 본각의 밝은 마음인 진정한 보는 성품에 결점이 있는 것은 아니다. 이것은 당신이 이러한 망견을 내므로 이러한 허망한 모습이 보이는 것이며, 이 견분(見分) 상에서 잘못이 생기는 것이다. 그래서 이것은 당신의 능히 볼 수 있는 망견에서 결점이 생긴 것이다.

彼見眞精, 性非眚者, 故不名見 저 "능히 볼 수 있는" 진정한 보는 정[見精]은 그것의 본성에는 결점이 없는 것이다. 눈에 병이 있기 때문에 둥근 그림자가 보이는 것이다. 이것은 참된 보는 성품이 아니다. 왜냐하면 보는 성품에는 결점이 없기 때문에 그것을 견(見)이라고 할 수 없다. 그것은 아무것도 없는 것이다.
그러면 그것을 무엇이라고 하는가? '불견(不見)'이라고 해도 맞지 않다. 이곳에서 설명하는 것은 무엇인가? 바로 당신이 본래 가지고 있는 것, 진정한 보는 정을 설명하고 있다. 진정한 보는 정이란 어디에서 오는 것인가? 바로 우리가 본래 가지고 있는 깨달음의 성품[覺性]-본각(本覺)에서 오는 것이다. 본각이라고 말하는 것도 하나의 이름이다. 그것은 근본적으로 이름조차도 없는 것이다. 당신이 그것에 본각이라고 이름 짓는 것도 머리위에 다시 머리를 얹는 것이다.

■

阿難! 如彼衆生同分妄見, 例彼妄見別業一人, 一病目人, 同彼一國. 彼見圓影, 眚妄所生. 此衆同分, 所現不祥, 同見業中, 瘴惡所起. 俱是無始見妄所生.

■

"아난아! 마치 저 중생들의 동분망견을 저 한 사람의 별업망견과 비교하면, 한 사람의 눈에 병이 든 사람의 망견은 저 한 나라의 사람들이 (각종 재난의 징조들을 보는) 나라 중생들의 망견과 같은 것이다. 저 둥근 그림자를 보는 것은 눈에 병이 들어 망견이 생기는 것이며, 저 중생들이 동분망견으로 불길한 재난의 상징을 보게 되는 것은 같은 업 가운데서 나쁜 악업의 기운이 일어나는 것이다. 이 두 가지는 무시이래로부터 망견이 일어나기 때문이다."

■

如彼衆生同分妄見, 例彼妄見別業一人　한 국가의 인민들이 함께 갖가지의 불길함과 재난을 보게 되는 것은 동분망견이며,

이 동분망견을 별업망견의 한 사람의 망견과 비교하면, 도리는 같은 것이다. 비유하면 한 나라의 모든 중생들이 함께 이 망견을 보며, 한 사람에게는 별업이 있는데, 그는 오직 오색이 중첩된 둥근 그림자를 보는 것이 별업망견이다. 그러나 동분망견은 한 사람이 보는 것이 아니라 한 나라의 모든 사람이 보는 것이다.

一病目人, 同彼一國 눈에 병이 있는 한 사람과 한 나라의 백성들은 모두 이러한 허망한 견(見)을 가지고 있다. 비록 하나는 수가 많고 하나는 적지만, 도리는 같은 것이다.

彼見圓影, 眚妄所生 눈에 병이 든 사람이 둥근 그림자를 보는 것은 그의 눈에 눈곱이 끼었기 때문에 등불을 보는데 오색이 중첩된 둥근 그림자를 보게 되는 것과 같이, 일체중생도 갖가지의 재난을 보게 되는 것도 모두 결점이 있기 때문에 이러한 허망한 경계가 생기는 것이다.

此衆同分, 所現不祥, 同見業中, 瘴惡所起 한 나라의 중생들이 동분망견으로 불길한 재난을 보게 되는 것은 같이 보는 업 가운데서 동분망견이 조성한 업장이 일으킨 것이다.

俱是無始見妄所生 별업망견과 동분망견의 두 가지의 업의 감응은 모두 무시이래로의 망견이 일으킨 것이다. 이것은 무명으로부터 생긴 허망한 견으로 말미암아 이러한 경계가 생기는 것이다. 견망(見妄)은 망견(妄見)과 같은 뜻이다. 따라서 우리들에게 만약 망견이 없

으면 바로 진심이다. 우리들은 진심을 가지고 있는데 왜 이 진심을 이용하지 못하고 물질을 움직이지 못하는가? 그것은 바로 망상, 망견이 일으킨 별업망견과 동분망견 때문이다.

　　과거 중국에서는 왕조가 바뀔 때마다 모두 불길한 일이 발생하였다. 중국의 춘추시대 송나라에 경공(景公)이라는 황제가 있었다. 그는 그 당시 길상하지 못한 별의 출현을 보고 천문을 관장하는 관리에게 물었다.

　　"이것은 어떤 일을 예시하는가?"

　　천감(天監)이 황제에게 말하였다.

　　"이것은 가장 불길한 일이며, 나라의 임금이 죽는 것을 예시합니다. 그러나 저에게 방법이 있습니다. 폐하께서는 이러한 재난을 재상의 몸으로 옮기게 할 수 있습니다."

　　황제가 말하였다.

　　"그것은 안 될 말이다. 내가 마땅히 죽어야 할 것인데, 어떻게 재상이 죽게 할 수 있겠는가? 재상은 국가의 대사를 관리하는데, 그가 죽으면 안 된다."

　　천감이 말하였다.

　　"폐하께서 재상이 죽는 것을 원하지 않으면, 백성이 폐하를 대신하여 죽게 할 수 있습니다."

　　황제가 말하였다.

　　"백성은 나라의 근본이다. 만약 백성이 죽으면 내가 황제인들 무슨 의의가 있겠는가? 내가 황제가 된 것은 바로 백성들이 만든 것이다. 백성이 없으면 나는 누구의 황제가 되겠는가? 그것도 안 될 일이다."

천감이 말하였다.

"그러면 폐하께서는 매년의 해[歲]에 옮기게 할 수 있습니다. 이 재난을 해에 옮기게 되면 이 해에는 가뭄이 들고 기근이 들어 가난한 해가 됩니다. 이것은 괜찮겠죠?"

황제가 말하였다.

"이렇게 되어도 안 된다. 만약 어떤 해에 이 재난을 옮기면 백성들이 굶어죽을 것이다. 내가 황제가 되어 백성들이 굶어죽게 할 수는 없다."

그래서 천감은 황제에게 절을 하며 말하였다.

"폐하께서는 정말로 밝은 임금입니다. 폐하께 이러한 착한 마음이 있으니, 폐하께서는 반드시 죽지 않을 것을 저는 압니다. 이것이 비록 흉한 일이지만 또한 길상함으로 변할 수 있습니다."

과연 그 후 이 흉한 별은 물러나 없어졌다. 이 일로 보면 비록 흉한 별이 나타나도 흉함은 길함으로 변할 수 있다. 단지 우리들이 한 생각의 착한 마음을 가지기만 하면 흉함도 얼마든지 바뀌는 것이다. 우리의 모든 화(禍)와 복(福)은 바로 일념 사이에 있으며 한 생각에서 바뀌는 것이다.

노자(老子)께서 말씀하셨다.

"마음에서 착한 생각을 일으키면 선을 아직 행하지 않았더라도 선신이 이미 그를 따르며, 마음에서 악한 생각을 일으키면 악을 아직 행하지 않았더라도, 흉신이 이미 그를 따른다."

이와 같이 한 생각의 변화가 매우 중요한 것이다.

例閻浮提三千洲中, 兼四大海, 娑婆世界, 幷洎十方諸有漏國, 及諸衆
生. 同是覺明無漏妙心, 見聞覺知虛妄病緣, 和合妄生, 和合妄死.

"(앞에서 언급한 한 나라와 한 사람을 가지고) 염부제 삼천 주 가운데와 아울러 네
개의 큰 바다 안의 사바세계와 나아가 시방의 모든 유루국과 모든 중
생들과 비유하면, 모두 각명의 무루의 미묘한 마음 안에서 견문각지가
일으키는 허망한 잘못된 인연들이 화합하여 허망하게 생하고 허망하
게 죽는다."

有漏國 그 나라의 중생들이 생사를 마치지 못한 것을 뜻한다.

2) 모든 인연을 떠나야 한다

若能遠離諸和合緣, 及不和合, 則復滅除諸生死因. 圓滿菩提, 不生滅
性. 淸淨本心, 本覺常住.

"만약 무명과 업식의 이러한 모든 화합의 연과 불화합의 관계를 떠날
수 있으면, 모든 생사의 원인을 없앨 수 있다. 그러면 원만한 깨달음을

얻어 생멸하지 않는 성품을 얻게 된다. 이것은 바로 우리의 청정한 본심이며, 본각의 상주불변하는 자성이다."

則復滅除諸生死因   생사에는 분단생사(分段生死)와 변역생사(變易生死)가 있다. 분단생사란 우리에게는 각자의 분량이 있고 각각 얼마의 형체의 단이 있는 것을 말한다. 변역생사란 우리는 생각생각이 천류하는데, 생각이 나는 것이 생이고, 생각이 멸하는 것이 죽음이다. 즉 생각생각이 변한다는 것이다. 범부에게는 분단생사가 있고 이승(二乘)에게는 변역생사가 있다. 이 생사는 무명(無明)으로 원인을 삼고 업식(業識)으로 연(緣)을 삼는다. 이 인연이 화합하여 생사가 있게 되는 것이다.

5
인연과 자연의 도리를 타파하다

阿難! 汝雖先悟, 本覺妙明, 性非因緣, 非自然性. 而猶未明, 如是覺元, 非和合生, 及不和合.

■

"아난아! 너는 비록 본각묘명의 자성(自性)이 인연이 아니고 자연도 아닌 것을 먼저 깨달았을지라도, 너는 이와 같은 본각묘명이 무명과 업식이 화합하여 생긴 것이 아니며, 화합하지 않고 생긴 것도 아니라는 것을 아직 이해하지 못하고 있다."

■

汝雖先悟, 本覺妙明, 性非因緣, 非自然性 너는 비록 이전에 내가 말한 도리를 이해하여 본각묘명의 이 자성이 인연에 속한 것이 아니며, 자연에 속한 것도 아닌 것을 알고 있을지라도.

而猶未明 그러나 너는 아직 이해하지 못하고 있다.

如是覺元, 非和合生, 及不和合 이 본각묘명은 무명과 업식이 화합하여 생긴 것이 아니며, 화합하지 않고 생긴 것도 아니다. 각원(覺元)은 바로 본각묘명이다.

앞에서 인연과 자연을 언급하였는데, 자연의 외도는 '신아(神我)의 외도'라고 하며, 그들이 나(我)가 있다고 하는 것은 신아를 말한다. 그들은 이렇게 생각한다. 이 상분(相分)의 바깥에서 자연은 하나의 견분(見分)이다. 이 견분이 바로 그들이 말하는 신아이며 일종의 외도의 지견(知見)이 된 것이다.

인연을 주장하는 외도는 이렇게 생각한다. 이 상분의 바깥에 하나의 견분은 없다. 따라서 무아(無我)를 주장한다. 하나의 나가 없는 것이 상분이라고 말하는 것이다.

그리고 '화합한 것이라고 계교하는 외도'는 무명과 업식이 화합하여 생멸이 있으며, 이 생멸하는 상(相)과 생멸하지 않는 성(性)은 서로 섞여서 구분할 수 없는 것이므로 화합한 것이라고 말한다.

'화합하지 않은 것이라고 계교하는 외도'는 생멸하는 상과 생멸하지 않는 성은 같은 것이 아니며 아무런 관계가 없으므로 화합하지 않은 것이라고 한다.

이러한 네 가지는 모두 외도의 사상이고 지견이며, 부처님이 말한 도리는 아니다. 따라서 지금 부처님께서는 아마도 아난이 이러한 지견에 미혹될까봐서 다시 그것을 설명하는 것이다. 그러면 생멸과 불생멸, 허망함과 참됨은 허망할 때 참됨도 떠나지 않으며, 참될 때에도 허망함도 존재하는 것이다. 마치 하나의 손에 손바닥과 손등이 있는 것과 같다. 이 생멸과 불생멸도 하나인 것이다. 마치 번뇌가 보리(깨달음)이며, 생사가 열반인 것과 같이 모두 이러한 도리이다.

우리는 불법을 배우는데 반드시 『능엄경』을 연구하여 이해해야 한다. 『능엄경』은 큰 지혜를 여는 경이므로 바른 지견을 가지고 큰 지혜를 깨달으려고 하면, 반드시 『능엄경』을 이해해야 할 것이다. 이 『능엄경』은 삿됨을 깨뜨리고 바름을 드러내는 경으로서 일체의 천마 외도를 타파하고 우리가 본래 가지고 있는 정지정견(正知正見)을 드러낸다. 그러나 불법이 장차 멸하려고 할 때 가장 먼저 없어지는 것이 바로 『능엄경』이다. 따라서 우리가 정법을 호지(護持)하려면 『능엄경』을 연구하고 이해하고 보호해야 한다.

불법이 장차 소멸되려고 할 때에 세계에는 삿된 지견을 가진 사람들이 나타날 것이다. 그들은 세간의 지혜와 변론의 능력을 가지고 나와 『능엄경』이 가짜라고 제창하여 사람으로 하여금 믿지 않게 할 것이다. 그들은 왜『능엄경』을 가짜라고 제창하려는가? 그것은 바로 『능엄경』이 그들의 모든 결점을 드러내고, 그들의 삿된 지견을 모두 말하기 때문이다. 만약『능엄경』이 존재하면 그들의 사견을 아무도 믿지 않기 때문이다. 그러므로 우리 불법을 배우는 사람들은 이 점에 대하여 특별히 조심하고 주의해야 할 것이며, 마왕 무리들의 삿된 지견에 움직이거나 사상과 견해가 바뀌지 않아야 할 것이다.

문 우리는『능가경(楞伽經)』은 강의하지 않습니까?

답 『능가경』은 선종의 도리를 설명한 것으로『능엄경』과는 또 같지 않다. 불교에서 보리달마 조사께서 전한 선종은『능가경』을 위주로 하며, 이『능엄경』은 모든 불교의 진정한 지혜를 대표한다.

문 보살은 외도의 스승의 모습으로는 나타나지 않습니까?

답 일체의 법은 모두 불법이며, 모두 얻을 수 없으며, 모두 집착해서는 안 된다. 당신이 집착을 하면 불법이 아니다. 당신이 집착을 하지 않으면 바로 불법이다, 집착은 곧 마의 법이다.

문 찰스 룩(Charles Luk)이 번역한『능엄경』은 좋습니까? 만약 옳지 않으면 단지 영문을 읽을 수 있는 사람은 무엇을 보아야 합니까?

답 그가 번역한『능엄경』은 어떤 곳은 맞고 어떤 곳은 맞지 않다. 그는 많은 곳에서 잘못되었다. 우리는 이곳에서 지금『능엄경』을 연구하며 번역하는 것이다. 그가 번역한『능엄경』은 이 경의 본래의 뜻과는 완전히 부합되지 않는 것이다. 마치 그는 서방인은 능엄주를 좋아하지 않고 독송하지 않는다고 말하지만, 이것은 완전히 잘못된 것이다.『능엄경』에 만약 능엄주가 없으면 그것은 근본적으로『능엄경』을 설할 인연이 없는 것이다.『능엄경』에서 주요한 것은 바로 능엄주를 찬탄한 것인데, 찰스 룩(Charles Luk)은 공공연히 이 능엄주는 쓸모가 없으며 필요 없다고 말하는데, 이것은 부처님께서 『능엄경』을 설하신 종지와는 완전히 부합되지 않는다.

문 제가 듣기로는 부처님께서 설하신 모든 경전은 모두 방편설법이며, 모두 제자들로 하여금 『법화경』을 이해시키기 위하여 설하신 것이라고 합니다. 그리고 말법시대에 이르면 다른 경전은 모두 그것의 역량을 잃고 단지 『법화경』만 진정한 역량을 가진다고 합니다.

답 맞아! 일체의 경전은 『법화경』을 위하여 설하신 것이다. 하지만 『법화경』도 중생이 성불하기 위하여 설하신 것이다. 그러나 최후에 법이 멸할 때는 단지 『법화경』만이 세계에 남는 것이 아니라 단지 『아미타경(阿彌陀經)』이 남게 된다. 불법이 모두 멸한 후에는 오직 『아미타경』이 세상에 존재하게 되며, 『아미타경』이 세상에 존재하기를 100년 후에는 다시 없어지고 오직 '나무아미타불(南無阿彌陀佛)' 여섯 자의 큰 이름만이 남게 된다.

이 『능엄경』은 지혜를 여는 경이며, 성불을 하는 것은 『법화경』이다. 『능엄경』은 일체의 천마외도를 타파하는 것이며, 또한 『법화경』을 위하여 천마외도를 제거하여 사람으로 하여금 『법화경』을 닦게 한 것이라고 말할 수 있다. 『법화경』은 부처를 이루는 것인데, 그런 행문을 닦는 것도 성불을 위한 것이다.

阿難! 吾今復以前塵問汝. 汝今猶以一切世間, 妄想和合, 諸因緣性, 而自疑惑. 證菩提心, 和合起者.

"아난아! 나는 지금 다시 앞의 대상[前塵]으로써 너에게 묻겠다. 너는 지금 일체 세간의 망상이 외도의 화합과 모든 인연성에 대하여 의혹의 마음을 내어 보리심을 증득하는 것도 화합으로 일어나는 것이라고 생각한다."

1) 보는 정[見精]은 생멸하지 않는다

則汝今者妙淨見精, 爲與明和, 爲與暗和, 爲與通和, 爲與塞和? 若明和者, 且汝觀明, 當明現前, 何處雜見? 見相可辨, 雜何形像? 若非見者, 云何見明? 若卽見者, 云何見見? 必見圓滿, 何處和明? 若明圓滿, 不合見和, 見必異明. 雜則失彼性明名字. 雜失明性, 和明非義. 彼暗與通, 及諸群塞, 亦復如是.

"지금 너의 미묘하고 청정한 보는 정이 밝음과 화합하는가, 어둠과 화합하는가, 통함과 화합하는가, 막힘과 화합하는가? 만약 밝음과 화합한다고 하면 네가 밝음을 볼 때 밝음이 앞에 나타나면 어디에서 보는 것과 섞이겠는가? 이 견(見)의 형상을 판별할 수 있으면 보는 것과 밝음이 함께 뒤섞이면, 도대체 그것은 어떤 형상인가? 만약 네가 보는 이 밝음이 견(見)이 아니라고 한다면, 어떻게 이 밝음을 볼 수 있겠는가? 만약 이 밝음이 견(見)이라고 한다면, 어떻게 이 견(見)을 볼 수 있겠는가? 네가 반드시 이 견(見)이 원만하다고 생각하면 어떻게 이 밝음과 섞일 수 있겠는가? 만약 밝음이 원만하다고 하면 이 밝음은 견(見)과는 섞일 수가 없을 것이다. 견과 밝음이 반드시 다르다고 하면, 그 둘이 함께 섞이면 그들 본래의 보는 성품과 밝음의 이름을 잃게 될 것이다. 섞여서 보는 성품과 밝음의 본성을 잃게 되면, 이 보는 것[見]이 밝음과 서로 화합한다는 도리는 틀린 것이다. 그러므로 보는 견(見)이 어둠[暗] 과 통함[通], 그리고 모든 막힘[塞]과의 관계도 이와 같다.”

則汝今者妙淨見精 지금 너의 미묘하고 청정한 보는 정을 뜻한다.

爲與明和, 爲與暗和, 爲與通和, 爲與塞和? 너의 이 보는 정[見精]은 밝음과 함께 화합하는가, 어둠과 함께 화합하는가, 통함과 함께 화합하는가, 막힘과 함께 화합하는가? 보는 정이 어떤 모습과 화합하는가를 묻는다.

若明和者, 且汝觀明, 當明現前, 何處雜見 만약 너의 보는 정이 밝음과 화합한다면, 네가 밝음을 보면 이 밝음의 정황이 지금 너의 눈앞에 있을 때, 이 밝음 가운데서 어느 곳이 보는 정과 서로 섞이는가? 즉 어떤 부분이 이 견(見)인가?

見相可辨, 雜何形像 이 보는 정의 형상을 만약 판별할 수 있고 인식할 수 있다면, 너의 견과 밝음이 함께 섞여 있을 것인데, 그러면 구경에 그것은 어떤 모습인가? 어떤 표시가 있는가? 마치 붉은 색과 흰색이 하나로 섞이면 어떤 색으로 변하는가? 그것은 붉은 것도, 흰 것도 아닐 것이다.

若非見者, 云何見明 만약 견과 밝음이 화합하지 않아, 네가 보는 밝음은 견(見)이 아니라면, 너는 어떻게 밝음을 볼 수 있는가?

若卽見者, 云何見見 만약 밝음이 바로 견(見)이라면 너는 어떻게 이 견(見)을 보는가? 네가 너의 이 보는 정을 볼 때 어떻게 보는가? 이 도리에 대하여 아난은 다시 멍하게 되었다.

必見圓滿, 何處和明 너는 반드시 너의 이 보는 견(見)이 원만무결하다고 생각하면, 너는 어떻게 이 밝음을 섞을 수 있는가? 왜냐하면 너의 보는 것에 결함이 없이 원만한데 너는 어떻게 이 밝음을 섞을 수 있는가? 섞을 수 없을 것이다.

若明圓滿, 不合見和 만약 너의 이 견정은 원만하지 않고 밝음이 원만한 것이라면, 또 어떻게 이 보는 정을 섞을 수 있는가? 보는 정과는 섞을 수 없을 것이다. 왜 그런가? 왜냐하면 이 밝음이 원만하여 모자람이 없기 때문에 다른 물건이 들어갈 수 없을 것이다. 따라서 이 보는 정과 서로 화합할 수 없는 것이다.

見必異明, 雜則失彼性明名字 이 견(見)이 밝음과는 다른 두 가지의 모습이라고 한다면, 그것들을 함께 섞으면, 그들 본래의 보는 성품과 밝음이라는 이름을 잃게 될 것이다.

　雜失明性, 和明非義　만약 섞이게 되면 보는 성품과 밝음의
본성을 잃게 된다면 보는 성품이 밝음과 서로 화합한다는 것은 옳은
도리가 아니다. 그것은 불합리한 견해이다.

　彼暗與通, 及諸群塞, 亦復如是　이 밝음과 보는 것이 서로
화합할 수 없는 것과 같이 기타의 어둠, 통함, 막힘도 이 도리와 같이
서로 화합할 수 없는 것이다. 그러니 너는 어떻게 보리심을 증득하는
것이 화합하여 일어나는 것이라고 말할 수 있겠는가? 이것은 착각이
며 잘못된 것이다.

　　아난은 이전에 미혹하여 이 보는 것이 일종의 인연이라고 생각
하여 부처님께서 그 잘못을 깨닫게 하였으며, 또 화합이라고 생각하
여 그의 미혹함을 깨닫게 하였다. 그러나 지금 그는 다시 어떤 미혹함
으로 달려가 언제나 진정한 길을 찾을 수 없었다.
　　따라서 부처님께서 말씀하시기를 "일체중생은 모두 불성을 가
지고 있으며, 모두 부처가 될 수 있다."고 하였다. 어떤 사람은 날뛰는
마음을 내어 말한다. "아, 나는 바로 부처다. 사람은 모두 부처다." 그
러나 그는 또 사람이 마귀가 되는 것을 모른다. 그래서 그는 사람은
모두 마귀라고 말하지 않는다.
　　사람은 모두 부처라고 말하는데, 당신은 지금 부처를 이루었는
가? 부처님은 '세 가지 몸[三身], 네 가지의 지혜[四智], 다섯 가지의 눈[五
眼], 여섯 가지의 신통[六通]'을 가지고 있다. 부처님은 청정법신·원만

보신·천백억화신을 가지고 있는데, 너는 몇 개의 몸을 가지고 있는가? 부처님은 대원경지·평등성지·묘관찰지·성소작지의 네 가지의 지혜를 가지고 있는데, 너는 얼마의 지혜를 가지고 있는가? 부처님은 불안·법안·천안·혜안·육안의 다섯 가지의 눈을 가지고 있는데, 너는 몇 개의 눈을 가지고 있는가? 너는 하나의 눈도 아직 크게 뜨지 못했으면서 말하기를 "오, 나는 부처이다."라고 한다. 너는 어떤 부처인가? 부처님은 모두 이름을 가지고 있는데, 너는 어떤 부처님이라고 이름하는가?

그러므로 이러한 날뛰는 사람은 "나는 부처다."라고 말한다. 그래 맞아! 사람은 모두 부처다. 그러나 당신이 불법을 지니고 행하며, 불법에 따라 수행하는가? 부처님께서는 설산에서 육 년 동안 좌선하면서 보리수 아래에서 밝은 별을 보고 도를 깨달았는데, 당신은 하루 종일 술 마시기를 좋아하며, 담배 피우기를 좋아하고 영화 보기를 좋아하며 춤추기를 좋아하면서 집에 돌아가서는 부인을 모시고 침대에서 자는데, 부처를 이루었다? 하하, 너무 쉽구나!

여러분은 잘 살펴 보라. 부처님은 얼마나 많은 괴로움과 고통을 겪고 나서 비로소 부처를 이루었는지. 설산의 육 년은 말할 필요도 없이 육 일간도 앉아 있지 못한다. 만약 육 일 동안 여여부동하게 앉아 있을 수 있으면 나도 당신을 부처라고 할 수 있는데, 그러나 심지어 여섯 시간도 앉아 있지 못하면서 자기가 부처라고 말한다. 그야말로 전도됨이 아니고 무엇인가? 따라서 나는 이러한 사람을 마왕이라고 욕하는 것이니, 여러분들도 이러한 사람을 만나면 마왕이라고 불러도 될 것이다.

■

復次阿難! 又汝今者妙淨見精, 爲與明合, 爲與暗合, 爲與通合, 爲與塞合? 若明合者, 至於暗時, 明相已滅, 此見卽不與諸暗合, 云何見暗? 若見暗時, 不與暗合, 與明合者, 應非見明. 旣不見明, 云何明合? 了明非暗. 彼暗與通, 及諸群塞, 亦復如是.

■

"다시 아난아! 지금 너의 미묘하고 청정한 견정은 밝음과 합하는가, 어둠과 합하는가, 통함과 합하는가, 막힘과 합하는가? 만약 밝음과 합하는 것이라면 어둠에 이르렀을 때는 밝은 모습은 이미 멸하여 없어지며, 이 보는 것이 모든 어둠과 서로 합하지 못하는데, 어찌하여 어둠을 볼 수 있겠는가? 만약 어둠을 볼 때 어둠과 합하지 못하는데, 만약 그것이 밝음과 합한다고 해도 마땅히 밝음을 볼 수는 없을 것이다. 이미 밝음을 보지 못하는데 어찌하여 밝음과 합할 수 있겠는가? 그러므로 너는 이 밝음을 이해하는 것이지, 그것은 어둠은 아니다. 저 어둠과 통함, 그리고 모든 막힘의 도리도 이와 같다."

■

여기서 합한다[合]는 것은 앞에서 언급한 화(和)하는 것과는 같지 않다. 앞의 화(和)한다는 것은 두 가지의 물건이 함께 섞이는 것이며, 이 합해진다는 것은 마치 하나의 둥근 그릇 위에 다시 하나를 포개서 하나로 만드는 것이다.

若明合者, 至於暗時, 明相已滅 만약 이 보는 것[見]이 밝은

모습과 서로 합쳐져서 하나로 되면, 어둠에 이르게 되면 밝은 모습은 이미 없어진다는 뜻이다.

此見卽不與諸暗合, 云何見暗　그러면 이 견(見)은 이미 이 어둠과는 서로 합해지지 않는데, 왜 그것은 다시 어둠을 볼 수 있겠는가?

若見暗時, 不與暗合, 與明合者, 應非見明　만약 네가 어둠을 볼 때 비록 어둠을 보는 것일지라도 그것은 어둠과는 서로 합하지 않는 것이다. 그러면 네가 만약 그것이 밝음과 합한다고 말한다고 해도 마땅히 밝음을 볼 수는 없을 것이다.

旣不見明, 云何明合, 了明非暗　이미 밝음을 보지 못하는데, 그것은 또 어째서 밝음과 합할 수 있겠는가? 그러므로 네가 밝음을 이해하는 것은 어둠이 아니다. 그것은 도대체 밝음과 합하는가, 어둠과 합하는가?

彼暗與通, 及諸群塞, 亦復如是　앞에서 밝음의 모습을 말했는데, 어둠과 통함, 그리고 모든 막힘도 밝음의 도리와 같은 것이다.

그러므로 이곳에서는 이 보는 성품은 어떠한 밝은 모습과도 합한다고 말할 수 없으며, 또한 그것이 합하지 않는다고 말할 수도 없다. 근본적으로 이 밝음과 어둠은 생멸하는 것이나 이 보는 성품은 생멸하지 않는 것이다. 생멸하지 않는 것이 생멸하는 것과는 서로 합해질 수 없다. 아난은 이런 도리를 이해하지 못하므로 여래께서는 여러 가지의 비유로써 아난에게 설명하는 것이다.

━

阿難白佛言. 世尊! 如我思惟, 此妙覺元, 與諸緣塵, 及心念慮, 非和合耶?

━

아난이 부처님께 말하였다. "세존이시여! 제가 사유하는 것과 같을 것입니다. 이 미묘한 보는 성품은 모든 인연있는 대상과 마음의 염려(念慮)와는 화합하지 않는 것이죠?"

━

此妙覺元, 與諸緣塵, 及心念慮, 非和合耶　여기서 묘각원(妙覺元)은 바로 보는 성품을 뜻한다. 이 보는 성품은 모든 인연 있는 대상과 마음의 염려 등 갖가지의 정황과는 서로 화합하지 않는 것이죠? 야(耶)는 어조사로서 결정하지 않는 말투이다. 이전에 아난은 말하는 것이 모두 결정하는 말이었는데, 계속 부처님께서 그의 이론을 깨뜨리니 그의 이론은 성립되지 않으니 그래서 결정적인 말투를 쓰지 못한 것이다.

━

佛言. 汝今又言, 覺非和合. 吾復問汝. 此妙見精非和合者, 爲非明和,爲非暗和, 爲非通和, 爲非塞和? 若非明和, 則見與明, 必有邊畔. 汝且諦觀, 何處是明, 何處是見, 在見在明, 自何爲畔? 阿難! 若明際中, 必無見者, 則不相及, 自不知其明相所在, 畔云何成? 彼暗與通, 及諸群塞, 亦復如是.

■

부처님께서 말씀하셨다. "너는 지금 또 보는 정이 화합하지 않는다고 하는구나. 내가 다시 너에게 묻겠다. 이 미묘한 보는 정이 화합하지 않는 것이라면, 밝음과 화합하지 않는가, 어둠과 화합하지 않는가, 통함과 화합하지 않는가, 막힘과 화합하지 않는가? 만약 밝음과 화합하지 않는다고 하면, 보는 정과 밝음의 모습은 반드시 서로의 경계가 있을 것이다. 너는 다시 깊이 생각해 봐라. 어떤 곳이 밝음이며, 어떤 곳이 보는 정인가? 보는 정과 밝음에서 어떻게 분리하여 경계를 정할 것인가? 아난아! 만약 밝음의 모습 안에는 반드시 보는 정이 없다고 한다면, 밝음과 보는 정은 서로 만나지 못할 것이다. 그러면 자연히 밝음의 모습이 있는 곳을 알지 못할 것이니, 어떻게 경계가 이루어질 수 있겠는가? 저 어둠과 통함, 그리고 모든 막힘의 도리도 또한 이와 같다."

■

汝今又言, 覺非和合. 吾復問汝 이전에 너는 이 견각(見覺, 見精을 말함)이 화합하는 것이라고 말했는데, 너는 지금 또 이 견각 즉 보는 정이 화합하지 않는다고 말하는구나. 그래서 내가 지금 다시 너에게 묻는다.

若非明和, 則見與明, 必有邊畔　만약 이 묘한 보는 정이 밝은 모습과 화합하지 않는다고 한다면, 너의 견정과 밝은 모습은 반드시 경계가 있을 것이다. 변반(邊畔)이란 가장자리, 경계를 뜻한다. 무엇이 너의 견(見)의 경계이며, 무엇이 밝은 모습의 경계인가? 네가 만약 견과 밝음이 화합하지 않는다면 그것들의 중간에 경계를 찾아봐라, 어떻게 그들의 경계를 삼을 것인가?

汝且諦觀, 何處是明, 何處是見, 在見在明, 自何爲畔　너는 지금 깊이 관찰해 보아라, 어떤 곳이 밝음의 경계이며, 어떤 곳이 보는 정의 경계인가? 견과 밝음의 사이에서 어느 곳으로 그 둘의 경계로 삼을 것인가? 어느 곳에서 견과 밝음을 나눌 수 있는가?

若明際中, 必無見者, 則不相及　불상급(不相及)이란 두 개가 함께 만나지 않는다는 뜻이다. 만약 밝음의 가운데 보는 정이 없다면, 밝음은 밝음이고 보는 정은 보는 정이기 때문에 그 두 가지는 근본적으로 함께 만나지 않을 것이다.

自不知其明相所在, 畔云何成　기왕 두 개가 만나지 않는다면, 그것은 자연히 밝음의 모습이 어느 곳에 있는지를 알지 못한다. 그것의 모습조차도 어느 곳에 있는지 알 수 없는데, 이 경계가 어떻게 이루어질 수 있겠는가?

彼暗與通, 及諸群塞, 亦復如是　밝음의 도리가 이와 같은데, 어둠과 통함, 그리고 막힘의 도리도 이와 같은 것이다.

■

又妙見精, 非和合者, 爲非明合, 爲非暗合, 爲非通合, 爲非塞合? 若非明合, 則見與明, 性相乖角. 如耳與明, 了不相觸. 見且不知明相所在, 云何甄明, 合非合理? 彼暗與通, 及諸群塞, 亦復如是.

■

"그리고 미묘한 보는 정이 합하지 않는 것이라고 한다면, 밝음과 합하지 않는가, 어둠과 합하지 않는가, 통함과 합하지 않는가, 막힘과 합하지 않는가? 만약 밝음과 합하지 않는다면 보는 정과 밝음의 모습은 서로 대립되어 용납하지 않을 것이다. 마치 귀의 듣는 성품과 밝음의 모습과는 완전히 서로 접촉하지 않는 것과 같다. 이 보는 정이 밝음의 모습이 어디에 있는지를 모르는데, 그러면 이 밝음이 합하는지 합하지 않는 도리를 어떻게 분별해 낼 수 있겠는가? 저 어둠과 통함과 모든 막힘도 이와 같은 것이다."

■

若非明合, 則見與明, 性相乖角. 如耳與明, 了不相觸
괴(乖)란 어긋난다는 뜻이고, 각(角)이란 서로 대립된다는 뜻이다. 만약 그것이 밝음의 모습과 서로 합하지 않는다면, 견과 밝음은 서로 대립되어 받아들이지 못할 것이다. 마치 귀의 듣는 성품과 밝음은 완전히 서로 접촉하지 않는 것과 같다. 따라서 네가 만약 눈을 가리고 귀로써 듣는다면, 너는 밝음과 어둠은 모를 것이다. 귀는 명암(明暗)을 분별할 수 없는 것이다.

見且不知明相所在, 云何甄明, 合非合理 너의 보는 정은 밝음의 모습이 어느 곳에 있는지를 알 수 없다. 그것은 서로 합하지 않기 때문에 밝은 모습이 어디에 있는지를 알 수 없다. 그러면 그것은 밝음이 합하는지, 합하지 않는지의 도리를 어떻게 분별할 수 있겠는가? 이미 모르기 때문에 합하는지, 합하지 않는지를 말할 수 없다.

2) 모든 상(相)은 묘각명체에서 나온다

■

阿難! 汝猶未明, 一切浮塵諸幻化相, 當處出生, 隨處滅盡. 幻妄稱相, 其性眞爲妙覺明體.

■

"아난아! 너는 아직 이해하지 못하는구나. 일체 바깥의 뜨는 먼지와 같은 모든 환화의 모습은 이곳에서 나와서 장소를 따라 소멸된다. 이러한 갖가지의 환화와 같고 망령된 갖가지의 이름과 모습은 모두 묘각명체에서 나오는 것이다."

■

汝猶未明, 一切浮塵諸幻化相, 當處出生, 隨處滅盡 너는 아직 이해하지 못하는가? 모든 일체 바깥의 이러한 뜨는 먼지와 같은 환화의 모습은 모두 이곳에서 나와서 곳을 따라 다시 소멸된다. 그것은 허망함에서 생겨 허망하게 멸한다. 환(幻)이란 헛되며 실재하

474

지 않은 것이며, 화(化)란 저절로 생겼다가 없어지며, 저절로 없어졌다가 다시 생기는 것을 말한다. 즉 갑자기 생겼다가 갑자기 없어지는 것을 뜻한다. 환화상(幻化相)이란 실재하지 않은 것이며, 보면 실제로 있는 것 같지만 실제로는 모두 환화의 모습이다.

幻妄稱相, 其性眞爲妙覺明體 이런 헛되이 변화하며 망령된 갖가지의 이름과 모습은 본래 그 근원은 어느 곳으로부터 나오는 것인가? 그것은 바로 묘각명체에서 나오는 것이며, 또한 우리의 참된 마음에서 나오는 것이다. 참됨으로부터 거짓됨이 일어나기 때문에 견분(見分)과 상분(相分)이 있게 된다. 당신에게 견분이 있기 때문에 모든 물건을 볼 수 있다. 상분은 바깥에 있는 형상을 뜻한다. 따라서 이 견분과 상분은 모두 묘각명체의 상주하는 진심에서 나오는 것이지 다른 곳에서 나오는 것이 아니다.

■

如是乃至五陰, 六入, 從十二處, 至十八界, 因緣和合, 虛妄有生, 因緣別離, 虛妄名滅. 殊不能知, 生滅去來, 本如來藏, 常住妙明, 不動周圓, 妙眞如性. 性眞常中, 求於去來, 迷悟, 生死, 了無所得.

■

"이와 같이 내지 오음, 육입과 십이처로부터 십팔계에 이르기까지 인연의 화합으로 허망하게 생함이 있으며, 인연이 이별하는 허망함을 멸이라 한다. 너는 생멸과 가고 옴이 본래 여래장의 상주하며, 묘하게 밝

은, 움직이지 않으며, 두루 원만한 묘진여성이며, 성품이 참되고 항상
하는 가운데서 가고 옴과 미혹하고 깨달음, 그리고 생사를 구하여도
얻을 수 없다."

━

如是乃至五陰, 六入, 從十二處, 至十八界, 因緣和合,
虛妄有生, 因緣別離, 虛妄名滅 내가 말한 이러한 도리와 같이
내지 오음, 육입, 십이처에서부터 십팔계에 이르기까지 모두 인연의
화합으로 인하여 허망하게 생기며, 인연이 화합하지 못하여 이별하는
것을 멸이라고 부른다. 이것이 생멸 성이다.

오음이란 색·수·상·행·식을 말하며, 육입은 안·이·비·
설·신·의를 가리키며, 육근(六根)이라고도 한다. 십이처는 육근에다
색·성·향·미·촉·법의 육진(六塵)을 더한 것이며, 십팔계는 육근
이 육진을 상대하여 그 중간에 생기는 안식·이식·비식·설식·신
식·의식의 육식(六識)을 더한 것을 십팔계라고 부른다.

殊不能知, 生滅去來, 本如來藏, 常住妙明, 不動周圓,
妙眞如性 그런데 너는 모른다. 일체의 생멸법의 가고 옴은 본래 모
두 여래본각의 장성(藏性)이며, 그것은 가고 옴이 없고 미혹하지도 않
고 깨닫지도 않으며, 생하지도 않으며 멸하지도 않고, 일체의 곳에 두
루하는 묘진여성(妙眞如性)이다. 상주(常住)란 본래 가고 옴이 없는 것을
말한다. 묘명(妙明)은 미혹함에도 속하지 않고 깨달음에도 속하지 않으
므로 묘하게 밝다[妙明]고 하는 것이다. 본래 생멸하지 않는 것을 부동
(不動)이라 하며, 일체의 곳에 두루하는 것을 주원(周圓)이라고 한다. 이

476

묘진여성은 모두 여래장 안에 함장되어 있으며, 그것은 '상주(常住), 묘명(妙明), 부동(不動), 주원(周圓)'의 네 가지의 덕성을 구족하고 있다.

性眞常中, 求於去來, 迷悟, 生死, 了無所得 성품이 참되고 항상하다[性眞常]는 것은 상주하는 진심의 성정명체(性淨明體)인 이 '묘진여성'을 말하며, 또한 움직이지 않고[不動], 두루 원만하므로[周圓] 항상하다고 한다. 당신이 만약 여래장의 묘진여성 안에서 이런 진리를 이해하게 되면, 당신이 다시 '가고 옴[去來]', 미혹하고 깨달음[迷悟]과 생사(生死)를 찾으려고 해도 아무것도 없을 것이다. 왜냐하면 당신이 이해하지 못했을 때 가고 옴이 있으며, 미혹함과 깨달음이 있으며, 생사가 있기 때문이다. 당신이 만약 이 상주하는 진심의 성정명체를 이해하고 자기의 본래의 마음을 인식하게 되면, 이 일체의 허망한 생멸은 모두 정지된다. 그러므로 이러한 가고 오며, 미혹하고 깨달음과 생사의 모습은 찾을 수 없다.

七

오음·육입·십이처·
십팔계의 근원

1

오음(五陰)의 근원

➖

阿難! 云何五陰, 本如來藏妙眞如性?

➖

"아난아! 어찌하여 오음이 본래 여래장의 묘진여성이라고 하는가?"

1) 색음(色陰)

➖

阿難! 譬如有人, 以淸淨目, 觀晴明空, 唯一晴虛, 逈無所有. 其人無故, 不動目睛, 瞪以發勞, 則於虛空, 別見狂花, 復有一切狂亂非相. 色陰當知, 亦復如是.

➖

"아난아! 마치 어떤 사람이 청정한 눈으로 청명한 허공을 보면 오직 허공만이 보일뿐 다른 것은 아무것도 보이지 않는다. 그런데 그 사람은 아무런 이유도 없이 눈동자를 움직이지 않고 허공을 오래 보면, 눈이 피로하여 허공 속에서 별다르게 헛된 꽃을 보게 되며, 다시 일체의 어지러운 실재하지 않은 모습을 보게 된다. 색음도 이와 같음을 너는 알아야 한다."

阿難! 譬如有人, 以淸淨目, 觀晴明空, 唯一晴虛, 逈無所有 아난아! 마치 어떤 사람이 청정한 눈으로써 청명한 허공을 보면, 다른 어떠한 구름도 없이 아무것도 없이 오직 맑은 허공만이 보일 뿐이다. 형무소유(逈無所有)란 현저하게 아무것도 없는 것을 뜻하며, 여래장도 이러한 모습이다. 여래장 안에서 당신이 진정으로 이해하면 아무것도 없다는 것도 마치 만 리의 맑은 허공에 구름이 없는 것과 같다. 당신이 허공을 보면 하나의 허공일 뿐이며 현저히 하나의 물건도 없다. 육조 대사께서 말씀하시길 "본래 하나의 물건도 없는데, 어느 곳에 먼지가 앉을 것인가?"라고 하신 것도 여래장의 경계인 것이다.

其人無故, 不動目睛, 瞪以發勞 그 사람[其人]이란, 즉 앞에서 말한 그 사람을 가리킨다. 그는 청정한 눈으로 허공을 보면 허공에는 아무것도 없으며, 단지 허공이 있을 따름이다. 현재 이 사람이 아무런 연고도 없이 눈동자를 움직이지 않고 직시하면서 허공을 본다고 한다면, 이렇게 오래 보게 되면 눈에 피로가 생기게 된다. 이것을 '발로(發勞)'라고 한다. 징(瞪)이란 눈을 부릅뜨고 바로 보면서 움직이지 않는 것을 뜻한다.

則於虛空, 別見狂花 그가 그렇게 보는 시간이 오래되면 허공에 많은 꽃이 나타남을 보게 된다. 무엇을 광화(狂花)라고 하는가? 그것은 실재하지 않은 것이다. 어찌하여 광화가 생기게 되는가? 바로 허공을 보는 시간이 오래되어 눈이 피로하였기 때문에 갖가지의 헛된 꽃이 출현한 것이다.

復有一切狂亂非相 단지 헛된 꽃이 생길 뿐 아니라 본적도 없는 많은 물건들이 여러 가지 색깔로 나타난다. 광란비상(狂乱非相)이란 허공 속에 출현하는 가지가지의 형상은 모두 있는 것 같으면서도 없는 것이다. 혹은 축생의 머리를 한 사람의 몸이 보이며, 혹은 사람의 머리를 한 축생의 몸이 보이기도 한다. 이 허공 속에서 보이는 이치에 맞지 않은 가지가지의 형상은 근본적으로 본적이 없는 것이다. 어찌하여 이치에 맞지 않은 이러한 형상들이 생기는가? 이것은 모두 허공을 오래 보아 눈이 피로하였기 때문에 이러한 어지러운 모습이 보이는 것이다. 이러한 모습이 바로 색음(色陰)의 도리이다.

色陰當知, 亦復如是 따라서 이 색음도 이와 같음을 알아야 한다. 우리는 지금 세상에서 보는 모든 형상이 있고 형질이 있는 물건은 모두 실제로 있는 것이라고 생각하는데, 실제로는 눈이 피로하여 허공에서 헛된 꽃을 보는 것과 같은 이치인 것이다.

■

阿難! 是諸狂花, 非從空來, 非從目出. 如是阿難! 若空來者, 既從空來, 還從空入. 若有出入, 即非虛空. 空若非空, 自不容其花相起滅. 如阿難體, 不容阿難. 若目出者, 旣從目出, 還從目入, 卽此花性, 從目出故, 當合有見. 若有見者, 去旣花空, 旋合見眼. 若無見者, 出旣翳空, 旋當翳眼. 又見花時, 目應無翳. 云何晴空, 號淸明眼? 是故當知, 色陰虛妄, 本非因緣, 非自然性.

■

"아난아! 이 모든 허공 속에 나타나는 헛된 꽃은 허공에서 나오는 것이 아니며, 눈에서 나오는 것도 아니다. 이와 같이 아난아! 만약 허공에서 나오는 것이라면 이미 허공에서 나왔기 때문에 다시 허공으로 들어갈 수도 있을 것이다. 만약 허공이 나오고 들어감이 있으면 그것은 허공이 아닐 것이다. 허공이 만약 허공이 아니라면 저절로 그 꽃의 모습이 일어나고 멸하는 것을 용납할 수 없을 것이다. 마치 아난 너의 몸이 다시 다른 아난의 몸을 받아들일 수 없는 것과 같다. 만약 눈에서 나온 것이라면 이미 눈에서 나온 것이므로 다시 눈으로 들어갈 수 있을 것이다. 이 꽃의 성질을 말하자면 눈에서 나온 까닭으로 마땅히 보는 성품이 있어야 할 것이다. 만약 보는 성품이 있다면 눈에서 이 꽃이 나갈 때는 눈 속에는 꽃이 필 것이며, 다시 꽃이 눈으로 돌아올 때는 눈을 볼수 있을 것이다. 만약 허공의 꽃이 볼 수 없는 것이라면, 눈에서 나가면 허공을 가리고 다시 돌아오면 눈을 가릴 것이다. 다시 꽃을 볼 때 눈에서 꽃이 떠났으므로 눈에는 마땅히 가리는 것이 없을 것이다. 그런데 어찌하여 맑은 허공을 보는 것을 청정한 눈이라고 이름하는가? 이러한 까닭으로 색음은 허망한 것이며, 본래 인연으로 생긴 것이 아니며, 자연성도 아니다."

—

是諸狂花, 非從空來, 非從目出　이 모든 헛된 꽃과 어지러
운 모습은 허공에서 나온 것이 아니며, 또한 눈에서 나온 것도 아니다.

若空來者, 旣從空來, 還從空入　만약 허공에서 나온 것이
라고 한다면 그것이 돌아갈 때(즉 없어질 때) 다시 허공으로 돌아가야 할
것이다.

若有出入, 卽非虛空　만약 이 헛된 꽃이 허공 속에서 나올 수
있고 다시 허공 속으로 돌아갈 수 있다고 하면 그것은 허공이 아닐 것
이다. 허공 속에는 아무것도 없는 것이며, 만약 나오고 들어감이 있으
면 즉 허공 속에 물건이 있으면 그것은 허공이라고 할 수 없을 것이다.

空若非空, 自不容其花相起滅　이 허공이 가령 허공이 아니
라면 저 꽃의 모습도 나오는 곳이 없으며 다시 없어져 돌아갈 곳도 없
을 것이다. 그러면 무엇과 같은가?

如阿難體, 不容阿難　마치 아난 너의 이 몸이 다시 너의 몸
을 받아들일 몸이 없는 것과 같다. 허공 속에는 아무런 물건이 없으므
로 이 꽃은 허공 속에서 나온 것이 아니며, 또한 마치 너 아난은 하나
의 몸이며, 다시 너의 이 몸속으로 들어갈 수 있는 어떤 물건도 있을
수가 없을 것이다. 너는 바깥의 물건을 받아들일 수 없는 것이다.

若目出者, 旣從目出, 還從目入　가령 이 헛된 꽃이 눈 속에

서 나온 것이라고 말한다면, 이미 눈에서 나올 수 있는 것이라면 다시 눈 속으로 돌아갈 수 있어야 할 것이다.

即此花性, 從目出故, 當合有見 이 꽃의 성질을 말하자면, 그것이 눈으로부터 나온 까닭으로 그것은 마땅히 보는 성품이 있어야 할 것이다.

若有見者, 去旣花空, 旋合見眼 가령 이 허공의 꽃이 보는 성품이 있다면 꽃이 나가면 이 눈 속에는 꽃이 없을 것이며, 꽃이 다시 돌아올 때는 이 꽃은 마땅히 눈을 볼 수 있을 것이다.

若無見者, 出旣翳空, 旋當翳眼 가령 허공의 꽃이 볼 수 없는 것이라면 이 꽃이 나갔을 때 그것은 허공을 장애할 것이며, 꽃이 만약 돌아올 때는 마땅히 눈을 가릴 것이다. 왜냐하면 당신의 눈 속에는 아무것도 넣을 수 없기 때문에 만약 이 허공의 꽃이 다시 너의 눈 속으로 돌아올 때는 너의 눈은 어떤 곳을 향하여 그것을 놓을 수 있는가? 예(翳)란 '덮다, 가리다'라는 뜻이다.

又見花時, 目應無翳. 云何晴空, 號淸明眼 또한 네가 꽃을 볼 때 꽃은 이미 눈을 떠났으므로 너의 눈에는 응당 눈을 가리는 장애물이 없을 것이다. 그러면 어찌하여 맑은 허공을 보면 비로소 청정한 눈이라고 이름하는가? 이 청정한 눈은 두 가지의 해석이 있는데, 하나는 이 맑은 허공이 청정한 눈이라고 말할 수 있으며, 하나는 자기의 눈에 가리는 것이 없기 때문에 청정한 눈이라고 말할 수 있는 것이다.

是故當知, 色陰虛妄, 本非因緣, 非自然性　이러한 까닭
으로 너는 마땅히 알아야 한다. 이 색음은 본래 허망한 것이며, 또한
인연으로부터 생긴 것도 아니며, 일종의 자연성도 아니다. 그러면 그
것은 어떤 성질인가? 여래장의 묘진여성(妙眞如性)이다.

2) 수음(受陰)

■

阿難! 譬如有人, 手足宴安, 百骸調適, 忽如忘生, 性無違順. 其人無
故, 以二手掌, 於空相摩. 於二手中, 妄生澁滑, 冷熱諸相. 受陰當知,
亦復如是.

■

"아난아! 비유하면 어떤 사람이 몸과 수족이 편안하고 자연스러우며,
갑자기 살아있는 것도 잊어버리고 성품에 괴로움과 즐거움의 경계가
없다고 하자. 그런데 그 사람이 아무런 이유도 없이 두 손바닥을 공중
에서 마찰하면 거칠고 부드러우며, 차갑고 따뜻한 감각을 허망하게 느
끼게 되는데, 수음도 이와 같음을 알아야 한다."

■

譬如有人, 手足宴安, 百骸調適　비유하면 어떤 사람이 아
무런 할 일이 없어 매우 편안하다고 느끼는 것이다. 연안(宴安)이란 아
무런 할 일이 없어 편안한 것을 뜻한다. 백해(百骸)란 전체의 몸을 말한

다. 조적(調適)이란 매우 자연스럽다고 느끼는 것이다.

忽如忘生, 性無違順 갑자기 그는 마치 자기의 몸과 생명을 잊어버리니 그의 이러한 성품은 고락의 경계가 없다는 것이다. 위(違)란 괴로움의 경계이며, 순(順)이란 즐거움의 경계이다.

其人無故, 以二手掌, 於空相摩 그 사람은 아무런 이유도 없이 두 손으로 공중에서 서로 마찰한다는 뜻이다.

於二手中, 妄生澀滑, 冷熱諸相 그러면 두 손에서 거칠고 미세한, 차갑고 따뜻한 감각이 일어난다. 이러한 촉각은 어떤 것은 매우 거칠게 느껴지고 어떤 것은 부드럽게 느껴진다. 그리고 차갑고 따뜻한 감각을 느끼는데, 이것은 모두 수음(受陰)에 속한다. 수음이란 당신의 마음속에서 생기는 감각이다. 여기서 망생(妄生)이라고 한 것은 이러한 감각이 허망하게 생긴다는 것이다.

—

阿難! 是諸幻觸, 不從空來, 不從掌出. 如是阿難! 若空來者, 旣能觸掌, 何不觸身? 不應虛空選擇來觸. 若從掌出, 應非待合. 又掌出故, 合則掌知, 離卽觸入, 臂腕骨髓, 應亦覺知, 入時蹤跡, 必有覺心, 知出知入, 自有一物身中往來. 何待合知, 要名爲觸? 是故當知, 受陰虛妄, 本非因緣, 非自然性.

■

"아난아! 이러한 모든 허망한 촉각은 허공에서 나온 것이 아니며, 손바닥에서 나온 것도 아니다. 이와 같이 아난아! 만약 그것이 허공에서 나온 것이라면, 이미 손바닥을 접촉할 수 있으면서 어째서 몸은 접촉하지 않는가? 그러므로 마땅히 허공이 선택하여 접촉한 것이 아니다. 만약 손바닥에서 나온 것이라면 손바닥이 합쳐질 필요도 없이 촉각이 있어야 할 것이다. 그리고 손바닥에서 나온 까닭으로 손바닥이 합쳐지면 손바닥이 알고, 떨어지면 촉각이 팔과 골수를 거쳐 들어갈 것이며, 마땅히 감각이 있어서 들어갈 때 그 종적을 알 것이다. 만약 반드시 느끼는 마음이 있어 나가고 들어가는 것을 안다면, 자연히 몸 가운데서 왕래하는 하나의 물건이 있어야 할 것이다. 그런데 어찌하여 손바닥이 서로 합쳐지면 알고, 그것을 촉이라고 이름하는가? 그러므로 마땅히 알아야 한다. 수음은 허망한 것이며, 본래 인연에서 오는 것이 아니며, 자연적으로 생기는 것도 아니다."

■

是諸幻觸, 不從空來, 不從掌出   이러한 허망하고 실재하지 않은 촉각은 허공에서 나온 것이 아니며, 손바닥에서 나온 것도 아니다.

若空來者, 既能觸掌, 何不觸身   이 촉각이 만약 허공에서 나온 것이라고 한다면 기왕 이 받아들이는 수음이 손바닥과 서로 접촉하고 어째서 몸과는 서로 접촉하지 않는가?

不應虛空選擇來觸   허공은 본래 지각할 수 없는 것이며, 그

러므로 당연히 지각함이 있을 수가 없을 것이다. 그래서 선택한 것이 손바닥을 접촉하고 몸을 접촉하지 않은 것으로 보면, 그것은 응당 이러한 생각, 느낌이 있을 리가 없다. 따라서 이 촉각은 허공에서 온 것이 아니며, 손바닥에서 나온 것도 아니다.

若從掌出, 應非待合　이러한 거칠고 부드러우며, 차고 따뜻한 감각이 만약 손바닥에서 나온 것이라면, 마땅히 두 개의 손바닥을 합칠 필요도 없이 그것은 감각이 있어야 할 것이다.

又掌出故, 合則掌知　그리고 촉각이 만약 손바닥에서 나온 것이라고 한다면, 손바닥을 합칠 때 이 손바닥은 알 것이다.

離則觸入, 臂腕骨髓, 應亦覺知, 入時蹤跡　그러면 손바닥이 서로 떨어질 때 이 촉각은 마땅히 돌아와야 할 것이다. 그것은 손, 팔, 골수를 거쳐 자기도 마땅히 감각이 있어야 할 것이며, 그것이 어느 곳으로부터 거쳐 오는지를 알 것이다. 어째서 그것이 몸으로 돌아들어 갈 때 이러한 종적을 모르는가?

必有覺心, 知出知入, 自有一物身中往來　만약 반드시 마음속에서 이러한 촉각이 언제 나가서 언제 돌아오는지를 안다면, 자연히 몸 가운데 하나의 물체가 있거나 혹은 왕래할 것이다.

何待合知, 要名爲觸　어찌하여 손바닥이 합쳐져야 비로소 촉각이 있음을 알며, 그리고 이때 비로소 그것을 촉(觸)이라고 이름하는가?

是故當知, 受陰虛妄, 本非因緣, 非自然性   그러므로 너
는 당연히 알아야 한다. 이 수음도 허망한 것이며, 본래 인연이 아니
며, 본래 자연적으로 나오는 것도 아니다.

3) 상음(想陰)

阿難! 譬如有人, 談說醋梅, 口中水出. 思蹋懸崖, 足心酸澁. 想陰當
知, 亦復如是.

"아난아! 비유하면 어떤 사람이 신맛의 매실을 이야기하면 입 안에 침
이 나오고, 깎아지른 절벽 위에 서 있다고 생각하면 다리가 후들거리
는 것과 같다. 상음도 이와 같음을 알아야 한다."

譬如有人, 談說醋梅, 口中水出   비유하면 어떤 사람이 신
매실을 이야기하면 입 안에 침이 생기는 것과 같다.

思蹋懸崖, 足心酸澁   자기가 높은 절벽 위에 서 있다고 생각
하면 두 다리가 후들거린다. 답(蹋)은 답(踏)과 같은 뜻으로 디디고 서
다는 뜻이다. 사람이 만약 목이 몹시 마를 때 앞에서와 같이 신 매실
을 생각한다면 즉시 침이 나와서 목마르지 않을 것이다. 이것은 바로

상음이 내는 감각이다.

■

阿難! 如是醋說, 不從梅生, 非從口入. 如是阿難! 若梅生者, 梅合自
談, 何待人說? 若從口入, 自合口聞, 何須待耳? 若獨耳聞, 此水何不
耳中而出? 想蹋懸崖, 與說相類. 是故當知, 想陰虛妄, 本非因緣, 非自
然性.

■

"아난아! 이와 같이 신맛의 매실을 말하면 입 안에 침이 생기는 것은
매실에서 생기는 것이 아니며, 입으로부터 들어가는 것도 아니다. 이
와 같이 아난아! 만약 매실에서 생기는 것이라면 매실은 스스로 말할
수 있을 것이며, 어찌 다른 사람이 말하는 것을 기다릴 필요가 있겠는
가? 만약 입으로부터 들어간다면 입이 스스로 들을 수 있을 것이며, 어
찌 반드시 귀가 들을 필요가 있겠는가? 만약 오직 귀가 듣는다면 이 입
안의 침은 어째서 귀에서는 나오지 않는가? 깎아지른 절벽 위에 서 있
다고 상상하면 다리가 후들거리는 것도 신맛의 매실을 들으면 침이 생
기는 것과 비슷하다. 이러한 까닭으로 마땅히 알아야 한다. 상음은 허
망한 것이며, 본래 인연이 아니며, 자연도 아니다."

■

如是醋說, 不從梅生, 非從口入   이와 같이 신맛을 말하면
입 안에 침이 나오는 것은 매실에서 나온 것이 아니며, 입에서 나온

492

것도 아니다. 그것은 일종의 상음의 작용인 것이다.

如是阿難! 若梅生者, 梅合自談, 何待人說 이와 같이 아
난아! 가령 이 침이 매실에서 나온 것이면 이 매실은 마땅히 스스로
말을 할 수 있어야 할 것이며, 어찌하여 사람이 말하는 것을 듣고 입
안에 침이 나오는가? 그러나 매실은 자기 스스로 말할 수 없다.

若從口入, 自合口聞, 何須待耳 만약 입 때문에 침이 생긴
다고 말한다면, 그러면 이 입이 와서 사람이 매실을 말하는 것을 들어
야 할 것이며, 어찌 귀가 들을 필요가 있겠는가?

若獨耳聞, 此水何不耳中而出 가령 이 듣는 성품을 오직
귀가 가지고 있고, 귀와 입은 서로 연대 관계가 없다면, 이 입 안의 침
은 왜 귀에서는 나오지 않는가?

想踏懸崖, 與說相類 자기 스스로 만장의 높은 절벽 위에 서
있다고 상상하면, 다리가 후들거릴 것이다. 임숙명 의사 선생은 이런
경험이 없습니까? (대답: 있습니다) 당신은 의사로서 마땅히 알 것입니다.
어째서 이러한 상황에서 발이 후들거리는가? 이것은 어떤 도리인가?
일반 사람들은 이것을 민감하다고 하는데, 어째서 그에게 이러한 민
감함이 있게 되었을까? 이 민감함은 어디에서 나오는가? 모두 상음으
로 말미암아 이루어지는 것이다.

是故當知, 想陰虛妄, 本非因緣, 非自然性 이러한 까닭

으로 마땅히 알아야 한다. 상음은 허망한 것이며, 허망하게 생겼다가 없어지는 것이다. 이것은 어디로부터 오는 것인가? 여래장의 묘진여성에서 나오는 것이다. 따라서 이것은 인연이 아니며, 자연도 아니다.

4) 행음(行陰)

■

阿難! 譬如暴流, 波浪相續, 前際後際, 不相踰越. 行陰當知, 亦復如是.

■

"아난아! 비유하면 급하게 흐르는 폭류의 파도와 같이 서로 이어지면서 뒤의 물결이 앞의 물결을 넘지 않는데, 행음도 이와 같음을 마땅히 알아야 한다."

■

譬如暴流, 波浪相續 폭류(瀑流)란 물의 흐름이 매우 급한 곳의 물을 말한다. 비유하자면 행음은 마치 급하게 흐르는 물과 같은 것이다. 그것의 물결은 서로 이어져서 앞의 물결은 앞으로 달려 나가고 뒤의 물결은 뒤에서 앞의 물결을 뒤따라가는 것이다. 이와 같이 거칠게 흐르는 물결은 마치 우리들 사람 마음의 행음과 같은 것이다. 팔식(八識) 안에서 앞생각이 없어지면 뒷생각이 일어나고, 앞생각이 없어지면 뒷생각이 일어나는 것이 마치 물의 파도가 서로 이어져서 일어나는 것과 같다. 우리의 심념(心念)은 생각생각이 그치지 않고 서로 이어지는 것이다.

　　前際後際, 不相踰越　물의 파도는 앞과 뒤가 달리는 것이 매
우 균일하여 뒤의 물결이 앞의 물결을 넘어서지 않는다. 사람이 일으
키는 생각도 이와 같이 뒤의 생각이 앞의 생각을 넘지 않는다. 따라서
서로가 움직이는 것이 매우 규율이 있으며 조금도 어지럽지 않다. 이
것을 불상유월(不相踰越)이라고 한다.

　　行陰當知, 亦復如是　오음 가운데서 이 행음은 폭류의 파도
가 서로 이어지는 도리와 같다. 우리의 마음속에서 생각의 파도도 서
로 이어지면서 그치지 않는다. 그러므로 우리는 어린 데서 자라 장년
이 되고 늙어가며, 죽는 것이다.

　■

阿難! 如是流性, 不因空生, 不因水有. 亦非水性, 非離空水. 如是阿
難! 若因空生, 則諸十方無盡虛空, 成無盡流, 世界自然俱受淪溺. 若
因水有, 則此暴流, 性應非水, 有所有相, 今應現在. 若卽水性, 則澄淸
時, 應非水體. 若離空水, 空非有外, 水外無流. 是故當知, 行陰虛妄,
本非因緣, 非自然性.

　■

"아난아! 이와 같이 흐르는 성질은 공에서 생겨 나오는 것이 아니며,
물 때문에 생기는 것도 아니며, 또한 물의 본성도 아니고 공과 물을 떠

난 것도 아니다. 이와 같이 아난아! 만약 공에서 생긴 것이라면 시방의 세계에 다함이 없는 허공이 있는데, 그러면 다함이 없는 폭류가 형성되어 세계는 자연히 물에 모두 잠기게 될 것이다. 만약 물 때문에 있게 된다고 한다면 이 폭류의 체성은 마땅히 물이 아닐 것이며, 폭류의 물과 폭류의 모습은 지금 마땅히 현존하게 될 것이다. 만약 폭류가 물의 성질이라면 물이 움직이지 않고 흐르지 않을 때는 응당 물의 본체가 아닐 것이다. 만약 폭류가 공과 물을 떠난다면, 허공은 바깥이 있는 것이 아니며, 물 밖에 흐르는 물이 없다. 그러므로 마땅히 알아야 한다. 행음은 허망하며, 본래 인연이 아니며, 자연성도 아니다."

■

如是流性, 不因空生, 不因水有　이러한 흐르는 성질과 같이 흐르는 것이 급하고 빠른 것은 공 때문에 생기는 것이 아니며, 물 때문에 이러한 물결이 있는 것도 아니다.

亦非水性, 非離空水　파도가 일어나는 것은 또한 물의 본성이 아니며, 그것은 공과 물을 떠난 것도 아니다. 그러면 그것은 도대체 어디서 오는 것인가?

若因空生, 則諸十方無盡虛空, 成無盡流　가령 공 때문에 폭류가 생긴다고 하면, 그러면 우리의 이 세계뿐만 아니라 시방의 모든 세계도 허공이 있으니 이 폭류도 반드시 무수히 많을 것이다.

世界自然俱受淪溺　그러면 모든 세계는 자연히 물에 잠기게

되어 어떻게 사람들이 살 수 있겠는가? 생물이 어떻게 생존할 수 있겠는가?

若因水有, 則此瀑流, 性應非水 가령 물 때문에 이러한 폭류가 있다고 말한다면, 이 폭류의 본래의 체성은 마땅히 물이 아닐 것이다.

有所有相, 今應現在 이 속에서 '능유(能有)'의 폭류의 물과, '소유(所有)'의 폭류의 모습도 모두 마땅히 표준이 있고 일정한 형상이 존재할 것이다. 그러나 지금 이 폭류는 근본적으로 무슨 확실한 형상이 없다.

若卽水性, 則澄淸時, 應非水體 만약 반드시 이 폭류가 물의 성질이라고 말한다면, 그것이 물결이 없을 때 물도 마땅히 없어져야 할 것이다. 왜냐하면 이 폭류의 파도가 물이라고 말하였기 때문이다. 즉 파도가 없으면 물의 본체도 마땅히 없어져야 한다.

若離空水, 空非有外, 水外無流 만약 이 폭류가 공과 물을 떠난다면, 공은 갈 바깥이 없으며, 물 밖에 물이 될 수 있는 흐르는 물은 없다. 그러므로 만약 이 물을 떠난다고 말해도 맞지 않고, 물을 떠나지 않는다고 말해도 맞지 않다. 도대체 이것은 어찌된 일인가? 아난아! 이것은 모두 물과 공으로 있게 된 것이 아니며, 그것의 근원은 모두 여래장의 묘진여성에서 오는 것이다.

是故當知, 行陰虛妄, 本非因緣, 非自然性 그러므로 마땅히 알아야 한다. 이 행음은 폭류에 비유되는데, 그것은 허망하여 실재하지 않은 것으로서 인연이 아니며, 자연성도 아니다. 하지만 한 생각의 무명이 나오는 것은 참됨을 미혹하고 허망함을 쫓아 참된 것을 잊어버리고 거짓을 따라가므로 세계의 갖가지 허망한 형상이 조성되는 것이다.

5) 식음(識陰)

■

阿難! 譬如有人, 取頻伽瓶, 塞其兩孔, 滿中擎空, 千里遠行, 用餉他國. 識陰當知, 亦復如是.

■

"아난아! 비유하자면 어떤 사람이 가릉빈가 새 모양의 병을 가지고 두 개의 구멍을 막아 그 가운데 허공을 담아서 천 리나 먼 곳을 가서 다른 나라에 선물을 보내는 것과 같이, 식음도 이와 같음을 알아야 한다."

■

譬如有人, 取頻伽瓶 비유하면 어떤 사람이 가릉빈가 새 모양의 병을 가지고. 여기서 가릉빈가는 인도어로서 번역하면 소리가 아름다운 새[妙聲鳥]라고 한다. 이 새의 소리는 매우 아름답고 묘하며, 그 새는 알속에서 소리를 낼 수 있으며, 그 소리는 많은 새의 소리를 능가한다고 한다. 따라서 사람마다 모두 이 새의 소리를 좋아한다. 이 빈가병은 이 새의 모양으로 만든 병으로서 두 개의 구멍이 있다.

塞其兩孔, 滿中擎空　이 사람이 이 병의 두 구멍을 막고 그 가운데 허공을 가득 채운다는 뜻이다.

千里遠行, 用餉他國　그는 그 지방의 허공을 가지고 선물로 삼아 천 리나 먼 다른 나라에 보낸다는 뜻이다. 향(餉)이란 선물로 보낸다는 뜻이다.

識陰當知, 亦復如是　이 식음, 즉 분별하는 마음은 허공을 담아 먼 외국에 가서 선물을 보내는 것과 같은 이치라는 것이다.

—

阿難! 如是虛空, 非彼方來, 非此方入. 如是阿難! 若彼方來, 則本瓶中旣貯空去, 於本瓶地, 應少虛空. 若此方入, 開孔倒瓶, 應見空出. 是故當知, 識陰虛妄, 本非因緣, 非自然性.

—

"아난아! 이와 같이 허공은 저곳에서 온 것이 아니며, 이곳에서 들어간 것이 아니다. 이와 같이 아난아! 만약 저곳에서 온 것이라면 본 병가운데 허공을 담아가면, 담은 그곳에는 그만큼 허공이 작아져야 할 것이다. 만약 이곳에서 들어간 것이라면 병의 구멍을 열고 허공을 부으면 마땅히 나오는 허공이 보여야 할 것이다. 그러므로 알아야 한다. 식음은 허망하며 본래 인연이 아니며, 자연성도 아니다."

■

如是虛空, 非彼方來, 非此方入 이와 같이 허공은 먼 곳에서 온 것도 아니며, 이곳에서 가지고 온 것도 아니다. 허공은 본래 가고 옴이 없다. 허공을 병에 담아 어느 곳으로 가서 놓아도 같은 것이다. 아난아! 너는 알아야 한다. 이 사람이 허공을 가지고 선물을 보내는데, 그러나 허공은 이곳의 허공과 저곳의 허공에 구분이 있는가? 이것은 본래 구별할 수 없으며, 모두 같은 것이다.

若彼方來, 則本瓶中旣貯空去, 於本瓶地, 應少虛空 허공이 만약 저곳으로부터 온 것이라면, 이미 원래의 지방에서 빈가병 속에 담은 허공만큼 허공이 작아져야 할 것이다.

若此方入, 開孔倒瓶, 應見空出 만약 이곳에서 한 병의 허공을 담아 저곳으로 가서 병의 구멍을 열고 허공을 부으면, 마땅히 허공이 나오는 것이 보여야 할 것이다. 그러나 그렇게 될 수는 없는 것이다. 만약 허공이 볼 수 있는 것이라면 그것은 허공이 아니다. 따라서 이것은 일이 없는데 할 일을 찾는 것과 같은 것이다. 이 식도 이와 같다. 아무 일도 없는데 동과 서를 분별하며 많은 일을 분별하는 것이다.

是故當知, 識陰虛妄, 本非因緣, 非自然性 그러므로 마땅히 알아야 한다. 이 식음도 허망한 것이며, 인연 때문에 이 식이 있게 되는 것이 아니며, 자연히 식이 있는 것이 아니다.

오음(五陰)을 간단하게 요약한다.

색음(色陰) 색은 형색이 있다는 것이다. 막히는 물질이 있는 물건
이다. 따라서 허공을 오래 보고 있으면 헛된 허공꽃이 생기게 되는데,
이 허공꽃이 비록 허망한 것일지라도, 그러나 형색이 있는 것이다.

수음(受陰) 수는 받아들인다는 뜻이다. 자기가 받다, 접수하는 것
이다. 앞에서 말한 바와 같이 두 손바닥을 마찰하면 거칠고 부드러우
며, 차고 따뜻한 감각이 생기는 것이다.

상음(想陰) 상은 바로 망상을 가리킨다. 단지 이런 상상을 의지하
는 것이다. 마치 당신이 귀로 매실의 이야기를 들으면 한 번 생각하기
만 해도 입속에서 침이 나온다. 이것은 상음으로 말미암아 이루어지
는 것이다.

행음(行陰) 행은 천류(遷流)한다는 뜻이다. 그것은 멈추지 않는 것
이다. 따라서 우리 사람이 어려서부터 자라서 장년이 되고 늙으며, 늙
음에서 죽는 것이다. 생각생각이 생멸하며, 생각생각이 멈추지 않는
것이 행음이다.

식음(識陰) 식이란 요별(了別)한다는 뜻이다. 분별하고 사려하고
반연하는 바가 있다는 것이다.

2

육입(六入)의 근원

━

復次阿難! 云何六入, 本如來藏妙眞如性?

━

"다시 아난아! 어찌하여 육입, 즉 안·이·비·설·신·의가 모두 본래 여래장의 묘진여성이라고 말하는가?"

1) 안입(眼入)

━

阿難! 卽彼目睛, 瞪發勞者, 兼目與勞, 同是菩提瞪發勞相.

━

"아난아! 이 눈을 부릅뜨고 허공을 오랫동안 보면 피로한 상태가 된다는 것은 눈과 피로감의 두 가지의 표현을 겸하고 있으며, 이 모두 보리(菩提)를 떠나지 않으며, 단지 참된 성품의 깨달음[眞性菩提] 가운데서 피로한 모습이 나오는 것이다."

■

因於明暗二種妄塵, 發見居中, 吸此塵象, 名爲見性. 此見離彼明暗二塵, 畢竟無體.

■

"왜냐하면 밝음과 어둠이라는 두 종류의 허망한 대상을 빌려 그 가운데서 보는 견을 발하며, 보는 견이 이러한 대상의 형상을 흡수하는 것을 보는 체성이라고 한다. 이 보는 체성은 밝음과 어둠의 두 가지 대상을 떠나면 필경 실체가 없는 것이다."

■

因於明暗二種妄塵, 發見居中 왜냐하면 밝음과 어둠의 두 가지의 허망한 대상의 경계를 빌려 이 허망한 경계 가운데서 하나의 견(見)을 발생한다.

吸此塵象, 名爲見性 이 견(見)은 앞의 대상의 가지가지 형상을 흡수하는데, 이것을 '보는 체성[見性]'이라고 한다. 이 보는 체성은 단지 하나의 보는 체성이며, 우리 선종(禪宗)에서 말하는 '명심견성(明心見性)'의 견성은 아니다. 명심견성이란 "자기 본래의 마음을 밝혀 자기 본래의 성품을 본다[明自本心, 見自本性]."라는 말이며, 자기가 본래 가지고 있는 불성을 보는 것이다.

此見離彼明暗二塵, 畢竟無體 이 보는 체성이 밝음과 어둠이라는 두 가지의 대상을 떠나면 그것은 필경 실체가 없으며, 실재하는 물건이 없다.

___

如是阿難! 當知是見, 非明暗來, 非於根出, 不於空生. 何以故? 若從
明來, 暗卽隨滅, 應非見暗. 若從暗來, 明卽隨滅, 應無見明. 若從根生,
必無明暗. 如是見精, 本無自性. 若於空出, 前矚塵象, 歸當見根. 又空
自觀, 何關汝入? 是故當知, 眼入虛妄, 本非因緣, 非自然性.

___

"이와 같이 아난아! 마땅히 알아야 한다. 보는 체성은 밝음과 어둠에
서 오는 것이 아니며, 안근에서 나오는 것도 아니며, 공에서 생성되는
것도 아니다. 무슨 까닭인가? 만약 밝음에서 나온다면 어둠은 그에 따
라 소멸될 것이므로 마땅히 밝음의 모습을 볼 수 없을 것이다. 만약 어
둠에서 오는 것이라면 밝음이 그에 따라 소멸되어 밝음을 볼 수 없을
것이다. 만약 안근에서 나오는 것이라면 반드시 밝음과 어둠이라는 대
상은 없을 것이다. 이와 같이 보는 정은 본래 자성이 없다. 만약 공에
서 나오는 것이라면 앞을 향하여 대상을 보고나서 되돌아올 때는 당연
히 안근을 볼 수 있어야 할 것이다. 또한 공이 스스로 공을 볼 때 어찌
너의 안근과 관련이 있겠는가? 그러므로 너는 마땅히 알아야 한다. 안
근은 허망하며 본래 인연이 아니며, 자연성도 아니다."

___

若從明來, 暗卽隨滅, 應非見暗 만약 어둠에서 온 것이라

면, 밝음은 그에 따라 없어질 것이며, 마땅히 밝음의 모습을 볼 수 없을 것이다. 왜냐하면 밝음과 어둠의 두 가지 대상은 병립할 수 없는 것이다. 밝음이 오면 어둠이 사라지고, 어둠이 오면 밝음이 사라진다. 따라서 보는 체성도 밝음에서 오는 것도 아니고, 어둠에서 오는 것도 아니다.

若於空出, 前矚塵象, 歸當見根 만약 보는 정이 공에서 나오는 것이라면, 앞을 향하여 대상을 보고 돌아올 때는 마땅히 자기의 눈을 보아야 할 것이다. 그러나 그것은 돌아올 때는 왜 눈을 볼 수 없는가? 눈을 막는 것은 아무것도 없는데, 왜 자기의 눈을 보지 못하는가?

又空自觀, 何關汝入 또한 보는 정이 공에서 나온 것이라면, 이 공이 스스로 공을 보면 공은 자기가 자기를 보는 것이 되는데, 이것은 너 아난의 본심과 아무런 관련이 없다. 너의 이 눈이 들어가고 들어가지 않는 것은 공과 무슨 관계가 있겠는가? 따라서 이것도 공에서 나온 것이 아니다.

2) 이입(耳入)

阿難! 譬如有人, 以兩手指, 急塞其耳, 耳根勞故, 頭中作聲, 兼耳與勞, 同是菩提瞪發勞相. 因於動靜二種妄塵, 發聞居中, 吸此塵象, 名聽聞性. 此聞離彼動靜二塵, 畢竟無體.

"아난아! 비유하면 어떤 사람이 두 손의 손가락으로 급하게 양쪽 귀를 막고 오래되면 이근은 피로해지는 까닭으로 머릿속에서 괴상한 소리가 나게 된다. 귀와 피로함은 모두 진성보리에서 피로한 모습이 발생되어 나오는 것이다. 움직임과 고요함의 두 가지의 허망한 대상을 빌리기 때문에 따라서 그 가운데서 일종의 듣는 성질(청각)이 안에서 나오게 된다. 이근이 대상을 흡수하는 것을 듣는 성질이라고 한다. 이 듣는 체성이 만약 동과 정의 두 가지 대상을 떠나면 그것은 자체가 없어지며, 그것은 필경 자기의 체성이 없는 것이다."

譬如有人, 以兩手指, 急塞其耳   비유하면 어떤 사람이 두 손의 손가락으로 재빨리 자기의 귀를 막는다는 것이다. 하나의 가설이다.

耳根勞故, 頭中作聲   귀를 막는 시간이 오래되면 바깥의 소리는 들리지 않는다. 그러나 안에서 괴상한 소리가 나게 된다.

兼耳與勞, 同是菩提瞪發勞相   이러한 피로한 모습이 발생하여 귀에서 피로한 모습을 겸하게 되며, 이 두 가지는 모두 여래장 안의 진성보리이며, 일념의 무명에서 나오며, 그런 연후에 이근에서 이러한 작용을 이루게 된다.

因於動靜二種妄塵, 發聞居中   왜냐하면 움직임과 고요함의 두 가지의 허망한 대상을 빌리기 때문에 따라서 그 가운데서 일종의 듣는 체성이 안에서 나오게 된다. 이 듣는 체성은 바로 청각을 말한다.

吸此塵象, 名聽聞性   이근이 대상을 흡수하는 것을 듣는[聽聞] 체성이라고 한다. 청각이 대상을 흡수하는 것은 마치 자석이 철을 빨아들이는 것과 같아서 흡(吸)이라고 부르는 것이다. 이러한 대상은 모두 청정하지 못한 것이라서 진(塵)이라고 한다.

우리는 왜 자성이 오염되는가? 눈이 사물을 보는 것도 대상을 흡수하는 것이며, 깨끗하지 못한 것이다. 귀가 무슨 소리를 듣는 것도 대상을 흡수하는 것이며 청정하지 못한 것을 빨아들인다. 우리의 본래 자성은 청정하고 오염되지 않은 것이지만, 바깥의 대상을 흡수하기 때문에 자성이 오염되는 것이다.

이 흡수(吸收)한다는 것은, 다른 예를 말할 필요도 없이 담배를 피우는 것을 흡연(吸煙)이라고 말한다. 담배를 한번 쭉 빨아들이면 뱃속까지 들어간다. 여러분들은 보이지 않지만 담배를 피우는 사람은 목구멍, 창자 속에 담배의 진이 끼게 된다. 흡차진상(吸此塵象)이라는 것도 이러한 이치와 같다. 바깥의 대상을 흡수하다 보면 보이지는 않지만 여러분의 자성 위에 오염된 물건이 쌓이게 된다. 그러면 광명이 가려 어둡게 되는 것이다.

━

如是阿難! 當知是聞, 非動靜來, 非於根出, 不於空生. 何以故? 若從靜來, 動卽隨滅, 應非聞動. 若從動來, 靜卽隨滅, 應無覺靜. 若從根生,必無動靜. 如是聞體, 本無自性. 若於空出, 有聞成性, 卽非虛空. 又空自聞, 何關汝入? 是故當知, 耳入虛妄, 本非因緣, 非自然性.

—

"이와 같이 아난아! 너는 마땅히 알아야 한다. 이 듣는 체성은 동과 정에서 오는 것이 아니며, 이근에서 나오는 것이 아니며, 허공에서 생긴 것도 아니다. 무엇 때문인가? 만약 고요함에서 오는 것이라면 움직임은 그에 따라 사라질 것이니, 마땅히 움직임의 소리를 듣지 못할 것이다. 만약 움직임에서 오는 것이라면 고요함은 그에 따라 사라질 것이며 마땅히 고요함의 소리를 느끼지 못할 것이다. 만약 이근에서 생기는 것이라면 반드시 동과 정의 경계는 없을 것이다. 이와 같이 듣는 체는 본래 자성이 없다. 만약 허공에서 나오는 것이라면 들음이 있으면 체성을 이룰 것인데, 그러면 그것은 허공이 아닐 것이다. 또한 허공이 스스로 듣는 것이니, 너의 이근과는 무슨 관계가 있겠는가? 그러므로 너는 마땅히 알아야 한다. 이근은 허망하며, 본래 인연이 아니며, 자연성도 아니다."

—

若從動來, 靜卽隨滅, 應無覺靜 만약 듣는 체성이 움직임에서 오는 것이라면, 고요할 때 듣는 체성은 마땅히 그에 따라 없어질 것이니, 고요함의 모습을 알지 못할 것이다. 그러면 이미 고요할 때 듣는 체성이 있으므로 움직일 때도 듣는 체성이 있을 것이다. 따라서 듣는 체성은 동과 정의 대상으로부터 나오는 것은 아니다.

若從根生, 必無動靜. 如是聞體, 本無自性 만약 이근에서 나오는 것이라면, 이 동과 정의 두 가지 대상도 없을 것이다. 마치 앞에서 말한 것과 같이 이 듣는 것은 본래 자기의 체성이 없다. 왜 그러한가? 그것이 만약 실체가 있는 것이라면 마땅히 체성이 있어야 할 것인데, 지금 이 듣는 체성은 그것의 체성을 찾을 수 없다.

若於空出, 有聞成性, 卽非虛空 만약 듣는 체성이 허공에서 나오는 것이라면, 공이 만약 듣는 체성을 가지고 있다고 한다면, 그것은 허공이라고 부를 수 없다. 허공은 지각이 없으며, 그래서 공이라고 부른다. 따라서 이것은 허공에서 온 것이 아니다.

又空自聞, 何關汝入 비록 그것이 허공 스스로 낸 듣는 체성이라고 한다면 이것은 너의 이근과 무슨 관련이 있는가? 이것은 너의 귀와는 아무런 관계가 없다는 것이다.

3) 비입(鼻入)

—

阿難! 譬如有人, 急畜其鼻, 畜久成勞, 則於鼻中, 聞有冷觸, 因觸分別, 通塞虛實, 如是乃至諸香臭氣. 兼鼻與勞, 同是菩提瞪發勞相.

—

"아난아! 비유하면 어떤 사람이 급하게 코로 공기를 흡입하여 오래되면, 코 안에서 차가운 감촉을 느끼게 된다. 그러한 감촉으로 인하여 통함과 막힘, 허와 실을 분별하게 되며, 내지 모든 향기와 악취를 분별하게 된다. 코와 피로함은 모두 진성보리의 피로함이 나타나는 모습이다."

■

譬如有人, 急畜其鼻, 畜久成勞 　비유하면 어떤 사람이 급하게 자기의 코를 빨아들이면, 즉 코로써 공기를 안으로 빨아들이면, 그렇게 오랫동안 빨아들이면, 코가 피로해진다는 뜻이다. 축비(畜鼻)란 안으로 공기를 빨아들이는 것을 뜻한다. 코가 피곤해진다는 것은 망상이 생긴다는 것이다. 어떤 망상을 내는가? 어떤 감촉이 생기는 것이다.

因觸分別, 通塞虛實 　공기가 차가운 가운데서 코 안에 도달하는 감촉이 분별하는 마음을 낸다. 무엇을 분별하는가? 통함과 막힘을 분별하는 것이다. 통함이란 텅 빈[虛] 것이고 막힘이란 꽉 찬[實] 것을 말한다.

兼鼻與勞, 同是菩提瞪發勞相 　코와 피로함은 모두 진성보리의 피로함이 나타나는 경계이다.

■

因於通塞二種妄塵, 發聞居中, 吸此塵象, 名嗅聞性. 此聞離彼通塞二塵, 畢竟無體.

■

"냄새를 맡는 것은 통함과 막힘의 두 가지의 허망한 대상을 의지하기
때문이며, 그 가운데서 이러한 대상을 받아들이는 것을 후문성이라고
한다. 이 냄새를 맡는 성질은 통함과 막힘의 두 가지 대상을 떠나면,
근본적으로 체성이 없는 것이다."

■

因於通塞二種妄塵, 發聞居中　왜냐하면 그것이 통함과 막
힘의 두 가지의 허망이 나타내는 대상에 의지하기 때문이며, 그 가운
데서 냄새를 맡는 체성이 발생된다.

吸此塵象, 名嗅聞性　이 냄새를 맡는 체성이 대상을 흡입하
는 것을 후문성(냄새를 맡는 체성)이라고 이름한다.

此聞離彼通塞二塵, 畢竟無體　이 냄새를 맡는 체성이 통함
과 막힘의 대상을 떠나게 되면 필경에 체성이 없다.

■

當知是聞, 非通塞來, 非於根出, 不於空生. 何以故? 若從通來, 塞則
聞滅, 云何知塞? 如因塞有, 通則無聞, 云何發明香臭等觸? 若從根生,
必無通塞. 如是聞機, 本無自性. 若從空出, 是聞自當迴嗅汝鼻, 空自
有聞, 何關汝入? 是故當知, 鼻入虛妄, 本非因緣, 非自然性.

"너는 마땅히 알아야 한다. 냄새를 맡는 체성은 통함과 막힘으로부터 오는 것이 아니며, 비근으로부터 나오는 것도 아니며, 허공에서 생기는 것도 아니다. 무엇 때문인가? 만약 통함으로부터 오는 것이라면, 막히면 냄새 맡는 성질이 사라질 것이니, 어째서 막힘이 있다는 것을 알 수 있겠는가? 만약 냄새를 맡는 성질이 막힘 때문에 있는 것이라면, 통하면 냄새를 맡지 못할 것이다. 그런데 어째서 통해도 냄새를 맡을 수 있고 막혀도 맡을 수 있는가? 만약 비근으로부터 생기는 것이라면, 반드시 통함과 막힘과는 관계가 없을 것이다. 이와 같은 냄새를 맡는 기능은 본래 자성이 없는 것이다. 만약 냄새를 맡는 성질이 허공으로부터 나오는 것이라면, 이 냄새를 맡는 체성은 스스로 돌아가서 자기의 코를 맡을 수 있을 것이다. 허공이 스스로 냄새를 맡으면 너의 코와는 무슨 관계가 있겠는가? 이러한 까닭으로 너는 마땅히 그러한 도리를 알아야 할 것이다. 비근이 내는 이러한 냄새를 맡는 능력은 허망하여 실재하지 않은 것이며, 본래 인연에서 나오는 법도 아니며, 자연히 생성되는 것도 아니다."

如因塞有, 通則無聞, 云何發明香臭等觸 만약 냄새를 맡는 성질이 막힘 때문에 있는 것이라면, 통하면 냄새를 맡지 못할 것이다. 그런데 어째서 통해도 맡을 수 있고 막혀도 맡을 수 있는가? 그러므로 냄새를 맡는 성질은 통함에서 온 것도 아니며, 막힘에서 온 것도 아니다. 그러니 어째서 또 향기와 악취 등의 촉각을 낼 수 있는가?

若從根生, 必無通塞. 如是聞機, 本無自性 만약 비근으로부터 생기는 것이라면, 반드시 통함과 막힘과는 관계가 없을 것이다. 이와 같은 냄새를 맡는 기능은 본래 자성이 없는 것이다.

若從空出, 是聞自當廻嗅汝鼻, 空自有聞, 何關汝入 만약 냄새를 맡는 성질이 허공으로부터 나오는 것이라면, 이 냄새를 맡는 체성은 스스로 돌아가서 자기의 코를 맡을 수 있을 것이다. 허공이 스스로 냄새를 맡으면 너의 코와는 무슨 관계가 있겠는가?

그러면 구경에 어느 곳으로부터 오는가? 앞에서도 말하지 않았는가? 오음 · 육입 · 십이처 · 십팔계 모두 여래장의 묘진여성을 벗어나지 않는다. 이러한 기능과 그들의 지각은 모두 여래장의 묘진여성에서 나오는 것이다. 일념의 무명으로 인하여 갖가지의 망견 · 망상(妄相)이 생기며, 견분과 상분을 만들어낸다. 견분(見分)이란 능히 볼 수 있는 것이며, 상분(相分)은 보이는 형상을 가리킨다. 이 모두 한 생각의 무명으로부터, 망상심으로부터 만들어지는 것이다.

4) 설입(舌入)

阿難! 譬如有人, 以舌舐吻, 熟舐令勞. 其人若病, 則有苦味. 無病之人, 微有甜觸. 由甜與苦, 顯此舌根, 不動之時, 淡性常在. 兼舌與勞, 同是菩提瞪發勞相.

"아난아! 비유하면 어떤 사람이 혀로써 자기의 입술을 핥는데, 오래되면, 피로함이 나타난다. 그 사람이 만약 병이 있으면 쓴맛을 느끼게 되고, 병이 없는 사람은 미미한 단맛을 느끼게 된다. 달고 쓴맛으로부터 설근의 공능이 드러나며, 혀가 움직이지 않을 때는 담담한 성질이 항상 혀에 남아 있다. 혀와 피로함은 모두 진성보리로부터 피로함이 나타나는 모습이다."

譬如有人, 以舌舐吻, 熟舐令勞   비유하면 어떤 사람이 혀로 자기의 입술을 핥으면, 이렇게 오랫동안 핥으면 피로함이 생기게 된다는 것이다.

其人若病, 則有苦味   그 사람이 만약 병이 있으면 핥는 시간이 오래되면 쓴맛을 느끼게 된다.

無病之人, 微有甜觸   그러나 병이 없는 사람은 미미하게 단맛을 느끼게 된다.

由甜與苦, 顯此舌根, 不動之時, 淡性常在   달고 쓴 두 종류의 맛으로부터 비로소 설근의 공능을 드러낼 수 있다. 혀를 움직이지 않을 때는 담담한 성질이 항상 혀에 남아 있다. 담성(淡性)이란 아무런 맛이 없는 것이다.

兼舌與勞, 同是菩提瞪發勞相 혀와 피로함의 두 가지는 모두 진성보리의 안에서 나오는 허망함이며, 피로함의 모습이다.

■

因甜苦淡二種妄塵, 發知居中, 吸此塵象, 名知味性. 此知味性, 離彼甜苦及淡二塵, 畢竟無體.

■

"달고 쓴맛과 담담한 맛의 두 가지 허망한 대상으로 인하여 그 가운데서 지각이 생기는 것이며, 그 지각이 맛이라는 대상을 받아들이는 것을 맛을 아는 성질[知味性]이라고 이름한다. 이 맛을 아는 성질은 두 가지의 맛을 떠나면 필경 체성이 없다."

■

因甜苦淡二種妄塵, 發知居中 달고 쓴맛과 담담한 맛의 두 가지의 허망한 대상으로 인하여 그 가운데서 하나의 지각이 나온다. 달고 쓴 것은 맛이 있는 것으로서 하나로 계산하고 맛이 없는 담담함은 하나로 계산한다.

吸此塵象, 名知味性 이러한 맛의 대상을 받아들이는 것을 맛을 아는 성질[知味性]이라 이름한다.

此知味性, 離彼甜苦及淡二塵, 畢竟無體 이 맛을 아는

성질은 달고 쓴맛과 담담한 맛이라는 두 가지의 대상을 떠나면, 필경 체성이 없다.

■

如是阿難! 當知如是嘗苦淡知, 非甜苦來, 非因淡有, 又非根出, 不於空生. 何以故? 若甜苦來, 淡卽知滅, 云何知淡? 若從淡出, 甜卽知亡, 復云何知甜苦二相? 若從舌生, 必無甜淡及與苦塵. 斯知味根, 本無自性. 若從空出, 虛空自味, 非汝口知. 又空自知, 何關汝入? 是故當知, 舌入虛妄, 本非因緣, 非自然性.

■

"이와 같이 아난아! 너는 마땅히 알아야 한다. 이와 같이 쓰고 담담한 맛을 아는 것은 달고 쓴맛으로부터 오는 것이 아니며, 담담한 맛으로 인하여 있는 것도 아니며, 또 설근으로부터 나오는 것도 아니며, 허공에서 생기는 것도 아니다. 무엇 때문인가? 만약 달고 쓴맛으로부터 오는 것이라면, 담담한 맛을 아는 지각은 소멸될 것이니, 어찌 담담한 맛을 알겠는가? 만약 담담한 맛으로부터 나오는 것이라면, 단맛을 아는 지각은 없어질 것이니, 다시 어찌 달고 쓴 두 가지의 맛을 알겠는가? 만약 혀에서 생기는 것이라면, 반드시 달고 담담하며, 쓴맛의 대상은 없을 것이다. 이 맛을 아는 설근은 본래 자성이 없는 것이다. 만약 허공에서 나온다면, 허공이 스스로 맛을 보니 너의 입은 그 맛을 알 수 없을 것이다. 또한 허공이 스스로 맛을 알므로 너의 혀와 무슨 관계가 있겠는가? 그러므로 설근은 허망하며, 본래 인연이 아니며, 자연성도 아니다."

■

當知如是嘗苦淡知, 非甜苦來, 非因淡有, 又非根出, 不
於空生   너는 마땅히 알아야 한다. 이와 같이 자기의 혀가 쓰고 담
담한 맛을 느끼는 성질은 달고 쓴맛으로부터 나오는 것이 아니며, 담
담한 맛 때문에 있는 것도 아니며, 혀에서 생기는 것도 아니며, 허공
에서 생기는 것도 아니다.

何以故? 若甜苦來, 淡即知滅, 云何知淡   무엇 때문인가?
만약 달고 쓴맛으로부터 오는 것이라면, 담담한 맛을 아는 것은 소멸
될 것이며, 어찌 담담한 맛이 있다는 것을 알겠는가?

若從淡出, 甜即知亡, 復云何知甜苦二相   만약 담담한 맛
으로부터 나오는 것이라면, 단맛을 아는 지각성은 마땅히 없을 것이
니, 다시 어째서 단맛과 쓴맛의 두 가지 맛을 아는가?

若從舌生, 必無甜淡及與苦塵   만약 혀에서 나온다면, 응당
달고 쓴맛과 담담한 맛은 있지 않을 것이다. 왜 그런가? 혀에는 본래
달고 쓴맛이 없기 때문이다.

斯知味根, 本無自性   이것으로부터 설근의 맛을 아는 성질
은 근본적으로 자성이 없는 것이라고 안다.

若從空出, 虛空自味, 非汝口知. 又空自知, 何關汝入
이러한 맛을 아는 성질이 만약 허공으로부터 나오는 것이라면, 허공은

자연히 스스로 맛을 알 것이니, 너의 입은 알 수 없을 것이다. 또한 허공이 스스로 맛을 알기 때문에 이 맛과 혀는 무슨 관계가 있겠는가?

5) 신입(身入)

━

阿難! 譬如有人, 以一冷手, 觸於熱手. 若冷勢多, 熱者從冷, 若熱功勝, 冷者成熱. 如是以此合覺之觸, 顯於離知. 涉勢若成, 因于勞觸. 兼身與勞, 同是菩提瞪發勞相.

━

"아난아! 비유하면 어떤 사람이 차가운 손으로 따뜻한 손을 접촉한다고 하자. 만약 차가움의 세력이 많으면 따뜻한 것은 차가움을 따를 것이며, 만약 따뜻한 공력이 우세하면, 차가움은 따뜻함으로 변할 것이다. 이와 같이 두 손을 서로 접촉해야 비로소 이러한 촉감이 드러나고 알 수 있으며, 두 손이 떨어지면 감촉이 없고 합하면 감촉이 있게 된다. 이러한 차갑고 따뜻함이 이루어지는 것은 접촉의 피로한 모습이 이루어지기 때문이다. 몸과 촉각의 피로함은 모두 진성보리에서 나오는 피로한 모습이다."

■

因於離合二種妄塵, 發覺居中, 吸此塵象, 名知覺性. 此知覺體, 離彼
離合違順二塵, 畢竟無體.

■

"떨어지고 합하는 두 종류의 허망한 대상으로 인하여 그 가운데서 촉
각이 발생하며, 촉각이 이러한 대상을 받아들이는 것을 지각성이라고
이름한다. 이 지각하는 체는 떨어지고 합하며[離合], 어긋나고 순조로
운[違順] 두 가지의 대상을 떠나면 필경 실체가 없는 것이다."

■

因於離合二種妄塵, 發覺居中　왜냐하면 떨어지고 합하는
두 가지의 촉각의 대상 때문이며, 그 가운데서 감각이 발생한다.

吸此塵象, 名知覺性　몸의 두 손이 떨어지고 합하는 두 종류
감각의 대상을 받아들이는 것을 지각성이라고 이름한다.

此知覺體, 離彼離合違順二塵, 畢竟無體　여기서 어긋나
는[違] 것은 괴로움의 경계이며, 순조로운[順] 것은 즐거움의 경계이다.
우리가 좋아하는 것은 즐거움의 경계이며, 싫어하는 것은 괴로움의
경계이다. 우리의 이 지각성의 체는 만약 떨어지고 합하는 허망한 대
상과 어긋나고 순조로운 대상을 떠난다면, 이 촉각도 실체가 없으며
자체가 없는 것이다.

■

如是阿難! 當知是覺, 非離合來, 非違順有, 不於根出, 又非空生. 何以故? 若合時來, 離當已滅, 云何覺離? 違順二相, 亦復如是. 若從根出, 必無離合違順四相, 則汝身知, 元無自性. 必於空出, 空自知覺, 何關汝入? 是故當知, 身入虛妄, 本非因緣, 非自然性.

■

"이와 같이 아난아! 너는 마땅히 알아야 한다. 이 촉각은 떨어지고 합하는 데서 오는 것이 아니며, 어긋나고 순조로운 데서 있는 것도 아니며, 신근에서 나오는 것도 아니며, 또한 허공에서 생기는 것도 아니다. 무엇 때문인가? 만약 서로 합쳐질 때 촉각이 오는 것이라면, 두 손이 떨어지면 지각성은 당연히 없어질 것인데, 어째서 너는 여전히 떨어짐이 있다는 것을 느끼는가? 어긋나고 순조로운 두 가지의 모습도 또한 이와 같다. 만약 신근으로부터 나오는 것이라면, 반드시 떨어지고[離], 합하고[合], 어긋나고[違], 순조로운[順] 네 가지의 모습이 없을 것이다. 그러면 너의 몸은 스스로 자기를 알게 될 것이다. 그러므로 원래 이 지각성도 자성이 없는 것이다. 만약 허공에서 나오는 것이라면, 허공은 스스로 지각하므로 어찌 너의 신근과 관계가 있겠는가? 그러므로 너는 마땅히 알아야 한다. 신근은 허망한 것이며, 본래 인연에서 생기는 것이 아니며, 자연적으로 생기는 것도 아니다."

■

若合時來, 離當已滅, 云何覺離 만약 서로 합쳐져야 이런 지각성이 생기게 된다고 한다면, 두 손바닥이 떨어질 때는 마땅히 이

520

러한 지각성이 없을 것이다. 그런데 어째서 너는 여전히 두 손바닥이 떨어졌다는 것을 느낄 수 있는가?

若從根出, 必無離合違順四相, 則汝身知, 元無自性   만약 신근으로부터 이러한 촉각이 나오는 것이라면, 너는 반드시 떨어지고 합하며, 어긋나고, 순조로운 이러한 모습이 없을 것이다. 그러면 너의 몸은 자기가 자기를 알게 된다. 그러나 이러한 지각성은 원래 자성이 없다.

6) 의입(意入)

■

阿難! 譬如有人, 勞倦則眠, 睡熟便寤, 覽塵斯憶, 失憶爲妄, 是其顚倒, 生住異滅, 吸習中歸, 不相踰越, 稱意知根. 兼意與勞, 同是菩提發勞相.

■

"아난아! 비유하면 어떤 사람이 피곤하면 잠을 자고, 잠을 충분히 자면 곧 깨어난다. 어떤 대상을 보게 되면 어떤 일이 생각나며, 기억나지 않으면 잊어버리게 된다. 이것은 의념이 전도된 것이며, 전도됨에 생기고, 머물고, 변이하고, 소멸하는 과정이 있다. 의근은 받아들였다가 다시 돌아가며, 서로 추월하여 넘지 않는다. 이것을 의지근이라고 한다. 의근과 생각의 피로함은 모두 진성보리에서 나오는 피로한 모습이다."

勞倦則眠, 睡熟便寤 　비유하면 어떤 사람이 매우 피곤하면 잠을 자며, 잠을 충분히 자고나면, 다시 깰 것이다.

覽塵斯憶, 失憶爲妄 　깨어났을 때 그는 어떤 경계를 보면 어떤 일이 생각날 것이다. 만약 생각나지 않는다면, 기억을 잊어버리게 되는 것이다. 람진(覽塵)이란 앞의 대상을 두루 보는 것을 뜻한다.

是其顚倒, 生住異滅 　이것은 의념속의 일종의 전도된 것이며, 이 전도되는 것에는 생(生)·주(住)·이(異)·멸(滅)의 네 가지의 모습이 있다.

　잠자는 것에 비유하자면, 잠을 자려고 생각하는 것은 잠이 생기는 것[生]이며, 이미 잠에 들면 이것은 잠에 머무는 것[住]이며, 깨어나려고 할 때는 잠이 변화되어 바뀌는 것[異]이며, 이미 깨어났으면 그 잠이 멸한 것[滅]이다.

　우리의 생각에서도 생주이멸이 있으며, 한 사람의 일생에도 생주이멸이 있다. 태어나는 것은 생(生)이며, 세상에 머물 때는 주(住)이며, 병이 나면 이(異)라고 하며, 죽으면 멸(滅)이다. 따라서 이 생주이멸은 불교에서 매우 중요한 것이며, 어떤 사물에도 생주이멸을 말할 수 있다. 그리고 이 세계는 모두 성(成)·주(住)·괴(壞)·공(空)하는 것이다.

吸習中歸, 不相踰越, 稱意知根 　잠을 자는 가운데서도, 우리의 생각에서도 생주이멸이 있다고 하였는데, 의근은 이러한 갖가지의 대상을 받아들일 수 있으며, 우리의 의근 속으로 돌아갈 수 있다.

이것을 가운데로 돌아간다[中歸]고 한다. 이러한 생주이멸하는 염두(念頭)는 의념 속에서 마치 물의 파도와 같이 서로 넘지를 않는 것이다. 이것을 의지근(意知根)이라고 부른다.

因於生滅二種妄塵, 集知居中, 吸撮內塵, 見聞逆流, 流不及地, 名覺知性. 此覺知性, 離彼寤寐生滅二塵, 畢竟無體.

"이 의념 속에는 생각의 대상이 있으며, 생각은 법진(法塵)을 인연한다. 생하고 멸하는 두 가지의 허망한 대상은 함께 모이게 되는데, 그 가운데 지각성이 있게 된다. 안의 대상을 받아들여 보고 들은 이러한 대상들이 역류하는 것이다. 이러한 의념이 법을 인연하는 것이 마치 역류하는 것과 같으며, 의념 속으로 돌아와서 아직 제8식에 이르지 못하는데, 이것을 지각성이라고 이름한다. 이러한 지각성은 오매와 생멸의 두 가지 대상을 떠나게 되면 필경에 체성이 없는 것이다."

因於生滅二種妄塵, 集知居中 이 의념 속에는 생각의 대상이 있으며, 생각은 법진(法塵)을 인연한다. 이 법은 바로 생멸하며, 생멸하는 법과 생멸하지 않는 법이 있다. 현재 그것이 인연하는 법은 일종의 생멸하는 법이다. 생하고 멸하는 두 가지의 허망한 대상은 함께 모이게 되는데, 그 가운데 지각성이 있게 된다.

吸撮內塵, 見聞逆流　흡촬(吸撮)이란 흡취하고 흡수하는 것이다. 안의 대상을 받아들여 보고 들은 이러한 대상들이 역류하는 것이다. 역(逆)이란 제육의 의식으로 거꾸로 돌아가는 것이다.

流不及地, 名覺知性　이렇게 역류하여 제육의식에 이르게 되는데, 이 제육의식을 지(地)라고도 한다. 이 심의식(心意識)은 중국의 뜻으로는 비슷한 것이다. 류불급지(流不及地)란 이것이 역류하는 것을 말하는데, 무엇이 역류하는가? 바로 이러한 의념이 법을 인연하는 것이 마치 역류하는 것과 같으며, 의념 속으로 돌아와서 아직 제8식에 이르지 못한 것을 류불급지(流不及地)라고 한다. 따라서 각지성이라고 이름하는 것은 제육의식 속에서 일종의 지각성(즉 見, 聞, 嗅, 嚐, 覺, 知)이 있음을 말한다.

此覺知性, 離彼寤寐生滅二塵, 畢竟無體　오(寤)는 잠에서 깨어나는 것을 말하며, 매(寐)는 잠을 자는 것을 말한다. 이러한 지각성은 오매와 생멸의 두 가지 대상을 떠나게 되면 필경에 체성이 없는 것이다.

━

如是阿難! 當知如是覺知之根, 非寤寐來, 非生滅有, 不於根出, 亦非空生. 何以故? 若從寤來, 寐卽隨滅, 將何爲寐? 必生時有, 滅卽同無, 令誰受滅? 若從滅有, 生卽滅無, 誰知生者? 若從根出, 寤寐二相, 隨身開合, 離斯二體, 此覺知者, 同於空花, 畢竟無性. 若從空生, 自是空知, 何關汝入? 是故當知, 意入虛妄, 本非因緣, 非自然性.

■

"이와 같이 아난아! 너는 마땅히 알아야 한다. 이와 같이 느끼고 아는 의근은 깨어있고 잠을 자는 데서 오는 것이 아니며, 생하고 멸하는 데서 있는 것이 아니며, 의근에서 나오는 것이 아니며, 또한 허공에서 생기는 것도 아니다. 무슨 까닭인가? 만약 깨어있는 데서 오는 것이라면, 잠을 자면 그에 따라 소멸되니, 무엇을 잠을 잔다고 할 수 있겠는가? 반드시 생할 때 있게 되는 것이라면, 멸할 때는 없는 것과 같을 것이니, 누구로 하여금 멸하는 것을 받을 수 있겠는가? 만약 멸하는 것으로부터 있는 것이라면, 생할 때는 멸함이 없으므로 누가 생하는 것을 아는가? 만약 의근으로부터 나오는 것이라면, 오매의 두 가지 모습은 몸을 따라서 열리고 닫힐 것이며, 이 두 가지의 체를 떠나면 이 느끼고 아는 것은 허공의 꽃과 같아서 필경 자성이 없는 것이다. 만약 허공에서 생하는 것이라면, 스스로 허공은 알게 되므로 너의 의근과 무슨 관계가 있겠는가? 그러므로 너는 마땅히 알아야 한다. 의근은 허망한 것이며, 본래 인연에서 오는 것이 아니며, 자연에서 생기는 것도 아니다."

■

何以故? 若從寤來, 寐卽隨滅, 將何爲寐 무슨 까닭인가? 만약 이 각지성이 깨어났을 때 오는 것이라면, 잠을 잘 때는 그것이 마땅히 없을 것이다. 이미 잠을 잘 때는 없으니, 어째서 잠을 자는 것이라고 말할 수 있겠는가?

必生時有, 滅卽同無, 令誰受滅   반드시 생할 때 있는 것이라면, 멸할 때는 각지성이 없을 것인데, 누구로 하여금 멸함을 받으러 가게 할 것인가?

若從滅有, 生卽滅無, 誰知生者   만약 멸할 때 비로소 이러한 각지성이 있게 된다고 한다면, 생할 때는 마땅히 각지성이 없을 것이다. 이미 각지성이 없는데, 또 누가 그것이 생하는 것이라는 것을 아는가?

若從根出, 寤寐二相, 隨身開合   만약 각지성이 의근으로부터 나오는 것이라고 한다면, 깨어있고 잠자는 두 종류의 모습은 너의 몸을 따라 열리고 닫힐 것이다.

離斯二體, 此覺知者, 同於空花, 畢竟無性   열리고 닫히는 두 가지의 체성을 떠나면, 이 각지성은 허공의 꽃과 같아서 필경 자성이 없는 것이다.

若從空生, 自是空知, 何關汝入   만약 허공에서 이러한 각지성이 나온다면, 허공은 자기가 알므로 너의 의근과 무슨 관계가 있겠는가?

是故當知, 意入虛妄, 本非因緣, 非自然性   그러므로 너는 마땅히 알아야 한다. 의근은 허망한 것이며, 인연에서 나오는 것이 아니며, 자연에서 나오는 것도 아니다. 도대체 왜 이러한 각지성이 있는가? 여래장의 묘진여성 안에서 나오는 피로한 모습이다.

3

십이처(十二處)의 근원

復次阿難! 云何十二處, 本如來藏妙眞如性?

"다시 아난아! 어찌하여 십이처가 본래 여래장의 묘진여성이라고 하는가?"

云何十二處　처(處)란 처소이며, 일정하게 머무는 곳을 말한다. 십이처가 무엇인가? 육근(六根), 즉 안·이·비·설·신·의가 여섯 곳이며, 육진(六塵), 즉 색·성·향·미·촉·법이 여섯 곳이다. 이것을 합하면 열두 곳이 되는 것이다.

1) 안색처(眼色處)

阿難! 汝且觀此祇陀樹林, 及諸泉池. 於意云何? 此等爲是, 色生眼見,眼生色相?

"아난아! 너는 이 기타 숲과 샘과 연못을 보아라. 이것들은 형상이 내는 안견(眼見)인가, 아니면 눈이 내는 색상인가?"

阿難! 若復眼根, 生色相者, 見空非色, 色性應銷, 銷則顯發一切都無. 色相旣無, 誰明空質? 空亦如是. 若復色塵, 生眼見者, 觀空非色, 見卽銷亡, 亡則都無, 誰明空色? 是故當知, 見與色空, 俱無處所, 卽色與見, 二處虛妄. 本非因緣, 非自然性.

"아난아! 만약 안근에서 바깥의 이러한 색상을 낸다고 하면, 네가 허공을 보면 이 허공은 색상이 아니므로 색의 성질이 마땅히 없을 것이다. 색의 성질이 사라지면 일체의 색상이 모두 없어질 것이다. 색상이 이미 없으니, 누가 허공의 이런 성질을 아는가? 공도 또한 이와 같은 도리이다. 만약 다시 색진에서 눈의 보는 것이 나온다면, 공을 보면 공은 색이 아니므로 보는 것이 사라질 것이다. 보는 것이 없으므로 아무것도 없을 것인데, 누가 공과 색을 알 것인가? 그러므로 마땅히 알아야 한다. 이 보는 견과 색, 공은 본래 처소가 없다. 현재 이 색과 보는 견은 자성이 없으며, 두 곳 모두 허망한 것이다. 따라서 본래 인연으로 인하여 존재하는 것이 아니며, 자연적으로 생성되는 것도 아니다."

若復色塵, 生眼見者, 觀空非色, 見卽銷亡 만약 색진에
서 눈의 보는 것이 나온다면, 색이 없을 때는 눈도 볼 수가 없다. 그러
나 너의 눈이 공을 볼 때 공은 형상이 있는 것이 아니므로 이 보는 것
도 마땅히 없을 것이다. 왜냐하면 보는 것이 색에서 나온다고 하기 때
문이다. 그러면 지금 색이 없으면 볼 수 없을 것이다.

亡則都無, 誰明空色 보는 것조차 없으므로 아무것도 보이
지 않을 것이다. 그러면 누가 공과 색을 알 것인가?

2) 이성처(耳聲處)

阿難! 汝更聽此祇陀園中, 食辦擊鼓, 衆集撞鐘, 鐘鼓音聲, 前後相續.
於意云何? 此等爲是聲來耳邊, 耳往聲處?

"아난아! 너는 지금 다시 들어 보아라. 이 기타 숲에서 공양(식사)을 할
때 북을 치며, 모두를 모이게 할 때는 종을 친다. 이 종소리와 북소리
는 앞과 뒤가 서로 이어지는데, 너는 어떻게 생각하는가? 이러한 소리
들은 소리가 귀로 오는 것인가, 귀가 소리나는 곳으로 가는 것인가?"

중국의 총림에서는 지금은 공양 시간에 북을 치는 것이 아니고 목탁[梆]을 친다. 목탁은 큰 물고기의 모양으로 나무로 만든 것이다. 공양을 할 시간에 이 목탁을 치면, '방, 방, 방' 하는 소리가 나오는데, 그래서 이것을 목탁을 연다[開梆]고 한다. 왜냐하면 큰 총림에는 스님들의 수가 매우 많기 때문이다. 만약 소리가 없으면 사람들은 와서 공양하는 것을 모른다. 혹은 어떤 스님은 자기 방에서 잠을 자고 있을지도 모른다. 마치 나에게 잠을 좋아하는 제자가 있는데, 만약 그가 잠을 자는데, 아무런 동정을 주지 않으면 그는 깨어나지 않고 밥조차도 먹지 못할 것이다.

그곳에서 공양을 할 때는 모두 말을 하지 않는다. 선방에서 수많은 법사들이 공양을 할 때 한 사람도 말하지 않고 소리를 내지 않는다. 이것을 "식사 시 말하지 않는다[食不語]."는 것이라고 부른다. 이것의 뜻은 계를 지키는 것이며, 무슨 계를 지니는가? 공양 시간에 말을 하지 않는 계를 지니는 것이다.

그리고 공양 시간에 모두 앉아서 식사를 하는데, 앉아서 일어나지 않는 것을 '일좌식(一坐食)'이라고 한다. 당신이 무엇이 필요하면 주방의 스님이 당신 옆을 지나갈 때 필요한 것을 요구하면 그것을 첨가해 준다. 당신은 손가락이나 젓가락으로 가리켜 주기만 하면 되며 말하면 안 된다.

이전에 한 분의 오래된 수행자가 계를 받고는 거의 다 범하고 단지 공양 시간에 말하지 않는 계는 범하지 않았다. 이 계를 지키는 호법선신은 그를 따라다니면서 그가 이 계를 범해서 돌아가기를 원하였다. 하지만 그는 언제나 그 계를 범하지 않았다.

그 후 그 계를 지키는 신이 그의 꿈에 나타나 말하였다.

"당신은 공양을 하실 때 마땅히 말을 해야 합니다. 당신은 다른 계는 다 범하고 왜 이 계는 범하지 않습니까? 당신은 빨리 계를 범하세요. 나도 당신을 떠나고 싶습니다."

이 수행자는 생각하였다. "아, 내가 공양 시간에 말을 하지 않는 계를 지키니 과연 나를 보호하는 계의 신이 있구나." 그래서 그는 이후 도와 덕이 있는 법사를 찾아서 다시 계를 받았다. 결과적으로 그는 수행하여 도를 이루었다. 각 사람은 각자의 인연이 있다. 따라서 계를 받는 것은 불교에서 매우 중요한 일이다.

▬

阿難! 若復此聲, 來於耳邊, 如我乞食室羅筏城. 在祇陀林, 則無有我. 此聲必來阿難耳處. 目連迦葉, 應不俱聞. 何況其中一千二百五十沙門, 一聞鐘聲, 同來食處?

▬

"아난아! 만약 이 소리가 귀로 온다고 한다면, 마치 내가 실라벌성으로 가서 걸식을 하면 이 기타 숲에는 내가 없는 것과 같다. 이 소리가 반드시 아난 너의 귀로 온다면, 목건련과 가섭은 마땅히 듣지 못할 것이다. 하물며 그 가운데의 일천이백오십 명의 사문들은 종소리를 한 번 들으면 모두 공양하는 곳으로 모이지 않는가?"

若復汝耳, 往彼聲邊. 如我歸住祇陀林中. 在室羅城, 則無有我. 汝聞
鼓聲, 其耳已往擊鼓之處, 鐘聲齊出, 應不俱聞. 何況其中象馬牛羊,
種種音響? 若無來往, 亦復無聞. 是故當知, 聽與音聲, 俱無處所, 卽聽
與聲, 二處虛妄. 本非因緣, 非自然性.

"만약 너의 귀가 저 소리가 나는 곳으로 간다면, 마치 내가 기타 숲으
로 돌아오면 실라벌성에는 내가 없는 것과 같다. 네가 북소리를 들으
면 너의 귀는 이미 북치는 곳으로 갔기 때문에 종소리가 다시 나면 너
는 마땅히 듣지 못할 것이다. 하물며 그 가운데는 코끼리, 말, 소, 양
등 가지가지의 소리가 들어 있을 것이다. 만약 귀와 소리가 서로 왕래
가 없으면, 또한 듣지 못할 것이다. 이러한 까닭으로 너는 마땅히 알아
야 한다. 청각과 소리는 모두 머무는 처소가 없으며, 허망하며, 본래
인연에서 나오는 것이 아니며, 자연적으로 나오는 것도 아니다."

汝聞鼓聲, 其耳已往擊鼓之處, 鐘聲齊出, 應不俱聞　너
의 귀가 북소리를 듣는 것은 너의 귀는 이미 북을 치는 곳으로 가 있
어야 할 것이다. 종소리가 다시 울리면 너의 귀는 이미 가버렸기 때문
에 너는 마땅히 듣지 못할 것이다. 그러나 너는 북소리뿐만 아니라 종
소리도 들었다. 너의 귀는 이미 다른 곳으로 가버렸는데, 그러면 너는
지금 무엇으로 종소리를 듣는가?

何況其中象馬牛羊, 種種音響 하물며 그 소리들 가운데는 종소리, 북소리뿐만 아니라 코끼리, 말, 소, 양 등 많은 소리가 들어 있어 너는 모두를 들을 수 있다. 그러면 너의 귀는 구경에 소리가 나는 곳으로 간 것인가, 아닌가?

若無來往, 亦復無聞 만약 너의 귀도 소리 있는 곳으로 갈 수 없고, 소리도 귀로 오지 못하여 서로 왕래가 없다면, 너는 근본적으로 듣지 못할 것이다. 너는 또 무엇을 듣는가? 이러한 도리는 어떠한가? 이것은 무엇을 표시하는가? 바로 여래장의 묘진여성은 생멸하지 않는 것이며, 보편적인 것이다. 이것은 우리의 근성(根性)은 참되며, 망상은 거짓이라는 것을 나타낸다.

卽聽與聲, 二處虛妄. 本非因緣, 非自然性 이 청각과 소리는 모두 허망한 것이며, 인연에서 생하는 것도 아니며, 자연적으로 생기는 것도 아니다.

3) 비향처(鼻香處)

阿難! 汝又嗅此鑪中栴檀, 此香若復然於一銖, 室羅筏城四十里內, 同時聞氣. 於意云何? 此香爲復生栴檀木, 生於汝鼻, 爲生於空?

"아난아! 너는 다시 이 향로 가운데의 전단향을 맡아보아라. 이 향을 만약 다시 한 주 태우면 실라벌성 사십 리 안에서 동시에 그 향기를 맡을 수 있다. 너는 어떻게 생각하느냐? 이 향기는 전단나무에서 나오는 것인가, 너의 코에서 나오는 것인가, 공중에서 나오는 것인가?"

阿難! 若復此香, 生於汝鼻, 稱鼻所生, 當從鼻出. 鼻非栴檀, 云何鼻中有栴檀氣? 稱汝聞香, 當於鼻入. 鼻中出香, 說聞非義. 若生於空, 空性常恒, 香應常在, 何藉鑪中, 爇此枯木?

"아난아! 만약 이 향기가 너의 코에서 나오는 것이라면, 이미 그것이 코에서 나오는 것이라고 하였으니, 당연히 향기가 코에서 나와야 할 것이다. 그러나 코는 전단나무가 아니기 때문에 어떻게 코 가운데서 전단향기가 나오겠는가? 만약 이 향기가 너의 냄새를 맡는 체성에서 맡는다고 한다면, 향기는 마땅히 너의 코로 들어가야 할 것이다. 만약 코 가운데서 향기가 나온다면, 냄새를 맡는다고 말하는 것은 맞지 않은 것이다. 만약 향기가 허공에서 생기는 것이라면, 허공의 성질은 항상하며 변하지 않는 것이므로 향기는 마땅히 항상 존재해야 할 것인데, 어째서 향로 가운데서 마른 전단나무를 태워야 비로소 향기가 나오는가?"

━

여기서 말하는 도리는 본래 사람마다 모두 향기는 전단나무에서 발생하는 것이라는 것을 알고 있다. 전단향을 태우면 향의 연기는 돌고 돌면서 공중으로 올라간다. 그러나 향의 연기가 공중에 이르는 것은 향기가 결코 향의 연기라는 것은 아니다. 이 향의 연기는 단지 허공으로 가서 허공 가운데 있다. 전단향을 태우면 향기는 사십 리 내에 이르게 되는데, 사람들은 전단향기라는 것을 안다. 왜 부처님께서는 이렇게 아난에게 이 전단향기가 코에서 나오는 것인지, 전단향에서 나오는 것인지를 물었는가? 이것은 어떠한 사람도 다 안다. 만약 전단향을 태우지 않을 때는 어째서 이런 향기가 없는가? 이것은 향기가 전단향에서 나온다는 것을 증명한다.

그러면 부처님께서 고의로 이렇게 아난에게 물어 그가 어떻게 이 도리에 답하는가를 본다. 이 향기가 비록 전단향에서 나오는 것이지만, 이 냄새를 맡는 체성은 여래장 그곳에서 오는 것이다. 따라서 이 뜻은 이 향기에 있지 않고 냄새를 맡는 체성에 있다. 이 냄새를 맡는 성질은 보편적이며, 불생불멸하는 것이다. 중점은 이곳에 있다.

━

若生於木, 則此香質, 因爇成煙. 若鼻得聞, 合蒙煙氣. 其煙騰空, 未及遙遠, 四十里內, 云何已聞? 是故當知, 香鼻與聞, 俱無處所. 卽嗅與香, 二處虛妄. 本非因緣, 非自然性.

"만약 향기가 나무에서 나오는 것이라면, 이 향기의 성질은 태워야 비로소 연기가 나온다. 만약 코가 향기를 맡는다고 한다면, 연기와 합쳐져야 향기를 맡을 수 있다. 그러나 그 연기는 공중으로 올라가 멀리 가지도 못하지만 사십 리 안에서 어찌하여 향기를 맡을 수 있는가? 그러므로 너는 마땅히 알아야 한다. 향기, 코와 냄새를 맡는 후각은 모두 일정한 처소가 없으며, 후각과 향기의 두 종류의 처소는 모두 허망한 것이며, 인연도 아니며, 자연성도 아니다."

若鼻得聞, 合蒙煙氣　만약 비근이 향기를 맡는다면 마땅히 연기가 있어야 옳을 것이다. 그러나 이 향기는 연기 때문에 향기가 생기는 것은 아니다. 이 연기가 공중으로 올라가지만 보편적인 모든 곳에 이 향기가 있다. 이것은 연기를 맡아야 향기가 난다는 것이 아님을 나타낸다. 연기가 없어도 향기가 있는 것이다.

4) 설미처(舌味處)

阿難! 汝常二時, 衆中持鉢, 其間或遇酥酪醍醐, 名爲上味. 於意云何? 此味爲復生於空中, 生於舌中, 爲生食中?

—

"아난아! 너는 항상 아침과 정오에 대중이 발우를 들고 걸식을 나가는데, 그 가운데 혹은 소락제호의 최상의 맛을 만나게 된다. 너는 어떻게 생각하는가? 이 맛이 공중에서 생기는가, 혀에서 나오는가, 먹는 음식에서 나오는가?"

—

酥酪酪醍醐 이 모두 우유를 가지고 만든 유제품이다. 우유에서 락(酪)을 만들어낸다. 이 락(酪)은 치즈와 비슷하며, 혹은 마가린이나 우유기름과 같은 류이다. 락에서 소(酥)가 나오며, 생소에서 숙소를 만들어낸다. 숙소에서 더 가공한 것이 제호(醍醐)이다.

—

阿難! 若復此味, 生於汝舌, 在汝口中, 祇有一舌, 其舌爾時已成酥味, 遇黑石蜜, 應不推移. 若不變移, 不名知味. 若變移者, 舌非多體, 云何多味一舌之知? 若生於食, 食非有識, 云何自知? 又食自知, 卽同他食, 何預於汝, 名味之知?

—

"아난아! 만약 이 맛이 너의 혀에서 나온다면 너의 입안에는 단지 하나의 혀가 있는데, 그 혀가 소(酥)를 먹을 때 이미 소의 맛으로 변한다. 그런데 또 흑석밀이라는 사탕을 먹게 될 때는 마땅히 그 맛을 옮기지 못하여 단맛을 모르게 된다(혀가 하나이기 때문에). 만약 맛이 변하지 않는다면 맛을 안다고 이름할 수 없다. 만약 맛이 변한다면, 혀는 결코 여러 개가 아닌데, 어찌하여 하나의 혀로써 많은 맛을 알 수 있는가? 만약 맛이 식품에서 나온다면, 먹는 식품은 본래 지각이 없는 것인데, 어찌하여 맛을 알 수 있겠는가? 또한 이 먹는 식품이 만약 자기의 맛을 자기가 안다면, 그것은 자기가 자기를 먹는 것과 같은 것이므로 너와는 무슨 관계가 있으며, 어떻게 맛을 안다고 이름할 수 있겠는가?"

■

黑石蜜 사탕수수로 만든 일종의 사탕이며, 돌멩이처럼 단단하다.

若不變移, 不名知味 가령 네가 사탕을 먹을 때 맛도 단 것으로 변하지 않는데, 너의 혀도 맛을 모르기 때문에 '맛을 안다[知味]'고 이름할 수 없다.

若變移者, 舌非多體 만약 네가 소(酥)를 먹을 때 소의 맛으로 변하고, 사탕을 먹을 때는 단맛으로 변하여 맛이 변이한다면, 이 설근(혀)은 결코 여러 개가 아니다.

云何多味一舌之知 어찌하여 이렇게 많은 맛을 너는 하나의 혀로써 알 수 있는가?

■

若生於空, 汝啖虛空, 當作何味? 必其虛空, 若作鹹味, 既鹹汝舌, 亦鹹汝面, 則此界人, 同於海魚. 既常受鹹, 了不知淡, 若不識淡, 亦不覺鹹,必無所知, 云何名味? 是故當知, 味舌與嘗俱無處所, 即嘗與味, 二俱虛妄, 本非因緣, 非自然性.

■

"만약 맛이 허공에서 나온다면, 네가 허공을 씹으면 어떤 맛이 나오는 가? 반드시 그 맛이 허공에서 나온다면 만약 그 허공의 맛이 짠맛이면 이 짠맛이 너의 혀에 이르면, 또한 너의 얼굴에도 그 짠맛이 이르게 될 것이다. 그러면 이 세계의 사람은 바다 속의 물고기와 같게 될 것이다. 이미 항상 짠맛 속에 잠겨 있으므로 담담한 맛을 알지 못한다. 만약 담 담한 맛을 모르면 또한 짠맛도 느끼지 못한다. 반드시 아는 맛이 없으 므로 어떻게 맛이라고 이름붙일 수 있겠는가? 그러므로 마땅히 알아 야 한다. 맛과 혀와 미각은 모두 일정한 처소가 없으며, 미각과 맛 두 가지 처소는 허망한 것이며, 본래 인연으로 생기는 것이 아니며, 자연 적으로 만들어지는 것도 아니다."

■

則此界人, 同於海魚 만약 너의 얼굴이 짜게 되면 너의 몸도 짜게 될 것이다. 너의 몸이 짜게 되면 다른 사람의 몸도 짜게 될 것이 다. 그리하여 사람마다 모두 짠맛으로 변하여 이 세계의 사람들은 바 다 속의 물고기와 같을 것이다.

既常受鹹, 了不知淡 이미 항상 짠맛 속에 잠기게 되면 담담 한 맛을 모르게 될 것이다.

若不識淡, 亦不覺鹹 만약 담담한 맛을 모른다면 짠맛도 알지 못할 것이다. 왜 그런가? 네가 담담한 맛을 느끼지 못하니 너는 맛을 모르는 것이다. 맛을 모르므로 따라서 짠맛을 느끼지 못하는 것이다.

必無所知, 云何名味 너는 근본적으로 어떤 맛도 모르므로 어떻게 맛이라고 이름붙일 수 있겠는가?

5) 신촉처(身觸處)

—

阿難! 汝常晨朝以手摩頭. 於意云何? 此摩所知, 誰爲能觸? 能爲在手, 爲復在頭? 若在於手, 頭則無知, 云何成觸? 若在於頭, 手則無用, 云何名觸? 若各各有, 則汝阿難, 應有二身.

—

"아난아! 너는 항상 아침에 손으로 머리를 만질 것이다. 너는 어떻게 생각하는가? 이렇게 만져서 아는데, 무엇이 접촉할 수 있는 능력을 가진 주체인가? 접촉할 수 있는 능력이 손에 있는가, 머리에 있는가? 만약 손에 있다면 머리는 접촉을 알지 못할 것이니, 어떻게 접촉이 이루어질 수 있겠는가? 만약 머리에 있다면 손은 지각의 작용이 없을 것이므로 어떻게 촉이라고 이름할 수 있겠는가? 만약 손에도 있고 머리에도 있다고 한다면, 너 아난은 마땅히 두 개의 몸이 있어야 할 것이다."

汝常晨朝以手摩頭　불교에서 스님들은 매일 아침에 세 번 머리를 만져야 한다. 왜냐하면 석가모니 부처님이 계실 때 많은 외도들이 부처님께 귀의하고 출가하였다. 부처님을 따라 출가한 후 부처님께서는 제자들로 하여금 자기가 스님이라는 것을 잊지 않게 하려고 매일 자기의 머리를 만지게 하였다. 자기의 머리를 만지면서 머리카락이 왜 없는지 보면서 자기의 본분을 잊어버리지 않게 하신 것이다.

此摩所知, 誰爲能觸　너의 손으로 머리를 한 번 만지면 손도 알고 머리도 안다. 그러면 어떤 것이 접촉하는 것이고 어떤 것이 접촉되는 것인가? 능촉(能觸)이란 접촉하러 가는 능력이 있는 주체를 말하며, 소촉(所觸)이란 접촉되어지는 대상을 말한다.

能爲在手, 爲復在頭　접촉할 수 있는 이러한 능력이 손에 있는가, 아니면 머리에 있는가?

若在於手, 頭則無知, 云何成觸　만약 촉각이 손에 있다고 한다면, 네가 손으로 머리를 만질 때 단지 손만 알고 머리는 알지 못할 것이다. 이미 머리가 모르는데 어떻게 촉이라고 할 수 있겠는가?

若在於頭, 手則無用, 云何名觸　만약 접촉할 수 있는 공능(촉각)이 머리에 있다면, 손은 지각의 작용이 없으므로 이런 것을 어떻게 촉이라고 할 수 있는가?

若各各有, 則汝阿難, 應有二身 만약 손에도 있고 머리에도 있다고 한다면, 지금 너 아난은 마땅히 두 개의 몸이 있어야 할 것이다.

출가승은 매일 머리를 세 번 만져야 한다는 데에 관하여 하나의 게송이 있다. 이 게송은 매우 의미심장하여 여러분에게 소개하고자 한다.

입을 지키고 뜻을 섭수하며 몸으로 범하지 말 것이며
일체의 유정들을 괴롭게 하지 말라.
무익한 고행은 당연히 멀리 떠날 것이며
이와 같이 행하는 자는 중생을 제도할 수 있네.
守口攝意身莫犯 莫惱一切諸有情
無益苦行當遠離 如是行者得度世

신구의를 잘 다스려 계를 잘 지키며, 모든 중생들을 괴롭히지 않으며 무익한 고행을 하지 않고 외도의 법을 행하지 않으면, 세간의 중생을 제도할 자격이 있다는 뜻이다.

무엇을 외도법이라고 하는가? 부처님께서는 중도를 행하며, 제자들로 하여금 고기를 먹지 않고 채식을 하게 한다. 고기를 먹어야 한다면 세 가지의 깨끗한 고기를 먹어야 한다. 삼정육(三淨肉)이란 죽이는 것을 보지 않고, 죽을 때의 소리를 듣지 않고, 나를 위하여 죽이지 않은 것을 말한다. 부처님께서 계실 때 제자들이 만약 신체가 건강하지 못하면 이 삼정육은 먹어도 된다고 허락하신 것이다.

불교에서는 제자로 하여금 채식을 하게 하였지만, 제바달다는 삿된 지견으로 말한다. "너의 제자는 고기를 먹지 않지만, 나는 나의 제자들로 하여금 소금도 먹지 않게 한다." 소금도 먹지 않는 것을 그는 '상청재(上淸齋)'라고 하였다. 도교에도 이런 외도들이 있어 이것을 상청재라고 하면서 행하는데, 사실 이것은 중도에 부합되지 않는 것이다.

부처님은 제자로 하여금 아침에는 죽을 먹고 정오에 밥을 먹게 하였다. 즉 하루에 두 끼를 먹었는데, 부처님께서는 아침과 저녁에는 먹지 않고 하루 중 정오에 한 끼만 드셨다. 그러면 제바달다는 어떠하였는가? 그는 수행할 때 백 일 동안 밥을 먹지 않았다. "너 부처는 하루에 한 끼만 먹지만, 나는 백 일에 한 끼 먹는다. 봐라! 내가 너보다 더 높지?" 그는 언제나 부처님과 법을 다투었다. 그는 제일을 다투고 제일을 좋아하다가 결과적으로 지옥으로 가는 것을 좋아하게 되었다. 따라서 무익한 고행은 소용없는 것이다.

━

若頭與手, 一觸所生, 則手與頭, 當爲一體. 若一體者, 觸則無成. 若二體者, 觸誰爲在? 在能非所, 在所非能. 不應虛空, 與汝成觸. 是故當知, 覺觸與身, 俱無處所, 卽身與觸, 二俱虛妄, 本非因緣, 非自然性.

━

"만약 머리와 손에 하나의 촉이 생긴다고 한다면, 손과 머리는 당연히 하나의 몸이 되어야 할 것이다. 만약 하나의 몸이 된다면, 촉각은 이루어질 수 없다. 만약 두 개의 몸이라면 촉은 어디에 있는가? 접촉할 수 있는 능촉에서는 접촉되는 대상이 있을 수 없으며, 접촉되는 소촉에서는 접촉할 수 있는 능촉이 있을 수 없다. 그리고 허공은 너와는 촉각이 발생할 수 없다. 그러므로 너는 마땅히 알아야 한다. 접촉을 느끼는 촉각과 너의 몸은 일정한 처소가 없으며, 몸과 촉각은 모두 허망한 것이며, 본래 인연에서 생기는 것이 아니며, 자연적으로 생기는 것도 아니다."

■

若頭與手, 一觸所生, 則手與頭, 當爲一體　만약 머리와 손에 단지 하나의 촉각만 있다고 한다면, 모두 하나의 촉이 나오는 것이라면, 너의 손과 머리는 마땅히 하나의 몸이 되어야 할 것이다.

若一體者, 觸則無成　만약 머리와 손이 하나의 몸이라면, 하나의 몸 위에는 촉각이 형성되지 않을 것이다. 즉 능촉과 소촉이 있을 수가 없다. 그러니 어떻게 하나의 촉각을 이룰 수 있겠는가? 보라, 이런 도리를 말하는 그 묘함이 극에 도달했다.

若二體者, 觸誰爲在　만약 손과 머리가 두 개의 체성이라면, 촉은 하나인데 이것은 어디에 속하는가? 손에 속하는가, 머리에 속하는가?

在能非所, 在所非能　너는 두 개 모두 촉을 가지고 있다고 말할 수 없다. 단지 능촉(能觸)과 소촉(所觸)이 있을 수 있다. 능촉에서는 소촉이 아니며, 소촉에서는 능촉이 아니다.

어떤 것을 능촉이라고 하는가? 촉을 느낄 수 있는 이러한 지각을 말한다. 비유하면 내가 지금 이 탁자를 만지는데, 이 탁자는 지각이 없는 것이다. 그러나 나의 손은 접촉할 수 있으며[能觸], 이 탁자는 접촉되는 물질[所觸]이다. 이 두 종류가 함께 접촉하면, 능과 소가 있어야 한다. 그러면 손과 머리는 도대체 어떤 것이 능촉이며, 어떤 것이 소촉인가?

不應虛空, 與汝成觸 허공은 근본적으로 물건이 없으니, 허공은 너의 손과 머리와는 촉각을 발생할 수 없다.

覺觸與身, 俱無處所 촉각을 느끼는 것과 너의 몸은 모두 일정한 처소가 없다.

卽身與觸, 二俱虛妄 즉 너의 몸과 촉은 즉 신처와 촉처는 허망한 것이다. 거짓이며, 실재하지 않는 것이다. 그러므로 이러한 촉진에 집착하지 말아야 한다. 누구의 피부는 정말 부드럽고 매끄럽다고 탐하지 않아야 하며, 이어서 일종의 탐착하는 생각을 내지 말아야 한다. 너는 무엇을 탐착하는가? 이것은 허망한 것이야! 허망한 것을 탐하여 무엇을 할 건가?

6) 의법처(意法處)

■

阿難! 汝常意中所緣, 善惡無記三性, 生成法則. 此法爲復卽心所生, 爲當離心, 別有方所?

"아난아! 네가 항상 의식 가운데서 반연되는 선·악·무기의 세 가지 성질은 법진(法塵)을 생성한다. 이 법진은 마음에서 생성되는 것인가, 아니면 마음을 떠나 다른 방소가 있는가?"

汝常意中所緣, 善惡無記三性, 生成法則　네가 항상 생각 가운데서 반연되는 선과 악, 무기의 세 가지의 성질은 법진(法塵)을 생성한다. 소연(所緣)의 연은 반연하는 연이다. 우리 수도인이 가장 피해야 할 것이 반연하는 마음이다. 반연하는 마음이 있게 되면 도를 장애하는 인연이 된다. 이것은 제6의식이 수작을 부리는 것으로서 반연심이 나오게 되면 당신은 수도하기 쉽지 않다. 당신이 많은 착한 일을 하는데 반연심으로 하면 그것은 모두 가짜이다. 당신이 반연심으로 중생을 제도하는 것도 거짓이다.

此法爲復卽心所生, 爲當離心, 別有方所　이 마음은 바로 제6의식이며, 그 뜻[意]이다. 이 뜻이 반연되는 법은 마음에서 나오는 것인가, 너의 의식을 떠나 다른 하나의 방향과 머무는 곳이 있는가?

阿難! 若卽心者, 法則非塵, 非心所緣, 云何成處? 若離於心, 別有方所, 則法自性, 爲知非知? 知則名心, 異汝非塵, 同他心量, 卽汝卽心, 云何汝心, 更二於汝? 若非知者, 此塵旣非色聲香味, 離合冷煖, 及虛空相, 當於何在? 今於色空, 都無表示, 不應人間, 更有空外. 心非所緣, 處從誰立?

■

"아난아! 만약 이 법이 마음에서 나오는 것이라면 이 법은 대상이 아니며, 마음이 반연할 바가 없으니, 어찌 반연할 장소를 이룰 수 있겠는가? 만약 이 법이 마음을 떠나 다른 방소가 있다면, 법의 자성은 자기가 법인지를 아는가, 알지 못하는가? 만약 안다면 마음이라고 이름하며, 너를 떠나면 법진이 아니다. 그래서 다른 사람의 심량과 같을 것이다. 네가 있는 이곳이 바로 마음이므로 너의 마음을 어떻게 너와 나눌 수 있겠는가? 만약 알지 못하는 것이라면, 이 법진은 색성향미가 아닐 뿐 아니라 떨어지고 합하며 차고 따뜻함을 느끼는 촉각도 없으며, 내지 허공의 모습도 없으니, 마땅히 어느 곳에 있는가? 지금 색과 공에서 모두 그 법진을 표시할 방법이 없으며, 인간의 다른 허공 밖에 존재하지도 않는다. 만약 허공의 바깥에 존재한다면, 마음은 이 법진을 반연할 수 없을 것인데, 법의 처소를 어디로부터 세울 수 있겠는가?"

■

若卽心者, 法則非塵　만약 이 법이 마음에서 나오는 것이라면, 제육의식인 이 법은 대상[塵]이 아니며, 진(塵)과는 관계가 없는 것이다.

非心所緣, 云何成處　너의 마음은 본래 대상 경계에 반연하는데, 법은 이미 진이 아니므로 너의 마음도 반연할 수 없다. 너는 반연할 장소조차도 없는데, 또 어떻게 하나의 장소가 있을 수 있겠는가? 따라서 의식이 반연하는 법[意緣法]은 하나의 장소도 없는 것이다.

若離於心, 別有方所, 則法自性, 爲知非知　이 법이 만약 마음을 떠나 다른 방소가 있다고 하면, 법의 자성은 자기가 법인지를 아는가, 모르는가?

知則名心, 異汝非塵, 同他心量　만약 이 법이 안다고 하면 지각하는 것이 있는 것이라면 마음이라고 이름한다. 그러면 마음이 너를 떠나면 그것은 대상[塵]이 아니며, 따라서 만약 이것을 마음이라고 말하면, 그것은 다른 사람의 심량과 같은 것이며, 법진이 아니다. 여기서 이(異)란 떠나다, 헤어지다[離異]라고 해석해야 한다.

卽汝卽心, 云何汝心, 更二於汝　네가 있는 이곳이 바로 너의 마음인데, 어떻게 너의 마음과 너를 두 개로 나눌 수 있겠는가?

若非知者, 此塵旣非色聲香味, 離合冷煖, 及虛空相, 當於何在　만약 이 법진이 모르는, 즉 지각이 없는 것이라면, 이 법진은 색·성·향·미도 아닐 뿐만 아니라 떨어지고 합하며, 차갑고 따뜻한 것을 아는 촉각도 없으며, 아울러 허공의 모습도 없다. 그러므로 마땅히 어느 곳에 존재하는가?

不應人間, 更有空外　인간의 다른 허공 밖의 곳에 법진이 소재하는 곳은 될 수 없을 것이다.

心非所緣, 處從誰立   만약 허공 밖에 있다면, 마음도 이러한 법진을 반연할 수가 없다. 그러면 이 법의 처소는 어느 곳에 세울 수 있는가?

是故當知, 法則與心, 俱無處所. 則意與法, 二俱虛妄. 本非因緣, 非自然性.

"그러므로 마땅히 알아야 한다. 법의 규율과 마음은 처소가 없는 것이며, 의식과 법은 허망한 것이며, 본래 인연에서 나오는 것이 아니며, 자연에서 생기는 것도 아니다."

4

십팔계(十八界)의 근원

復次阿難! 云何十八界, 本如來藏妙眞如性?

"다시 아난아! 어찌하여 십팔계도 모두 여래장 안의 묘진여성이라고
하는가?"

무엇을 십팔계라고 하는가? 육근(六根 : 안·이·비·설·신·의)이 여섯 계
이며, 육진(六塵 : 색·성·향·미·촉·법)이 또 여섯 계이며, 여기에 육식(六
識 : 안식·이식·비식·설식·신식·의식)이 또 여섯 계이다. 이것을 다 합하면
십팔계가 된다.

육식은 육근과 육진의 중간에서 나오는 것이다. 식(識)이란 분별
한다는 뜻이며, 근(根)은 생장한다[生長]는 뜻이다. 즉 우리 신체에서 생
장한다는 말이다. 진(塵)이란 오염된다는 뜻이다. 깨끗하지 못하고 청
정하지 못한 것을 진이라고 한다. 무엇을 오염시킨다는 것인가? 육근
의 근성(根性)을 오염시키는 것이다.

육근이 육진을 대할 때 육식이 나온다. 눈이 색을 보면 그 색이
좋고 나쁨을 분별한다. 분별하는 마음을 내는 것을 안식이라 한다. 귀
로 소리를 들을 때 저 소리를 좋아하고 싫어하는 가지가지의 분별심
을 내는데, 이것을 이식이라 한다.

코로 냄새를 맡을 때 이 냄새가 향기롭다거나 고약하다거나 하
면서 분별하는 것을 비식이라 한다. 혀가 맛을 대하고 그 맛을 좋아
하고 싫어하는 분별을 하는 것을 설식이라 한다. 몸이 촉진을 대하여
부드럽고 거칠다는 것을 탐착하고 그러한 촉각을 좋아하고 좋아하지
않는 분별심을 내는 것을 신식이라 한다.

의근이 법진을 대하여 분별심을 내는 것을 의식이라 한다. 앞의

오진은 모두 형상이 있는 것이며 표현될 수 있는 것이지만, 이 법진은 형상이 없으며 표시할 바가 없는 것이다. 그러나 비록 표시할 수 없어도 분별하는 마음이 나온다.

육근이 육진을 대하여 중간에 육식이 나오지만, 이 십팔계가 비록 열여덟 계로 나뉘지만 합하여 말하면 모두 여래장의 묘진여성 안에 포괄되는 것이다.

1) 안색식계(眼色識界)

■

阿難! 如汝所明, 眼色爲緣, 生於眼識. 此識爲復因眼所生, 以眼爲界? 因色所生, 以色爲界? 阿難! 若因眼生, 旣無色空, 無可分別, 縱有汝識, 欲將何用? 汝見又非靑黃赤白, 無所表示, 從何立界?

■

"아난아! 마치 네가 이전에 이해한 바와 같이 안근이 색진을 대하는 인연에서 안식이 나온다. 안식은 눈이 내는 것이기 때문에 눈으로 그 경계를 삼는가, 아니면 색진에서 나오기 때문에 색진으로 그 경계를 삼는가? 아난아! 만약 안식이 눈으로 인하여 생기는 것이라면, 이미 색과 공이 없으며, 분별할 수가 없다. 비록 너에게 안식이 있을지라도 그것을 무엇에 쓰겠는가? 네가 볼 수 있는 견은 또 청·황·적·백의 색깔이 아니며, 나타낼 바가 없으므로 어느 곳으로부터 경계를 세울 수 있겠는가?"

—

如汝所明, 眼色爲緣, 生於眼識　마치 네가 이전에 이해한 바와 같이 안근이 색진을 대하는 인연에서 안식이 나온다.

此識爲復因眼所生, 以眼爲界, 因色所生, 以色爲界　안식은 눈이 내는 것이기 때문에 눈으로 그 경계를 삼는가, 아니면 색진에서 나오기 때문에 색진으로 그 경계를 삼는가?

若因眼生, 既無色空, 無可分別　만약 안식이 눈으로 인하여 생기는 것이라면, 안식은 색과 공과는 아무런 관계가 없으며, 색과 공의 인연이 없어도 안식은 있다. 이미 색이 없고 공이 없으면 분별할 것도 없다. 왜냐하면 색을 대해야 비로소 분별이 있거나, 공을 대해야 분별할 수 있다. 지금 색도 없고 공도 없으면 너는 분별할 무엇이 있는가? 분별할 것이 없는 것이다.

縱有汝識, 欲將何用　이와 같이 비록 네가 분별하는 식을 가지고 있더라도 너는 그것을 무엇에 쓸 수 있는가? 아무런 쓸 데가 없다.

汝見又非靑黃赤白, 無所表示, 從何立界　너의 눈이 색을 보면 식을 낼 수 있지만 그러나 너의 능히 볼 수 있는 견은 청·황·적·백의 색깔이 아니며, 나타낼 바가 없으니, 너는 어느 곳으로부터 경계를 세울 것인가?

■

若因色生, 空無色時, 汝識應滅, 云何識知是虛空性? 若色變時, 汝亦識其色相遷變, 汝識不遷, 界從何立? 從變則變, 界相自無. 不變則恒. 旣從色生, 應不識知, 虛空所在.

■

"만약 안식이 색으로 인하여 나온다고 한다면, 공에 이르러 색이 없을 때 너의 식은 마땅히 소멸할 것이니, 어찌하여 식이 허공의 성질을 알 수가 있겠는가? 만약 색이 변할 때 너도 그 색상이 변한다는 것을 안다. 그러나 너의 안식은 변하지 않으니, 그 경계를 어디에 세을 수 있는가? 만약 안식이 색이 변하는 데 따라서 변한다면 경계의 모습은 저절로 없어질 것이다. 만약 변하지 않으면 영원히 존재하는 것이 될 것이다. 이미 안식이 색으로부터 나온다면, 응당 허공이 소재하는 곳도 알지 못할 것이다."

■

若因色生, 空無色時, 汝識應滅, 云何識知是虛空性 만약 이 안식이 색으로 인하여 나오는 것이라고 말한다면, 공일 때는 아무것도 없으니 너는 분별할 바가 없을 것이며, 너의 식도 사라질 것이니, 너는 어떻게 그것이 허공의 성질이라고 알 수 있겠는가?

네가 이것이 허공의 성질이라고 알 수 있는 것은 바로 너의 식이 아직 멸하지 않은 것이다. 이미 멸하지 않았는데, 너의 식은 어디에서 오는 것인가? 색진에서 오는 것이라면, 공에 이르렀을 때 색은 없으므로 식도 마땅히 없을 것이다. 하지만 지금도 그렇지는 않다. 공에 이르렀을 때 너는 여전히 허공이라는 것을 안다. 허공이라는 것을 아는 것은 너에게 여전히 식이 있다는 것이다. 너의 식은 결코 소멸되지 않았다.

若色變時, 汝亦識其色相遷變, 汝識不遷, 界從何立 만약 색으로 인하여 안식이 생긴다면, 이 색이 변할 때는 너도 그것의 색상이 변한다는 것을 안다. 그러나 너의 안식은 변하지 않는데, 안식의 경계는 어느 곳에 세울 것인가? 만약 너의 안식이 색으로부터 나온다면, 너는 마땅히 색에 경계를 세워야 할 것이다. 색이 바뀌면 너의 식도 마땅히 바뀌어야 할 것이다. 하지만 지금 너의 식은 바뀌지 않는다. 이미 너의 식은 색을 따라 바뀌지 않으면 도대체 너의 식의 경계는 어느 곳에 있는가?

從變則變, 界相自無 지금 만약 식이 색의 변하는 모습을 만나게 되면 이 식도 변할 것이다. 따라서 자연히 경계의 모습도 없어질 것이며, 그것은 수시로 변동할 것이다. 만약 색을 따라 변하지 않는다면, 영원히 존재할 것이다.

既從色生, 應不識知, 虛空所在 이미 이 식이 형상이 있는 색에서 나오는 것이라고 하였으니, 이 식은 당연히 허공이 소재하는 곳을 알지 못할 것이다. 허공은 어디에 있는가? 그것은 마땅히 알지 못해야 할 것이다. 왜냐하면 그것의 경계가 색상 위에, 색질이 있는 물건 위에 안식의 경계가 있기 때문에 허공이 어디에 있는지를 당연히 모를 것이다.

■

若兼二種, 眼色共生, 合則中離, 離則兩合, 體性雜亂, 云何成界? 是故當知, 眼色爲緣, 生眼識界, 三處都無. 則眼與色, 及色界三, 本非因緣, 非自然性.

■

"만약 안식이 변하기도 하고 변하지 않기도 한다면, 즉 변하고 항상하는 두 가지를 겸한다면, 안근과 색진에서 함께 나온다. 두 개가 함께 합쳐지면 중간에 반드시 이어진 부분이 있을 것이며, 떨어지면 두 가지의 합으로 변하는 것이 되어 체성이 섞여 어지럽게 되므로 어떻게 안식의 경계를 이룰 수 있겠는가? 그러므로 마땅히 알아야 한다. 안근이 색진을 대하여 서로 연이 되며, 서로 의지하여 중간에 안식의 계(界)를 낸다. 안근과 안식과 색진, 이 세 가지는 모두 일정한 처소가 없는 것이다. 따라서 안근과 안식과 색진, 이 세 가지는 본래 인연에서 나오는 것이 아니며, 자연에서 나오는 것도 아니다."

■

若兼二種, 眼色共生 만약 안식이 변하기도 하고 변하지 않기도 한다면, 이 식은 안근과 색진에서 함께 나온다.

合則中離 두 가지가 함께 합쳐지면 중간에 반드시 이어진 부분이 있을 것이다. 안근에서도 식이 나오고 색진에서도 식이 나온다면, 안근에서 나오는 것은 지각이 있는 것이며, 색진에서 나오는 것은 지각이 없는 것이다. 이와 같이 하나는 지각이 있고 하나는 지각이 없

는 것이 함께 합쳐질 때 반드시 이어진 부분이 있다는 것이다.

離則兩合　만약 안근과 색진이 떨어져서 생긴다면, 반쪽의 근과 반쪽의 진은, 반(半)은 지각이 있는 것이며, 반(半)은 지각이 없는 것이다. 지각이 있는 것이 안근에 합쳐지고, 지각이 없는 것이 색진에 합쳐지는데, 이 반의 근과 반의 근이 서로 합하고, 반의 진과 반의 진이 서로 합하여 이것은 또 두 개가 합쳐지는 것으로 변한다.

體性雜亂, 云何成界　앞에서 말한 것과 같이 이렇게 되면 체성이 뒤섞이고 어지럽게 되며, 하나의 계통이 있을 수 없다. 그러면 그 자기의 본래 몸의 경계는 명확하게 구분될 수 없으니, 어떻게 식의 경계가 존재할 수 있겠는가? 이 경계는 성립할 수 없는 것이다.

眼色爲緣, 生眼識界, 三處都無　안근이 색진을 대하여 서로 연이 되며, 서로 의지하여 중간에 안식의 계(界)를 낸다. 안근과 안식과 색진, 이 세 가지는 모두 일정한 처소가 없는 것이다.

則眼與色, 及色界三, 本非因緣, 非自然性　따라서 안근과 안식과 색진, 이 세 가지는 본래 인연에서 나오는 것이 아니며, 자연에서 나오는 것도 아니다. 이것은 여래장의 묘진여성의 표현일 따름이다. 그러면 안근과 안식과 색진, 이 세 개의 경계가 있다. 안근은 안근의 경계이며, 안식은 안식의 경계이며, 색진은 색진의 경계이다.

2) 이성식계(耳聲識界)

■

阿難! 又汝所明, 耳聲爲緣, 生於耳識. 此識爲復因耳所生, 以耳爲界.
因聲所生, 以聲爲界? 阿難! 若因耳生, 動靜二相, 旣不現前, 根不成
知. 必無所知, 知尙無成, 識何形貌? 若取耳聞, 無動靜故, 聞無所成.
云何耳形, 雜色觸塵, 名爲識界. 則耳識界, 復從誰立?

■

"아난아! 네가 아는 바와 같이 귀는 소리와 서로 인연이 되어 이식을
낸다. 이 이식은 귀가 내는 것이기 때문에 귀로써 경계를 삼는가, 아니
면 소리가 나오는 것이기 때문에 소리로써 이식의 경계를 삼는가? 아
난아! 만약 이식이 귀에서 나오는 것이라면, 동과 정의 두 가지 모습이
나타나지 않으면, 이근은 지각을 이룰 수 없다. 반드시 아는 바가 없으
므로 지각은 성립되지 않으니, 식은 어떤 모습인가? 만약 이식이 귀의
듣는 성질을 취하여 나오는 것이라면, 동과 정의 소리가 없으면, 듣는
것이 이루어질 수 없다. 귀의 형상이 색진과 섞여서 대상과 접촉하는
것을 어찌하여 이식계라고 이름할 수 있겠는가? 즉 이식계는 다시 어
디로부터 세울 수 있겠는가?"

■

又汝所明, 耳聲爲緣, 生於耳識 너는 평상시에도 아는 것
으로서 이근은 성진(聲塵, 소리)과 서로 인연이 되어 이근이 소리를 듣고
서로 인연을 발생한다. 이러한 인연이 발생한 후에 귀는 이식을 내며,

일종의 분별하는 마음을 낸다.

此識爲復因耳所生, 以耳爲界. 因聲所生, 以聲爲界   이 이식은 귀가 내는 것이기 때문에 귀로써 그것의 경계를 삼는가, 아니면 소리가 내는 것이기 때문에 소리로써 이식의 경계를 삼는가? 아난에게 이렇게 물어 그의 뜻은 어떠한지를 보는데, 아난은 이런 도리에 대하여 알 수 없어 감히 대답을 하지 못하는 것이다.

若因耳生, 動靜二相, 旣不現前, 根不成知   만약 이식이 귀에서 나오는 것이라면, 동과 정의 두 가지의 모습(즉 소리)을 들을 수 있을 것이다. 그러나 동과 정의 모습이 현전하지 않을 때는 귀(이근)는 대상이 없으므로 지각이 없으며, 알지 못한다.

必無所知, 知尙無成, 識何形貌   동과 정의 두 가지 모습이 이미 없기 때문에 소리도 없다. 소리가 없으면 귀는 반드시 성진을 알 수가 없다. 그러면 아는 지각은 성립되지 않으니, 이 식은 어디에서 오는가? 식은 또 어떤 모습인가? 이 식도 없는 것이다.

若取耳聞, 無動靜故, 聞無所成   이식이 귀에 듣는 체성을 가지므로 이식이 듣는 체성에서 나오는 것이라면, 이 귀가 듣는 것은 만약 움직이는 소리와 고요한 소리가 없을 때는 너는 아무것도 듣지 못할 것이다. 이미 아무 소리도 듣지 못하는데, 듣는다는 것은 성립될 수 없는 것이다.

云何耳形, 雜色觸塵, 名爲識界　만약 신체상의 귀가 식을 낸다면, 이 귀는 색진과 섞여 신근(身根)의 색상에 속한다. 신근의 대상은 촉진(觸塵)이므로 어찌 귀의 육체적인 형상이 대상과 접촉하는 것을 이식계라고 이름할 수 있겠는가? 이것은 없는 것이다.

則耳識界, 復從誰立　그러면 이식계는 어디로부터 세울 수 있겠는가?

∎

若生於聲, 識因聲有, 則不關聞, 無聞則亡聲相所在. 識從聲生, 許聲因聞, 而有聲相, 聞應聞識. 不聞非界, 聞則同聲, 識已被聞, 誰知聞識? 若無知者, 終如草木.

∎

"만약 이식이 소리에서 나오는 것이라면, 식은 소리로 인하여 있으므로 듣는 것과는 관계가 없으며, 듣는 체성이 없으면 소리의 모습도 없다. 만약 이 식이 소리로부터 나오는 것이라면, 이 소리는 듣는 체성이 있기 때문에 소리의 모습이 있는 것이므로 듣는 것은 마땅히 식을 들어야 할 것이다. 만약 소리를 듣지 않으면 식의 경계도 없으며, 듣는 것은 바로 소리와 같은 것이 된다. 식은 이미 다른 사람에게 들리기 때문에 누가 식을 듣는 것을 알겠는가? 만약 아는 사람이 없으면 결국 초목이 지각이 없는 것과 같을 것이다."

—

若生於聲, 識因聲有, 則不關聞 만약 이식이 음성으로부터 나오는 것이라면, 이식은 소리로 인하여 비로소 생기게 될 것이다. 그러면 이식은 귀가 듣는 것과는 관계가 없다.

無聞則亡聲相所在 만약 듣는 체성도 없으면 소리를 듣지 못하며, 너의 소리의 모습도 없다. 왜 듣지 못하는가? 소리가 없기 때문이다. 소리가 없으면, 너는 어떻게 식을 낼 수 있으며, 듣는 성질이 있을 것인가?

識從聲生, 許聲因聞, 而有聲相, 聞應聞識 만약 이 식이 음성으로부터 나오는 것이라면, 이 소리는 듣는 체성이 있기 때문에 있는 것이므로 이러한 소리의 모습이 나온다. 그러나 만약 이렇다면 듣는 체성도 마땅히 자기의 식이 어떤 소리인지를 들어야 할 것이다. 왜냐하면 너의 식은 소리로부터 나온다고 하였기 때문이다. 소리가 있어야 비로소 식이 있을 수 있다면, 너는 지금 네가 소리를 듣기 때문에 또한 식도 들어야 할 것이다.

不聞非界, 聞則同聲 네가 만약 이 식을 들을 수 없으면, 그것은 경계가 없다. 만약 네가 들을 수 있다는 것은 바로 소리이며, 식이라고 부를 수 없다.

識已被聞, 誰知聞識 식이 비로소 듣는 식을 알 수 있으면, 이 듣는 식은 이미 다른 사람에게 들리게 될 것인데, 누가 이 식이 누구의 것이라는 것을 알겠는가?

■

不應聲聞, 雜成中界. 界無中位, 則內外相, 復從何成? 是故當知, 耳聲
爲緣, 生耳識界, 三處都無. 則耳與聲, 及聲界三, 本非因緣, 非自然性.

■

"너는 마땅히 소리가 소리를 듣지 못할 것이며, 그 가운데 경계도 어지
럽게 될 것이다. 식의 경계는 중립의 위치가 없으므로, 안과 밖의 모습
은 다시 어디로부터 성립될 것인가? 이러한 까닭으로 너는 마땅히 알
아야 한다. 이근과 소리는 서로 인연이 되어 이식의 경계를 낸다. 이근
과 성진과 이식의 경계는 본래 인연에서 나오는 것이 아니며, 자연에
서 나오는 것도 아니다."

■

不應聲聞, 雜成中界   그러나 너는 마땅히 이 소리가 다시 소
리를 들을 수는 없을 것이다. 이렇게 어지럽게 된다면 두 가지 사이의
경계도 명확하지 못할 것이다.

界無中位, 則內外相, 復從何成   이 경계는 중립의 위치가
없으며, 그러면 안과 밖의 모습은 어디에서 나오는가? 식의 경계는
도대체 어디로부터 성립되는가? 성립할 곳이 없으므로 식의 경계는
없는 것이다.

耳聲爲緣, 生耳識界, 三處都無　귀와 소리는 서로 인연이
되어 이식계를 낸다. 이근계, 성진계, 이식계는 모두 일정한 처소가 없다.

則耳與聲, 及聲界三, 本非因緣, 非自然性　이근의 경계
와 성진의 경계와 이식의 경계는 본래 인연으로 나오는 것이 아니며,
자연성에도 속하지 않는다.

3) 비향식계(鼻香識界)

阿難! 又汝所明, 鼻香爲緣, 生於鼻識. 此識爲復因鼻所生, 以鼻爲界?
因香所生, 以香爲界?

"아난아! 다시 네가 아는 바와 같이 코와 향기는 서로 인연이 되어 비
식을 낸다. 이 식은 코에서 나오기 때문에 코로써 그 경계를 삼는가,
아니면 향기에서 나오기 때문에 향기로써 경계를 삼는가?"

阿難! 若因鼻生, 則汝心中, 以何爲鼻? 爲取肉形雙爪之相, 爲取嗅知
動搖之性? 若取肉形, 肉質乃身, 身知卽觸, 名身非鼻, 名觸卽塵, 鼻尙
無名, 云何立界? 若取嗅知, 又汝心中, 以何爲知? 以肉爲知, 則肉之

知, 元觸非鼻. 以空爲知, 空則自知, 肉應非覺. 如是則應虛空是汝, 汝
身非知. 今日阿難, 應無所在.

■

"아난아! 만약 코로 인하여 비식이 나온다면, 너의 마음 가운데서 무
엇으로 코를 삼을 것인가? 신체상의 쌍발가락의 모습을 취하여 코로
삼을 것인가, 아니면 냄새를 맡아 움직임을 아는 성질을 취하여 코로
삼을 것인가? 만약 신체의 살의 형상을 취하여 코로 삼는다면, 육질은
신체이며, 몸이 아는 것은 촉이며, 몸이라고 이름하는 것은 코가 아니
며, 접촉되는 것은 촉진이다. 코라는 이름조차도 없는데, 어떻게 그것
의 경계를 세울 수 있겠는가? 만약 후각의 이러한 지각성을 취하여 너
의 비식이라고 한다면, 너의 마음속에서 무엇으로 하나의 아는 것으
로 삼을 것인가? 만약 신체의 코라는 살을 가지고 아는 것이라고 한다
면, 그것은 본래 촉이라고 하며 코라고 이름하지 않는다. 만약 허공으
로 비식을 삼는다면 허공은 스스로 아는 것이므로 너의 살은 당연히 지
각이 있는 것이 아니다. 이와 같이 마땅히 허공이 너의 신체라면, 너의
몸은 응당 지각이 있을 수 없으며, 네가 존재하는 곳이 없을 것이다."

■

若因鼻生, 則汝心中, 以何爲鼻 만약 코로 인하여 비식이
나온다면, 너의 마음 가운데서 무엇으로 코를 삼을 것인가? 여기에서
본래 이것이 코인데, 부처님께서는 아난에게 무엇으로 코를 삼을 것
인가 하고 물었다. 부처님의 뜻은 아난으로 하여금 눈이 코라거나, 귀
가 코라고 말하게 하려는 것이다. 그러나 아난은 이러한 도리에 대하

여 아직 이해하지 못하므로 부처님께서는 그에게 무엇으로 코를 삼을 것인가를 묻지만, 아난도 감히 대답을 하지 못하였다.

爲取肉形雙爪之相, 爲取嗅知動搖之性   신체의 코의 형상을 한 육질을 취하여 코로 삼을 것인가, 아니면 냄새를 맡아 동요함을 아는 성질을 코로 삼을 것인가?

若取肉形, 肉質乃身, 身知卽觸, 名身非鼻, 名觸卽塵   만약 살의 형상을 비식으로 삼는다면, 이러한 살은 모두 사람의 신체이며, 몸이 느끼고 아는 것은 촉각이라 한다. 몸이라고 이름하는 것은 코가 아니며, 접촉되는 것이라고 이름하는 것은 일종의 촉진이다. 근본적으로 코라는 이름이 아니다.

鼻尙無名, 云何立界   코라는 이름조차도 없는데, 어떻게 그것의 경계를 세울 수 있겠는가?

부처님께서는 지금 도리를 무시하고 있다. 누구나 자기에게 코가 있다는 것을 안다. 지금 부처님께서는 아난의 코를 가지고 아난의 코를 없애버렸다. 부처님께서는 아난에게 "너의 콧구멍이 도대체 아래로 뚫렸는가, 위로 뚫렸는가?"라고 묻지 않았다. 그러나 나는 지금 『능엄경』을 듣는 사람들에게 "너의 콧구멍이 도대체 아래로 뚫렸는가, 위로 뚫렸는가?"라고 묻는다. 당신이 만약 이 문제에 답을 할 수 있으면, 1개월의 종합시험에 합격이다. 당신이 답을 낼 수 없으면 여전히 열심히 연구해야 할 것이다. 따라서 이 사람의 콧구멍이 도대체 아래로 뚫렸는가, 위로 뚫렸는가?

若取嗅知, 又汝心中, 以何爲知 만약 후각의 이러한 지각성을 취하여 너의 비식이라고 한다면, 너의 마음속에서 무엇으로 하나의 아는 것으로 삼을 것인가?

以肉爲知, 則肉之知, 元觸非鼻 만약 신체의 코라는 살을 가지고 아는 것이라고 한다면, 그것은 본래 촉이라고 하며 코라고 이름하지 않는다.

以空爲知, 空則自知, 肉應非覺 만약 허공으로 아는 비식으로 삼는다면 허공은 스스로 아는 것이므로 너의 살은 당연히 지각이 있는 것이 아니다. 여기서 공(空)은 콧구멍과 공기가 서로 접근하는 곳을 뜻한다.

如是則應虛空是汝, 汝身非知. 今日阿難, 應無所在 이와 같이 마땅히 허공이 너의 신체라면, 너의 몸은 응당 지각이 있을 수 없다. 그렇다면 너는 존재하는 곳이 없을 것이다. 왜냐하면 너는 허공이기 때문이다. 너의 식은 허공 속에 있으며, 허공은 허공의 본래의 몸을 안다. 만약 너 스스로 이 식을 모른다면 식과 무슨 관계가 있는가? 만약 네가 안다면 이것이 분별하는 식이라는 것을 인식한다면, 너의 신체는 응당 허공이어야 할 것이다.

以香爲知, 知自屬香, 何預於汝? 若香臭氣, 必生汝鼻, 則彼香臭二種

流氣, 不生伊蘭及栴檀木. 二物不來, 汝自嗅鼻, 爲香爲臭. 臭則非香,
香應非臭. 若香臭二俱能聞者, 則汝一人, 應有兩鼻. 對我問道, 有二
阿難, 誰爲汝體? 若鼻是一, 香臭無二, 臭旣爲香, 香復成臭. 二性不
有, 界從誰立?

"만약 식이 향기로부터 나온다면, 향진 (香塵)이 너의 비식이다. 그러면
이 식도 향기에 속하며, 너에게 속하는 것이 아니므로 너와는 무슨 관
계가 있겠는가? 만약 향기와 악취가 반드시 너의 코에서 생기는 것이
라면, 저 향기와 악취의 두 가지의 냄새는 이란나무와 전단나무에서
나오지 않을 것이다. 향기와 악취의 두 가지가 오지 않으면 너는 자기
가 너의 코를 냄새 맡게 되는데, 향기인가 악취인가? 악취는 향기가 아
니며, 향기도 당연히 악취가 아니다. 만약 향기와 악취를 모두 냄새 맡
을 수 있다면, 너 한 사람의 몸에 응당 두 개의 코가 있을 것이다. 그렇
다면 지금 나를 대하여 도를 묻는 사람은 응당 두 사람의 아난이 있어
야 할 것이다. 그러면 두 사람의 아난 가운데, 누가 너의 몸인가? 만약
코가 단지 하나라면, 향기도 악취이며, 악취도 향기로서 두 가지가 없
어 아무런 구별이 없다. 악취가 기왕 향기이며, 향기가 다시 악취로 변
한다. 본래 향기와 악취의 두 가지의 성질을 함께 가진 냄새는 존재하
지 않으므로 식의 경계를 어디로부터 세울 것인가?"

以香爲知, 知自屬香, 何預於汝 만약 식이 향기로부터 나
온다면, 향진(香塵)이 너의 비식이다. 그러면 이 식도 향기에 속하며,

너에게 속하는 것이 아니므로 너와는 무슨 관계가 있겠는가? 너와는
아무런 관계가 없다.

則彼香臭二種流氣, 不生伊蘭及栴檀木   그러면 저 향기
와 악취의 두 가지의 냄새는 이란나무와 전단나무에서 나오지 않을
것이다. 이란(伊蘭)은 일종의 나무인데, 이 나무의 냄새는 아주 고약하
다고 한다. 마치 사람의 시체가 썩는 냄새가 나며, 이 나무에 붉은 꽃
이 피는데 매우 아름다우나 만약 사람이 그것을 먹으면 독성이 강하
여 곧 죽는다고 한다. 전단나무는 앞에서도 나왔으며, 향기가 사십 리
를 간다고 하였으며, 이란나무가 있는 곳에 만약 전단나무가 있으면
이란나무의 악취는 없어진다고 한다.

二物不來, 汝自嗅鼻, 爲香爲臭   향기와 악취의 두 가지가
오지 않으면 너는 자기가 너의 코를 냄새 맡게 되는데, 향기인가, 악
취인가?

若香臭二俱能聞者, 則汝一人, 應有兩鼻   만약 자기가 자
기를 냄새 맡는다면, 향기와 악취를 모두 냄새 맡을 수 있게 되는데,
그러면 너 한 사람의 몸에 응당 두 개의 코가 있을 것이다. 왜 그런가?
냄새가 코로부터 나오는 것이라고 하였으니, 한 종류의 냄새만 맡을
수 있기 때문이다.

對我問道, 有二阿難, 誰爲汝體   그렇다면 지금 나를 대하
여 도를 묻는 사람은 응당 두 사람의 아난이 있어야 할 것이다. 그러

면 두 사람의 아난 가운데, 누가 너의 몸인가?

若鼻是一, 香臭無二 실제로는 너에게 두 개의 몸이 없기 때문에 코도 단지 하나이다. 그러면 향기도 악취이며, 악취도 향기로서 두 가지가 없어 아무런 구별이 없다.

臭旣爲香, 香復成臭. 二性不有, 界從誰立 악취가 기왕 향기이며, 향기가 다시 악취로 변한다. 왜냐하면 향기와 악취가 함께 합쳐졌기 때문에 향기도 향기롭지 못하고 악취가 고약하지 않다. 본래 향기와 악취의 두 가지의 성질을 함께 가진 냄새는 존재하지 않으므로 식의 경계를 어디로부터 세울 것인가?

▬

若因香生, 識因香有, 如眼有見, 不能觀眼. 因香有故, 應不知香, 知則非生, 不知非識. 香非知有, 香界不成. 識不知香, 因界則非從香建立.

▬

"만약 향기로부터 비식이 나온다면, 이 비식은 향진으로 인하여 있는 것이다. 마치 눈에 견이 있지만 눈을 돌이켜 볼 수 없는 것과 같다. 같은 이치로 향기 때문에 비식이 있는 까닭으로 비식의 본래 몸에서는 응당 향진을 알지 못한다. 만약 네가 이 향진을 안다면, 비식은 향진에서 나오는 것이 아니다. 만약 알지 못하면 식이 아니다. 향진은 지각하는 성질이 없으므로 향진에 식의 경계를 성립할 수 없다. 만약 식이 향에

서 나온다면, 식은 향을 알지 못하므로 식의 경계는 향진으로부터 세
울 수 없는 것이다."

—

既無中間, 不成內外. 彼諸聞性, 畢竟虛妄. 是故當知, 鼻香爲緣, 生鼻
識界, 三處都無. 則鼻與香, 及香界三, 本非因緣, 非自然性.

—

"이미 중간이 없으니, 안과 밖도 성립할 수 없다. 이 코의 냄새를 맡는
체성은 필경 허망한 것이다. 그러므로 너는 마땅히 알아야 한다. 비근
과 향진이 서로 인연하여 비식계를 내는데, 이 세 가지는 일정한 처소
가 없으며, 비근과 향진과 향진을 아는 비식의 이 세 가지의 경계는 본
래 인연이 아니며, 자연성도 아니다."

4) 설미식계(舌味識界)

—

阿難! 又汝所明, 舌味爲緣, 生於舌識. 此識爲復因舌所生, 以舌爲界?
因味所生, 以味爲界?

—

"아난아! 다시 네가 아는 바와 같이 혀와 맛이 서로 인연이 되어 그가

운데서 설식을 낸다. 이 식은 혀에서 나오기 때문에 설근으로 경계를 삼을 것인가, 아니면 맛에서 나오기 때문에 맛으로 그것의 경계를 삼을 것인가?"

—

阿難! 若因舌生, 則諸世間甘蔗, 烏梅, 黃連, 石鹽, 細辛, 薑桂, 都無有味. 汝自嘗舌, 爲甜爲苦? 若舌性苦, 誰來嘗舌? 舌不自嘗, 孰爲知覺? 舌性非苦, 味自不生, 云何立界?

—

"아난아! 만약 설식이 설근으로 인하여 나오는 것이라면, 모든 세간의 사탕수수 · 오매 · 황련 · 암염 · 세신 · 생강 · 육계 등은 아무런 맛도 없을 것이다. 너 스스로 자기의 혀를 맛보면 단맛이 나오는가, 쓴맛이 나오는가? 만약 혀가 쓴 것이라고 하면 혀는 자기 스스로 자기의 혀를 맛볼 수 없기 때문에 누가 이 혀를 맛볼 수 있는가? 혀 스스로 자기를 맛볼 수 없으면 지각이 있는 설식은 누가 지각하는 것인가? 만약 설근 자기의 본성이 쓴맛이 아니라면, 저절로 맛을 낼 수가 없으니, 이 설식은 어느 곳에 경계를 세울 수 있겠는가?"

—

若因舌生, 則諸世間甘蔗, 烏梅, 黃連, 石鹽, 細辛, 薑桂, 都無有味 만약 설식이 설근으로 인하여 나오는 것이라면, 모든 세간의 사탕수수, 오매, 황련, 암염, 세신, 생강, 육계 등은 아무런 맛도 없을 것이다. 왜 그러한가? 이미 설식이 설근으로부터 나오기 때문에 이들 약재의 맛은 모두 없을 것이다.

汝自嘗舌, 爲甜爲苦? 若舌性苦, 誰來嘗舌 너 스스로 자기의 혀를 맛보면 단맛이 나오는가, 쓴맛이 나오는가? 만약 혀가 쓴 것이라고 하면 혀는 자기 스스로 자기의 혀를 맛볼 수 없기 때문에 누가 이 혀를 맛볼 수 있는가?

舌不自嘗, 孰爲知覺 혀 스스로 자기를 맛볼 수 없으면 지각이 있는 설식은 누가 지각하는 것인가? 누가 이 설식의 지각을 아는가?

舌性非苦, 味自不生, 云何立界 만약 설근 자기의 본성이 쓴맛이 아니라면, 저절로 맛을 낼 수가 없으니, 이 설식은 어느 곳에 경계를 세울 수 있겠는가?

■

若因味生, 識自爲味, 同於舌根, 應不自嘗, 云何識知是味非味? 又一切味, 非一物生. 味旣多生, 識應多體. 識體若一, 體必味生. 鹹淡甘辛, 和合俱生, 諸變異相, 同爲一味, 應無分別. 分別旣無, 則不名識, 云何復名舌味識界?

■

"만약 맛으로 인하여 설식이 나온다면, 식은 스스로 맛으로 변하여 설근과 같게 될 것이다. 맛은 마땅히 자기 스스로 자기의 맛을 볼 수 없으므로 분별하는 식이 맛인지, 맛이 아닌지를 어떻게 알 수가 있겠는가? 그리고 일체의 맛은 한 종류의 맛이 아니며, 하나의 물건에서 나오는 것이 아니다. 이미 맛은 많은 종류의 물건에서 나오므로 이 식도 응당 많은 종류의 체성을 가지고 있다. 만약 식의 체가 하나라면, 하나의 체는 반드시 하나의 맛을 낼 수 있으며, 여러 종류의 맛을 낼 수 없다. 그러면 만약 이 맛이 반드시 이 체로부터 나오는 것이라면, 짜고 담담하고 달고 쓴맛이 함께 혼합되면, 맛이 변화되어 본래 갖춘 맛은 잃어버리고 한 맛으로 될 것이므로 구별할 수 없을 것이다. 분별할 수 없으므로 식이라고 이름할 수 없다. 그러므로 어떻게 설미식계라고 다시 이름할 수 있겠는가?"

■

若因味生, 識自爲味, 同於舌根　만약 맛으로 인하여 설식이 나온다면, 식은 스스로 맛으로 변하여 설근과 같게 될 것이다.

應不自嘗, 云何識知是味非味　맛은 마땅히 자기 스스로 자기의 맛을 볼 수 없으므로 어떻게 분별하는 식이 맛인지, 맛이 아닌지를 알 수가 있겠는가? 근본적으로 맛은 지각이 없는 것이다. 이 맛의 자체는 스스로 자기의 맛을 볼 수가 없다.

又一切味, 非一物生　만약 식이 맛으로부터 나온다고 말한다면, 이 맛은 한 종류의 맛이 아니며 여러 종류의 맛이 있다. 시고 달고 쓰고 맵고 짠맛은 하나의 물건에서 나오는 것이 아니다.

味旣多生, 識應多體　이미 맛은 많은 종류의 물건에서 나오므로 이 식도 응당 많은 종류의 체성을 가지고 있다.

識體若一, 體必味生　만약 식의 체가 하나라면, 하나의 체는 반드시 하나의 맛을 낼 수 있으며, 여러 종류의 맛을 낼 수 없다. 그러면 만약 이 맛이 반드시 이 체로부터 나오는 것이라면,

鹹淡甘辛, 和合俱生, 諸變異相, 同爲一味, 應無分別　짜고 담담하고 달고 쓴맛이 함께 혼합되면, 맛이 변화되어 본래 갖춘 맛은 잃어버리고 한 맛으로 될 것이므로 구별할 수 없을 것이다.

分別旣無, 則不名識, 云何復名舌味識界　분별할 수 없으므로 식이라고 이름할 수 없다(왜냐하면 식은 분별하는 것이기 때문이다). 그러므로 어떻게 설미식계라고 다시 이름할 수 있겠는가? 근본적으로 그런 이름을 붙일 수 없는 것이다.

▬

不應虛空, 生汝心識. 舌味和合, 卽於是中, 元無自性, 云何界生? 是故當知, 舌味爲緣, 生舌識界, 三處都無. 則舌與味, 及舌界三, 本非因緣, 非自然性.

"그러나 설식은 당연히 허공에서 나오는 것이 아니다. 혀와 맛이 화합하는 그 중간에는 본래 자기의 자성이 없으므로 어떻게 설미식계를 낼 수 있겠는가? 그러므로 너는 마땅히 알아야 한다. 혀와 맛이 서로 인연이 되어 설식계를 내는데, 이 세 곳은 모두 체성이 없다. 혀와 맛과 설식의 계는 본래 인연이 아니며, 자연에서 생기는 것도 아니다."

만약 인연에서 생기는 것이라면 있음[有]에 떨어질 것이고, 만약 자연적으로 생기는 것이라면 공[空]에 떨어질 것이다. 공과 유의 두 가지는 중도가 아니다.

5) 신촉식계(身觸識界)

阿難! 又汝所明, 身觸爲緣, 生於身識. 此識爲復因身所生, 以身爲界? 因觸所生, 以觸爲界? 阿難! 若因身生, 必無合離二覺觀緣, 身何所識? 若因觸生, 必無汝身, 誰有非身, 知合離者?

"아난아! 네가 평소 이해하는 바와 같이 신근과 촉진이 서로 접촉하여 신식을 낸다. 이 식은 신체로부터 나오는 것이기 때문에 신체를 경계로 삼는가? 아니면 촉진으로 인하여 분별심이 나오기 때문에 촉진으로 신식의 경계를 삼는가? 아난아! 만약 식이 몸으로 인하여 생기는 것이라면, 반드시 합하고 떨어지는 두 가지의 감각과 인연이 없을 것인데, 너의 몸은 어떻게 식을 가지고 있는가? 만약 촉으로부터 이러한 식이 생긴다면 이 식은 너의 몸과는 관계가 없는 것이므로 너의 몸에서 나오는 것이 아니다. 그러므로 누가 자기의 몸이 아닌 다른 몸에서 합하고 떨어지는 감각을 알겠는가?"

━

若因身生, 必無合離二覺觀緣, 身何所識 만약 식이 몸으로 인하여 나오기 때문에 너의 몸과 식은 반드시 떨어지고 합하는 것이 없이 언제나 함께 있으므로 떨어지고 합하는 두 가지의 각관(覺觀)이 없으니, 너의 몸은 어떻게 하나의 식이 있게 되었는가? 각이란 감각을 뜻하며, 관이란 이러한 인연을 말한다. 두 종류의 떨어지고 합하는 감각과 이러한 인연이 없으면 너의 몸은 어째서 식을 가지고 있는가?

誰有非身, 知合離者 이 세계에서 어떤 사람이 자기의 몸에서 감각을 느끼지 않고 다른 몸에서 이러한 합하고 떨어지는 감각을 느낄 수 있겠는가? 이 또한 없는 것이다.

━

阿難! 物不觸知, 身知有觸. 知身卽觸, 知觸卽身. 卽觸非身, 卽身非觸. 身觸二相, 元無處所. 合身卽爲身自體性. 離身卽是虛空等相. 內外不成, 中云何立? 中不復立, 內外性空. 卽汝識生, 從誰立界?

■

"아난아! 물질은 아는 지각이 없으며, 몸은 접촉이 있음을 안다. 몸을 아는 것은 촉으로 인하여 알며, 촉을 아는 것은 몸으로 인하여 안다. 이 촉진은 너의 몸이 아니며, 너의 몸은 또한 촉진도 아니다. 몸과 촉진의 두 가지 모습은 원래 처소가 없다. 촉진이 몸과 합하면 몸 자체의 체성이 되며, 몸에서 떨어지면 허공의 모습이 된다. 안과 밖이 성립되지 않으니, 가운데가 어떻게 성립되겠는가? 가운데가 성립되지 않으니, 안과 밖의 체성이 공하다. 그러므로 너의 식은 어느 곳에서 경계를 세울 수 있겠는가?"

■

物不觸知, 身知有觸   물질은 아는 지각력이 없으며, 분별하는 성질이 없다. 분별하는 식이 물질에서 나오는 것이라고 말한다면, 이것은 잘못이다. 만약 접촉되는 것이 있고 촉진이 있음을 알 수 있으면 이것은 바로 너의 몸이다. 만약 너의 몸이 아니라면 어떻게 접촉이 있음을 알겠는가? 이 촉은 너의 몸에 접촉하는 것이니, 너는 일종의 감각이 있다. 그러나 너의 신근과 촉진의 중간에서 나오는 식은 구경에 몸으로써 그것의 경계를 삼는가, 촉으로써 경계를 삼는가?

知身即觸, 知觸即身   분별하는 식이 있음을 아는 것은 네가 너의 몸을 아는 것이다. 이러한 앎은 바로 촉으로 인하여 몸을 아는 것이다. 어째서 촉으로 인하여 이 몸을 아는가? 이 촉은 능히 아는 주체[能知]이며, 몸은 아는 대상[所知]이다. 따라서 너의 식이 이 몸을 아는 것은 촉각이 있다는 것이며, 식이 촉각에서 나온다는 것이다. 이 아는 것이 바로 식이다. 너의 식의 성질이 분별하는 이 아는 식은 촉각이 일종의 촉각이 있음을 아는 것으로서 바로 너의 몸에서 나오는 촉각이다.

即觸非身, 即身非觸   이것은 단지 촉진을 설명하는 것이다. 이 촉진은 너의 몸이 아니다. 너의 몸은 또한 촉진도 아니다. 따라서 너는 몸과 촉진의 중간에서 이 식이 도대체 어디에 있는지를 찾아봐라. 네가 만약 이곳에서 반드시 식이 어느 곳에 있는가를 말할 수 있는가? 몸에 있는가, 촉에 있는가? 너는 찾을 수 없다. 이미 너는 몸과 촉의 중간에서 찾을 수 없으며, 식의 존재를 찾을 수도 없는데, 너는 어디로 가서 이 식을 찾을 것인가?

身觸二相, 元無處所   몸과 촉의 두 가지 모습은 본래 일정한 처소가 없다. 너는 이 몸의 모습과 촉의 모습이 도대체 어느 곳에 있는지 찾아봐라.

合身即爲身自體性   이 촉이 만약 몸에서 나온 것이라고 말한다면, 촉이 몸을 합하면 바로 몸의 하나의 체성이며,

離身即是虛空等相   만약 촉이 몸을 떠난다면, 바로 허공의 모습이 되어 너는 촉의 체상(體相)을 찾을 수 없다. 따라서 촉도 하나의 체상이 없는 것이다.

內外不成, 中云何立   이 식은 안과 밖이 없으니, 어떻게 가운데를 세울 수 있겠는가?

中不復立, 內外性空   이미 가운데를 세울 수 없으니, 안과 밖의 체성도 공하다.

卽汝識生, 從誰立界   안도 없고 밖도 없고 가운데도 없으니 도대체 이 식은 어느 곳에 경계를 세울 수 있겠는가?

━

是故當知, 身觸爲緣, 生身識界, 三處都無. 則身與觸, 及身界三, 本非因緣, 非自然性.

━

"그러므로 너는 마땅히 알아야 한다. 몸과 촉진이 서로 인연이 되어 신식계를 내는데, 이 세 가지는 처소가 없는 것이다. 신근과 촉진과 신식의 경계는 본래 인연이 아니며, 자연성도 아니다."

6) 의법식계(意法識界)

━

阿難! 又汝所明, 意法爲緣, 生於意識. 此識爲復因意所生, 以意爲界, 因法所生, 以法爲界?

"아난아! 네가 아는 바와 같이 의근과 법진은 서로 인연이 되어 그 가운데서 의식을 낸다. 이 식은 의근이 내기 때문에 의근으로 식의 경계를 삼는가, 아니면 법진이 내는 것이기 때문에 법으로써 경계를 삼는가?"

阿難! 若因意生, 於汝意中, 必有所思, 發明汝意. 若無前法, 意無所生. 離緣無形, 識將何用? 又汝識心, 與諸思量, 兼了別性, 爲同爲異? 同意卽意, 云何所生? 異意不同, 應無所識. 若無所識, 云何意生? 若有所識, 云何識意? 唯同與異, 二性無成, 界云何立?

"아난아! 의식이 의근으로 인하여 나오는 것이라면, 너의 의근 가운데는 반드시 사량하는 것이 있어야 너의 의근을 발휘할 수 있을 것이다. 만약 사량분별할 법진이 없으면 의근도 나올 수 없을 것이다. 의근이 인연되는 법진과 네가 사량하는 인연을 떠나면, 근본적으로 형상이 없다. 그러면 의식은 어떻게 작용할 수 있는가? 너의 이 식심은 사량하는 의근과 요별하는 성질이 같은가, 다른가? 만약 식심과 의근이 서로 같으면 이것은 바로 의근으로서 어떻게 이 식이 의근에서 나오는 것이라고 말할 수 있는가? 만약 너의 식심과 의근이 같지 않다면, 당연히 식심은 있을 수가 없다. 만약 식조차도 없다면 이 의근은 어떻게 식을 낼 수 있겠는가? 만약 식이 있다면 이 의근은 어떻게 자기의 의근을 알 수 있겠는가? 따라서 같고 다른 두 가지의 성질은 모두 성립될 수 없으니, 어떻게 그 가운데 경계를 세울 수 있겠는가?"

■

若因意生, 於汝意中, 必有所思, 發明汝意. 若無前法, 意無所生 만약 이 의식이 의근으로 인하여 나오는 것이라면, 너의 의근 속에는 반드시 사량분별할 대상인 법진이 있어야 비로소 의근의 의식을 발휘할 수 있을 것이다. 그러면 너는 의근 속에 사량할 대상인 법진이 없으면, 낼 법이 없으므로 의근도 일어날 바가 없을 것이다. 여기서 전법(前法)이란 당신이 사량하는 법진이다.

離緣無形, 識將何用 의근이 인연되는 법진과 네가 사량하는 인연을 떠나면, 근본적으로 형상이 없다. 네가 뜻이 법진을 인연하려고 하면 그것의 형상은 어떤 모양인가? 형상은 없는 것이다. 너의 이러한 반연하는 마음을 떠나면 곧 형상이 없다. 형상이 없는데, 이 식은 어느 곳에 있는가? 그것은 어떤 능력을 가져야 이 식의 작용을 발휘할 수 있는가?

又汝識心, 與諸思量, 兼了別性, 爲同爲異 너의 이 식심은 사량하는 의근과 요별하는 성질이 같은가, 다른가? 즉 너의 식심과 의근의 성질은 같은가, 아니면 다른가?

同意即意, 云何所生 만약 식심과 의근이 서로 같으면 이것은 바로 의근으로서 식이라고 할 수 없다. 그러면 이미 너의 식심이 바로 의근이므로 어떻게 이 식이 의근에서 나오는 것이라고 말할 수 있는가?

異意不同, 應無所識   만약 너의 식심과 의근이 같지 않다면, 당연히 식심은 있을 수가 없다. 의근과 같지 않으면 어떤 모습인가? 바로 법진과 같을 것이다. 법진과 같으면 법진은 분별이 없는 것이다. 너의 의근은 분별이 있는 것이고 식도 분별이 있는 것이다. 만약 이 식심이 의근에서 나오는 것이 아니라면, 같지 않다. 같지 않으면 마땅히 식은 없다.

若無所識, 云何意生   만약 식조차도 없다면 이 의근은 어떻게 식을 낼 수 있겠는가?

若有所識, 云何識意   만약 식이 있다면 이 의근은 어떻게 자기의 의근을 알 수 있겠는가?

唯同與異, 二性無成, 界云何立   따라서 같고 다른 두 가지의 성질은 모두 성립될 수 없으니, 어떻게 그 가운데 경계를 세울 수 있겠는가? 즉 의식계가 있겠는가? 따라서 너의 식심과 의근의 두 가지는 같다고 해도 맞지 않고, 다르다고 해도 맞지 않다.

━

若因法生, 世間諸法, 不離五塵. 汝觀色法, 及諸聲法, 香法味法, 及與

觸法, 相狀分明, 以對五根, 非意所攝. 汝識決定依於法生, 汝今諦觀,
法法何狀? 若離色空, 動靜通塞, 合離生滅, 越此諸相, 終無所得. 生則
色空諸法等生, 滅則色空諸法等滅. 所因旣無, 因生有識, 作何形相?
相狀不有, 界云何生?

━

"만약 이 의식은 뜻이 법을 인연하기 때문에 법이 나오는 것이라면, 세
간의 일체법은 모두 색·성·향·미·촉의 오진을 떠나지 않는다. 네
가 지금 현재 색법·성법·향법·미법·촉법을 관찰하여 보면, 각자
는 각각의 모습이 분명하다. 이 다섯 가지의 대상[五塵]이 오근을 대하
는 것은 모두 의근에 섭수되는 것에 속하지 않는다. 지금 네가 의식으
로써 그것이 법진에 의지하여 나오는 것이라고 결정하는데, 너는 지금
자세하게 깊이 생각해 보아라. 법진을 능히 낼 수 있는 법은 무슨 모양
인가? 만약 네가 색진, 공진과 동정, 통색, 리합, 생멸의 이러한 갖가
지의 법을 떠나면, 이상 말한 이러한 법과 관계를 벗어나면, 끝내 얻을
것이 없다. 앞에서 말한 색·공 등의 법이 만약 생하면 함께 생하고, 멸
하면 색·공 등의 모든 법도 함께 멸한다. 원인이 되는 법진[所因]이 이
미 없고, 원인을 내는 식이 있으면, 어떤 모습을 나타낼 것인가? 이 식
은 모양조차도 없는데, 너는 어떻게 그것의 경계를 세울 수 있겠는가?"

━

　若因法生, 世間諸法, 不離五塵　만약 이 의식은 뜻이 법을
인연하기 때문에 법이 나오는 것이라면, 세간의 일체법은 모두 색·
성·향·미·촉의 오진을 떠나지 않는다.

582

汝觀色法, 及諸聲法, 香法味法, 及與觸法, 相狀分明, 以對五根, 非意所攝 네가 지금 현재 색법 · 성법 · 향법 · 미법 · 촉법을 관찰하여 보면, 각자는 각각의 모습이 분명하다. 이 다섯 가지의 대상[五塵]이 오근을 대하는 것은 모두 의근에 섭수되는 것에 속하지 않는다. 오근이 오진을 대하는 것은 어떤 법도 의근이 섭수하는 데에 속하지 않는다. 따라서 너의 의식과는 관계가 없는 것이라고 말하는 것이다.

汝識決定依於法生, 汝今諦觀, 法法何狀 지금 네가 의식으로써 그것이 법진에 의지하여 나오는 것이라고 결정하는데, 너는 지금 자세하게 깊이 생각해 보아라. 법진을 능히 낼 수 있는 법은 무슨 모양인가? 나타낼 수 있는가, 없는 것인가?

若離色空, 動靜通塞, 合離生滅, 越此諸相, 終無所得 만약 네가 색진 · 공진 · 동정 · 통색 · 리합 · 생멸의 이러한 갖가지의 법을 떠나면, 이상 말한 이러한 법과 관계를 벗어나면, 끝내 얻을 것이 없다. 왜냐하면 법진은 무형이기 때문에 형상을 찾아도 찾을 수 없다.

生則色空諸法等生, 滅則色空諸法等滅 앞에서 말한 색 · 공 등의 법이 만약 생하면 함께 생하고, 멸하면 색 · 공 등의 모든 법도 함께 멸한다.

所因旣無, 因生有識, 作何形相 원인이 되는 법진[所因]이 이미 없는데, 어떻게 식이 나올 수 있겠는가? 근본적으로 없는 것이다. 생성되는 법진은 근본적으로 자기의 체성이 없다. 이미 자기의 체가 없는데, 너는 어디로 가서 이 식을 찾아낼 것인가? 만약 식이 있을 때 이 식은 어떤 모습인가? 형상이 있는가, 형상이 없는가?

相狀不有, 界云何生 이미 이 식은 모양조차도 없는데, 너는 어떻게 그것의 경계를 세울 수 있겠는가? 따라서 이 의식계도 없는 것이다.

是故當知, 意法爲緣, 生意識界, 三處都無. 則意與法, 及意界三, 本非因緣, 非自然性.

"그러므로 너는 마땅히 알아야 한다. 의근이 법진을 인연하여 그 가운데 의식계를 내는데, 이 세 가지는 모두 처소가 없는 것이다. 의근과 법진과 의식계는 본래 인연의 법에 속하지 않으며, 자연성에 속하지도 않는다."

이 오음 · 육입 · 십이처 · 십팔계가 모두 인연이 아니며, 자연성도 아니다. 부처님께서는 이전에 인연법으로써 외도의 자연을 깨뜨렸기 때문에 아난은 이 인연법을 집착하여 놓지 못하였다. 그는 이전에 부처님께서 하신 그러한 법은 고칠 수 없는 것이라고 생각하는데, 왜 부처

님께서는 지금 이전의 도리를 부정하는가? 이것은 스스로 자기의 종지를 거스르는 것이 아닌가? 스스로 모순을 만드는 것이 아닌가!

따라서 아난은 이런 점에서 갖가지의 의심을 내어 이것을 묻고 저것을 묻고 하였다. 그래서 부처님께서는 지금 아난에게 말씀하시기를 이전에 말한 인연법은 외도의 자연법을 타파하기 위한 것이며, 결코 구경의 법이 아니며, 철저한 법이 아니다. 지금 중도요의(中道了義), 제일의제(第一義諦)를 말하여 진정한 법문을 설하려고 한다.

八

원융한 칠대(七大)의
성품

1

중도요의(中道了義)의 법문

■

阿難白佛言. 世尊! 如來常說和合因緣, 一切世間種種變化, 皆因四大
和合發明. 云何如來, 因緣自然, 二俱排擯? 我今不知, 斯義所屬. 惟垂
哀愍, 開示衆生, 中道了義, 無戲論法.

■

아난이 부처님께 말하였다. "세존이시여! 여래께서는 항상 화합과 인
연을 설하시면서 일체 세간의 갖가지 변화는 모두 사대의 화합으로 인
하여 나타나는 것이라고 하였습니다. 그런데 어찌하여 여래께서는 인
연과 자연의 두 가지를 모두 배척하십니까? 저는 지금 이 도리가 속하
는 바를 알지 못하오니, 저희들을 불쌍히 여기셔서 희론법이 없는 중
도요의의 법문을 중생들에게 설하여 주십시오."

■

사대(四大)란 무엇인가? 바로 지·수·화·풍을 말한다. 우리 사람의
신체는 사대가 화합하여 이루어진 것이다. 신체가 어떻게 지·수·
화·풍의 사대에 속하는가? 우리 몸의 견고한 부분은 지대에 속하며,
따뜻한 부분은 화대에 속하며, 물이 있는 부분은 수대에 속하며, 호흡

하는 기는 풍대에 속한다. 우리가 지금 생존할 때는 이 신체를 우리가 지배하지만, 죽은 후 사대는 나뉘어져서 각각의 사대로 돌아간다.

따라서 우리의 신체에 대하여 명확하게 인식하지 못하는 사람은 몸을 도와 일체의 일을 하려고 생각한다. 그러나 여러분은 알지 못하고 있다. 당신의 진심은 거짓의 형체의 노예가 되었다. 매일 전도되어 동으로 서로 분주히 뛰어다니는데, 구경에 무엇을 위함인가? 도대체 어떤 뜻이 있는가? 다른 사람에게 물어봐도 할 말이 없다. 그 까닭을 말하지 못하는 것이다. 이것은 이 몸에 대하여 명확하게 인식하지 못하고 죽은 물질 위에서 공부를 하고, 살아 있는 사물 위에서 공부하지 않기 때문이다.

무엇이 죽은 물건인가? 우리들의 이 신체는 지금 비록 생존하고 있지만 이것은 이미 죽은 물건이다. 무엇이 살아 있는 물건인가? 우리의 이 신령한 성품이다. 지금 비록 우리가 그것이 살아 있는 것을 느끼지 못하지만 그것은 천진(天眞)의 활발발한 것이며, 우리가 본래부터 갖추고 있는 불성이다. 그러나 사람들은 자기의 불성을 연구할 줄은 모르고 자기의 신체상에서 공부를 하면서 하루 종일 이 몸을 도와 좋은 것을 먹이고 좋은 옷을 입힌다. 이것이 신체에 의하여 지배된 것이다.

생각해 보라. 이 몸은 무슨 물건인가? 내가 이야기하는 것을 받아들이고 받아들이지 않고는 여러분의 일이다. 이 몸뚱어리는 만약 술을 좋아하는 사람에게는 술 주머니이며, 먹기를 좋아하는 사람에게는 밥 주머니이며, 옷 입기를 좋아하는 사람에게는 옷걸이가 되니, 취할 아무것도 없는 것이다. 여러분은 그 몸뚱어리를 그렇게 중요하게 여기지 말아야 한다. 이 몸을 놓지 못하고 간파하지 못하니, 죽을 때 사대가 나누어질 때 당신은 방법이 없다. 시간은 나를 기다려주지 않는다. "기다려라!"고 다시 말할 시간이 없다.

云何如來, 因緣自然, 二俱排擯, 我今不知, 斯義所屬
어찌하여 여래께서는 인연과 자연의 두 가지가 모두 맞지 않다고 말
씀하십니까? 저는 지금 이러한 도리가 어떤 법문에 속하는지를 이해
하지 못하겠습니다.

惟垂哀愍, 開示衆生, 中道了義, 無戲論法   저는 지금 부
처님께서 불쌍히 여겨서 자비심을 내어 일체중생들에게 중도요의의
도리를 설하여 주시기 바랍니다. 무엇을 희론법이라고 하는가? 모든
권교방편과 외도의 법문을 희론법이라고 한다. 지금 실승(實乘)의 법,
진실한 법문을 설하는 것을 중도요의라고 한다. 중도란 공에도 떨어
지지 않고, 있다는 견해[有]에도 떨어지지 않은 것이다. 자연의 외도
법은 공에 떨어진 것이며, 인연법은 유에 속한 것이다. 따라서 지금은
희론법이 없는 중도요의의 법문을 설하는 것이다.

▬

爾時世尊, 告阿難言. 汝先厭離聲聞緣覺諸小乘法, 發心勤求無上菩
提. 故我今時, 爲汝開示第一義諦. 如何復將世間戲論, 妄想因緣, 而
自纏繞? 汝雖多聞, 如說藥人, 眞藥現前, 不能分別. 如來說爲眞可憐
愍. 汝今諦聽, 吾當爲汝, 分別開示. 亦令當來修大乘者, 通達實相. 阿
難默然, 承佛聖旨.

이때 세존께서 아난에게 말씀하셨다. "너는 먼저 성문, 연각의 모든 소승법문에 대하여 싫어하고 벗어나려는 마음을 내어 무상의 깨달음을 열심히 구하려는 마음을 내야 한다. 따라서 나는 지금 너를 위하여 제일의제의 실상법문을 하려고 한다. 너는 어째서 세간의 희론, 세간의 실재하지 않은 도리, 이러한 망상인연으로 스스로를 묶는가? 너는 비록 법문을 많이 들었지만, 마치 약을 말하는 사람이 참된 약이 나타났을 때 진짜 약을 분별하지 못하는 것과 같다. 그래서 여래는 정말로 가련하다고 말하는 것이다. 너는 지금 깊이 생각하면서 들어라. 내 지금 너를 위하여 분별하여 설명하겠다. 또한 장래 대승을 수행하는 사람으로 하여금 실상의 도리를 통달할 수 있도록 하겠다." 아난은 묵연히 부처님의 성스러운 가르침을 받들었다.

汝先厭離聲聞緣覺諸小乘法, 發心勤求無上菩提 너는 먼저 성문, 연각의 모든 소승법문에 대하여 싫어하고 벗어나려는 마음을 내어 무상의 깨달음을 열심히 구하려는 마음을 내야 한다.

故我今時, 爲汝開示第一義諦 따라서 나는 지금 너를 위하여 제일의제의 실상법문을 하려고 한다.

제일의제(第一義諦)는 바로 실상법문이다. 실상에는 세 가지가 있다. (1) 무상(無相)의 실상 (2) 무불상(無不相)의 실상 (3) 무상, 무불상의 실상. 이 세 가지는 세 가지라고 말하지만, 또한 하나이며, 바로 실상이다. 실상이란 모습이 없으며, 모습이 아닌 것도 없다. 이 속의 도리는 또한 진공묘유(眞空妙有)의 법문이다. 극점에까지 이야기하면, 본래 아무것도 없다. 아무것도 없는 가운데 또 무엇이든 있다.

아무것도 없는 것은 진공(眞空)이며, 무엇이든 있다는 것은 바로 묘유(妙有)이다. 지금 설명하는 도리는 뒤에서 칠대(지·수·화·풍·공·견·식)를 설명할 때 모두 법계에 두루한[周遍法界] 것이다. 앞에서 오음·육입·십이처·십팔계는 모두 여래장의 묘진여성에서 나오는 것이라고 하였으며, 법계에 두루한 것이라고는 말하지 않았지만 뒤에서는 칠대는 법계에 두루한 것이라고 하였다.

如何復將世間戲論, 妄想因緣, 而自纏繞　너는 어째서 세간의 희론, 세간의 실재하지 않는 도리, 이러한 망상인연으로 스스로를 묶는가?

汝雖多聞, 如說藥人, 眞藥現前, 不能分別. 如來說爲眞可憐愍　너는 비록 법문을 많이 들었지만, 마치 약을 말하는 사람이 참된 약이 나타났을 때 진짜 약을 분별하지 못하는 것과 같다. 그래서 여래는 정말로 가련하다고 말하는 것이다.

亦令當來修大乘者, 通達實相　또한 장래 대승을 수행하는 사람으로 하여금 실상의 도리를 통달할 수 있도록 하겠다.

阿難默然, 承佛聖旨　아난은 이때 부처님께서 실상의 도리를 설하신다는 말씀을 듣고 자기는 무엇이 실상인지를 몰라서 묵연히 부처님의 가르침을 기다렸다.

■

阿難! 如汝所言四大和合, 發明世間種種變化. 阿難! 若彼大性, 體非
和合, 則不能與諸大雜和. 猶如虛空, 不和諸色. 若和合者, 同於變化.
始終相成, 生滅相續. 生死死生, 生生死死, 如旋火輪, 未有休息. 阿
難! 如水成冰, 冰還成水.

■

"아난아! 네가 말한 바와 같이 사대의 화합으로 세간의 갖가지 변화를
낸다. 아난아! 만약 그것의 큰 성품, 본래의 체는 화합하는 것이 아니
며, 그것은 일체의 큰 것과 서로 섞일 수 없고 함께 혼합될 수 없다. 마
치 허공과 같아서 형질이 있는 물건과는 함께 화합될 수 없다. 만약 이
사대가 화합하는 것이라고 한다면, 변화하는 것과 같아서 시종 서로
변화되어 생멸이 상속된다. 태어났다가 죽고, 죽었다가 다시 태어나
는 것이 마치 돌아가는 불꽃과 같아서 언제나 정지함이 없다. 아난아!
그것은 마치 물과 같이 얼음으로 변할 수 있으며, 얼음은 또한 물로 변
할 수 있다."

■

若彼大性, 體非和合, 則不能與諸大雜和. 猶如虛空, 不
和諸色 만약 그것의 큰 성품, 본래의 체는 화합하는 것이 아니며,
그것은 일체의 큰 것과 서로 섞일 수 없고 함께 혼합될 수 없다. 마치
무엇과 같은가? 바로 허공과 같아서 형질이 있는 물건과는 함께 화합
될 수 없다. 함께 합칠 수 있는 것은 허공이 아니다. 따라서 이 큰[大]
성품은 이러한 문제가 있다.

若和合者, 同於變化. 始終相成, 生滅相續   만약 이 사대가 화합하는 것이라고 한다면, 변화하는 것과 같아서 시종 서로 변화되어 생멸이 상속된다. 상성(相成)이란 생하였다 멸하고, 멸하였다가 다시 생하는 것을 말한다.

如水成冰, 冰還成水   이 진여(眞如)의 자성은 인연을 따라 변하지 않으며[隨緣不變], 변하지 않으면서 인연을 따르는[不變隨緣] 것이다. 이 진여자성은 바로 여래장이며, 또한 실상이며, 우리의 진심이다. 그것은 마치 물과 같이 얼음으로 변할 수 있으며, 얼음은 또한 물로 변할 수 있다.

깨달음은 물과 같고, 번뇌는 얼음과 같다. 따라서 불경에서 이르기를 "번뇌가 즉 보리(깨달음)이다."라고 말하는 것이다. 또한 얼음이 바로 물이라고 말할 수 있는데, 햇볕의 따뜻함으로 비추면 물로 변할 수 있다. 마치 우리가 매일 좌선, 참선을 하는 것은 태양이 비춰 얼음을 녹이는 것과 같이 우리의 번뇌를 깨달음으로 바꾸는 것이다.

1) 지대(地大)의 성질

汝觀地性, 麤爲大地, 細爲微塵. 至隣虛塵, 析彼極微, 色邊際相, 七分所成, 更析隣虛, 卽實空性.

■

"너는 땅의 성질을 보아라. 거친 것은 대지이며, 가는 것은 미진이다. 허공에 가까운 미진[隣虛塵]에 이르러 저 극미진을 일곱 등분으로 나누면 색변제상이 되며, 다시 린허진을 나누면 실재하는 공성이 된다."

■

至隣虛塵, 析彼極微, 色邊際相, 七分所成 린허진에 이르러 극미진을 분석하면 아직 색상을 찾을 수 있는 것이며, 극미진을 칠분으로 나눈 것이다.

미진을 일곱 등분으로 나눈 것을 극미진이라 하며, 다시 극미진을 일곱 등분으로 나눈 것을 린허진이라 한다. 이것은 가장 미세한 물질이며, 아직 색상(형질)이 있는 것이다. 그래서 색변제상(色邊際相)이라 부른다. 이 린허진은 미진 가운데서 가장 작은 것이며, 범부의 눈으로는 볼 수 없는 것이다. 허공과 이웃하다, 비슷하다고 해서 '허공에 가까운 미진[隣虛塵]'이라 한다.

更析隣虛, 卽實空性 이 린허진을 다시 칠분으로 나누면 이것이 실재하는 공성(空性)으로서 근본적으로 색상(형질)이 없다.

■

阿難! 若此隣虛, 析成虛空, 當知虛空, 出生色相. 汝今問言. 由和合故, 出生世間諸變化相 汝且觀此一隣虛塵, 用幾虛空, 和合而有? 不應隣虛, 合成隣虛. 又隣虛塵, 析入空者, 用幾色相, 合成虛空? 若色合

596

時, 合色非空. 若空合時, 合空非色. 色猶可析, 空云何合?

"아난아! 만약 이 린허진을 쪼개면 허공이 되며, 허공은 색상을 낸다는 것을 알아야 한다. 네가 지금 묻기를 이것이 화합하는 까닭으로 세간의 모든 변화의 모습을 낸다고 하였는데, 너는 다시 보아라. 이 하나의 린허진은 얼마나 많은 허공을 사용하여 화합되어 존재하는가? 너는 마땅히 린허진이 린허진으로 합성된다고 말하면 안 된다. 또한 린허진을 나누면 허공으로 들어간다면, 얼마만큼의 색상을 사용해야 허공으로 합성할 수 있겠는가? 만약 색상을 사용하여 색상을 합할 때, 이색상을 합하면 허공이 아니며, 만약 허공을 허공과 합할 때, 허공을 합하면 색상이 아니다. 색상이 있는 것은 오히려 쪼갤 수 있으나, 허공은 어떻게 다시 합칠 수 있겠는가?"

若此隣虛, 析成虛空, 當知虛空, 出生色相　린허진이 비록 매우 미세하지만 그것은 아직 볼 수 있는 형질이 있으며, 여전히 물질이다. 만약 이 린허진을 일곱 등분으로 쪼개면, 이것이 실재하는 허공의 체성이다. 너는 마땅히 알아야 한다. 이 색상도 허공으로 변할 수 있으며, 허공 안에도 색상을 함유하고 있다는 것을 알아야 한다.

汝今問言. 由和合故, 出生世間諸變化相　지금 너는 묻기를 이것이 화합하는 까닭으로 세간의 가지가지 변화의 모습을 낸다고 말하였다.

汝且觀此一隣虛塵, 用幾虛空, 和合而有   네가 이 린허진
을 보면, 칠분으로 나누면 허공으로 변한다. 그러나 너는 얼마나 많은
허공을 사용하여 하나의 린허진으로 합칠 수 있겠는가?

不應隣虛, 合成隣虛   너는 이 린허진이 다시 린허진으로 합
성할 수 있다고 말하면 안 된다.

又隣虛塵, 析入空者, 用幾色相, 合成虛空   또한, 이 린허
진을 만약 쪼개서 다시 허공으로 들어간다고 하면, 얼마나 많은 물질
을 사용하여야, 즉 얼마만큼의 린허진을 사용해야 하나의 허공을 합
성할 수 있는가?

若色合時, 合色非空   만약 색상을 사용하여 색상을 합할 때,
이 색상을 합하면 허공이 아니다.

若空合時, 合空非色   만약 허공을 허공과 합할 때, 허공을 합
하면 색상이 아니다.

色猶可析, 空云何合   색상이 있는 것은 오히려 쪼갤 수 있으
나, 허공은 어떻게 다시 합할 수 있겠는가?

━

汝元不知, 如來藏中, 性色眞空, 性空眞色, 淸淨本然, 周遍法界. 隨衆生心, 應所知量, 循業發現. 世間無知, 惑爲因緣, 及自然性, 皆是識心, 分別計度, 但有言說, 都無實義.

—

"너는 원래 알지 못하고 있다. 여래장 가운데서 색상(물질)이 극점에 이르면 진공이며, 공성이 극에 이르면 진색이다. 이 여래장은 본래 청정하며, 법계에 두루하여 중생의 마음을 따라 중생이 아는 분량에 따라 응하며, 업에 따라 나타난다. 세간의 무지한 사람들이 인연과 자연성에 미혹되었으며, 이 모두 식심으로 분별하고 사량하는 것이다. 그러나 언설이 있는 것은 모두 실재하지 않는 것이며, 진실한 도리가 없는 것이다."

—

汝元不知, 如來藏中, 性色眞空, 性空眞色 너는 원래 알지 못하고 있다. 여래장 가운데서 색상(물질)이 극점에 이르면 진공이며, 공성이 극점에 이르면 진색이다.

世間無知, 惑爲因緣, 及自然性 세간의 무지한 사람들이 인연과 자연성에 미혹되었다. 여기서 무지한 사람이란 외도와 권승, 범부를 가리키며, 그들은 지혜가 없어 미혹되었다. 청정본연하며 주변법계한 여래장성을 그들은 인식하지 못하고 인연이나 자연성이라고 인식한 것이다. 소승(성문, 연각)은 인연법을 집착하고, 외도는 자연성에 집착한다.

但有言說, 都無實義 그러나 이 식심, 망상, 분별, 계탁은 모두 실재하지 않는 것이며, 진실한 도리가 없는 것이다.

2) 화대(火大)의 성질

－

阿難! 火性無我, 寄於諸緣. 汝觀城中, 未食之家, 欲炊爨時, 手執陽燧, 日前求火.

－

"아난아! 불의 성질은 스스로의 체가 없으며, 모든 인연에 의지한다. 너는 살펴보아라. 실라벌성에서 아직 밥을 먹지 않은 집에서 밥을 지으려고 할 때 손에 화경(火鏡)을 잡고 태양을 향하여 불을 모은다."

－

火性無我, 寄於諸 여기서 무아는 자기의 체가 없다는 뜻이다. 불의 성질은 스스로의 체가 없으며, 모든 인연에 의지한다. 불의 인연이 있으면 불이 발생한다. 만약 불의 인연이 없으면, 불이 발생할 수 없다. 그러면 불의 성질은 어느 곳에 있는가? 이 불의 성질은 일체의 곳에 두루 퍼져 있다. 그것은 비록 스스로의 체가 없지만 불이 없는 곳은 한 곳도 없다.

汝觀城中, 未食之家, 欲炊爨時, 手執陽燧, 日前求火

너는 살펴보아라. 실라벌성에서 아직 밥을 먹지 않은 집에서 밥을 지으려고 할 때 손에 화경(火鏡)을 잡고 태양을 향하여 불을 모은다. 취찬(炊爨)이란 주방에서 밥을 짓고 요리를 만드는 것을 뜻한다. 양수(陽燧)란 일종의 화석으로 만든 것이며, 한 손에 화경을 잡고 한 손엔 마른 쑥을 잡고 불을 구한다.

━

阿難! 名和合者, 如我與汝, 一千二百五十比丘, 今爲一衆, 衆雖爲一, 詰其根本, 各各有身, 皆有所生氏族名字. 如舍利弗, 婆羅門種. 優樓頻螺, 迦葉波種, 乃至阿難, 瞿曇種姓.

━

"아난아! 이 세계를 화합된 것이라고 이름하면, 마치 나와 아난 너와 일천이백오십 명의 비구와 같이 지금 함께 같이 혼합되어 있는 것을 하나의 대중이라고 한다. 이 대중은 비록 하나라고 하지만 그 근본을 따져 보면 각각은 몸이 있으며, 모두 출생한 씨족의 이름을 가지고 있다. 마치 사리불은 바라문종이며, 우루빈라는 가섭파종이며, 내지 아난은 구담종성인 것과 같다."

━

名和合者, 如我與汝, 一千二百五十比丘, 今爲一衆 이 세계를 화합된 것이라고 이름하면, 반드시 일종의 나타낼 법이 있다. 어떻게 화합하는가? 여러 가지의 물건이 함께 혼합되는 것을 화합한다고 한다. 마치 나와 아난 너와 일천이백오십 명의 비구와 같이 지금 함께 같이 혼합되어 있는 것을 하나의 대중이라고 한다.

衆雖爲一, 詰其根本, 各各有身, 皆有所生氏族名字 이 대중은 비록 하나라고 하지만 그 근본을 따져보면 각각은 몸이 있으며, 모두 출생한 씨족의 이름을 가지고 있다.

■

阿難! 若此火性, 因和合有. 彼手執鏡, 於日求火. 此火爲從鏡中而出? 爲從艾出? 爲於日來?

■

"아난아! 만약 불의 성질이 화합하기 때문에 생기는 것이라면, 그의 손은 거울을 잡고 태양에서 불을 구하는데, 이 불은 화경에서 나온 것인가? 마른 쑥에서 나온 것인가? 태양에서 온 것인가?"

■

阿難! 若日來者, 自能燒汝手中之艾, 來處林木, 皆應受焚. 若鏡中出, 自能於鏡, 出然于艾. 鏡何不鎔? 紆汝手執, 尙無熱相, 云何融泮? 若生於艾, 何藉日鏡, 光明相接, 然後火生? 汝又諦觀, 鏡因手執, 日從天來, 艾本地生, 火從何方遊歷於此? 日鏡相遠, 非和非合, 不應火光, 無從自有.

602

"아난아! 만약 이 불이 태양에서 나오는 것이라면, 태양의 불은 자연적으로 너의 손에 있는 쑥을 태울 수 있다. 태양이 거쳐 오는 많은 숲과 나무들도 모두 태양의 불에 태워질 것이다. 만약 불이 화경으로부터 나온다면, 그것은 자연히 거울에서 나와 쑥을 태울 것이다. 그러나 쇠로 만든 거울은 어찌하여 녹지 않는가? 너의 손으로 잡고 있는 거울은 하물며 뜨거운 모습조차도 없는데, 어떻게 녹을 수 있겠는가? 만약 불이 마른 쑥에서 나오는 것이라면, 태양과 화경의 빛이 서로 접하도록 하여 불을 낼 필요가 있겠는가? 너는 다시 자세히 관찰해 보아라. 이 거울은 손으로 잡고 있으며, 태양은 하늘에서 오는 것이며, 쑥은 본래 땅에서 자라는 것이다. 그러면 도대체 이 불은 어느 곳으로부터 거치고 거쳐서 이곳까지 오는 것인가? 태양과 화경은 서로 떨어진 거리가 멀고도 매우 먼 것이므로 화합할 수 없다. 그러나 불빛은 응당 오는 곳이 없이 저절로 생기는 것은 아니다."

若日來者, 自能燒汝手中之艾, 來處林木, 皆應受焚 만약 이 불이 태양에서 나오는 것이라면, 태양의 불은 자연적으로 너의 손에 있는 쑥을 태울 수 있다. 태양은 이곳으로부터 멀리 떨어져 있는데, 태양이 거쳐 오는 많은 숲과 나무들도 모두 태양의 불에 태워질 것이다.

若鏡中出, 自能於鏡, 出然于艾, 鏡何不鎔 만약 불이 화경으로부터 나온다면, 그것은 자연히 거울에서 나와 쑥을 태울 것이다. 그러나 거울 속에 불이 있으면, 이 불은 쇠를 녹일 것인데, 쇠로 만든 거울은 어떻게 녹지 않는가?

紆汝手執, 尙無熱相, 云何融泮 너의 손으로 잡고 있는 거울은 하물며 뜨거운 모습조차도 없는데, 어떻게 녹을 수 있겠는가? 따라서 불이 화경에서 나온다는 도리도 성립되지 않는다.

若生於艾, 何藉日鏡, 光明相接, 然後火生 만약 불이 마른 쑥에서 나오는 것이라면, 태양과 화경의 빛이 서로 접하도록 하여 불을 낼 필요가 있겠는가? 만약 쑥으로부터 불이 나온다면, 쑥 자체에서 불이 나오므로 태양과 거울을 빌릴 필요가 없을 것이다. 따라서 불이 쑥에서 나온다는 것도 이치에 맞지 않다.

汝又諦觀, 鏡因手執, 日從天來, 艾本地生, 火從何方 遊歷於此 너는 다시 자세히 관찰해 보아라. 이 거울은 손으로 잡고 있으며, 태양은 하늘에서 오는 것이며, 쑥은 본래 땅에서 자라는 것이다. 그러면 도대체 이 불은 어느 곳으로부터 거치고 거쳐서 이곳까지 오는 것인가?

日鏡相遠, 非和非合, 不應火光, 無從自有 태양과 화경은 서로 떨어진 거리가 멀고도 매우 먼 것이므로 화합할 수 없다. 그러나 불빛은 응당 오는 곳이 없이 저절로 생기는 것은 아니다.

汝猶不知, 如來藏中, 性火眞空, 性空眞火, 淸淨本然, 周遍法界. 隨衆
生心, 應所知量. 阿難! 當知世人, 一處執鏡, 一處火生. 遍法界執, 滿
世間起. 起遍世間, 寧有方所? 循業發現. 世間無知, 惑爲因緣, 及自然
性. 皆是識心, 分別計度. 但有言說, 都無實義.

"너는 아직 모르고 있다. 앞에서 말한 이런 도리는 모두 여래장 가운데
포함된 것이며, 성품이 갖추고 있는 불은 바로 진공이며, 성품이 갖추
고 있는 공이 바로 진화이다. 이것은 본래 청정하며, 법계에 두루 퍼져
있는 것으로서 중생의 마음을 따라서 중생이 마땅히 아는 분량만큼 응
하게 된다. 아난아! 너는 마땅히 알아야 한다. 세상 사람이 한 곳에서
화경을 잡고 있으면, 한 곳에서 불이 일어나며, 세간의 모든 사람이 각
자 화경을 잡고 있으면, 각각의 곳에서 모두 불이 발생한다. 온 세간에
모두 불이 일어나면 불은 어느 곳에 있는가? 각 중생의 업을 따라 응당
아는 업보의 분량을 나타낸다. 이 세간의 무지한 사람들이 인연과 자
연성에 미혹되었으며, 모두 식심으로 사량분별한다. 인연과 자연을
말하는 것은 모두 진실한 도리가 없는 것이다."

3) 수대(水大)의 성질

阿難! 水性不定, 流息無恒. 如室羅城, 迦毘羅仙, 斫迦羅仙, 及鉢頭

摩, 訶薩多等, 諸大幻師, 求太陰精, 用和幻藥. 是諸師等, 於白月晝, 手執方諸, 承月中水. 此水爲復從珠中出, 空中自有, 爲從月來?

■

"아난아! 물의 성질은 일정함이 없으며 흐르고 정지함에 항상한 법칙이 없다. 마치 실라벌성의 가비라선, 작가라선, 발두마, 가살다 등 여러 큰 술사들이 달의 정화를 구하려고 정신을 어지럽히는 환약을 사용하는 것과 같다. 이들 술사들은 보름날 밤에 손에 쟁반과 수정구슬을 쥐고 달의 물을 받는다. 이 물은 구슬에서 나오는 것인가, 허공에 저절로 있는 것인가, 아니면 달로부터 오는 것인가?"

■

앞에서는 지대와 화대를 설명하였고, 지금은 수대를 이야기한다. 왜 그것을 크다[大]고 하는가? 그것은 어떠한 곳에도 있을 수 있으며, 무궁무진하기 때문에 크다고 한다.

水性不定, 流息無恒 물의 성질은 일정함이 없는 것이다. 어떤 때는 흐르지만 어떤 때는 흐르지 않는다. 흐르고 정지함이 항상한 법칙이 없다. 물은 어느 쪽으로 흘러갈지 일정한 방향이 없으므로 수성부정(水性不定)이라고 한다.

如室羅城, 迦毘羅仙, 斫迦羅仙, 及鉢頭摩, 訶薩多等 가비라선(迦毘羅仙)은 황발의 외도이다. 작가라선(斫迦羅仙)은 작가라를 번역하면 륜(輪)이라고 하며, 그는 자기가 본 이치가 원만하다고 생각하며, 다른 사람의 종지를 꺾을 수 있다고 생각하였다. 발두마(鉢頭摩)는 붉은 연꽃이라는 뜻으로 외도의 이름이다. 가살다(訶薩多)는 바닷물[海水]이라는 뜻이며, 그는 바닷가에서 도를 닦아서 이런 이름을 지었다.

求太陰精, 用和幻藥　그들은 달의 정화(精華)인 태음(太陰)을 얻으려고 사람을 미혹시키는 환약(幻藥)을 시용하였다. 이 환약은 지금의 헤로인과 같은 것이다. 이런 약을 먹으면 신경이 착란되어 정신이 비정상으로 되어 갖가지의 환상이 나타난다.

是諸師等, 於白月晝, 手執方諸, 承月中水　백월주(白月晝)란 음력 15일의 밤을 말한다. 그때는 낮과 같이 밝다고 해서 백월주라고 부른다. 방(方)이란 각이 진 쟁반을 뜻하며, 제(諸)란 수정의 구슬이다. 이들 모든 술사들은 음력 보름날에 손으로 각이 진 쟁반과 수정구슬을 가지고 달 가운데의 물을 받는다는 뜻이다.

■

阿難! 若從月來, 尙能遠方令珠出水, 所經林木, 皆應吐流. 流則何待方諸所出? 不流, 明水非從月降. 若從珠出, 則此珠中, 常應流水, 何待中宵, 承白月晝. 若從空生, 空性無邊, 水當無際, 從人洎天, 皆同滔溺, 云何復有水陸空行? 汝更諦觀, 月從天陟, 珠因手持, 承珠水盤, 本人敷設, 水從何方, 流注於此? 月珠相遠, 非和非合, 不應水精, 無從自有.

■

"만약 이 물이 달에서 오는 것이라면, 달에서 온 물은 달이 있는 먼 곳에서 수정구슬로 하여금 물이 흘러나오게 하는 것이며, 그 중간에 거치게 되는 숲과 나무에도 모두 물을 쏟아 흐르게 할 것이다. 만약 숲과 나무에서 물이 나온다면, 어찌 쟁반과 구슬에서 물이 나오기를 기다릴 필요가 있겠는가? 만약 숲과 나무에서 물이 흘러나오지 않는다면, 이 물이 달에서 떨어진 것이 아니라는 것을 너는 알 것이다. 만약 이 물이 수정의 구슬에서 나오는 것이라면, 이 구슬 속에는 항상 물이 흘러나와야 할 것이다. 어찌 한밤중을 기다려 보름달을 빌려 이 물을 받을 필요가 있는가? 만약 허공에서 나오는 것이라면, 이 허공의 성질은 끝이 없는 것이며, 물도 당연히 끝이 없을 것이다. 사람이 있는 데로부터 하늘에 이르기까지 모두 물로 뒤덮여서 사람과 일체중생이 물에 빠져 죽을 것이다. 온 세상이 모두 물로 채워진다면, 어떻게 물 위로, 육지 위로, 하늘 위로 갈 수 있겠는가? 너는 다시 상세하게 관찰해 봐라. 달은 하늘에서 운행되며, 이 구슬은 손으로 잡고 있는 것이며, 구슬의 물을 받는 쟁반은 본래 사람이 만든 것이다. 그러면 이 물은 어느 곳으로부터 온 것인가? 어디로부터 와서 지금 이 쟁반에 담겨 있는가? 달과 구슬은 서로 화합한 것이 아니다. 그러므로 응당 물은 온 곳이 없이 스스로 생긴 것은 아니다."

■

若從月來, 尙能遠方令珠出水, 所經林木, 皆應吐流 만약 이 물이 달에서 오는 것이라면, 달에서 온 물은 달이 있는 먼 곳에서 수정구슬로 하여금 물이 흘러나오게 하는 것이며, 그 중간에 거치게 되는 숲과 나무에도 모두 물을 쏟아 흐르게 할 것이다.

流則何待方諸所出 만약 숲과 나무에서 물이 나온다면, 어찌 쟁반과 구슬에서 물이 나오기를 기다릴 필요가 있겠는가?

不流, 明水非從月降 만약 숲과 나무에서 물이 흘러나오지 않는다면, 이 물이 달에서 떨어진 것이 아니라는 것을 너는 알 것이다.

若從珠出, 則此珠中, 常應流水 만약 이 물이 수정의 구슬에서 나오는 것이라면, 이 구슬 속에는 항상 물이 흘러나와야 할 것이다.

何待中宵, 承白月晝 어찌 한밤중을 기다려 보름달을 빌려 이 물을 받을 필요가 있는가? 구슬에서 물이 나온다면 언제든지 물이 나와야 할 것이다. 따라서 이 물은 달에서 오는 것이 아니며, 구슬에서 나오는 것도 아니라는 것을 증명하는 것이다.

若從空生, 空性無邊, 水當無際 만약 허공에서 나오는 것이라면, 이 허공의 성질은 끝이 없는 것이다. 그러면 물도 당연히 끝이 없을 것이다.

從人洎天, 皆同滔溺 사람이 있는 데로부터 하늘에 이르기까지 모두 물로 뒤덮여서 사람과 일체중생이 물에 빠져 죽을 것이다.

云何復有水陸空行 온 세상이 모두 물로 채워진다면, 어떻게

물 위로, 육지 위로, 하늘 위로 갈 수 있겠는가? 그러나 지금 바다가 있고, 육지가 있고, 하늘이 있다.

汝更諦觀, 月從天陟   너는 다시 상세하게 관찰해 봐라. 달은 하늘에서 운행된다는 뜻이다. 척(陟)은 가다, 운행하다는 뜻이다.

珠因手持, 承珠水盤, 本人敷設   이 구슬은 손으로 잡고 있는 것이며, 구슬의 물을 받는 쟁반은 본래 사람이 만든 것이다. 여기서 말하는 것은 달과 구슬과 쟁반은 각자 방향과 장소가 있다는 것이다.

水從何方, 流注於此   그러면 이 물은 어느 곳으로부터 온 것인가? 어디로부터 와서 지금 이 쟁반에 담겨있는가?

月珠相遠, 非和非合   달과 구슬은 서로 멀리 떨어져 있어 화합될 수 있는 것이 아니다. 서로 합쳐질 수도 없는 것이다.

不應水精, 無從自有   그러므로 응당 물은 온 곳이 없이 스스로 생긴 것은 아니다.

▬

汝尙不知, 如來藏中, 性水眞空, 性空眞水, 淸淨本然, 周遍法界. 隨衆生心, 應所知量. 一處執珠, 一處水出. 遍法界執, 滿法界生. 生滿世間, 寧有方所? 循業發現. 世間無知, 惑爲因緣, 及自然性. 皆是識心, 分別計度. 但有言說, 都無實義.

"너는 아직 모른다. 여래장 가운데 성품이 갖춘 물은 바로 진공이며, 성품이 갖춘 공은 바로 참된 물[眞水]이다. 이것은 청정본연하며, 법계에 두루한 것이다. 중생의 마음을 따라 중생이 아는 바의 수량에 응한다. 한 곳에서 구슬을 잡고 있으면 한 곳에서 물이 나온다. 만약 온 법계에서 구슬을 잡고 있으면 온 법계에서 물이 생한다. 온 세간에서 물이 나오니, 어찌 방향과 처소가 있겠는가? 중생의 업을 따라서 나타나는 것이다. 세간의 일부 무지한 사람들은 미혹하여 그것을 인연이나 자연성이라고 생각한다. 이 모두 식심으로 사량분별하는 것이다. 그러나 인연이나 자연이라고 하는 말은 모두 진실한 이치가 없는 것이다."

性水眞空, 性空眞水　성품이 갖춘 물은 바로 참된 공이며, 성품이 갖춘 공은 바로 참된 물[眞水]이다. 즉 성품이 갖춘 것은 물의 성질 속에 본래 갖추고 있는 것이며, 진공의 안에도 있는 것이다. 성품이 갖춘 공 속에도 진수가 들어 있다. 따라서 그것은 어디로부터 온 것인가? 너의 여래장으로부터 오는 것이며, 우리 각 중생의 진심 속에 갖추고 있는 것이다. 이것은 단지 물뿐만 아니라 불과 바람, 땅 등 모든 것이 우리의 진심 안에 구족하고 있는 것이다. 칠대를 모두 구족하고 있지만 결코 혼잡된 것은 아니며, 결코 먼지와 때가 있는 것이 아니다.

淸淨本然, 周遍法界　이러한 물의 성질은 청정본연한 것이며, 법계에 두루한 것이다. 따라서 이 진공의 안에는 묘유(妙有)가 있는 것이다. 이러한 도리는 선정력이 생겨 진정한 지혜가 있어야 비로소 이 경에서 말하는 도리가 진실하여 거짓이 아니라는 것을 이해할 수 있다. 너는 지금 식심으로 추측하면 이해하기가 어렵다.

隨衆生心, 應所知量 중생의 마음을 따라서 원을 만족시킨다. 이 물을 요구하는 사람은 누구나 이 물을 얻을 수 있다. 당신이 한 잔의 물이 필요하면 당신이 마실 한 잔의 물이 있는 것이다. 중생의 필요에 따라 그것은 당신의 원력을 만족시킨다.

一處執珠, 一處水出. 遍法界執, 滿法界生 만약 한 사람이 물을 원하면 구슬을 잡고 있으면 한 곳에서 물이 나온다. 이 법계에 두루하여 각 사람이 이 구슬을 잡고 물을 구하면 온 법계에서 물이 나온다는 것이다. 단지 당신이 구하면 물은 곧 생기는 것이다.

生滿世間, 寧有方所 이러한 물을 생하게 하는 능력은 온 세계에 모두 있다. 그것은 어느 곳으로부터 오는 것인가? 만약 한 곳에서만 온다면 나의 이곳에 이르면, 당신이 있는 그곳에는 도달할 수 없다. 당신의 그곳에 도달하면 내가 있는 이곳에는 도달할 수 없다. 현재 각 사람이 구슬을 잡으면 어떤 곳이든지 모두 물이 나온다. 그러면 물은 어느 곳에 있는가?

따라서 물의 성질은 여래장 속에 있으며, 있는 것도 없고 있지 않은 것도 없는 것이며, 어떤 곳이든지 다 있다. 또한 어떤 곳이든지 없다고 말할 수 있다. 구슬이 없으면 이 방법을 사용할 수 없으며, 그러면 물이 생길 수 없다. 마치 불의 성질과 같다.

循業發現. 世間無知, 惑爲因緣, 及自然性   각 중생의 업에 따라서 그가 마땅히 아는 업보의 수량을 드러낸다. 이 세상에서 무지한 권승과 범부와 외도들은 미혹하여 인연이나 자연성이라고 생각한다.

4) 풍대(風大)의 성질

—

阿難! 風性無體, 動靜不常. 汝常整衣, 入於大衆, 僧伽梨角, 動及傍人, 則有微風, 拂彼人面.

—

"아난아! 바람의 성질은 체상(실체나 형상)이 없으며 움직임과 고요함이 일정하지 않다. 너는 항상 가사를 정돈하여 대중이 있는 곳으로 갈 때 입고 있는 장삼이 움직이면 다른 사람에게 미치면서 약한 바람이 일어나 다른 사람의 얼굴로 바람이 불게 된다."

—

僧伽梨   이것은 번역하면 잡쇄의(雜碎衣)라고 한다. 가사(袈裟)라고도 한다. 이 옷은 여러 개의 천 조각을 붙여 만든 옷이다. 또한 괴색의(壞色衣)라고도 한다. 괴색은 보통의 색깔이 아니다.

■

此風爲復出袈裟角, 發於虛空, 生彼人面? 阿難! 此風若復出袈裟角,
汝乃披風, 其衣飛搖, 應離汝體. 我今說法會中垂衣, 汝看我衣, 風何
所在? 不應衣中, 有藏風地. 若生虛空, 汝衣不動, 何因無拂? 空性常
住, 風應常生. 若無風時, 虛空當滅. 滅風可見, 滅空何狀? 若有生滅,
不名虛空. 名爲虛空, 云何風出? 若風自生彼拂之面, 從彼面生, 當應
拂汝. 自汝整衣, 云何倒拂? 汝審諦觀, 整衣在汝, 面屬彼人, 虛空寂
然, 不參流動, 風自誰方鼓動來此? 風空性隔, 非和非合, 不應風性, 無
從自有.

■

"이 바람은 가사의 옷깃에서 나오는 것인가, 허공에서 나오는 것인가,
저 옆 사람의 얼굴에서 나오는 것인가? 아난아! 이 바람이 만약 가사
의 옷깃에서 나온다면, 네가 바로 바람을 맞을 것이며, 너의 옷이 바람
에 날려 움직일 것이므로 너의 옷이 마땅히 너의 몸에서 떨어질 것이
다. 나는 지금 법을 설하는 법회에서 옷을 아래로 드리우고 있는데, 너
는 나의 옷을 보아라, 바람이 어디에 있는가? 당연히 옷 속에 바람을
감출 곳이 없다. 만약 바람이 허공에서 나온다면, 너의 옷이 움직이지
않으면, 어째서 바람이 스치는 감각이 없는가? 허공의 성질은 항상 머
무는 것이라 바람은 마땅히 항상 생겨야 할 것이다. 그래서 만약 바람
이 없을 때는 허공은 당연히 소멸되어야 할 것이다. 바람이 사라지면
볼 수 있지만, 허공이 사라지면 어떠한 모습인가? 만약 생멸이 있으면
허공이라 이름할 수 없으며, 허공이라 이름하면 어떻게 바람이 나올
수 있겠는가? 만약 바람이 얼굴에서 스스로 생겨 얼굴에서 나오는 것

이라면, 응당 바람은 너에게 불 것이다. 그런데 너 자신이 옷을 정돈하는데, 어찌하여 도리어 다른 사람의 얼굴에 바람이 스치는가? 너는 깊이 관찰해 보아라. 옷을 정돈하는 것은 너에게 있으며, 얼굴은 옆 사람에게 속하는 것이다. 허공은 적연하여 흐르고 아무런 움직임이 없는데 바람은 어느 방향에서 이곳으로 부는가? 바람과 허공의 성질은 서로 떨어져 있는 것으로서 서로 화합될 수 없는 것이며, 바람의 체성은 응당 오는 것이 없는 것은 아니다."

此風爲復出袈裟角, 發於虛空, 生彼人面 가사는 또한 승가리이다. 너의 옷깃에서 나오는 옆 사람에게 부는 바람은 가사의 옷깃에서 나오는 것인가, 허공에서 나오는 것인가, 아니면 옆 사람의 얼굴에서 나오는 것인가?

此風若復出袈裟角, 汝乃披風, 其衣飛搖, 應離汝體 이 바람이 만약 가사의 옷깃에서 나오는 것이라면, 네가 바로 바람을 맞을 것이며, 너의 옷이 바람에 날려 마땅히 너의 몸에서 떨어질 것이다.

我今說法會中垂衣 나는 지금 법을 설하는 법회에서 옷을 아래로 드리우고 있다.

汝看我衣, 風何所在? 不應衣中, 有藏風地 너는 나의 옷을 보아라. 바람이 어디에 있느냐? 당연히 옷 속에 바람이 머물 수 있는 곳은 없다.

若生虛空, 汝衣不動, 何因無拂 만약 바람이 허공에서 나오는 것이라면, 너의 옷이 움직이지 않을 때는 어찌하여 바람이 부는 감각을 느끼지 못하는가?

空性常住, 風應常生 공의 성질은 항상 머무는 것이므로 허공 속에는 마땅히 항상 바람이 있어야 할 것이다.

若無風時, 虛空當滅. 滅風可見, 滅空何狀 따라서 만약 바람이 없을 때는 허공도 당연히 소멸되어야 할 것이다. 바람이 소멸되면 그러한 상황을 볼 수 있지만(즉 알 수 있지만), 허공이 멸하면 어떤 모습인가? 허공은 본래 형상이 없는데, 어떻게 소멸될 수 있는가? 허공이 만약 소멸되면, 어떤 형상인가? 근본적으로 허공은 소멸될 수 없다. 그러므로 부처님은 고의로 이렇게 어렵게 수수께끼같이 아난에게 묻는 것이다.

若有生滅, 不名虛空. 名爲虛空, 云何風出 만약 허공이 생멸한다면, 그것의 이름은 허공이라고 할 수 없다. 허공이라고 이름하면 허공 속에는 아무것도 없는데, 그러면 어찌하여 바람이 나올 수 있겠는가? 따라서 이것은 바람은 허공에서 나오는 것이 아니다.

若風自生彼拂之面, 從彼面生, 當應拂汝 만약 옆 사람의 얼굴을 스치는 바람이 옆 사람의 얼굴에서 저절로 나온다면, 응당 아난 너에게도 불어와야 될 것이다.

自汝整衣, 云何倒拂　그러나 너 자신이 옷을 정돈하는데, 어찌하여 바람이 먼저 옆 사람의 얼굴을 스치는가?

汝審諦觀, 整衣在汝, 面屬彼人　너는 깊이 관찰해 보아라. 의복을 정돈하는 것은 즉 의복이 움직이는 것은 너에게 있으며, 얼굴은 저 사람에게 속한다.

虛空寂然, 不參流動　허공은 적연하여 아무런 움직임이 없어 흐르고 움직임에 참여하지 않는다. 바람이 부는 것은 마치 물이 흐르는 것과 같다. 불참유동(不參流動)에서 '참(參)'은 '섞이다, 참여하다'고 해석할 수 있는데, 허공은 바람의 움직임에 섞이지 않는다는 뜻이다.

風自誰方鼓動來此　그러면 바람은 어느 방향으로부터 와서 이곳으로 부는가? 고(鼓)는 바람이 부는 모습이다.

風空性隔, 非和非合, 不應風性, 無從自有　바람과 허공은 그 성질이 서로 떨어진 것으로서 화합하는 것이 아니다. 바람이 비록 체성이 없고 스스로의 체가 없지만, 여기에서 그것이 체성이 있다고 가정하면, 바람의 체성은 응당 오는 곳이 없는 것은 아니다.

━

汝宛不知, 如來藏中, 性風眞空, 性空眞風, 淸淨本然, 周遍法界. 隨衆生心, 應所知量. 阿難! 如汝一人微動服衣, 有微風出. 遍法界拂, 滿國土生. 周遍世間, 寧有方所?

"너는 아직 명확히 모른다. 여래장 속에서 성품이 갖춘 바람은 바로 진공의 체이며, 성품이 갖춘 공은 바로 진실한 바람의 근원이다. 이것은 청정본연하며, 법계에 두루한 것이다. 그것은 중생의 마음을 따라서 중생이 아는 바의 수량에 응한다. 아난아! 마치 너 한 사람이 가볍게 옷을 움직이는데 미미한 바람이 나오는 것과 같이 만약 온 법계의 사람이 옷을 움직이면 모든 국토에도 바람이 생한다. 세간을 두루하여 바람은 어느 곳으로부터 오는 것인가?"

循業發現. 世間無知, 惑爲因緣, 及自然性. 皆是識心, 分別計度. 但有言說, 都無實義.

"각자의 업에 따라 이러한 바람이 나타난다. 세간의 무지한 사람들은 인연과 자연성에 미혹되어 모두 식심으로 사량분별하는 것이다. 그러나 그들의 모든 언설은 진실한 것이 아니다."

5) 공대(空大)의 성질

阿難! 空性無形, 因色顯發. 如室羅城, 去河遙處, 諸刹利種, 及婆羅

618

門, 毘舍, 首陀, 兼頗羅墮, 旃陀羅等, 新立安居, 鑿井求水. 出土一尺, 於中則有一尺虛空. 如是乃至出土一丈, 中間還得一丈虛空. 虛空淺深, 隨出多少.

∎

"아난아! 허공의 성질은 형질이 없으며, 색상으로 인하여 드러난다. 마치 실라벌성에서 강과 멀리 떨어진 곳에서는 물을 얻기 힘드므로 귀족 · 바라문 · 상인 · 공인, 그리고 하층의 전다라 등은 새로 집을 지어 거주할 때 물을 구하기 위하여 우물을 판다. 한 척의 땅을 파면 그 중간에 한 척의 허공이 생기며, 이와 같이 한 장의 땅을 파면, 중간에 한 장 깊이의 허공이 생긴다. 허공의 얕고 깊음은 땅을 얼마나 파는가에 달려 있다."

∎

空性無形 공의 성질은 형질이 없는 것이다. 만약 형질이 있으면 공이 아니다. 그러면 형질이 있는 곳에는 공이 없는가? 그래도 마찬가지로 공은 있는 것이다. 색질(色質, 형질)이 있는 곳에는 공도 조금도 적어진 것이 아니며, 형질이 없는 곳에는 공이 조금도 많아진 것이 아니다. 우리들이 지면을 파서 큰 구덩이를 만들면, 이 구덩이 속이 바로 허공이다.

그러면 이것은 공이 많아진 것이 아닌가? 땅을 팔 때 그 곳의 공도 적어진 것이 아니며, 땅 속에는 바로 공이다. 또한 얼음이 바로 물이며, 물이 바로 얼음이라는 도리와 같은 것이다. 얼음이 비록 응결되었지만, 얼음 속은 바로 물이다. 이 땅이 비록 이곳에서 허공을 잡고 있지만 형질이 있는 곳에도 허공은 있는 것이다. 결코 이곳에 탁자가 하나 있으면, 허공이 없는 것이 아니고 여전히 허공은 있는 것이다. 하지만 허공은 어느 곳에 있는가? 바로 탁자 속에 있으며, 이곳이 바로 허공이다. 따라서 허공은 일체의 곳에 두루 들어가 어떤 곳에도 다 있다.

因色顯發   허공은 형상이 없어 보이지 않으며, 하나의 형색이 있기 때문에 비로소 이곳이 허공이라는 것을 나타낸다. 만약 형색이 없으면, 당신은 그것을 보지 못하며, 그것이 허공이라는 것을 알지 못한다.

如室羅城, 去河遙處   마치 실라벌성에서 강과 멀리 떨어진 곳에

諸刹利種, 及婆羅門, 毘舍, 首陀, 兼頗羅墮, 旃陀羅等   찰리종은 왕족·귀족을 말하며, 바라문은 깨끗한 지혜의 종족이며, 비사는 장사를 하는 상인이며, 수타는 공인(工人)을 말한다. 파라타와 전다라는 하층의 계급이며, 도살업에 종사하는 사람을 말한다.

新立安居, 鑿井求水   이상의 백성들이 새로 집을 지어 거주할 때 땅을 파서 우물을 만들어 물을 구한다. 착정(鑿井)이란 우물을 파는 것을 뜻한다.

出土一尺, 於中則有一尺虛空. 如是乃至出土一丈, 中間還得一丈虛空   한 척 깊이의 땅을 파면 그 가운데 한 척의 허공이

생기며, 이와 같이 한 장을 파면 중간에 한 장 깊이의 허공이 생긴다.

虛空淺深, 隨出多少　허공의 얕고 깊음은 당신이 땅을 얼마나 파는가에 달려 있다.

■

此空爲當因土所出, 因鑿所有, 無因自生? 阿難! 若復此空, 無因自生, 未鑿土前, 何不無礙, 唯見大地, 逈無通達? 若因土出, 則土出時, 應見空入. 若土先出, 無空入者, 云何虛空因土而出? 若無出入, 則應空土, 元無異因. 無異則同, 則土出時, 空何不出? 若因鑿出, 則鑿出空, 應非出土? 不因鑿出, 鑿自出土, 云何見空? 汝更審諦, 諦審諦觀, 鑿從人手, 隨方運轉, 土因地移, 如是虛空, 因何所出? 鑿空虛實, 不相爲用, 非和非合, 不應虛空, 無從自出.

■

"이 공은 흙으로 인하여 공이 나타나는 것인가, 땅을 파내기 때문에 허공이 생기는가, 아니면 아무런 원인도 없이 저절로 생기는 것인가? 아난아! 만약 이 허공이 아무런 원인이 없이 저절로 생긴다면, 땅을 파기 전에는 왜 막힘이 없는 허공이 없는가? 오직 대지만 보이고 그것은 아주 판이하게 통달하지 못한다. 만약 땅을 파내기 때문에 허공이 생기는 것이라면, 땅을 파낼 때 너는 응당 그 허공이 어떻게 들어가는 것이 보여야 할 것이다. 만약 흙이 먼저 나오면 들어가는 허공을 볼 수 없는데, 너는 어떻게 흙을 파내기 때문에 허공이 출현한다고 말할 수 있겠는가? 만약 허공이 나오고 들어가는 것이 없다면, 응당 허공과 흙은 원래 두 가지의 모습이 아니다. 만약 두 가지의 모습이 아니라면 같은 것이며, 흙이 나올 때 허공은 어찌 따라서 나오지 않는가? 만약 허공이 우물을 파므로 나타나는 것이라면, 허공을 파내는 것이므로 마땅히 흙이 나오지 않아야 할 것인데, 어떻게 흙이 나오는가? 만약 우물을 파는 것으로 인하여 공(空)이 나오는 것이 아니라고 한다면, 이 파는 것은 자연히 흙을 파내는 것인데, 어찌하여 공(空)이 보이는가? 땅을 파는 도구는 사람의 손으로부터 방향을 따라 운전하는데, 흙은 땅으로 인하여 이동한다. 이와 같이 허공은 어째서 나오는가? 파는 것은 실재하는 것이며, 허공은 빈 것이다. 파는 것과 허공은 서로 쓸 수 없으므로 화합할 수 있는 것이 아니다. 마땅히 허공은 스스로 나오는 것이 아님이 없다."

　

此空爲當因土所出, 因鑿所有, 無因自生　이 공은 흙으로 인하여 공이 나타나는 것인가, 땅을 파내기 때문에 허공이 생기는가, 아니면 아무런 원인도 없이 저절로 생기는 것인가?

若復此空, 無因自生, 未鑿土前, 何不無礙　만약 이 허공이 아무런 원인이 없이 저절로 생긴다면, 땅을 파기 전에는 왜 막힘이 없는 허공이 없는가?

唯見大地, 迥無通達　오직 대지만 보이고 그것은 아주 판이하게 통달하지 못한다. 즉 땅을 파기 전에는 막히는 바가 있기 때문에 허공을 가로막는 물질이 있다는 뜻이다.

若因土出, 則土出時, 應見空入　만약 땅을 파내기 때문에 허공이 생기는 것이라면, 땅을 파낼 때 너는 응당 그 허공이 어떻게 들어가는 것이 보여야 할 것이다. 허공은 근본적으로 형상이 없는데, 너는 어떻게 볼 수 있겠는가? 공은 생하지 않으며, 멸하지 않고, 나오지 않으며 들어가지 않는 것이다.

若土先出, 無空入者, 云何虛空因土而出　만약 흙이 먼저 나오면 들어가는 허공을 볼 수 없는데, 너는 어떻게 흙을 파내기 때문에 허공이 출현한다고 말할 수 있겠는가? 이러한 이유는 이렇게 말할 수 없으며, 이러한 도리는 없다.

若無出入, 則應空土, 元無異因　만약 허공이 나오고 들어가는 것이 없다면, 응당 공과 흙은 원래 두 가지의 모습이 아니다. 허공과 땅을 구별할 수 없다는 것이다.

無異則同, 則土出時, 空何不出　만약 두 가지의 모습이 아니라면, 같은 것이며, 흙이 나올 때 허공은 어찌 따라서 나오지 않는가?

若因鑿出, 則鑿出空, 應非出土　만약 허공이 우물을 파므로 나타나는 것이라면, 허공을 파내는 것이므로 마땅히 흙이 나오지 않아야 할 것인데, 어떻게 흙이 나오는가?

不因鑿出, 鑿自出土, 云何見空　만약 우물을 파는 것으로 인하여 공이 나오는 것이 아니라고 한다면, 이 파는 것은 자연히 흙을 파내는 것인데, 어찌하여 공이 보이는가?

鑿從人手, 隨方運轉, 土因地移　땅을 파는 도구는 사람의 손으로부터 방향을 따라 운전하는데, 흙은 땅으로 인하여 이동한다. 즉 우물 속에서 이동되어 나온다는 뜻이다.

如是虛空, 因何所出　이와 같이 허공은 어째서 나오는가? 즉 어째서 허공이 우물 속에 생기는가?

鑿空虛實, 不相爲用, 非和非合　파는 것은 실재하는 것이며, 허공은 빈 것이다. 파는 것과 허공은 서로 쓸 수 없으므로 화합할 수 있는 것이 아니다.

不應虛空, 無從自出　그러면 구경에 허공은 어떻게 나오는 것인가? 허공은 자기가 허공을 내는 것이 아니며, 원인도 없으며, 관계도 없이 아무런 연고도 없이 나온다.

━

若此虛空, 性圓周遍, 本不動搖. 當知現前地水火風, 均名五大. 性眞圓融, 皆如來藏, 本無生滅. 阿難! 汝心昏迷, 不悟四大元如來藏. 當觀虛空, 爲出爲入, 爲非出入?

■

"만약 이 허공의 성질은 원융하고 두루하며, 본래 동요하지 않는 것이라면, 이것은 앞에서 말한 지수화풍과 함께 오대(五大)라고 이름한다는 것을 너는 알아야 한다. 이 허공의 성질은 참되고 원융무애한 것으로서 모두 여래장에서 나오는 것이며, 본래 생멸이 없다. 아난아! 너는 마음이 혼미하여 사대가 원래 여래장이라는 것을 깨닫지 못하고 있다. 너는 지금 허공을 보아라. 허공은 나오고 들어감이 있는가, 없는가?"

■

汝全不知, 如來藏中, 性覺眞空, 性空眞覺, 淸淨本然, 周遍法界. 隨衆生心, 應所知量. 阿難! 如一井空, 空生一井. 十方虛空, 亦復如是. 圓滿十方, 寧有方所? 循業發現. 世間無知, 惑爲因緣, 及自然性. 皆是識心, 分別計度. 但有言說, 都無實義.

■

"너는 완전히 모르고 있다. 여래장 가운데서 성품이 갖춘 깨달음의 체는 바로 진공의 체성이며, 성품이 갖춘 진공의 체성은 또한 진정한 묘각의 체성이다. 이것은 청정본연하며, 법계에 두루한 것이다. 따라서 중생의 마음을 따라 그가 마땅히 아는 수량에 응하여 나타난다. 아난아! 마치 한 우물 속의 허공은 한 우물 속에서 나오는 것과 같이 시방세계에 모두 우물이 있으면, 또한 이와 같이 시방세계에 허공의 체성이 원만하므로 어찌 방향과 처소가 있겠는가? 모든 중생은 중생의 업혹에 따라서 그의 과보를 드러낸다. 세상의 지혜가 없는 무지한 사람은 인연과 자연성에 미혹되어 있다. 그들은 모두 식심으로 사랑분별하나 그들이 하는 말은 모두 진실한 도리가 아니다."

6) 견대(見大)의 성질

■

阿難! 見覺無知, 因色空有. 如汝今者, 在祇陀林, 朝明夕昏. 設居中宵, 白月則光, 黑月便暗, 則明暗等, 因見分析.

■

"아난아! 보는 감각은 지각이 없으며, 색과 공으로 인하여 볼 수 있다. 마치 네가 지금 기타의 숲에 있는데, 아침에는 밝고 저녁에는 어두우며, 밤에 거주할 때 달이 있으면 빛이 있고 달이 없으면 곧 어둡다. 밝음과 어둠의 모습은 견분이 분석하기 때문이다."

■

見覺無知, 因色空有 보는 감각은 어떤 지각이 없다. 우리는 보는 것은 단지 보는 것이다. 보는 자체에는 결코 지각이 없다. 색과 공으로 인하여 비로소 볼 수 있다. 볼 수 있어야 비로소 지각하는 바가 있게 된다. 이것이 색과 공으로 인하여 이러한 감각이 나타난다는 것이다.

如汝今者, 在祇陀林, 朝明夕昏. 設居中宵, 白月則光,

黑月便暗 마치 아난 네가 지금 기타의 숲에서 아침에는 밝고 저녁에는 어두우며, 밤에 달이 있을 때는 빛이 있고 달이 없을 때는 곧 어둡다.

則明暗等, 因見分析 그러면 밝음과 어둠 등의 모습은 어떻게 아는가? 견분이 분석하기 때문이다.

∎

此見爲復與明暗相, 幷太虛空, 爲同一體? 爲非一體? 或同非同? 或異非異? 阿難! 此見若復與明與暗, 及與虛空, 元一體者. 則明與暗, 二體相亡. 暗時無明, 明時無暗. 若與暗一, 明則見亡. 必一於明, 暗時當滅. 滅則云何見明見暗? 若暗明殊, 見無生滅, 一云何成? 若此見精, 與暗與明, 非一體者. 汝離明暗, 及與虛空, 分析見元, 作何形相? 離明離暗, 及離虛空, 是見元同龜毛兔角. 明暗虛空, 三事俱異, 從何立見?

∎

"이 보는 정[見精]은 밝음과 어둠의 모습과 아울러 태허공과 하나의 몸인가, 하나의 몸이 아닌가, 혹은 같지만 같지 않거나, 혹은 다르지만 다름이 아닌 것인가? 아난아! 이 보는 정이 만약 밝음과 어둠과 그리고 허공과 원래 하나의 몸이라면, 밝음과 어둠의 두 가지 체상은 없다. 왜냐하면 어두울 때는 광명이 없으며, 밝을 때는 어둠이 없기 때문이다. 만약 견(見)과 어둠이 하나라면, 밝음을 보는 견은 반드시 없어질 것이다. 만약 견이 밝음과 하나라면, 한 몸이라면, 어두울 때 이 보는 견은 마땅히 소멸할 것이다. 너의 견이 소멸하면 어찌 밝음과 어둠을 본다고 말할 수 있겠는가? 밝음과 어둠은 같지 않은 것이고, 생하고 멸하는 것이며, 보는 견은 생멸이 없는 것이다. 그러니 허공과 명암은 어떻게 하나의 몸을 이룰 수 있겠는가? 만약 이 보는 정이 어둠과 밝음과 하나의 몸이 아니라면, 네가 밝음, 어둠과 허공을 떠나 보는 근원을 분석하면, 어떤 형상인가? 밝음을 떠나고 어둠을 떠나며, 그리고 허공을 떠나면, 이 보는 근원은 마치 거북의 털과 토끼의 뿔과 같은 것이다. 밝음, 어둠과 허공의 세 가지 일은 너의 보는 견과는 다르므로 어느 곳에 너의 견을 세울 수 있겠는가?"

此見爲復與明暗相, 并太虛空, 爲同一體? 爲非一體? 或同非同? 或異非異? 이 보는 정[見精]은 밝음과 어둠의 모습과 아울러 태허공과 하나의 몸인가, 하나의 몸이 아닌가, 혹은 같지만 같지 않거나, 혹은 다르지만 다름이 아닌 것인가? 즉 허공과 견은 하나인가, 두 개인가 아난에게 묻는 것이다.

此見若復與明與暗, 及與虛空, 元一體者 이 보는 정이 만약 밝음과 어둠과 그리고 허공과 원래 하나의 몸이라면,

則明與暗, 二體相亡. 暗時無明, 明時無暗 밝음과 어둠의 두 가지 체상은 없다. 왜냐하면 어두울 때는 광명이 없으며, 밝을 때는 어둠이 없기 때문이다. 그러므로 보는 정과 명암(明暗)이 어떻게 하나가 될 수 있겠는가?

若與暗一, 明則見亡   만약 견(見)과 어둠이 하나라면, 한 몸이라면, 밝음을 보는 견은 반드시 없어질 것이다.

必一於明, 暗時當滅. 滅則云何見明見暗   만약 견이 밝음과 하나라면, 한 몸이라면, 어두울 때 이 보는 견은 마땅히 소멸할 것이다. 너의 견이 소멸하면 어찌 밝음과 어둠을 본다고 말할 수 있겠는가?

若明暗殊, 見無生滅, 一云何成   밝음과 어둠은 같지 않은 것이며, 생하고 멸하는 것이며, 보는 견은 생멸이 없는 것이다. 그러면 어떻게 같은 것이라고 말할 수 있는가? 허공과 명암은 어떻게 하나의 몸을 이룰 수 있겠는가?

若此見精, 與暗與明, 非一體者. 汝離明暗, 及與虛空, 分析見元, 作何形相   만약 이 보는 정이 어둠과 밝음과 하나의 몸이 아니라면, 네가 밝음, 어둠과 허공을 떠나 보는 근원을 분석하면, 어떤 형상인가? 그것은 볼 수 있는 물건이 있는가?

離明離暗, 及離虛空, 是見元同龜毛兔角   밝음을 떠나고 어둠을 떠나며, 그리고 허공을 떠나면, 이 보는 근원은 마치 거북의 털과 토끼의 뿔과 같은 것이다. 즉 이것은 없는 것이다. 명암과 허공을 떠나면 근본적으로 보는 모습을 드러낼 수 없다.

明暗虛空, 三事俱異, 從何立見   밝음, 어둠과 허공의 세 가지 일은 너의 보는 견과는 다르므로 어느 곳에 너의 견을 세울 수 있겠는가?

明暗相背, 云何或同? 離三元無, 云何或異? 分空分見, 本無邊畔, 云何非同? 見暗見明, 性非遷改, 云何非異? 汝更細審, 微細審詳, 審諦審觀, 明從太陽, 暗隨黑月, 通屬虛空, 壅歸大地, 如是見精, 因何所出? 見覺空頑, 非和非合, 不應見精, 無從自出.

"밝음과 어둠의 모습은 서로 배치되는 것이니, 어찌 서로 같은 것이라고 할 수 있겠는가? 밝음, 어둠과 허공의 세 가지를 떠나면 근본적으로 보는 견이 없는데, 어떻게 다르다고 할 수 있겠는가? 허공을 쪼개고 보는 견을 나누어도 본래 가장자리가 없으니, 어찌 같지 않다고 말할 수 있겠는가? 어둠을 볼 수 있고 밝음을 볼 수 있는 보는 성품은 바뀌는 것이 아닌데, 어찌 다르지 않다고 말할 수 있겠는가? 밝음은 태양으로부터 나오며, 어둠은 달이 없을 때 나온다. 통함은 허공에 속하며, 막힘은 대지로 돌아간다. 이와 같은 보는 정은 어느 곳으로부터 나오는 것인가? 보는 견은 느낌이 있는 것이며, 공은 어두운 공[頑空]으로서 지각이 없는 것이므로 함께 화합될 수 없다. 그러나 이 보는 정은 아무런 인연이 없이 저절로 나오는 것은 아니다."

明暗相背, 云何或同 　밝음과 어둠의 모습은 서로 배치되는 것이다. 밝음이 있으면 어둠은 없으며, 어둠이 있으면 밝음이 없게 되므로 서로 병립할 수 없는 것이다. 그러므로 어찌 서로 같은 것이라고 할 수 있겠는가?

離三元無, 云何或異 밝음, 어둠과 허공의 세 가지를 떠나면 근본적으로 보는 견이 없는데, 어떻게 다르다고 할 수 있겠는가?

分空分見, 本無邊畔, 云何非同 허공을 쪼개고 보는 견을 나누어도 본래 가장자리가 없으니, 어찌 같지 않다고 말할 수 있겠는가?

見暗見明, 性非遷改, 云何非異 어둠을 볼 수 있고 밝음을 볼 수 있는 보는 성품은 바뀌는 것이 아닌데, 어찌 다르지 않다고 말할 수 있겠는가?

明從太陽, 暗隨黑月, 通屬虛空, 壅歸大地, 如是見精, 因何所出 밝음은 태양으로부터 나오며, 어둠은 달이 없을 때 나온다. 통함은 허공에 속하며, 막힘은 대지로 돌아간다. 이와 같은 보는 정은 어느 곳으로부터 나오는 것인가?

見覺空頑, 非和非合, 不應見精, 無從自出 보는 견은 느낌이 있는 것이며, 공은 어두운 공[頑空]으로서 지각이 없는 것이다. 하나는 지각이 있고 하나는 지각이 없는 것으로서 함께 화합될 수 없다. 그러나 이 보는 정은 아무런 인연이 없이 저절로 나오는 것은 아니다. 이것은 이유가 없는 것이다.

━

若見聞知, 性圓周遍, 本不動搖. 當知無邊不動虛空, 幷其動搖, 地水火風, 均名六大. 性眞圓融, 皆如來藏, 本無生滅. 阿難! 汝性沉淪, 不悟汝之見聞覺知, 本如來藏. 汝當觀此見聞覺知, 爲生爲滅, 爲同爲異, 爲非生滅, 爲非同異?

"만약 보고, 듣고, 아는 것과 냄새 맡고, 맛을 보며, 감촉을 느끼는 여섯 가지 정(精)의 성질은 원융하며 법계에 두루한 것으로서 본래 동요하지 않는 것이라면, 너는 마땅히 알아야 한다. 소위 말하는 여섯 정의 성품은 끝이 없고 움직이지 않는 허공과 아울러 동요하는 지·수·화·풍과 더불어 육대(六大)라고 이름한다. 이 여섯 종류의 큰 성질은 참되고 원융하며, 모두 여래장의 나타남이며, 본래 생멸이 없는 것이다. 아난아! 너의 성정이 침륜하여 너의 보고, 듣고, 느끼고, 아는 등의 여섯 가지 정의 도리가 본래 여래장의 성품이라는 것을 깨닫지 못하고 있다. 너는 마땅히 관찰해 봐라. 이런 보고, 듣고, 느끼고, 아는 등의 여섯 가지 정(精)이 생하는지 멸하는지, 같은지 다른지, 생멸하는 것이 아닌지, 같고 다름이 아닌지?"

汝曾不知如來藏中, 性見覺明, 覺精明見, 淸淨本然, 周遍法界. 隨衆生心, 應所知量. 如一見根, 見周法界. 聽嗅嘗觸, 覺觸覺知, 妙德瑩然, 遍周法界. 圓滿十虛, 寧有方所?

■

"너는 아직 모른다. 이 여래장 가운데서 성품이 갖춘 견[性具之見]은 바로 깨달음의 밝은 체이며, 깨달음의 정미함은 바로 밝은 견이다. 이 본성은 청정본연하며 법계에 두루한 것이다. 이 보는 성품은 중생의 마음을 따라 아는 바의 수량에 응한다. 마치 하나의 보는 정의 근과 같이 이 보는 정도 법계에 두루하다. 듣고 냄새 맡으며, 맛을 보는 촉각, 몸이 느끼는 촉각, 뜻의 작용은 매우 미묘한 것이며, 그들의 공덕도 불가사의한 것이다. 이 여섯 가지의 정(보고, 듣고, 냄새 맡고, 맛을 보며, 몸으로 느끼고, 뜻으로 아는)은 법계에 두루한 것이며, 시방세계에 원만하므로 어찌 방향과 처소가 있겠는가?"

■

性見覺明, 覺精明見　성품이 갖춘 견[性具之見]은 바로 깨달음의 밝은 체이며, 깨달음이 극점에 이르면 또한 광명의 봄[見]이다.

聽嗅嘗觸, 覺觸覺知, 妙德瑩然　상촉(嘗觸)은 혀가 맛보는 촉각이며, 각촉(覺觸)은 몸의 촉각이며, 각지(覺知)는 뜻을 말한다. 영연(瑩然)이란 옥처럼 영롱하고 투명한 것으로 광명의 모습을 나타낸다.

遍周法界, 圓滿十虛, 寧有方所　이 여섯 가지의 정(보고, 듣고, 냄새 맡고, 맛을 보며, 몸으로 느끼고, 뜻으로 아는)은 법계에 두루한 것이며, 시방의 모든 허공계에 다 있는 것이다. 그러므로 이것은 어떻게 어떤 일정한 곳이 있겠는가? 있는 곳도 없으며, 있지 않은 곳도 없다[無在無不在]. 그것은 하나의 전체적으로 크게 사용하는 것이다[全體大用].

循業發現. 世間無知, 惑爲因緣及自然性, 皆是識心, 分別計度. 但有
言說, 都無實義.

"중생의 업을 따라 그것의 수용함이 나타난다. 세간의 범부, 권승, 외
도 등 무지한 사람들이 인연이나 자연성에 미혹되었다. 이러한 견해는
모두 식심으로 사량분별하는 것이며, 단지 그들이 말할 수 있는 것은
모두 진실한 도리가 아니다."

7) 식대(識大)의 성질

앞에서 이야기한 지·수·화·풍·공·견은 육대(六大)이며, 여기에
식을 더하면 칠대(七大)이다. 무엇을 식이라고 하는가? 식은 바로 '인
식하다, 인식하지 못하다'는 것이다. 무엇을 인식하며, 무엇을 인식하
지 못하는가? 인식하는 것은 무엇도 옳지 않으며, 인식하지 못하는
것은 무엇도 옳다.

식(識)은 요별(了別)하는 것으로 뜻을 삼는다. 즉 이해하고[明瞭] 분별
하다[分別]는 뜻이다. 어째서 아무것도 인식하지 못한다고 하는가? 무
엇을 인식한다고 말하는가? 나는 장삼(張三, 장씨의 셋째 아들이라는 뜻)을 알
고, 이사(李四)를 알며, 왕오(王五)를 알며, 조육(趙六)을 안다고 말한다. 당
신은 그를 아는 것은 또한 어떠한 모습인가? 말하기를 "나는 그를 알

며, 그와 친구가 되었어!"라고 한다. 당신은 그와 친구가 되었기 때문에 그는 당신을 끌고 간다. 당신은 가짜를 진짜로 생각하며, 거짓 친구가 당신의 진짜 친구가 되었으며, 당신의 진짜 친구는 잊어버렸다.

그러면 장삼(張三), 이사(李四), 왕오(王五), 조육(趙六)은 있지만 일곱 번째는 없는데, 지금 이 식이 바로 일곱 번째이다. 따라서 앞에서 설명한 여섯 가지의 대(大)와 이 일곱 번째의 식이 일곱 형제와 같은 것이다. 그러나 당신은 밖으로 가서 친구를 알지만, 당신 자신의 일곱 형제는 모두 잊어버렸다. 땅[地]도 알지 못하고, 물[水]도 알지 못하고, 불[火]도 알지 못하고, 바람[風]도 알지 못한다. 또한 공(空)도 알지 못하고 견(見)도 알지 못한다. 당신만 인식하지 못할 뿐 아니라 아난조차도 인식하지 못한다.

따라서 부처님께서는 수고로움을 두려워하지 않고 이 일곱 형제를 하나하나 모두 찾아낸다. 이것이 당신의 진정한 골육이고 형제이며, 당신의 진정한 법문의 권속이다. 그러나 모두 인식하지 못하고 있다. 장삼(張三), 이사(李四), 왕오(王五), 조육(趙六) 등의 이러한 여우나 개 등의 친구는 걸어 놓고 자기의 진정한 친형제는 모두 집에 가두었다.

그래서 나는 당신이 아는 것은 무엇인가 하면 아무것도 인식하지 못한다고 말하는 것이다. 당신이 인식하지 못한 것은 무엇도 모두 당신의 것이다. 이 여래장 속에 본래 갖추고 있는 집의 보배, 본지의 풍광을 당신은 모두 버렸다. 당신은 근본을 버리고 지엽을 쫓아가며, 가까운 것을 버리고 멀리서 구하며, 밖으로 달려가서 사람들과 사회 관계를 맺는다. 이것이 전도된 것이 아닌가? 왜 밖으로 가서 여우나 개 등의 친구를 사귀면서 자기의 골육지친은 알지 못하는가? 바로 가짜를 진짜로 착각하고 도적을 아들로 잘못 알기 때문이다. 가능한 바깥에서 이 식심으로 일을 한다.

그러면 말한다. "지금 이것도 식심이 아닌가?" 그래 맞아! 당신은 정말 총명해! 당신은 나보다도 총명해! 내가 지금 경을 강의하는 것은 그것이 식심인지 모른다. 당신이 지금 한번 강의하면 나는 곧 알 수 있다.

나는 다시 조금 더 설명하자면, 이 식심은 소승(小乘)에서는 당신은 가짜를 진짜로 생각하기 때문에 이 식심을 쓰는 것은 나쁜 점이 있다. 당신이 지금 무엇이 가짜이며, 무엇이 진짜인지를 이해하면, 당신은 자기의 친형제를 찾을 수 있다. 당신의 가짜 식심은 지금은 무엇으로 변했는가? 여래장성(如來藏性)으로 변하였다. 이것은 여래장 속에서 나타나는 것이다. 당신은 지금 모습을 되돌려 성품으로 돌아간다[迴相歸性]고 말한다. 이전에는 최대한 모습에 집착하였는데, 지금은 자성을 이해하게 된 것이다. 자기의 성품을 깨달으면 당신은 다시는 가까운 것을 버리고 멀리서 구하지 않을 것이며, 근본을 버리고 지엽을 쫓지 않을 것이며, 도적을 아들로 착각하지 않을 것이다. 그러면 당신은 방법이 있게 되며 당신이 바로 재물의 주인이 되는 것이다.

내가 능엄주(楞嚴呪)를 독송해야 한다고 말하는데, 당신이 만약 능엄주를 독송할 줄 안다면, 미래의 일곱 생 동안 세계에서 가장 돈이 많은 사람이 될 수 있다. 당신이 만약 불법을 이해한다면, 지금 당신은 바로 세계에서 가장 돈이 많은 사람이다. 당신이 이 법보를 이해한다면 당신은 그것을 마음속에 담아두면 누구도 빼앗아 갈 수 없다. 무슨 폭동이나 강탈하는 도적도 빼앗아 갈 수 없는 것이다. 당신의 법보는 당신의 자성 속에, 당신의 여래장의 보배창고에 보존되어 있다. 어떠한 사람도 그곳에 가서 빼앗아 갈 수 없는 것이다. 이 얼마나 묘한가!

그러므로 묘함도 바로 이곳에 있다. 당신이 지금 만약 이 불법을 이해하면, 지금 당장 세계에서 가장 돈이 많은 사람이 된다. 그러나 당신은 잠시 쓸 수 없다. 당신은 나의 이 재산을 쓴다고 말할 수 없다. 왜냐하면 당신은 아직 재산을 계승할 연령이 되지 않았다. 당신은 부처를 이루는 그때가 되어야 그 재산이 모두 당신의 것이 된다. 지금은 단지 당신의 이름하에 있을 뿐이다. 당신은 아직 합법적인 연령에 이르지 못하였으므로 잠시 사용할 수 없는 것이다.

∎

阿難! 識性無源, 因於六種根塵妄出. 汝今遍觀此會聖衆, 用目循歷. 其目周視, 但如鏡中, 無別分析. 汝識於中次第標指, 此是文殊, 此富樓那, 此目犍連, 此須菩提, 此舍利弗.

∎

"아난아! 식의 성질은 근원이 없으며, 여섯 가지의 근과 진으로 인하여 망령되이 나타나는 것이다. 너는 지금 이 법회의 성스러운 대중들을 두루 관찰하면서 눈으로 순차적으로 보아라. 눈으로 두루 살펴보면 마치 거울 속에 나타나는 영상과 같이 별다른 분석되는 것이 없다. 너의 식은 이 가운데서 차례로 그들의 표식을 가리킨다. 이분은 문수사리보살, 이분은 부루나 존자, 이분은 목건련 존자, 이분은 수보리 존자, 이분은 사리불 존자."

識性無源 이 식의 성질은 근원이 없다. 바꾸어 말하자면, 그것은 뿌리가 없다.

因於六種根塵妄出 그것은 '안 · 이 · 비 · 설 · 신 · 의'와 '색 · 성 · 향 · 미 · 촉 · 법'의 여섯 가지의 근과 진에 의탁하여, 즉 육근과 육진의 견분(見分)과 상분(相分)에 의지하여 나타나는 것이다. 상분이 있으므로 견분이 있으며, 곧 견(見)이 있다.

汝今遍觀此會聖衆, 用目循歷 너는 지금 보편적으로 관찰해 보아라. 이 능엄법회에 참석한 이들 성스러운 대중들을 너의 눈으로 순차적으로 보아라.

其目周視, 但如鏡中, 無別分析 너의 눈으로 주시하되 마치 거울 속에 나타나는 영상과 같이 분석할 만한 무엇이 있는가? 이것은 식의 한 가지 작용을 설명하는 것이다.

汝識於中次第標指 지금 너는 이 법회의 대중들을 보는데, 하나하나 차례로 그들의 표시를 가리켜라.

此識了知, 爲生於見, 爲生於相, 爲生虛空, 爲無所因, 突然而出? 阿難! 若汝識性, 生於見中, 如無明暗及與色空, 四種必無, 元無汝見, 見

638

性尙無, 從何發識?

若汝識性, 生於相中, 不從見生, 旣不見明, 亦不見暗, 明暗不矚, 卽無色空, 彼相尙無, 識從何發? 若生於空, 非相非見, 非見無辨, 自不能知明暗色空. 非相滅緣, 見聞覺知, 無處安立. 處此二非, 空則同無, 有非同物. 縱發汝識, 欲何分別?

若無所因, 突然而出, 何不日中, 別識明月? 汝更細詳, 微細詳審, 見託汝睛, 相推前境, 可狀成有, 不相成無, 如是識緣, 因何所出? 識動見澄, 非和非合. 聞聽覺知, 亦復如是, 不應識緣, 無從自出.

■

"이 식은 깨달아 아는 성질을 가지고 있으며, 일체의 모습[相]을 요지하고 분별할 수 있다. 그러나 식의 본래 몸은 어디에서 나오는 것인가? 볼 수 있는 견에서 나오는가, 형상에서 나오는가, 허공에서 나오는가? 아무런 원인이 없이 갑자기 나오는가? 아난아! 만약 너의 식의 체성이 보는 가운데서 나오는 것이라면, 마치 밝음, 어둠과 형질이 있는 물건과 허공이 없는 것과 같이, 이 네 가지의 인연이 반드시 없으면 근본적으로 너도 보는 견(見)이 없을 것이다. 보는 체성이 없으면 어디에서 식이 나올 것인가?

만약 너의 식의 체성이 형상이 있는 가운데서 나오고 보는 견(見)에서 나오는 것이 아니라면, 이미 밝음도 보지 못하고 또한 어둠도 보지 못하여, 명암을 모두 보지 못하면, 또한 형상과 공도 없다. 저 형상이 없는데 어디에서 식이 나올 수 있겠는가? 만약 식이 공에서 나온다면, 형상도 아니고 보는 견도 아니다. 보는 견이 없으면 판별할 수 있는 것이 아무것도 없다. 판별함이 없으므로 저절로 밝음, 어둠과 색,

공을 알 수 없다. 형상이 없으면 연(緣)도 소멸되어 아무것도 없게 된다. 보고, 듣고, 느끼고, 아는 것이 모두 설 수 있는 곳이 없다. 형상으로부터 나오는 것도 맞지 않으며, 보는 견으로부터 나오는 것도 옳지 않다. 공에서 나오는 것도 옳지 않다. 공(空)하다는 것은 없는 것과 같으며, 허공이 있다[有]는 것은 물건과 같은 것은 아니다. 설령 이 속에서 너의 식이 나온다면, 너는 어떻게 분별하려고 하는가?

만약 아무런 인연도 없이 갑자기 나오는 것이라면, 너는 해가 없는 밤중에 어떻게 밝은 달을 식별할 수 있는가? 너의 보는 견은 너의 눈에 의탁하며, 너의 눈앞에 형상이 있는 것은 일종의 대상[塵境]이며, 형상(形狀)이 있는 것을 있음[有]이라고 말할 수 있으며, 형상이 없는 것은 없음[無]이라고 한다. 이와 같이 식의 인연은 어떤 원인으로 나오는가? 식은 분별하는 것이 있으며 그것의 체성은 움직이는 것이다. 보는 견은 단지 보는 것으로서 그것의 체성은 맑은[澄淸] 것이며, 움직이지 않는 것이다. 따라서 그것은 상호화합하지 않는다. 이러한 듣는 체성, 청각과 느끼고 아는[覺知] 성질도 또한 이와 같이 화합하는 것이 아니다. 이러한 식의 인연도 마땅히 오는 곳이 없으며, 그 스스로 나오는 것이다."

■

此識了知, 爲生於見, 爲生於相, 爲生虛空   이 식은 깨달아 아는 성질을 가지고 있으며, 일체의 모습[相]을 요지하고 분별할 수 있다. 그러나 식의 본 자체는 어디에서 나오는 것인가? 볼 수 있는 견에서 나오는가, 형상에서 나오는가, 허공에서 나오는가?

爲無所因, 突然而出   아무런 원인이 없이 갑자기 나오는가?

如無明暗及與色空, 四種必無, 元無汝見   마치 밝음, 어둠과 형질이 있는 물건과 허공이 없는 것과 같이, 이 네 가지의 인연이 반드시 없으면 근본적으로 너도 보는 견(見)이 없을 것이다.

見性尙無, 從何發識   보는 체성이 없으면 어디에서 식이 나올 것인가? 그러므로 이 식은 보는 가운데서 나오는 것이 아니다.

旣不見明, 亦不見暗, 明暗不囑, 卽無色空, 彼相尙無, 識從何發   이미 밝음도 보지 못하고 또한 어둠도 보지 못하여, 명암을 모두 보지 못하면, 또한 형상과 공도 없다. 저 형상이 없는데 어디에서 식이 나올 수 있겠는가?

非見無辨, 自不能知明暗色空   보는 견이 없으면 판별할 수 있는 것이 아무것도 없다. 판별함이 없으므로 저절로 밝음, 어둠과 색, 공을 알 수 없다.

非相滅緣, 見聞覺知, 無處安立   형상이 없으면 연(緣)도 소멸되어 아무것도 없게 된다. 보고, 듣고, 느끼고, 아는 것이 모두 설 수 있는 곳이 없다.

處此二非, 空則同無, 有非同物   형상으로부터 나오는 것도 맞지 않으며, 보는 견으로부터 나오는 것도 옳지 않다. 공에서 나오는 것도 옳지 않다. 공(空)하다는 것은 없는 것과 같으며, 허공이 있다[有]는 것은 물건과 같은 것은 아니다.

縱發汝識, 欲何分別 설령 이 속에서 너의 식이 나온다면, 너는 어떻게 분별하려고 하는가?

若無所因, 突然而出, 何不日中, 別識明月 만약 아무런 인연도 없이 갑자기 나오는 것이라면, 너는 해가 없는 밤중에 어떻게 밝은 달을 식별할 수 있는가?

見託汝睛, 相推前境, 可狀成有, 不相成無, 如是識緣, 因何所出 너의 보는 견은 너의 눈에 의탁하며, 너의 눈앞에 형상이 있는 것은 일종의 대상[塵境]이며, 형상(形狀)이 있는 것은 있음[有]이라고 말할 수 있으며, 형상이 없는 것은 없음[無]이라고 한다. 이와 같이 식의 인연은 어떤 원인으로 나오는가?

識動見澄, 非和非合 식은 분별하는 것이 있으며 그것의 체성은 움직이는 것이다. 보는 견은 단지 보는 것으로서 그것의 체성은 맑은[澄淸] 것이며, 움직이지 않는 것이다. 따라서 그것은 상호 화합하지 않는다.

聞聽覺知, 亦復如是 이러한 듣는 체성, 청각과 느끼고 아는 [覺知] 성질도 또한 이와 같이 화합하는 것이 아니다.

不應識緣, 無從自出　식의 정(精)은 이미 사람과 그것이 화합하지 않는 것이다. 그러나 이러한 식의 인연도 마땅히 오는 곳이 없으며, 그 스스로 나오는 것이다.

◾

若此識心, 本無所從, 當知了別, 見聞覺知, 圓滿湛然, 性非從所. 兼彼虛空地水火風, 均名七大. 性眞圓融, 皆如來藏, 本無生滅. 阿難! 汝心麤浮, 不悟見聞, 發明了知, 本如來藏. 汝應觀此六處識心, 爲同爲異, 爲空爲有, 爲非同異, 爲非空有?

◾

"만약 이 식심이 본래 어디로부터 오는 곳이 없다면, 너는 마땅히 알아야 한다. 요별하고, 보고, 듣고, 느끼고, 아는 것은 원만하고 청정하며, 그것의 본성은 오는 곳이 있는 것이 아니다. 이 식은 저 허공과 지수화풍과 더불어 칠대(七大)라고 이름한다. 이러한 성질을 갖춘 참된 성품은 원융하며, 모두 여래장에서 나오는 것이며, 본래 생하지 않으며 멸하지 않는 것이다. 아난아! 너의 마음은 세밀하지 못하고 깊지 못하여 견문각지의 성능과 지수화풍공견의 이러한 도리와 밝음을 발하며 깨달아 아는 식이 본래 여래장의 작용이라는 것을 깨닫지 못하였다. 너는 응당 관찰해 보아라. 이 여섯 곳의 식심은 같은 것인가 다른 것인가, 공인가 유(有)인가, 같은 것도 아니고 다른 것도 아닌가, 공도 아니고 유도 아닌가?"

若此識心, 本無所從　만약 이 식심이 본래 어디로부터 오는 곳이 없다면,

當知了別, 見聞覺知, 圓滿湛然, 性非從所　너는 마땅히 알아야 한다. 요별하고, 보고, 듣고, 느끼고, 아는 것은 원만하고 청정하며, 그것의 본성은 오는 곳이 있는 것이 아니다.

兼彼虛空地水火風, 均名七大. 性眞圓融, 皆如來藏, 本無生滅　이 식은 저 허공과 지수화풍과 더불어 칠대(七大)라고 이름한다. 이러한 성질을 갖춘 참된 성품은 원융하며, 모두 여래장에서 나오는 것이며, 본래 생하지 않으며 멸하지 않는 것이다.

汝心麤浮, 不悟見聞, 發明了知, 本如來藏　너의 마음은 세밀하지 못하고 깊지 못하여 견문각지의 성능과 지수화풍공견의 이러한 도리와 밝음을 발하며 깨달아 아는 식이 본래 여래장의 작용이라는 것을 깨닫지 못하였다. 여기서 마음이 거칠다[麤]는 것은 세밀하지 못함을 말하고, 마음이 뜬다[浮]는 것은 깊지 못함을 뜻한다.

汝應觀此六處識心, 爲同爲異, 爲空爲有, 爲非同異, 爲非空有?　너는 응당 관찰해 보아라. 이 여섯 곳의 식심은 같은 것인가 다른 것인가, 공인가 유(有)인가, 같은 것도 아니고 다른 것도 아닌가, 공도 아니고 유도 아닌가?

■

汝元不知, 如來藏中, 性識明知, 覺明眞識, 妙覺湛然, 遍周法界. 含吐
十虛, 寧有方所? 循業發現. 世間無知, 惑爲因緣及自然性, 皆是識心,
分別計度, 但有言說, 都無實義.

■

"너는 원래 알지 못하고 있다. 여래장 가운데서 성품이 갖춘 식은 밝
고 깨닫는 것이며, 깨닫고 밝은 참된 식은 묘한 깨달음의 체로서 청정
하고 담연한 것이며, 법계에 두루한 것이다. 이 식은 시방 세계를 함유
하고 드러내는데, 어찌 일정한 방향과 처소가 있겠는가? 중생의 업을
따라서 갖가지의 과보를 나타낸다. 세간의 무지한 외도, 범부, 소승의
사람들은 인연과 자연성의 도리에 미혹하여 모두 식심으로 사량분별
하며, 그들이 하는 언설은 모두 진실한 도리가 없다."

2

아난의 대승(大乘)의 이치에 대한 믿음

■

爾時阿難, 及諸大衆, 蒙佛如來, 微妙開示, 身心蕩然, 得無罣礙.

■

이때 아난과 모든 대중들은 여래의 이러한 미묘한 법문의 혜택을 받아 몸과 마음이 텅 비어 걸림이 없는 경계를 얻었다.

■

身心蕩然 탕연(蕩然)하다는 것은 아무것도 없다, 비었다는 뜻이다. 마치 물로써 먼지와 때를 씻은 것과 같이, 지금은 광명의 불성만 남았다. 그래서 아무것도 없고 텅 비었다. "안으로 몸과 마음이 없으며, 밖으로 세계가 없다."는 것이다. 이것이 바로 탕연하다는 것이다.

우리는 왜 탕연하지 못하는가? 우리는 안으로 여전히 우리의 몸을 집착하기 때문이다. 누가 만약 자기에게 한마디 하면 당장에 번뇌가 일어난다. 누가 만약 나에게 좋지 않은 얼굴을 하면 수시로 그것을 놓지 못한다. 수시로 놓지 못하기 때문에 탕연하게 되지 못한다.

得無罣礙 탕연하게 텅 비기 때문에 걸림이 없게 된다. 왜 걸림이 있게 되는가? 마치 모모 씨가 베트남에 남자친구가 있으면, 하루종일 남자친구의 편지가 오는지 마음을 쓰게 되는 것과 같다. 이렇게 마음에 걸리는 게 있으면 놓지를 못한다. 이것이 걸림이 있다는 것이다. 사실 그녀가 남자친구를 신경 쓰는 것이 무슨 이로움이 있는가? 그녀는 말한다. 매일 그를 생각하는데, 그녀의 머리를 희게 하고 눈을 흐리게 하고 빨리 늙게 한다. 아, 무슨 이로움이 있는가?

나는 지금 아무것도 걸리지 않는다. 따라서 이전에 절을 지을 때 머리가 희게 되었는데, 지금은 다시 검게 변한 것은 아무것에도 걸리지 않기 때문이다.

나는 지금 여러분에게 경을 강의하는데, 강의를 마치면 책을 보지만 마음을 쓰지 않는다. 이렇게 보고 지나가면 그만이다. 그다지 집착하는 마음을 쓰지 않는다. 무슨 곤란한 일이 생기면 그 당시 방법을 생각하여 처리한다. 처리하고 나면 그것을 관여하지 않는다. 잊어버린다. 이것은 고의로 잊어버리는 것이 아니라 자연적으로 그것을 생각하지 않는다. 무엇 때문에? 여러분은 일체를 중요하게 여기게 되면 이것이 바로 놓지 못하는 것이다.

당신이 어떤 일을 보는데 아무런 관계가 없으면 매우 평정하고 중요하지 않으며, 아무런 일도 없게 된다. 내 앞에서 태산이 무너져도 놀라지 않는 것은 무슨 큰 재난이 있어도 그것을 관여치 않는 것이다. 당신이 그것에 관여치 않을 수 있으면 설령 집이 무너져도 당신은 손상되지 않을 것이다. 왜 당신은 손상을 입는가? 바로 놓지 못하기 때문이다. 당신이 마음에 걸어두고, 두려워하면 손상함이 있게 된다. 당신이 만약 두려워하지 않으면 당신의 신령스런 성품은 완정(完整)한 것이므로 어떤 것도 중요치 않은 것이다.

━

是諸大衆, 各各自知, 心遍十方. 見十方空, 如觀掌中所持葉物. 一切世間諸所有物, 皆卽菩提妙明元心. 心精遍圓, 含裏十方.

━

이 법회의 모든 대중들은 각각 마음이 시방세계에 두루하다는 것을 알았으며, 시방의 허공을 보고 마치 자기 손바닥 안의 잎이나 열매를 보는 것과 같음을 보았다. 일체 세간의 모든 사물은 모두 미묘하고 밝은 보리심이며, 이 참된 마음은 법계에 두루하여 원만무결하며, 시방세계를 포함하고 감싸고 있는 것이다.

■

是諸大衆, 各各自知, 心遍十方　모든 대중들은 이 마음은 시방세계에 두루한 것을 각각 스스로 알았다.

見十方空, 如觀掌中所持葉物　시방을 보면 모두 허공이다. 마치 손바닥 가운데의 잎을 보는 것과 같았다.

종합하면 이때 법회의 대중들은 시방세계의 허공과 이러한 도리, 이러한 경계가 모두 자기의 마음속에서 출몰하고 현전하는 한생각이라는 것을 깨달았다. 따라서 이 심법은 묘하다는 것이다. 허공을 다하고 법계를 두루하여 그것이 아닌 곳은 없다. 이 마음이 이렇게 크기 때문에 큰 것을 축소하여 작게 만든다. 이 시방의 허공도 자기 손바닥에 있는 물건과 같이 그렇게 분명한 것이다.

이것은 왜 그러한가? 나는 다시 여러분들에게 알린다. 이때 이 법회의 대중들은 천안통을 얻었으며, 지혜의 눈을 얻었다. 따라서 그들은 이러한 경계를 깨닫고, 만법이 오직 마음이며, 마음이 만법을 감싼다는 도리를 깨달은 것이다. 그래서 시방의 허공을 보는 것이 마치 자기 손바닥의 잎이나 열매를 보는 것과 같다는 것이다.

一切世間諸所有物, 皆卽菩提妙明元心　일체 세간의 모든 사물은 모두 보리의 묘명원심 속의 사물이라는 것이다.

心精遍圓, 含裹十方　이 참된 마음은 법계에 두루하여 원만
무결하며[遍圓], 시방을 포함하고 있는 것이다. 시방세계를 감싼 마음
은 바로 보리심(菩提心)이다. 보리심의 미묘한 도리는 원만하지 않은
곳이 하나도 없으며, 조금의 결함도 없으므로 따라서 편원(遍圓)이라고
한 것이다. "중생의 마음을 따라서 아는 바의 수량에 응한다[隨衆生心, 應
所知量]."는 것이 바로 편원(遍圓)하다는 뜻이다. 함과(含裹)의 함(含)이란
포함한다는 뜻이고, 과(裹)는 둘러싸다는 뜻이다.

━

反觀父母所生之身, 猶彼十方虛空之中, 吹一微塵, 若存若亡. 如湛巨
海, 流一浮漚, 起滅無從. 了然自知, 獲本妙心, 常住不滅.

━

부모님께서 낳아주신 이 몸을 돌이켜보면 마치 시방의 허공 가운데서
하나의 먼지를 불면, 있었다가 없어졌다가 하는 것과 같다. 마치 청정
한 큰 바다에서 표류하는 하나의 물거품과 같이 어느 곳으로부터 일어
나 어느 곳으로 사라지는가? 이때 매우 명확하게 스스로 안다. 본래 갖
춘 묘한 마음은 영원히 상주하며 멸하지 않는 것임을 얻게 된다.

━

反觀父母所生之身　이전의 아난 존자는 밖으로 관하여 자기
의 눈을 보지 못하였다. 이번에는 돌이켜 관하여 자기의 눈을 본다. 왜
자기의 눈을 보는가? 부처님께서는 "자기의 눈은 자기의 얼굴을 보지

못한다."고 말씀하였는데, 지금 어째서 자기의 눈을 본다고 하는가? 그는 천안통을 얻었기 때문이다. 천안이 열리면 당신은 밖으로 볼 수 있을 뿐 아니라 안으로도 볼 수 있다. 당신의 이 신체는 보면 마치 유리와 같다. 마치 이 유리컵과 같다. 유리컵 속의 이 물은 색깔이 있는 것이면 볼 수 있다. 당신이 만약 천안통을 얻거나 혹은 지혜의 눈, 불안(佛眼)을 얻으면, 당신 몸속의 어떤 부분에 무슨 물건이 있는지를 모두 볼 수 있다. 어떤 결점이 있는지 볼 수 있다. 어떤 기혈이 통하지 못하는 것도 볼 수 있다. 따라서 바깥도 볼 수 있고 안도 볼 수 있다.

당시의 대중들은 시방세계 보기를 손바닥 위의 열매를 보는 것과 같았으며, 자기의 피부를 보는 것과 자기의 몸속을 보는 것도 시방의 허공처럼 그렇게 크게 본다. 그러면 말한다. "어째서 부모님이 주신 몸이 한 알의 미진과 같다고 말합니까?" 내가 지금 말하는 이 몸은 법신(法身)이다. 이 법신은 시방의 허공과 같이 큰 것이다. 이 육신은 보신이며, 이 보신은 마치 시방 허공 속의 한 알의 미진과 같다.

猶彼十方虛空之中, 吹一微塵, 若存若亡　부모님께서 낳아주신 이 몸을 돌이켜보면 마치 시방의 허공 가운데의 불어오는 한 알의 미진과 같이 있었다가 없어졌다가 한다.

따라서 이 생멸하는 몸은 지금 비록 생존하고 있지만 결국 장래에는 사망할 것이다. 약존약망(若存若亡)이란 마치 존재하고 있는 것처럼, 또 존재하지 않은 것과 같음을 뜻한다. 그러므로 우리 각 사람은 당신의 거짓인 몸뚱어리, 부모가 준 깨끗하지 못한 몸에 미혹되지 말아야 한다. 당신은 그것을 집착하고 애착하고 놓지 못하고 있다. 실제로 마치 내 제자가 말하는 것과 같다. "바보! 정말 바보야! 이것은 정말로 바보야!" 자기의 신체를 놓지 못하는 사람은 바로 가장 큰 바보이다. 바보가 되지 않기를 원한다면 이 몸을 놓아야 할 것이다.

如湛巨海, 流一浮漚, 起滅無從 마치 청정한 큰 바다에서 표류하는 하나의 물거품과 같이 어느 곳으로부터 일어나 어느 곳으로 사라지는가?

了然自知, 獲本妙心, 常住不滅 이때 매우 명확하게 스스로 안다. 본래 갖춘 묘한 마음은 영원히 상주하며 멸하지 않음을 얻게 된다.

3

▬

아난의 찬불게(讚佛偈)

▬

禮佛合掌, 得未曾有. 於如來前, 說偈讚佛.

▬

합장하고 부처님께 절을 하였으며, 이 능엄의 법은 이전에는 들어본 적이 없는 법이라고 부처님 앞에서 찬탄하는 게송을 설하였다.

■

이하의 게송은 아난이 그의 다문(多聞)의 비상한 학문으로 지어낸 게송이다. 이것은 부처님(佛)을 찬탄하고 법(法)을 찬탄하고 승(僧)을 찬탄한 것이다.

■

妙湛總持不動尊, 首楞嚴王世希有.

■

미묘하고 청정하며 다라니를 지니시어 움직이지 않으시는
부처님과 수능엄삼매는 세상에서 매우 희유하십니다.

■

銷我億劫顚倒想, 不歷僧祇獲法身.

■

저의 억겁으로부터 쌓여온 전도된 망상을 소멸하시어
아승기겁을 거치지 않고 법신을 깨달았습니다.

■

願今得果成寶王, 還度如是恒沙衆.

■

원하오니 지금 부처의 과를 얻어 부처를 이루어
다시 항하사의 중생을 제도하려고 합니다.

■

將此深心奉塵刹, 是則名爲報佛恩.

■

이 깊은 마음을 미진 같은 세계를 봉헌하는 것이
부처님의 은혜를 갚는 것이라 할 수 있습니다.

■

伏請世尊爲證明, 五濁惡世誓先入.

■

엎드려 청하오니 세존께서 증명이 되어 주십시오.
저는 오탁악세에 먼저 들어가 중생을 교화할 것을 맹세합니다.

■

如一衆生未成佛, 終不於此取泥洹.

■

만약 한 중생이라도 부처를 이루지 못한다면,
끝내 저는 이곳에서 열반을 취하지 않겠습니다.

■

大雄大力大慈悲, 希更審除微細惑.

■

대웅, 대력, 대자비의 힘으로써
저의 미세한 혹을 살펴서 제거하게 해 주시기 바랍니다.

■

令我早登無上覺, 於十方界坐道場.

■

저로 하여금 조속히 무상의 깨달음(부처)에 오르게 하여
저도 시방의 세계에서 법륜을 굴려 중생을 교화하겠습니다.

■

舜若多性可銷亡, 爍迦囉心無動轉.

654

■

허공의 성질이 없어져도
저의 견고한 마음은 영원히 움직이지 않을 것입니다.

■

妙湛總持不動尊   이 구절은 부처님을 찬탄한 것이다. 묘담(妙
湛)이란 부처님의 법신을 찬탄한 것이다. 부처님의 법신은 일체의 곳에
두루 가득한 것이며, 미묘하고 청정한(妙湛) 경계는 법신의 경계이다.

총지(總持)는 부처님의 보신(報身)을 찬탄한 것이다. 부처님의 보신
은 마치 다라니(陀羅尼)와 같다. 범어의 다라니는 '총지'라고 하는데, 이
것은 "일체의 법을 총괄하며, 무량의 뜻을 가진다(總一切法, 持無量義)."는
뜻이다. 부처님의 보신은 원만한 것이다. 원만하다는 뜻으로 인하여
총지에 속하며, 따라서 총지는 부처님의 보신을 찬탄한 것이다.

부동(不動)은 부처님의 응신(應身)을 찬탄한 것이다. 부처님의 응신
은 무슨 몸으로 제도할 것인가에 따라서 현재 무슨 몸으로 그를 위하
여 설법하는 것을 말한다. 그러나 비록 부처님께서 많은 응신으로 나
타나지만, 본체는 부동한 것이다. 부처님은 도량을 움직이지 않고 중
생을 교화하는 것이 부처님의 응신이다. 존(尊)은 부처님의 하나의 명
칭이며, 세존이라고도 부른다.

首楞嚴王世希有   수능엄왕이라고 한 것은 법을 찬탄한 것이
다. 세희유는 부처님과 법을 찬탄한 것이다. 부처님도 세간에 희유한
것이며, 이 법도 세계에 희유한 것이다. 따라서 수능엄왕이라고 말한
다. 수(首)는 제일이라는 것이다. 제일의(第一義)란 바로 제일종(第一種)이

며, 제일종은 도대체 무엇인가? 바로 능엄왕이다. 바로 구경견고한 삼매의 왕인 능엄대정(楞嚴大定)을 말한다. 능엄이란 구경견고하다는 것이며, 구경견고한 정은 모든 정 가운데서 왕이다.

銷我億劫顚倒想 소(銷)란 다하여 없어진다는 뜻이다. 억겁이란 시작이 없는 이전부터 지금까지를 뜻한다. 전도상이란 오늘부터 있는 것도 아니고 어제부터 있는 것도 아니다. 무량한 겁 이전부터 조금씩 조금씩 쌓여서 이루어진 것이다.

소위 습기(習氣)라는 것은 전도된 생각의 모체(母體)이다. 전도된 생각은 바로 오염된 습기로부터 양성된 것이며, 이러한 전도됨을 기르게 된 것이다. 옳은 것을 그르다고 생각하고, 그른 것은 옳다고 생각한 것이다.

不歷僧祇獲法身 승기(僧祇)란 무량한 수[無量數]라는 뜻이다. 세 번의 대아승기의 겁을 경과해야 비로소 부처를 이룰 수 있다. 처음 발심할 때로부터 초지(初地)보살의 전까지가 한 아승기의 긴 시간을 요하며, 초지보살에서부터 칠지(七地)보살까지 다시 한 아승기의 긴 시간이 필요하며, 팔지보살부터 묘각(妙覺)까지 바로 성불을 할 때까지 다시 한 아승기의 세월을 거쳐야 한다.

그러면 아난은 부처님의 미묘한 법문을 들었기 때문에 지금 깨달음을 열어 그는 세 아승기겁의 긴 세월이 필요하지 않고 곧 법신을 얻을 수 있다. 획(獲)이란 얻다[得到]는 뜻이며, 결코 증득(證得)하는 것이 아니고 깨달아 얻다[悟得]는 것이다. 그는 법신의 이치를 깨달았다는 것이다. 만약 이 법신을 정식으로 증득하려면 여전히 더 수행해야 한다.

따라서 그가 지금 아승기겁을 거치지 않고 법신을 얻었다고 말하는 것은 그는 세 아승기겁의 긴 시간을 거치지 않고 성불할 수 있다는 것을 알았다는 것이다. 그는 지금 상주하는 진심의 성정명체를 이해하여 자기와 모든 바깥의 색상이 모두 여래장 가운데의 미묘하고 밝은 마음이라는 것을 알았다는 것이다. 그는 이 점을 이해하였으므로 그는 매우 빨리 성불할 수 있음을 아는 것이다.

願今得果成寶王, 還度如是恒沙衆 보왕이란 부처님을 가리킨다. 과(果)는 바로 부처의 과를 말한다. 이 두 구절은 사홍서원을 포괄한다. 원금득과성보왕(願今得果成寶王)은 법문무량서원학(法門無量誓願學), 불도무상서원성(佛道無上誓願成)을 포함한다. 성불하기를 원하기 때문에 불법을 이해하려고 하는 것이다. 그래서 법문무량서원학(法門無量誓願學)한 연후에 불도무상서원성(佛道無上誓願成) 즉 성불하는 것이다.

환도여시항사중(還度如是恒沙衆)은 중생무변서원도(衆生無邊誓願度), 번뇌무진서원단(煩惱無盡誓願斷)을 포괄한다.

당신이 중생을 제도하려면 먼저 당신은 번뇌를 끊어야 한다. 만약 번뇌를 끊지 못하면 당신은 중생을 제도하는 것이 아니라 중생에게 제도된다. 왜 그러한가? 중생은 각자 개성을 가지고 있어 각각 같지 않다. 어떤 중생은 매우 강하여 당신이 무슨 말을 해도 듣지 않는다. 본래 마땅히 당신이 그를 제도하려고 하였지만 그는 당신의 교화를 듣지 않는다. 이때 당신이 만약 번뇌를 끊지 못하면 당신도 번뇌를 내게 된다. "아, 당신은 너무 강해, 나는 당신보다 더 강해야 돼!" 번뇌가 나오면 중생을 교화할 수 없다. 이것이 "중생에게 교화된다."고 하며, 중생을 제도하는 것이 아니다.

그러므로 당신이 중생을 제도하려면, 반드시 번뇌를 끊어야 한다. 일체의 중생을 어린아이같이 보고 착한 성품을 가진 중생은 당연히 섭수해야 할 것이며, 악한 성품의 중생은 당신도 그를 책망하지 않아야 하며, 번뇌를 내지 않아야 한다. 따라서 중생을 교화하려고 생각하면, 반드시 번뇌를 끊어야 하는 것이다.

저는 지금 불과를 얻어 부처의 도를 이루기를 원합니다[願今得果成寶王]고 하였는데, 이것은 그리하여 다시 항하사 수의 많은 중생을 제도하기[還度如是恒沙衆] 위함이다.

將此深心奉塵刹 저는 지금 이 깊은 마음을 미진 같은 찰토의 부처님과 중생에게 봉헌하려고 한다는 뜻이다. 깊은 마음이란 대승의 보살마음을 내는 것이다.

是則名爲報佛恩 이것은 비로소 제가 부처님의 은혜를 갚는 기회이며, 이것이 비로소 제가 부처님에 대한 저의 의무를 표시한다는 것이다. 따라서 저는 단지 부처님께 공양하고 중생에게는 공양하지 않는 것이 아니다. 왜냐하면 중생이 바로 부처이기 때문이다. 그러면 이렇게 말할 것이다. "중생이 바로 부처야? 그러면 다시 무엇을 닦아?" 마치 모모라는 사람이 말하는 것과 같다. "우리는 모두 부처다! 우리는 모두 부처다!" 맞아, 당신은 부처다. 그러나 당신은 수행해야 비로소 부처이다. 만약 수행하지 않으면 당신이 하루 종일 "나는 부처다, 나는 부처다, 나는 부처다."라고 외쳐보았자, 소용이 없는 것이다. 당신은 참된 공부를 해야 되는 것이다.

伏請世尊爲證明 복(伏)이란 땅에 엎드린다는 뜻이다. 아난존자는 그가 깊은 마음으로 진찰에 봉헌하여 부처님의 은혜를 갚겠다고 말하는데, 그러면 단지 말만 하고 증명하는 사람이 없으면 성립되지 않는다. 반드시 보증을 하는 사람이 있어야 한다. 그래서 부처님께 청하여 증명이 되어 주실 것을 청하는 것이다.

五濁惡世誓先入 오탁악세란 사람의 수명이 이만 세에서 일백 년마다 일 세씩 줄어들며, 신체의 높이도 일 촌(寸)씩 줄어들어 일백 세가 되었을 때 이것이 바로 오탁악세가 시작되는 시기이다. 사람의 수명이 백 세 이전에는 오탁악세라고 부르지 않는다. 그때의 세계는 매우 청정하며, 탁하지 않다. 탁(濁)이란 오염되었다는 뜻이다.

그럼 오탁이란 무엇인가?

(1) 겁탁(劫濁)

겁이란 범어로 겁파(劫波)라고 하며, 중국어로 번역하면 시분(時分)이라고 한다. 즉 하나의 시간의 분단을 말한다. 하나의 때를 나누어 다른 시간과 구별하는 것을 시분이라고 한다. 겁이 어떻게 탁해지는가? 오탁악세에 이르게 될 때 이 겁의 운[劫運]은 중생의 악업으로부터 조성되는 것이기 때문에 겁은 혼탁해진다.

(2) 견탁(見濁)

이전의 사람은 무엇을 보는 것이 청정하였다. 그러면 겁탁의 시기에 이르게 되면, 사람이 보게 되는 것은 모두 오염된 탁한 물건이다. 이 견탁은 '오리사(五利使)'로 그것의 체성을 삼는다. 왜 그것이 날

카롭다[利]고 하는가? 날카로움은 매우 예리한 것이며, 매우 빠른 것이다. 무엇이 오리사인가? 바로 몸[身], 변(邊), 계(戒), 견(見), 삿됨[邪]을 가리킨다.

①**신견**(身見) : 중생은 모두 그가 몸을 가지고 있다는 것을 집착하여 애착하며 놓지 못한다. 자기의 몸에 대하여 일종의 애욕의 마음을 낸다. "나는 반드시 내 자신을 도와서 조금도 손해를 보면 안 돼!" 자기의 몸을 특별히 중시하여 좋은 옷을 입어야 하고 맛있는 것을 먹어야 하고 머무는 곳도 좋아야 한다. 언제나 이 몸뚱어리를 보배같이 여기는 것이다. 그러나 당신은 잘못 쓰는 것이다. 당신의 보배는 한 무더기의 분노로 변할 것이다.

당신은 외관상에서 공부를 하기 때문에 자기의 진정한 자성의 보배구슬은 발견하지 못한다. 그러므로 단지 이 몸이 나의 모든 것이라고 집착하면서 그것을 놓지 못하며, 하루 종일 이 몸을 위하여 바쁘며, 이 몸의 노예가 된다. 이것이 신견이다.

②**변견**(邊見) : 어째서 변견이라고 하는가? 또한 편견(偏見, 치우친 견해)이라고도 한다. 공(空)이나 유(有)의 한쪽으로 치우친 것으로 중도에 부합되지 못하는 것이다.

③**계견**(戒見) : 어째서 계가 나쁜 물건으로 변한 것인가? 왜냐하면 이 계는 정확하지 못한 원인으로 무익한 고행을 닦는 것이다. 이전에 내가 이야기한 적이 있는데, 소의 계를 지니고, 개의 계를 지닌다고. 소와 개의 행동을 배우며, 갖가지의 무익한 고행을 한다. 그는 이러한 계의 견해를 가지고 마음으로 생각한다. "당신들 봐라. 나는 계를 지니는 사람이다. 나는 계를 지키는 사람이다. 당신들은 안 돼! 나

와 비교할 수 없어!" 언제나 이러한 아만의 마음을 가지는 것을 계견
이라고 한다. 그것은 이러한 원인에 부합되지 않는 것이다.

　　④ **견취견**(見取見) : 이러한 과를 얻을 수 없는데, 그는 얻을 수 있
다고 생각하는 것이다.

　　⑤ **사견**(邪見) : 바로 정당하지 못한 것이며, 삿된 지견을 말한다.
그가 생각하는 것은 언제나 바르지 못한 것을 얻으려고 생각한다.

　(3) 번뇌탁(煩惱濁)

　　이 번뇌탁은 오둔사(五鈍使)를 그것의 체성으로 삼는다. 앞에서의
'오리사(五利使)' '날카로움'은 오는 것이 빠르다. 이 둔은 지둔(遲鈍, 더디
고 둔하다)하며, 무슨 일이든지 오는 것이 느리고 둔하다. 오둔사는 무엇
인가? 이것은 불교에서 상용되는 명사이며, 사람마다 마땅히 기억해
야 한다. 마치 사홍서원(四弘誓願)과 같이 불교도라면 기억해야 하며, 매
우 중요한 것이다. 이 오둔사는 '탐(貪), 진(瞋), 치(癡), 만(慢), 의(疑)' 다섯
가지이다.

　　① **탐**(貪) : 순조로운 경계에 대하여 탐하면서 싫어함이 없는 마음
을 내는 것이다. 즉 당신이 좋아하는 일에 대하여 탐하는 마음을 내는
것이다.

　　② **진**(瞋) : 당신이 좋아하는 일에 위배되는, 즉 좋아하지 않는 일
에 대하여 성내고 원망하는 마음을 내는 것이다.

　　③ **치**(癡) : 최대한 어리석은 망상을 짓는 것을 말한다.

　　④ **만**(慢) : 아만심을 말한다. 나는 가장 크며, 당신들은 모두 나보
다 못하다고 생각하는 것이며, 다른 사람에 대하여 예의가 없는 것도

아만이다.

⑤ 의(疑) : 진정한 법에 대하여 의심을 품으며, 정확하지 않은 법에는 도리어 옳은 것이라고 생각하는 것이다. 그는 옳은 것도 의심하고 그른 것도 의심하며, 진정한 법에 대하여 인식하지 못하고 회의하는 마음을 낸다. 정당하지 못한 법에 대하여는 오히려 믿는다. 따라서 정법을 의심하고 삿된 법을 믿는다.

이상의 다섯 가지를 오둔사라고 한다. 이 오둔사를 가지기 때문에 많은 번뇌를 야기하며, 따라서 번뇌탁은 오둔사를 그것의 체성으로 삼는다.

(4) 중생탁(衆生濁)

중생이라는 이 명칭은 언급하면 안 된다. 왜 언급하면 안 되는가? 왜냐하면 중생은 매우 더럽기 때문이다. 중생은 모두 함께 나고 이렇게 많이 생기며, 매우 깨끗하지 못하고, 청정하지 못하다. 그래서 보살이 중생이라는 명칭을 한번 제기하면 곧 오염되고 탁한 것이라고 여긴다. 따라서 중생탁은 중생이 깨끗하지 못한 물건이므로 당신은 자기가 대단하다고 여기지 말아야 한다. 오염되고 탁하며 더러운 것은 좋은 것이 하나도 없다. 그러므로 중생이 자기를 대단하다고 여기는 것은 실제로는 모두 중생탁 속에 있는 것이며, 청정하지 못한 것이다.

(5) 명탁(命濁)

이 세상에서 우리들의 모든 명운(命運)은 깨끗하지 못한 것이다.

이상으로 오탁을 개략적으로 설명하였다. 만약 상세하게 설명하려면 많은 시간이 필요하다. 아난 존자가 말하기를 "오탁악세에 먼저

들어가기를 서원한다[五濁惡世誓先入]."고 하였는데, 오탁의 악세는 좋지
않으며 깨끗하지 못한 세계이므로 내가 먼저 들어가서 중생을 교화
하려고 한다는 뜻이다. 왜냐하면 석가모니 부처님께서 이 오탁악세에
중생을 교화하러 오셨기 때문에 아난도 스승의 이러한 위대한 정신
을 배워 모든 오탁의 오염을 겁내지 않으므로 오탁악세에 먼저 들어
가려고 서원하는 것이다.

如一衆生未成佛, 終不於此取泥洹   만약 한 중생도 성불
하지 못한다면, 저도 과를 증득하여 성불하지 않고 열반에 들어가지
않겠다는 것이다. 니원(泥洹)이란 열반(涅槃)으로 번역한다. 이것은 마치
지장보살의 원력과 같다.

중생을 모두 다 제도하여야, 비로소 깨달음을 증득할 것이며
지옥이 비지 않으면, 부처를 이루지 않을 것을 서원합니다.
衆生度盡, 方證菩提
地獄不空, 誓不成佛

大雄大力大慈悲, 希更審除微細惑   저는 세존께서 대웅,
대력, 대자비의 힘으로써 제가 관찰하지 못하는 미세한 의혹, 번뇌, 무
명을 제거하여 주시기 바랍니다. 즉 부처님께 청하오니 저를 도와서
만약 미세한 번뇌가 있을 때 제거하는 것을 도와주실 것을 바란다는
것이다. 불교의 사찰에는 대웅보전(大雄寶殿)이 있다. 대웅이란 큰 영웅
[大英雄]이라는 뜻이다. 대웅은 일체중생의 미세한 혹을 깨뜨릴 수 있
다. 일체중생의 근본의 무명을 제거할 수 있으며 근본상에서 해결할

수 있으므로 대웅이라고 부른다.

대력이란 일체중생의 번뇌의 뿌리를 뽑을 수 있으며, 번뇌의 근본은 바로 무명이다. 종합하면 '대웅, 대력'은 모두 사람의 무명을 제거하고 뽑는 것이다.

이러한 자비는 평등한 자비이며, 무연(無緣)의 자비이며, 보편적인 자비이다. 부처님께서는 평등한 자비로써 중생에게 모든 즐거움을 주며, 동체의 대비를 운용하여 중생의 모든 괴로움을 제거하신다. 이 뽑는다는 뜻은 괴로움의 뿌리조차도 모두 뽑아낸다는 것이다. 즐거움을 준다는 것은 구경의 즐거움을 주는 것이며, 잠시의 즐거움을 주는 것이 아니다. 구경의 즐거움이란 일체중생으로 하여금 본래의 면목을 이해하게 하는 것이다. 이것을 무연대자 동체대비(無緣大慈, 同體大悲)라고 한다.

令我早登無上覺, 於十方界坐道場   좌도량(坐道場)이란 법륜을 굴려 중생을 교화하는 것이다. 저 아난으로 하여금 빨리 불도를 이루게 하여 저도 시방세계로 가서 도량을 건립하여 중생을 교화하겠습니다.

舜若多性可銷亡   순야다란 무엇인가? 앞에서 한번 순야다를 설명하였는데, 중국어로 번역하면 본제를 해결하다[解本際]라고 하며, 또 최초의 해[最初解]라고 한다. 이곳에서 순야다는 공(空)이라는 뜻이다. 즉 허공이라는 뜻이다. 순야다성은 바로 허공의 성질을 말한다. 소망(銷亡)이란 멸한다는 뜻이다. 이 허공을 없게 할 수 있는가? 허공은 본래 없는 것인데, 다시 어떻게 없게 할 수 있는가? 아난은 이렇게 비

유를 들어 이 허공은 본래 없어질 수 없는 것인데, 그러나 만약 허공의 공성을 없앨 수 있다고 한다면, 저도 영원히 변하지 않을 것이다. 저는 지금 불법을 믿고 저의 진심을 얻었기 때문이다.

燦迦囉心無動轉 삭가라(燦迦囉)는 능엄왕이라는 뜻이다. 저의 이 견고한 마음은 영원히 움직이지 않을 것이다. 저는 지금 부처님의 법을 믿어 저의 진심을 얻었다. 진심은 곧 견고한 선정의 마음이며, 또한 성불을 결정하는 마음이다. 저는 영원히 움직이지 않을 것이다.

九

부루나 존자의
두 가지 의혹

1

부루나 존자가 의혹을 일으키다

爾時富樓那彌多羅尼子, 在大衆中, 卽從座起. 偏袒右肩, 右膝著地, 合掌恭敬, 而白佛言. 大威德世尊! 善爲衆生, 敷演如來第一義諦.

이때 부루나 존자가 대중 가운데서 일어나 오른쪽 어깨를 드러내고 오른쪽 무릎을 땅에 대고 합장하여 공경스럽게 부처님께 말하였다. "큰 위덕을 가진 세존이시여! 중생을 위하여 여래의 제일의제를 잘 분석하여 연설하십니다."

世尊常推說法人中, 我爲第一. 今聞如來微妙法音, 猶如聾人, 逾百步外, 聆於蚊蚋. 本所不見, 何況得聞? 佛雖宣明, 令我除惑, 今猶未詳斯義究竟, 無疑惑地. 世尊! 如阿難輩, 雖則開悟, 習漏未除. 我等會中登無漏者, 雖盡諸漏, 今聞如來所說法音, 尙紆疑悔.

"세존께서는 항상 저를 설법하는 사람 가운데서 제일이라고 추천하였습니다. 지금 여래의 미묘한 법문을 들으니, 마치 귀머거리가 백 보 밖에서 모기가 내는 소리를 듣는 것과 같이 본래 (모기가) 보이지도 않는데, 하물며 어찌 들을 수 있겠습니까? 부처님께서 비록 상세하게 선설하시어 저로 하여금 의혹을 제거하시지만, 저는 지금 아직 구경의 도리를 이해하지 못했으니, 한 점 의혹이 있는 곳을 없게 하여 주십시오. 세존이시여! 마치 아난 등과 같은 사람은 비록 깨달았지만 습기와 새는 것이 아직 제거되지 않았습니다. 저와 같이 이 법회 가운데 무루를 증득한 사람은 비록 모든 새는 것[漏]이 다하였지만, 지금 여래께서 말씀하신 법문에는 여전히 의혹이 남아있습니다."

雖則開悟, 習漏未除 아난과 같은 수준의 사람은 비록 깨달았지만, 즉 성불의 도리를 이해하였지만, 남은 습기를 아직 다 없애지 못했다는 뜻이다. 습루(習漏)란 다생겁의 습기와 새는 것이다. 새는 것은 어디로부터 오는가? 이 또한 습기로부터 오는 것이다.

따라서 습기는 하루아침에 생긴 것이 아니며, 무시이래로부터 세세생생 오염되어 온 것이고, 배워서 온 것이며, 그리하여 가지가지의 새는 것[漏]이 있게 된 것이다. 루(漏)란 무엇인가? 바로 번뇌이다. 번뇌가 바로 습루이다. 습루를 제거하지 못하면 그의 번뇌는 아직 다 없애지 못하며, 이러한 습기를 다 제거하지 못한다. 이것을 남은 습기[餘習]라고 한다. 이것은 전생으로부터 오는 것이며, 또한 업(業)과 비슷한 성질이다.

1) 어찌하여 산하대지가 생겼는가?

■

世尊! 若復世間, 一切根塵陰處界等, 皆如來藏淸淨本然. 云何忽生山河大地, 諸有爲相. 次第遷流, 終而復始?

■

"세존이시여! 만약 이 세간의 일체의 근·진·음·처·계 등이 모두 여래장에서 생기는 법이며 청정하며 본래 그러한 것이라면, 어찌하여 홀연히 산하대지의 모든 유위상이 생기며, 순서대로 변천하고 유동하여 그치다가 다시 시작되고 합니까?"

■

一切根塵陰處界等   근은 육근을 가리키며, 진은 육진이며, 음은 오음이며, 처는 12처이며, 계는 18계를 말한다.

次第遷流, 終而復始   그들 모든 유위상은 순차적으로 변천하고 유동(流動)하면서 끝이 났다가(없어졌다가) 다시 시작된다. 언제 비로소 끝나는가? 끝나는 시기는 없는 것이다. 이것은 무슨 도리인가?

2) 지수화풍이 원융한 까닭은 무엇인가?

■

又如來說, 地水火風本性圓融, 周遍法界湛然常住. 世尊! 若地性遍,
云何容水? 水性周遍, 火則不生. 復云何明, 水火二性俱遍虛空, 不相
陵滅? 世尊! 地性障礙, 空性虛通, 云何二俱周遍法界? 而我不知是義
攸往.

■

"또한 여래께서 말씀하였습니다. 지수화풍의 본성은 원융하고 법계에
두루하며, 청정하게 항상 머문다고 하였습니다. 세존이시여! 만약 땅
의 성질이 법계에 두루하다면, 어떻게 물을 수용할 수 있습니까? 물의
성질이 법계에 두루하면 불은 생기지 않을 것인데, 물과 불의 성질이
함께 허공에 두루하면서 서로 빼앗고 소멸시키지 않는 것을 어떻게 설
명할 수 있습니까? 세존이시여! 땅의 성질은 장애를 하는 것이고 허공
의 성질은 텅 비고 통하는 것인데, 어찌하여 두 가지가 함께 법계에 두
루할 수 있습니까? 저는 이러한 도리의 돌아가는 바를 알지 못하겠습
니다."

■

若地性遍, 云何容水 만약 땅의 성질이 법계에 두루한 것이
라면, 마땅히 물은 없어야 할 것이다. 땅의 성질은 물을 이기는[剋] 것
이니, 땅이 있으면 물은 없다. 땅과 물은 서로 화합할 수 없다. 그런데
어째서 물을 용납하는가?

水性周遍, 火則不生　만약 물의 성질이 법계에 두루한 것이
라면, 불은 없어야 할 것이다. 왜 그런가? 물과 불은 극하기 때문이다.
물이 있으면 불이 있을 수 없다. 물은 오로지 불을 소멸시킨다. 물과
불은 병립할 수 없는 것이다. 따라서 만약 물의 성질이 법계에 두루하
면 불은 반드시 도망갈 것이다.

▬

惟願如來, 宣流大慈, 開我迷雲, 及諸大衆. 作是語已, 五體投地, 欽渴
如來無上慈誨.

▬

"오직 원합니다. 여래께서 대자비로 선설하셔서 저와 모든 대중들의
미혹의 구름을 걷어주시기 바랍니다." 이 말을 마치고 오체투지하고
공경스럽게 여래의 무상의 자비의 가르침을 갈망하였다.

2

일승(一乘)의 적멸의 이치

爾時世尊告富樓那, 及諸會中漏盡無學諸阿羅漢. 如來今日, 普爲此會, 宣勝義中, 眞勝義性. 令汝會中定性聲聞, 及諸一切, 未得二空, 迴向上乘, 阿羅漢等, 皆獲一乘寂滅場地, 眞阿練若, 正修行處. 汝今諦聽, 當爲汝說. 富樓那等欽佛法音, 默然承聽.

이때 세존께서 부루나와 법회 가운데의 모든 누진의 경지에 이른 무학의 아라한들에게 말씀하셨다. "여래는 금일 보편적으로 이 법회에 참석한 사람을 위하여 수승한 이치 가운데서도 가장 수승한 의리(義理)를 선설하여 너희들 정성(定性) 성문과 아직 두 가지의 공을 얻지 못한 사람들과 위로 향상하려는 아라한 등으로 하여금 모두 일승(一乘)의 중도요의를 얻게 할 것이다. 너희들은 지금 정신을 집중하여 들어라. 너희들을 위하여 설하겠다." 부루나와 대중들은 부처님의 법음을 공경스럽게 조용히 들었다.

定性聲聞 작은 것을 얻고 만족하며, 공을 즐기고 고요함에 머

무는 성문으로서 공을 얻은 후 전진하지 않고 더 이상 추구하지 않는다. 따라서 부처님께서는 이러한 정성비구를 비난하면서 "싹이 타고 종자가 썩은 무리[焦芽敗種]"라고 하였다. 그들은 다시 앞으로 나아가려고 하지 않으며, 진취심이 없어 진보를 구하지 않는다.

未得二空   이공이란 인공(人空)과 법공(法空)을 말한다.

皆獲一乘寂滅場地, 眞阿練若, 正修行處   일승이란 중도요의(中道了義)이며, 실상의 이체(理體)를 가리킨다. 적멸장지(寂滅場地)란 적멸의 도량이란 뜻이다. 아련야(阿練若)란 시끄럽지 않은 조용한 수행처를 뜻하며, 바로 정수행처를 말한다.

1) 홀연히 산하대지가 생기는 원인

■

佛言. 富樓那! 如汝所言, 淸淨本然, 云何忽生山河大地? 汝常不聞如來宣說, 性覺妙明, 本覺明妙. 富樓那言. 唯然, 世尊! 我常聞佛宣說斯義.

■

부처님께서 말씀하셨다. "부루나여! 마치 네가 말한 바와 같이 청정본연한데 어찌하여 홀연히 산하대지가 생겼는가? 너는 항상 여래가 선설하는 '우리 자성의 깨달음은 고요하면서 항상 비추고, 본래 갖추고 있는 깨달음은 비추면서 항상 고요하다'는 도리를 듣지 않는가?" 부루나가 말하였다. "그렇습니다. 세존이시여! 저는 부처님께서 이러한 도리를 선설하시는 것을 항상 들었습니다."

性覺妙明 성각이란 우리 자성의 참된 깨달음이다. 묘명하다는 것은 '고요하면서 항상 비추는[寂而常照]' 것이다. 묘(妙)는 일종의 청정하다는 표현이다. 성각은 또한 우리 각자의 참된 이체[一眞理體]이다. 어떤 것을 일진이체라고 하는가? 바로 우리 각 사람이 본래 갖추고 있는 불성이다. 이 일진이체는 성각(性覺)이라고 한다. 적이상조(寂而常照)하는 것은 비록 그것이 적정(寂靜)하지만 이러한 성능은 법계를 두루 비추는 것이다.

本覺明妙 본각이란 매 사람마다 천연적으로 본래 갖추고 있는 이성(理性)이다. 명묘란 '비추면서 항상 고요한[照而常寂]' 것을 뜻한다. 이 도리도 곧 성각묘명(性覺妙明)의 도리이다. 성각이란 또한 하나의 근본이 흩어져 만물로 펴진 그 '하나의 근본[一本]'이다.

본각이란 천연적으로 원래 갖추고 있는 이체이며, 각 사람이 본래 가지고 있는 것이며, 본래 그러한 깨달음을 가지고 있다. 그럼 무명은 어디에서 오는가? 무명은 바로 참됨을 의지하여 허망함을 일으키며, 본각의 체에 의지하여 일종의 인연을 따르는 작용을 일으킨다.

(1) 깨달음에 밝음을 더하지 말라

■

佛言. 汝稱覺明, 爲復性明, 稱名爲覺? 爲覺不明, 稱爲明覺? 富樓那言. 若此不明, 名爲覺者, 則無所明. 佛言. 若無所明, 則無明覺, 有所非覺, 無所非明. 無明又非覺湛明性. 性覺必明, 妄爲明覺.

■

부처님께서 말씀하셨다. "네가 말하는 각명(깨달음이 밝다는 것)이란 각(깨달음)의 성질이 밝아서 각(覺)이라고 칭하는가? 아니면 각이 본래 밝지 않아서 명각(明覺)이라고 칭하는가?" 부루나가 말하였다. "만약 이 깨달음이 밝지 않아서 각이라고 이름하는 것은 밝은 바가 없습니다." 부처님께서 말씀하셨다. "만약 밝은 바가 없으면 명각(明覺)이 없으며, 그러나 밝은 바가 있으면 깨달음이 아니며, 밝은 바가 없으면 이 깨달음은 밝은 것이 아니다. 밝음이 없으면 또한 깨달음의 맑고 밝은 성품이 아니다. 성품의 깨달음이 반드시 밝아야 한다면, 그것은 허망하게 깨달음에 다시 밝음을 더한 것이 된다."

■

汝稱覺明   네가 말하는 각명은. 이곳의 각명은 '성각묘명(性覺妙明), 본각명묘(本覺明妙)'의 두 가지의 각을 포함한다.

爲復性明, 稱名爲覺? 爲覺不明, 稱爲明覺   네가 말하는 각(깨달음)의 성질이 밝음[明]을 구족해야 각이라고 이름하는가, 아니면

각이 본래 밝지 않아서 밝음[明]을 덧붙여야 비로소 각이라고 할 수 있으며, 비로소 명각이라고 하는가?

若此不明, 名爲覺者, 則無所明　만약 이 각이 밝지 않아도 각이라고 이름한다면, 그 각은 밝음이 없을 것이다. 각은 본래 밝은 것이다. 그러므로 다시 하나의 밝음을 더할 필요가 없다. 당신이 다시 하나의 밝음을 더한다면, 그것은 진정한 밝음이 아니다.

하나의 비유를 들자면, 마치 마니주(摩尼珠)와 같은 것이다. 마니주의 밝음은 마니주 본래로 가지고 있는 것이다. 결코 마니주와 밝음을 나누어 마니주에 다시 밝음을 더해야 비로소 광명이 있는 것이 아니다. 마니주는 본래 밝은 것이며, 야명주이다. 만약 밝음을 다시 더한다면, 마치 무엇과 같은가? 마치 전등을 켜고 끄는 것과 같다. 만약 전등을 켜지 않으면 그것은 어둡다. 그것을 켜야 비로소 밝은 것이다. 이것이 바로 깨달음 위에 다시 밝음을 더해야 비로소 각이 밝다고 생각한다. 근본적으로 깨달음의 본체는 밝은 것이다. 부루나는 이 점에서 잘못 생각한 것이다.

若無所明, 則無明覺, 有所非覺, 無所非明　만약 네가 말하기를 밝음을 다시 더하지 않는다면, 이 깨달음은 밝음이 없다. 그러나 만약 밝음을 더한다면 그것은 깨달음이 아니며, 만약 밝음을 더하지 않는다면 이 깨달음은 밝은 것이 아니다.

無明又非覺湛明性　밝음이 없으면 또 깨달음의 맑고 밝은 성질이 아니다. 담(湛)이란 물이 맑은[澄淸] 것과 같은 것이다. 따라서

깨달음 위에 밝음을 다시 더하는 것은 잘못이다. 본각의 위에 당신이 다시 밝음을 더하면, 이것은 일종의 허망함을 내는 것이다.

性覺必明, 妄爲明覺   만약 성품의 깨달음 위에 반드시 밝음을 다시 더한다면, 이것은 곧 허망함이며, 망령되게 깨달음에 밝음을 더하면, 그것은 진각(眞覺)이 아니며, 망상이 나타낸 하나의 깨달음이지, 결코 본래의 깨달음[本覺]이 아니다.

—

覺非所明, 因明立所. 所旣妄立, 生汝妄能.

—

"깨달음은 밝음을 더하여 된 것이 아니며, 밝음을 더하기 때문에 깨달음의 대상을 세울 수 있다면, 그러한 대상(업의 모습)이 망상으로 세워지고, 너의 망상의 공능을 내는 것이다."

—

覺非所明   자성의 깨달음[性覺]과 본래의 깨달음[本覺]은 결코 밝음을 더하여 밝은 깨달음[明覺]이 된 것이 아니며, 그것은 본래 명각이다.

因明立所   만약 밝음을 더하기 때문에 소각(所覺, 깨달음의 대상)이 성립되어 나온다면,

所既妄立   이 소(所)는 바로 업을 짓는 모습[業相]이다. 이것은 세 종류의 미세한 혹의 하나이며, 앞에서 아난이 부처님께 말한 '희경심제미세혹(希更審除微細惑, 제가 관찰하지 못하는 미세한 의혹, 번뇌, 무명을 제거하여 주시기 바랍니다)'의 혹(惑)이다. 앞 문장의 입소(立所)의 소(所)는 짓게 되는 업의 모습을 뜻한다. 소기망립(所既妄立)이란 업의 모습은 이미 너의 망상으로부터 세워지는 것이다.

生汝妄能   이러한 정황의 아래에서 너는 곧 일종의 망상의 발원(發源)을 내는 것이다. 망능(妄能)이란 망상을 내는 하나의 발원이다. 이 발원은 바로 당신이 깨달음 위에 다시 밝음을 더하기 때문이다. 근본적으로 필요하지 않은데, 너는 억지로 그것에 밝음을 더한다. 당신이 깨달음 위에 밝음을 더하기 때문에 따라서 일종의 업의 모습이 있게 된다. 이 업의 모습은 너의 이러한 망상에서 이루어지는 것이며, 또한 이러한 망상의 공능[妄能], 실재하지 않은 공능을 내는 것이다.

이 문단의 대의는 우리 각 사람은 본래 모두 부처인데, 어떻게 다시 중생이 되었는가? 중생은 왜 또 성불을 하지 못하는가? 잘못은 어디에 있는가? 이 잘못은 바로 우리들이 본래 부처와 다름이 없지만, 불성 속에서 중생을 나타낸다. 어떻게 변화하여 나오는가?

부처님은 천백억만 화신(化身)을 가지고 있는데, 이 화신은 어느 곳에서 변화하여 나오는가? 부처님의 광명 속에서 나오는 것이며, 또한 부처님의 성품 속에서 변화하여 나오는 것이다.

불성은 광명이며, 이것은 본각이며, 또한 '본각명묘(本覺明妙)'이다. 이 본각은 바로 우리들 각자의 자성 속에 천연적으로 본래 갖추고 있는 각성(覺性)이며, 또한 불광(佛光)이다. 이 불광 속에서 중생을 변화하여 낸다.

나는 하나의 비유를 들고자 한다. 이 비유는 그다지 적절하지는 않지만 이런 도리를 이해할 수 있다. 부처님의 화신은 마치 우리가 영상(또는 사진)을 촬영하는 것과 같다. 우리가 지금 어떤 한 사람을 촬영하면, 이 영상은 그 사람과 같다. 그러나 이 영상은 지각이 없으며, 죽은 물체이다. 부처님도 영상을 변화하여 낼 수 있는데, 영상은 바로 한 사람을 변화하여 낸다. 이 성품은 부처님 그곳에서 나오는 것이다.

그러나 변화되어 나오는 중생과 부처님의 그 성품은 같은 것이다. 모습도 비슷한 점이 있는데, 마치 영상과 같다. 그리고 마치 거울이 비치는 모습과 같은 것이다. 우리가 거울 앞에 지나가면 상이 생기는데, 지나가면 없어진다. 부처님이 몸을 변화하여 내는 것도 이와 같다. 우리의 본각(本覺)은 마치 거울과 같다. 거울 속에서 홀연히 하나의 상이 나타난다. 이것은 바로 한 생각의 무명(無明)이 나오는 것을 비유한다. 한 생각의 무명이 나온 연후에 곧 중생이 있게 된다.

지금 명각(明覺)을 말하는데, 각의 본체는 밝은 것이다. 부루나의 말하는 뜻은 이 깨달음 위에 다시 밝음을 더해야 하는 것이다. 마치 전등과 같이 본래 켜고 끌 필요가 없이 그것은 밝은 것이다. 만약 당신이 스위치를 누르지 않으면 낮이고 밤이고 모두 밝다. 당신이 만약 스위치를 켜고 끄고 하는 것은 하나의 조작을 첨가하는 것이다. 하나의 조작을 첨가하는 것은 마치 깨달음 위에 다시 밝음을 더하는 것과 같은 것이다.

(2) 세 가지의 미세한 모습[三細相]

無同異中, 熾然成異. 異彼所異, 因異立同. 同異發明, 因此復立無同
無異.

"같거나 다름이 없는 가운데 왕성하게 다름을 이루며, 저 다른 바와는
다르게 변하여 허공 속에서 세계를 만들어내며, 다름으로 인하여 같은
모습의 허공을 세운다. 같거나(허공) 다름(세계)이 나타나기 때문에 다
시 같음도 없고 다름도 없는 중생을 세운다."

앞에서 설명한 '소기망립 생여망능(所旣妄立 生汝妄能)'에서 소(所)는 업의
모습[業相]이며, 당신이 허망하게 이러한 업의 모습을 세워 망상의 공
능을 내는데[生汝妄能] 그러면 곧 움직이는 모습[轉相]이 생기게 된다. 즉
업의 모습에서 전상(轉相)이 나온다. 이미 전상이 나오면

　　無同異中, 熾然成異　　본래 허공 속에는 같다거나 다르다고
할 것이 없는데, 이 가운데서 왕성하게 다름을 이루게 된다. 치연(熾然)
이란 마치 불과 같이 뜨겁고 빛이 나는 것과 같다. 같은 것도 없고 다
른 것도 없는 가운데 치연하게 다른 모습이 나타난다. 바로 이 세계가
생기는 것이다. 허공 속에서 세계가 생겨 나오는 것이다.

異彼所異　여기서 피(彼)는 치연성이(熾然成異)를 가리킨다. 이피(異彼)란 왕성하게 다름을 이루는 경계와 다르다는 뜻이다. 그리하여 이피소이(異彼所異), 이것은 또 변하여 허공 속에서 세계를 만들어 낸다는 것이다. 이 세계는 전상(轉相)에서 나오는 것이다. 움직이는 모습[轉相]이 나오면 다시 나타나는 모습[現相]이 생기게 되는데, 이것은 허공 속에서 이 세계가 나타내는 것을 뜻한다.

앞에서 부루나 존자가 "왜 이 청정본연한 여래장 속에서 홀연히 산하대지가 생깁니까?"라고 물었으므로 지금 부처님께서 이 문제에 대하여 설명하시는 것이다. 최초에는 업상(業相)이 나오고 그런 연후에 전상(轉相)이 생기게 되며, 이어서 현상(現相)이 있게 된다.

因異立同　다른 모습의 경계와 상대하여 같은 모습의 허공을 세운다는 뜻이다. 세계와 허공은 같지 않지만 허공의 본체는 무슨 같고 다름이 없는 것이다.

同異發明　이 허공과 세계 속에서 분명하게 나타낸다. 허공은 모습이 없는 것이고, 세계가 생기면 모습을 드러낸다. 이 세계의 모습을 나타내므로, 같거나 다름 속에서 나타낸다고 하는 것이다.

因此復立無同無異　그래서 이러한 관계 때문에 다시 같지 않으며 다르지도 않음[無同無異]을 세운다. 바로 중생을 말한다.

'이피소이(異彼所異)'의 때에 세계가 있게 되며, 그것은 허공과 같지 않다. 이 허공과 세계에서 다시 중생이 생겨 나온다. 중생은 바로 '같음도 없고 다름도 없는[無同無異]' 것이다. 각각의 중생의 형상은 모두 같지 않기 때문에 '같지 않다'고 하는 것이며, 중생의 지각하는 마음은 모두 같으며, 분별이 없기 때문에 '다르지 않다'고 하는 것이다.

앞의 문단과 이것은 사람이 되어 최초로 무명, 망상으로부터 발생되어 나오는 업상, 전상, 현상을 설명한다. 최초로 업상이 있은 연후에 일종의 전상, 현상을 발생한다. 깨닫지 못하는 한 생각 속에서 세 가지의 미세한 혹을 내는 것이다. 이것은 최초에 미세하고 미세하여 쉽게 알아차리기 어려운 세 가지의 미세한 모습이다.

(3) 여섯 가지의 거친 모습[六粗相]

▬

如是擾亂, 相待生勞. 勞久發塵, 自相渾濁. 由是引起塵勞煩惱.

▬

"이와 같이 혼잡되고 혼란되어 서로 피곤함을 생하여 그 피곤함이 오래되면 진로를 발하여 스스로 혼탁하게 된다. 이것으로부터 진로번뇌를 일으킨다."

▬

앞의 문장에서는 최초의 세 가지 미세한 혹을 언급하였으며, 이곳에서는 여섯 가지의 거친 모습 가운데 다섯 가지 거친 모습을 설명한다. "한 생각 깨닫지 못하여 세 가지 미세한 혹[細惑]을 내며, 경계가 인연이 되어 여섯 가지 거친 모습을 자라게 한다[一念不覺生三細, 境界爲緣長六粗]."라고 하였다.

여섯 가지의 거친 모습은 다음과 같다.

① **지상**(智相) 이것은 구생법집(俱生法執)에 속한다. 법의 집착이 있으며, 그것은 분별한다. 왜 지상(智相)이라고 하는가? 이 지혜는 분별하는 능력을 가지고 있기 때문이다. 이 지혜는 구경의 지혜가 아니고 지혜의 한 모습이다. 구생법집이란 태어나면서 갖추고 오는 것이며, 마치 성품[性]과 같은 것이다.

② **상속상**(相續相) 분별하는 법집에 속한다.

③ **집취상**(執取相) 구생아집에 속하며, 나에 대한 집착[我執]이다.

④ **계명자상**(計名字相) 분별하는 아집에 속한다.

⑤ **기업상**(起業相) 앞의 계명자상(計名字相)의 분별아집에서 다시 일종의 업을 일으키는 상을 낸다. 즉 갖가지의 업을 짓는 것을 말한다.

⑥ **업계고상**(業繫苦相) 업을 일으키기 때문에 업이 당신을 묶는 것이다. 마치 노끈으로 당신을 묶는 것과 같다. 묶으면 당연히 고통을 받는다. 따라서 이것이 업계고상(業繫苦相)이다.

이상의 이러한 상은 여섯 가지의 거친 상에 속한다.

불법은 처음에 들을 때는 그다지 이해가 되지 않지만 연구하는 시간이 오래되면 이런 도리를 이해하게 된다. 지금 당신은 먼저 귀로 한 번 듣고 지나가 팔식의 가운데 인상을 심어야 하며, 인식이 있어야 한다. 당신이 오래도록 불법을 연구하게 되면 반드시 활연히 관통하고 이것을 이해하게 될 것이다.

如是擾亂 마치 앞에서 말한 '같고 다름이 없는 가운데[無同異中]' 허공세계와 '왕성하게 다름을 이루어[熾然成異]' 이렇게 혼합되고

혼란하게 된다.

相待生勞　그 가운데서 서로 같음과 다름이 나타나게 되며, 이렇게 오래되면 곧 일종의 노(勞, 피곤함·힘듦)가 생긴다. 이것이 방금 말한 지혜의 모습[智相]이며, 처음의 거친 모습[麤相]을 만들어낸다.

勞久發塵, 自相渾濁　피곤함이 오래되면 상속하는 모습이 나온다. 노구(勞久)란 바로 상속상(相續相)이다. 진(塵)은 일종의 진로(塵勞)이며, 진로는 바로 집취상(執取相)이다. 발진(發塵)이란 그러한 상을 낸다는 것이다. 그리하여 자기 스스로 서로 혼탁하게 된다.

由是引起塵勞煩惱　지상, 상속상, 집취상, 계명자상의 이러한 갖가지의 관계로부터 진로번뇌를 일으킨다. 어째서 진(塵)이라고 하는가? 깨끗하지 않고 청정하지 않기 때문이다. 앞에서 스스로 혼탁하게 되어 진로번뇌를 일으키는 것을 업을 일으키는 모습[起業相]이라고 한다.

진로 또한 번뇌이며, 번뇌 또한 진로이다. 소위 로(勞)라고 하는 것은 팔만사천의 진로가 있으며, 이 또한 바로 팔만사천 가지의 번뇌이다. 위에서 생로(生勞), 노구(勞久), 또 발진(發塵)하는 이러한 관계 때문에 번뇌를 내는 것이다. 번뇌가 한번 나오면 이것은 곧 산하대지를 이루고 무엇이든 모두 나타난다.

(4) 유위의 모습[有爲相]이 생기는 모습

∎

起爲世界, 靜成虛空. 虛空爲同, 世界爲異. 彼無同異, 眞有爲法.

∎

"번뇌를 일으킨 후 움직이는 것은 세계를 이루고, 고요한 것은 허공을 이룬다. 허공은 같은 것이며, 세계는 다른 것이다. 저 허공에는 같음과 다름도 없는데, 정말로 갖가지의 유위의 법이 생긴다."

∎

이곳에서는 업계고상을 설명한다. 앞에서 '이와 같이 혼합되고 혼란되는[如是擾亂]' 것은 하나의 경계의 모습이다. 앞에서 말한 이러한 갖가지의 혼란스러운 모습, 즉 같음도 있고 다름도 있으며, 같음도 없고 다름도 없는 이러한 어지러운 경계는 여섯 가지의 거친 모습을 내며, 따라서 기위세계(起爲世界)라고 한다. 즉 세계를 생기게 한다는 뜻이다.

靜成虛空   허공은 고요한 것이며, 이 산하대지를 낸다. 고요함이 극에 이르면 움직임을 내며, 고요함 가운데서 움직임을 내는 것이다. 움직이면 하나의 세계를 만들고 산하대지가 있게 된다. 이것이 의보(依報)이다.

虛空爲同   허공은 같은 것이며, 세계는 같지 않은 것이다. 허공은 아무런 구별이 없기 때문에 같다고 한다.

世界爲異   세계는 어떻게 다르다고 하는가? 이 세계는 허공과 다르며, 그것은 색질을 가지고 있으며, 색법이 있고 형색이 있고 모습이 있고 산하대지가 있다. 이것이 세계를 이룬다. 따라서 다르다고 하는 것이다.

彼無同異, 眞有爲法   허공 속에는 본래 같음도 없고 다름도 없다. 현재 세계가 나오고 중생이 나왔다. 허공 속에서, 업상(業相)·전상(轉相)·현상(現相)으로부터 여섯 가지의 거친 상[智相·相續相·執取相·計名字相·起業相·業繫苦相]이 나오며, 가지가지의 상이 나오는 것이다. 이것이 유위의 법[有爲法]이다.

(5) 세계가 상속(相續)되는 과정

∎

覺明空昧, 相待成搖, 故有風輪執持世界.

∎

"깨달음의 밝음과 허공의 어두움이 서로 혼합되어 오래되면 움직이게 되며, 따라서 이 세계를 지탱하는 풍륜이 되는 것이다."

∎

覺明空昧, 相待成搖   진정한 깨달음의 본체는 밝은 것이다. 허공의 어두운 맛과 깨달음의 체성이 혼합하여 오래되면 움직이게 된다.

故有風輪執持世界 그것이 움직이기 때문에 따라서 바람을 발생하며, 이 세계의 밑에는 풍륜(風輪)이 있는데, 이 풍륜이 세계를 집지하고 있다. 우리는 지금 과학자들이 허공에 대기층이 있으며, 대기층을 지나면 공기가 없다고 한다. 그러나 또한 바람이 있는 곳이 있다. 지ㆍ수ㆍ화ㆍ풍은 모두 륜(輪)이라고 말하는데, 이 륜은 반드시 돈다는[輪轉] 것을 말하는 것은 아니며, 두루 편만하다는 뜻이다. 이 바람은 두루 편만하여 이 세계를 성취하는 힘을 가지고 있다. 뒤에서 또한 여러 가지의 설명이 있다.

지대(地大)가 이루어지다

■

因空生搖, 堅明立礙, 彼金寶者, 明覺立堅, 故有金輪保持國土.

■

"허공에서 움직이는 모습을 내기 때문에 이 허공과 허망한 밝음이 장애를 내며, 저 금과 보배가 밝은 깨달음과 함께 견고한 성질을 낸다. 따라서 금륜이 있게 되며 국토를 보호하고 지탱한다."

■

因空生搖, 堅明立礙 밝음은 화(火)에 속한다. 허공에서 이러한 움직이는 모습을 내기 때문에 이 허공과 허망한 밝음이 일종의 장애를 낸다.

彼金寶者, 明覺立堅   지대(地大) 속에 일종의 금이 있으며, 금의 성질은 견고한 것이다. 금에는 광명이 있으며 깨달음에도 그러한 인연이 있기 때문에 일종의 견고하고 단단한 성질을 낸다.

故有金輪保持國土   따라서 금륜이 있으며, 이 국토를 보호하고 지지한다.

화대(火大)가 이루어지다

■

堅覺寶成, 搖明風出, 風金相摩, 故有火光爲變化性.

■

"견고한 것과 깨달음의 체성이 보배를 만들며, 이 금은 움직이는 밝은 경계를 내니 바람이 나오고, 바람과 금이 서로 마찰하므로 화광이 있게 되며, 변화하는 성질이 된다."

수대(水大)가 이루어지다

■

寶明生潤, 火光上蒸, 故有水輪含十方界.

■

"보배의 밝음이 습기를 내는 윤택함을 내며, 화광이 위로 찌므로 수륜이 있게 되며, 시방세계에 두루 가득하게 된다."

寶明生潤, 火光上蒸   이 금은 일종의 광명을 가지고 있으며 물기를 내는 윤택함이 나온다. 아래에서는 이 화광이 다시 상승하여 금을 찐다. 이 금은 단지 황금이 아니라 금속이라는 것이다.

故有水輪含十方界   불이 상승하여 금을 찌기 때문에 금에는 습기를 가지게 된다. 따라서 수륜이 있으며 시방세계에 두루 가득한 것이다.

바다와 육지가 생기다

火騰水降, 交發立堅, 濕爲巨海, 乾爲洲潬. 以是義故, 彼大海中, 火光常起, 彼洲潬中, 江河常注.

"불은 위로 상승하고 물은 아래로 하강하며, 서로 교차하여 견고한 땅을 낸다. 축축한 물기는 모여 큰 바다로 변하며 건조한 곳은 육지로 된다. 이러한 도리로 인하여 큰 바다 속에서 화광이 항상 일어나며, 육지 가운데서 강이 항상 흐른다."

———

火騰水降 화는 위로 상승하고 물은 아래로 하강한다. 금에는 윤기가 있기 때문에 불로 찌면 이 윤기에서 물이 나온다. 물이 나오면 수륜이 생긴다. 따라서 지금 화는 상승하고 물은 하강한다고 말하는 것이다.

交發立堅 서로 교차하여 견고한 땅을 낸다.

濕爲巨海, 乾爲洲潭 축축한 물기는 큰 바다로 변하며 건조한 곳은 육지로 된다.

以是義故, 彼大海中, 火光常起, 彼洲潭中, 江河常注 이러한 도리로 인하여 큰 바다 속에서 화광이 항상 일어나며, 육지 가운데서 강이 항상 흐른다.

산과 물, 나무가 생기다

———

水勢劣火, 結爲高山. 是故山石, 擊則成炎, 融則成水. 土勢劣水, 抽爲草木, 是故林藪, 遇燒成土, 因絞成水.

———

"물의 세력이 불보다 약하면 뭉쳐서 높은 산이 되며, 이러한 까닭으로 산의 돌을 서로 치면 불이 일어나며, 녹으면 물이 된다. 흙의 세력이 물보다 약하면 이러한 인연 아래에서는 초목이 생기며, 그러므로 숲과 덤불은 불을 만나면 재가 되어 땅으로 변하며, 풀과 수목이 서로 뒤엉키면 물이 나온다."

擊則成炎, 融則成水   산의 돌을 서로 부딪치면 불이 나오며, 어떤 돌은 열기가 극점에 이르면 물로 변한다. 마치 화산이 폭발하는 것과 같이 왜 그것이 폭발하는가? 왜냐하면 물과 불이 찌고 태우는 힘이 크기 때문에 따라서 산속에서 뚫고 나오는 것이다.

是故林藪, 遇燒成土, 因絞成水   수(藪)란 덤불을 뜻하며, 교(絞)는 서로 뒤엉키다는 뜻이다.

交妄發生, 遞相爲種. 以是因緣, 世界相續.

"서로 모두 허망함이 교차하며, 서로 교차하는 이러한 망념(妄念)으로 발생하며 서로에게 전하여 서로 종자가 된다. 이러한 인연으로 세계가 상속된다."

交妄發生, 遞相爲種   서로 모두 허망함이 교차하며, 서로 교차하는 이러한 망념(妄念)으로 발생하며 서로 종자가 된다. 물과 불 속에는 산과 초목의 종자가 있으며, 산으로 변하거나 혹은 초목으로 변하게 된다. 체상위종(遞相爲種)이란 서로가 전하여 모두 서로 종자가 된다는 뜻이다. 체(遞)란 서로 전하다는 뜻이다.

以是因緣, 世界相續　이러한 서로 전하고 서로 종자가 되는 인연으로 말미암아 이 세계는 성(成)·주(住)·괴(壞)·공(空)의 갖가지의 정황으로 끊임없이 이어진다.

(6) 중생이 상속(相續)되는 과정

여섯 가지의 망상이 생기다

▬

復次富樓那! 明妄非他, 覺明爲咎. 所妄旣立, 明理不踰. 以是因緣, 聽不出聲, 見不超色. 色香味觸, 六妄成就. 由是分開見覺聞知.

▬

"다시 부루나여! 무명과 망상은 다른 것이 아니라 깨달음에 다시 밝음을 더하였기 때문이며, 업이 이미 성립되면 무명과 업상의 도리는 변하지 않는다. 이러한 인연으로 듣는 것은 소리를 벗어나지 않고, 보는 것은 색상을 떠나지 않는다. 색향미촉 등의 육진(六塵)에서 여섯 가지의 망상[六妄]이 성취되는데, 이것으로부터 견문각지의 육식으로 나누어진다."

694

明妄非他, 覺明爲咎　이 허망한 망명(妄明), 즉 무명과 망상은 다른 것이 아니라 깨달음에 다시 밝음을 더하였기 때문이다. 너는 깨달음 위에 다시 밝음을 더한 것은 머리 위에 다시 머리를 붙이는 것과 같이 따라서 결점이 나오는 것이다.

所妄旣立　소망(所妄)이란 업의 모습이다. 업의 모습이 이미 성립되어

明理不踰　명(明)은 무명을 가리키며, 리(理)는 망상으로 바로 전상(轉相)을 가리킨다. 불유(不踰)란 변하지 않는다는 뜻이다. 이것은 여전히 업상(業相)의 도리를 말하는 것이며, 이러한 무명과 전상은 바뀌지 않는다.

以是因緣, 聽不出聲, 見不超色　이러한 업상과 전상의 인연으로 듣는 것은 음성을 벗어나지 않고 보는 것은 색상을 떠나지 않는다.

色香味觸, 六妄成就　색향미촉 등의 육진의 경계는 육근과 서로 육식을 발생하는 것은 모두 이 안에 있다. 그러므로 여섯 가지의 망상이 성취된다[六妄成就]고 한 것이다.

由是分開見覺聞知　이것으로부터 견문각지의 육식으로 나눈다. 육식은 원래 여래장이다. "원래 하나의 정명에 의지하여 여섯

가지의 화합으로 나누어진다[元依一精明, 分爲六和合]." 원래 이 모두는 여래장성인데 여섯 종류의 화합의 작용으로 나누어진다. 이것이 보고, 듣고, 냄새 맡고, 맛을 보며, 느끼고, 아는 성질이다.

사생(四生)이 감응하다

同業相纏, 合離成化. 見明色發, 明見想成. 異見成憎, 同想成愛. 流愛爲種, 納想爲胎. 交遘發生, 吸引同業. 故有因緣, 生羯囉藍, 遏蒲曇等. 胎卵濕化, 隨其所應. 卵唯想生, 胎因情有, 濕以合感, 化以離應.

"동업으로 서로 얽혀서 합하고 떨어지면서 변화를 이룬다. 망견과 무명으로 인하여 색상을 발생하며 생각[妄想]이 이루어진다. 견해가 같지 않은 것과는 미움을 이루고, 생각[妄想]이 같으면 애정을 이룬다. 남녀가 서로 사랑을 하여 표현을 하게 되면 종자를 생하며, 받아들이려는 생각은 태(胎)를 이룬다. 성행위가 발생되면 같은 업의 중음신을 끌어들인다. 그러므로 인연이 있으면 응활(凝滑), 포(皰) 등을 생한다. 태생·난생·습생·화생은 모두 그가 감응하는 바에 따르며, 난생은 오직 생각으로 나는 것이며, 태생은 애정으로 인하여 생기며, 습생은 태양광과 습한 성질이 화합하여 감응하는 것이며, 화생은 떨어지는 변화로 인하여 감응하게 된다."

同業相纏 동업이란 자기가 지은 업 안에서 부모의 인연과 서로 같은 것이다. 동업으로 서로 얽힌다는 뜻이다. 동업으로 인하여 서로 사랑하는 정을 내며, 곧 서로 얽혀서 벗어나지 못한다. 마치 아교와 옻칠[漆]과 같이 한번 붙으면 떼기가 매우 어렵다. 이것을 동업상전(同業相纏)이라고 한다.

合離成化 서로 얽히면 곧 변화하여 태생·난생·습생·화생의 네 가지 생[四生]이 있게 된다. 합하고 떨어지면서 변화한다는 뜻이다.

見明色發, 明見想成 망견과 무명으로 인하여 색상을 발생하며 생각[妄想]이 이루어진다.

異見成憎, 同想成愛 견해가 같지 않은 것과는 미움을 이루고, 생각[妄想]이 같으면 애정을 이룬다.

流愛爲種, 納想爲胎 남녀가 서로 사랑을 하여 표현을 하게 되면 종자를 생하며, 받아들이려는 생각은 태(胎)를 이룬다. 여기서 상(想)은 식(識)을 뜻하며, 바로 중음신(中陰身)을 말한다. 중음신은 바로 제8식이며, 또한 중유신(中有身)이라고도 한다.

사람이 될 때, 제8식이 먼저 온다. 이 제8식은 바로 이 생각[想]이며, 죽을 때는 가장 최후에 간다. 식이 나가면 몸이 차가워진다. 식이 가지 않으면 몸에는 아직 온기가 남아있게 된다.

이 중음신이 만약 전생에 사람이었으면, 그는 사람의 모습이며,

전생이 축생이었으면 그것은 축생의 모습이다. 중음신은 대지를 보기를 검게 보며, 그가 무엇을 보든지 검은 색으로 보인다. 비록 이곳에 등불이 있고 태양이 있고 달빛이 있어도 그는 보지 못한다.

그러나 만약 어떤 부모가 인연이 있으면 거리가 얼마나 멀리 떨어져 있어도 그는 볼 수 있다. 그곳에는 약간의 밝은 빛이 난다. 그가 그의 부모와 인연이 있기 때문에 동업으로 서로 흡수하는 것이다[同業相吸]. 그는 약간의 밝은 빛이 있기 때문에 한번 무명이 동하면 그의 부모가 성행위를 하는 곳에 이르게 된다. 이때 한 생각의 무명이 있으면 태에 들게 된다. 이것을 납상위태(納想爲胎)라고 한다.

交遘發生, 吸引同業　성행위가 발생되면 같은 업의 중음신을 끌어들인다.

故有因緣, 生羯囉藍, 遏蒱曇等　그러므로 인연이 있으면 응활(凝滑), 포(皰)를 생한다. 갈라람(羯囉藍)은 응활(凝滑)이라 번역한다. 임신하여 첫 번째 주의 상태를 말한다. 응이란 응결되는 것을 뜻하며, 활은 부드럽고 미끄럽다는 것이다. 즉 응결되는 것이 마치 우유와 같은 물질이 되는 것이다. 알포담(遏蒱曇)이란 포(皰)라고 번역한다. 두 번째 주에는 응활의 상태에서 포형으로 변하는 것이다. 그리하여 다섯 번째 주에 몸의 형태가 생기며, 이것을 형위(形位)라고 부른다. 즉 태에 들어 자라나는 과정을 말한다.

胎卵濕化, 隨其所應　태생·난생·습생·화생은 모두 그가 감응하는 바에 따른다.

卵唯想生, 胎因情有, 濕以合感, 化以離應   난생은 오직
생각으로 나는 것이며, 태생은 애정으로 인하여 생기며, 습생은 태양
광과 습한 성질이 화합하여 감응하는 것이며, 화생은 떨어지는 변화
로 인하여 응하게 된다.

■

情想合離, 更相變易. 所有受業, 逐其飛沈. 以是因緣, 衆生相續.

■

"태생 · 난생 · 습생 · 화생의 이 사생은 더욱 서로 변화하고 천이(遷移)
하며, 모든 업보를 받는 중생은 자기의 업을 따라서 날기도 하고(가금
류), 침잠하기도 한다(물고기 등). 이러한 가지가지의 인연으로 중생은
서로 이어진다."

■

情想合離, 更相變易   정(情)은 태생, 상(想)은 난생, 합(合)은 습
생, 리(離)는 화생을 가리킨다. 이 사생은 더욱 서로 변화하고 천이(遷
移)한다.

所有受業, 逐其飛沈   모든 업보를 받는 중생은 자기의 업을
따라서 날기도 하고(가금류), 침잠하기도 한다(물고기 등).

以是因緣, 衆生相續   이러한 가지가지의 인연으로 중생은

상속된다. 십이인연(十二因緣)이 바로 중생이 상속되는 인연이다.

(7) 업과 과보가 상속(相續)되는 과정

애욕을 탐하다
■

富樓那! 想愛同結, 愛不能離, 則諸世間父母子孫, 相生不斷, 是等則以欲貪爲本.

■

"부루나여! 망상과 욕애가 함께 결합하여 애정을 떠날 수 없다. 모든 세간의 부모와 자손이 서로 낳아가면서 상속하는 것이 끊임이 없다. 이러한 것들은 모두 정욕(情欲)을 기본으로 삼는다."

살생을 탐하다
■

貪愛同滋, 貪不能止, 則諸世間, 卵化濕胎, 隨力强弱, 遞相呑食, 是等則以殺貪爲本.

■

"중생들은 자기의 몸을 자양하려는 탐애를 가지고 있으며, 이러한 탐욕을 그칠 수 없다. 이 모든 세간에서 난생·화생·습생·태생은 자기

힘의 강하고 약함에 따라 서로 잡아먹는다. 이러한 중생들은 살생을
탐하는 것을 기본 업의 모습으로 한다."

■

貪愛同滋, 貪不能止　중생들은 자기의 몸을 자양하려는 탐
애를 가지고 있다. 어떤 축생은 사람을 의지하여 살아가며, 사람이 그
를 기른다. 마치 돼지·소·양 등은 모두 사람이 그들을 기른다. 사람
도 그들을 먹고 자기의 신체를 자양하기를 좋아한다. 이러한 탐욕을
그칠 수 없다.

則諸世間, 卵化濕胎, 隨力强弱, 遞相吞食　이 모든 세간
에서 난생·화생·습생·태생은 자기 힘의 강하고 약함에 따라 서로
잡아먹는다. 큰 벌레는 작은 벌레를 잡아먹고 큰 물고기는 작은 물고
기를 잡아먹고 큰 생령(生靈)은 작은 중생을 잡아먹는다. 이것을 약육
강식(弱肉强食)이라고 한다. 마치 뱀은 쥐를 잡아먹고 겨울이 되어 날씨
가 추워 뱀이 다니지 못하면 쥐가 뱀을 잡아먹는다. 이렇게 서로 잡아
먹으며, 금시조는 바다의 용을 잡아먹는데, 마치 우리들이 면(국수)을
먹는 것처럼 한다.

是等則以殺貪爲本　이러한 중생들은 살생을 탐하는 것을 기
본 업의 모습으로 한다.

훔치는 것을 탐하다

■

以人食羊, 羊死爲人, 人死爲羊, 如是乃至十生之類, 死死生生, 互來
相啖, 惡業俱生, 窮未來際, 是等則以盜貪爲本.

■

"사람은 양고기를 먹으며 양은 죽어 사람이 되고, 사람은 죽어 양이 된
다. 이와 같이 열 종류의 중생들은 죽고 나고 하면서 서로를 잡아 먹는
다. 그리하여 악업이 그와 떨어지지 않고 미래제가 다하도록 그침이
없다. 이러한 것들은 훔치는 것을 탐하는 것을 기본으로 한다."

■

以人食羊　우리는 고기를 먹는데 특히 양고기를 좋아한다. 이
것은 양을 예로 들어 말하는 것이며, 기타 일체중생을 포함한다.

羊死爲人, 人死爲羊　양은 죽어 사람이 되며, 사람은 죽어 양
으로 변한다. 어떤 사람은 이렇게 생각할 것이다. "나는 이것을 믿지
않는다. 어디에 그런 도리가 있을까? 양이 다시 사람이 되고 사람이
양이 될 수 있어?" 당신이 만약 믿지 못하겠으면, 시험해 봐도 무방하
다. 당신이 양의 뱃속에 들어간 연후에 양이 되면 알게 될 것이다. "정
말이구나! 법사의 말씀이 참말이네!" 그러나 그때는 이미 늦었다. 그
때 당신은 도를 닦으려고 해도 쉽지 않을 것이다.

如是乃至十生之類　이와 같이 내지 열 가지 종류의 중생이

702

라고 해석하기도 하고, 또는 '이와 같이 열 생에 이르기까지'라고 해석하기도 한다. 따라서 말하기를 "한 번 사람의 몸을 잃어버리면 만 겁에 다시 회복하기가 어렵다[一脫人身, 萬劫不復]."라고 하는 것이다. 그리고 사람의 몸 얻기 어려우며, 불법을 듣기가 어렵다[人身難得, 佛法難聞]고도 한다. 미국을 예로 들어 말하자면 수천만이 넘는 미국 사람 중에 진정으로 불법을 배우고 불법을 듣는 사람이 얼마나 되겠는가?

死死生生, 互來相噉 양이 죽어 사람이 되고 사람이 죽어 양이 되는 이러한 순환이 끊임이 없다. 너는 나를 먹고 나는 너를 먹는다. 서로가 서로를 잡아먹는다.

惡業俱生, 窮未來際 이렇게 서로 잡아먹는 악업이 그와 떨어지지 않고 함께 생하기를 미래가 다하도록 한다는 것이다. 구생(俱生)이란 이 악업이 한 걸음도 그와 떨어지지 않는다는 뜻이다.

是等則以盜貪爲本 이러한 종류 등은 훔치는 것을 탐하는 것을 기본으로 한다. 마치 당신이 양고기를 먹는 것과 같이 이 양은 결코 당신에게 자기의 살을 준 것이 아니다. 주지 않는 것을 취하는 것을 도(盜)라고 한다. 당신이 아무런 연고도 없이 그를 잡아 죽이고 그 고기를 먹는 것은 훔치는 것이라고 한다. 당신이 그의 고기를 먹었으면, 그는 사람이 되고 당신은 다시 양이 되면 그는 다시 당신의 고기를 먹는 것이다. 이렇게 서로를 훔쳐 먹는 것이다. 이 사람이 죽어 양이 되는 데는 또한 일종의 음보(陰報)가 있다. 음보란 말이 없는 가운데서 당신은 알지 못하지만 이러한 과보를 받는 것을 말한다.

업의 빚을 서로 갚는다

—

汝負我命, 我還汝債, 以是因緣, 經百千劫, 常在生死.

—

"너는 나의 목숨에 대한 빚을 졌으므로 갚아야 하며, 나는 너에 대한 빚을 갚아야 한다. 이러한 인연으로 백천겁을 지나도 항상 생사의 윤회 속에 있게 된다."

애욕의 굴레에서 벗어나지 못하다

—

汝愛我心, 我憐汝色, 以是因緣, 經百千劫, 常在纏縛. 唯殺盜婬, 三爲根本. 以是因緣, 業果相續.

—

"너는 나를 사랑하는 마음을 내고, 나는 너의 모습을 보고 연민하게 된다. 이러한 인연으로 백천겁을 지나도 항상 얽히고 속박되어 벗어나지 못한다. 이러한 업과는 오직 살생·도둑질·음란함을 근본으로 삼는다. 이러한 인연으로 업과가 상속되는 것이다."

—

汝愛我心, 我憐汝色 당신이 나를 사랑하는 마음을 내면 나는 너의 모습을 연민하게 된다. 일종의 가련한 마음을 내는 것이다.

이 세계는 남녀의 문제를 떠나서는 할 말이 별로 없는 것과 같다. 따라서 불경에서도 이렇게 말하고 저렇게 말하기도 한다.

以是因緣, 業果相續 이러한 관계, 이러한 인연으로 인하여 세계가 상속되고 중생이 상속되며, 현재의 업과(業果)가 상속된다. 업과가 상속되니 또한 중생상속이 유지(支持)되며, 중생상속은 세계상속을 지지하고 세계상속은 다시 돌아와 업과상속을 지지한다. 이렇게 끝이 없이 순환하는 것이다. 따라서 이 세계는 바로 이러한 세계이다. 당신이 만약 이 세계를 좋다고 보면 이곳에서 놀고, 만약 좋지 않다고 보면 집으로 돌아가야 한다. 당신의 집은 어디에 있는가? 바로 부처의 과위(果位) 그곳에 있다.

■

富樓那! 如是三種顚倒相續. 皆是覺明, 明了知性, 因了發相, 從妄見生山河大地諸有爲相. 次第遷流, 因此虛妄, 終而復始.

■

"부루나여! 이와 같은 세 가지의 전도된 상속은 모두 각명(覺明) 때문이다. 즉 본각 위에 다시 밝음을 더하여 무명으로 변한 까닭이다. 이 무명이 나오니 곧 허망한 이해하고 아는[了知] 성질을 내며, 이러한 허망한 알음알이의 성질을 내기 때문에 곧 일체의 상이 나오며, 허망한 견으로부터 산하대지 등의 일체 유위의 모습이 나온다. 모두 순서대로 생하며, 순서대로 변화하며, 순서대로 유전(流轉)한다. 무명이 이러한 허망함을 내기 때문에 그쳤다가 다시 시작되고 하는 것이다. 마치 사람이 죽었다가 다시 태어나고, 태어나서는 다시 죽는 것과 같이 돌고 도는 것이다."

■

如是三種顚倒相續　이와 같은 세 가지의 전도된 상속은. 세 가지란 세계상속, 중생상속, 업과상속을 말한다.

　이 세계는 어떻게 온 것인가? 어떻게 하여 성주이멸(成住異滅)하는 상속이 끊임이 없는가? 이 세 가지는 모두 무명에서 나오는 것이다. 우리는 이 세계가 무엇으로부터 건립되었는지를 알아야 한다. 이 또한 무명으로부터 건립된 것이다. 이 모든 유위법은 모두 무명으로부터 건립되어 나오는 것이다. 무명은 유위법의 모체이다. 따라서 우리들이 만약 무명을 타파한다면 곧 법의 성품[法性]을 볼 것이다.

　皆是覺明　이 세계는 왜 전도된 상속이 끊임이 없는가? 이것은 모두 각명(覺明) 때문이다. 본각 위에 다시 밝음을 더하여 무명으로 변한 것이다.

　明了知性, 因了發相　이 무명이 나오니 곧 허망한 이해하고 아는[了知] 성질을 내며, 이러한 허망한 알음알이의 성질을 내기 때문에 곧 일체의 상이 나온다. 산하대지, 중생의 업과 등 갖가지의 상이 모두 이것으로부터 발생하는 것이다.

　從妄見生山河大地諸有爲相　허망한 견으로부터 산하대지

등의 일체 유위의 모습이 나온다.

次第遷流   이러한 삼라만상이 펼쳐져 있지만 결코 어지럽지 않으며 모두 순서대로 생하며, 순서대로 변화하며, 순서대로 유전(流轉)한다.

因此虛妄, 終而復始   무명이 이러한 허망함을 내기 때문에 그쳤다가 다시 시작되고 하는 것이다. 마치 사람이 죽었다가 다시 태어나고, 태어나서는 다시 죽는 것과 같이 돌고 도는 것이다. 이런 가운데서 사람은 왜 태어나고 죽는지를 깨닫지 못하는가? 태어날 때도 알지 못하고 죽을 때도 더욱 흐리멍덩하다.

따라서 우리가 지금 『능엄경』을 배우는 것은 모두 어리석지 않게 하려는 것이며, 지혜를 열게 하기 위함이다. 당신이 만약 지혜를 연다면 세계상속도 당신과는 아무런 관계가 없을 것이며, 중생상속과 업과상속도 당신과 관계가 없게 될 것이다. 이때는 부처님과 관계가 생기며, 보살과는 친척이 될 것이며, 아라한과는 형제가 될 것이다. 당신은 절대로 고립되지 않을 것이다.

■

富樓那言. 若此妙覺, 本妙覺明, 與如來心, 不增不減. 無狀忽生山河大地諸有爲相. 如來今得妙空明覺, 山河大地有爲習漏, 何當復生?

부루나 존자가 말하였다. "만약 이 묘각은 본래 미묘하고 밝은 깨달음이며, 여래장의 마음은 증가하지도 않고 감소하지도 않은 것인데, 왜 아무런 연고도 없이 홀연히 산하대지의 모든 유위상이 생깁니까? 여래께서는 지금 미묘하며 진공인 본체, 이러한 밝은 깨달음을 얻었으며, 이 산하대지 유위의 습루는 모두 없어졌는데, 어찌하여 다시 생길 수 있습니까?"

若此妙覺, 本妙覺明, 與如來心, 不增不減　만약 이 묘각이 본래 미묘하고 깨달음이 밝은 것이며, 여래장의 마음이 증가하지도 않고 감소하지도 않는 것이라면,

無狀忽生山河大地諸有爲相　왜 아무런 연고도 없이 홀연히 산하대지의 모든 유위상이 생깁니까? 여기서 무상(無狀)이란 아무런 연유나 까닭도 없다는 뜻이다. 여기에서 부루나는 또 하나의 의혹이 생겼다. 중생은 불성으로 인하여 시작이 있는데, 부처님은 성불을 한 후에는 이러한 과위가 끝이 나는 때가 있는지, 즉 언젠가 부처가 되지 않고 다시 중생이 되는 때가 있는지를 의심하는 것이다.

如來今得妙空明覺　묘공(妙空)이란 미묘하며 진공의 본체를 뜻한다. 여래께서는 지금 미묘하며 진공인 본체, 이러한 밝은 깨달음을 얻었는데,

山河大地有爲習漏, 何當復生? 이 산하대지 유위의 습루는 모두 없어졌는데, 어찌하여 다시 생길 수 있습니까? 즉 부처님께서는 이미 성불을 하셨는데, 다시 무명이 생길 수 있는지 묻는 것이다.

(8) 미혹은 뿌리가 없다

▬

佛告富樓那. 譬如迷人, 於一聚落, 惑南爲北, 此迷爲復因迷而有, 因悟所出? 富樓那言. 如是迷人, 亦不因迷, 又不因悟. 何以故? 迷本無根, 云何因迷? 悟非生迷, 云何因悟?

▬

부처님께서 부루나에게 말씀하셨다. "비유하면 길을 잃은 사람이 한 취락에서 남쪽을 북쪽이라고 생각한다면, 이 미혹함은 미혹함으로 인하여 생긴 것인가, 깨달음으로 인하여 나온 것인가?" 부루나가 말하였다. "이 미혹한 사람은 미혹함 때문에 미혹함을 내는 것도 아니며, 깨달음 때문에 미혹함을 내는 것도 아닙니다. 무엇 때문인가? 이 미혹함은 근본적으로 뿌리가 없기 때문입니다. 그러니 어찌하여 미혹으로 인하여 나온다고 하겠으며, 깨달음에서 미혹함이 나오는 것이 아닌데, 어찌하여 깨달음으로 인하여 나온다고 할 수 있겠습니까?"

▬

譬如迷人, 於一聚落, 惑南爲北 비유하면 길을 잃은 사람이 한 취락에서 남쪽을 북쪽이라고 생각한다면, 즉 이 사람이 마을에서 방향을 잃어버렸다는 뜻이다. 이 사람은 방향을 잃어버렸을 때 무명으로 인하여 남쪽을 북쪽이라고 생각하는 이러한 미혹한 마음을 낸다는 것이다. 이 본각(本覺)은 취락에 비유된다.

此迷爲復因迷而有, 因悟所出　이 미혹함은 미혹함으로 인하여 생긴 것인가, 깨달음으로 인하여 나온 것인가?

취락이란 본래 사람이 거주하는 곳이다. 이 취락은 여래장성을 비유하며, 미인(迷人)은 바로 중생이 내는 착각, 망상을 비유한다. 남쪽과 북쪽은 진(眞)과 망(妄)을 표시한다. 하나는 깨달음이며, 하나는 미혹함이다. 이 미혹한 사람은 깨달음을 미혹함이라고 여기며, 미혹함을 깨달음으로 여기므로 방향을 잃은 것이다.

如是迷人, 亦不因迷, 又不因悟　이 미혹한 사람은 미혹함 때문에 미혹함을 내는 것도 아니며, 깨달음 때문에 미혹함을 내는 것도 아니다.

何以故. 迷本無根　무엇 때문인가? 이 미혹함은 근본적으로 뿌리가 없기 때문이다. 근본적으로 없는 것인데, 어째서 다시 미혹함을 낼 수 있겠는가? 우리들은 본래 무명이 없으며, 이 무명은 무명 때문에 나오는 것이 아니다.

이 무명은 무엇과 같은가? 거울 속의 그림자와 같다. 우리는 깨달음을 등지고 번뇌와 합하기 때문에 무명이 있게 된 것이며, 당신이 만약 번뇌를 등지고 깨달음과 합치면 무명은 없을 것이다. 거울 속에는 본래 그림자가 없는데, 모습이 있으면 나타난다. 이것은 결코 거울 속에 본래 가지고 있는 영상이 아니다. 당신의 바깥의 모습으로부터 드러나는 것이다.

따라서 무명은 결코 진각(眞覺)에서 나오는 것이 아니며, 그것은 참됨을 의지하여 허망함을 일으키는 것이다[依眞起妄]. 마치 거울 속의 우리 몸의 모습은 결코 우리의 신체가 아니다. 그러나 신체가 있기 때문에 비로소 그림자가 있는 것이다.

云何因迷 이 미혹함은 자기의 뿌리가 없는데, 어째서 다시 미혹함을 낼 수 있겠는가? 비유하자면 모든 풀은 어떻게 자라 나오는가? 종자가 있기 때문에 자라는 것이다. 미혹함은 근본적으로 종자가 없으며, 뿌리가 없는 것이며, 본래 미혹함이 없는데, 어째서 이 미혹함이 나오는가? 따라서 이 미혹함은 미혹함으로 인하여 나오는 것이 아니며, 또한 깨달음으로 인하여 나오는 것도 아니다.

悟非生迷, 云何因悟 그가 이미 깨달았는데 어째서 다시 미혹함을 낼 것인가? 이 미혹함과 깨달음은 상대적이다. 따라서 미혹함이 깨달음 때문에 나온다는 것도 이치에 맞지 않는다.

(ㄱ) 깨달으면 다시는 미혹이 생기지 않는다

佛言. 彼之迷人, 正在迷時, 倏有悟人, 指示令悟. 富樓那! 於意云何? 此人縱迷於此聚落, 更生迷不? 不也, 世尊! 富樓那! 十方如來亦復如是. 此迷無本, 性畢竟空. 昔本無迷, 似有迷覺, 覺迷迷滅, 覺不生迷.

■

부처님께서 말씀하셨다. "저 길을 잃은 사람이 남북의 방향을 알지 못할 때 갑자기 깨달은 사람이 있어 그 사람에게 길을 가리켜 주고 방향이 잘못되었음을 깨닫게 한다. 부루나여! 너는 어떻게 생각하는가? 이 사람이 설령 이 취락에서 방향을 잃었을지라도 어떤 사람이 그에게 방향을 알려주면 이 사람은 다시 길을 잃겠는가?" "아닙니다. 세존이시여!" "부루나여! 시방의 여래도 또한 이와 같다. 이 미혹함은 근본이 없기 때문에 미혹하는 체성은 공한 것이다. 이전에 본래 미혹함이 없었는데, 단지 그것은 마치 미혹한 것 같은 감각이 있을 따름이다. 미혹함을 깨달으면, 이 미혹함은 소멸된다. 깨달은 후에는 다시는 이러한 미혹함이 생기지 않는다."

■

彼之迷人, 正在迷時 저 길을 잃은 사람이 남북의 방향을 알지 못할 때라는 뜻이다. 이것은 미혹함을 깨달음이라고 생각하는 것을 비유한다. 본래 우리는 진정한 깨달음을 가지고 있는데, 미혹함을 깨달음이라고 생각하는 것이다. 우리는 전도되어 있지만 전도되었음을 알지 못한다.

倏有悟人, 指示令悟 갑자기 깨달은 사람이 있어 그 사람에게 길을 가리켜 주고 방향이 잘못되었음을 깨닫게 한다. 여기서 오인(悟人)은 부처님, 선지식을 가리킨다.

此人縱迷於此聚落, 更生迷不 이 사람이 설령 취락에서 방향을 잃었을지라도 어떤 사람이 그에게 방향을 알려주면 이 사람은 다시 길을 잃겠는가?

此迷無本, 性畢竟空　왜 다시 미혹하지 않는가? 이 미혹함은 근본이 없기 때문이다. 그것은 근본이 없으므로 미혹하는 체성은 공한 것이다. 근본적으로 미혹함이 없기 때문에 따라서 그것의 체성이 없다. 체성이 없으므로 필경 공하여 없는 것이다.

昔本無迷, 似有迷覺　이전에 본래 미혹함이 없었는데, 단지 그것은 마치 미혹한 것 같은 감각이 있을 따름이다. 사유(似有)는 근본적으로 없는데 있는 것 같을 따름이다.

覺迷迷滅, 覺不生迷　비록 이러한 감각이 있지만 당신이 만약 미혹함을 이해하면 즉 이 미혹함을 깨달으면, 미혹함은 소멸된다. 당신이 깨달은 후에는 다시는 이러한 미혹함이 생기지 않는다. 왜 그러한가? 당신이 이미 깨달아 미혹함이 사라졌기 때문이다. 따라서 부처님은 이미 성불하여 무명을 끊었으므로 다시는 무명이 생기지 않는다.

　◼

亦如翳人見空中花, 翳病若除, 華於空滅. 忽有愚人, 於彼空花所滅空地, 待花更生. 汝觀是人爲愚爲慧?

■

"길을 잃은 사람은 또한 마치 눈에 병이 있어 눈곱이 낀 사람이 허공에서 허깨비 같은 꽃을 보는 것과 같다. 눈의 눈곱 병이 만약 제거되면 허공 속의 꽃도 사라질 것이다. 갑자기 어리석은 사람이 있어, 저 허공의 꽃이 사라진 곳에서 다시 나타나기를 기다린다면, 네가 볼 때 이 사람은 어리석은지, 지혜로운지?"

■

亦如翳人見空中花 길을 잃은 사람은 또한 마치 눈에 병이 있어 눈곱이 낀 사람이 허공에서 허깨비 같은 꽃을 보는 것과 같다.

翳病若除, 華於空滅 눈의 눈곱 병이 만약 제거되면 허공 속의 꽃도 사라질 것이다.

於彼空花所滅空地, 待花更生 저 허공의 꽃이 사라진 곳에서 다시 나타나기를 기다린다는 뜻이다.

■

富樓那言. 空元無花, 妄見生滅. 見花滅空, 已是顚倒. 勅令更出, 斯實狂癡. 云何更名, 如是狂人爲愚爲慧?

■

부루나가 말하였다. "허공에는 원래 꽃이 없는데, 망견이 생하고 멸하는 것입니다. 허공 속에서 꽃을 보고 멸하는 것은 이미 전도됨인데, 그곳에서 꽃이 다시 나오기를 기다리는 것은 실제로 분별없고 어리석은 것입니다. 어찌 다시 이와 같은 사람을 어리석은지, 지혜로운지를 이름지을 수 있겠습니까?"

佛言. 如汝所解, 云何問言 諸佛如來妙覺明空, 何當更出山河大地? 又如金鑛, 雜於精金. 其金一純, 更不成雜. 如木成灰, 不重爲木. 諸佛如來菩提涅槃, 亦復如是.

부처님께서 말씀하셨다. "네가 해석하는 바와 같이 어찌하여 '제불 여래가 묘각의 밝은 공을 얻은 후에 언제 다시 산하대지를 내는지'를 묻는가? 그리고 마치 금광석에 순금이 섞여 있는 것과 같다. 그 금이 한 번 제련되어 순금으로 되면, 다시는 다른 것이 섞인 광석은 되지 않는다. 그리고 나무가 불에 타서 재가 되면 다시는 나무가 되지 않는 것과 같다. 제불 여래의 보리의 깨달음 과(果)와 열반의 묘덕도 또한 이와 같다."

마치 길을 잃은 사람은 어떤 사람이 길을 가리켜 준 후에는 다시 길을 잃지 않는 것과 같다. 부처의 과위를 증득한 후에는 다시 무명이 생기지 않는다.

菩提涅槃 보리의 깨달음의 과[覺果]와 열반의 미묘한 덕[妙德]을 뜻한다.

공하면서도 공하지 않은 여래장

[空不空如來藏]

1

칠대(七大)가 원융한 이치를 밝히다

富樓那! 又汝問言. 地水火風, 本性圓融, 周遍法界. 疑水火性, 不相陵
滅. 又徵虛空及諸大地, 俱遍法界, 不合相容.

"부루나! 다시 너는 나에게 물으면서 말하기를 지수화풍의 본성은 원
융하며 법계에 두루한데, 물과 불의 성질이 서로 다투고 멸하지 않으
며, 또 허공과 대지는 모두 법계에 두루하면서 서로를 받아들일 수 없
다고 의심한다."

疑水火性, 不相陵滅　너는 물과 불의 성질이 서로 받아들일
수 없다고 의심을 한다. 우리는 알아야 한다. 물과 불이 비록 생각은
없지만 어떤 물건이든지 모두 하나의 성질[性]을 가지고 있다. 하지만
우리는 이 성질을 볼 수 없다. 이미 불이 이루어졌으면 불이 이루어지
기 전에는 그것은 불의 성질을 안에 가지고 있는 것이다. 그러나 우리
는 그것을 볼 수 없다. 물에는 물의 성질, 불에는 불의 성질이 있지만
사람의 육안으로는 볼 수 없는 것이다.

이러한 성질은 어느 곳에 있는가? 법계 속에 함장되어 있으며, 법계에 두루 가득한 것이다. 따라서 당신은 태양을 대하여 불을 취할 수 있으며, 달을 대하여 물을 취할 수 있다. 왜 이렇게 할 수 있는가? 허공 속에는 이러한 성능이 있기 때문이다. 허공 속에는 일체의 성능을 구족하고 있다.

富樓那! 譬如虛空, 體非群相, 而不拒彼諸相發揮. 所以者何? 富樓那! 彼太虛空, 日照則明, 雲屯則暗, 風搖則動, 霽澄則淸, 氣凝則濁, 土積成霾, 水澄成映.

"부루나여! 허공을 비유하면 허공의 본체는 어떠한 형상도 없으며, 저 모든 상이 자기의 성질을 발휘하는 것을 거절하지 않는다. 무엇 때문인가? 부루나여! 저 태허공은 해가 비치면 밝고 구름이 해를 막으면 어두우며, 바람이 불면 움직이고 비온 뒤에 구름이 개이면 맑고, 기운이 응결되면 탁하며, 흙이 바람과 함께 쌓이면 연무를 이루고, 물이 맑으면 비친다."

霽澄則淸, 氣凝則濁, 土積成霾, 水澄成映 제(霽)는 개인 하늘을 뜻하며 비온 뒤 하늘이 개이는 것을 말한다. 기응즉탁(氣凝則濁)이란 먼지가 안개와 혼합되면 허공에는 안개가 생기며 탁한 모습을

720

만든다. 토적성매(土積成霾)란 흙과 바람이 허공에서 말려서 한 무더기를 이루는 것을 말한다. 매(霾)는 스모그 또는 연무라고 한다. 수징성영(水澄成映)은 물이 맑으면 일종의 비추는 힘과 공능을 가진다. 따라서 허공 안에 비록 모든 상의 모습이 없지만 모든 상이 발생되어 나온다. 그것은 모든 상을 거절하지 않고 자연적으로 발휘하게 한다.

━

於意云何? 如是殊方諸有爲相, 爲因彼生, 爲復空有? 若彼所生. 富樓那! 且日照時, 旣是日明, 十方世界同爲日色, 云何空中更見圓日? 若是空明, 空應自照, 云何中宵雲霧之時, 不生光耀? 當知是明, 非日非空, 不異空日.

━

"너는 어떻게 생각하는가? 이와 같이 앞에서 언급한 일곱 가지의 상과 같이 서로 다른 모든 유위상은 그러한 상 때문에 나오는 것인가, 아니면 허공 때문에 있는 것인가? 만약 그러한 상으로부터 나오는 것이라면, 부루나여! 해가 비칠 때 이미 광명은 태양이 비춰서 나오는 것이다. 그러면 시방세계는 모두 태양의 빛이 있을 것인데, 어찌하여 허공 가운데는 다시 둥근 해가 보이는가? 만약 태양에서 광명이 나오는 것이 아니고 허공에서 이 광명이 나온다면, 허공에 이미 광명이 있는데 그것은 마땅히 자기의 허공을 비추어야 할 것이다. 그런데 왜 밤중이나 구름과 안개가 있을 때는 광명이 없고 빛나지 않는가? 너는 마땅히 알아야 한다. 이러한 밝음의 공능은 결코 반드시 태양으로부터 오는 것이 아니며, 또 반드시 허공으로부터 오는 것도 아니다. 그러나 또 반드시 허공이나 태양으로부터 오지 않는 것도 아니다."

如是殊方諸有爲相, 爲因彼生, 爲復空有 이와 같이 앞에서 언급한 일곱 가지의 상과 같이 서로 다른 모든 유위상은 그러한 상 때문에 나오는 것인가, 아니면 허공 때문에 있는 것인가?

若彼所生 만약 그러한 상으로부터 나오는 것이라면

且日照時, 旣是日明, 十方世界同爲日色, 云何空中更見圓日 그러면 해가 비칠 때 이미 광명은 태양이 비춰서 나오는 것이다. 그러면 시방세계는 모두 태양의 빛이 있을 것인데, 어찌하여 허공 가운데는 다시 둥근 해가 보이는가?

若是空明, 空應自照, 云何中宵雲霧之時, 不生光耀 만약 태양에서 광명이 나오는 것이 아니고 허공에서 이 광명이 나온다면, 허공에 이미 광명이 있는데 그것은 마땅히 자기의 허공을 비추어야 할 것이다. 그런데 왜 밤중이나 구름과 안개가 있을 때는 광명이 없고 빛나지 않는가?

當知是明, 非日非空, 不異空日 너는 마땅히 알아야 한다. 이러한 밝음의 공능은 결코 반드시 태양으로부터 오는 것이 아니며, 또 반드시 허공으로부터 오는 것도 아니다. 그러나 또 반드시 허공이

나 태양으로부터 오지 않는 것도 아니다. 이것은 구경에 어디에서 오는 것인가? 바로 여래장성 안에서 발생되어 나오는 것이다.

■

觀相元妄, 無可指陳. 猶邀空花, 結爲空果. 云何詰其相陵滅義? 觀性元眞, 唯妙覺明. 妙覺明心, 先非水火. 云何復問不相容者?

■

"네가 관찰하는 이러한 상은 본래 허망한 것이며, 그러므로 너는 이 상이 어떻게 나타나 있는 것인지 지적할 수 없다. 마치 네가 이 허공 가운데 보이는 꽃이 다시 열매 맺기를 요청하는 것과 같이, 어찌하여 다시 지수화풍이 서로 쟁탈하고 소멸하는 도리를 묻는가? 너는 보아라, 여래장의 성품은 원래 참된 것이며, 오직 묘각명의 성품과 묘각명의 마음은 본래 물과 불이 아니다. 너는 어찌하여 다시 이 물과 불이 서로 받아들이지 못하는 도리를 묻는가?"

■

觀相元妄, 無可指陳   상(相)에서 보면 마치 앞에서 말한 두 개의 태양과 같이 그것은 비록 태양의 모습은 있지만, 도리어 실재하는 것이 아니며, 허망한 그림자이다. 따라서 네가 관찰하는 이러한 상은 본래 허망한 것이다. 그러므로 너는 이 상이 어떻게 있는 것인지 지적할 수 없다.

猶邀空花, 結爲空果. 云何詰其相陵滅義　마치 네가 이 허공 가운데 보이는 꽃이 다시 열매를 맺기를 요청하는 것과 같이, 어찌하여 다시 지수화풍이 서로 쟁탈하고 소멸하는 도리를 묻는가?

觀性元眞, 唯妙覺明. 妙覺明心, 先非水火　너는 보아라, 여래장의 성품은 원래 참된 것이며, 오직 묘각명의 성품과 묘각명의 마음은 본래 물과 불이 아니다. 하지만 묘각명의 마음속에는 또한 물과 불을 함유하고 있다. 여래장 속에는 이러한 공능을 구족하고 있지만 결코 그것은 물과 불이 아니다. 선비수화(先非水火)란 그것은 본래 물과 불이 아니라는 뜻이다.

云何復問不相容者　너는 왜 이러한 도리를 이해하지 못하고 다시 이 물과 불이 서로 받아들이지 못하는 도리를 묻는가?

너는 여래장의 성품 안에 일체 만법을 구족하고 있으며, 일체의 공능을 구족하고 있음을 모른다. 따라서 이러한 일에 대하여 의혹을 내는 것이다.

■

眞妙覺明, 亦復如是. 汝以空明, 則有空現. 地水火風, 各各發明, 則各各現. 若俱發明, 則有俱現. 云何俱現? 富樓那! 如一水中, 現於日影, 兩人同觀水中之日, 東西各行, 則各有日隨二人去, 一東一西, 先無準的. 不應難言, 此日是一, 云何各行? 各日旣雙, 云何現一? 宛轉虛妄, 無可憑據.

724

■

"참된 묘각의 밝음도 허공이 모든 상을 거절하지 않는 도리와 같다. 너는 허공의 밝음으로써 공이 드러난다고 하는데, 지수화풍의 사대 속에서 그들은 각각 공능을 발명하며(나타내며), 각각 하나의 대(大)가 발명됨으로써 하나가 나타나는 것이다. 지수화풍이 만약 동시에 함께 발명되면 그들은 동시에 함께 나타나는 것이다. 어떻게 함께 나타날 수 있는가? 부루나여! 마치 하나의 물속에 태양의 그림자가 나타나는 것과 같다. 두 사람이 함께 이 태양의 그림자를 보면, 한 사람은 동쪽으로 가고 한 사람은 서쪽으로 간다면, 이 두 사람 모두 태양이 자기를 따라가는 것을 보게 된다. 한 사람은 동쪽으로 가도 태양의 그림자가 있으며, 한 사람은 서쪽으로 가도 태양의 그림자가 있어 두 사람을 따라간다면, 태양은 미리 준비된 목적지가 없으며, 하나의 실재하는 모습이 없다. 너는 마땅히 이렇게 어려운 말을 해서는 안 된다. 이 태양은 하나인데, 어찌하여 각각의 사람을 따라가는가? 각 사람은 모두 자기를 따라가는 태양이 있으니, 이것은 태양이 하나라고 말할 수 없으며, 두 개가 나타난 것인데, 너는 어찌하여 하나가 나타났다고 말하는가? 이렇게 서로 전전하는 것이 허망한 모습이며, 조금도 근거가 없다."

■

眞妙覺明, 亦復如是   상주진심(常住眞心)의 성정명체(性淨明體)의 그러한 참된 묘각의 밝음도 허공이 모든 상을 거절하지 않는 도리와 같다.

汝以空明, 則有空現   너는 허공의 밝음으로써 공이 드러난

다고 하는데,

地水火風, 各各發明, 則各各現　지수화풍의 사대 속에서 그들은 각각 공능을 발명하며(나타내며), 각각 하나의 대(大)가 발명됨으로써 하나가 나타나는 것이다.

若俱發明, 則有俱現　지수화풍이 만약 동시에 함께 발명되면 그들은 동시에 함께 나타나는 것이다. 마치 어떤 사람들이 동시에 태양을 향하여 불을 취하면 불도 동시에 나타나는 것과 같다.

云何俱現　어떻게 함께 나타날 수 있는가?

如一水中, 現於日影　마치 하나의 물속에 태양의 그림자가 나타나는 것과 같다. 물이 맑기 때문에 태양의 빛이 나타나는 것이다.

兩人同觀水中之日, 東西各行, 則各有日隨二人去　두 사람이 함께 이 태양의 그림자를 보면, 한 사람은 동쪽으로 가고 한 사람은 서쪽으로 간다면, 이 두 사람 모두 태양이 자기를 따라가는 것을 보게 된다.

一東一西, 先無準的　이러한 정황 하에서 한 사람은 동쪽으로 가도 태양의 그림자가 있으며, 한 사람은 서쪽으로 가도 태양의 그림자가 있어 두 사람을 따라간다. 그러면 이 태양은 진짜인가, 가짜인가? 선무준적(先無準的)이란 태양은 미리 준비된 목적지가 없으며, 하나의 실재하는 모습이 없다는 뜻이다.

不應難言, 此日是一, 云何各行 너는 마땅히 이렇게 어려운 말을 해서는 안 된다. 이 태양은 하나인데, 어찌하여 각각의 사람을 따라가는가?

各日旣雙, 云何現一 각 사람은 모두 자기를 따라가는 태양이 있으니, 이것은 태양이 하나라고 말할 수 없으며, 두 개가 나타난 것인데, 너는 어찌하여 하나가 나타났다고 말하는가?

宛轉虛妄, 無可憑據 완전(宛轉)이란 전전(輾轉)하다는 뜻이다. 이러한 정황에서 이렇게 서로 전전하는 것이 허망한 모습이며, 조금도 근거가 없다.

너는 어떻게 생각하는가? 태양은 도대체 하나인가, 두 개인가? 만약 하나라고 말한다면, 두 사람이 각자 가는데 모두 따라가는 태양이 있다. 만약 태양이 두 개라고 말한다면, 근본적으로 하나조차도 없는데, 어떻게 두 개가 있겠는가? 어떤 것도 허망한 것이다. 따라서 이러한 정황, 이러한 도리는 근거가 없는 것이다.

2

여래장의 작용과 공능

■

富樓那! 汝以色空, 相傾相奪於如來藏. 而如來藏, 隨爲色空, 周遍法
界. 是故於中, 風動空澄, 日明雲暗. 衆生迷悶, 背覺合塵, 故發塵勞,
有世間相.

■

"부루나여! 너는 색과 공이 서로 용납하지 않고 여래장 안에서 서로 다
투고 빼앗는다고 생각하는데, 그러나 여래장은 인연을 따르는 작용을
가지고 있으며, 인연을 따르는 작용을 일으킨다. 따라서 색과 공을 내
며, 이러한 성능은 법계에 두루하다. 이러한 까닭으로 여래장 가운데
서 바람이 움직이고 허공은 맑으며, 햇빛은 밝으며, 구름이 끼면 어둡
다. 중생은 이러한 가지가지의 모습에서 미혹함을 내며, 깨달음을 등
지고 육진의 대상과 합하게 된다. 그러한 까닭으로 번뇌를 내며, 세간
의 모든 상이 생긴다."

■

汝以色空, 相傾相奪於如來藏 여기의 여(汝)는 부루나를 가
리킬 뿐 아니라 『능엄경』을 듣는 모든 사람들을 포함한다. 너는 색과

공이 서로 용납하지 않고 여래장 안에서 서로 다투고 빼앗는다고 생각하는데,

而如來藏, 隨爲色空, 周遍法界 그러나 여래장은 인연을 따르는 작용을 가지고 있으며, 인연을 따르는 작용을 일으킨다. 따라서 색과 공을 내며, 이러한 성능은 법계에 두루하다.

是故於中, 風動空澄, 日明雲暗 이러한 까닭으로 여래장 가운데서 바람이 움직이고 허공은 맑으며, 햇빛은 밝으며, 구름이 끼면 어둡다.

衆生迷悶 중생은 이러한 가지가지의 모습에서 미혹함을 낸다. 즉 진공(眞空)의 이치를 이해하지 못하므로 이 진공의 여래장 속에서 세 가지의 미세한 혹[三細]과 여섯 가지의 거친 혹[六麤]을 일으킨다. 중생이 진리상에서 이러한 혹을 일으키면, 이것을 민(悶)이라고 한다.

背覺合塵 등진다[背]는 위배한다는 뜻이다. 무엇을 위배하는가? 이 깨달음을 위배하고 참된 성품[眞性]을 위배하는 것이다. 진성을 위배하면 육진의 경계와 서로 합하여 여래장 속에서 서로 다투고 빼앗는 정황을 발생하는 것이며, 그래서 중생은 배각합진하게 된다.

故發塵勞, 有世間相 육진과 합하기 때문에 진로(번뇌)를 내며, 비로소 세간의 모든 상들이 생기게 된다.

3

묘각의 밝은 성품 [妙覺明性]

我以妙明不滅不生合如來藏, 而如來藏唯妙覺明, 圓照法界. 是故於中, 一爲無量, 無量爲一. 小中現大, 大中現小. 不動道場遍十方界. 身含十方無盡虛空. 於一毛端現寶王刹. 坐微塵裏轉大法輪. 滅塵合覺, 故發眞如妙覺明性.

"나는 이러한 묘각명심이 멸하지도 않고 생하지도 않음으로써 여래장의 성품과 합하며, 그리고 이 여래장 속에는 오직 묘각명성만 있으며 법계를 원만하게 비춘다. 이러한 까닭으로 여래장 속에서 하나가 일체가 되며, 일체가 하나가 된다. 작은 가운데서 큰 경계를 드러내며, 큰 것 가운데서 작은 경계를 나타낸다. 움직이지 않는 도량인 부처님의 법신은 이 시방세계에 두루하며, 시방의 모든 불국토에 두루 가득하다. 하나의 털끝에서 제불국토를 나타내며, 하나의 미진 속에 앉아서 큰 법륜을 굴린다. 번뇌를 소멸하고 깨달음과 부합하는 까닭으로 진여의 묘각명성을 낼 수 있다."

■

我以妙明不滅不生合如來藏　나(부처님을 가리킴)는 이러한 묘각
명심이 멸하지도 않고 생하지도 않음으로써 여래장의 성품과 합하며,

而如來藏唯妙覺明, 圓照法界　그리고 이 여래장 속에는 오
직 묘각명성만 있으며 법계를 원만하게 비춘다.

是故於中, 一爲無量, 無量爲一　이러한 까닭으로 여래장
속에서 하나가 일체가 되며, 일체가 하나가 된다.

小中現大, 大中現小　작은 가운데서 큰 경계를 드러내며, 큰
것 가운데서 작은 경계를 나타낸다. 이 하나는 여래장이라고 말할 수
있으며, 여래장은 일체의 만법을 드러낼 수 있으며, 만법은 다시 여래
장으로 돌아간다. 그리고 이 하나는 일심(一心)이며, 만법유심(萬法唯心)
이다. 마음은 만법을 감싸며, 일체의 법은 이 마음을 벗어나지 않는다.
이 진심 또한 여래장이며, 여래장 또한 이 진심이다.

不動道場遍十方界　무엇을 부동도량이라고 하는가? 바로 부
처님의 법신이다. 이 도량에서 시방세계에 두루하다는 뜻이다.

身含十方無盡虛空　이 법신은 시방의 모든 불국토에 두루
가득하다. 시방에 편만하고 허공에 무진한 것이 법신이다. 법신은 상
이 없다.

於一毛端現寶王刹   하나의 털끝에서 제불국토를 나타낸다. 보왕(寶王)이란 부처를 가리킨다. 찰(刹)이란 부처님의 찰토를 뜻한다. 땀 구멍의 털이 비록 작지만 하나의 국토를 나타낼 수 있는 것을 정중현의(正中現依)라고 한다. 우리의 신체는 정보(正報)이며, 제불국토는 의보(依報)이다. 즉 정보 가운데서 의보를 나타낸다는 것이다.

坐微塵裏轉大法輪   하나의 미진 속에 앉아서 큰 법륜을 굴린다. 즉 중생을 교화한다는 것이다. 이것을 의중현정(依中現正)이라고 한다. 즉 의보 가운데서 정보를 나타낸다는 뜻이다. 이러한 것이 불법의 묘용이며, 불성의 표현이다.

滅塵合覺, 故發眞如妙覺明性   우리 중생이 왜 중생이 되었는가? 바로 진로(번뇌)가 있기 때문이다. 당신이 만약 진로를 없애면 번뇌를 등지고 깨달음과 합치는[背塵合覺] 것이다. 당신이 배각하면 합진하는 것이며, 배진하면 합각하는 것이다. 당신이 배진합각하므로 진여의 묘각명성을 낼 수 있다. 이것은 부처님이 본래 갖추고 있는 각성(覺性)이다. 진여란 또한 우리의 진심(眞心)이며, 여래장성(如來藏性)이다.

4

모든 것을 부정하다[空如來藏]

而如來藏, 本妙圓心. 非心非空. 非地非水, 非風非火. 非眼非耳鼻舌身意. 非色非聲香味觸法. 非眼識界, 如是乃至非意識界.

"또한 여래장이며 본묘원심은 식심의 마음이 아니며, 또한 허공도 아니다. 또한 지·수·화·풍도 아니다. 안근도 아니고 이근·비근·설근·신근·의근도 아니다. 색진, 내지 법진 등 육진도 아니다. 안식계도 아니며, 이와 같이 내지 의식계도 아니다."

而如來藏, 本妙圓心 또한 여래장이라고 하며, 또한 본묘원심이라고 한다. 본래 묘할 뿐만 아니라 원만청정하며 주변법계하다. 그것은 법계에 두루하기 때문에 크다. 큰 것으로 말하자면 그것보다 다시 더 큰 것은 없으며, 작기로 말하자면 그것보다 다시 더 작은 것은 없다. 이것이 바로 우리의 본래 묘한 원만한 마음[本妙圓心]이다.

非心非空 이것은 식심의 마음이 아니며, 또한 허공도 아니다.

非地非水, 非風非火　또한 지·수·화·풍도 아니다. 사대(四大) 또한 모두 공하다. 이것을 공한 유위법[空有爲法]이라고 하며, 유위법도 모두 없어졌다.

非眼非耳鼻舌身意　안근도 아니고 이근·비근·설근·신근·의근도 아니다.

非色非聲香味觸法　색진 등 육진도 아니다. 마치 『반야심경(般若心經)』에서 설하신 말씀과 같다. "無眼耳鼻舌身意, 無色聲香味觸法, 無眼界, 乃至無意識界, 無無明, 亦無無明盡, 乃至無老死, 亦無老死盡, 無苦集滅道, 無智亦無得." 이것은 『반야심경』의 도리와 같은 것이다. 하지만 『반야심경』에서는 무(無)라고 말한다.

여기서는 비(非)라고 말한다. 비(非)와 무(無)는 어떤 구별이 있는가? 비는 아니다. 무는 근본적으로 없다는 뜻이다. 아니다[不是]는 '이것이 아니다, 그러나 저것이다'라는 뜻을 말한다. 여기서는 '아니다[非]'고 말하지만 뒤에서는 또 '이다[卽]'고 말한다. 본 경에서 말하는 비(非)와 『반야심경』에서 말하는 무(無)가 약간의 차이가 있는 것은 바로 이점이다.

非眼識界, 如是乃至非意識界　안식계도 아니며, 이와 같이 내지 의식계도 아니다. 여기서는 십팔계를 말한다. 앞에서는 오음·육입·십이처·십팔계와 육근·육진·육식이 모두 여래장의 성품이라고 하였는데, 지금은 또 모두 아니라고 부정한다. 사람이 정신을 어지럽게 한다. 도대체 그것은 그것인가, 아닌가? 이다(긍정)도 없고 아니다(부정)도 없다. 불법은 바로 이곳에 있다.

따라서 부처님께서 열반에 드실 때 어떤 사람이 부처님께 물었다. "부처님께서 설하신 법은 어떻게 해야 합니까? 장래 어떻게 유통시켜야 합니까?"

부처님께서 말씀하셨다. "나는 설한 법이 없다. 만약 어떤 사람이 내가 한 마디라도 설하였다고 말한다면, 그것은 부처님을 비방하는 것이다. 나는 한 마디도 설하지 않았다."

따라서 49년 동안 법을 설하고 300여 회의 법회를 열어 설하였지만, 한 자도 설하지 않은 것이다. 당신은 어떻게 설명할 것인가? 따라서 지금 색도 아니고, 마음도 아니고, 공도 아니고, 모두 부정하였다. 본래 부처님께서는 일체의 법을 설하시고는 또 없는 것이다. 남기지 않는다. 이것을 "일체의 법을 쓸어 없애고, 일체의 상을 떠난다[掃一切法, 離一切相]."라고 한다. 이것은 사람으로 하여금 법에 대한 집착[法執]을 가지지 않게 하는 것이다.

━

非明無明, 明無明盡. 如是乃至非老非死, 非老死盡. 非苦非集非滅非道. 非智非得.

━

"깨달음의 밝음도 아니고 무명도 아니며, 명과 무명이 없어진 것도 아니다. 이와 같이 내지 늙음도 아니고 죽음도 아니며, 늙음과 죽음이 다한 것도 아니다. 고집멸도의 사제(四諦)도 없다. 지혜도 없고, 얻게 되는 과위[得]도 없다. "

　　■

　　非明無明, 明無明盡　깨달음의 밝음도 아니고 무명도 아니며, 명과 무명이 없어진 것도 아니다.

　　如是乃至非老非死, 非老死盡　이와 같이 내지 늙음도 아니고 죽음도 아니며, 늙음과 죽음이 다한 것도 아니다. 이것은 십이인연의 법도 공하다는 것이다. 지금 설명하는 법은 공여래장(空如來藏)이라고 하며, 여래장이 공하다는 것을 말한다. 여래장에는 공(空)여래장, 불공(不空)여래장, 공불공(空不空)여래장이 있다.

　　非苦非集非滅非道　고집멸도의 사제(四諦)도 없다. 고제도 없으며, 집제(번뇌)도 없으며, 멸제(열반을 증득하는 도리)도 없으며, 도제(닦을 도)도 없다.

　　非智非得　지혜도 없고, 얻게 되는 과위[得]도 없다. 이것은 곧 여래장 안에는 아무것도 없다는 것이다.

　　■

非檀那, 非尸羅, 非毘梨耶, 非羼提, 非禪那, 非般剌若, 非波羅蜜多. 如是乃至非怛闥阿竭, 非阿羅訶, 非三耶三菩. 非大涅槃, 非常非樂非我非淨.

■

"육바라밀(보시·지계·정진·인욕·선정·지혜)도 없고 바라밀다[到彼岸]도 없다. 이와 같이 내지 여래·응공·정변지도 없으며, 대열반도 없고, 상락아정도 없다."

■

怛闥阿竭 달달아갈(怛闥阿竭)은 여래(如來)라는 뜻이며, 아라하(阿羅訶)는 응공(應供), 삼야삼보(三耶三菩)는 정변지(正遍知)라는 뜻으로 모두 부처님의 명호이다.

非大涅槃 열반은 중국어로 불생불멸이라고 번역한다.

非常非樂非我非淨 상(常)이란 변하지 않는다는 뜻이며, 낙(樂)이란 법의 즐거움이 충만함을 뜻하며, 아(我)란 진정한 나를 얻은 자재로움이며, 정(淨)이란 열반의 청정한 법을 얻는 것을 말한다.

여래장 안에는 무엇이든 있다고 하였는데, 여기서는 아무것도 없다고 한다. 이것이 일체유심조이며, 이 여래장성에서 즉 공여래장, 불공여래장, 공불공여래장 안에서 묘함이 바로 이것이다. 오묘하고 무궁함이 이곳에 포함되어 있다. 당신은 있다고 말할 수 있으며, 공이라고 말할 수도 있으며, 있는 것도 아니고 공한 것도 아니다[非有非空]라고 말할 수도 있다.

있다고 말하는 것은 불공여래장이며, 없다고 말하는 것은 공여래장이며, 있는 것도 아니고 공한 것도 아니라고 말하면 공불공여래장이다. 이 도리는 불법을 오래도록 연구하다 보면 비로소 진정으로 터득될 것이다.

5

일체는 모두 여래장의 마음이다 [不空如來藏]

以是俱非, 世出世故. 卽如來藏元明心妙. 卽心卽空. 卽地卽水卽風卽
火. 卽眼卽耳鼻舌身意. 卽色卽聲香味觸法. 卽眼識界, 如是乃至卽意
識界.

"이러한 일체의 세간, 출세간의 법이 모두 없는 까닭으로 이 세간, 출
세간의 법 안에 있는 모든 것은 바로 여래장의 원래 밝게 비추는 묘한
마음이며, 이것은 또한 분별하는 마음이며 허공이다. 그리고 안이비
설신의이며, 색성향미촉법이다. 또한 안식계 내지 의식계이다."

앞에서 설명한 것은 공여래장이며, 여기서는 다시 일체는 모두 여래
장의 원명심묘라고 말한다.

　　以是俱非, 世出世故　이러한 일체의 세간, 출세간의 법이 모
두 없는 까닭으로

738

卽如來藏元明心妙   이 세간, 출세간의 법 안에서 여래장의 원래 밝게 비추는 묘한 마음이며, 바로 "고요하면서 항상 비추고, 비추면서 항상 고요한[寂而常照, 照而常寂]"마음이며, 이 고요하면서 비추는 묘한 마음이 즉 여래장이다.

이러한 불공여래장의 원명심묘(元明心妙)는 "고요하면서 항상 비추고, 비추면서 항상 고요한[寂而常照, 照而常寂]"마음이다.

卽心卽空   이것은 또한 분별하는 마음이며 허공이다.

卽明無明, 明無明盡. 如是乃至卽老卽死, 卽老死盡. 卽苦卽集卽滅卽道. 卽智卽得. 卽檀那, 卽尸羅, 卽毘梨耶, 卽羼提, 卽禪那, 卽般刺若, 卽波羅蜜多. 如是乃至卽怛闥阿竭, 卽阿羅訶, 三耶三菩. 卽大涅槃, 卽常卽樂卽我卽淨.

"또한 밝음이고, 무명이며, 명과 무명이 다함이다. 이와 같이 내지 늙음이고 죽음이며, 늙고 죽음이 다한 것이다. 또한 고집멸도이며, 지혜이고 증득함이다. 그리고 보시 · 지계 · 정진 · 인욕 · 선정 · 반야의 육바라밀이며, 도피안이다. 이와 같이 내지 여래 · 응공 · 정변지이며, 또한 대열반이며 열반의 네 가지 덕인 상락아정이다."

이 문단에서 말하는 것은 바로 불공여래장이다. 이 여래장 속에서 앞에서는 공이라고 말하며, 지금은 또 불공이라고 말한다. 왜 공을 또 불공이라고 말하는가? 왜냐하면 그것이 공한 후에 마땅히 공하지 않기 때문이다. 만약 공한 것이 공하다면 그것은 묘하지 않다. 왜냐하면 진공(眞空)은 묘유(妙有)를 내며, 묘유는 또 진공을 내기 때문이다. 그러므로 지금 불공여래장이 묘유를 낸다고 말한다. 이것은 또한 오음·육입·십이처·십팔계 등등과 육바라밀·사제·십이인연 모두는 공하지 않다.

왜 그것이 공하다고 말하다가 또 공하지 않다고 말하는가? 법에는 정해진 법이 없다. 따라서 『금강경』에서 이르기를 "법도 오히려 버려야 하는데, 하물며 비법이야[法尙應捨, 何況非法]."라고 하였다. 당신이 만약 이 법을 집착하면 곧 법집이 생긴다. 법집이 생기면 그것은 법을 이해하지 못하는 것과 같다. 법을 이해하지 못하면 당신은 단지 아집만 있는데, 법을 이해하고 다시 이 법을 집착하면, 다시 법집이 생기는 것이다. 따라서 불법 속에서는 집착이 없어야 한다. 당신이 만약 집착이 없으면, 있음[有]도 또한 없는 것이다. 그러나 당신이 집착하는 바가 있으면, 없는 것도 또한 있는 것이다.

6

공하면서도 공하지 않은 여래장[空不空如來藏]

以是俱卽世出世故. 卽如來藏妙明心元, 離卽離非, 是卽非卽, 如何世間三有衆生, 及出世間聲聞緣覺, 以所知心測度如來無上菩提, 用世語言入佛知見?

"이러한 일체의 세간, 출세간의 법이 모두 있는 까닭으로, 이 세간, 출세간의 모든 법은 여래장의 묘명심원이며, 있음[有]을 떠나고 공(空)을 떠나며, 있음이고, 있음도 아니다. 세간의 삼계중생과 출세간의 성문, 연각이 아는 마음으로써 여래의 무상의 깨달음의 경계를 어떻게 추측할 수 있으며, 세간의 언어로써 어떻게 부처의 지견으로 들어갈 수 있겠는가?"

妙明心元 고요하면서 항상 비추는 묘명은 고요하면서 항상 비추는 본래의 마음이다.

離卽離非 즉(卽)은 있음[有]이며, 비(非)는 공(空)이다. '이즉이비

(離卽離非), 시즉비즉(是卽非卽)'의 도리는 바로 '공·불공·공불공' 여래장의 도리이다.

如何世間三有衆生　삼유는 욕계·색계·무색계의 삼계를 뜻한다. 삼유중생이란 범부를 말한다.

以所知心測度如來無上菩提　이때 부루나는 이미 사과(四果)의 아라한을 증득하였다. 범부의 마음과 성문, 연각의 마음으로 네가 아는 마음으로써 어떻게 부처의 위가 없는 깨달음의 경계를 추측할 수 있겠는가? 측탁(測度)이란 추측한다는 뜻이다.

用世語言入佛知見　세간의 언어문자로 부처의 지견을 어떻게 알 수 있겠는가? 세간의 언어는 범부의 지견이다. 너는 세간을 벗어나 사과(四果)의 아라한에 이르렀지만 그래도 부처의 경계는 측량할 수 없다는 뜻이다.

■

譬如琴瑟箜篌琵琶, 雖有妙音, 若無妙指, 終不能發. 汝與衆生亦復如是. 寶覺眞心, 各各圓滿. 如我按指, 海印發光. 汝暫擧心, 塵勞先起. 由不勤求無上覺道, 愛念小乘, 得少爲足.

■

"비유하면 거문고, 공후, 비파 등의 악기가 비록 묘한 소리를 가지고 있지만, 만약 이 악기를 연주할 수 있는 교묘한 손가락이 없다면, 끝내 묘한 음악 소리를 낼 수 없는 것과 같다. 우리의 이 보각의 진심은 누구나 모두 원만하지만, 마치 내가 손가락을 누르면 해인삼매로 만물을 비추는 빛을 내지만, 너는 잠시 너의 마음을 제기하면 망상심이 먼저 일어난다. 왜냐하면 너는 무상의 깨달음을 부지런히 구하지 않고 소승의 법을 탐애하여 적은 경계를 얻고는 만족하였기 때문이다."

■

譬如琴瑟箜篌琵琶, 雖有妙音, 若無妙指, 終不能發　비유하면 거문고, 공후, 비파 등의 악기가 비록 묘한 소리를 가지고 있지만, 만약 이 악기를 연주할 수 있는 교묘한 손가락이 없다면, 끝내 묘한 음악 소리를 낼 수 없는 것과 같다.

寶覺眞心, 各各圓滿. 如我按指, 海印發光. 汝暫擧心, 塵勞先起　우리의 이 보각의 진심은 누구나 모두 원만하지만, 마치 내가 손가락을 누르면 해인삼매로 만물을 비추는 빛을 내지만, 너는 잠시 너의 마음을 제기하면 망상심이 먼저 일어난다. 해인발광(海印發光)이란 부처의 해인삼매를 말하며, 마치 큰 바다가 맑아서 만물을 능히 비출 수 있는 것이다. 부처의 경계는 미묘한 것인데, 부루나와 일체중생은 이러한 미묘한 경계가 없으며, 번뇌의 경계가 먼저 일어난다는 것이다.

由不勤求無上覺道, 愛念小乘, 得少爲足　너는 무상의 깨달음을 부지런히 구하지 않고 소승의 법을 탐애하여 적은 경계를 얻고는 만족하였기 때문이다.

　이 문단은 매우 중요하다. 우리는 각자 회광반조하여 자기가 무상의 보리를 열심히 구하는지를 물어보아야 한다. 지금 진정으로 불법을 구하고 있는지? 만약 당신이 진정으로 불법을 이해하려고 생각한다면, 부지런히 무상의 깨달음을 구해야 할 것이다.

7

중생은 왜 망상을 일으켜 윤회하는가?

富樓那言. 我與如來寶覺圓明, 眞妙淨心, 無二圓滿. 而我昔遭無始妄想, 久在輪迴. 今得聖乘, 猶未究竟. 世尊諸妄一切圓滅, 獨妙眞常. 敢問如來, 一切衆生何因有妄, 自蔽妙明, 受此淪溺?

부루나 존자가 말하였다. "저와 여래의 보각이 원명하고 가장 참되며 미묘하고 청정한 마음은 다르지 않고 원만합니다. 그러나 저는 이전에 무시이래의 망상에 얽혀서 오랫동안 육도윤회 속에 있었습니다. 지금 아라한의 성스러운 승을 얻었지만 망상심을 다 없애지 못하고 저의 진심이 드러나지 못하여 아직 구경의 깨달음을 얻지 못했습니다. 세존께서는 일체의 망상을 모두 원만히 소멸하여 이러한 경계는 특별히 미묘하고 참됨이 영원히 변하지 않습니다. 저는 지금 여래께 감히 묻습니다. 일체중생은 무엇 때문에 망상을 가지게 되었으며, 자기가 스스로 자기의 묘명한 진심을 가려 이러한 생사의 윤회를 받습니까?"

■

我與如來寶覺圓明, 眞妙淨心, 無二圓滿 저와 여래의 보각이 원명하고 가장 참되며 미묘하고 청정한 마음(이 또한 여래장성)은 다르지 않고 원만합니다.

而我昔遭無始妄想, 久在輪迴 그러나 저는 이전에 무시이래의 망상에 얽혀서 오랫동안 육도윤회 속에 있었습니다.

今得聖乘, 猶未究竟 지금 아라한의 성스러운 승을 얻었지만 망상심을 다 없애지 못하고 저의 진심이 드러나지 못하여 아직 구경의 깨달음을 얻지 못했습니다.

世尊諸妄一切圓滅, 獨妙眞常 세존께서는 일체의 망상을 모두 원만히 소멸하여 이러한 경계는 특별히 미묘하고 참됨이 영원히 변하지 않습니다. 진상(眞常)이란 참됨이 영원히 변하지 않는다는 뜻이다.

敢問如來, 一切衆生何因有妄 저는 지금 여래께 감히 묻습니다. 일체중생은 무엇 때문에 망상을 가지게 되었습니까? 어째서 무

단히 허망한 생각이 나왔는가의 뜻이다. 이것은 앞에서 말한 "청정본
연하고 법계에 두루한데, 어찌하여 홀연히 산하대지가 생겼습니까?"
라고 묻는 것과 같다. 우리 중생의 자성은 본래 청정하며, 본래 허망
함이 없는 것인데, 어떤 이유로 다시 망상을 내는가?

　自蔽妙明, 受此淪溺　자기가 자기의 묘명한 진심을 가려 이
러한 생사의 윤회를 받는가?

━

佛告富樓那. 汝雖除疑, 餘惑未盡. 吾以世間, 現前諸事, 今復問汝. 汝
豈不聞, 室羅城中演若達多? 忽於晨朝, 以鏡照面, 愛鏡中頭, 眉目可
見. 瞋責己頭, 不見面目. 以爲魑魅, 無狀狂走. 於意云何? 此人何因無
故狂走? 富樓那言. 是人心狂, 更無他故.

━

부처님께서 부루나에게 일렀다. "너의 의혹이 비록 제거되었을지라도
아직 여혹이 다 없어지지 않았다. 나는 우리 앞에 나타난 세간의 모든 일
로써 지금 다시 너에게 묻겠다. 너는 어찌 듣지 못했는가? 실라벌성 안
의 연약달다라는 사람은 아침에 갑자기 거울로 얼굴을 비춰보니, 거울
가운데 나타난 얼굴이 아름다운 눈에 매우 보기가 좋았다. 이때 그는 자
기의 머리가 보이지 않는 데 대하여 성난 마음이 났다. 그는 이때 착각이
발생하여 자기는 이매(魑魅)가 아닌가 하는 생각이 들어서 아무런 이유도
없이 미쳐 도망을 갔다. 부루나 너는 어떻게 생각하느냐? 이 사람은 아

무슨 이유도 없이 미쳐 도망을 간 것인가?" 부루나가 대답하였다. "이 사람은 마음이 미쳐 도망을 간 것이며, 다른 이유가 없습니다."

∎

汝雖除疑, 餘惑未盡 너의 의혹이 비록 제거되었을지라도 아직 여혹이 다 없어지지 않았다. 여혹이란 아직 도리를 완전하게 이해하지 못한 것을 뜻한다.

吾以世間, 現前諸事, 今復問汝 나는 우리 앞에 나타난 세간의 모든 일로써 지금 다시 너에게 묻겠다.

演若達多 사접(祠接)이라고 번역하며, 그의 모친이 신의 사당에 가서 기도하여 낳았기 때문에 사접이라고 하였다.

忽於晨朝, 以鏡照面, 愛鏡中頭, 眉目可見 그는 아침에 갑자기 거울로 얼굴을 비춰보니, 거울 가운데 나타난 머리(얼굴)가 아름다운 눈에 매우 보기가 좋았다. 즉 거울에 나타난 얼굴이 매우 아름답다고 생각하였다.

瞋責己頭, 不見面目 이때 그는 자기의 머리가 보이지 않는데 대하여 성난 마음이 났다. "나는 왜 머리가 없지? 나도 만약 저렇게 아름다운 얼굴이 있으면 얼마나 좋을까!"라고 생각한 것이다.

以爲魑魅, 無狀狂走 그는 이때 착각이 발생하여 자기는 이

매(魑魅)가 아닌가 하는 생각이 든 것이다. 그래서 아무런 연유도 없이 미쳐 도망을 갔다. 이매란 산이나 늪에 사는 귀신을 말한다.

於意云何? 此人何因無故狂走 부루나 너는 어떻게 생각하느냐? 이 사람은 아무런 이유도 없이 미쳐 도망을 간 것인가?

是人心狂, 更無他故 이 사람은 마음이 미쳐 도망을 간 것이며, 다른 이유가 없습니다.
중생은 왜 망상을 일으키는가? 이 또한 진심 가운데서 망념을 내는 것은 결코 원래 망상의 뿌리가 있어서 나오는 것이 아니다.

佛言. 妙覺明圓, 本圓明妙. 旣稱爲妄, 云何有因? 若有所因, 云何名妄? 自諸妄想展轉相因. 從迷積迷, 以歷塵劫. 雖佛發明, 猶不能返. 如是迷因, 因迷自有. 識迷無因, 妄無所依. 尙無有生, 欲何爲滅. 得菩提者, 如寤時人說夢中事. 心縱精明, 欲何因緣取夢中物? 況復無因, 本無所有. 如彼城中演若達多, 豈有因緣自怖頭走? 忽然狂歇, 頭非外得. 縱未歇狂, 亦何遺失? 富樓那! 妄性如是, 因何爲在?

부처님께서 말씀하셨다. "부처의 여래장성은 묘각명원(묘한 깨달음이 밝고 원만)한 것이며, 본래 원만하고 밝고 묘한 것이다. 이 여래장성 안에서 이미 그것을 허망함[妄]이라고 하는 것은 어떻게 그러한 원인이 있다고 할 것인가? 만약에 근거가 있다고 한다면 어떻게 허망함이라고 이름할 것인가? 따라서 저절로 많은 망상이 이리저리 서로의 원인을 구르게 된다. 미혹으로부터 미혹이 쌓이게 되어 미진의 겁을 지나게 된다. 비록 부처는 이러한 도리를 깨달았지만, 중생은 아직 돌아오지 못한다. 이와 같은 미혹의 원인은 미혹함으로 인하여 스스로 있는 것이다. 이 식심의 미혹함은 근거(원인)가 없으며, 망상은 의지할 데가 없다. 오히려 생기는 바도 없는데, 어떻게 멸한다고 할 수 있겠는가? 보리의 깨달음을 얻은 사람은 마치 잠에서 깨어난 사람이 꿈속의 일을 말하는 것과 같다. 이 사람이 설령 마음이 정미롭고 밝아도, 어떤 인연으로 꿈속의 모든 경계를 사람들에게 보여 줄 수 있겠는가? 하물며 이 미혹은 근거가 없으며, 본래 아무것도 없는 것이다. 마치 저 실라벌성의 연약달다와 같으니, 어찌 머리가 없다고 스스로 놀랄 인연이 있겠는가? 갑자기 그가 이러한 미친 마음이 그치게 되면, 그의 머리는 밖에서 얻어온 것이 아니라는 것을 이해한다. 설령 그의 이러한 미친 마음이 그치지 않아도 어찌 잃어버린 것이 있겠는가? 부루나여! 망상의 체성도 이와 같다. 그것의 뿌리는 어느 곳에 있는가?"

妙覺明圓, 本圓明妙 부처의 여래장성은 묘각명원한 것이며, 본래 원만하고 밝고 묘한 것이다. 즉 이것은 고요하면서 항상 비추고, 비추면서 항상 고요한 것이다.

既稱爲妄, 云何有因 이 여래장성 안에서 이미 그것을 허망함[妄]이라고 하는 것은 어떻게 그러한 원인이 있다고 할 것인가?

若有所因, 云何名妄　만약에 근거가 있다고 한다면 어떻게 허망함이라고 이름할 것인가? 즉 그것은 사실이며 참된 것으로 봐야 할 것이니, 허망함이라고 할 수 없다는 것이다. 망상은 거짓이다. 그러나 하나의 거짓이 생겨 나오기 때문에 많은 거짓이 따라 나온다.

自諸妄想展轉相因　따라서 저절로 많은 망상이 이리저리 서로의 원인을 구르게 된다. 즉 서로 서로 망상을 이끌어낸다는 뜻이다. 전전상인(展轉相因)이란 이것이 저것으로 뛰어가면, 저것은 다른 것으로 뛰어간다는 뜻이다.

우리는 왜 깨닫지 못하는가? 바로 망상이 너무 많기 때문이다. 이 망상이 오지 않으면, 저 망상이 온다. 마치 하루 종일 손님이 오는 것과 같다. 이 손님이 오고 저 손님이 오고, 이 손님이 가면 저 손님이 오는 것과 같다.

내가 어떤 사람에게 물었다. "당신은 좌선을 할 때 무엇을 생각하는가?" 그가 말하였다. "어떤 때는 맛있는 것을 먹고 싶고, 어떤 때는 좋은 옷을 사고 싶고, 어떤 때는 좋은 집에 살고 싶고, 어떤 때는 좋은 차를 타고 싶고, 어떤 때는 장래 돈을 많이 벌어서 헬리콥터를 사고 싶습니다." 좌선을 할 때 이러한 문제는 모두 온다.

이것이 가면 저것이 오고, 저것이 가면 다른 것이 온다. 이것을 '자제망상전전상인(自諸妄想展轉相因)'이라고 한다.

從迷積迷, 以歷塵劫　당신에게 하나의 미혹이 오면 많은 미혹이 따라온다. 망상이 너무 많기 때문에 그것을 맞이하는 데 쉴 틈이 없이 당신의 자성도 하루 종일 바쁘기 그지없다. 자성이 비록 청정본연하고 주변법계한 것일지라도 그러나 망상을 맞이함이 너무 많기 때문에 쉬지 못하고 잠잘 시간도 없는 것이다. 따라서 매우 긴 시간을 지나도 그러한 손님맞이를 끝내지 못한다. 종합하면 많은 문제, 많은 일들이 오므로 무시이래로 지금까지 아직 깨닫지 못하는 것이다.

雖佛發明, 猶不能返　비록 부처는 이러한 도리를 깨달았지만, 중생은 아직 돌아오지 못한다. 아직 머리를 돌리지 못하고 여전히 망상과 친구가 되어서 이 망상을 버리지 못한다. 그래서 나는 이렇게 게송을 읊는다.

죽음을 버리지 못하면, 생을 바꾸지 못하며
거짓을 버리지 못하면, 참됨을 이룰 수 없네.
捨不了死, 換不了生
捨不了假, 成不了眞

如是迷因, 因迷自有　이와 같은 미혹의 원인은 미혹함으로 인하여 스스로 있는 것이다. 실제로 망상도 거짓인 것으로 마치 스스로 망상이 있는 것 같다. 실제로 미혹함은 체성이 없으며, 자체가 없으므로 미혹함 때문에 미혹함이 나온다고 말할 수 없다. 왜 그런가? 미혹함은 스스로의 체가 없으며, 체의 모습이 없다.

識迷無因, 妄無所依　이 미혹함은 의지할 데가 없으며, 종자가 없으며, 근본이 없다. 그것은 뿌리가 없으며, 스스로의 체가 없기 때문에 망상이 어떻게 존재할 수 있겠는가? 그것은 존재할 수 없는 것이다.

尚無有生, 欲何爲滅　이 미혹함은 생기는 것도 없으니, 근본적으로 생겨 나올 방법이나 곳이 없다. 마치 연약달다의 머리와 같이, 그 스스로 머리가 없다고 생각하였지, 실제로는 머리는 여전히 몸에 붙어 있는 것이다. 이 미혹을 당신이 잠시 이해하지 못할 뿐이지, 결코 당신이 미혹 때문에 자기의 각성(覺性)도 없는 것은 아니다. 이미 생기는 바도 없는데, 어떻게 멸한다고 할 수 있겠는가?

得菩提者, 如寤時人說夢中事　보리의 깨달음을 얻은 사람은 마치 잠에서 깨어난 사람이 꿈속의 일을 말하는 것과 같다.

心縱精明, 欲何因緣取夢中物　이 사람이 설령 마음이 정미롭고 밝아도 어떤 인연으로 꿈속의 모든 경계를 사람들에게 보여 줄 수 있겠는가? 이것은 불가능한 것이다.

오시인(寤時人)은 누구인가? 부처를 가리킨다. 부처님께서 법을 설하여 당신에게 꿈을 꿀 때의 갖가지의 경계를 알려 줄 수는 있어도, 그런 경계를 보이게 할 수는 없다. 따라서 망상과 미혹도 이와 같으며, 부처님께서 비록 법을 설하여 미혹을 깨뜨리게 하지만, 망상을 꺼내 당신에게 보여 줄 수는 없다.

況復無因, 本無所有　하물며 이 미혹은 본래 근거가 없으며, 인연도 없고 체상도 없으며, 아무것도 없는 것이다.

如彼城中演若達多, 豈有因緣自怖頭走　마치 저 실라벌성의 연약달다와 같으니, 어찌 머리가 없다고 스스로 놀랄 인연이 있

겠는가? 그는 자기 스스로 자기의 머리를 보지 못한 것이다. 왜 보지
못하였는가? 그는 자기가 머리가 없다고 생각한 것이다. 그래서 놀라
바깥으로 도망을 간 것이다.

忽然狂歇, 頭非外得 갑자기 그가 이러한 미친 마음이 그치
게 되면, 그의 머리는 밖에서 얻어온 것이 아니라는 것을 이해한다.
이것은 우리의 이 진여자성을 비록 미혹하였지만, 잃은 것은 아니며,
미혹하지 않을 때는 또 얻은 것도 아니다. 마치 자기의 머리는 본래
자기의 것이며, 결코 머리를 잃어버린 것은 아닌 것이다.

縱未歇狂, 亦何遺失 설령 그의 이러한 미친 마음이 정지되
지 않아도 어찌 잃어버린 것이 있겠는가?

富樓那! 妄性如是, 因何爲在 부루나여, 망상의 체성도 이
와 같다. 그것의 뿌리는 어느 곳에 있는가? 그것은 의지할 데도 없다.
이미 미망의 체성은 뿌리가 없는데, 이 미망(迷妄)은 어느 곳에 있는
가? 너는 찾을 수 없다.

8

날뛰는 마음을 쉬면 바로 깨달음이다

汝但不隨分別, 世間, 業果, 衆生 三種相續. 三緣斷故, 三因不生. 則汝心中演若達多, 狂性自歇, 歇卽菩提. 勝淨明心, 本周法界, 不從人得. 何藉劬勞, 肯綮修證?

"너는 단지 분별하는 마음을 따르지 않으면 세간상속, 업과상속, 중생상속이 없어지며, 이러한 세 가지의 연이 끊어지기 때문에 세 가지의 원인도 생기지 않는다. 네 마음속의 연약달다 즉 날뛰는 마음을 스스로 쉬게 되면, 쉬면 바로 보리(깨달음)이다. 수승하고 청정하며 밝은 마음[勝淨明心]은 법계에 두루한 것이며, 사람으로부터 얻는 것이 아니다. 그러므로 너의 자성은 어찌 부모가 아이를 기르듯이 할 필요가 있겠으며, 힘을 들여 수증할 필요가 있겠는가?"

汝但不隨分別 너는 단지 이 망상분별을 따르지 않으면 된다.

世間, 業果, 衆生 三種相續 네가 분별하는 마음을 내지 않으면 세간상속, 업과상속, 중생상속이 없어진다.

三緣斷故, 三因不生 이러한 세 가지의 연이 끊어지기 때문에
세 가지의 원인도 생기지 않는다.

則汝心中演若達多, 狂性自歇, 歇卽菩提 네 마음속의 연약
달다 즉 미친 마음을 스스로 쉬게 되면, 쉬는 것이 바로 보리(깨달음)이다.
이것은 결코 네가 쉬면 그런 연후에 보리가 나온다고 말하는 것이 아니
다. 네가 쉬면 그것이 바로 보리(깨달음)라는 것이다. 또한 미혹을 제거하
면 비로소 참됨이라고 말하는 것이 아니다. 미혹할 때 당신이 이해하면
그것이 곧 참됨이라는 것이다. 그러므로 네가 이해하면 참이고, 이해하
지 못하면 미혹이다. 따라서 미혹한 마음은 본래 뿌리가 없는 것이며,
당신이 만약 그 미혹한 마음을 정지하면, 바로 깨달음이다.

勝淨明心, 本周法界, 不從人得 수승하고 청정하며 밝은 마
음[勝淨明心]은 법계에 두루한 것이며, 사람으로부터 얻는 것이 아니다.
즉 외부로부터 얻어오는 것이 아니라는 뜻이다. 이 마음은 사람마다
본래 갖추고 있는 것이다.

何藉劬勞, 肯綮修證 구로(劬勞)란 보호하고 기른다는 뜻이다.
비유하면 부모가 아이를 낳아 그에게 가지가지의 일을 해 주면서 키우
는 것이다. 너의 자성은 어찌 부모가 아이를 기르듯이 할 필요가 있겠
는가?
긍계(肯綮)란 뼈와 살이 접한 곳이라는 뜻이며, 핵심 · 급소라는 뜻

이다. 장자(莊子)의 『남화경(南華經)』「포정해우(庖丁解牛)」에서 나오는 말이다. 포정이 소를 잡을 때 한 칼로 소의 근육과 뼈를 발라내는데, 큰 힘을 들이지 않고 한다는 것이다. 이 뜻은 바로 어떻게 계산할 필요가 없다는 것이다. 이 법은 닦을 것도 없고 증득할 것도 없다는 것이다. 이것은 아무런 힘을 쓸 필요도 없으며, 이것의 묘한 점은 가장 원융무애한 것이며, 닦고 증득할 것을 더할 필요가 없는 것이다.

따라서 아난이 앞에서 "아승기의 겁을 거치지 않고 법신을 얻는다."고 한 것이다. 이 『능엄경』의 묘법은 바로 이곳, 힘써 수증할 공부가 필요 없다는 데에 있다.

━

譬如有人, 於自衣中繫如意珠, 不自覺知. 窮露他方, 乞食馳走. 雖實貧窮, 珠不曾失. 忽有智者, 指示其珠. 所願從心, 致大饒富. 方悟神珠, 非從外得.

━

"비유하면 어떤 사람이 자기의 옷 속에 여의주를 매어두고 스스로 알지 못하는 것과 같다. 돈이 없어 다른 지방으로 가서 노숙하고 걸식을 하면서 지내는데, 비록 실제로 빈궁하지만, 여의주는 결코 잃어버리지 않았다. 그런데 갑자기 지혜로운 사람을 만나 그분이 옷 속의 구슬을 가리켜 주면, 원하는 것이 마음대로 나타나 큰 부자가 될 것이다. 이때 비로소 이 신묘한 구슬은 밖으로부터 얻는 것이 아니라는 것을 깨닫게 된다."

譬如有人, 於自衣中繫如意珠, 不自覺知　비유하면 어떤 사람이 자기의 옷 속에 여의주를 매어두고 스스로 알지 못하는 것과 같다. 여의주란 마음이 원하는 바를 따라 나타나는 구슬을 말하는데, 원하는 대로 다 이루어진다는 구슬이다. 이러한 구슬을 옷 속에 꿰매두고는 시간이 오래 지나자 잊어버린 것이다.

窮露他方, 乞食馳走　돈이 없어 다른 지방으로 가서 노숙과 걸식을 한다는 뜻이다.

雖實貧窮, 珠不曾失　비록 실제로 빈궁하지만, 여의주는 결코 잃어버리지 않았다. 이것은 무엇을 말하는가? 우리가 비록 미혹한 가운데서도 우리의 자성은 결코 잃어버리지 않았다는 것이다. 가난한[窮] 이치를 이해하지 못하는 것이다. 너는 자성의 공덕 법재(法財)를 얻지 못하고, 당신 자성이 여의보주와 같은 것을 알지 못한다. 따라서 이것이 가장 가난한 사람이다. 당신이 불법을 이해하지 못하면 진정으로 가장 가난한 사람이다. 비록 당신이 불법을 이해하지 못하지만, 그러나 당신은 자성의 여의주를 잃어버리지 않았다. 따라서 우리가 부처님을 믿고 수행하여 이 자성의 여의주를 이해하여 이 속에서 본래 가지고 있는 재보를 발굴하면, 그것이 진정한 부귀이다.

忽有智者, 指示其珠　所願從心, 致大饒富　갑자기 지혜로운 사람을 만나 그분이 옷 속의 구슬을 가리켜 주면, 원하는 것이 마음대로 나타나 큰 부자가 될 것이다. 당신이 본래 가지고 있는 자성을 이해하여 보리의 깨달음을 증득하면, 이것이 가장 큰 부유함이다.

方悟神珠, 非從外得   이때 비로소 이 신묘한 구슬은 밖으로
부터 얻는 것이 아니라는 것을 깨닫게 된다. 신주란 바로 우리가 본래
갖추고 있는 불성이며, 바깥에서 얻는 것이 아니며, 우리가 본래 구족
하고 있는 것이다. 따라서 지금 우리가 『능엄경』을 공부하는 것은 바
로 우리 각 사람의 옷 속에 있는 여의주를 발굴하려는 것이다.

보리심(菩提心)과
성불의 길

1

깨달음은 어떻게 오는가?

即時阿難在大衆中, 頂禮佛足, 起立白佛. 世尊! 現說殺盜婬業, 三緣
斷故, 三因不生. 心中達多, 狂性自歇, 歇卽菩提, 不從人得. 斯則因緣,
皎然明白. 云何如來頓棄因緣? 我從因緣, 心得開悟. 世尊! 此義何獨
我等年少有學聲聞? 今此會中, 大目犍連, 及舍利弗, 須菩提等, 從老
梵志聞佛因緣, 發心開悟, 得成無漏. 今說菩提不從因緣. 則王舍城拘
舍梨等, 所說自然, 成第一義. 惟垂大悲, 開發迷悶.

이때 아난은 대중 가운데서 부처님의 발에 절을 하고 일어나 부처님께
말하였다. "세존이시여! 지금 살생·도둑질·음란함의 세 가지 업이
(세계·중생·업과상속의) 인연을 생기게 하며, 세 가지의 연을 끊는 까닭으
로 세 가지의 원인이 생기지 않는다고 말씀하였습니다. 그러면 마음속
의 연약달다, 즉 미친 성질을 스스로 쉬게 되면, 쉬면 곧 보리의 깨달
음이며, 사람으로부터 얻는 것이 아니라고 합니다. 이런 도리는 일종
의 인연법이라는 것이 환하게 명백합니다. 그런데 어찌하여 여래께서
는 갑자기 인연을 버립니까? 저는 십이인연의 도리에서 마음이 깨달
음을 얻었습니다. 세존이시여! 이 인연의 도리는 저희들 젊은 비구의

유학성문 뿐만 아니라 오늘 이 법회 가운데의 대목건련, 사리불, 수보리 등도 이전에 늙은 범지를 따라 외도의 법을 닦았으나, 부처님의 인연법을 듣고 발심하여 깨달음을 열었으며, 무루의 아라한이 되었습니다. 지금 세존께서는 보리의 깨달음은 인연으로부터 오는 것이 아니라고 하시는데, 왕사성의 구사리 등이 말하는 자연의 도리가 제일의제로 변하였습니다. 오직 대자비의 마음으로 저희들의 미혹과 담담함을 풀어주시기 바랍니다."

現說殺盜婬業, 三緣斷故, 三因不生   세존께서는 지금 살생 · 도둑질 · 음란함의 세 가지 업이 세계 · 중생 · 업과상속의 인연을 생기게 하며, 세 가지의 연을 끊는 까닭으로 세 가지의 원인이 생기지 않는다고 말씀하였습니다.

心中達多, 狂性自歇, 歇卽菩提, 不從人得   그러면 마음속의 연약달다, 즉 미친 성질을 스스로 쉬게 되면, 쉬면 곧 보리의 깨달음이며, 사람으로부터 얻는 것이 아니라고 합니다.

斯則因緣, 皎然明白. 云何如來頓棄因緣   이런 도리는 일종의 인연법이라는 것이 환하게 명백합니다. 그런데 어찌하여 여래께서는 갑자기 인연을 버립니까? 앞에서 인연도 아니고, 자연도 아니며, 화합도 아니라고 하였다. 아난은 지금 당신께서 설하시는 것이 인연법이 아닌가라는 뜻이다.

我從因緣, 心得開悟　저는 십이인연의 도리에서 마음이 깨달음을 얻었습니다.

此義何獨我等年少有學聲聞　이 인연의 도리는 저희들 젊은 비구의 유학성문 뿐만 아니라

今此會中, 大目犍連, 及舍利弗, 須菩提等　오늘 이 법회 가운데의 대목건련, 사리불, 수보리 등도

從老梵志聞佛因緣, 發心開悟, 得成無漏　이전에 늙은 범지를 따라 외도의 법을 닦았으나, 부처님의 인연법을 듣고 발심하여 깨달음을 열었으며, 무루의 아라한이 되었습니다.

今說菩提不從因緣. 則王舍城拘舍梨等, 所說自然, 成第一義　지금 세존께서 보리의 깨달음은 인연으로부터 오는 것이 아니라고 하시는데, 왕사성의 구사리 등이 말하는 자연의 도리가 제일의제로 변하였습니다. 부처님께서는 이전에 인연을 가지고 자연의 도리를 타파하시고, 지금은 인연을 사용하지 않으시는데, 그러면 이 자연의 이론은 성립되는 것입니까? 여기서 왕사성은 또한 실라벌성을 가리킨다.

━

佛告阿難. 卽如城中演若達多, 狂性因緣, 若得滅除, 則不狂性自然而

出. 因緣自然, 理窮於是. 阿難! 演若達多, 頭本自然, 本自其然, 無然
非自. 何因緣故, 怖頭狂走? 若自然頭, 因緣故狂, 何不自然, 因緣故
失? 本頭不失, 狂怖妄出. 曾無變易, 何藉因緣? 本狂自然, 本有狂怖.
未狂之際, 狂何所潛? 不狂自然, 頭本無妄, 何爲狂走? 若悟本頭,
知狂走, 因緣自然, 俱爲戲論. 是故我言, 三緣斷故, 卽菩提心.

부처님께서 아난에게 말씀하셨다. "마치 성 안의 연약달다와 같이 미
친 성질의 인연이 만약 소멸되면, 미치지 않은 성질이 자연적으로 나
온다. 이 인연과 자연의 도리를 내가 궁구한 것도 이와 같다. 아난아!
만약 연약달다의 머리가 본래 자연이라면, 본래 그는 자연적으로 이러
한 모습이었으며, 그는 그렇지 않다(즉 머리가 없다)고 생각한 것은 바로
자연이 아니다. 그는 무슨 인연으로 자기의 머리가 없다고 놀라 미쳐
도망을 가는가? 만약 그의 자연적으로 붙어 있는 머리의 인연으로 인
하여 미쳤다면, 어째서 자연적으로 어떤 인연 때문에 머리를 잃지 않
았는가? 그는 본래 머리를 잃지 않았으며, 일종의 미치고 놀란 성질이
허망하게 나온 것이다. 그러나 그의 머리는 결코 어떤 변화가 있는 것
이 아니기 때문에 어찌 인연을 빌리겠는가? 그가 미친 것이 본래 자연
적이라면 본래 이러한 미치고 놀라는 것이 있어야 할 것이다. 그가 미
치지 않았을 때 그 미친 마음은 어느 곳에 잠복되어 있었는가? 만약 미
치지 않은 것이 자연이라면, 머리는 본래 거짓이 아니고 허망함이 없
었는데, 어째서 미쳐 도망을 갔는가? 만약 자기의 머리가 잃어버린 것
이 아니라는 것을 깨닫고, 자기가 왜 미쳐 도망을 간 것인지를 안다면,
이것이 인연이나 자연이라고 말하는 것은 모두 희론이다. 그러므로 나

는 살생하는 탐욕과 도둑질하는 탐욕과 음란하는 탐욕의 세 가지의 인연을 끊으면, 이것이 바로 보리심이라고 말하는 것이다."

—

卽如城中演若達多, 狂性因緣, 若得滅除 마치 성 안의 연약달다와 같이 미친 성질의 인연이 만약 소멸되면, 즉 그의 미친 마음이 없어지면

則不狂性自然而出 그러면 미치지 않은 성질이 자연적으로 나온다.

因緣自然, 理窮於是 그가 미친 것은 무슨 인연이며, 무슨 자연인가? 이 인연과 자연의 도리를 내가 궁구한 것도 이와 같다.

演若達多, 頭本自然 만약 연약달다의 머리가 본래 자연이라면, 본래 잃어버린 것도 없고 얻은 것도 없다. 이것이 자연이다.

本自其然, 無然非自 본래 그는 자연적으로 이러한 모습이었으며, 본래 머리가 있었으며, 결코 머리가 없지 않았다. 그는 당연히 항상 자연적으로 머리가 있는 것인데, 그는 그렇지 않다(즉 머리가 없다)고 생각한 것이며, 이것이 바로 자연이 아니다.

何因緣故, 怖頭狂走 그는 무슨 인연으로 자기의 머리가 없는데 놀라 미쳐 도망을 가는가?

若自然頭, 因緣故狂 만약 그의 자연적으로 붙어 있는 머리의 인연으로 인하여 미쳤다면,

何不自然, 因緣故失 어째서 자연적으로 어떤 인연 때문에 머리를 잃지 않았는가? 즉 왜 그는 이 머리를 잃지 않았는가?

本頭不失, 狂怖妄出 그는 본래 머리를 잃지 않았으며, 일종의 미치고 놀란 성질이 허망하게 나온 것이다.

曾無變易, 何藉因緣 그러나 그의 머리는 결코 어떤 변화가 있는 것이 아니기 때문에 어찌 인연을 빌리겠는가?

本狂自然, 本有狂怖 그가 미친 것이 본래 자연적이라면 본래 이러한 미치고 놀라는 것이 있어야 할 것이다.

未狂之際, 狂何所潛 그가 미치지 않았을 때 그 미친 마음은 어느 곳에 잠복되어 있었는가?

不狂自然, 頭本無妄, 何爲狂走 만약 미치지 않은 것이 자연이라면, 머리는 본래 거짓이 아니고 허망함이 없었는데, 어째서 미쳐 도망을 갔는가? 두본무망(頭本無妄)이란 머리는 본래 실재한 것이며 사실적으로 몸에 붙어 있었다는 뜻이다.

若悟本頭, 識知狂走, 因緣自然, 俱爲戱論 만약 자기의

머리가 잃어버린 것이 아니라는 것을 깨닫고, 자기가 왜 미쳐 도망을 간 것인지를 안다면, 이것이 인연이나 자연이라고 말하는 것은 모두 희론이다.

　是故我言, 三緣斷故, 卽菩提心　　그러므로 나는 살생하는 탐욕과 도둑질하는 탐욕과 음란하는 탐욕의 세 가지의 인연을 끊으면, 이것이 바로 보리심이라고 말하는 것이다.

1) 보리심이 생하면 생멸심이 멸한다

▬

菩提心生, 生滅心滅, 此但生滅. 滅生俱盡, 無功用道. 若有自然, 如是則明, 自然心生, 生滅心滅, 此亦生滅. 無生滅者, 名爲自然. 猶如世間諸相雜和, 成一體者, 名和合性. 非和合者, 稱本然性. 本然非然, 和合非合. 合然俱離, 離合俱非. 此句方名無戲論法.

▬

"보리심이 생하면 생멸심은 멸한다. 이것은 여전히 생멸하는 법이며, 이 생멸하는 마음이 멸하고 생하며, 생하고 멸하는 이것이 모두 다하면, 이때는 공용이 없는 도가 현전한다. 만약 자연이 있다고 한다면, 이 자연의 마음이 생하고, 생멸하는 마음이 멸하는 것도 생멸심이라는 것을 알아야 한다. 만약 생멸함이 없는 것을 자연이라고 말한다면, 마치 세간에서 일체의 상이 서로 혼합되어 하나를 이루는 것을 화합성이라고 하며, 만약 화합하지 않는 것은 자연의 본연성이라고 한다. 이 자연은 참된 자연이 아니며, 화합도 화합하는 인연이 아니다. 인연과 자연의 이 두 가지의 도리를 모두 떠나며, 인연과 자연을 떠나는 것은 인연도 아니며, 자연도 아니다. 인연도 없고 자연도 없다는 이 말을 비로소 희론이 없는 법이라고 한다."

■

菩提心生, 生滅心滅, 此但生滅 보리심이 생하면 생멸심은 멸한다. 하지만 진정한 보리심은 생멸이 없는 것이다. 따라서 '차(此)'는 보리심이 생하면 생멸심이 멸하는 것을 가리키는데, 이것은 여전히 생멸하는 법이며, 실제로 진실한 체성이 없다.

滅生俱盡, 無功用道 이 생멸하는 마음이 멸하고 생하며, 생하고 멸하는 이것이 모두 다하면, 이때는 공용이 없는 도가 현전한다. 무공용도란 바로 능엄대정(楞嚴大定)을 가리킨다.

若有自然, 如是則明, 自然心生, 生滅心滅, 此亦生滅 만약 자연이 있다고 한다면, 이 자연의 마음이 생하고 생멸하는 마음이 멸하는 것도 생멸심이라는 것을 알아야 한다.

無生滅者, 名爲自然 만약 생멸함이 없는 것을 자연이라고 말한다면,

猶如世間諸相雜和, 成一體者, 名和合性 마치 세간에서

일체의 상이 서로 혼합되어 하나를 이루는 것을 화합성이라고 하며,

非和合者, 稱本然性　만약 화합하지 않는 것은 자연의 본연성이라고 한다.

本然非然　본연이란 또한 자연이다. 이 자연은 참된 자연이 아니다.

和合非合　화합은 인연을 뜻하며, 화합도 화합하는 인연이 아니다.

合然俱離　합(合)은 화합이고, 인연이며, 연(然)은 자연이다. 이 두 가지의 도리를 모두 떠난다.

離合俱非　인연과 자연을 떠나는 것은 인연도 아니며, 자연도 아니다.

此句方名無戲論法　인연도 없고 자연도 없다는 이 말을 비로소 희론이 없는 법이라고 한다.

菩提涅槃, 尙在遙遠. 非汝歷劫辛勤修證. 雖復憶持, 十方如來十二部經, 淸淨妙理, 如恒河沙, 祇益戲論.

■

"보리열반의 과(果)는 아닌 너로 말하자면, 아직 요원하다. 이것은 네가 많은 겁을 지나면서 수고스럽게 열심히 수행하여 증득할 수 있는 것이 아니다. 비록 네가 잘 기억하고 지니지만, 시방 여래의 십이부경전 속에는 청정하고 불가사의한 도리가 항하사와 같이 많지만, 단지 희론의 법을 더할 뿐이다."

■

菩提涅槃, 尚在遙遠　보리열반의 과(果)는 아닌 너로 말하자면, 아직 요원하다.

非汝歷劫辛勤修證　이것은 네가 많은 겁을 지나면서 수고스럽게 열심히 수행하여 증득할 수 있는 것이 아니다.

■

汝雖談說因緣自然, 決定明了, 人間稱汝多聞第一. 以此積劫多聞熏習, 不能免離摩登伽難. 何須待我佛頂神呪, 摩登伽心婬火頓歇, 得阿那含, 於我法中成精進林. 愛河乾枯, 令汝解脫.

■

"너는 비록 인연과 자연을 담론하고 명백하게 이해하며, 인간에서 일반인들이 너를 다문제일이라고 칭하며, 너는 많은 겁을 통하여 이러한 다문을 훈습하여 쌓아왔지만, 그러나 마등가의 난을 면할 수가 없었다. 어찌 나의 불정신주를 기다릴 필요가 있었겠는가? 마등가의 딸은 마음의 음란한 불이 갑자기 쉬어져서 아나함과를 얻었으며, 나의 불법 가운데서 정진하는 사람이 되었다. 사랑의 강이 말라 너로 하여금 사랑의 속박으로부터 벗어나게 하였다."

■

以此積劫多聞熏習, 不能免離摩登伽難   다문(多聞)이란 널리 듣고 잘 기억하는 것을 뜻한다. 훈습(熏習)의 훈이란 향의 연기가 스며드는 것이며, 습이란 학습하는 것이다. 마치 우리가 매일 불교강당 이곳에 와서 『능엄경』을 듣는 것과 같이 당신이 조급하지 않으면 습기와 잘못들이 조금씩 조금씩 제거할 수 있을 것이라 믿는다.

부처님은 아난에게 말하였다. "너는 비록 이렇게 많은 경을 기억하고 있지만, 그러나 마등가의 이런 색난을 피할 수 없었다. 바꾸어 말하면, 너는 여인을 보고 홀린 것이다. 네가 읽은 책이 아무리 많더라도 무슨 소용이 있나?" 그 당시 아난도 얼굴이 붉어졌을 것이다.

何須待我佛頂神呪   너는 왜 나의 불정신주를 기다려야 했으며, 내가 이 능엄주를 써서 문수보살로 하여금 너를 구제하러 가게 하였는가? 너는 스스로 그렇게 많은 경전을 기억하고 있으면서 왜 그녀에게 읽어서 들려주지 않았는가? 너는 여인을 보고 무엇이든 모두 잊어버렸다.

摩登伽心婬火頓歇, 得阿那含   이때 마등가의 딸은 음욕의 불이, 이러한 무명이 즉시에 소멸되고 아나함과를 증득하게 되었다.

아나함은 삼과(三果)의 아라한을 말한다.

당시 마등가의 딸은 아난을 한번 보고 사랑하는 마음이 생겼으며, 아난을 자기의 생명보다도 더 중요하게 생각하여 자기 모친으로 하여금 「선범천주」를 읽어 아난을 미혹시켰다. 비록 아난이 홀려서 갔지만 실제로는 삿됨은 바름을 이기지 못하는 것이며, 아난이 만약 그녀에 대하여 조금의 마음도 없었더라면, 그녀의 모친이 주를 읽어도 소용이 없었을 것이다. 반드시 아난이 그녀의 미모에 대하여 마음이 동한 것이다.

부처님께서는 아난이 장차 계의 몸이 무너지려고 할 때 재빨리 능엄주를 설하여 문수보살로 하여금 그를 보호하게 하였다. 문수보살이 그곳에 이르러 능엄주를 한 번 외우자 아난은 제정신이 돌아오게 되었다. "아, 내가 어째서 이곳에 왔지?" 마치 꿈에서 깬 것과 같이 재빨리 문수보살을 따라 기수급고독원으로 돌아왔다. 마등가의 딸은 아난이 도망가는 것을 보고 그를 쫓아갔다. "당신은 왜 중요한 시점에 도망을 가는가?" 그리하여 그녀도 기원정사에 도착하였다.

부처님이 그녀에게 물었다.

"너는 이곳에 무엇하러 왔는가?"

"저는 아난을 사랑합니다."

"아난의 무엇을 사랑하느냐?"

"저는 아난의 코를 사랑합니다."

"그러면 코를 베어 너에게 줄까!"

"저는 아난의 눈을 사랑합니다."

"그럼 눈도 빼서 너에게 줄게!"

"저는 아난의 얼굴을 사랑합니다."

"얼굴을 통째로 베어 너에게 줄게! 너는 가져가라!"

"얼굴을 베면 보기가 안 좋습니다."

"그렇다. 얼굴을 베면 보기가 좋지 않다. 지금 베지 않을 테니, 너는 그를 다시 보아라."

부처님께서 이렇게 묻자, 그녀는 다시 생각할 때 갑자기 깨달았다. 따라서 음란한 마음이 갑자기 쉬어지면서 아나함의 과를 증득한 것이다. 왜냐하면 그녀는 아난을 사랑하는 것이 극점에 이르러 부처님께서 이렇게 법을 설하자 그녀는 당장에 삼과의 아라한을 증득하였으며, 그래서 그녀를 성(性) 비구니라고 부른다.

於我法中成精進林 나의 불법 가운데서 정진하는 사람이 되었다. 정진림(精進林)이란 많은 사람이 용맹정진하는 사람이라는 뜻이다. 내가 여러분에게 이르는데, 사랑하는 마음이 있는 것을 두려워하지 말고, 당신이 단지 깨달음을 얻으려고 하면 "아, 원래 이렇구나!" 그러면 방법이 있게 된다. 당신이 만약 이해하게 되면 어떠한 것도 다시 저지르지 않을 것이다. 당신이 이해하지 못하기 때문에 자나깨나 생각하면서 전전반측하는 것이다. 그래서 이런 물건에 올리게 되는 것이다.

愛河乾枯, 令汝解脫 사랑은 마치 흐르는 강과 같다. 당신에게 일종의 사랑하는 마음이 있으면, 마치 강물이 흐르듯이 끊임이 없다. 그러나 마등가의 딸은 부처님의 법을 한 번 듣고는 사랑의 강물이 말라 없어지고, 애욕의 불은 금강같이 무너지지 않는[金剛不壞] 몸으로 바뀐 것이다. 그래서 그녀는 더 이상 아난을 귀찮게 하지 않으니, 너는 지금 비로소 그녀의 속박으로부터 벗어나게 되었다. 이때 아난은 여전히 초과의 아라한으로서 아직 삼과를 얻지 못하였으니, 그녀가 아난보다 높게 올라간 것이다.

마등가의 딸과 아난은 과거생에서 오백 세 동안 부부가 된 것이다. 그래서 그녀는 아난을 한번 보자마자 사랑하는 마음을 내게 된 것이다. 이것은 아마도 숙세의 원력으로 말미암은 것이다.

2) 무루의 업을 닦아야 한다

━

是故阿難! 汝雖歷劫, 憶持如來祕密妙嚴, 不如一日修無漏業, 遠離世間憎愛二苦.

━

"이러한 까닭으로 아난아! 너는 비록 수많은 겁 동안 여래의 비밀하고 미묘하며 존엄한 법문을 기억하고 지녀왔지만, 하루 동안 무루의 업을 닦아 세간의 사랑하고 미워하는 두 가지의 괴로움을 멀리 떠나는 것만 못하다."

━

祕密妙嚴 비(祕)란 입으로 말할 수 없는 것이며, 밀(密)이란 마음으로 생각할 수 없는 것, 상상할 수 없는 것이며, 추측할 수 없는 것이며, 또한 불가사의한 것을 말한다. 서로 알지 못하는 것을 비밀이라

고 한다. 같은 말, 같은 이치라도 각자가 보는 것은 같지 않으며, 각자가 얻는 이익도 다르다. 이것을 비밀이라고 한다. 묘엄이란 묘(妙)는 불가사의한 것이며, 엄(嚴)은 매우 고귀하고 존엄한 것이다. 부처님께서 설한 경전과 설하신 도리는 모두 불가사의하며, 매우 존엄하며, 가장 가치가 있는 법이다.

不如一日修無漏業   하루 동안 무루의 업을 닦는 것만 못하다는 뜻이다. 무루의 업이란 번뇌가 없는 법문, 망상이 없는 법문을 말한다. 수행하여 사과(四果)의 아라한에 이르면 무루이며, 보살도 무루라고 한다. 당신의 모든 습기, 결점, 무명, 번뇌를 모두 끊어야 한다. 당신의 탐 · 진 · 치를 모두 제거해야 이것이 바로 무루이다.

遠離世間憎愛二苦   세간의 사람은 사랑(애정)을 가장 좋은 일로 생각한다. 따라서 남녀가 사랑하고 부모와 자식이 서로 사랑하는 것이다. 그리하여 이 사랑이 바로 괴로움이라는 사실을 어찌 모르는가!

부부가 전생에 인연이 있으면 금생에 화목하게 서로를 존중하면서 지낸다. 인연이 있다는 것은 어떠한 것을 말하는가? 바로 서로에게 이익을 주는 것이다. 당신은 나를 도와 준 적이 있고 나도 당신을 도와 준 적이 있는 것이다. 그러면 금생에 부부가 되어 서로가 서로를 잘 돌봐준다.

어떤 부부는 원한이 있어도 부부가 된다. 전생에 당신은 나에게 잘못하고, 혹은 나도 당신에게 잘못하고 하여 원한이 있으면, 금생에 부부가 되어 하루 종일 싸운다. 이 미움도 사랑 때문에 생긴다. 사랑이 극에 달하면 미움이 나온다. 따라서 미움과 사랑의 두 가지 괴로움

[憎愛二苦]이라고 말하는 것이다. 그래서 당신이 만약 이러한 도리를 이해하면 미움과 사랑의 괴로움이 없다. 우리가 도를 닦는 것은 깨닫기 위함이다. 깨닫는다는 것은 바로 이해하는 것이다. 당신이 이러한 경계를 이해하면 이러한 경계에 속지 않는다. 따라서 사랑과 미움의 괴로움을 벗어나려면, 사랑도 하지 않고 미움도 하지 않는 것이다. 이것이 바로 중도이다.

—

如摩登伽宿爲淫女, 由神呪力, 鎖其愛欲, 法中今名性比丘尼. 與羅睺羅母耶輸陀羅, 同悟宿因. 知歷世因, 貪愛爲苦. 一念薰修無漏善故, 或得出纏, 或蒙授記. 如何自欺, 尙留觀聽?

—

"마치 지금 이 마등가의 딸은 이전에 기녀(妓女)가 되어 음욕심이 매우 중하였으나, 능엄주의 힘이 그녀의 애욕을 소멸시켰으며, 불법 가운데서 지금 마등가의 딸은 성 비구니라고 이름한다. 라후라의 어머니인 야수다라 비구니와 같이 모두 숙세의 인과를 깨달았으며, 무량겁 이래의 숙세의 원인과 탐애가 괴로움이라는 것을 알게 되었다. 한 생각으로 훈습하여 무루의 선을 닦은 까닭으로 혹은 애욕의 속박에서 벗어나고 혹은 부처님의 수기를 받았다. 너(아난)는 지금 왜 스스로를 속여서 여전히 보고 듣는 색진(色塵)과 성진(聲塵)에 머물며 상에 집착하는가?"

■

如摩登伽宿爲淫女 　마치 지금 이 마등가의 딸은 이전에 기녀(妓女)가 되어 음욕심이 매우 중하였다.

由神呪力, 鎖其愛欲 　능엄주의 힘이 그녀의 애욕을 소멸시켰다는 뜻이다. 지금 우리는 능엄주의 작용을 아는지? 능엄주를 외우면 각 사람의 애욕을 소멸시킨다. 그럼 어떤 사람은 말할 것이다. "그러면 이후 나는 읽지 않을 거야! 나는 나의 애욕을 제거하기를 원하지 않으며, 나의 애욕을 보존하기를 원해." 당신이 보존하기를 좋아하면 억지로 없애려고 하는 사람은 없다. 그러나 이 능엄주는 애욕을 소멸시킬 뿐 아니라 당신의 신력(神力)을 증가시키며, 당신의 지혜를 증장시킨다. 이러한 힘은 불가사의한 것이다.

法中今名性比丘尼 　불법 가운데서 지금 마등가의 딸은 성 비구니라고 이름한다. 어째서 성 비구니라고 하는가? 그녀는 자성을 이해하였다. 부처님께서 한 번 그녀에게 법을 설하시자 그녀는 삼과의 아라한을 증득한 것이다. 본래 초과, 이과의 차례를 따라 삼과를 증득하는 법인데, 그녀는 거치지 않고 바로 삼과를 증득한 것이다. 그녀는 간파했기 때문에 애욕을 모두 공한 것으로 보았으며, 따라서 동시에 과를 증득한 것이다.

與羅睺羅母耶輸陀羅 　라후라는 석가모니 부처님의 아들이다. 그러나 부처님의 이 아들은 매우 이상한 것이 결코 음욕심으로부터 태어난 것이 아니다. 부처님께서 결혼한 후 출가하기 전에 라후라의 모친인 야수다라가 아이를 요구하였기 때문에 부처님은 손가락으로 아내의 배를 한 번 가리키자 잉태한 것이다. 말하자면 이것은 신화(神話)인데, 실제로 불경에서 모두 이렇게 설하고 있다. 당신이 어떻게 그런 일이 있을 수 있는지 그 구경을 추구해 봐라. 이것은 일종의 불가사의한 경계이다.

라후라는 번역하면 복장(覆障)이라고 한다. 어째서 복장이라고 하는가? 왜냐하면 라후라가 어머니의 뱃속에서 6년을 머물다가 비로소 태어났기 때문이다. 이것도 숙세의 인과가 있다. 라후라가 전생에 쥐의 구멍을 6일 동안 막았으며, 나중에 그 쥐는 다른 구멍을 파서 나갔다. 그래서 그는 모친의 뱃속에서 6년을 머물다가 출생한 것이다. 이것은 그가 쥐구멍을 막은 과보를 받은 것이다. 따라서 복장(覆障, 업장이 덮여 있다는 뜻)이라고 하였다.

同悟宿因   마등가의 딸도 깨달았고, 야수다라 비구니도 깨달았다. 무엇을 깨달았는가? 숙세의 원인을 깨달은 것이다.

知歷世因, 貪愛爲苦   무량겁이래의 세세생생의 인과를 알고 탐애가 괴로움이라는 것을 알았다.

一念薰修無漏善故, 或得出纏, 或蒙授記   한 생각으로 훈습하여 무루의 선을 닦은 까닭으로 혹은 애욕의 속박에서 벗어나고 혹은 부처님의 수기를 받았다. 무루의 선[無漏善]이란 구경(究竟)의 선이다. 수기란 부처님으로부터 너는 언제 부처가 될 것이라는 예언을 받는 것을 말한다.

如何自欺, 尙留觀聽 너(아난)는 지금 왜 스스로를 속여서 여전히 보고 듣는 색진(色塵)과 성진(聲塵)에 머물며 상에 집착하는가? 즉 너는 왜 그것을 없애지 못하고 남겨두는가?

■

阿難及諸大衆, 聞佛示誨, 疑惑銷除, 心悟實相, 身意輕安, 得未曾有.
重復悲淚, 頂禮佛足, 長跪合掌, 而白佛言. 無上大悲淸淨寶王, 善開
我心, 能以如是種種因緣, 方便提奬, 引諸沉冥, 出於苦海.

■

아난과 모든 대중들은 부처님의 가르침을 듣고 의혹을 제거하였으며, 마음은 실상의 도리를 깨달았다. 몸과 뜻이 경안을 얻고 이전에 없었던 즐거움을 얻게 되었다. 다시 슬퍼서 눈물을 흘리며, 부처님의 발에 절하고 무릎을 꿇고 합장하며 부처님께 말하였다. "무상의 자비하신 청정보왕께서 선교방편으로 저의 마음을 잘 열어주셨으며, 이와 같은 갖가지의 인연과 방편으로 이끌고 격려하여 타락하고 어리석은 저희들을 인도하여 고해에서 벗어나게 하였습니다."

■

心悟實相 마음이 공불공(空不空)여래장의 도리를 깨달았으며, 실상의 이체(理體)를 깨달았다.

身意輕安 몸과 뜻이 경안을 얻었다. 이 경안의 경계는 형용하

기가 쉽지 않은 것이다. 마치 사람이 물을 마시면 차고 따뜻함은 자기가 아는 것과 같다. 이 경안의 경계는 우리 좌선을 하는 사람은 최초의 전방편이다. 즉 좌선하면서 얻게 되는 즐거운 감각이며, 몸과 마음이 툭 트이는 느낌으로서 마음도 즐겁고 몸도 매우 가볍고 편안함을 느끼게 된다. 경안의 경계를 얻으면 좌선을 해도 다리도 아프지 않고 허리도 아프지 않고 머릿속에도 망상이 없으며, 이러한 것들이 어디로 갔는지 모른다. 매우 자재하고 편안한 경계를 얻는 것을 경안(輕安)이라고 한다.

無上大悲淸淨寶王, 善開我心　청정보왕이란 부처님을 존경하여 부르는 존칭이다. 선개아심(善開我心)이란 선교방편으로 저를 인도하여 마음을 깨닫게 하신다는 뜻이다.

方便提獎, 引諸沉冥, 出於苦海　제장(提獎)이란 이끌고 장려하며 격려한다는 뜻이다. 침(沉)이란 아래로 가라앉는 것으로 타락하는 것을 뜻하며, 명(冥)이란 아무런 지식이 없고 어리석은 것을 말한다. 고해란 바로 애욕을 가리킨다.

2

부처의 지견[佛知見]으로 들어가는 길

■

世尊! 我今雖承如是法音, 知如來藏, 妙覺明心, 遍十方界, 含育如來
十方國土, 淸淨寶嚴妙覺王刹. 如來復責多聞無功, 不逮修習.

■

"세존이시여! 저는 지금 비록 이와 같은 법음을 받아들여 여래장의 묘
각명심은 시방세계에 두루하며, 여래의 시방국토의 청정장엄하고 보
배로운 묘각왕찰을 함육하시는 것을 알았습니다. 여래께서 다시 다문
하는 것은 아무런 소용이 없으며, 진실하게 수용할 수 있는 수행의 공
부에는 이를 수 없다고 책망하십니다."

■

妙覺王刹 불국토를 말한다.

■

我今猶如旅泊之人, 忽蒙天王賜以華屋, 雖獲大宅, 要因門入. 唯願如
來不捨大悲, 示我在會諸蒙暗者, 捐捨小乘, 畢獲如來無餘涅槃, 本發

心路. 令有學者, 從何攝伏疇昔攀緣, 得陀羅尼, 入佛知見. 作是語已, 五體投地. 在會一心, 佇佛慈旨.

■

"저는 지금 여행하는 사람인데 갑자기 국왕이 저에게 아름다운 저택을 하사한 것과 같습니다. 비록 저택을 얻었지만 반드시 문을 통해야 들어갈 수 있습니다. 오직 원합니다. 여래께서는 대비의 마음을 버리지 마시고 저와 법회의 모든 어리석은 사람들이 소승을 버리고 여래의 무여열반을 얻는 본래 발심한 길로 갈 수 있게 가르쳐 주시기 바랍니다. 유학위의 아라한으로 하여금 이전의 반연하는 마음을 항복시켜서 다라니를 얻어 부처의 지견으로 들어갈 수 있게 해 주십시오." 이 말을 마치고 오체투지하였으며, 법회의 대중들도 일심으로 부처님의 자비의 가르침을 기다렸다.

■

旅泊之人 여행하는 사람을 뜻한다.

忽蒙天王賜以華屋 여기서 천왕은 대국의 황제를 가리키며, 부처님을 비유한다. 화옥(華屋)은 여래장성을 비유한다.

要因門入 집은 얻었지만 반드시 하나의 문을 통해야 비로소 집 안으로 들어갈 수 있다는 뜻이다. 이것은 이 여래장성을 이해하지만, 하나의 수행하는 법문을 얻은 연후에 비로소 여래장성의 안으로 들어갈 수 있다는 뜻이다.

示我在會諸蒙暗者 몽암(蒙暗)이란 어리석은, 이해하지 못하는 사람을 뜻한다.

捐捨小乘 불교에는 소승과 대승이 있는데, 미얀마·캄보디아·스리랑카·태국 등의 나라에서는 여전히 소승법을 준수하면서 수행한다.

부처님께서 최초에 설하신 것은 소승법이며, 초기의 어떤 제자는 소승법을 배운 후 다른 지방으로 가서 혹은 다른 나라로 가서 불법을 널리 알렸다. 그래서 부처님께서 최후에 설하신 대승법을 그들은 듣거나 보지 못했으며, 그래서 부처님은 대승법을 설하지 않았으며, 대승법은 가짜이며 완전히 뒷사람들이 지어낸 것이라고 말하면서 대승법을 인정하지 않는다.

이 『능엄경』에서 아난은 자기의 입으로 부처님께 청하여 그들이 소승을 버리게 하신 것이다. 본래 그들은 소승을 수행하였는데, 지금 소승법을 놓고, 소승의 마음을 돌려 다시 대승의 법을 향하여 수행하게 한다. 이것을 '회소향대(廻小向大)'라고 한다.

소승법은 대부분이 방편법이며, 대승은 실상의 법문과 원융무애한 도리를 설명한다. 따라서 소승인은 이것을 이해하지 못하는 것이다.

畢獲如來無餘涅槃 마침내는 여래의 무여열반을 얻게 한다는 뜻이다. 나한은 모두 유여열반이라고 하며, 부처님은 무여열반이라고 한다. 무여란 다시는 생사가 없는 것이다. 불생불멸의 경계를 얻는 것이다.

本發心路 본래 우리들이 발심수행하는 그 길이라는 뜻이다. 또

한 우리들이 구경에 보리를 얻게 되는 길이라고 말할 수 있다.

　　令有學者, 從何攝伏疇昔攀緣　초과, 이과, 삼과의 유학위를
증득한 아라한으로 하여금 어떻게 해야 무명번뇌를 항복시킬 수 있는
가? 어떻게 해야 이전의 반연하는 마음을 항복시킬 수 있는가? 섭복(攝
伏)이란 항복시키다는 뜻이며, 주석(疇昔)이란 이전이라는 뜻이다.

—

爾時世尊, 哀愍會中緣覺聲聞, 於菩提心未自在者, 及爲當來佛滅度
後, 末法衆生發菩提心, 開無上乘妙修行路.

—

이때 세존께서는 법회 가운데의 연각, 성문과 보리심에서 아직 깨닫지
못한 사람과 아울러 미래 부처님 열반하신 후의 말법중생들을 불쌍히
여겨, 그들로 하여금 보리심을 발하게 하기 위하여 최상승의 미묘한
수행법문을 여셨다.

—

　　於菩提心未自在者　보리심에서 아직 깨닫지 못한 사람이라
는 뜻이다. 미자재(未自在)란 바로 보리심에서 자재함을 얻지 못하였다
는, 깨달음을 얻지 못한 것을 가리킨다.

　　及爲當來佛滅度後, 末法衆生發菩提心　당시의 법회의

대중을 위하여 법을 설하였을 뿐 아니라 부처님께서 열반에 든 후의 미래의 중생을 위하여 설하며, 말법중생들이 보리심을 발하게 하려는 것이다. 말법중생이란 지금 현재의 중생을 말한다. 당신은 부처님께서 우리들에게 직접적으로 경을 강의하고 법을 설하지 않았다고 생각하지 말아야 한다. 부처님은 이미 말법중생이 조복하기가 어렵고 교화하기가 쉽지 않음을 아셨으며, 따라서 능엄법회에서 '묘한 수행의 길[妙修行路]'의 법문을 하셔서 지금의 우리들로 하여금 수행을 성공하기 쉽게 하신 것이다.

開無上乘妙修行路   이런 최상승의 미묘한 수행법문, 공부하는 방법을 여셨다. 이 최상승은 또한 『법화경』에서 말씀하신 '큰 흰소의 수레[大白牛車]'를 가리킨다.

우리들이 지금 『능엄경』을 듣는 것 또한 말법시대 가운데의 정법시대에 있는 것이다. 우리는 지금 정법을 행하며 지니는 것이다. 따라서 여러분들 각자는 모두 용맹정진해야 한다. 내가 이렇게 말하는 것은 결코 여러분을 격려하여 노력하게 하는 것이 아니다. 사실 여러분이 수행하여 깨닫는 것은 여러분 자신이 깨닫는 것이지, 나에게 깨달음을 주는 것은 아니다. 나는 지금 여러분들에게 하나의 길을 가리켜 줄 따름이다.

1) 초심자의 두 가지의 결정적인 도리

宣示阿難及諸大衆. 汝等決定發菩提心, 於佛如來妙三摩提, 不生疲倦, 應當先明, 發覺初心二決定義. 云何初心二義決定?

아난과 모든 대중들에게 널리 알리셨다. "너희들은 보리심을 발할 것을 결심하여 여래의 미묘한 능엄의 대정에 대하여 피곤한 마음을 내지 말고 마땅히 먼저 알아야 한다. 보리심을 발하는 최초의 마음에 두 가지의 결정적인 도리를 가지고 있다. 무엇을 초심의 두 가지의 결정적인 도리라고 하는가?"

汝等決定發菩提心, 於佛如來妙三摩提, 不生疲倦 너희들은 지금 깨달음의 마음을 발할 것을 결심하여 불법속의 이 미묘한 정[妙定]에 대하여 피곤한 마음을 내지 말라는 것이다. 삼마제(三摩提)는 삼매(三昧), 정정(正定), 정수(正受)라고 한다. 미묘한 삼매라고 하는 것은 또한 능엄의 삼매를 뜻한다.

應當先明, 發覺初心二決定義 너는 마땅히 먼저 알아야 한다. 보리심을 발하는 최초의 마음에 두 가지의 결정적인 도리를 가지고 있다. 너는 그것을 분명하게 알아야 한다. 발각(發覺)이란 보리심을 발하는 것이다.

■

阿難! 第一義者, 汝等若欲捐捨聲聞, 修菩薩乘, 入佛知見, 應當審觀
因地發心, 與果地覺, 爲同爲異? 阿難! 若於因地, 以生滅心爲本修因,
而求佛乘不生不滅, 無有是處. 以是義故, 汝當照明, 諸器世間, 可作
之法, 皆從變滅. 阿難! 汝觀世間, 可作之法, 誰爲不壞? 然終不聞爛
壞虛空. 何以故? 空非可作, 由是始終無壞滅故.

■

"아난아! 첫 번째의 뜻은 너희들이 만약 성문(연각을 포함)의 수행을 버
리고 보살승을 닦아 부처의 지견에 들어가려고 하면, 응당 깊이 관찰
해 보아라. 최초의 인지에서 발하는 마음과 얻게 되는 과지의 깨달음
이 같은가, 다른가? 아난아! 만약 인지에서 생멸심으로 수행의 기초
를 삼고, 불승(佛乘)의 불생불멸을 구하는 것은 옳지 않다. 이러한 까
닭으로 너는 마땅히 지혜로써 관조하여 이해해야 한다. 모든 기세간과
조작할 수 있는 법은 모두 변하고 소멸한다. 아난아! 너는 관찰해 보아
라. 세간의 조작할 수 있는 법에 어떤 것이 무너지지 않는가? 그러나
허공이 썩거나 무너진다는 말은 끝내 들어 보지 못했을 것이다. 왜냐하
면 허공은 조작할 수 있는 것이 아니며, 이러한 연고로 시종 허공은 무
너지거나 소멸되지 않기 때문이다."

■

應當審觀因地發心, 與果地覺, 爲同爲異　응당 자세히 관
찰해 보아라. 최초의 인지(因地)에서 발하는 마음과 얻게 되는 과지(果
地)의 깨달음은 같은가, 다른가? 과지(果地)란 보살의 경계이다.

若於因地, 以生滅心爲本修因 만약 최초에 발심하는 인지의 시기에 생멸심으로 수행의 기초를 삼는다는 뜻이다. 생멸심은 제육의 식을 뜻한다.

汝當照明 마땅히 너의 지혜로써 관조하여 이해하는 것을 뜻한다.

諸器世間, 可作之法, 皆從變滅 모든 기세간과 형상이 있는 조작을 할 수 있는 법은 모두 변하고 소멸한다. 기세간은 모든 산하대지와 건물 등을 가리키며, 의보라고 한다.

然終不聞爛壞虛空 그러나 끝내 허공이 썩고 무너진다는 것은 듣지 못한다.

空非可作 허공은 사람의 힘으로 조작해 낼 수 있는 것이 아니다.

2) 생멸하는 다섯 가지의 탁함[五濁]

■

則汝身中, 堅相爲地, 潤濕爲水, 煖觸爲火, 動搖爲風. 由此四纏, 分汝湛圓妙覺明心, 爲視爲聽爲覺爲察, 從始入終, 五疊渾濁.

■

"즉 너의 몸 가운데서 견고한 것은 지대가 되고, 습윤한 것은 수대가 되며, 따뜻한 감촉은 화대가 되고, 움직이는 것은 풍대가 된다. 이 사대가 서로 얽혀서 너의 맑고 원만한 묘각명심을 분리하여 보는 것이 되고, 듣는 것이 되며, 느끼는 것이 되고, 살펴서 아는 것이 된다. 시작부터 끝이 날 때까지 변화하여 다섯 겹의 혼탁함으로 변한다."

堅相爲地 견고한 것은 지대에 속한다. 우리 몸 가운데서 살·피부·근육·뼈 등이다. 살은 비록 부드러운 것이지만 푸석한 흙이며, 뼈는 실재의 토(土)이다.

由此四纏 지·수·화·풍의 사대는 서로 결합되어 있으며, 서로가 결탁한다. 그래서 이 사대는 하나로 합성하여 단결하며, 몸이라는 당(黨)을 만들어 우리가 본래 가지고 있는 불성을 당(擋, 막는다)한다.

分汝湛圓妙覺明心 분(分)은 나누다, 분리하다는 뜻이다. 담원(湛圓)은 여래장성을 말한다. 맑고 원만한 여래장성의 진성보리(眞性菩提)를 분리시킨다는 것이다. 묘각명심인 진심을 분리하여 어떤 것은 눈으로 가서 보는 것[視]이 되고, 어떤 것은 귀로 가서 듣는 것[聽]이 되고, 어떤 것은 몸으로 가서 느끼는 것[覺]이 되고, 어떤 것은 뜻으로 가서 살펴서 아는 것[察]이 된다. 본래는 여래장성의 그 참된 성품[眞性]의 깨달음이었으나, 육근의 문으로 분리되어 간 것이다.

從始入終, 五疊渾濁 시작으로부터 끝날 때까지 사대는 변화하여 다섯 겹으로 혼탁해진다. 오탁악세라고 하는 그 다섯 가지의 탁함[五濁]으로 변하는 것이다.

■

云何爲濁? 阿難! 譬如淸水, 淸潔本然, 卽彼塵土灰沙之倫, 本質留礙.
二體法爾, 性不相循. 有世間人, 取彼土塵, 投於淨水. 土失留礙, 水亡
淸潔. 容貌汨然, 名之爲濁. 汝濁五重, 亦復如是.

■

"어떠한 것을 탁이라고 하는가? 아난아! 맑은 물을 비유하면, 맑은 물
은 청결함을 본래 가지고 있는 모습이다. 그리고 저 흙은 재와 모래의
종류로 이루어져 그 본질은 통하지 않고 막는 것이다. 물과 흙의 두가
지의 체상은 본래 그러하여 그 성질이 서로 따르지 않는 것이다. 세간
의 어떤 사람이 저 흙을 취하여 깨끗한 물에 넣으면, 흙은 통하지 않고
막히는 성질을 잃어버리고, 물은 청결한 성질이 없어진다. 그리하여
섞인 모습이 흐릿하여 그것을 탁함이라고 한다. 너의 탁함이 다섯 겹
으로 된 것도 또한 이와 같다."

■

卽彼塵土灰沙之倫, 本質留礙 물은 본래 청결한 것이다.
흙은 재와 모래의 종류를 가지고 있다. 윤(倫)은 종류[類]를 뜻한다. 흙
의 본질은 통하지 못하고 막는 것이다.

二體法爾, 性不相循 여기서 이체(二體)란 물과 흙을 말한다.

물과 흙의 본래 가지고 있는 모습[法爾]은 물은 청결한 것이고 흙은 통하지 않고 막는 것으로서 함께 섞이지 않으며, 혼합되지 않는다. 이것을 이체법이(二體法爾)라고 한다. 이 두 가지의 성질은 서로 달라 서로를 따르지 않는다.

有世間人   이 세간인은 범부, 수도하지 않은 사람을 가리키며, 즉 모든 어리석은 중생을 비유한다.

容貌汩然, 名之爲濁   물과 흙이 서로 섞여서 일종의 화학변화를 발생하여 모습이 어지러워지는데, 이것을 탁이라고 한다. 골연(汩然)이란 분명하게 보이지 않는 모습을 뜻한다.

汝濁五重, 亦復如是   너의 지·수·화·풍 속에서 변화되어 나오는 다섯 겹의 탁함도 마치 물과 흙이 함께 뒤섞여 본래의 성질을 잃는 것과 같다.

(1) 겁탁(劫濁)

■

阿難! 汝見虛空遍十方界, 空見不分. 有空無體, 有見無覺, 相織妄成. 是第一重, 名爲劫濁.

■

"아난아! 너는 허공이 시방세계에 편만한 것을 볼 것이다. 허공과 너의 보는 것[見]을 분리할 수 없으며, 허공은 있지만 허공의 몸은 없다. 보는 견은 있지만 느끼는 감각은 없다. 그러나 보는 견과 허공은 서로 결합하여 허망함을 이룬다. 이것이 첫 번째의 탁함으로, 겁탁이라고 한다."

∎

汝見虛空遍十方界, 空見不分   너는 허공이 시방세계에 편만한 것을 본다. 그러나 너는 허공과 너의 보는 것을 분리할 수 있는가? 너의 보는 것과 허공은 가장자리(끝)가 있는가? 구별할 수 있는가? 이것은 보는 성질[見性]과 허공은 같은 것임을 나타낸다. 비록 보이지만, 그러나 근본적으로 하나의 물건도 없으며, 하나의 체상도 없다. 보는 것이 곧 허공이며, 허공 또한 보는 것과 같다. 따라서 분별할 수 없다.

有空無體   허공은 체상이 없는 것이다. 허공이 곧 그것의 몸[體]이라고 말하면, 당신은 그것의 몸을 가져와 봐라. 가져올 수 없는 것이다. 따라서 아무것도 없다. 이것이 허공무체이다. 그러면 이 보는 것은 허공 속에 있는데, 보는 것과 허공은 다툼을 일으키지 않는다.

有見無覺   이 보는 것은 그 자신은 결코 느낌이 없다. 느끼는 감각은 사람의 이곳에 있지, 결코 보는 것이 감각을 가지고 있는 것은 아니다. 이러한 정황 아래에서 허공도 체가 없고, 보는 것도 지각이 없다.

相織妄成   그러나 허공과 보는 것이 서로 결합하여 마치 날줄

과 씨줄이 서로 짜여지는 것과 같다. 따라서 보는 것과 허공은 연합하고 단결한다.

是第一重, 名爲劫濁 이것이 첫 번째의 탁함이며, 겁탁이라고 한다. 따라서 우리 세간의 중생은 일이 없는데 일을 찾아서 한다. 억지로 흙과 물을 함께 하여 진흙으로 만든다. 지금 허공과 자기의 견이 함께 되어 겁탁으로 변하는 것이다. 겁이란 겁파(劫波)라고 하는데 번역하면 시분(時分)이라고 한다. 즉 한 때의 구분, 분단을 말하며, 하나의 시기를 분리하는 것이다. 이 겁탁은 첫 번째의 겁으로서 가장 더러우며, 가장 깨끗하지 못한 것이다. 무엇으로부터 조성되는가? 바로 우리들의 견(見)과 허공이 서로 조직하여 일종의 허망함을 내는 것이다.

(2) 견탁(見濁)

■

汝身現搏四大爲體. 見聞覺知, 壅令留礙. 水火風土, 旋令覺知相織妄成. 是第二重, 名爲見濁.

■

"너의 몸은 지금 사대를 잡아서 몸으로 삼고 있으며, 보고 듣고 느끼고 아는[見聞覺知] 감각이 생겼으며, 사대로 하여금 막혀서 장애가 되게 하였다. 물·불·바람·흙의 사대가 되돌아와서 견문각지와 서로 결합하여 허망함을 이루었다. 이것이 두 번째의 탁함이며, 견탁이라고 한다."

■

汝身現摶四大爲體. 見聞覺知, 壅令留礙　지금 사대가 함께 단결하여 너의 몸을 이루었으며, 보고 듣고 느끼고 아는 감각을 가지게 되었다. 따라서 사대로 하여금 모두 막히고 장애하는 성질을 생기게 하였다. 그리하여 너는 자기의 몸에서 해탈을 할 수 없다.

水火風土, 旋令覺知相織妄成　선(旋)이란 되돌아온다는 뜻이다. 수·화·풍·토는 돌아와서 견문각지로 하여금 서로 결합하여 허망함을 이루게 한다.

是第二重, 名爲見濁　이것이 두 번째의 탁함이며, 견탁이라고 한다.

앞에서 오탁의 뜻을 설명하였는데, 이것과는 완전히 서로 같지 않다. 그 '오탁악세'는 바깥 세계이며, 이 오탁은 자기의 몸으로 왔다. 당신은 안으로 오탁이 있기 때문에 밖에 비로소 오탁이 있게 된다. 만약 몸에 오탁이 없으면 바깥의 오탁도 소멸된다. 따라서 이 세간의 오탁도 각 사람의 허망한 성품이 만들어내는 것이다.

(3) 번뇌탁(煩惱濁)

■

又汝心中憶識誦習. 性發知見, 容現六塵. 離塵無相, 離覺無性, 相織妄成. 是第三重, 名煩惱濁.

■

"그리고 너의 마음 가운데 기억하고 분별하며 외우고 익히는 가운데서 이 성품이 지견을 발생한다. 따라서 육진을 용납하고 드러내는데, 육진을 떠나면 체상이 없으며, 감각을 떠나면 체성이 없다. 서로 결합하게 되어 허망함을 이루게 된다. 이것이 세 번째의 탁함이며, 번뇌탁이라고 한다."

■

憶識誦習   억식(憶識)이란 기억하고 분별하는 마음을 가리키며, 송습(誦習)이란 경전을 독송하거나 세간의 문자를 독송하는 것을 말한다.

性發知見   네가 억식송습(憶識誦習)하는 가운데서 이 성품이 일종의 지견을 발생한다. 본래 알지 못하던 것을 알 수 있으며, 본래 이해하지 못하던 것을 이해하게 된다. 책에서 얻게 되는 지식은 세간의 지식이며, 결코 구경의 진정한 당신의 자성 속에서 나오는 것은 아니다.

容現六塵   따라서 네가 지식을 가지고 있기 때문에 육진(색·성·향·미·촉·법)이 생긴다. 이 육진의 경계가 드러나는 것은 또한 너의 지식 속에서 육진을 포용하고 용납하는 정황이다.

離塵無相, 離覺無性   당신이 만약 육진의 이러한 번뇌를 떠나게 되면, 그것은 체상이 없으며, 너의 감각을 떠나면 육진도 체성이 없다.

相織妄成 서로 결합하게 되어 허망함을 이루게 된다. 만약 결합하지 않으면 허망도 없다. 참됨[眞]이 있으므로 거짓[假]이 있으며, 거짓이 있으므로 참됨이 있다. 참됨이 없으면 거짓도 없다. 따라서 이 두 가지가 결합되어 허망으로 변하는 것이다. 이곳에서 참됨을 의지하여 허망을 일으킨다.

(4) 중생탁(衆生濁)

■

又汝朝夕生滅不停. 知見每欲留於世間, 業運每常遷於國土, 相織妄成. 是第四重, 名衆生濁.

■

"그리고 너는 아침부터 저녁까지 이 생각의 생하고 멸하기를 그치지 않는다. 너의 지견(생각)은 항상 이 세간에 머물기를 바라며, 너의 이 업보의 몸은 항상 국토에서 천이(遷移)한다. 이러한 생멸이 그치지 않는 지견과 업과(業果)가 서로 결합되어 허망한 업을 이룬다. 이것이 네 번째의 탁함이며, 중생탁이라고 한다."

■

又汝朝夕生滅不停 너는 아침부터 저녁까지 이 생각은 생하고 멸하기를 그치지 않는다.

知見每欲留於世間 너의 이러한 지견이란 바로 너의 뜻, 생

각[意思]이다. 너의 생각은 항상 이 세간에 머물기를 바란다. 즉 이 세상에 장생불사하면서 죽지 않고 오래 머물기를 바란다는 것이다.

業運每常遷於國土   너의 이 업보의 몸은 항상 국토에서 천이(遷移)한다. 즉 너의 몸은 이 국토에서 저 국토로 옮겨가고 저 국토에서 다시 다른 국토로 돌면서 유전(流轉)하는 것이다.

相織妄成   이러한 생멸이 그치지 않는 지견과 업과(業果)가 서로 결합되어 허망한 업을 이룬다.

是第四重, 名衆生濁   너의 마음속의 생각이 생멸하기 때문에 이것은 마치 중생이 생하고 멸하는 것이 그치지 않는 것과 같다. 따라서 이것을 중생탁이라고 한다.

(5) 명탁(命濁)

▬

汝等見聞元無異性. 衆塵隔越, 無狀異生. 性中相知, 用中相背, 同異失準, 相織妄成. 是第五重, 名爲命濁.

▬

"너 아난과 무루를 얻지 못한 일체의 사람들이 보고 듣는 것은 본래 다른 체성이 아니다. 보고 듣는 갖가지의 대상이 다르기 때문에 아무런 원인도 없이 다름을 낸다. 보고 듣는 성품 가운데서는 서로 알며, 작용하는 가운데서는 서로 거스른다. 이 같음과 다름은 표준이 없고, 일정함이 없으며, 이것이 서로 결합되어 허망한 성질을 이루고 허망한 업을 짓는다. 이것이 다섯 번째의 탁함이며, 이것을 명탁이라고 한다."

ㅡ

汝等見聞元無異性   너 아난과 무루를 얻지 못한 일체의 사람들이 보고 듣는 것은 본래 다른 체성이 아니다.

衆塵隔越, 無狀異生   격월(隔越)이란 같지 않다는 뜻이다. 보고 듣는 갖가지의 대상이 다르기 때문에 아무런 원인도 없이 다름을 낸다.

性中相知   보고 듣는 성품 가운데서는 서로 안다. 하나의 정명한 성품에서는 서로 같으며 본래 다름이 없는데, 여섯 가지의 화합으로 나누어지니 같지 않은 것이다.

用中相背   작용하는 가운데서는 서로 같지 않으며, 서로 위배된다. 이것은 어떤 뜻인가 하면, 눈은 사물을 보는 것으로서 들을 수 없으며, 귀는 소리를 듣는 것으로서 볼 수 없다. 이와 같이 여섯 가지로 분리가 되다 보니 그들의 작용이 서로 다르다는 뜻이다. 서로 같지 않으므로 서로 거스르는 것이다. 이것을 용중상배(用中相背)라고 한다.

同異失準, 相織妄成. 是第五重, 名爲命濁   이 같음과 다름은 표준이 없으며, 일정함이 없다. 일정함이 없기 때문에 정확성을 잃은 것이다. 이것이 서로 결합되어 허망한 성질을 이루고 허망한 업을 짓는다. 이것이 다섯 번째의 탁함이며, 이것을 명탁이라고 한다.

3) 생멸하지 않는 성품으로 수행해야 한다

■

阿難! 汝今欲令見聞覺知, 遠契如來常樂我淨. 應當先擇死生根本, 依不生滅圓湛性成, 以湛旋其虛妄滅生, 伏還元覺, 得元明覺無生滅性, 爲因地心, 然後圓成果地修證.

■

"아난아! 너는 지금 견문각지의 지각하는 성질[知覺性]로 하여금 멀리 여래장성의 항상하고[常], 즐거우며[樂], 참된 나이며[我], 청정한[淨] 공능과 계합하게 하려면, 너는 마땅히 먼저 생사의 근본을 선택해야 한다. 너는 생멸하지 않는, 원융하면서도 청정한 성품에 의지하여 수행을 해야 비로소 수행을 이룰 수 있으며, 여래장성과 계합될 수 있다. 너는 원담(圓湛)한 여래장성으로써 이 허망한 생멸하는 마음을 돌이켜서, 무명번뇌를 항복시켜 다시 원래의 깨달음으로 환원하여야 본래의 밝은 깨달음을 얻을 수 있으며, 생멸이 없는 성품을 인지(因地)에서 수행하는 마음으로 삼아야 한다. 그런 연후에 과지(果地)의 수증(修證)을 원만히 이룰 수 있다."

■

汝今欲令見聞覺知, 遠契如來常樂我淨   너는 지금 견문
각지의 지각하는 성질[知覺性]로 하여금 멀리 여래장성의 항상하고[常],
즐거우며[樂], 참된 나이며[我], 청정한[淨] 공능과 계합하게 하려면. 상
락아정(常樂我淨)은 열반의 네 가지 덕이다.

應當先擇死生根本   너는 마땅히 먼저 생사의 근본을 선택해
야 한다.

依不生滅圓湛性成   너는 생멸하지 않는, 원융하면서도 청정
한 성품에 의지하여 수행을 해야 비로소 수행을 이룰 수 있으며, 여래
장성과 계합될 수 있다.

以湛旋其虛妄滅生   너는 원담(圓湛)한 여래장성으로써 이 허
망한 생멸하는 마음을 돌이켜서 수행해야 한다는 뜻이다.

伏還元覺, 得元明覺無生滅性, 爲因地心   너는 무명번뇌
를 항복시켜 다시 원래의 깨달음으로 환원하여야 본래의 밝은 깨달
음을 얻을 수 있으며, 생멸이 없는 성품을 인지에서 수행하는 마음으
로 삼아야 한다. 인지에서 수행하는 마음이란 수행을 시작하는 마음
을 말한다. 너는 생멸하는 마음을 가지고 수행하지 말고, 원담하며 생
멸하지 않는 성품으로써 네가 본래 갖추고 있는 원명각성(元明覺性)의
마음으로 수행해야 한다는 것이다.

然後圓成果地修證 너는 이 불생불멸하는 인지의 마음으로 수행하면, 과지의 수증(修證)을 원만히 이룰 수 있다. 바로 성불하며 보살이 되는 것이다. 이 모두를 과지수증(果地修證)이라고 한다. 네가 수행을 하는 데 있어서 진정한 원리를 이해하면 자연히 매우 빨리 수행하여 과를 증득할 수 있다.

━

如澄濁水, 貯於靜器, 靜深不動, 沙土自沈, 淸水現前, 名爲初伏客塵煩惱. 去泥純水, 名爲永斷根本無明. 明相精純, 一切變現, 不爲煩惱, 皆合涅槃淸淨妙德.

━

"인지에서 수행을 하는 것은 마치 탁한 물을 맑게 하는 것과 같다. 혼탁한 물을 깊고 움직이지 않는 용기에 담아 움직이지 않는다면, 모래와 흙은 저절로 가라앉으며, 맑은 물이 드러난다. 이것을 '최초로 객진번뇌를 항복시킨다'고 한다. 혼탁한 물이 맑은 물로 변하였으면, 진흙과 모래는 제거해야 한다. 이것을 '영원히 근본무명을 끊는다'고 한다. 이때 광명 가운데 나타나는 밝은 모습은 정미하고 순수하며[精純], 어떠한 변화가 나타나도 모두 번뇌가 아니다. 이 모든 것은 열반의 청정하고 미묘한 공덕과 부합된다."

━

如澄濁水 인지에서 수행을 하는 것은 마치 탁한 물을 맑게 하

는 것과 같다. 중생은 여래장의 성품 안에서 사대와 오탁이 혼합되어 무명번뇌를 일으킨다. 참됨을 의지하여 허망함을 일으키는 것이다. 내가 이전에 설명하지 않았던가? 이 참된 것이란 우리의 몸을 비유하고, 허망이란 바로 몸의 그림자이다. 그 그림자는 진짜인가? 아니다. 빛이 있기 때문에 그림자가 생긴다.

이 그림자는 무엇인가? 바로 무명이다. 그 무명은 참된 것인가? 아니다. 그것은 참된 것 위에서 허망한 물건이 나오는 것이다. 그러나 이 허망함 때문에 가지가지의 허망을 만들어낸다. 마치 물과 진흙이 함께 섞이면 탁하게 되는 것과 같다. 본래 청결한 것이었는데, 흙이 섞이니 화학작용을 발생하여 혼탁한 모양이 된 것이다. 지금 인지의 마음을 닦는 것은 마치 무엇과 같은가? 마치 혼탁한 물을 맑히는 것과 같다.

貯於靜器, 靜深不動 혼탁한 물을 깊고 움직이지 않는 용기에 담아 움직이지 않는다는 뜻이다. 움직이지 않는 물건이란 무엇인가? 우리가 지금 좌선하는 것은 움직이지 않는 용기에 탁한 물을 담아두고 물을 맑히는 것이며, 선정력이 생긴다는 것은 청정한 물을 당신 자성 속에 보존하는 것이다. 당신의 몸은 마치 움직이지 않는 용기[靜器]와 같다. 정심부동(靜深不動)이란 좌선을 하면서 괴로움과 어려움을 두려워하지 않고 참고 견디며 수련하는 것을 말한다.

沙土自沈, 淸水現前 모래와 흙은 저절로 가라앉으며, 맑은 물이 드러난다. 사토(沙土)란 자성 가운데의 번뇌를 뜻한다. 번뇌는 없어지고 자성의 광명이 나타난다. 선정력이 나오는 것이다.

名爲初伏客塵煩惱　이것을 '최초로 객진번뇌를 항복시킨다'고 한다. 참된 성품의 깨달음으로부터 망념이 나오는데, 이것을 객진번뇌라고 한다. 객진이란 그것은 자기 집안의 물건이 아니라 바깥에서 온 것이기 때문이다.

去泥純水, 名爲永斷根本無明　혼탁한 물이 맑은 물로 변하였으면, 당신은 지금 진흙과 모래는 제거해야 한다. 이것이 순수한 물[純水]이다. 맑은 물만 남았기 때문이다. 이것을 '영원히 근본무명을 끊는다'고 한다. 이 근본무명은 생상(生相)의 무명이라고 하는데, 끊기가 쉽지 않다. 등각(等覺)보살은 아직 일분의 생상무명이 있는데, 일분(一分)이란 매우 적으며, 미세한 것을 뜻한다. 생(生)이란 중생이며, 상(相)이란 아상·인상·중생상·수자상의 그 상(相)을 말한다. 당신이 최후에 일분의 생상무명을 끊으면, 부처를 이루는 것이다.

明相精純　당신이 맑은 물속에 가라앉은 진흙을 버리고 나면, 이 청정하고 맑고 밝은 모습[明相]이란 허망함이 다하지 않음이 없고, 참됨이 보존되지 않음이 없다. 허망함이 모두 없어지면 완전히 참된 것이다. 이것이 구경의 극과(極果)에 이르는 것이며, 성불하는 것이다. 이때 광명 가운데 나타나는 밝은 모습은 정미하고 순수하다[精純]. 즉 조금의 무명번뇌도 없다.

一切變現, 不爲煩惱　이때는 어떠한 변화가 나타나도 모두 번뇌가 아니다. 이때는 "번뇌가 바로 보리다[煩惱卽菩提]."라고 말하지 않던가! 이때는 근본적으로 번뇌가 없는 것이다. 영원히 근본무명을 끊었기 때문에 자연히 번뇌가 없다.

皆合涅槃清淨妙德   이 모든 것은 열반의 청정하고 미묘한
공덕과 불생불멸의 도리와 부합된다.

4) 번뇌의 근본 매듭을 풀어야 한다

■

第二義者, 汝等必欲發菩提心, 於菩薩乘生大勇猛, 決定棄捐諸有爲
相. 應當審詳煩惱根本, 此無始來發業潤生, 誰作誰受? 阿難! 汝修菩
提, 若不審觀煩惱根本, 則不能知虛妄根塵. 何處顚倒, 處尙不知. 云
何降伏, 取如來位? 阿難! 汝觀世間解結之人, 不見所結, 云何知解?
不聞虛空被汝隳裂. 何以故? 空無相形, 無結解故.

■

"두 번째의 뜻은 너희들은 반드시 보리심을 발하여 보살승에서 큰 용
맹의 마음을 내고 모든 유위상을 버릴 것을 결정해야 한다. 너는 응당
번뇌의 근본을 깊이 살펴보아야 한다. 이것은 무시이래로 업을 짓고
태어남을 받는데, 누가 짓고 누가 받는가? 아난아! 네가 보리의 깨달
음의 도를 닦을 때 만약 번뇌의 근본을 깊이 관조하지 못하면, 허망한
근과 진이 어느 곳에서 전도되었는지를 알 수가 없으며, 전도된 곳을
알지 못하면 어떻게 이 전도와 무명번뇌를 항복시켜서 여래의 과위를
얻을 수 있겠는가? 아난아! 너는 세간의 매듭을 푸는 사람을 보아라.

매듭이 진 곳을 보지 못하면 어떻게 알고 풀 수 있겠는가? 너는 허공이 어떤 사람에게서 파괴되었다는 말을 듣지 못했을 것이다. 무엇 때문인가? 허공은 형상이 없으며, 풀어야 할 매듭이 없기 때문이다."

━

決定棄捐諸有爲相　모든 유위상을 버리기로 결정한다는 뜻이다. 여기서 소승법을 가리켜 유위법이라고 한다. 무엇을 유위라고 하는가? 조작하는 것이 있는 것을 말하며, 형상이 있는 것이다. 무릇 형상이 있는 것은 모두 유위법이다. 유위법은 형상이 있기 때문에 결국에는 변하며 무너진다. 무위법은 형상이 없는 것이며, 영원히 변하지 않고 무너지지 않는다. 경에서 자주 허공으로 비유하는데, 허공은 여래장성을 대표한다. 여래장성이 허공으로, 허공이 여래장성으로 비유한다.

發業潤生　발업(發業)이란 업을 짓는다[造業]는 뜻이며, 윤생(潤生)이란 의탁하여 태어나다[托生], 바꾸어 태어나다[轉生]는 뜻이다. 금생으로부터 내생으로 태어나며, 금생에 업을 마치지 못하면 다시 내생에 태어나는 것을 윤생이라고 한다.

汝修菩提　네가 보리의 깨달음의 도를 닦는 것, 대승보살의 법을 닦는 것을 말한다.

則不能知虛妄根塵. 何處顚倒　네가 사대 · 육근 · 육진 · 오온(五蘊) 등 이러한 허망함이 어느 곳이 전도되었는지를 알 수 없으면,

處尙不知. 云何降伏, 取如來位 전도됨이 어디로부터 오는 것인지, 그것의 근본은 어디에 있는지를 모르면, 이 전도와 무명번뇌를 어떻게 항복시켜서 여래의 과위를 얻을 수 있겠는가?

汝觀世間解結之人, 不見所結, 云何知解 너는 세간의 매듭을 푸는 사람을 보아라. 매듭이 진 곳을 보지 못하면 어떻게 알고 풀 수 있겠는가? 이것은 네가 만약 어느 곳에서 나온 전도됨인지를 알아야 비로소 이 전도됨을 제거할 수 있다는 것이다. 만약 전도된 근원을 알지 못하면, 어떻게 그 전도됨을 없앨 수 있겠는가? 따라서 지금 당신이 수행을 하려고 하면, 먼저 전도된 망상이 어느 곳으로부터 나오는 것인지 알아야 한다.

不聞虛空被汝隳裂. 何以故? 空無相形, 無結解故 너는 허공이 어떤 사람에게서 파괴되었다는 말을 듣지 못했을 것이다. 무엇 때문인가? 허공은 형상이 없으며, 풀어야 할 매듭이 없기 때문이다. 휴렬(隳裂)이란 파괴되다, 깨지다는 뜻이다.

則汝現前眼耳鼻舌, 及與身心, 六爲賊媒, 自劫家寶. 由此無始, 衆生世界生纒縛故, 於器世間不能超越.

"너의 현전하는 안·이·비·설·신·의, 이 여섯 가지는 도적을 불러들이는 중개자가 되어 스스로 자기 집의 재보(財寶)를 강탈한다. 이러한 까닭으로 무시이래로 지금까지 중생상속, 세계상속이 되며, 중생과 세계가 함께 뒤섞여 속박하는 까닭으로 중생은 이 세계를 떠나지 못하고 벗어나지 못한다."

則汝現前眼耳鼻舌, 及與身心, 六爲賊媒, 自劫家寶 너의 현전하는 안 · 이 · 비 · 설 · 신 · 의, 이 여섯 가지는 도적을 불러들이는 중개자가 되어 스스로 자기 집의 재보(財寶)를 강탈한다.

우리들은 안 · 이 · 비 · 설 · 신 · 의 육근이 자기를 돕는 것이라고 생각하는데, 사실은 이 여섯 가지의 나쁜 녀석들이 우리 자성의 법보를 훔쳐간다. 그래도 자기는 아직 모른다. 자기는 그 여섯 가지가 자기에게 가장 좋은 친구라고 여기는데, 예상 외로 그것들은 도적을 집안으로 불러들이는 물건이다. 비유하면 당신이 미색(마음에 드는 남녀)을 보고 탐한다면, 그 미색을 수중에 넣어도 번뇌요, 수중에 넣지 못해도 번뇌이다. 수중에 넣지 못하면 당신은 그 미색을 추구하게 되므로 번뇌가 일어나며, 수중에 넣으면 여러 가지의 문제가 발생하니 이것도 번뇌다. 무엇 때문인가? 바로 눈이 미색을 보고 탐하기 때문에 번뇌가 일어나는 것이다.

그러므로 당신은 안 · 이 · 비 · 설 · 신 · 의 때문에 갖가지의 번뇌가 생기며, 집안의 재보를 빼앗아간다. 무루(無漏)에 대하여 설명하자면, 이 육근이 육진을 만나 육식을 내는 것은 모두 새는[漏] 것이다. 만약 당신이 공부가 없고 선정력이 없으면, 육근을 따라 도망가며, 회광반조를 할 수 없는 그것은 모두 새는 것이라고 한다.

그럼 무엇이 자기의 재보인가? 바로 여래장성(如來藏性)이다. 당신의 상주하는 진심의 성정명체(性淨明體)가 당신 집안에 본래 가지고 있던 가보이며, 당신의 진정한 재보이다. 또한 당신의 '자성의 불보, 자성의 법보, 자성의 승보'가 있는데, 이것도 당신의 보배이다. 그리고 또 있는데, 당신은 마땅히 자기의 몸으로 계를 닦고, 정을 닦고, 혜를 닦아야 한다. 계·정·혜 이것도 당신의 보배이다. 게다가 당신 '자성의 광명각성(밝은 깨달음의 성품)' 이것이 진정한 재보이다.

由此無始, 衆生世界生纏縛故, 於器世間不能超越　이 육근, 육진이 육식을 내기 때문에 서로 이렇게 결탁하여 한 패가 되어 못된 짓을 하는 것이다. 이렇게 무시이래로 지금까지 중생상속, 세계상속이 되며, 중생과 세계가 함께 뒤섞여 중생은 세계를 떠나지 못하고, 세계도 중생을 마치 아교처럼 붙어서 벗어나지 못하게 한다.

산하대지와 모든 건물, 집들을 기세간이라고 하며, 중생을 유정세간이라고 하는데, 유정세간은 이 기세간을 떠날 수 없으며, 기세간도 유정세간을 빨아들인다. 이 두 종류는 서로 결탁하여 벗어나지 못한다. 초월(超越)이란 벗어나고 떠난다는 뜻이다.

따라서 중생상속, 세계상속, 업과상속은 연대의 관계를 가지고 서로를 이용한다. 중생이 없으면 세계도 없고, 세계가 없으면 업과도 없다. 따라서 업과가 있으면, 세계가 있고, 또 중생이 있다.

5) 육근(六根)의 우열과 공덕

阿難! 云何名爲衆生世界? 世爲遷流, 界爲方位. 汝今當知, 東西南北, 東南西南, 東北西北, 上下爲界. 過去未來現在爲世. 方位有十, 流數有三.

"아난아! 무엇을 중생이라고 하며, 세계라고 하는가? '세'는 천류하는 것이며, '계'는 방위이다. 너는 지금 마땅히 알아야 한다. 동·서·남·북·동남·서남·동북·서북·상·하는 계이며, 과거·미래·현재는 세이다. 방위에는 열 개가 있고, 천류하는 수에는 셋이 있다."

云何名爲衆生世界 무엇을 중생이라고 하며, 세계라고 하는가?

世爲遷流, 界爲方位 세(世)는 천류하는 것이다. 서로 변천하며 흘러 움직이는 것이다. 계(界)는 방위이며, 하나의 위치가 있는 것을 뜻한다.

流數有三 천류하는 수로 말하자면 세 개가 있으며, 과거·현재·미래를 말한다.

■

一切衆生織妄相成. 身中貿遷, 世界相涉. 而此界性, 設雖十方, 定位可明. 世間祇目東西南北, 上下無位, 中無定方. 四數必明, 與世相涉, 三四四三, 宛轉十二. 流變三疊, 一十百千. 總括始終, 六根之中, 各各功德有千二百.

■

"모든 세계의 일체중생은 서로 결합하여 허망한 상을 이루어 나타낸다. 이렇게 이 몸 안에서 거래를 하면서 서로 변천하고 운행되며, 이 세계와 서로 간섭한다. 그리고 이 계의 성질은 열 개의 방위가 있지만, 각각은 일정한 방위를 가지며, 이것은 우리들이 모두 아는 것이다. 세간의 일반인들이 단지 동서남북의 네 가지 방위만 이름을 붙여 부르며, 상하는 위치가 없으며, 중간은 정해진 방위가 없다. 동서남북 이 네 개의 수는 사람들이 반드시 알고 있으며, 사방(四方)의 수로써 삼세(과거·현재·미래)와 서로 교섭한다. 3과 4를 곱해도 12가 되며, 4와 3을 곱해도 12가 된다. 천류하고 변화·발전하기를 세 번 중첩되면, 십, 백, 천이 된다. 12의 시작부터 1200의 끝까지 처음과 끝을 총괄하면, 육근의 가운데서 각 근(根)의 공덕은 일천이백의 공덕을 가진다."

■

一切衆生織妄相成　모든 세계의 일체중생은 서로 결합하여 허망한 상을 이루어 나타낸다.

身中貿遷, 世界相涉　이 몸 가운데서 마치 무역을 하듯이 거래(교역)를 하는 것과 같다. 당신이 가지고 있는 물건은 나에게 바꾸고, 내가 가지고 있는 물건이 당신에게 없으면, 나는 당신에게 주는 것이다. 이렇게 이 몸 안에서 장사를 하면서 서로 변천하고 운행되며, 이 세계와 서로 간섭한다. 이 세계가 서로 간섭하는 것은 보이지는 않지만, 서로 연대관계를 가지면서 서로 간섭하는 것이다. 당신은 나를 떠나지 못하고, 나도 당신을 떠나지 못한다.

　중생 · 업과 · 세계가 서로 결탁하여 큰 회사를 열고 큰 거래를 한다. 온 세계 안에서 각자의 사람 몸은 하나의 작은 회사이며, 전체 세계는 하나의 큰 회사이다. 서로 무(無)는 유(有)와 바꾸고, 유는 무와 바꾼다. 서로 이렇게 연대관계를 가지는 것을 세계상섭이라고 한다.

　而此界性, 設雖十方, 定位可明　　그리고 이 계의 성질은 열 개의 방위가 있지만, 각각은 일정한 방위를 가지며, 이것은 우리들이 모두 아는 것이다.

　世間祇目東西南北, 上下無位, 中無定方　　세간의 일반인들이 단지 동서남북의 네 가지 방위만 이름을 붙여 부르며, 상하는 위치가 없으며, 중간은 정해진 방위가 없다. 목(目)이란 명목(名目)이며, 그것에 이름을 붙이는 것을 뜻한다.

　四數必明, 與世相涉　　동서남북 이 네 개의 수는 사람들이 반드시 알고 있으며, 사방(四方)의 수로써 삼세(과거 · 현재 · 미래)와 서로 교섭한다.

三四四三, 宛轉十二　3과 4가 합성되어 12가 되며, 4와 3도 12가 된다. 완전상승(宛轉相乘)이란 순방향으로(3×4) 곱해도 12이며, 역으로(4×3) 곱해도 12라는 뜻이다. 이것은 일정한 방위와 세계의 수를 12로 정하는 것이다.

流變三疊, 一十百千　천류하고 변화 발전하기를 세 번 중첩되면, 즉 세 번 중첩하는 것은 어떻게 하는 것인가? 3×4=12, 이 12에 열 개를 곱하면 120, 여기에 다시 십을 곱하면 1,200이 되는데, 이것을 삼첩(三疊)이라고 한다. 여기서 왜 세 번 중첩하는가? 이것은 하나의 가설(假設)이다. 왜냐하면 세계, 업과, 중생을 말하자면 매우 복잡하기 때문에 설명의 단순화를 위하여 이렇게 하는 것이다. 뒤에 답이 나오니 조급해 할 필요가 없다. 일십백천(一十百千)은 일십은 12를 가리키며, 백은 120을 가리키며, 천은 1,200을 가리킨다.

總括始終　12의 시작부터 1,200의 끝까지 처음과 끝을 총괄하면

六根之中, 各各功德有千二百　육근의 가운데서 각 근(根)의 공덕은 일천이백의 공덕을 가진다. 본래 눈도 일천이백의 공덕을 가지며, 귀·코·혀·몸·뜻도 각각 일천이백의 공덕을 가진다. 이 공덕이라는 것은 바로 그것의 공능을 뜻한다.

▬

阿難! 汝復於中克定優劣. 如眼觀見, 後暗前明. 前方全明, 後方全暗.

左右傍觀, 三分之二. 統論所作, 功德不全. 三分言功, 一分無德. 當知
眼唯八百功德. 如耳周聽, 十方無遺. 動若邇遙, 靜無邊際. 當知耳根
圓滿一千二百功德. 如鼻嗅聞, 通出入息. 有出有入, 而闕中交. 驗於
鼻根, 三分闕一. 當知鼻唯八百功德. 如舌宣揚, 盡諸世間出世間智.
言有方分, 理無窮盡. 當知舌根圓滿一千二百功德. 如身覺觸, 識於違
順. 合時能覺, 離中不知. 離一合雙. 驗於身根, 三分闕一. 當知身唯
八百功德. 如意默容, 十方三世一切世間出世間法, 惟聖與凡, 無不包
容, 盡其涯際. 當知意根圓滿一千二百功德.

"아난아! 너는 다시 육근 가운데서 우열을 정할 수 있다. 눈이 보는 것
은 앞은 보이는데 뒤는 보이지 않는다. 앞은 전부 보이는데, 후방은 전
부 보이지 않는다. 좌우 옆으로 보는 것은 3분의 2가 보인다. 보는 것
을 종합적으로 논하면 그 공덕이 완전하지 않다. 3분의 공능 가운데 1
분의 공덕이 없다고 말할 수 있다. 그러므로 눈은 단지 8백의 공덕이
있다는 것을 알아야 한다. 귀의 청각은 장애가 없이 두루 들을 수 있으
며, 열 방향으로부터 모두 다 들을 수 있다. 움직일 때는 가깝고 먼 소
리도 다 들을 수 있으며, 고요할 때는 끝이 없다. 그러므로 이근은 원
만한 것이며, 일천이백의 공덕을 가진다는 것을 알아야 한다. 비근은
냄새를 맡는 성능이 있으며, 출입식을 가지고 있다. 코의 출입식은 나
갈 때와 들어올 때 그 중간에 멈추는 시간이 있다. 비근을 관찰해 보면
3분 가운데 1분이 부족하다. 그러므로 비근은 단지 8백의 공덕을 가진
다는 것을 알아야 한다. 설근은 불법을 선양하는 것과 같이 모든 세간
과 출세간의 지혜를 다 궁진하는데, 말하는 언어에는 각 지방의 구별

이 있지만, 이치를 논할 때는 무궁무진한 것이다. 그러므로 설근은 원만하며, 일천이백의 공덕을 가지고 있다는 것을 알아야 한다. 몸의 촉각은 자기가 좋아하지 않는 것과 좋아하는 것이 있다. 신근과 밖에서 온 이 촉은 함께 합쳐질 때 비로소 느끼는 감각이 생기게 된다. 떨어지면 느낄 수 없으며, 떨어지면 하나이고 합하면 두 가지가 있다. 신근을 관찰해 보면 3분 가운데 1분이 부족하다. 그러므로 신근은 단지 8백의 공덕을 가지고 있다는 것을 알아야 한다. 뜻은 말없이 시방삼세의 일체 세간, 출세간법을 받아들여 분별하며, 성인(聖人)이든 범부이든지를 불문하고 모두 이 의념 속에서 포용하며, 그 끝(가장자리)이 없다. 그러므로 의근은 원만한 것이며, 일천이백의 공덕을 구족하고 있다는 것을 알아야 한다."

汝復於中克定優劣　너는 안·이·비·설·신·의 육근에서 좋은 것과 좋지 않은 것을 정할 수 있다. 극정(克定)이란 자기가 정할 수 있다는 뜻이다. 현재 이 육근을 말하는 것은 나중에 스물다섯 분의 성인(聖人)들이 각각 원통을 선택할 때 어떤 근이 원통한 것인지를 선택하는 것이다.

三分言功. 一分無德　눈은 삼면을 볼 수 있으므로 단지 3분의 공능으로 계산할 수 있으며, 후방은 볼 수 없으므로 1분은 이러한 공덕이 없다.

如耳周聽, 十方無遺　귀의 청각은 장애가 없이 두루 들을 수 있으며, 열 방향으로부터 모두 다 들을 수 있다. 무유(無遺)란 듣지 못하는 것이 없다는 뜻이다.

動若邇遙, 靜無邊際   움직일 때는 가깝고 먼 소리도 다 들을수 있으며, 고요할 때는 끝이 없다. 이요(邇遙)란 가깝고 먼 것을 뜻한다.

有出有入, 而闕中交   코의 출입식은 나갈 때와 들어올 때 그중간에 멈추는 시간이 있다.

言有方分, 理無窮盡   말에는 각 지방의 구분이 있으며, 이치는 무궁무진한 것이다.

如身覺觸, 識於違順   몸의 촉각과 같이 촉각에는 자기가 좋아하지 않는 것과 좋아하는 것이 있다.

合時能覺, 離中不知. 離一合雙   신근과 밖에서 온 촉은 함께 합쳐질 때 비로소 느끼는 감각이 생기게 된다. 떨어지면 느낄 수없으며, 떨어지면 하나이고 합하면 두 가지(좋아하는 것과 좋아하지 않는 것)가 있다.

驗於身根, 三分闕一   신근을 관찰해 보면 3분 가운데 1분이부족하다.

如意默容   의(意)는 분별하는 의식을 말한다. 묵용(默容)이란 말

없이 받아들인다는 뜻이다.

阿難! 汝今欲逆生死欲流, 返窮流根, 至不生滅. 當驗此等六受用根, 誰合誰離, 誰深誰淺, 誰爲圓通, 誰不圓滿? 若能於此悟圓通根, 逆彼無始織妄業流, 得循圓通, 與不圓根, 日劫相倍.

"아난아! 네가 지금 생사의 욕류를 거슬러 돌이켜 생사 흐름의 근본을 끝까지 밝혀서 불생불멸의 경지에 이르려고 생각한다면, 너는 마땅히 이 여섯 가지의 받아들이고 사용하는 수용근(受用根)을 검증해야 한다. 어떤 근이 합하고 어떤 근이 떨어지며, 어떤 근이 깊고 어떤 근이 얕은지, 어떤 근이 원통하며, 어떤 근이 원만하지 않은지를 관찰해야 한다. 그리하여 네가 만약 이 가운데서 어떤 근이 가장 원통한 것인지를 이해할 수 있으면, 너는 무시이래로부터 뒤엉킨 허망한 업의 흐름을 거스를 수 있을 것이다. 너는 어떤 근이 원만한 근인지를 깨닫고 그 원통한 근을 따라 수행하면, 원통하지 않은 근을 따라 수행하는 것과는 하루[日]와 겁(劫)의 차이가 날 것이다."

汝今欲逆生死欲流, 返窮流根, 至不生滅　네가 지금 생사의 욕류를 거슬러 역류하는 공부를 하려고 생각한다면, 마땅히 돌이켜 생사 흐름의 근본을 끝까지 밝혀서 불생불멸의 경지에 이르러야 한다.

當驗此等六受用根　너는 마땅히 이 여섯 가지의 받아들이고 사용하는 수용근(受用根)을 검증해야 한다.

若能於此悟圓通根, 逆彼無始織妄業流　네가 만약 이 가운데서 어떤 근이 가장 원통한 것인지를 이해할 수 있으면, 너는 무시 이래로부터 뒤엉킨 허망한 업의 흐름을 거스를 수 있을 것이다.

得循圓通, 與不圓根, 日劫相倍　너는 어떤 근이 원만한 근인지를 깨닫고 그 원통한 근을 따라 수행하면, 원통하지 않은 근을 따라 수행하는 것과는 하루와 겁의 차이가 날 것이다. 즉 원통한 근을 따라 수행하면 하루만에 도를 깨달을 수 있다면, 원통하지 않은 근을 따라 수행하면 일겁이나 오랜 시간이 걸릴 수 있어 그만큼 서로 차이가 난다는 뜻이다.

6) 하나의 문으로 깊이 들어가야 한다[一門深入]

━

我今備顯, 六湛圓明, 本所功德, 數量如是. 隨汝詳擇其可入者. 吾當發明, 令汝增進. 十方如來, 於十八界一一修行, 皆得圓滿無上菩提. 於其中間, 亦無優劣. 但汝下劣, 未能於中圓自在慧. 故我宣揚, 令汝但於一門深入. 入一無妄, 彼六知根, 一時清淨.

■

"나는 지금 이해하기 쉬운 도리로써 설명하겠다. 이 여섯 가지의 청담하고 원명한 근의 성질이 본래 갖춘 공덕의 수량은 앞에서 설명한 것과 같다. 너 아난은 어떤 근이 너와 가장 상응할 수 있는 것인지를 상세하게 선택하여라. 나는 상세하게 설명하여 너로 하여금 앞으로 진보하게 하겠다. 시방의 여래는 십팔계 각각의 하나의 계(界)에서 수행하여 모두 무상의 원만한 보리(깨달음)를 얻었다. 이 가운데는 또한 아무런 우열이 없다. 그러나 너는 근기가 하열하여 아직 그 가운데서 원만하고 자재한 지혜를 얻을 수 없었다. 그러므로 나는 선양한다. 너로 하여금 오직 하나의 문으로 깊이 들어가게 하려는 것이다. 네가 하나의 근에서 깊이 들어가 극점에 이르면, 허망함이 다할 것이다. 그러면 저 여섯 가지의 근은 일시에 청정하게 될 것이다."

■

我今備顯 나는 지금 이해하기 쉬운 도리로써 설명하겠다.

六湛圓明, 本所功德, 數量如是 이 여섯 가지의 청담하고 원명한 근의 성질이 본래 갖춘 공덕의 수량은 앞에서 설명한 것과 같다.

隨汝詳擇其可入者 너 아난은 어떤 근이 너와 가장 상응할 수 있는 것인지를 상세하게 선택하여라. 본래 앞에서 설명한 뜻 속에 이미 이근(耳根)이 가장 원통한 것이라고 드러내셨다. 그러나 부처님께서는 직접 아난에게 말하지 않고 아난으로 하여금 선택하게 하신 것이다.

於其中間, 亦無優劣　이 오음·육입·십이처·십팔계에서는 어떤 계가 우월하고 열등함이 없다.

故我宣揚, 令汝但於一門深入　그러므로 나는 선양한다. 너로 하여금 오직 하나의 문으로 깊이 들어가게 하려는 것이다.

入一無妄, 彼六知根, 一時淸淨　네가 하나의 근에서 깊이 들어가 극점에 이르면, 허망함이 다할 것이다. 그러면 저 여섯 가지의 근은 일시에 청정하게 될 것이다.

—

阿難白佛言. 世尊! 云何逆流深入一門, 能令六根一時淸淨? 佛告阿難. 汝今已得須陀洹果, 已滅三界衆生世間見所斷惑. 然猶未知, 根中積生無始虛習. 彼習要因修所斷得. 何況此中生住異滅, 分劑頭數?

—

아난이 부처님께 말하였다. "세존이시여! 어떠한 것을 생사의 흐름을 거슬러 하나의 문으로 깊이 들어가, 육근을 일시에 청정하게 할 수 있습니까?" 부처님께서 아난에게 말씀하셨다. "너는 지금 이미 수다원과를 얻었으며, 이미 삼계 가운데의 중생과 세간의 팔십팔품(八十八品)의 견혹(見惑)을 이미 끊었다. 그러나 너는 무시이래의 다생겁으로 쌓아 온 육근 가운데의 허망한 습기를 아직 알지 못한다. 이러한 습기는 수행으로 인하여 비로소 끊을 수 있다. 하물며 이 가운데의 생주이멸하는 과정에서 발생하는 많은 부분(여러 가지의 관계와 인연)과 정황이 있는 것은 어떻겠는가?"

汝今已得須陀洹果   너는 지금 이미 수다원과를 얻었다. 수다원과는 초과(初果)를 말하며, 중국어로 번역하면 입류(入流)라고 한다. 어째서 입류(入流)라고 하는가? 성인의 법성의 흐름에 들어가며, 범부의 육진의 흐름을 거스른다[入聖人法性流, 逆凡夫六塵流]는 뜻이다. 이것은 이미 성스러운 과를 증득한 사람이라고 할 수 있다.

『금강경』에서 네 개의 과에 대하여 명료하게 설명하고 있다. 수다원은 입류라고 하며, 색·성·향·미·촉·법에 들어가지 않는다[不入色聲香味觸法]고 한다. 불입이라고 하는 것은 바로 색·성·향·미·촉·법에 움직이지 않는 것을 말한다. 즉 육진의 경계에 마음이 움직이지 않는 것이다. 이미 팔십팔품(八十八品)의 견혹(見惑)을 끊었기 때문이다. 또 예류(預流)라고도 하는데, 이미 성인이 될 것으로 예정되어 있는 사람이라는 뜻이다.

已滅三界衆生世間見所斷惑   이미 삼계 가운데의 중생과 세간의 팔십팔품(八十八品)의 견혹(見惑)을 이미 끊었다.

然猶未知, 根中積生無始虛習   그러나 너는 무시이래의 다생겁으로 쌓아온 육근 가운데의 허망한 습기를 아직 알지 못한다.

彼習要因修所斷得   이러한 습기는 수행으로 인하여 비로소

끊을 수 있다.

　何況此中生住異滅, 分劑頭數　하물며 이 가운데의 생ㆍ주
ㆍ이ㆍ멸하는 과정에서 발생하는 많은 부분(여러 가지의 관계와 인연)과 정
황이 있는 것은 어떻겠는가? 분제(分劑)란 많은 부분을 뜻하며, 두수(頭
數)란 두서와 수량을 말한다. 많은 정황과 많은 두서가 있다는 것이다.
육근 속에 있는 이러한 습기는 매우 많으며, 따라서 너는 수행을 해야
비로소 다생겁의 이러한 남은 습기, 허망한 습기를 끊을 수 있다는 뜻
이다.

■

　今汝且觀, 現前六根, 爲一爲六? 阿難! 若言一者, 耳何不見, 目何不
聞, 頭奚不履, 足奚無語? 若此六根決定成六. 如我今會與汝宣揚微妙
法門. 汝之六根, 誰來領受? 阿難言. 我用耳聞. 佛言. 汝耳自聞, 何關
身口? 口來問義, 身起欽承? 是故應知, 非一終六, 非六終一. 終不汝
根元一元六. 阿難當知. 是根非一非六, 由無始來, 顚倒淪替, 故於圓
湛, 一六義生. 汝須陀洹, 雖得六銷, 猶未亡一.

■

"지금 너는 잠시 관찰해 보아라. 너의 현전하는 육근은 하나인가, 여
섯인가? 아난아! 만약 하나라고 말한다면, 귀는 어째서 보지 못하며,
눈은 어째서 듣지 못하며, 머리는 어째서 걷지 못하며, 발은 어째서 말
하지 못하는가? 만약 이 육근이 반드시 여섯이라고 한다면, 마치 내가

지금 이 법회에서 너에게 능엄대정의 미묘법문을 선양하는데, 너의 육근 가운데서 어떤 것이 받아들이는가?" 아난이 말하였다. "저는 귀로 듣습니다." 부처님께서 말씀하셨다. "너의 귀가 스스로 듣는다면, 너의 몸과 입과는 무슨 관계가 있는가? 입이 뜻을 묻고 몸이 일어나 받드는데, 왜 그 두 근도 모두 이렇게 서로 돕는가? 그러므로 마땅히 알아야 한다. 만약 하나가 아니면 여섯이고, 만약 여섯이 아니면 필경에는 하나이다. 그래서 너는 마침내 이 근(根)이 원래 하나이거나, 원래 여섯이라고 말할 수 없다. 아난 너는 마땅히 알아야 한다. 이 육근은 하나도 아니며 여섯 가지도 아니다. 무시이래로부터 지금까지 전도된 무명으로 인하여 생사의 윤회에 빠져 서로 교체하여 왔기 때문에 따라서 원담(圓湛)한 여래장성의 상주진심 속에서 하나라는 뜻과 여섯이라는 뜻이 생긴 것이다. 너는 수다원으로서 비록 육진의 경계에 마음이 움직이지 않는 경지를 얻었을지라도 아직 하나를 없애지 못했다."

■

現前六根, 爲一爲六 너의 현전하는 육근은 하나인가, 여섯인가?

若言一者, 耳何不見, 目何不聞, 頭奚不履, 足奚無語 만약 하나라고 말한다면, 귀는 어째서 보지 못하며, 눈은 어째서 듣지 못하며, 머리는 어째서 걷지 못하며, 발은 어째서 말하지 못하는가? 마침내 귀는 물건을 볼 수 있는가? 볼 수 있다. 눈은 소리를 들을 수 있는가? 들을 수 있다. 이러한 도리를 말하자면, 단지 이러한 경계를 얻은 사람만이 이런 도리를 알 수 있다. 이것을 무엇이라고 하는가? 이것을 '육근을 서로 사용하는[六根互用]' 것이라고 한다. 현재 아난은 초과를 증득하여 아직 이러한 경계를 증득하지 못하였다. 육근호용이란 육근을 서로 통용할 수 있다는 것이다. 이런 경계는 사과(四果)의 아라한에 이르러야 가능하다.

若此六根決定成六. 如我今會與汝宣揚微妙法門. 汝之六根, 誰來領受　만약 이 육근이 반드시 여섯이라고 한다면, 마치 내가 지금 이 법회에서 너에게 능엄대정의 이러한 미묘법문을 선양하는데, 너의 육근 가운데서 어떤 것이 받아들이는가?

汝耳自聞, 何關身口? 口來問義, 身起欽承　너의 귀가 스스로 듣는다면, 너의 몸과 입과는 무슨 관계가 있는가? 입이 뜻을 묻고 몸이 일어나 받드는데, 왜 그 두 근도 모두 이렇게 서로 돕는가?

非一終六, 非六終一　만약 하나가 아니면 여섯이고, 만약 여섯이 아니면 필경에는 하나이다.

終不汝根元一元六　너는 마침내 이 근(根)이 원래 하나이거나, 원래 여섯이라고 말할 수 없다.

是根非一非六　이 육근은 하나도 아니며 여섯 가지도 아니다.

由無始來, 顛倒淪替, 故於圓湛, 一六義生　무시이래로

부터 지금까지 전도된 무명으로 인하여 생사의 윤회에 빠져 서로 교체하여 왔기 때문에 따라서 원담(圓湛)한 여래장성의 상주진심 속에서 하나라는 뜻과 여섯이라는 뜻이 생긴 것이다. 윤체(淪替)란 생사의 윤회에 타락하여 떨어져서[淪落] 서로 교체(交替)하는 것을 말한다.

汝須陀洹, 雖得六銷, 猶未亡一　너는 수다원으로서 비록 육진의 경계에 마음이 움직이지 않는 경지를 얻었을지라도 아직 하나를 없애지 못했다. 육소(六銷)란 육근·육진의 경계가 사라져 없다는 것이다. 유미망일(猶未亡一)에서 하나란 무엇인가? 바로 아직 법집(法執)을 끊지 못하고 가지고 있다는 것이다.

■

如太虛空參合群器. 由器形異, 名之異空. 除器觀空, 說空爲一. 彼太虛空, 云何爲汝成同不同? 何況更名是一非一? 則汝了知六受用根, 亦復如是.

■

"마치 태허공과 같이 허공 속에 많은 기물을 만들어 놓으면, 기물의 모습이 다르기 때문에 따라서 허공도 다르다고 한다. 기물을 제거하고 허공을 보면 허공이 하나라고 말한다. 저 태허공은 어찌하여 너를 위하여 같거나 같지 않은 것으로 변한다고 하는가? 하물며 너는 그것이 하나이거나 하나가 아니라고 이름을 붙일 수 없다. 네가 지각하는 여섯 가지의 수용하는 근도 또한 이와 같다."

如太虛空參合群器　마치 태허공과 같이 허공 속에 많은 기물을 만들어 놓는다는 뜻이다. 허공 속에 모난 것, 둥근 것, 삼각형, 사각형 등 많은 기물을 군기(群器)라고 한다.

由器形異, 名之異空　기물의 모습이 다르기 때문에 따라서 허공도 다르다고 한다.

除器觀空, 說空爲一　기물을 제거하고 허공을 보면 허공이 하나라고 말한다. 사실 근본적으로 하나도 없다. 만약 하나가 있다고 한다면 그것은 허공이 아니다. 여래장성도 이와 같다. 따라서 이러한 기물들을 설치하니 안 · 이 · 비 · 설 · 신 · 의라는 육근이 있게 된 것이다. "원래 하나의 정명에 의지하여 여섯 가지의 화합으로 나뉘었다 [元依一精明, 分成六和合]."는 것이다. 따라서 그것은 하나라고 말해도 안 되고, 여섯이라고 말해도 안 된다. 하나도 없고 여섯도 없다. 태허공과 같은 것이다. 이미 태허공과 같은 것이라면, 너는 왜 이렇게 많은 무명번뇌를 버리지 못하는가? 무명번뇌를 버리지 못하기 때문에 본래의 면목을 얻을 수 없다.

彼太虛空, 云何爲汝成同不同　저 태허공은 어찌하여 너를 위하여 같거나 같지 않은 것으로 변한다고 하는가? 태허공은 근본적으로 변할 수 없으므로 같음도 없고 다름도 없다.

何況更名是一非一　하물며 너는 그것이 하나이거나 하나가

아니라고 이름을 붙일 수 없다. 허공 속에는 본래 아무것도 없는 것이다. 따라서 자성은 허공과 같으며, 그 가운데서 참됨과 허망이 생긴다[自性如虛空, 眞妄在其中]고 말하는 것이다. 참됨을 의지하여 허망이 일어나며, 허망이 다하면 참됨이 나타난다. 따라서 우리가 수행을 해야 하는 것도 허망함을 없애고 제거하는 것이다.

則汝了知六受用根, 亦復如是 네가 지각하는 여섯 가지의 수용하는 근도 또한 이와 같다. 허공에 여러 가지의 기물을 섞어 놓는 것과 같다. 기물을 제거하면 허공은 아무것도 없다. "자성여허공(自性如虛空) 진망재기중(眞妄在其中)" 다음에 두 구의 게송을 계속하면, "오철본래법(悟徹本來法), 일통일체통(一通一切通)"이다. 즉 본래의 법을 철저하게 깨달으면, 하나를 통하면 일체를 통한다는 것이다. 당신이 하나를 통하게 되면 모든 것을 다 통하게 된다. 따라서 이것도 하나의 문으로 깊이 들어가는[一門深入] 것과 같은 도리이다.

7) 육근은 육진으로부터 맺힌다

由明暗等二種相形, 於妙圓中粘湛發見. 見精映色, 結色成根. 根元目爲清淨四大. 因名眼體如蒲萄朵. 浮根四塵流逸奔色.

"밝음과 어둠의 두 가지 색과 기타 갖가지의 형상이 있는 색이 서로 영향을 주기 때문에 미묘하고 원만한 마음속에서 이 담원(湛圓)한 성품과 서로 붙어서 보는 정[見精]을 발하게 된다. 보는 정이 색상에 비춰서 색상과 함께 결합하여 근(根)으로 변하며, 이 근의 원래 이름은 청정한 사대(四大)이다. 이 사대는 모두 서로 연대관계를 가지고 있기 때문에 안체(眼體)라고 이름하며, 마치 포도알과 같다. 네 가지의 부진근이 색진 위로 흐르고 달린다."

由明暗等二種相形, 於妙圓中粘湛發見 밝음과 어둠의 두 가지 색과 기타 갖가지의 형상이 있는 색이 서로 영향을 주기 때문에 미묘하고 원만한 마음속에서 이 담원(湛圓)한 성품과 서로 붙어서 보는 정[見精]을 발하게 된다.

見精映色, 結色成根 보는 정이 색상에 비춰서 색상과 함께 결합하여 근(根)으로 변한다.

根元目爲淸淨四大 이 근의 원래 이름은 청정한 사대(四大)이다. 이 사대를 어째서 청정하다고 하는가? 이 사대의 형상은 매우 미세하고 미세하여 육안으로는 볼 수 없는 것이며, 혜안(慧眼), 법안(法眼), 불안(佛眼)이라야 비로소 볼 수 있기 때문이다.

因名眼體, 如蒲萄朶 이 사대는 모두 서로 연대관계를 가지고 있기 때문에 안체(眼體)라고 이름하며, 마치 포도알과 같다.

浮根四塵 안근(眼根)에는 세 가지의 뜻이 있다. (1) 견정(見精) : 이것은 일종의 분별하는 것이다. (2) 승의근(勝義根) (3) 부진근(浮塵根)이다.

수도(修道)에 따라 말하자면 당신이 만약 잘 닦으면 이 눈은 승의근(勝義根)이라고 하며, 당신이 만약 수행을 하지 않으면 그것의 명칭은 부진근(浮塵根)이라고 한다. 부근사진(浮根四塵)에서 네 가지의 진이란 바로 색 · 향 · 미 · 촉을 가리킨다.

流逸奔色 어떻게 흐르다[流]라고 하는가? 마치 급하게 흐르는 급류와 같고 노한 파도와 같기 때문에 이것은 흐르는 것이며, 일(逸)이란 마치 불이 산을 태우는 것과 같이 어떤 방향으로도 튄다는 뜻이며, 분(奔)이란 준마가 빨리 달리는 것과 같은 것이다. 즉 색진 위로 흐르고 달려서 안색(眼色) 위에 붙어 머문다.

███

由動靜等二種相擊, 於妙圓中粘湛發聽. 聽精映聲, 卷聲成根. 根元目爲淸淨四大. 因名耳體如新卷葉. 浮根四塵流逸奔聲.

███

"움직임과 고요함 등의 두 가지 형상이 서로 부딪쳐서 미묘하고 원만한 진심 가운데에서 담원한 성품과 붙어서 청각의 작용을 낸다. 듣는 정이 소리에 비춰서 소리를 감아 근을 이룬다. 이 근의 본래의 이름은 청정한 사대이다. 그래서 그것의 이름은 이체(耳體)라고 하며, 마치 새로 말린 연잎과 같다. 이 네 가지의 부진근이 성진(聲塵, 소리)으로 흐르고 달려 서로 혼합된다."

━

由通塞等二種相發, 於妙圓中粘湛發嗅. 嗅精映香, 納香成根. 根元目爲清淨四大. 因名鼻體如雙垂爪. 浮根四塵流逸奔香.

━

"통하고 막힘 등의 두 가지의 체상이 서로 작용을 발생하여 묘원한 마음 가운데서 담원한 성품에 붙어서 후각을 발생한다. 냄새를 맡는 정이 향기를 비춰서 그것이 향기를 받아들여 근을 이룬다. 이 근의 원래의 이름은 청정한 사대이다. 따라서 그것을 비체(鼻體)라고 하며, 마치 쌍으로 늘어진 두 발과 같다. 부진근 위에서 색·향·미·촉의 네 가지의 진이 향진(香塵)으로 흐르고 달려 향진과 결합하게 된다."

━

由恬變等二種相參, 於妙圓中粘湛發嘗. 嘗精映味, 絞味成根. 根元目爲清淨四大, 因名舌體如初偃月, 浮根四塵流逸奔味.

━

"맛이 담담한 것과 맛으로 변한 것 등의 두 가지가 서로 섞여서 묘원한 마음 가운데서 원담한 깨달음의 성품에 붙어 미각을 발생한다. 맛을 보는 정은 맛에 비춰서 맛과 함께 꼬여 근을 이룬다. 이 근의 원래의 이름은 청정사대이다. 설체(舌體)라고 이름하며, 마치 초승달 모양과 같다. 이 부근(浮根) 위에서 네 가지의 진이 맛으로 흐르고 달리게 된다."

■

由恬變等二種相參   염(恬)이란 맛이 없는 것이고 변(變)이란
어떤 맛으로 변한 것을 의미한다.

■

由離合等二種相摩, 於妙圓中粘湛發覺, 覺精映觸, 搏觸成根. 根元目
爲淸淨四大. 因名身體如腰鼓顙, 浮根四塵流逸奔觸.

■

"떨어지고 합하는 등의 두 가지가 서로 마찰하여 묘원한 마음 가운데
서 원담한 성품에 붙어서 감각을 발생한다. 느끼는 정[覺精]이 촉에 비
춰서 촉과 함께 쳐서 근을 이룬다. 이 근의 원래 이름은 청정사대이다.
이것의 이름은 신체(身體)라고 하며 마치 요고상(腰鼓顙)이라고 부르는
북과 같다. 이 부근사진(浮根四塵)이 촉진이 있는 곳을 향하여 흐르고 달
리게 된다."

■

由生滅等二種相續, 於妙圓中粘湛發知. 知精映法, 攬法成根. 根元目
爲淸淨四大. 因名意思如幽室見, 浮根四塵流逸奔法.

"생하고 멸하는 두 가지가 서로 끊임없이 이어진다. 묘원한 마음 가운데서 원담한 성품에 붙어서 아는 정[知精]을 발생한다. 이 아는 공능과 법진(法塵)이 서로 비춰 법과 함께 섞여서 이 법을 잡아 의근을 이룬다. 이 근의 원래 이름은 청정한 사대이다. 이것의 이름은 의사(意思)라고 하며, 마치 어두운 방 안에서 보는 것이 있는 것과 같다. 뜻의 부근사진(浮根四塵)이 법진이 있는 곳을 향하여 흐르고 달리게 된다."

由生滅等二種相續 의근은 제육 의식을 가리킨다. 의식은 생함이 있고 멸함이 있다. 앞의 생각이 멸하면 뒤의 생각이 생한다. 후념이 생하면 전념이 멸한다. 생하고 멸하는 두 가지가 마치 물의 파도와 같이 하나는 하나를 따라 달리면서 서로 끊임없이 이어진다.

知精映法, 攬法成根 이 지(知)는 뜻[意]이며, 뜻은 아는 공능을 가지고 있다. 이 아는 공능과 법진(法塵)이 서로 비춰 법과 함께 섞여서 이 법을 잡아 의근을 이룬다.

因名意思, 如幽室見 이것의 이름은 의사(意思)라고 하는데, 왜 의체(意體)라고 말하지 않는가? 이 뜻은 몸이 없기 때문이다. 이것은 마치 어두운 방 안에서 보는 것이 있는 것과 같다.

■

阿難! 如是六根, 由彼覺明, 有明明覺, 失彼精了, 粘妄發光.

■

"아난아! 이와 같이 육근의 묘원한 진심의 깨달음은 본래 밝은데, 밝음에 다시 밝음을 더하였기 때문에 본래 가지고 있는 정과 앎을 잃어버리고, 허망한 밝음[妄明], 허망한 깨달음[妄覺]과 서로 혼합되어 함께 붙게 되어 일종의 허망한 빛을 발생한다."

■

由彼覺明, 有明明覺 유피(由彼)란 이러한 묘원한 진심을 가리킨다. 이 각명(覺明) 또한 묘원한 진심이며, 여래장이다. 본래 각명(覺明)의 이 각은 본체가 밝은 것이라 다시 밝음을 더할 필요가 없는 것이다. 그러나 각(깨달음)에 다시 밝음을 더하기 때문에 허망한 밝음[妄明], 허망한 깨달음[妄覺]을 이루게 된다. 그리하여 밝음도 구경의 진실한 것이 아니며, 깨달음도 구경의 진실한 것이 아니다.

失彼精了 그것이 본래 가지고 있는 정(精) 즉, 보고 듣고 냄새 맡고 맛을 보고 감촉하는 정과 법을 아는 이러한 앎[知]은 모두 본래의 모습을 잃었으며, 본래의 공능을 잃어버렸다.

粘妄發光 허망한 밝음[妄明], 허망한 깨달음[妄覺]과 서로 혼합되어 함께 붙게 되기 때문에 따라서 일종의 허망한 빛을 발생한다. 이러한 빛은 결코 어떤 빛이 있다고 말하는 것이 아니라 일종의 작용을

발생한다는 것이다.

8) 육진이 없어지면 육근이 다한다

是以汝今離暗離明, 無有見體. 離動離靜, 元無聽質. 無通無塞, 嗅性不
生. 非變非恬, 嘗無所出. 不離不合, 覺觸本無. 無滅無生, 了知安寄?

"이것으로 인하여 너는 지금 어둠과 밝음을 떠나면, 보는 체가 존재하
지 않게 된다. 움직임과 고요함을 떠나면, 원래 듣는 체질(體質)도 없
다. 통함도 없고 막힘도 없으면 냄새를 맡는 성질은 일어나지 않으며,
맛도 아니고 담담함도 아니면 맛을 아는 성질은 나올 수가 없으며, 떨
어지지도 않고 합하지도 않으면 느끼는 촉감은 본래 없으며, 멸함도
없고 생함도 없으면 깨닫고 아는 성질이 어디에 의탁할 수 있겠는가?"

앞에서 말한 도리는 깨달음 위에 밝음을 더할 필요가 없다는 것이다.
하나의 망념이 생하여 깨달음 위에 밝음을 더하기 때문에 따라서 허
망한 밝음과 허망한 깨달음으로 변하였다. 이러한 밝음과 깨달음은
모두 참된 것이 아니다. 그리하여 그 본래의 정신을 모두 잃어버렸다.
따라서 허망함에 붙어[黏妄] 견분(見分)의 빛을 낸다. 이것은 바로 제8식
의 견분의 빛에 속한다.

是以汝今離暗離明, 無有見體　이것으로 인하여 너는 지금 어둠과 밝음을 떠나면, 보는 체가 존재하지 않게 된다. 너에게 왜 보는 것[見]이 있는가? 바로 밝음과 어둠의 인연이 너를 돕기 때문에 볼 수 있는 것이다. 네가 만약 밝음과 어둠이 없으면, 보는 체도 없다는 것이다.

　　離動離静, 元無聽質　움직임과 고요함을 떠나면, 원래 듣는 체질(體質)도 없다.

　　無滅無生, 了知安寄　네가 만약 멸함도 생함도 없으면, 너의 깨닫고 아는 성질도 어디에 존재할 수 있는가? 요지하는 성질도 없을 것이다.

9) 하나의 근으로 들어가 해탈한다

■

汝但不循, 動静, 合離, 恬變, 通塞, 生滅, 暗明, 如是十二諸有爲相. 隨拔一根, 脫粘內伏. 伏歸元眞, 發本明耀. 耀性發明, 諸餘五粘, 應拔圓脫. 不由前塵所起知見. 明不循根, 寄根明發. 由是六根互相爲用.

■

"너는 단지 움직임과 고요함, 합하고 떨어짐, 담담한 맛이 없음과 맛으로 변한 것, 통함과 막힘, 생하고 멸함, 밝음과 어둠의 이와 같은 열두 가지의 유위의 상을 따라 움직이지 않으면, 너는 곧 생사의 흐름을 거스를 수 있다. 만약 하나의 근을 뽑아 없애 서로 붙어 있는 정황에서 벗어날 수 있으면, 안의 무명도 조복될 것이며, 망상도 조복될 것이다. 무명, 망상이 이미 조복되면 본래의 묘원하고 원담한 진심으로 반본환원(返本還原)하여 본래 갖추고 있는 밝은 깨달음의 빛남을 발휘하게 될 것이다. 밝게 빛나는 성품이 한번 광명을 발하게 되면, 나머지 다섯 가지의 결합도 응당 동시에 원만한 해탈을 얻을 수 있게 된다. 그러므로 너는 육진의 경계에 따라 일어나는 지견을 따르지 않아야 한다. 이 밝음이 근을 따르지 않으면, 육근에 의탁하고 있는 우리가 본래 가지고 있는 깨달음의 밝음[覺明]이 나올 것이다. 그러하기 때문에 육근을 서로 함께 통용할 수 있는 공능이 생긴다."

▬

汝但不循 이 문단의 경문은 매우 중요하다. 우리들은 왜 깨닫지 못하는가? 왜냐하면 생사의 흐름을 따라 달려가며 이 흐름을 거스르지 못하기 때문이다. 또한 허망한 번뇌[妄塵]를 따라가고 그것을 따라 돌며, 그 허망한 번뇌를 돌리지 못하기 때문이다. 여기에서 여단불순(汝但不循)이라고 말하는 것은 너는 단지 육진의 경계를 따라가지 않고 유위의 상을 따라 움직이지 않으면, 너는 곧 생사의 흐름을 거스를 수 있다는 것이다.

隨拔一根, 脫粘內伏 육근이 원담한 성품에 붙는 정황에서 네가 만약 하나의 근을 뽑아 없애 서로 붙어 있는 정황에서 벗어날 수 있으면, 안의 무명도 조복될 것이며, 망상도 조복될 것이다.

伏歸元眞, 發本明耀   무명, 망상이 이미 조복되면 본래의 묘원하고 원담한 진심으로 반본환원(返本還原)하여 본래 갖추고 있는 밝은 깨달음의 빛남을 발휘하게 될 것이다.

耀性發明, 諸餘五粘, 應拔圓脫   이러한 밝게 빛나는 성품이 한번 광명을 발하게 되면, 나머지 다섯 가지의 결합도 응당 동시에 원만한 해탈을 얻을 수 있게 된다. 즉 원담한 성품에 붙어서 견을 발하고 느낌을 발하는 공능을 떠나게 되어 해탈을 얻게 된다.

不由前塵所起知見   앞의 대상[前塵]을 따라가지 말아야 한다. 즉 앞의 이러한 육진의 경계에 움직이지 않는 것은 또한 따르지 않는 [不循] 것이다. 너는 육진의 경계에 따라 일어나는 지견을 따르지 않아야 한다. 보아도 보지 않은 것처럼, 들어도 듣지 않은 것과 같이 하면서 육진의 경계를 따라 달려가지 않아야 한다.

明不循根, 寄根明發   이 밝음은 대상을 보기 때문에 생기는 밝음, 지각을 가리키는 것이 아니고, 자기의 깨달음의 밝음을 뜻한다. 이 밝음이 근을 따르지 않으면, 육근에 의탁하고 있는 우리가 본래 가지고 있는 깨달음의 밝음[覺明]이 나올 것이다.

由是六根互相爲用   허망한 밝음과 허망한 깨달음을 사용하지 않고 참된 밝음과 깨달음을 씀으로써 육근을 서로 함께 통용할 수 있는 공능이 생긴다. 즉 눈도 말을 할 수 있으며, 귀도 사물을 볼 수 있다. 이것이 육근을 서로 사용하는 경계이다.

阿難! 汝豈不知? 今此會中, 阿那律陀無目而見. 跋難陀龍無耳而聽. 殑伽神女非鼻聞香. 驕梵鉢提異舌知味. 舜若多神無身覺觸, 如來光中, 映令暫現. 旣爲風質, 其體元無. 諸滅盡定, 得寂聲聞. 如此會中摩訶迦葉, 久滅意根, 圓明了知, 不因心念.

"아난아! 너는 어찌 모르는가? 오늘 이 법회 가운데서 아나율다는 눈이 멀었는데도 볼 수 있으며, 발난타용은 귀가 없어도 들을 수 있으며, 긍가강의 신녀는 코가 없어도 향기를 맡는다. 교범바제는 혀가 달라도 맛을 알며, 순야다신(허공신)은 몸이 없어도 촉각을 느낀다. 그는 여래의 불광 가운데서 잠시 그의 몸을 나타낼 수 있으며, 그는 이미 몸이 바람의 질과 같으므로 몸은 원래 없는 것이다. 멸수상정(滅受想定)에 들어가 적멸을 얻은 성문은 이 법회의 마하가섭과 같이 그는 오래 전에 의근을 멸하여 원명한 근본상의 지혜로 요지하며, 생멸하는 마음으로 아는 것이 아니다."

阿那律陀無目而見 아나율다는 눈이 멀었는데도 본다. 아나율다 존자는 부처님의 사촌 동생으로서 출가하였으나, 부처님의 법문 시 자주 졸다가 부처님의 책망을 듣고 분심을 내어 7일간 잠을 자지 않고 수행하다가 눈이 멀게 되었다. 부처님께서는 그에게 '락견조명 금강삼매'를 닦게 하여 그는 천안통을 얻게 되었다. 그래서 그는 육안은 이미 없어졌으나 천안으로 모든 것을 명료하게 볼 수 있었다.

跋難陀龍無耳而聽　발난타용은 용신으로서 마갈타국의 풍우, 의식을 보호하여 백성들이 모두 매우 그 용을 좋아하였다. 그러나 이 용은 귀가 없어 수염으로 들을 수 있었다.

殑伽神女, 非鼻聞香　긍가는 긍가하(殑伽河)라고 부르는 인도의 강이며, 설산에서 발원한다. 그 강의 신녀는 코가 없어도 향기를 맡는다. 그러면 무엇으로 향기를 맡는가? 그녀는 눈으로 향기를 맡는다.

驕梵鉢提異舌知味　교범바제는 혀가 달라도 맛을 안다. 교범바제는 우사라고 번역하며, 소가 숨을 쉬는 소리라는 뜻이다.

舜若多神無身覺觸　순야다신은 공신(空神)이다. 허공신은 근본적으로 몸이 없다. 그러나 느낄 수 있는 촉각이 있다.

如來光中, 映令暫現. 旣爲風質, 其體元無　여래의 불광 가운데서 그는 잠시 몸을 나타낼 수 있다. 그는 이미 몸이 바람의 질과 같으므로 그의 몸은 원래 없는 것이다. 그러나 부처님의 신력이 그로 하여금 몸을 드러나게 할 수 있으며, 또한 촉각이 있다. 따라서 순야다신은 몸이 드러날 때 매우 기뻐한다.

諸滅盡定, 得寂聲聞　멸진정이란 또 멸수상정(滅受想定)이라고도 하며, 오온 가운데 수(受)와 상(想)이 멸하여 없다. 이것은 아홉 가지의 차제정[九次第定]의 하나이다. 득적성문(得寂聲聞)이란 적멸을 얻은 성문으로서 아라한과를 증득한 것을 말한다.

如此會中摩訶迦葉, 久滅意根, 圓明了知, 不因心念　이 법회에 참석한 마하가섭과 같이 그는 오래 전에 의근을 멸하여 원명한 근본상의 지혜로 요지하며, 생멸하는 마음으로 아는 것이 아니다.

━

阿難! 汝今諸根若圓拔已, 內瑩發光. 如是浮塵, 及器世間諸變化相, 如湯銷氷, 應念化成無上知覺.

━

"아난아! 너는 지금 모든 근의 허망한 습기를 원만하게 뽑아 제거하면, 안으로 옥과 같은 밝은 빛을 발할 것이다. 이와 같이 부근사진(浮根四塵)과 산하대지, 건물 등 기세간의 모든 변화하는 모습은 마치 얼음을 끓는 물에 넣는 것과 같이 없어질 것이며, 얼마 지나지 않아 무상의 지각으로 변할 것이다."

━

汝今諸根若圓拔已, 內瑩發光　너는 지금 안 · 이 · 비 · 설 · 신 · 의 모든 근이 만약 허망함이 없는 곳으로 들어가면, 저 여섯 가지의 아는 근[六知根]은 동시에 청정해질 것이다. 약원발이(若圓拔已)란 만약 하나의 근을 원만하게 이루면, 모든 근의 습기를 뽑아 없앤다는 뜻이다. 이미 제거함을 완료하면, 너 자성 속에서 마치 아름다운 옥이 밝게 빛나는 것과 같이 빛을 발할 것이다.

如是浮塵, 及器世間諸變化相, 如湯銷氷 이와 같이 부근사진(浮根四塵)과 산하대지, 건물 등 기세간의 모든 변화하는 모습은 마치 얼음을 끓는 물에 넣는 것과 같이 없어질 것이다.

應念化成無上知覺 응념(應念)이란 '매우 빨리, 오래 지나지 않은 시간에'라는 뜻이다. 너는 허망함이 다하면 참됨이 존재할 것이다. 참됨이 남으면 따라서 얼마 지나지 않아 무상의 지각으로 변할 것이다. 이 지각이란 곧 진정한 앎이며, 진정한 깨달음이다. 이 진지(眞知)와 진각(眞覺)이 매우 빨리 나타날 것이다.

■

阿難! 如彼世人, 聚見於眼. 若令急合, 暗相現前, 六根黯然, 頭足相類. 彼人以手循體外繞, 彼雖不見, 頭足一辯, 知覺是同. 緣見因明, 暗成無見. 不明自發, 則諸暗相永不能昏. 根塵旣銷, 云何覺明不成圓妙?

■

"아난아! 비유를 들면, 세간의 어떤 사람은 보는 정을 눈에 모으고 만약 눈을 급하게 감으면 어두운 모습이 나타나며, 이때 육근도 동시에 정지될 것이며, 머리와 발도 비슷하게 분별할 수 없다. 이 사람(눈을 감은 사람)이 손으로 맞은편에 있는 사람의 몸을 만지면, 그의 눈은 비록 보이지 않지만 머리와 발은 만져서 알 수 있다. 그러므로 이러한 지각하는 성질은 마찬가지로 존재한다. 밝기 때문에 볼 수 있으며, 어두우면 보이지 않는다. 밝지 않아도 자기의 자성 안에서 이러한 광명이 나오는 것이며, 모든 어두움의 모습이 영원히 너를 장애하여 보지 못하게 할 수 없다. 육근, 육진이 모두 녹아 없어지면, 어떻게 본래의 각명(覺明)이 원묘함을 이루지 못하겠는가?"

■

如彼世人, 聚見於眼　비유를 들면, 세간의 어떤 사람은 보는 정을 눈에 모으고

若令急合, 暗相現前, 六根黯然, 頭足相類　만약 눈을 급하게 감으면 어두운 모습이 나타나며, 이때 육근도 동시에 정지될 것이다. 즉 이때 귀도 들리지 않고, 몸도 느끼지 못하고 뜻도 반연하지 않는다는 것이다. 만약 이때 이 사람의 앞에 한 사람이 서 있다고 하면, 머리와 발도 비슷하게 분별할 수 없다.

彼人以手循體外繞, 彼雖不見, 頭足一辨, 知覺是同　저 사람(눈을 감은 사람)이 손으로 맞은편에 있는 사람의 몸을 만지면, 그의 눈은 비록 보이지 않지만 머리와 발은 만져서 알 수 있는데, 이러한 지각하는 성질은 마찬가지로 존재한다. 여전히 있다는 뜻이다. 따라서 이것은 각 하나의 근이 없어도 지각하는 성질은 여전히 부족하지 않으며, 마찬가지로 가지고 있다는 것이다. 네가 지금 눈을 감으면 이러한 지각성은 없는 것이 아니라 여전히 존재한다는 것이다.

緣見因明, 暗成無見. 不明自發, 則諸暗相永不能昏　왜 보이는가? 밝기 때문에 볼 수 있으며, 어두우면 보이지 않는다. 밝지

않아도 자기의 자성 안에서 이러한 광명이 나오는 것이며, 모든 어두움의 모습이 영원히 너를 장애하여 보지 못하게 할 수 없다.

이러한 경계는 만약 네가 진정으로 깨달아 과를 증득하면, 대낮이나 밤중이나 같을 것이며, 밤중에도 사물을 볼 수 있을 것이다. 따라서 "깨달으면 마치 밤에 등불을 얻은 것과 같다[了悟猶如夜得燈]."라고 하는 것이다. 하지만 깨달으면 반드시 이렇다는 것은 아니다. 이것은 하나의 비유에 불과하다. 너는 이것에 집착하지 않아야 한다. 말로 표현하는 것은 모두 반드시 참된 것은 아니며, 말로 표현하지 않은 것이 비로소 참된 것이다. 따라서 이것은 단지 하나의 비유이며, 당신이 만약 반드시 이러하다고 생각하면 또한 틀렸다.

어떠한 모습인가? "창이 없는 어두운 방에서 창을 열면 밝네[無窓暗室戶開明]." 당신이 깨달으면 마치 창이 없는 어두운 방 안에서 문을 연 것같이 밝다는 것이다. 따라서 이러한 경계는 사람들마다 업의 느낌이 같지 않은 것이다. 당신이 만약 깨달으면 잠을 자는 꿈속에서도 깨어있는 것과 같을 것이며, 아울러 꿈이 매우 적거나 없을 것이다.

우리 수도인은 왜 수행을 하는가? 바로 파악함이 없고 자기가 주인이 되지 못하기 때문이다. 이해할 때는 주인이 될 수 있지만 멍청할 때는 주인이 될 수 없다. 몸이 건강할 때는 주인이 될 수 있지만 병이 났을 때는 주인이 될 수 없다. 병이 있어도 전도되지 않으면 주인이 될 수 있지만 그러나 잠을 잘 때는 또 주인이 될 수 없다. 꿈을 꾸면서 다시 전도되는 것이다. 꿈을 꿀 때 주인이 될 수 있어도 죽을 때는 또 주인이 될 수 없다. 죽을 때 사대가 분리될 때는 조금도 인정을 주지 않는다. 따라서 우리가 수행을 하는 것은 병이 들어서나, 잠을 잘 때나, 죽을 때 주인이 되기 위함이다. 죽을 때 생사에 자유로워야 한다.

根塵旣銷, 云何覺明不成圓妙   육근, 육진이 모두 녹아 없어질 때 모든 어두운 모습은 영원히 어둡지 않다. 근과 진이 이미 그 것의 역량과 작용을 발휘하지 못한다. 그러므로 어떻게 본래의 각명(覺明)이 원묘함을 이루지 못하겠는가? 즉 반본환원하여 본래 가지고 있는 원만하고 미묘한 공덕을 이루지 못하겠는가?

10) 어떠한 근으로 닦아 들어가야 하는가?

—

阿難白佛言. 世尊! 如佛說言, 因地覺心, 欲求常住, 要與果位名目相應. 世尊! 如果位中, 菩提, 涅槃, 眞如, 佛性, 菴摩羅識, 空如來藏, 大圓鏡智, 是七種名, 稱謂雖別, 淸淨圓滿, 體性堅凝, 如金剛王, 常住不壞. 若此見聽, 離於明暗, 動靜, 通塞, 畢竟無體. 猶如念心, 離於前塵, 本無所有. 云何將此畢竟斷滅, 以爲修因, 欲獲如來七常住果?

—

아난이 부처님께 말하였다. "세존이시여! 부처님께서 이전에 말씀하신 바와 같이 인지에서 깨달으려는 진심을 발하여 상주불멸함을 구하려면 과위의 명칭과 상응해야 할 것입니다. 세존이시여! 마치 과위 가운데는 보리·열반·진여·불성·암마라식·공여래장·대원경지의 명칭이 있습니다. 이 일곱 가지의 명칭은 비록 구별이 있지만 그것의 이치는 모두 청정하고 원만한 것이며, 그것의 체성은 모두 견고한 것이며, 마치 금강왕이 영원히 무너지지 않는 것과 같습니다. 만약 보는 정과 듣는 정 등이 명암·동정·통색 등을 떠나면, 필경에는 그것의 체성이 없습니다. 마치 생각[心念]과 같이 그것이 앞의 대상을 떠나면 본래 아무것도 없는 것입니다. 그런데 어찌하여 필경 단멸할 것을 가지고 수행의 인으로 삼아서 여래의 일곱 가지의 상주하는 과(果)를 얻으려고 합니까?"

━

因地覺心, 欲求常住, 要與果位名目相應　인지에서 깨달으려는 진심을 발하여 상주불멸함을 구하려면 과위의 명칭과 상응해야 할 것이다. 과위(果位)란 과를 증득한 깨달음의 지위를 말한다.

如果位中, 菩提, 涅槃, 眞如, 佛性, 菴摩羅識, 空如來藏, 大圓鏡智　마치 과위 가운데는 보리·열반·진여·불성·암마라식·공여래장·대원경지의 명칭이 있다.

　보리란 도를 깨닫는[覺道] 것을 뜻하며, 열반은 불생불멸을 말한다. 진여는 진실하여 허망하지 않은 것을 뜻한다. 여(如)란 근본적으로 언제나 무슨 다른 것이 하나도 없는 것이며, 또 허공과 같은 도리이다. 진여란 바로 진공이다. 진(眞)이란 하나가 참되면 일체가 참되어 참되지 않은 것이 없다. 만약 조금이라도 참되지 않으면 진여라고 말할 수 없다. 불성이란 각 사람이 본래 갖추고 있는 성품이다. 암마라식은 번역하면 청정한 식[淨識]이다. 이 식은 깨닫기 이전에는 바로 제8식-아뢰야(阿賴耶)식이다. 아뢰야식이란 함장식(含藏識)이라고 하며, 그 안에는 무엇이든지 다 있다는 것이다. 암마라식은 바로 제8식이 변한 깨끗한 식으로 정식(淨識)이라고 한다.

是七種名, 稱謂雖別, 淸淨圓滿, 體性堅凝, 如金剛王, 常住不壞 이 일곱 가지의 명칭은 비록 구별이 되지만 그것의 이치는 모두 청정하고 원만한 것이며, 그것의 체성은 모두 견고한 것이며, 마치 금강왕이 영원히 무너지지 않는 것과 같다.

若此見聽, 離於明暗, 動靜, 通塞, 畢竟無體 만약 보는 정과 듣는 정 등이 명암 · 동정 · 통색 등을 떠나면, 필경에는 그것의 체성이 없다.

猶如念心, 離於前塵, 本無所有 마치 생각[心念]과 같이 그것이 앞의 대상을 떠나면 본래 아무것도 없는 것이다. 이 의근도 대상을 떠나면 체가 없다는 뜻이다.

云何將此畢竟斷滅, 以爲修因, 欲獲如來七常住果 어찌하여 필경 단멸할 것을 가지고 수행의 인으로 삼아서 여래의 일곱 가지의 상주하는 과(果)를 얻으려고 합니까?

—

世尊! 若離明暗, 見畢竟空. 如無前塵, 念自性滅. 進退循環, 微細推求, 本無我心及我心所, 將誰立因, 求無上覺? 如來先說, 湛精圓常, 違越誠言, 終成戲論. 云何如來眞實語者? 惟垂大慈, 開我蒙恪.

"세존이시여! 만약 밝음과 어둠을 떠나면 필경 보는 견(見)이 없는 것은 마치 대하고 있는 앞의 대상이 없으면, 그것을 생각하는 자성은 멸하는 것과 같습니다. 저는 앞뒤로 왔다갔다하면서 미세하게 추구해 보면, 본래 나의 마음과 이 마음을 이끄는 심소(心所)는 없습니다. 그러므로 저는 어떤 것을 나의 인지(因地)의 마음으로 삼아서 무상의 깨달음을 구합니까? 여래께서 이전에 말씀하신 담정원상(湛精圓常)의 도리는 진실한 말씀과 어긋나 마침내 희론을 이룹니다. 왜 부처님의 말씀은 진실하지 못합니까? 부처님께서는 대자비심으로 저의 몽매함과 소승법을 집착하며 버리지 못하는 마음을 열어주시기 바랍니다."

若離明暗, 見畢竟空. 如無前塵, 念自性滅   만약 밝음과 어둠을 떠나면 필경 보는 견(見)이 없는 것은 마치 대하고 있는 앞의 대상이 없으면, 그것을 생각하는 자성은 멸하는 것과 같다.

進退循環, 微細推求, 本無我心及我心所   진퇴란 앞으로 나아가면서 추구하고 다시 뒤로 고려하는 것을 뜻한다. 순환이란 앞뒤로 여러 차례 경과하는 것이다. 나는 앞뒤로 왔다갔다하면서 미세하게 추구해 보면, 본래 나의 마음과 이 마음을 이끄는 심소(心所)는 없다.

將誰立因, 求無上覺   그러므로 저는 어떤 것을 나의 인지(因地)의 마음으로 삼아서 무상의 깨달음을 구합니까? 저는 이리저리 찾아봐도 마음이 없습니다. 이 생멸하는 마음은 쓸 수 없으며, 참된 마음을 찾아도 찾을 수 없습니다. 따라서 어떻게 인지의 마음을 세워서 무상의 불도를 구할 수 있습니까?

如來先說, 湛精圓常, 違越誠言, 終成戲論　여래께서 이전에 말씀하신 담정원상(湛精圓常, 여래장의 성질을 말함)의 도리는 진실한 말씀과 어긋나 마침내 희론을 이룬다.

云何如來眞實語者　부처님께서 말씀하시는 법은 희론이 아닌데, 어찌하여 말씀하신 도리가 앞뒤로 맞지 않습니까? 부처님께서는 이전에 생멸심을 쓰지 않아야 한다고 하시고 지금은 다시 이 마음으로 닦아야 한다고 하시니, 저 아난은 이 마음을 찾을 수 없으며 지금 저는 들을수록 이해하기가 어렵습니다. 왜 부처님의 말씀은 진실하지 못하시는지 반문하는 것이다.

惟垂大慈, 開我蒙悋　부처님께서는 대자비심으로 저의 몽매함과 버리지 못하는 마음을 열어주시기 바랍니다. 즉 소승의 법을 집착하며 버리지 못함을 말한다.

▬

佛告阿難. 汝學多聞, 未盡諸漏, 心中徒知顚倒所因. 眞倒現前, 實未能識. 恐汝誠心猶未信伏. 吾今試將塵俗諸事, 當除汝疑.

■

부처님께서 아난에게 말씀하셨다. "너는 많이 듣는 것을 배워 아직 새는 것[漏]이 다하지 않았다. 마음속으로 단지 전도된 원인을 알지만 진정한 전도됨이 앞에 나타났을 때 너는 아직 알아차리지 못한다. 아마도 너의 진실한 마음이 아직 부족하여 내가 진실하게 너에게 일러주어도 마음으로 믿고 받아들이지 않을 것이다. 나는 지금 시험삼아 알기 쉬운 통속의 도리로써 너에게 설명하여 너의 의혹을 없애주겠다."

■

心中徒知顚倒所因 너는 마음속으로 단지 전도된 원인을 알고 있다. 즉 왜 전도되었는지 알고 있다는 뜻이다.

眞倒現前, 實未能識 그러나 진정한 전도됨이 앞에 나타났을 때 너는 아직 알아차리지 못한다. 마치 앞에서 네가 약방문을 다 말하였지만, 진짜 약이 나타나면 너는 이 약을 알지 못하는 것과 같다. 지금 너는 전도된 원인을 안다고 말하는데, 그러나 진정한 전도가 너의 앞에 현전하면 너는 또 인식하지 못한다. 너는 무엇이 전도인지를 알지 못하는 것이다.

恐汝誠心猶未信伏 아마도 너의 진실한 마음이 아직 부족하여 내가 진실하게 너에게 일러주어도 마음으로 믿고 받아들이지 않을 것이다.

吾今試將塵俗諸事, 當除汝疑 나는 지금 시험삼아 알기 쉬운 통속의 도리로써 너에게 설명하여 너의 의혹을 없애겠다.

━

卽時如來, 勅羅睺羅擊鍾一聲, 問阿難言. 汝今聞不? 阿難大衆 俱言
我聞 鍾歇無聲, 佛又問言. 汝今聞不? 阿難大衆 俱言不聞, 時羅睺
羅又擊一聲, 佛又問言. 汝今聞不? 阿難大衆 又言俱聞

━

이때 여래께서는 라후라로 하여금 종을 한번 치게 하고는 아난에게 물
었다. "너는 지금 종소리가 들리는가?" 아난과 대중들은 함께 말하였
다. "들립니다." 종소리가 그치고 소리가 없어지자 부처님께서 다시
물었다. "너는 지금 종소리가 들리는가?" 아난과 대중은 함께 말하였
다. "들리지 않습니다." 이때 라후라는 다시 한번 종을 쳤다. 부처님
께서 다시 물었다. "너는 지금 들리는가?" 아난과 대중은 다시 대답하
였다. "들립니다."

━

라후라는 매우 총명하여 부처님의 뜻을 알았다. 그래서 종소리가 그
친 후 다시 종을 친 것이다. 그는 부처님 제자 중 밀행제일(密行第一)이
라고 한다. 사람들은 그가 어떻게 수행하는지 아무도 모른다. 그는 언
제 어디서든 선정에 들어갈 수 있었다. 화장실에 가서도 선정에 들고
밥을 먹을 때도 선정에 들었다. 그러나 일반인들은 모르므로 그래서
그를 밀행제일이라고 하는 것이다.

능엄주를 가지고 말하자면, 어떤 사람이 아무도 그가 능엄주를 염송하는 것을 보지 못하지만 그는 능엄주를 외우므로 몰래 염할 수 있으니, 이것을 밀행이라 한다.

■

佛問阿難. 汝云何聞, 云何不聞? 阿難大衆俱白佛言. 鍾聲若擊, 則我得聞. 擊久聲銷, 音響雙絶, 則名無聞.

■

부처님께서 아난에게 물었다. "너는 어떠한 것을 소리가 들리는 것이고, 어떠한 것을 들리지 않는 것이라고 하는가?" 아난과 대중은 함께 부처님께 말하였다. "만약 종을 치면 저희들은 들을 수 있고, 종을 친지 오래되어 소리가 사라지면, 소리와 울림이 함께 끊어지면, 이것을 들리지 않는다고 합니다."

■

따라서 아난과 대중들의 잘못이 '들리지 않는[無聞]' 이곳에 있다. 소리가 없는 것을 들리지 않는다고 생각하는 것이다. 사실 소리가 없으면 누가 소리가 없다는 것을 아는가? '들리지 않는다'는 것을 아는 것이 바로 듣는 것[聞]이다. 당신이 만약 들리지 않는다면, 근본적으로 듣고 들리지 않음을 알지 못한다. 따라서 요점은 바로 이곳에 있는 것이다.

■

如來又勅羅睺擊鍾, 問阿難言. 爾今聲不? 阿難大衆, 俱言有聲. 少選
聲銷, 佛又問言. 爾今聲不? 阿難大衆, 答言無聲. 有頃羅睺更來撞鍾.
佛又問言. 爾今聲不? 阿難大衆, 俱言有聲.

■

여래께서 다시 라후라로 하여금 종을 치게 하였다. 아난에게 물었다.
"지금 소리가 있는가?" 아난과 대중은 함께 말하였다. "소리가 있습니
다." 조금 지나 소리가 사라지자 부처님께서 다시 물었다. "지금 소리
가 있는가?" 아난과 대중은 대답하였다. "소리가 없습니다." 조금 후
라후라가 다시 와서 종을 치자 부처님께서 다시 물었다. "지금 소리가
있는가?" 아난과 대중은 함께 말하였다. "소리가 있습니다."

■

少選聲銷   소선(少選)이란 짧은 시간을 뜻하며, 유경(有頃)도 잠
시 후라는 뜻이다.

■

佛問阿難. 汝云何聲, 云何無聲? 阿難大衆俱白佛言. 鍾聲若擊, 則名
有聲, 擊久聲銷, 音響雙絶, 則名無聲.

■

부처님께서 아난에게 물었다. "너는 어떠한 것을 소리가 있다고 하며,

어떠한 것을 소리가 없다고 말하는가?" 아난과 대중은 함께 부처님께
말하였다. "만약 종을 치면 소리가 있다고 이름하며, 종을 친 지 오래
지나 소리가 사라지고 소리와 울림이 함께 끊어지면 소리가 없다고 말
합니다."

■

佛語阿難及諸大衆. 汝今云何自語矯亂? 大衆阿難, 俱時問佛. 我今云
何名爲矯亂? 佛言. 我問汝聞, 汝則言聞. 又問汝聲. 汝則言聲. 惟聞與
聲, 報答無定. 如是云何不名矯亂?

■

부처님께서 아난과 모든 대중들에게 말씀하셨다. "너희들은 지금 어
찌하여 스스로 말하는 것이 이치에 맞지 않게 어지럽게 말하는가?" 대
중과 아난은 함께 물었다. "저희들이 지금 어째서 어지럽게 말한다고
하십니까?" 부처님께서 말씀하셨다. "내가 너희들에게 들리느냐고 물
으면 너희들은 들린다고 말하고, 다시 소리가 있는가라고 물으면 너희
들은 소리가 있다고 말한다. 오직 들린다는 것과 소리가 있다고 대답
하는 것은 일정함이 없다. 이와 같은 말을 어찌 어지럽게 말한다고 하
지 않을 수 있겠는가?"

■

矯亂 이치에 맞지 않다, 두서가 없다는 뜻이다.

■

阿難! 聲銷無響, 汝說無聞. 若實無聞, 聞性已滅, 同於枯木. 鍾聲更擊, 汝云何知? 知有知無, 自是聲塵, 或無或有. 豈彼聞性, 爲汝有無? 聞實云無, 誰知無者? 是故阿難! 聲於聞中, 自有生滅. 非爲汝聞, 聲生聲滅, 令汝聞性, 爲有爲無.

■

"아난아! 소리가 사라지고 울림도 없어지면, 너는 들리지 않는다고 말하는데, 만약 진실로 들리지 않는다면, 듣는 성품도 마땅히 소멸하여 듣는 성품이 없을 것이다. 만약 듣는 성품이 이미 사라지면 이것은 마치 마른 나무와 같아서 종을 다시 칠 때 너는 어떻게 또 아는가? 네가 소리가 있고 소리가 없는 것을 아는 것은 당연히 성진(聲塵)이 있고 없는 것이다. 어찌 저 듣는 성품이 너를 위하여 있고 없겠는가? 만약 실제로 소리가 없으면 듣는 성품도 없다고 말한다면, 누가 없다는 것을 아는가? 그러므로 아난아! 이 소리는 듣는 가운데서 자기가 생하고 멸하는 것이다. 너의 듣는 성품은 소리가 생하고 멸함에 따라서 있거나 없는 것이 아니며, 소리가 생하고 멸하기 때문에 너의 듣는 성품으로 하여금 있거나 없는 것이 아니다."

■

아난은 소리와 듣는 것을 명확하게 구별하지 못하고 있다. 그는 듣는 것을 소리로 생각하며, 소리를 듣는 것으로 생각한다. 이것이 바로 그가 이해하지 못하고 진정으로 전도된 곳이다.

聲銷無響, 汝說無聞　소리가 사라지고 울림도 없어지면, 너는 들리지 않는다고 말한다.

若實無聞, 聞性已滅, 同於枯木. 鍾聲更擊, 汝云何知　만약 진실로 들리지 않는다면, 듣는 성품도 마땅히 소멸하여 듣는 성품이 없을 것이다. 만약 듣는 성품이 이미 사라지면 이것은 마치 마른 나무와 같아서 종을 다시 칠 때 너는 또 어떻게 아는가? 너는 듣는 성품이 없으므로 응당 몰라야 할 것이다.

이 점을 우리 각 사람이 모두 주의해야 할 것이다. 중요한 것은 바로 여기에 있다. 이 듣는 것[聞]은 종이 울리지 않더라도 끊어짐이 없으며, 생멸하지 않는 것이다. 왜냐하면 듣는 성품은 불생불멸하는 것이고, 소리는 생멸하는 것이기 때문이다. 따라서 소리가 없으면 들리지 않는다고 말하는 것은 잘못이다.

知有知無, 自是聲塵, 或無或有　너는 소리가 있고 소리가 없는 것을 아는데, 이것은 당연히 성진(聲塵)의 있고 없음에 속하는 것이다.

豈彼聞性, 爲汝有無　어찌 저 듣는 성품이 너를 위하여 있고 없겠는가? 즉 듣는 성품은 소리가 있거나 없거나에 관계없이 존재하는 것이며, 생멸하지 않는 것이다.

聞實云無, 誰知無者　만약 실제로 소리가 없으면 듣는 성품도 없다고 말한다면, 누가 그 없다는 것을 아는가? 들리지 않는다는 것을 아는 그것은 또 누구인가? 들리지 않는다고 아는 그것이 바로 너의 듣는 성품[聞性]이다. 만약에 정말로 듣는 성품이 없다면 너는 아는 것조차도 알지 못할 것이다.

　聲於聞中, 自有生滅　이 소리는 듣는 가운데서 자기가 생하고 멸하는 것이다. 네가 듣는 소리는 생하고 멸하는 것이나, 너의 그 듣는 성품은 생함도 없고 멸함도 없다.

　非爲汝聞, 聲生聲滅, 令汝聞性, 爲有爲無　너의 듣는 성품은 소리가 생하고 멸함에 따라서 있거나 없는 것이 아니며, 소리가 생하고 멸하기 때문에 너의 듣는 성품으로 하여금 있거나 없는 것이 아니다. 듣는 성품은 상주하는 것이다.

▬

汝尙顚倒, 惑聲爲聞. 何怪昏迷, 以常爲斷? 終不應言, 離諸動靜, 閉塞, 開通, 說聞無性.

▬

"너는 오히려 전도되어 소리를 듣는 것으로 의혹하는구나. 어쩌지 네가 이렇게 어리석더라니! 너는 상주불멸하는 것을 끊어진 것이라고 생각하다니? 그러나 너는 시종 이렇게 말해서는 안 된다. 움직이고 고요함, 막히고 통함 등을 떠나면 듣는 성품이 없다고 말해서는 안 된다."

■

汝尙顚倒, 惑聲爲聞 너는 오히려 전도된 것도 모르고 소리를 듣는 것으로 의혹하는구나.

何怪昏迷, 以常爲斷 어쩐지 네가 이렇게 어리석더라니! 너는 상주불멸하는 것을 끊어진 것이라고 생각하다니?

내가 이전에 '담원한 진심'을 끊어진 것이라고 말했던 적이 있던가? 본래 참되고 상주불멸하는 진리를 너는 도리어 끊어지고 없는 것이라고 말하니, 너는 매우 멍청하다.

終不應言, 離諸動靜, 閉塞, 開通, 說聞無性 그러나 너는 시종 이렇게 말해서는 안 된다. 움직이고 고요함, 막히고 통함 등을 떠나면 듣는 성품이 없다고 말해서는 안 된다.

■

如重睡人, 眠熟床枕. 其家有人, 於彼睡時, 擣練春米. 其人夢中聞春擣聲, 別作他物. 或爲擊皷, 或復撞鍾, 卽於夢時, 自怪其鍾, 爲木石響. 於時忽寤, 遄知杵音. 自告家人, 我正夢時, 惑此春音, 將爲皷響.

■

"마치 깊이 잠든 사람과 같이 침상에서 깊은 잠에 빠져있을 때, 그 집의 어떤 사람이 다듬이질을 하고 쌀을 도정한다면, 그 사람은 꿈속에서 쌀 찧는 소리와 다듬이질 하는 소리를 듣고 착각을 일으켜 다른 소리라고 생각하는데, 혹은 북을 두드리는 소리거나 혹은 종을 치는 소리라고 생각한다. 꿈속에 있을 때 자기는 그 종소리가 나무와 돌 소리가 나는 것으로 이상하게 생각한다. 깊이 잠든 사람은 꿈속에서 갑자기 잠에서 깨어나 종소리가 아니라 쌀 찧는 소리라는 것을 빨리 알게 된다. 그는 집안 사람에게 말하기를 내가 마침 꿈을 꿀 때 이 쌀 찧는 소리를 북소리가 나는 것으로 생각하였다고 한다."

∎

如重睡人, 眠熟床枕 마치 깊이 잠든 사람과 같이 침상에서 깊은 잠에 빠져있을 때. 여기서 중수(重睡)란 잠을 깊이 자서 불러도 깨지 않는 사람이다.

其家有人, 於彼睡時, 擣練舂米 그 집의 어떤 사람이 그가 잠을 잘 때 다듬이질을 하고 쌀을 도정하는 것이다. 도련(擣練)이란 이전에 옷을 빨 때 다듬이 방망이로 두드리는 것을 말하며, 용미(舂米)란 방앗간에서 쌀을 찧는 것을 말한다.

其人夢中聞舂擣聲, 別作他物. 或爲擊鼓, 或復撞鍾 그 사람이 꿈속에서 쌀 찧는 소리와 다듬이질 하는 소리를 듣고 착각을 일으켜 다른 소리라고 생각하는데, 혹은 북을 두드리는 소리거나 혹은 종을 치는 소리라고 생각한다.

卽於夢時, 自怪其鍾, 爲木石響 꿈속에 있을 때 자기는 그 종소리가 나무와 돌 소리가 나는 것으로 이상하게 생각한다.

於時忽寤, 遄知杵音 깊이 잠든 사람은 꿈속에서 갑자기 잠에서 깨어나 종소리가 아니라 쌀 찧는 소리라는 것을 빨리 알게 된다. 천(遄)이란 매우 빨리라는 뜻이다.

自告家人, 我正夢時, 惑此舂音, 將爲鼓響 그는 집안 사람에게 말하기를 내가 마침 꿈을 꿀 때 이 쌀 찧는 소리를 북소리가 나는 것으로 생각하였다고 하였다. 앞에서는 종소리라고 하였다가 이곳에서는 북소리라고 하는데, 같은 것이다. 종도 북을 대표하고 북도 종을 대표한다. 무슨 큰 문제는 없다. 경을 해석할 때 그것의 이치를 이해하면 되며, 문자상에서의 약간의 차이는 중요하지 않은 것이다.

꿈속에서는 단지 제육의식이 있는데, 이것을 독두의식(獨頭意識)이라고 한다. 이 독두의식은 꿈속에서 일종의 작용을 발생한다. 우리 각 사람은 꿈을 꿀 때 제육의식이 수작을 부리면서 모든 꿈을 지배한다. 이 사람은 왜 쌀 찧는 소리를 듣고 종소리나 북소리라고 생각하였는가? 본래 종소리가 아니고 북소리가 아닌데, 그는 이러한 착각을 발생한 것이다.

꿈을 이야기하자니, 이것은 제육의식이 수작을 부리므로 낮에 어떤 경계나 어떤 일을 만나면, 저녁에 꿈을 꿀 수 있다. 어떤 수도를 하는 사람은 의식을 몸 밖으로 나가게 할 수 있다. 이것을 출현입빈(出玄入牝)이라고 하는데, 출현이란 의식이 머리 정수리로 나가 다른 곳으로 갈 수 있다. 그러나 이런 경계는 결코 참된 것이 아니며, 일종의 음신(陰神)이다. 그것이 밖으로 나가면 지각력이 생기기 때문에 신(神)이라고 한다.

　이전에 도교를 오래 수행한 분이 있었는데, 매우 열심히 수행하였지만 그의 성미가 너무 강해 마음에 들지 않은 일을 만나면 화를 잘 내었다. 화를 내는 것은 일종의 진한심(瞋恨心)이다. 그 스스로는 자기가 공부가 되었다고, 대단하다고 생각하였다.

　이 분이 어떤 스님을 만나 두 사람은 도를 논하기 시작하였다. 이 노장이 말하였다.

　"우리 도교는 수행하여 신선을 이룰 수 있으며, 신선이 되면 장생불사할 수 있어 영원히 살 수 있습니다. 당신의 불교는 무슨 재주를 가지고 있습니까? 석가모니 부처님도 마찬가지로 죽었지만, 우리 도교의 노자는 푸른 소를 타고 서쪽으로 가서 함곡관을 지난 후에는 어디로 갔는지 모릅니다. 사실은 하늘로 올라갔다고 합니다. 따라서 우리 도교의 공부는 출현입빈(出玄入牝)할 수 있습니다."

　스님이 말하였다.

　"당신은 어떻게 출현(出玄)합니까?"

　그 노장이 말하였다.

　"나는 누워 잠을 잘 때 어떤 곳으로도 갈 수 있습니다."

　스님이 말하였다.

　"그럼 좋소, 당신은 지금 잠을 자면서 신(神)을 밖으로 내보내 보세요."

　이 노장은 누워 잠을 자니 과연 신이 하나 나왔다. 어떤 신인가? 머리에서 뱀이 한 마리 나온 것이다. 이 뱀은 침상 위에서 바닥으로 내려와 바깥의 아주 더러운 물웅덩이로 가서 물을 마시고 물구덩이를 따라가는 것이었다. 이 스님은 풀잎을 물웅덩이 위에 놓고 또 그곳을 덮었다. 이 뱀은 풀잎을 보더니 놀라 도망가면서 몸으로 되돌아가서 잠에서 깨어났다. 놀라 몸에서 차가운 땀이 나왔다.

스님이 물었다.

"당신은 출신하여 어디로 갔습니까?"

"나는 천상으로 가서 하늘의 강에 이르렀습니다. 그곳에서 하늘의 감로수를 마시고 가면서 보니 금빛 갑옷을 입은 신장이 그곳에 서서 칼을 들고 나를 죽이려고 해서 재빨리 돌아왔습니다."

스님이 말하였다.

"원래 그랬군요. 당신이 천상에 갔어요?"

그런 연후 그 노장에게 말하였다.

"내가 본 모습과 당신이 본 것과는 완전히 다르군요."

"당신은 무엇을 보았습니까?"

"내가 보니 당신은 한 마리의 긴 뱀으로 머리에서 나왔습니다. 왜 한 마리의 뱀으로 나왔습니까? 당신은 평소 성미가 너무 강해서 화를 잘 내므로 당신의 화의 성질이 변화되지 않아 뱀으로 변한 것입니다. 뱀의 마음은 또 독하며, 당신의 진한심은 독이 되어 뱀으로 변한 것입니다. 당신은 바깥의 변소 있는 곳으로 가서 깨끗하지 못한 물을 마시고 하늘의 감로수라고 생각한 것입니다. 내가 풀잎을 놓고 또 풀을 놓자 풀은 금빛 신장이라 생각하고 풀잎은 칼이라 생각한 것입니다. 그래서 놀라 재빨리 당신의 머릿속으로 돌아온 것입니다. 나는 이런 모습을 보았습니다."

이 노장은 생각하였다.

"이 어찌 닦아온 것이 완전히 잘못되지 않았는가?"

그래서 스님을 스승으로 삼고 스님을 따라 이전의 공부를 놓아버리고 불법을 닦게 되었다.

어떤 사람은 꿈속에서 출신을 알 수 있다고 말하는데, 이것은 일종의 음신에 속한 것이다. 이 음신은 당신이 만약 자비심이 있으면 당신의 모습과 같지만, 만약 당신이 진한심이 크거나 혹은 탐심이 크면 다른 모습이 될 것이다.

따라서 우리들이 한 생각의 성내는 마음이 일어나면 팔만 가지의 장애의 문이 열린다. 단지 당신에게 일념의 성내는 마음, 일념의 화가 일어나면 팔만의 업장의 문이 열려서 당신을 기다릴 것이다. 이 노장은 성내는 마음이 강했기 때문에 뱀으로 변한 것이며, 다행이 스님을 만나 제도되었다. 불법에 귀의하여 아마도 장래에 뱀의 몸으로 떨어지지 않을 것이다.

■

阿難! 是人夢中, 豈憶靜搖, 開閉, 通塞? 其形雖寐, 聞性不昏. 縱汝形銷, 命光遷謝, 此性云何爲汝銷滅?

■

"아난아! 이 사람이 꿈속에서 어찌 고요함과 움직임, 열리고 닫힘, 통하고 막힘을 어찌 기억하겠는가? 그의 신체는 비록 잠을 자지만, 듣는 성품은 결코 어둡지 않다. 설령 너의 몸이 죽고 생명이 없어져도 이 듣는 성품은 어찌 너를 따라 함께 소멸하겠는가?"

是人夢中, 豈憶靜搖, 開閉, 通塞 이 사람이 꿈속에서 어찌 고요함과 움직임, 열리고 닫힘, 통하고 막힘을 어찌 기억하겠는가? 그는 이러한 분별하는 마음은 없다.

其形雖寐, 聞性不昏 그의 신체는 비록 잠을 자지만, 듣는 성품은 결코 어둡지 않다. 그의 듣는 성품은 여전히 존재한다. 여전히 존재하지만 어째서 쌀 찧는 소리나 다듬이방망이 소리를 듣고 북소리나 종소리라고 생각하는가? 그것은 그가 잠을 자지 않을 때 평상시 그가 듣고는 음향의 소리를 북소리나 종소리처럼 느꼈기 때문이다. 따라서 그가 꿈속에서 팔식의 가운데서 북이나 종의 소리가 나타나 일종의 착각이 생기는 것이다.

우리 모든 사람은 이러한 전도된 모습이 있는 것도 마치 꿈속에서 일체의 소리를 잘못 느끼는 것과 같다. 잘못 느끼므로 전도된 생각이 나온다. 마치 방금 이야기한 도교의 노장과 같이 변소 옆의 더러운 물을 마시고 천상의 물이라고 생각하는 것과 같은 것이다.

縱汝形銷, 命光遷謝, 此性云何爲汝銷滅 설령 너의 몸이 죽고 생명이 없어져도 이 듣는 성품은 어찌 너를 따라 함께 소멸하겠는가? 명광(命光)은 생명을 뜻하며, 천사(遷謝)에서 천(遷)이란 이 생명은 결코 반드시 끊어지지 않으며, 사람이 죽으면 그의 생명은 다른 곳으로 옮겨간다는 뜻이다. 사(謝)란 이 몸이 시들어 없어진다는 뜻이다.

11) 상주불변한 도리를 따라야 한다

━

以諸衆生, 從無始來, 循諸色聲, 逐念流轉. 曾不開悟性淨妙常. 不循所常, 逐諸生滅. 由是生生雜染流轉.

━

"모든 중생은 무량겁이래로부터 색진을 따라 달리고 성진을 따라 달리면서 생각을 따라 유전한다. 따라서 지금까지도 성정묘상의 도리를 깨닫지 못하고 묘상의 도리를 따르지 않고 묘상의 도리를 위배하면서 일체의 생멸하는 법을 쫓아간다. 이것으로부터 세세생생 잡되고 오염되어 생사에 유전한다."

━

以諸衆生, 從無始來, 循諸色聲, 逐念流轉   모든 중생은 무량겁이래로부터 지금까지 왜 성불을 하지 못하는가? 색진을 따라 달리고 성진을 따라 달리면서 성진과 색진을 따라 유전하기 때문이다. 생각의 흐름을 따라 왔다갔다하면서 가짜를 진짜로 생각하고 성진과 색진을 따라 돌면서 최대한 이 가짜를 위하며, 진짜를 그르치는 것이다.

曾不開悟性淨妙常   따라서 지금까지도 깨닫지 못하고 '성정묘상(性淨妙常)'의 이 미묘하고도 참되게 불변하는 도리를 이해하지 못한다.

不循所常, 逐諸生滅 묘상의 도리를 따르지 않고 묘상의 도리를 위배하면서 일체의 생멸하는 법을 쫓아간다. 세상에서 무엇이 생멸하지 않는 법인가? 형상이 있는 것은 모두 생멸하는 법이며, 생멸하지 않는 법이란 형상이 없는 것이다. 그러나 일반 사람은 모두 이 형상이 있는 것에 집착하여 머물며, 진정한 묘상의 도리를 잊고 있는 것이다.

由是生生雜染流轉 이것으로부터 세세생생 잡되고 오염되어 생사에 유전한다. 육도윤회란 어떤 때는 천상으로 갔다가 하늘의 복이 다하면 다시 지옥으로 떨어지고, 지옥에서 고통을 다 겪고 나면 다시 인간으로 오거나 축생으로 태어난다. 당신이 어떤 사람이 사람의 정에 가깝지 않거나 인성(人性)을 이해하지 못하면 물어볼 것도 없이 그는 전생에 축생일 것이다. 만약 그가 전생에 축생이 아니라면 인정(人情)을 이해하지 못할 리가 없을 것이다. 하지만 설령 그가 전생에 축생이었더라도 경만하지 않아야 한다. 그도 만약 용맹심을 낸다면 당신보다 더 빨리 부처를 이룰 수도 있을 것이다.

우리는 지금 우란법회에서 이 기회는 매우 좋으며 많은 사람들이 천도하러 온다. 이 법회가 있기 때문에 이들 위패를 이곳에 세우면, 그들 왕생시키지 못한 분들을 이곳에서 경을 듣게 하면, 경을 다 들은 후 그들은 최소한 생을 의탁하여 지위가 있는 사람으로 태어나 장래에 불법을 보호하는 사람이 될 것이다.

■

若棄生滅, 守於眞常, 常光現前, 塵根識心應時銷落, 想相爲塵, 識情爲垢, 二俱遠離, 則汝法眼應時淸明. 云何不成無上知覺?

■

"만약 네가 생멸하는 마음을 버리고 분별하는 식심을 쓰지 않고 진실하고 묘상한 마음을 쓰고 참된 마음과 상주하는 성품을 쓰면, 오래되면 일종의 상주하는 광명이 나타날 것이다. 이때 육근·육진·육식의 마음은 동시에 없어지고 소멸될 것이다. 이러한 망상과 상분은 진(塵)이 되며, 분별하는 식심 위에서 다시 정감(情感)을 내니 때[垢]가 된다. 당신이 정(情)과 망상[想]의 두 가지를 멀리 떠날 수 있으면, 너의 법안은 즉시 청명해지며, 마음속에 진정한 지혜가 생길 것이다. 어째서 무상의 지각을 이룰 수 없다고 하는가?"

■

若棄生滅, 守於眞常, 常光現前 만약 네가 생멸하는 마음을 버리고 분별하는 식심을 쓰지 않고 진실하고 묘상한 마음을 쓰고 참된 마음과 상주하는 성품을 쓰면, 오래되면 일종의 상주하는 광명이 나타날 것이다. 이 상광은 너의 자성의 빛이며, 자성의 광명이 나타난다는 것이다.

塵根識心應時銷落 이때 육근·육진·육식의 마음은 동시에 없어지고 소멸될 것이다. 소락(銷落)이란 소멸과 같은 뜻이다.

想相爲塵, 識情爲垢 상(想)이란 망상을 말하고 상(相)이란 상분(相分)이다. 상분이란 바깥의 유위법이다. 이러한 망상과 상분은 형상이 있는 것이며, 이 유위법이 하나로 뭉친 것을 진(塵)이라고 한다. 너는 분별하는 식심 위에서 다시 정감(情感)을 낸다. 정감이 있으면 오염이 생기게 된다. 오염되는 근본은 바로 정이다. 중국인이 가장 손해를 입는 것도 이 정(情)이란 글자이다. 어떤 경계가 오든지간에 일종의 정이 나온다. 이 정의 문제는 사람을 모두 해쳐 죽인다. 해쳐서 인생을 취하게 하고 꿈속에서 죽게 하는 것이다. 이 정이 나오기 때문에 깨끗하지 못하고 오염되는 법이 생긴다. 오염된 법이 나오면 청정함을 얻지 못한다.

二俱遠離 '상상위진(想相爲塵)'과 '식정위구(識情爲垢)'의 두 가지를 마땅히 멀리 떠나야 한다. 망상이 있어도 안 되고 제8식의 상분에 집착하여 머물러도 안 된다. 제8식에는 견분(見分)과 상분(相分)이 있는데, '상상위진(想相爲塵)'은 상분에 머물고, '식정위구(識情爲垢)'는 견분에 붙어서 머문다. 당신이 정(情)과 망상[想]의 두 가지를 멀리 떠날 수 있으면,

則汝法眼應時淸明 너의 법의 눈[法眼]이 열릴 것이다. 이 법안이란 반드시 오안육통의 그 법안을 말하는 것이 아니다. 네가 지혜의 생각이 열리는 것을 법안이라 한다. 네가 만약 정식으로 법안을 열 수 있으면, 삼천대천세계를 두루 보며, 허공을 다하고 법계를 다하여 일체의 법보를 볼 수 있다. 그것은 더욱 묘한 것이다. 너의 법안은 즉시 청명해지며, 마음속에 진정한 지혜가 있을 것이다.

云何不成無上知覺 어째서 무상의 지각을 이룰 수 없다고 하는가? 네가 단지 너의 상상(想相)의 진(塵)과 식정(識情)의 때를 떠나기만 하면, 너는 법의 눈이 열릴 것이며, 진정한 지혜를 얻을 수 있을 것이다.

지금 이 경문은 비록 길지 않지만 우리들은 특별히 주의해야 한다. 당신은 다시 정에 집착하지 말고 사랑[愛]에 집착하지 말아야 한다. 그리고 망상분별에 머물지 않아야 한다. 이러한 것들은 모두 떠나야 하는 것이다. 들었는가? 이것은 매우 중요한 것이다.

"想相爲塵, 識情爲垢, 二俱遠離, 則汝法眼應時淸明. 云何不成無上知覺?" 이 몇 구의 경문은 매우 중요하다. 여러분들은 마땅히 기억해야 한다. 여러분이 이 몇 구의 경문을 쓸 수 있고 외울 수 있으면 합격이다. 단지 능엄주 뿐만 아니라 하나하나 증가해야 한다. 하루하루 너희들의 부담은 증가해 간다. 조금이라도 대충대충하면 절대로 안 된다.

12) 육근의 맺힌 곳을 어떻게 풀어야 하는가?

 ▬

阿難白佛言. 世尊! 如來雖說第二義門. 今觀世間解結之人, 若不知其所結之元, 我信是人終不能解.

 ▬

아난이 부처님께 말하였다. "세존이시여! 여래께서 비록 두 가지의 결정적인 뜻의 법문을 말씀하시지만, 저는 지금 세간의 매듭을 푸는 사람을 보건대, 만약 매듭이 맺힌 곳이 어디인지를 모르면, 이 사람은 끝내 매듭을 풀 수 없을 것이라고 믿습니다."

如來雖說第二義門 여래께서 비록 두 가지의 결정적인 뜻의 법문을 말씀하시지만. 여기서 두 가지의 법문이란 하나는 생멸심으로 수행하는 것이며, 하나는 생멸심을 쓰지 않고 수행하는 것이다.

今觀世間解結之人, 若不知其所結之元, 我信是人終不能解 저는 지금 세간의 매듭을 푸는 사람을 보건대, 만약 매듭이 맺힌 곳이 어디인지를 모르면, 저는 이 사람은 끝내 매듭을 풀 수 없을 것이라고 믿습니다. 왜 그런가? 그는 매듭이 맺힌 곳이 어디인지도 모르므로 그곳을 찾을 수도 없을 것인데, 어떻게 매듭을 풀 수 있겠는가? 소결지원(所結之元)이란 매듭이 맺힌 곳을 뜻한다.

世尊! 我及會中有學聲聞, 亦復如是. 從無始際, 與諸無明俱滅俱生. 雖得如是多聞善根, 名爲出家, 猶隔日瘧. 唯願大慈, 哀愍淪溺. 今日身心云何是結, 從何名解? 亦令未來苦難衆生, 得免輪廻, 不落三有. 作是語已, 普及大衆五體投地, 雨淚翹誠, 佇佛如來無上開示.

"세존이시여! 저와 법회 가운데의 유학의 성문들도 또한 이와 같습니다. 무시 겁의 이전부터 지금까지 무명과 합하여 함께 멸하고 함께 생하였습니다. 비록 저는 이와 같은 다문의 선근을 얻었으며, 출가를 하였지만, 마치 학질병과 같이 이해가 되었다가 이해하지 못하기도 합니다. 오직 큰 대자비로 윤회에 빠진 중생을 불쌍히 여겨 주시기를 원합니다. 지금 저의 몸과 마음은 어떻게 매듭이 맺혔으며, 어디로부터 그 매듭을 풀어야 합니까? 이 또한 미래의 고난에 빠진 중생으로 하여금 윤회를 면하여 삼계에 떨어지지 않게 하려는 것입니다." 이 말을 마치고 대중들과 다 함께 오체투지로 절을 하면서 눈물이 비오듯 하였으며, 발꿈치를 들고 서서 정성스럽게 부처님 여래의 무상의 법문을 기다렸다.

∎

從無始際, 與諸無明俱滅俱生 무시 겁의 이전부터 지금까지 무명과 합하여 함께 멸하고 함께 생하였다. 이 무명은 그 누구보다도 가깝다. 마치 몸과 그림자와 같이 언제나 한 시도 떨어지지 않는다. 그것은 정말로 신혼부부보다도 더 친밀하다.

猶隔日瘧 마치 학질과 같이 하루는 병이 발작했다가 하루는 병이 좋아졌다가 하듯이, 저는 하루는 이해가 되었다가 하루는 이해가 되지 않습니다.

아난만 이런 결점이 있는 것이 아니라 지금 이 자리에 있는 사람도 모두 이러한 잘못을 가지고 있을 것이라 나는 믿는다. 오늘은 보리심을 발하여 수도를 하려고 전심(專心)으로 좌선을 하면서 어떤 경계가 와도 관여치 않다가, 내일이 되면 또 놓지 못하고 가지려고 한다.

다시 놓으려고 하면 손이 떨리면서 놓지 못한다. 정말로 가련한 일이다. 이것을 학질병과 같다고 하는 것이다.

이것을 고치려면 어떻게 해야 하는가? 지혜의 물을 많이 마셔야 한다. 지혜가 생기면 자연히 간파하게 되며, 간파하면 놓을 수 있으며, 놓아버리면 자재함을 얻게 된다.

雨淚翹誠 　교성(翹誠)이란 매우 정성스럽다는 뜻이다. 교는 발꿈치를 들고 불법을 듣는 것이다.

▬

爾時世尊, 憐愍阿難, 及諸會中諸有學者. 亦爲未來一切衆生爲出世因, 作將來眼. 以閻浮檀紫光金手摩阿難頂. 卽時十方普佛世界六種振動.

▬

이때 세존께서는 아난과 법회 가운데의 모든 유학성문을 불쌍히 여겨, 또한 미래의 일체중생이 세간을 벗어나는 바른 인[正因]을 짓고 장래 일체중생의 안목이 되기 위함이다. 남염부제의 단금수와 같은 자금빛이 나는 손으로 아난의 정수리를 만지니, 즉시 시방의 모든 부처님세계가 여섯 가지로 진동하였다.

▬

亦爲未來一切衆生爲出世因, 作將來眼 　또한 미래의 일

체중생이 세간을 벗어나는 바른 인[正因]을 짓고 장래 일체중생의 안목이 되기 위함이다.

　　卽時十方普佛世界六種振動　육종진동에 대하여는 앞에서 설명을 하였기 때문에 생략한다. 왜 『능엄경』에서 부처님께서 아난의 정수리를 만지니 대지가 육종으로 진동하는가? 왜냐하면 지금 부처님께서는 가장 중요한 법을 설하려고 하시기 때문이며, 시방의 모든 부처님도 이구동성으로 찬탄하시므로 이때 이러한 정황이 발생하는 것이다. 이것도 육근이 해탈을 얻는 것을 표시하며, 이 여섯 매듭이 완전히 풀린 것을 표시한다.

　　아난이 여섯 매듭의 시작점과 끝나는 점이 어디인지를 부처님께 물었다. 부처님께서는 지금 이러한 도리를 설하시려고 하시므로 아난의 머리를 만지자 대지가 여섯 가지로 진동하는 것이다.

▬

微塵如來住世界者, 各有寶光從其頂出. 其光同時於彼世界, 來祇陀林, 灌如來頂. 是諸大衆得未曾有.

▬

마치 미진같이 많은 부처님께서 각각의 불극토에 머물면서 정수리로부터 보배의 광명을 발하셨다. 그 부처님의 광명이 이 세계의 기타의 숲으로 와서 석가모니 부처님의 정수리를 관정하였다. 법회의 모든 대중들은 이제까지 본 적이 없는 경계를 보았다.

微塵如來住世界者, 各有寶光從其頂出　마치 미진같이 많은 부처님께서 각각의 불국토에 머물면서 정수리로부터 보배의 광명을 발하셨다. 왜 미진수의 여래께서 정수리로부터 광명을 놓으셨는가? 이것은 이 법이 최고의 무상의 법이며, 가장 높은 묘법-대불정의 법을 표시하는 것이다.

其光同時於彼世界, 來祇陀林, 灌如來頂　그 부처님의 광명이 이 세계의 기타의 숲으로 와서 석가모니 부처님의 정수리를 관정하였다. 마치 지금의 탐조등이 공중에서 비추듯이 하는 것이다. 관여래정[灌如來頂]하는 것은 부처와 부처의 도는 같다[佛佛道同]는 것을 나타내며, 서로 통한다는 것이다.

부처님에게는 광명이 있는데, 그들의 광명은 통하는 것이며, 부처의 마음도 서로 통하는 것이다. 우리들도 사람의 마음과 마음은 모두 통하는 것이다. 당신이 무형 중에 그에게 알려주지 않아도, 예를 들어 당신이 마음속으로 이 사람이 마음에 들지 않으면 상대방도 아는 것이다. 아는 것은 그의 마음이 아는 것이 아니라 그의 팔식 속에는 일종의 영감이 있으며, 그의 영감이 아는 것이다. 그러나 그의 영감이 알아도 자기의 분별하는 마음상에서는 결코 알지 못한다. 이것은 팔식 안에 감각하는 힘이 있어 아는 것이다.

왜 감각하는 힘이 있는가? 왜냐하면 사람과 사람 간에는 서로 통해져 있다. 현재 과학이 발달하여 사람마다 무선통신이 있으며, 먼 곳에서 전보를 치면 이곳에서 알 수 있는 것이다. 우리들의 마음도 서로 전파가 있는 것이다. 그러나 범부의 육안으로는 이러한 모습을 볼 수 없다. 당신이 만약 진정하게 원융무애한 불안(佛眼)을 얻으면, 다른 사람의 마음을 알 수 있다. 왜 그의 생각이 한번 움직이면 알 수 있는가? 그의 마음속에서 전파를 발하기 때문에 저절로 아는 것이다.

당신이 이 사람에 대하여 한 생각 마음에 들지 않는다고 하면 그 사람도 반응하여 당신의 이러한 생각의 전파를 받고 당신에 대해서도 마음에 들지 않을 것이다. 따라서 한 사람을 감화시키려고 생각하여 상대방으로 하여금 발심하게 하려면, 당신은 여러 가지의 좋은 마음으로 그를 감화시켜 그로 하여금 조금씩 조금씩 깨닫게 해야 할 것이다. 그러면 그도 자연히 호감을 갖게 된다.

是諸大衆得未曾有 　법회의 모든 대중들은 이러한 정황을 보고 이해하지 못하였다. "아, 어떻게 시방의 미진수같이 많은 부처님들께서 모두 광명을 놓아 우리의 부처님을 비추는가? 이것은 무슨 도리인가?" 그들은 지금까지 이러한 경계를 보지 못하였다. 그래서 '득미증유'라고 하는 것이다.

＿

於是阿難及諸大衆, 俱聞十方微塵如來, 異口同音告阿難言. 善哉! 阿難! 汝欲識知, 俱生無明, 使汝輪轉生死結根, 唯汝六根, 更無他物.

＿

그래서 아난과 모든 대중들은 시방의 미진수같이 많은 여래께서 이구동음으로 아난에게 말씀하시는 소리를 들었다. "좋구나! 아난아! 네가 생과 함께 온 무명이 너로 하여금 육도에 윤회하게 하는 생사의 근원을 알려고 한다면, 그것은 바로 너의 육근이며, 다른 것이 아니다."

■

異口同音告阿難言 시방의 여래들께서 이구동음으로 아난에게 말씀하셨다. 이것은 아난에게만 말하는 것이 아니라 너와 나『능엄경』을 듣는 대중들에게 말하는 것이다. 당신이 『능엄경』을 듣는 데 있어 이곳의 몇 구절이 가장 중요한 것이다. 이 중요한 대목은 또한 생사의 중요한 시점이다. 당신이 이 경전의 이곳을 이해하면 당신의 생사는 매우 빨리 그칠 수 있을 것이다. 당신이 만약 이곳의 도리를 이해하지 못하면 아직 더욱 열심히 노력하여 연구해야 할 것이다. 이어지는 말씀을 정말로 이해하면 곧 해탈을 얻는다.

汝欲識知 네가 이 진정한 도리를 알려고 하면, 무슨 도리인가?

俱生無明 생과 함께 온 무명은 또한 생상무명(生相無明)이라고도 한다.

使汝輪轉 이 무명이 너로 하여금 육도에서 윤회하게 한다. 무엇이 너로 하여금 중국인이 되게 하고 미국인이 되게 하고 인도인이 되게 하는가? 바로 너의 생과 함께 온 무명이다. 이 무명이 미혹을 일으켜 업을 짓게 하고 과보를 받게 하는 것이다.

生死結根 결근이란 생사의 근원, 근본을 뜻한다. 너의 생사의

근원이 매듭이 져서 해탈을 얻지 못한다. 생사를 해탈하는 근본은 무엇인가?

唯汝六根, 更無他物 더욱 다른 것이 아니라 바로 너의 여섯 가지의 근[六根]이다. 바로 너의 눈·귀·코·혀·몸·뜻이 수작을 부리는 것이다. 이 육근이 너를 죽게 하고 태어나게 하는 것이다. 너는 아는가? 네가 태어나고 죽게 하며, 너를 전도하게 하는 것은 바로 육근이다.

너는 눈이 색을 보고 색진에 마음이 움직이며, 귀가 소리를 듣고 성진을 따라 달아나기 때문이다. 마치 하나의 회사에 여섯 명의 주주가 있는 것과 같다. 그가 돈을 조금 가져가고 또 다른 주주가 돈을 조금 가져가면 결과적으로 이 회사는 문을 닫아야 한다. 이것은 일생 이것저것 하면서 결국에는 죽는 것을 뜻한다. 그러면 이 회사는 문을 닫는 것이며, 약간의 본전이 남아 있으면 상의해서 "우리 다시 다른 회사를 하나 열자!"고 해서 다른 곳으로 가서 하나의 회사를 여는 것이다.

앞에서 '육근을 따르지 말자[不隨]'고 하지 않았던가? 당신이 분별하는 마음을 따라가지 말아야 하며, 육근, 육진, 육식을 따르지 않아야 한다. 고해가 무변하지만 머리를 돌리면 바로 피안이다. 그러므로 육근의 문에서 이리저리 돌지 말아야 할 것이다.

━

汝復欲知, 無上菩提, 令汝速證安樂解脫. 寂靜妙常, 亦汝六根, 更非他物. 阿難雖聞如是法音, 心猶未明. 稽首白佛. 云何令我生死輪迴,安樂妙常, 同是六根, 更非他物?

■

"너는 다시 무상의 보리심을 알아서 너로 하여금 안락해탈과 적정묘
상을 빨리 증득하게 하는 것을 알고자 하면, 그것 또한 너의 육근이며,
다시 다른 것이 아니다." 아난은 비록 이와 같은 법음을 들었지만, 마
음속으로는 아직 이해하지 못하여 머리를 숙이고 부처님께 말하였다.
"어찌하여 저로 하여금 생사를 윤회하게 하는 것과 안락묘상의 열반을
증득하게 하는 것이 모두 육근이며 다른 것이 아니라고 하십니까?"

■

無上菩提 이 보리는 보리심(菩提心)을 말한다.

令汝速證安樂解脫. 寂靜妙常 너로 하여금 안락해탈과 적
정묘상을 빨리 증득하게 하는 것. 열반에는 상(常) · 락(樂) · 아(我) · 정
(淨)이라는 네 가지의 덕이 있다. 여기서 안락은 낙덕(樂德)이며, 해탈은
아덕(我德)이다. 너에게 나라는 상이 있기 때문에 해탈을 얻지 못한다.
네가 해탈을 얻으려면 나[我]가 없어야 한다. 참된 나를 얻으면 거짓의
나로부터 해탈하게 된다. 적정은 청정한 정덕(淨德)이며, 묘상은 상덕
(常德)이다.

앞의 경문에서는 너로 하여금 생사를 윤회하게 하는 것은 모두
육근이라고 하였다. 그러나 너는 육근을 싫어하면 안 된다. 비록 육근
이 너로 하여금 생사에 윤회하게 하지만, 그것을 돌이키면 너를 도와

부처를 이루게 하는 것이다.

지금의 이 경문에서는 네가 깨달음을 열고 상·락·아·정의 열반의 네 가지 덕을 얻게 하는 것도 육근이라고 하였다. 내가 평상시 자주 하는 말과 같이 물은 얼음으로 변할 수 있으며, 얼음도 물로 변할 수 있다. 그것은 사람을 해칠 수도 있고 이익을 줄 수도 있다.

佛告阿難. 根塵同源, 縛脫無二. 識性虛妄, 猶如空花. 阿難! 由塵發知, 因根有相. 相見無性, 同於交蘆. 是故汝今, 知見立知, 卽無明本. 知見無見, 斯卽涅槃, 無漏眞淨. 云何是中更容他物?

부처님께서 아난에게 말씀하셨다. "육근·육진·육식은 모두 한 곳에서 나오는 것이며, 속박과 해탈은 둘이 아니다. 이 육식의 성질도 허망한 것이며, 마치 허공의 꽃과 같은 것이다. 아난아! 이 육진이 있기 때문에 분별하는 지견을 내며, 이 육근으로 인하여 육진의 모습[相]이 있게 된다. 이 상[相分]과 견[見分]은 모두 자성이 없는 것이며, 얽힌 갈대와 같다. 이러한 까닭으로 너는 지금 지견 위에 다시 하나의 지견을 세우는 것이 바로 무명의 근본이다. 네가 지견 위에 지견을 세우지 않는 것이 열반이며, 무루의 참된 청정함이다. 너는 어째서 '지견이 없는' 가운데 다시 다른 것을 용납할 수 있겠는가?"

根塵同源　육근·육진·육식은 모두 한 곳에서 나오는 것이다. 만약 육근이 없으면 육진도 없으며, 육진이 없으면 육식도 없다. 따라서 하나가 있으면 셋이 있으며, 셋은 또한 하나이며, 하나도 또한 셋이다.

縛脫無二　박(縛)이란 묶는 것이다. 얽매어 속박하는 것이다. 속박과 해탈은 둘이 아니다. 본래 두 가지가 없는 것이다. 네가 이해하지 못할 때는 매듭을 묶는 것이고, 이해를 하는 것은 해탈하는 것이다. 이것은 너 자신이 운용할 따름이므로 속박과 해탈이 둘이 아니라는 것이다.

識性虛妄, 猶如空花　이 육식의 성질도 허망한 것이며, 스스로의 체가 없으며, 형상이 없는 것이다. 마치 허공의 꽃과 같은 것이다. 앞에서 나왔듯이 눈병이 있는 사람이 허공을 보면 피로한 모습이 생겨 허공 가운데에 꽃이 나타나는 것과 같다. 이 육근·육진·육식도 허공의 꽃과 같은 도리로서 결코 진실한 것이 아니다. 네가 착한 사람이 되는 것도 너이며, 악한 사람이 되는 것도 너이다.

由塵發知, 因根有相　이 육진이 있기 때문에 분별하는 지견을 내며, 이 육근으로 인하여 육진의 모습[相]이 있게 된다.

相見無性, 同於交蘆　견이란 또한 지(知)이다. 이 상[相分]과 견[見分]은 모두 자성이 없는 것이다. 왜 자성이 없는가? 너는 육근이 육진을 대하여 일종의 상(相)을 발생하는데, 이 상은 결코 실재하는 것이 아니며, 허망한 것이다. 따라서 이 견(見)도 허망한 것으로 마치 얽힌 갈대와 같다. 갈대는 하나의 뿌리에 두 개의 가지가 나오는데, 그것은 반드시 두 개의 뿌리가 있어야 비로소 서 있을 수 있다. 만약 하나가 없어지면 넘어진다. 없어지는 것이다. 육근과 육진도 말하자면 갈대와 같이 반드시 합쳐져야 비로소 육식을 발생할 수 있다. 만약 서로 합쳐지지 못하고 하나만 있으면 설 수 없는 것이다.

是故汝今, 知見立知, 即無明本   이러한 까닭으로 너는 지금 지견 위에 다시 하나의 지견을 세우는 것이 바로 무명의 근본이다. 본래 이 지견은 잘못된 것인데, 다시 지견 위에 지견을 세우면 이것이 생사의 근본이라는 것이다.

知見無見, 斯卽涅槃, 無漏眞淨   네가 지견 위에 지견이 없는 것이 도와 부합한다. 이것이 열반이며, 무루의 참된 깨끗함이다.

云何是中更容他物   너는 어째서 '지견이 없는' 가운데 다시 다른 것을 용납할 수 있겠는가? 이곳이 청정본연하며 주변법계하는 것이다.

3

열반(성불)에 이르는 길

—

爾時世尊, 欲重宣此義, 而說偈言.

—

이때 세존께서 거듭 이런 도리를 선설하시고자 게송을 설하셨다.

—

眞性有爲空 緣生故如幻 無爲無起滅 不實如空花

—

참된 성품에서 나온 유위의 법은 공하며,
인연이 있어야 생하므로 마치 허깨비와 같으며,
무위법은 일어나고 사라짐이 없으며,
실재하지 않으니 마치 허공의 꽃과 같네.

—

眞性有爲空 참된 성품에는 일체의 허망함이 없으므로 진성

이라고 한다. 그러나 이 허망함은 진성을 의지하여 나오는 것이다. 이 유위의 법은 진공(眞空)에서 나오는 것이므로 유위라고 한다. 그러나 이 유위법도 공한 것이다.

緣生故如幻　이 유위법은 인연이 있어야 비로소 나올 수 있으며, 이 연이 소멸하면 당체는 공하며, 본래 공한 것이다. 따라서 환(허깨비)과 같다고 한다.

無爲無起滅　유위법이 공한 것이라고 말하면 무위법은 공한 것이 아닌가? 무위법도 공한 것이다. 무위란 일어나고 사라짐이 없다. 이미 일어나고 사라짐이 없는데, 어찌 공한 것이 아니겠는가?

不實如空花　그것의 체성은 실재하는 것이 없으며, 마치 허공의 꽃과 같다.

━

言妄顯諸眞　妄眞同二妄　猶非眞非眞　云何見所見

━

허망함을 말하는 것은 모든 참됨을 드러내기 위함이며
참됨과 허망을 말하면 모두 허망한 것으로 변하네.
마치 참된 것도 아니고 참되지 않은 것도 아닌데
어째서 보는 것 [能見]과 보이는 것 [所見]이 있다고 말할 수 있겠는가?

言妄顯諸眞   왜 허망함을 말하는가? 바로 모든 참됨을 드러내기 위하여 허망함을 말하는 것이다. 참됨과 허망함은 대립적인 것이며, 상대적이다. 이미 상대적인 것이므로 구경(究竟)의 법이 아니다. 영가(永嘉) 대사는 「증도가(證道歌)」에서 이르시기를 "참됨은 세울 수 없으며, 허망함은 본래 공하며, 유와 무를 함께 없애니 공하지 않음도 공하네[眞不立, 妄本空, 有無俱遣不空空]."라고 했다.

妄眞同二妄   그러나 네가 참됨과 허망을 말하면 이 두 가지는 모두 허망한 것으로 변한다. 만약 참된 것이라면 근본적으로 어떻게 허망함이 있을 수 있는가? 없다, 아무것도 없는 것이다. 그것이 진공법계이며, 일진법계(一眞法界)이다. 그 진여의 법계는 아무것도 없으며, 하나의 법도 세울 수 없다. 이 허망함과 참됨은 하나가 허망하면 네가 참됨을 말해도 그 참됨은 허망함으로 변하며, 참됨도 참됨이 아니다. 본래의 그 참됨은 허망함으로 변한 것이다. 따라서 두 가지가 같이 허망하다[同二妄]고 한다. 왜 모두 허망한가? 상대적인 법이기 때문이다. 불법이 극점에 이르면 절대적이며, 상대적인 것은 없다.

猶非眞非眞   마치 참된 것 같지만 참된 본체가 아니다. 하나의 명칭을 말로 나타내면 그것은 이미 두 번째로 떨어지며 제일이 아니다. 즉 마치 참된 것도 아니고 참되지 않은 것도 아니다.

云何見所見   그러니 너는 어째서 보는 것[能見]과 보이는 것[所見]이 있다고 말할 수 있겠는가? 이 볼 수 있는 견분(見分)과 보이는 육

진의 상분(相分, 즉 대상의 모습)은 모두 말할 수 없는 것이며, 없는 것이다.

▬

中間無實性　是故若交蘆　結解同所因　聖凡無二路

▬

참됨과 허망함은 중간에 실재하는 성질이 하나도 없으며,
이러한 까닭으로 마치 얽힌 갈대와 같은 것이라고 하네.
맺고 푸는 것은 모두 같은 원인에서 나오며
성인과 범부가 되는 길은 두 가지의 길이 없네.

▬

中間無實性　是故若交蘆　참됨과 허망함은 육근 · 육진 · 육
식의 중간에 실재하는 성질이 하나도 없다. 이러하기 때문에 그것은
마치 얽힌 갈대와 같은 것이라고 한다.

結解同所因　네가 이해하지 못할 때는 마치 매듭을 맺은 것과
같아서 자유로울 수 없으며 해탈을 얻을 수 없다. 네가 만약 이해하게
되면 곧 해탈을 얻게 된다. 이 풀고[解] 맺는[結] 것은 모두 같은 것이다.

聖凡無二路　성인은 도리를 이해하여 천지간의 만사만물을
모두 밝게 이해하므로 그는 성스러운 지혜를 가지고 있으며, 범부는
이해하지 못하기 때문에 깨달음을 등지고 속진과 합한다. 네가 만약

깨달음과 부합되지 못하면 속진번뇌와 합하는 것이다. 본래 성인과 범부는 두 가지의 길이 없다. 어째서 두 가지의 길이 없다고 하는가? 미혹함과 깨달음의 근본은 하나이다. 이것은 법이 구경에 극처에 이르면 일체의 법을 쓸어버리고 일체의 상을 떠나게 된다. 일체의 법이 없으며, 상을 모두 떠난 것이다.

■

汝觀交中性　空有二俱非　迷晦卽無明　發明便解脫

■

너는 이 얽힌 갈대의 중간의 성질을 자세히 보아라.
공과 유의 두 가지는 모두 실재하지 않으며
미혹과 어두움이 곧 무명이며
깨달음의 밝음이 발현되면 곧 해탈이네.

■

汝觀交中性　아난아! 너는 이 얽힌 갈대의 중간의 성질을 자세히 보아라. 그 중간에 어떤 성질이 있는가? 아무것도 없다. 공(空)도 없고 유(有)도 없다.

空有二俱非　공이라고 말하면 그것은 또 존재하는 것이 있으며, 있다고 말하면 그것은 또 실재하지 않는다. 즉 실제로 세울 수 있는 것이 아니다. 얽힌 갈대는 유위법과 무위법이 모두 존재하지 않음

을 표시한다. 따라서 너는 미혹과 깨달음이 모두 너의 육근 위에 있음을 이해해야 한다.

迷晦即無明   미혹하여 이해하지 못할 때는 진공의 안에서 너의 어두움이 공이 된다. 이 공 속에서 변하여 일종의 미혹한 성질이 나오며 일종의 어두움이 나온다. 따라서 이 무명도 바로 이곳에서 나오는 것이다. 무명은 너의 상주하는 진심의 성정명체를 의지하며, 미혹함과 어두움이 있기 때문에 무명이 나온다.

發明便解脫   네가 만약 무명이 없고 본래 가지고 있는 깨달음의 성질이 발현되면 이것이 곧 해탈이다.

이전에 참선을 하는 어떤 스님은 깨달은 고승이 계시다는 말을 듣고 찾아가서 정중하게 가르침을 청하였다.
"수좌스님께 묻겠습니다. 저는 어떻게 해야 비로소 해탈을 얻을 수 있겠습니까?"
이 수좌스님은 오래 수행한 스님이기에 그에게 말하였다.
"누가 너를 묶었던가?"
이 말 한 마디에 그 스님은 깨닫게 되었다.
그는 노스님의 말 한 마디에 깨달았는가? 그렇다고 할 수도 있고, 또 그렇지 않다고 할 수도 있다. 그렇다고 하는 것은 이 노스님께서 그의 인연을 보고 그가 해탈을 구하러 오니 "누가 너를 묶었던가?"라고 말하여 그는 즉시 깨달은 것이다.
또 어째서 아니라고 말하는가? 오래 수행한 이 스님은 평소에 노력하여 시간이 오래되었으나 이치의 길이 통하지 않았다. 비록 생각이 통하지 않았지만 그는 매일 정진하여 하루하루 지혜가 증장하였다. 그는 정식으로 깨닫지는 못했지만 깨달을 시간이 가까워진 것이다. 수좌스님이 한 마디 던지자 그는 이러한 인연을 만나자 활연히 깨달은 것이다. 따라서 이것은 그 스스로 깨달음을 연 것이라고 말할 수도 있다. 하지만 이러한 인연을 만나서 인연이 화합하여 이러한 말 한 마디에서 깨달은 것이다.

그러므로 중국에는 이러한 말이 있다. "산속에서 10년을 앉아 있는 것이 선지식의 점검하는 대나무 막대기보다 못하다." 즉 10년간 산속에 머물면서 혼자 수행하는 것이 눈밝은 선지식을 만나는 것보다 못하다는 말이다. 이러한 선지식은 인연을 볼 줄 알며 당신이 인연이 이르면 그분은 당신에게 무슨 법을 설하실 것을 아신다.

그러므로 불교에서는 선지식을 친근하는 것이 매우 중요하다. 진정으로 눈밝은 선지식을 만나기는 매우 어렵다. 눈밝은 선지식이란 불안(佛眼)을 연 분이다. 불안을 연 것은 결코 과를 증득한 것은 아니다. 하지만 이것은 숙세에 선근이 있는 분이다.

왜 부처의 눈을 열 수 있는가? 반드시 대비법(大悲法)을 오로지 닦아야 한다. 이 42수(四十二手)의 대비의 수안(手眼)을 당신이 만약 진심으로 닦는다면 모두 부처의 눈을 열 수 있다. 이것이 불안(佛眼)을 여는 통로이다. 나는 우리들 각자가 이 「대비사십이수」에 대하여 특별히 주의하여 하루도 그치지 않고 수련하면 몇 년의 공부로 성취할 수 있을 것이다. 하지만 전생에 닦은 적이 있는 사람은 비교적 빨리 지혜의 눈을 열 수 있다.

解結因次第　六解一亦亡　根選擇圓通　入流成正覺

매듭을 푸는 것은 차례를 따라야 하며
여섯 개의 매듭이 풀리면 하나도 남지 않네.
육근을 선택할 때는 하나의 원통한 근을 선택해야 하며
성인의 흐름으로 들어가면 정각을 이루네.

　　解結因次第　맺힌 매듭을 푸는 것은 순서에 따라 풀어야 한다. 순서에 따라 어떻게 푸는가? 그것은 원래 어떻게 매듭이 맺혔는가? 최초는 여래장이며, 여래장은 본래 생멸하지 않는 것이다. 그러나 미혹하고 어두움이 공이 되어 무명이 나온다.

　　여래장은 불생불멸한 것이나, 참됨을 의지하여 허망함이 일어나 생멸하는 마음이 나오며, 곧 식(識)이 나온다. 생멸하지 않는 여래장과 생멸하는 무명이 제6식, 제7식, 제8식으로 변한 것이다. 이 제8식은 원래 무엇인가? 바로 여래장성이며, 또 상주진심의 성정명체이다. 참됨을 의지하여 허망함이 나오기 때문에 제8식인 이 여래장에서 아뢰야식으로 변한다. 아뢰야식이 바로 제8식이며 또 함장식(含藏識)이라고도 한다.

　　이 함장식(제8식)이 있으면 또 오음이 생긴다. 오음은 바로 색·수·상·행·식이다. 시작은 제8식에서 시작하여 식음이 다시 위로 증가되면 바로 행음이다. 행음은 제7식이다. 제7식은 말나식(末那識)이며,

또한 전송식(傳送識)이라고도 한다. 그것은 전달하고 보고(報告)하는 것이다. 그것은 제6식의 의식을 제8식으로 전달하는 것이며, 이것이 바로 행음이다. 행음 위에는 바로 상음이다.

상음은 바로 제육 의식이다. 전오식은 바로 안·이·비·설·신식이며, 모두 수음에 속한다. 색음은 바로 오근육진이다. 수·상·행·식의 네 가지 음은 각 하나의 음이 하나의 맺힌 매듭으로 치며, 제5음인 이 색음은 두 개의 매듭으로 계산한다. 왜냐하면 그것은 비교적 거칠기 때문이다. 따라서 여섯의 매듭은 제8식으로부터 시작하여 제7식, 제6식을 거친 연후에 제5식인 수음과 내지 색음에 이른다.

이 다섯 가지의 음[五陰]이 있기 때문에 따라서 오탁(五濁)이 나온다. 이 오탁과 육근이 함께 혼합되어 갖가지의 장애를 만들어 낸다. 지금 그것을 풀려고 생각하면 먼저 색음을 따라가지 말고 색음의 두 개의 매듭을 풀어야 한다. 그런 연후에 수음·상음·행음·식음을 풀어야 한다. 이러한 여섯 개의 맺힌 매듭을 모두 푸는 것을 '해결인차제(解結因次第)'라고 한다. 순서에 인하여 색음은 일종의 거친 매듭에 속하며, 그 밖의 수·상·행·식은 모두 미세한 것이다.

왜 먼저 안에서 밖으로 나오며, 제8식에서 시작하는가? 왜냐하면 우리가 생을 받는 것은 먼저 식이 있기 때문이며, 따라서 먼저 제8식이 있기 때문이다. 이 오음과 팔식이 결합하여 생사의 맺힘을 이룬다. 시작은 제8식으로부터 시작되었으나, 풀려고 하면 색음에서부터 먼저 풀어야 한다. 마치 무엇과 같은가? 마치 옷을 벗는 것과 같다. 바깥의 한 벌을 벗고 안에서 다시 한 벌을 벗고 다시 하나를 벗으면서 의복을 모두 다 벗어야 한다. 그러면 이 사람은 맺힌 것도 풀릴 것이다. 설명하자면 이렇게 설명하는데, 실제로는 하나의 근을 풀면, 나머지 다섯 가지의 근도 없어질 것이다.

따라서 육해일역망(六解一亦亡)이라고 말하는 것이다. 여섯 가지의 맺힌 매듭을 모두 풀면 하나도 없다.

根選擇圓通 수행에 착수하는 법문에서 어느 곳으로부터 닦아야 하는가? 이 또한 육근의 문에서 닦아야 한다. 육근의 문은 바로 눈은 색을 따라 돌지 않으며, 귀는 소리를 따라 돌지 않으며, 내지 뜻은 법을 따라 돌지 않는 것이며, 육근의 경계를 변화시키는 것이다. 회광반조하여 밖으로 향하지 않고 몸과 마음을 수섭(收攝)하며 도리어 자기에게서 구하는 것이다.

이 육근은 수행을 함에 있어서 하나의 원통(圓通)한 근을 선택해서 닦아야 한다. 앞에서 육근 각각에는 일천이백의 공덕이 있다고 하지 않던가? 이 가운데서 어떤 근이 원만한 것인가? 이근과 설근과 의근이 원만하고 안근·비근·신근은 원만하지 않다고 하였다. 따라서 지금 수행을 할 때 하나의 원만한 근을 선택하여 수행해야 하는 것이다. 이곳에서 석가모니 부처님께서는 암묵적으로 표시하기를 바로 이근(耳根)이 원만하다고 하였다. 하지만 부처님께서는 명백하게 말씀은 하지 않으시고 아난으로 하여금 자기가 선택하게 하였으며, 자기가 인식하게 하였다.

入流成正覺 성인의 흐름으로 들어간 연후에 정각을 이룰 수 있다. 정각은 곧 부처이며, 성불을 말한다. 입류란 성인의 법성(法性)의 흐름에 들어가는 것이며, 범부의 육진의 흐름을 거스르는 것이다.

■

陀那微細識　習氣成暴流　眞非眞恐迷　我常不開演

■

백정식은 미세한 식이며
습기는 급하게 흐르는 폭류를 이루네.
참된 것을 참되지 않다고 하는 것은 아마도 그것에 미혹될까 염려해서
줄곧 지금까지 진정한 대승의 미묘한 법을 연설하지 않았네.

■

陀那微細識　타나(陀那)란 미세한 식이며, 팔식보다도 더 한층
미세하며, 정식(淨識)이라고 하며, 또 백정식(白淨識)이라고도 한다. 즉
깨끗한 종자를 뜻한다. 이 백정식(白淨識)은 매우 미세하고 미세한 것
이다.

習氣成暴流　우리의 생사는 모두 이곳에서 나오는 것이다. 이
미세한 식은 참됨을 의지하여 허망함을 일으켜 한 생각의 무명을 낸
다. 습기는 바로 무명이다. 이 무명이 나오면 마치 급하게 흐르는 폭
류와 같다. 어떤 것으로도 막을 수 없다. 이것을 폭류라고 한다. 바로
우리의 생사는 멈추는 때가 없으니, 마치 급하게 흐르는 물과 같은 것
이다.

眞非眞恐迷　진은 참된 법이며, 이 참된 법을 왜 나는 진정한
미묘한 법이라고 말하지 않는가? 나는 왜 그것을 빨리 말하지 않는

가? 나는 사람들이 참됨을 허망함으로 생각하고 허망함을 또 참된 것으로 생각할까 염려하신 것이다. 마치 깨달음 위에 반드시 밝음을 더해야 한다고 생각하는 것과 같이 미혹함에 다시 미혹함을 더하는 것이다. 그리하여 미혹한 사람으로 된다.

我常不開演 따라서 나는 항상 참된 묘법을 말하지 않는다. 내가 너희들 소승인에게는 단지 소승의 도리만 이야기하고 진정한 대승의 묘법을 나는 말하지 않는 것이다. 왜 말하지 않는가? 왜냐하면 너희들의 소승인은 아직 수준에 이르지 못하여 작은 마음을 돌려 큰 마음으로 향하지 못하였기 때문이다. 따라서 나는 줄곧 이야기하지 않은 것이다.

—

自心取自心 非幻成幻法 不取無非幻 非幻尙不生

—

자기의 마음이 자기의 마음을 취하니
허망하지 않는 것 조차도 허망한 법으로 변하네.
허망한 모습을 취하지 않으면 허망하지 않는 법은 없으며
허망하지 않은 것 조차도 생하지 않네.

—

自心取自心 중생은 견분(見分)과 상분(相分)이 모두 마음에서 나

타나는 것을 이해하지 못한다. 중생은 만법유심(萬法唯心)의 이해하지 못하고 견분과 상분에 집착하는 것이다. 견분이란 자기가 능히 볼 수 있는 견이며, 팔식 안에 있는 것이다. 상분은 바깥의 대상에서 나오는 일종의 모습이다. 이 상분과 견분은 본래 모두 허망한 것이며, 모두 자기의 마음에서 나오는 것이다. 그러면 일반인은 회광반조를 이해하지 못하고 밖으로 구하면서 이들 진(塵, 속진)의 경계에 집착하여 머무는 것이다. 이것을 '참됨을 미혹하여 허망을 쫓는[迷眞逐妄]' 것이다.

네가 만약 만법유심의 도리를 안다면, 자기의 본심을 알고 자기의 본성을 볼 것이며, 견분과 상분이 모두 자기의 마음에서 나오는 것이라는 것을 이해할 것이다. 네가 만약 자기의 상주진심의 성정명체를 이해하면, 밖으로 구하지 않고 안으로 돌아올 것이다.

非幻成幻法 중생은 참됨을 미혹하여 허망을 쫓기 때문에 본래 허망한 것이 아닌데, 미혹을 내어 허환(虛幻)으로 변하는 것이다.

不取無非幻 네가 만약 허망한 모습을 취하지 않으면, 허환한 것도 없다. 취하지 않는[不取] 것이 중요하다. 우리는 왜 육근과 육진에 미혹되는가? 바로 견분과 상분을 취하여 그 위에 집착하여 자기가 보는 견분과 바깥의 상분이 모두 실제로 있는 것이라고 인식하기 때문이다. 네가 만약 취하지 않으면 환화[幻化]도 없고 허망하지 않는 것조차도 없다.

非幻尙不生 이러한 허환이 실재하지 않는 것[非幻]은 오히려 근본적으로 생하는 곳조차도 없다.

幻法云何立　是名妙蓮華　金剛王寶覺　如幻三摩提

이 허망한 법을 어떻게 세울 수 있겠는가?
이것은 묘련화라고 하며
금강같이 견고하고 자재한 진심의 깨달음은
마치 환화와 같은 평등한 지혜와 선정을 지녀야 하네.

幻法云何立　어째서 또 허망한 환법(幻法)이 생길 리가 있겠는가? 없다.

是名妙蓮華　이것을 묘련화라고 한다. 연꽃은 진흙에서 자라지만 오염되지 않고 청정하다. 그것은 또 꽃과 열매가 동시에 생긴다.

金剛王寶覺　금강은 가장 견고하고 가장 단단한 것으로 이것은 우리들의 지혜를 표시한다. 이 지혜는 진정한 지혜로서 어떤 것으로서도 파괴할 수 없는 것이다. 왕이란 자재(自在)하다는 뜻이다. 보각이란 우리의 참된 마음[眞心]을 가리킨다.

　　앞에서 만약 견분과 상분을 취하지 않고 반본환원하여 여래장성으로 되돌아가면, 식심[識]을 돌이켜 지혜를 이룬다. 따라서 지금 돌이키면 묘련화로 변하며, 또한 금강왕보각으로 변한다.

如幻三摩提　삼마제는 번역하면 등지(等持)라고 한다. 즉 평등하게 정력과 혜력을 집지(執持)한다는 뜻이다. 지혜가 있으면 이 여섯 맺힌 곳을 풀 수 있으며, 선정력이 있으면 이 여섯 매듭이 생기지 않을 수 있다.

彈指超無學　此阿毘達磨　十方薄伽梵　一路涅槃門

손가락 튕기는 사이에 뛰어넘어 무학위에 이르며
이 능엄의 법을 닦는 것이
모든 시방의 부처님께서
열반(성불)에 이르는 길이네.

彈指超無學　손가락 튕기는 사이에 초월하여 무학위에 이른다는 뜻이다. 초과 · 이과 · 삼과를 뛰어넘어 사과의 아라한에 이른다는 것이다.

此阿毘達磨　아비달마는 법이라는 뜻이다.

十方薄伽梵　능엄주에도 이 박가범이라는 명칭이 나온다. 파가범(婆伽梵)도 박가범(薄伽梵)이라는 뜻이다. 박가범은 다라니 안에서

부처님의 이름이며, 왜 부처[佛]라고 부르지 않고 '박가범'이라고 하는가? 이것은 부처님과 귀신이 사용하는 것이다. 당신이 부처라고 하면 혹은 귀신은 아직 알지 못한다. 만약 박가범이라고 말하면 그는 이것이 부처라는 것을 안다.

왜 그것을 번역하지 않는가? 이 박가범에는 여섯 가지의 뜻이 있기 때문이다. 그래서 번역하지 않는다. 만약 번역을 하면 단지 하나의 뜻만을 가지게 된다. 여섯 가지의 뜻은 무엇인가?

(1) 자재(自在)
이것은 관자재보살을 말할 때와 같은 뜻으로 여기서는 자재불이다.

(2) 치성(熾盛)
부처님의 광명은 매우 치성하다. 부처님의 성질은 자재하며, 부처님의 광명은 치성하고 주변법계한 것이다. 그래서 치성함이라 한다.

(3) 단엄(端嚴)
부처님은 항상 단엄하며, 게으르지 않다. 우리 각 사람은 경을 들을 때는 단엄해야 하며, 게으르지 않아야 한다.

그리고 우리들이 경을 들을 때는 반드시 바르게 앉아야 한다. 또한 반드시 공경스럽게 들어야 한다. 부처님을 대하고 부처님께서 친히 우리들에게 법을 설하시는 것과 같이 대해야 한다. 경을 들을 때는 잠을 자면 안 되며, 누워서도 안 된다. 여러분이 경을 볼 때도 누워서 보면 안 된다.

내가 이전에 말한 적이 있을 것이다. 당신이 누워서 경을 보면 내생에 뱀으로 변할 것이다. 왜 그런가? 뱀은 누워서 길을 간다. 언제나 땅에 누워있으며, 일어설 수 없는 것이다. 당신이 경을 볼 때는 반드시 공경스럽게 앉아서 보며, 경은 탁자 위에 놓고 공경스럽게 보아야 한다. 당신이 일 분의 공경심을 가지면 일 분의 지혜를 증가하며, 십 분의 공경심을 가지면 십 분의 지혜를 증가시킨다. 당신이 만약 만 분의 공경심을 가지면 만 분의 지혜와 선근을 증가시킨다. 『금강경』에서도 이르지 않던가? "만약 이 경전이 있는 곳은 바로 부처님이 계신 곳이다."라고. 경전이 있는 곳은 부처님이 있는 곳이다. 만약 당신이 공경심을 가지면 곧 감응이 있을 것이고, 공경심이 없으면 감응이 없을 것이다.

　　마치 나의 귀의제자와 같다. 그는 나를 본 적이 없었지만 심장병이 있어 나의 사진을 대하고 매일 '나무도륜법사(南無度輪法師)'라고 염하였다. 그가 칠십여 일을 염하자 그 사진에서 갑자기 한 사람이 걸어 나와 그의 정수리를 만지는 것이었다. 그래서 그는 그 후로 병이 다 나았다. 이것은 무엇인가? 이것도 감응도교(感應道交)라고 한다. 그에게 진실한 마음이 있으니 죽은 사진이 살아있는 사람으로 변하는 감응을 얻은 것이다. 이것은 바로 그가 공경하는 마음을 가지고 있었기 때문이다. 따라서 우리들이 경을 볼 때 당신은 지혜를 열지 못했다고 말하는 것이 아닌가?

　　"아, 나는 많은 경을 보았지만 지혜를 열지 못했어! 나는 많은 불법을 배웠지만 여전히 이렇게 어리석어! 기억력도 좋지 않아서 능엄주를 읽어도 기억하지 못하고 두 번을 읽어도 더욱 빨리 잊어버린다. 나는 읽지 않을 때는 아직 몇 구를 기억하는데, 한번 끝까지 읽어도 모두 잊어버린다."

　　무슨 도리인가? 바로 당신에게 공경심이 없기 때문이다.

(4) 명칭(名稱)

바로 이름이라는 것이다. 사람들이 칭찬하는 이름이며, 사람마다 모두 공경하는 이름이라는 것이다.

(5) 길상(吉祥)

매우 길하고 상서로운 것이다.

(6) 존귀(尊貴)

매우 고귀하고 존귀한 분이라는 뜻이다.

박가범에 이러한 여섯 가지의 뜻이 있으므로 번역하지 않는다. 이것은 경전을 번역하는 데 있어서 번역하지 않는 다섯 가지 이유 가운데 많은 뜻을 가지고 있으면 번역하지 않는다[多含不翻]는 것에 속한다.

一路涅槃門 이 법문은 시방의 부처님들이 모두 이 길을 따라서 성불하는 길이다. 이것은 열반에 이르는 길이라는 뜻이다.

■

於是阿難及諸大衆, 聞佛如來無上慈誨, 祇夜伽陀, 雜糅精瑩, 妙理清徹, 心目開明, 歎未曾有.

■

그리하여 아난과 모든 대중들은 부처님, 여래의 무상의 자비하신 가르침을 듣고 중송(重頌)과 고기송(孤起頌)이 섞여 정묘하게 빛나며, 묘한 도리는 매우 철저하여 마음의 눈이 열려 명백하게 이해하였으며, 이전에 들어 보지 못한 법이라고 찬탄하였다.

祇夜伽陀　기야(祇夜)는 거듭 읊는 게송[重頌]이라고 한다. 앞의 문장은 장행(長行)이라고 하며, 지금과 같이 다섯 자, 여섯 자, 혹은 일곱 자, 혹은 네 자의 게송을 중송이라 한다. 즉 앞의 장행의 문장의 뜻을 완전히 다 말하지 못하여 다시 게송으로 중복해서 말하는 것이다. 가타(伽陀)란 게송이 없다가 홀로 나오는 게송[孤起頌]이란 뜻이다.

雜糅精瑩　잡유(雜糅)란 섞이다는 뜻이다. 정영(精瑩)이란 이 법의 말씀이 정묘하고 밝고 깨끗하다는 뜻이다.

妙理清徹　미묘한 도리가 매우 철저하다는 것이다.

4

육근의 매듭을 풀어 무생법인을 얻다

阿難合掌, 頂禮白佛. 我今聞佛無遮大悲, 性淨妙常眞實法句. 心猶未達, 六解一亡, 舒結倫次. 惟垂大慈, 再愍斯會及與將來, 施以法音, 洗滌沈垢.

■

아난은 합장하여 절을 하고 부처님께 말하였다. "저는 지금 부처님의 아무런 가림이 없는 성정묘상의 진실한 법구를 듣고, 여섯 가지의 매듭을 풀면 하나도 남지 않으며, 매듭을 푸는 것은 순서에 따라야 한다는 데에 대하여 마음에는 아직 통달하지 못했습니다. 대자비로 다시 저희들과 미래의 모든 중생을 위하여 법음을 내려주시어 더러운 때를 씻을 수 있게 하여 주시기 바랍니다."

■

洗滌沈垢　세척(洗滌)이란 물로 씻는 것을 뜻한다. 침(沈)이란 가라앉는다는 뜻인데, 더러운 것을 말한다. 우리를 타락시키는 것이다. 이것이 무엇인가? 바로 우리의 탐·진·치이다. 이것이 우리를 타락시키는 더러운 때[沈垢]이다. 이 침(沈)은 먼지[塵]와 같은 뜻으로 쓸 수도 있다. 그것의 음이 같기 때문이다. 먼지로써 해석하면 그 뜻이 더욱 선명하게 드러난다.

■

卽時如來於師子座, 整涅槃僧, 斂僧伽梨, 攬七寶几. 引手於几, 取劫波羅天所奉花巾.

■

이때 여래께서는 사자좌에서 안의 옷을 정리하고 밖의 옷을 정돈하여 칠보의 탁자에 의지하여 손을 탁자에 놓고 야마천이 헌상한 꽃 수건을 가졌다.

卽時如來於師子座 부처님께서 앉는 법좌를 사자좌라고 한
다. 부처님의 설법은 마치 사자후와 같음을 표시한다. 사자가 한번 부
르짖으면 일체의 짐승들이 모두 두려워하는 것과 같이 일체의 천마
외도들도 모두 두려워하는 마음을 낸다.

整涅槃僧 안의 옷을 정돈한다는 뜻이다. 열반승이란 안의 옷
을 말한다.

斂僧伽梨 승가리란 겉에 걸친 옷이며, 대의(大衣)라고 하며, 조
의(祖衣)라고도 한다. 즉 바깥의 큰 옷을 정돈한다는 뜻이다.

攬七寶几 궤(几)란 탁자를 말한다. 부처님의 법좌 앞에 놓인 탁
자는 칠보로 상감된 탁자이다. 즉 칠보의 탁자에 의지하다는 뜻이다.

引手於几, 取劫波羅天所奉花巾 부처님께서는 두 손을 탁
자 위에 놓고 야마천이 헌상한 꽃을 수놓은 수건을 잡는다는 뜻이다.
겁파라천(劫波羅天)이란 야마천(夜摩天)을 말한다. 인도에는 첩화(疊華)라
는 재질이 있는데, 첩화로 짠 수건이며, 마치 손수건과 같이 매우 길
며, 매우 가치가 있는 것이다. 이것은 천상의 왕이 부처님께 바친 것
이다.

於大衆前綰成一結, 示阿難言. 此名何等? 阿難大衆俱白佛言. 此名爲結. 於是如來綰疊花巾, 又成一結. 重問阿難. 此名何等? 阿難大衆又白佛言. 此亦名結. 如是倫次綰疊花巾, 總成六結, 一一結成, 皆取手中所成之結, 持問阿難, 此名何等? 阿難大衆, 亦復如是次第訊佛, 此名爲結. 佛告阿難. 我初綰巾, 汝名爲結, 此疊花巾, 先實一條, 第二第三, 云何汝曹復名爲結? 阿難白佛言. 世尊! 此寶疊花緝績成巾, 雖本一體, 如我思惟, 如來一綰, 得一結名. 若百綰成, 終名百結. 何況此巾秖有六結. 終不至七, 亦不停五. 云何如來只許初時, 第二第三不名爲結?

부처님께서는 대중들 앞에서 수건으로 하나의 매듭을 묶은 후 아난에게 보이며 물었다. "이것을 무엇이라고 이름하는가?" 아난과 대중들은 함께 부처님께 말하였다. "이것은 매듭을 묶은 것이라 합니다." 그래서 여래께서는 첩화의 수건으로 다시 하나의 매듭을 묶고 나서 다시 아난에게 물었다. "이것은 무엇이라 하는가?" 아난과 대중은 다시 말하였다. "이것 또한 매듭입니다." 이와 같이 차례로 모두 여섯 개의 매듭을 묶었다. 하나씩 매듭을 묶으면서 아난에게 이것이 무엇인가라고 물었다. 아난과 대중들은 또한 다시 이와 같이 차례로 부처님께 대답하였다. "이것은 매듭이라고 합니다." 부처님께서 아난에게 말씀하셨다. "내가 처음에 수건의 매듭을 묶었을 때 너는 매듭이라고 하였다. 이 첩화의 수건은 하나인데, 두 번째, 세 번째의 매듭도 너희들은 어찌하여 매듭이라고 하는가?" 아난이 부처님께 말하였다. "세존이시여! 이 보배의 첩화로 짠 수건이 비록 본래 하나이지만, 제가 생각해 보니,

여래께서 하나의 매듭을 묶으면 하나의 매듭이라는 이름을 얻으며, 만약 백 개를 만들면 마침내 백 개의 매듭이라고 이름합니다. 하물며 이수건은 단지 여섯 개의 매듭이 있고 일곱 개에는 미치지 못하고 다섯개에서 멈추지 않았습니다. 그런데 여래께서는 처음에는 매듭이라고 하는 것을 허락하시고, 두 번째 세 번째는 어찌하여 매듭이라고 부르지 않습니까?”

■

亦復如是次第詶佛　수(詶)란 대답하다는 뜻이다.
云何汝曹復名爲結　여조(汝曹)란 너희들이라는 뜻이다.

■

佛告阿難. 此寶花巾, 汝知此巾元止一條, 我六縮時, 名有六結. 汝審觀察, 巾體是同, 因結有異. 於意云何? 初縮結成, 名爲第一, 如是乃至第六結生. 吾今欲將第六結名, 成第一不? 不也, 世尊! 六結若存, 斯第六名, 終非第一. 縱我歷生盡其明辯, 如何令是六結亂名? 佛言. 如是, 六結不同. 循顧本因, 一巾所造. 令其雜亂, 終不得成. 則汝六根, 亦復如是. 畢竟同中, 生畢竟異.

■

부처님께서 아난에게 말씀하셨다. “이 보배의 꽃 수건은 원래 하나라는 것을 너는 안다. 내가 여섯 개의 매듭을 묶을 때 여섯 매듭이라고 한다. 너는 깊이 관찰해 보아라. 이 수건의 본체는 같으나 매듭을 묶기 때문에 다르게 된다. 너는 어떻게 생각하는가? 처음 매듭을 만들었을 때 첫 번째 매듭이라고 한다. 이와 같이 내지 여섯 번째 매듭을 묶으면, 나는 지금 여섯 번째의 매듭을 첫 번째 매듭이라고 할 수 있는가?" "아닙니다, 세존이시여! 여섯 번째의 매듭이 존재하면 그것은 여섯 번째라고 이름해야지 끝내 첫 번째 매듭이 될 수 없습니다. 설령 제가 많은 생을 지나오면서 모든 총명과 변재를 다하여 보아도 어찌 여섯 번째를 첫 번째라고 어지럽게 부를 수 있겠습니까?" 부처님께서 말씀하셨다. "이와 같다. 여섯 개의 매듭은 같지 않다. 너는 다시 이 수건을 돌아보아라. 이 수건의 본래의 인은 하나의 수건에서 여섯 개의 매듭을 만든 것이다. 그것의 이름을 어지럽게 하려고 하는 것은 끝내 이룰 수 없다. 즉 너의 육근도 이와 같다. 필경 본래 같은 것이지만 각각은 작용이 다르다."

━

巾體是同, 因結有異 이 수건의 본체는 하나이다. 그러나 내가 매듭을 하나 묶자 그것은 같지 않다. 이것은 바로 여래장성은 본래 하나이나 육근이 나와 매듭을 지은 것이다. 비록 매듭을 내었지만 그것의 본체는 여전히 하나이다. 그러면 비록 매듭이 여섯 개지만 그것의 본체는 하나이므로 네가 만약 이 여섯 개의 매듭을 모두 풀어버리면, 한 개도 남지 않는다. 따라서 여섯을 풀면 하나도 남지 않는다[六解 一亦亡]고 한 것이다.

循顧本因, 一巾所造 그러나 너는 다시 이 수건을 돌아보아

라. 이 수건의 본래의 인은 하나의 수건에서 여섯 개의 매듭을 만든 것이다.

畢竟同中, 生畢竟異 본래 같은 것이지만 각자는 각자의 업무(작용)가 있다. 눈은 눈의 공용을 가지고 있고, 귀는 귀의 공용을 가지고 있으며, 내지 뜻은 뜻이 하는 일이 있다. 따라서 본래 같은 것이지만 이곳에서 그것은 나누어진다. 비록 나누어졌지만 마땅히 협력해야 하는 것이다. 만약 협력이 잘 되면 모두 회광반조할 수 있다. 눈도 반조할 수 있고 귀는 돌이켜 들어 자성을 들을 수 있다. 몸은 촉진을 따라가지 않으며, 뜻은 법진을 따라가지 않는다. 각각이 서로 협력하여 반본환원할 수 있는데, 이것은 여전히 하나인 것이다. 서로 협력을 하지 않기 때문에 눈은 색을 보고 귀는 소리를 들으며, 내지 뜻은 법을 따라 도는 것이다. 즉 따르지 않는[不隨] 것을 할 수 없다. 중요한 것은 육진을 따르지 않아야 한다. 그러나 사람은 모두 육진을 따라 달려간다. 이것은 여섯 매듭이 있는 것과 같은 것이다.

━

佛告阿難. 汝必嫌此六結不成, 願樂一成, 復云何得? 阿難言. 此結若存, 是非鋒起. 於中自生, 此結非彼, 彼結非此. 如來今日若總解除, 結若不生, 則無彼此. 尙不名一, 六云何成? 佛言. 六解一亡, 亦復如是.

━

부처님께서 아난에게 말씀하셨다. "너는 반드시 이 여섯 개의 매듭을 좋아하지 않아서 모두 풀어버리고 하나를 이루기를 좋아한다면, 다시 어떻게 해야 이 하나를 얻을 수 있는가?" 아난이 말하였다. "만약 이 매듭이 존재한다면, 시비가 일어나 그 가운데서 이 매듭은 저 매듭이 아니며, 저 매듭은 이 매듭이 아니라는 분쟁이 생길 것입니다. 여래께서 오늘 만약 모든 매듭을 다 풀어버리면 매듭은 없으며, 매듭이 없으므로 저것과 이것이 없을 것입니다. 여섯 개의 매듭이 모두 없으면, 하나의 매듭도 없으며, 하나도 없으니 여섯이 어떻게 성립되겠습니까?" 부처님께서 말씀하셨다. "여섯 개의 매듭이 풀리면 하나도 없다[六解一亡]는 도리도 또한 네가 말한 도리와 같다."

━

汝必嫌此六結不成, 願樂一成, 復云何得 너는 반드시 이 여섯 개의 매듭을 좋아하지 않아서 모두 성립되지 않게 하여(즉 풀려고 하여), 너는 하나를 이루기를 좋아한다면, 다시 어떻게 해야 이 하나를 얻을 수 있는가? 어떻게 하면 이 하나의 본체를 회복할 수 있는가?

此結若存, 是非鋒起. 於中自生 만약 이 매듭이 존재한다면, 시비가 일어날 것입니다. 봉기란 칼을 들고 창을 들고 서로 전쟁을 한다는 것이다. 왜 서로 봉기하는가? 왜냐하면 저것[彼]과 이것[此]이 있기 때문이다. 이 매듭과 매듭 사이에서 자연히 시비의 다툼이 생긴다.

此結非彼, 彼結非此 이 매듭은 저 매듭이 아니며, 저 매듭은 이 매듭이 아니다. 첫 번째 매듭은 여섯 번째가 아니며, 여섯 번째는 첫 번째가 아니다. 피차 서로 분쟁이 생긴다.

如來今日若總解除, 結若不生, 則無彼此   여래께서 오늘 만약 모든 매듭을 다 풀어버리면 매듭은 없으며, 매듭이 없으므로 저 것과 이것이 없다.

尚不名一, 六云何成   여섯 개의 매듭이 모두 없으면, 하나의 매듭도 없다. 하나도 없으니 여섯이 어떻게 성립되겠는가? 여섯 개의 매듭도 존재하지 않는다.

六解一亡, 亦復如是   네가 말한 도리는 맞다. 여섯 개의 매듭이 풀리면 하나도 없다[六解一亡]는 도리도 또한 네가 말한 도리와 같다.

■

由汝無始, 心性狂亂, 知見妄發, 發妄不息, 勞見發塵.

■

"너는 무시이래로 심성이 미치고 어지러우며, 지견이 허망하게 나왔 으며, 그치지 않고 허망함을 내어 피로한 견이 번뇌를 내었다."

■

心性狂亂   이 마음은 청정한 마음이며, 성(性)은 진여의 본성[自性]을 말한다. 너의 청정심과 진여의 자성 위에서 미치고 어지럽다. 이 미치다[狂]는 것은 너의 생과 함께 온 생상무명(生相無明)이다. 이 생상

906

무명에서 분별하는 법집(法執)과 생과 함께 온 법집이 있다. 이것이 바로 미친[狂] 것이며, 무명이다. 이 어지럽다[亂]는 것은 무엇인가? 이전에 말한 세 가지의 미세함[三細]이다. 이곳에서는 그것을 어지럽다고 한다. 세 가지의 미세한 모습은 무엇인가? 업의 모습[業相], 움직이는 모습[轉相], 나타나는 모습[現相]을 가리킨다. 업상에서 전상을 이루며, 전상에서 현상으로 변한다. 이 세 가지의 미세함은 매우 미세한 것으로서 범부는 느낄 수 없는 것이다. '한 생각이 느끼지 못하는 사이에 세 가지의 미세함을 내기[一念不覺生三細]' 때문에 이 한 생각의 무명 속에서 세 종류의 미세한 모습을 만들어낸다. 이 어지럽다는 것은 이 세 가지의 미세한 모습을 표시한다. 이러한 모습으로부터 첫 번째의 매듭이 생긴다.

　　知見妄發　지견이 허망하게 나올 때가 곧 "경계가 인연이 되어 여섯 가지의 거친 모습을 자라게 한다[境界爲緣長六麤]."는 것이다. 여섯 가지의 거친 모습은 첫째가 지혜의 모습[智相]이다. 이 지혜는 하나의 상이 있는데, 어떤 상인가? 이것은 세상의 모든 세속적인 지혜를 말한다. 이것을 모두 '세간의 지혜'라고 한다. 이것이 바로 지혜의 모습[智相]이다. 지견이 허망하게 발함으로부터 지혜의 모습이 나오며, 이것은 두 번째의 매듭이다.

　　發妄不息　또 '상속하는 모습[相續相]'이 나오는데, 그것은 그치지 않는다. 이것은 세 번째의 매듭이다.

　　勞見發塵　피로한 견이 번뇌를 낸다는 이 구절 위에서 '집착하

고 취하는 모습[執取相]'을 포괄한다. 집취상은 집착을 내며, 또한 '이름을 계교하는 상[計名字相]'을 낸다. 이것은 모두 '로견발진(勞見發塵)'이 구절에 포함된다. 계명자상은 '업을 일으키는 상[起業相]'을 내며, 이것은 다섯 번째의 매듭이다. 여섯 번째는 '업이 괴로움을 불러일으키는 상[業繫苦相]'이다. 이 여섯 가지의 거친 모습은 '피로한 견이 번뇌를 낸다[勞見發塵]'는 이 구절에서 후반부의 네 가지 상(집취상·계명자상·기업상·업계고상)을 포괄한다. 이 네 가지의 상은 마지막의 세 개의 매듭으로 계산한다.

___

如勞目睛, 則有狂花, 於湛精明, 無因亂起. 一切世間山河大地, 生死涅槃, 皆卽狂勞, 顚倒花相.

___

"마치 앞에서 말한 적이 있는 허공을 오래 직시하여 보면 피로함을 발생시켜 허공 속에 헛된 꽃이 나타나는 것을 보게 되는 것과 같다. 담원하고 정명한 여래장성에서 아무런 인연이 없이 무명이 어지럽게 일어나며, 일체의 세간과 모든 산하대지와 생사열반이 모두 눈이 피로하여 나타나는 정황에서 전도된 꽃의 모습이 나타나는 것이다."

___

如勞目睛, 則有狂花 마치 앞에서 말한 적이 있는데, 허공을 오래 직시하여 보면 피로함을 발생시키는 것과 같다. 피로함을 발생시킨다는 것은 허공 속에 헛된 꽃이 나타나는 것을 보게 된다.

於湛精明, 無因亂起   여래장성에서 아무런 인연이 없이 무명이 어지럽게 일어난다는 것이다.

一切世間山河大地, 生死涅槃, 皆卽狂勞, 顚倒花相   일체의 세간과 모든 산하대지와 생사, 열반이 모두 눈이 피로하여 나타나는 정황에서 이루어지는 것이다. 허공 가운데는 본래 꽃이 없는데, 전도된 꽃의 모습이 나타나는 것이다. 일체세간, 산하대지, 생사열반은 어디로부터 나오는가? 모두 중생의 무명에서 나오는 것이다. "한 생각이 느끼지 못하는 사이에 세 가지의 미세함을 내며, 경계가 인연이 되어 여섯 가지의 거친 모습을 자라게 한다[一念不覺生三細, 境界爲緣長六麤]." 이러한 도와주는 인연이 있으므로 여섯 가지의 거친 모습이 나오며, 모두 이렇게 이루어지는 것이다.

▬

阿難言. 此勞同結, 云何解除? 如來以手, 將所結巾偏牽其左, 問阿難言. 如是解不? 不也, 世尊! 旋復以手偏牽右邊, 又問阿難. 如是解不? 不也, 世尊! 佛告阿難. 吾今以手左右各牽, 竟不能解, 汝設方便, 云何成解? 阿難白佛言. 世尊! 當於結心, 解卽分散. 佛告阿難. 如是 如是! 若欲除結, 當於結心.

■

아난이 말하였다. "이러한 피로한 모습과 맺힌 매듭은 어떻게 풀어 없앨 수 있습니까?" 여래께서는 손으로 매듭이 진 수건을 좌측으로 당기면서 아난에게 물었다. "이와 같이 하면 매듭이 풀리는가?" "아닙니다. 세존이시여!" 잠시 후 다시 손으로 우측으로 끌어당겼다. 그리고 아난에게 물었다. "이와 같이 하면 풀리는가?" "아닙니다. 세존이시여!" 부처님께서 아난에게 말씀하셨다. "나는 지금 손으로 좌측으로, 우측으로 각각 당겼지만 결국 매듭을 풀 수 없었다. 너는 방편을 써서 어떻게 하면 매듭을 풀 수 있는가?" 아난이 부처님께 말하였다. "세존이시여! 마땅히 매듭의 중심에서 풀어야 풀립니다." 부처님께서 아난에게 말씀하셨다. "그렇고 그렇다. 만약 매듭을 풀려면 마땅히 매듭의 중심에서 풀어야 한다."

■

旋復以手偏牽右邊   선(旋)이란 '잠시 후, 곧'이라는 뜻이다.

若欲除結, 當於結心   만약 매듭을 풀려고 하려면 마땅히 매듭의 중심에서 풀어야 한다.

■

阿難! 我說佛法從因緣生, 非取世間和合麁相. 如來發明世出世法, 知其本因, 隨所緣出. 如是乃至恒沙界外一滴之雨, 亦知頭數. 現前種種, 松直棘曲, 鵠白烏玄, 皆了元由.

"아난아! 내가 불법은 인연으로부터 나온다고 말하는 것은 세간의 인연이 화합하는 그런 거친 모습을 취하는 것이 아니다. 여래는 세간법과 출세법을 밝게 통달하여 그것의 근본 원인을 알며, 그것이 각각 만난 인연을 따라서 나오는 원인을 안다. 이와 같이 내지 항하사 세계 밖에서 떨어지는 빗줄기의 수량도 안다. 지금 우리 앞에 있는 갖가지의 사물, 즉 소나무는 왜 곧고 가시덩굴은 왜 굽으며, 고니는 희며 까마귀는 검은 근본 원인을 모두 안다."

我說佛法從因緣生, 非取世間和合麤相   내가 불법은 인연으로부터 나온다고 말하는 것은 세간의 인연이 화합하는 그런 거친 모습을 취하는 것이 아니다.

如來發明世出世法, 知其本因, 隨所緣出   여래는 세간법과 출세법을 밝게 통달하여 그것의 근본 원인을 알며, 그것이 각각 만난 인연을 따라서 나오는 원인을 안다. 세간법은 여섯 가지의 범부세계의 오염법을 말하며, 출세법은 네 가지의 성인의 법계의 청정한 법을 말한다.

如是乃至恒沙界外一滴之雨, 亦知頭數   이와 같이 내지 항하사 세계 밖에서 떨어지는 빗줄기의 수량도 안다.

現前種種, 松直棘曲, 鵠白烏玄, 皆了元由   멀리 있는 것

으로는 항하사 세계 밖을 이야기하면 네가 볼 수 없기 때문에 믿지 않을 것이다. 그러면 지금 우리 앞에 있는 갖가지의 사물, 즉 소나무는 왜 곧고 가시덩굴은 왜 굽으며, 고니는 희며 까마귀는 검은 근본 원인을 모두 안다. 왜 까마귀는 나오자마자 검은가? 이것은 무슨 도리인가를 여래께서는 모두 아신다는 것이다.

是故阿難! 隨汝心中, 選擇六根. 根結若除, 塵相自滅. 諸妄銷亡, 不眞何待?

"그러므로 아난아! 너의 마음을 따라서 육근 중에서 하나의 근을 선택해야 한다. 네가 하나의 근을 선택하여 이 방법에 따라 수행하면 그 근의 매듭이 풀려 없어질 것이며, 그러면 이 육진의 경계는 이 경계의 모습은 자연히 소멸될 것이다. 모든 망상이 없어지면, 남는 것은 참된 것뿐인데, 참되지 않은 것을 어떻게 기대할 수 있겠는가?"

隨汝心中, 選擇六根 너의 마음을 따라서 육근 중에서 하나의 근을 선택해야 한다. 선택육근(選擇六根)은 육근을 선택하는 것이 아니라 육근 가운데서 하나의 근을 선택하는 것이다. 육근에는 공덕이 원만한 것과 원만하지 못한 것이 있는데, 너의 마음에 따라 하나를 선택하라는 것이다.

根結若除, 塵相自滅　네가 하나의 근을 선택하여 이 방법에 따라 수행하면 그 근의 매듭이 풀려 없어질 것이며, 그러면 이 육진의 경계는 이 경계의 모습은 자연히 소멸될 것이다.

諸妄銷亡, 不眞何待　여기서 제망(諸妄)이란 일체의 망상, 생멸하는 마음, 분별하는 식심을 포괄한다. 소망(銷亡)이란 없다는 뜻이다. 이때는 어떤 망상도 없다. 너는 어떻게 할 것인가? 남은 것은 참된 것뿐이다. 이때 네가 만약 참되지 않으면 너는 또 무엇이 있는가?

너의 망상이 다하면 참된 것만 남는다. 망상이 없고 반연심도 다 제거하면 묘진여성이 현전한다. 왜 너의 묘진여성이 현전하지 않는가? 네가 모든 망상을 다 제거하지 않았기 때문이다. 네가 모든 망상을 다 없애면, 그것은 바로 청정한 본심이며, 묘진여성의 본체이며, 또한 여래장성의 본래면목이다.

따라서 이곳에서 우리 경을 듣는 사람은 모두 주의해야 한다. 마땅히 하나의 근에서 힘써 수행해야 한다. 어떤 근에서 할 것인가? 이 육근의 어느 근도 모두 가능하다. 모두 여래장성의 일부분이다. 그러므로 네가 단지 이 한 부분을 잡아서 항상 잊지 않고 수행하면 여래장성의 본체로 돌아갈 수 있다.

阿難! 吾今問汝, 此劫波羅巾, 六結現前, 同時解縈, 得同除不? 不也, 世尊! 是結本以次第縮生, 今日當須次第而解. 六結同體, 結不同時, 則結解時, 云何同除?

■

"아난아! 내가 지금 너에게 묻겠다. 이 야마천의 수건에서 여섯 개의 매듭이 지금 동시에 앞에 나타났는데, 이 매듭을 동시에 함께 다 풀 수 있는가?" "아닙니다. 세존이시여! 이 매듭은 본래 차례로 매듭을 묶은 것이므로 오늘 마땅히 차례로 풀어야 합니다. 여섯 개의 매듭이 모두 같은 하나의 체이지만, 그것이 매듭으로 묶일 때는 동시가 아니며, 그러니 이 매듭을 풀 때 어떻게 함께 그것을 풀 수 있겠습니까?"

■

此劫波羅巾, 六結現前, 同時解縈, 得同除不　이 야마천의 수건에서 여섯 개의 매듭이 지금 동시에 앞에 나타났는데, 이 매듭을 동시에 함께 다 풀 수 있는가? 영(縈)은 얽히다는 뜻으로 여기서는 매듭이라고 해석한다.

六結同體, 結不同時, 則結解時, 云何同除　여섯 개의 매듭이 모두 같은 하나의 체이지만, 그것이 매듭으로 묶일 때는 동시가 아니며, 그러니 이 매듭을 풀 때 어떻게 함께 그것을 풀 수 있겠는가? 왜냐하면 그것은 같은 시간에 맺힌 것이 아니다. 따라서 그것을 풀 때도 동시에 풀 수 없으며, 순서에 따라 풀어야 한다.

■

佛言. 六根解除, 亦復如是. 此根初解, 先得人空. 空性圓明, 成法解脫. 解脫法已, 俱空不生. 是名菩薩從三摩地, 得無生忍.

■

부처님께서 말씀하셨다. "육근의 매듭을 푸는 것도 또한 이와 같다. 네가 선택한 원만한 근에서 처음으로 하나의 근을 풀면, 너는 먼저 인공(人空)을 얻게 된다. 인공의 공성에서 일종의 원만한 밝음[圓明]을 얻게 되면 법의 해탈을 이루게 된다. 네가 법의 해탈을 얻은 이후에는 인공, 법공 모두 생하지 않는다. 이것을 보살이 삼마지로부터 무생법인을 얻는다고 이름한다."

■

六根解除, 亦復如是 육근의 매듭을 푸는 것도 또한 이와 같다.

此根初解, 先得人空 네가 선택한 원만한 근에서 처음으로 하나의 근을 풀면, 너는 먼저 인공(人空)을 얻게 된다. 인공(人空)이란 아집이 없는 것을 말한다. 아집을 제거한 것이다. 이것에는 구생아집과 분별아집이 있는데, 인공을 얻으면 이것을 모두 없애는 것이다.

空性圓明, 成法解脫 인공의 이러한 공성에서 일종의 원만한 밝음[圓明]을 얻게 되면 법의 해탈을 이루게 된다. 이때 법도 공하게 된다. 법공(法空)은 법집(法執, 구생법집과 분별법집)을 모두 해탈한다.

解脫法已, 俱空不生 네가 법의 해탈을 얻은 이후 이때 인공도 없으며, 법공도 없다. 인공과 법공 모두 생하지 않는다.

是名菩薩從三摩地, 得無生忍 이것을 보살이 삼마지로부터 무생법인을 얻는다고 이름한다.

선화 상인과 능엄경 하계연수 및
만불성성의 모습

1968년 여름 샌프란시스코 불교강당의 〈능엄경 하계연수반〉 졸업식

1968년 여름 샌프란시스코 불교강당의
능엄경 강의를 인연으로 출가한 미국인 5명의 출가 직후

1982년 10월 만불성성 산문 개광식

1991년 7월 만불성성에서 삼단대계(三壇大戒) 전수 후 산문 앞

919

선화 상인 소개

선화 상인의 18대원(大願)

법계불교총회 소개

편역자 후기

◉

선화 상인 소개

◉

중국 동북시대

선화(宣化) 노스님의 법명은 안자(安慈), 자는 도륜(度輪)이다. 허운(虛雲) 노스님의 법맥을 이어 중국 위앙종(潙仰宗)의 제9대 법손(法孫)이 되었으며, 사호(賜號)는 선화(宣化)이다. 노스님은 일생 동안 명예와 이익을 구하지 않고 더욱 다른 사람과 승부 다투기를 원하지 않았다.

노스님은 중국 길림성 쌍성현(雙城縣) 출생으로 민국(民國) 7년(1918년) 음력 3월 16일 태어나셨다. 부친의 성은 백(白) 씨이며 모친은 호(胡) 씨이며, 부친은 근검하고 성실한 사람으로 농사를 지었으며, 모친은 일생 채식하며 염불하였다. 4남3녀를 낳은 후 밤에 아미타 부처님께서 큰 광명을 놓고 천지를 비추는 꿈을 꾸고 아들을 낳았다.

스님은 어릴 때부터 어머니를 따라 채식하며 염불하였다. 나이 11세가 되었을 때 우연히 황야에서 죽은 아기를 보고 생사의 무상함을 느끼고 출가수행의 뜻을 가지게 되었다. 12세 때 과거 부모님께 불효한 것을 참회하기 위하여 매일 아침저녁으로 부모님께 절을 하기로 결정하고 실행하였으며, 스님은 부모에 대한 효가 지극하여 인근에 널리 알려져 사람들은 "백효자(白孝子)"라고 칭하였다.

15세 때 스님은 부모님을 떠나 사방으로 선지식을 찾다가 마침내 하얼빈시 교외의 삼연사(三緣寺) 상지(常智) 노스님께 귀의하여 삼보의 제자가 되어 선정(禪定)을 닦았다. 선정수행으로 득력을 한 스님은 책을 한 번 훑어보면 외울 수 있었다.

16세에 발심하여 불경을 강의하고 불법을 널리 펴는 것을 자기의 임무로 삼고, 불법을 배우려고 하나 글을 모르는 사람들을 도와주었다. 17세에 유가(儒家)의 사서오경(四書五經)·제자백가(諸子百家)·의학·천문·점술 등 일체의 세간법에 통달하였다. 그리고 쉬지 않고 정진하고 참선하며 경전을 연구하여 출세간법에 투철하였다.

18세에 모친께서 병이 들어 집으로 돌아와 노모를 극진히 보살폈다. 아울러 집에 봉사학교를 열어 집이 가난하여 학교에 가지 못하는 학생들을 가르쳤다. 또한 만국도덕회 등 자선단체에 가입하여 가난한 사람들을 도와주었다.

19세 때 모친이 왕생하자 모든 인연을 놓아버리고, 사월초파일 불탄일(佛誕日)에 삼연사(三緣寺) 상지(常智) 노스님께 청하여 삭발 출가하였다. 사미계를 받은 후 모친의 묘 옆에 초막을 짓고 3년간 시묘살이를 하면서 효를 다했는데, 하루 한 끼만 먹고 저녁에는 눕지 않고『화엄경(華嚴經)』에 절하고 정토참법(淨土懺法)으로 참회하였으며, 선정을 닦고 교관을 수습하였다. 그리하여 선정 공부가 나날이 순일해지고 자비의 마음이 더욱더 깊어졌으며, 인근 마을 사람들의 존경을 받았으며, 불보살과 호법천신과 용을 감동시켜 신령하고 기이한 일들이 셀 수 없을 정도로 많아 사람들이 기이한 스님[奇僧]이라고 칭하였다.

어느 날 하루 좌선을 하는데 육조 대사(六祖大師)께서 초막으로 찾아와 말씀하시기를 "장래 너는 서방으로 가서 무수한 사람들을 만나 항하사 같은 많은 중생을 교화할 것이다. 이것은 서방세계에 불법이 일어날 징조이다."라고 하셨다. 말씀을 마치고는 홀연히 사라져 보이지 않았다. 그 후 백두산 지맥인 미타동(彌陀洞) 안에서 선정을 닦았다. 그 후 삼연사로 돌아와 사미로서 수좌(首座, 방장 다음의 직위)가 되었다.

19세였던 그해 6월 19일 관세음보살 성도일(成道日)을 맞이하여 불전에서 18대원(大願)을 발하였으며, 원에 따라 독실하게 행하고 일체중생의 질병과 고난을 구제하시고자 발원하였다. 중생의 무명, 번뇌 등 모든 업장을 자신의 몸이 떠맡고 짊어지고자 발원하였다. 그리고 수많은 용과 뱀, 여우, 귀신들을 감화시켜 삼보에 귀의하게 하고, 계를 받게 하여 악을 고치고 선을 닦게 하였다. 스님은 일생에 단지 중생을 도울 줄만 아시고 자기를 위하는 것은 하시지 않았으며, 힘써 실천하여 열여덟 가지 대원[十八大願]을 원만히 하려고 노력하였다.

28세 때인 1946년 스님은 행각하면서 남하하여 선지식을 참방하였다. 1947년 보타산에서 구족계를 받았으며, 1948년 만 리 길을 걸어 광동성 조계(曹溪) 남화사(南華寺)에 도착하여 당시의 선종의 태두이신 허운 노스님을 참례하였다. 허운 노스님과 만날 때 일찍이 마음으로 마음을 전한 담화가 있었고, 스님은 그에 따라 게를 지었다.

허운 노스님이 나를 보고 이와 같다고 하시니
나는 노스님을 뵙고 이와 같음을 증하였네.
노스님과 내가 모두 이와 같으며
중생도 모두 이와 같기를 두루 원하네.
虛公見我云如是　我見雲公證如是
雲公與我皆如是　普願衆生亦如是

당시 109세였던 허운 노스님은 선화 스님이 용상의 법기임을 아시고 율학원의 감학(監學)을 맡기고 아울러 삼단대계의 증명아사리로 삼았다. 허운 노스님께서는 선화 스님을 "이와 같다! 이와 같다[如是 如是]"라고 인가하였다.

홍콩에서 가르침을 열다

1949년 봄철수계를 원만히 마치고 허운 노스님을 떠나서 홍콩으로 가서 널리 교화하면서 평등하게 불교의 다섯 종파, 즉 선종 · 교종 · 율종 · 밀종 · 정토종을 고루 선양하면서 문호파벌을 타파하였다. 아울러 고찰을 중건하고 불경을 인쇄하고 불상을 조성하였다. 서낙원사(西樂園寺), 불교강당(佛教講堂), 자흥선사(慈興禪寺) 등을 건립하였다.

홍콩에서 10여 년을 머물면서 중생의 간절한 청에 응하여 널리 불법의 인연을 맺었다. 몇 부의 대승경전을 강의하고 염불정진[佛七], 참선정진[禪七], 참회정진[拜懺] 등의 법회를 거행하면서 종일 불법의 큰 법을 널리 펴는 데 동분서주하였다. 그 기간 동안 태국 · 미얀마 등 지역을 방문하여 남전불교(南傳佛敎)를 시찰하며 대승과 소승불교의 회통에 뜻을 두었다.

1956년 4월 9일 허운 노스님께서 특별히 운거산(云居山)에서 와서 위앙종 조사맥의 원류를 선화 스님께 맡기고, 석가모니 부처님께서 전승하신 법의 제46대, 중국 위앙종 제9대의 사법인(賜法人)으로 임명하고 '선화(宣化)'라는 이름을 내렸다.

대법을 서방에 전하다

1959년 스님께서는 서방세계에 기연이 성숙함을 관찰하고, 불교의 진실한 이치를 세계 각지에 전파하기 위하여 제자로 하여금 미국에 중미불교총회(법계불교총회의 전신)를 세우게 하였다.

1961년 호주에 가서 1년간 법을 펼쳤지만, 기연이 성숙되지 않아 다음해에 홍콩으로 돌아오셨다.

1962년 인연이 성숙하여 미국 불교인사의 요청에 응하여 미국으로 건너가 샌프란시스코에서 불교학당을 설립하여 계속해서 정법을 서방세계에 전하였다. 처음 몇 년간은 창이 없는 반 지하의 방에서 거주하였는데, 마치 묘지와 같다고 해서 '묘 가운데의 스님[墓中僧]'이라고 스스로 불렀다. 그 당시 미국과 소련의 쿠바분쟁으로 인하여 전쟁을 막고 세계평화를 위하여 5주간의 단식을 감행하였으며, 단식을 마친 후 위기도 해소되었다.

1968년 시애틀 워싱턴대학 학생의 요청에 응하여 '능엄경 하계 연수반'을 만들었다. 96일간의 연수 후 스님의 감화를 받고 많은 사람들이 귀의하여 수계를 받았으며, 그중 5명의 미국인이 발심 출가하여 미국불교사상 처음으로 스님이 되는 기록을 세웠다.

1974년 선화 스님은 미국 캘리포니아 주 유키아에 만불성성(萬佛聖城)을 건립하였다. 만불성성이란 이곳에서 만 분의 생불(生佛)을 기른다는 뜻이 담겨 있다. 원래 이곳은 캘리포니아 주정부가 공립요양원 건물 70여 동을 건립한 곳이었으나, 물이 부족하여 싸게 팔려고 내놓았다. 불가사의한 것은 스님께서 이곳을 매입한 후 곧 수원(水源)을 찾은 것이다. 그 후 계속하여 미국 각지와 대만·동남아시아 등지에 절을 세워 20여 개의 도량을 건립하였으며, 북미불교의 깊고 두터운 기초를 다지게 되었다.

노스님은 일생 계율을 엄정하게 지키고 부처님의 제도를 준수하였으며, 참선과 염불 예참, 경전 연구, 계율 수지, 대중 화합 등을 특히 강조하였다. 이러한 스승의 정신을 이어받아 만불성성에 출가한 제자는 "하루 한 끼만 먹고 가사가 몸을 떠나지 않게 한다[日中一食, 袈裟不離身]."는 스승의 가르침을 이어받아 수행에 정진하면서 수행가풍을 지켜나갔다.

스님의 제자들은 노스님이 세운 육대종지(六大宗旨) 즉 "다투지 않고[不爭], 탐하지 않고[不貪], 구하지 않으며[不求], 사사롭지 않고[不自私], 이기적이지 않으며[不自利], 거짓말을 하지 않는다[不打妄語]."를 수행의 지표로 삼고, 쉬지 않고 정진하여 정법이 세상에 상주하게 하였다.

또한 선화 스님은 경전 번역은 천추만세에 길이 남을 성스러운 사업이라고 하면서 1973년 국제역경원을 설립하였다. 국제역경원에서 역경의 인재를 배양하였고, 지금까지 백여 종의 영역본을 출판하였으며, 스페인어 · 베트남어로 불경을 번역하여 출판하였다.

스님은 일찍이 "모든 공양 중 법공양이 제일이다."라고 하시면서 평생을 홍법(弘法)에 노력하였으며, 수십 년을 하루같이 하였다. 또한 "나의 원력은 한숨이라도 숨쉴 힘만 있어도, 경을 강의하고 법을 설할 것이다."라고 하시면서 미국을 위시해서 영국 · 폴란드 · 프랑스 등 서방세계뿐만 아니라 대만 · 홍콩 · 인도 · 싱가포르 · 베트남 · 말레이시아 · 태국 등지를 다니면서 홍법하였으며, 귀의한 사람이 수만 명이나 되었다.

스님께서 서방에 법을 펴신 30여 년 동안, 서방의 윤리도덕이 무너지고 물욕이 횡류(橫流)하고, 인심이 들떠 있어 교육이 파괴되고 인문의 자취를 찾아보기 어렵고 세계의 위기가 날로 깊어지는 데 상심하였다. 그리하여 적극 교육혁신을 제창하여 중국 전통의 여덟 가지

덕[八德]-효(孝) · 제(悌) · 충(忠) · 신(信) · 예(禮) · 의(義) · 염(廉) · 치(恥)-
으로 세계의 인심(人心)을 구제하려고 하였다.

　스님께서 일찍이 말씀하시기를 "가장 철저하고 가장 근본적인
국방은 바로 교육이다. 교육이 잘되지 않으면 어떤 국방도 소용이 없
다."라고 하였다. 그래서 초등학교에서는 효도를 제창하고, 중고등학
교에서는 애국충정을 강조하고, 대학에서는 충효인의를 제창하였다.
전문기능 외에 고상한 인격을 배양하여 국가의 동량이 되며 사회에
이바지하고 중생을 이롭게 하고자 하였다.

　스님은 일생 동안 위법망구하고 힘든 괴로움도 사양하지 않고 부
지런히 국내외로 다니면서 보살의 자비원력으로 중생을 구제하시다
가 1995년 6월 7일 오후 미국 로스앤젤레스에서 원적(圓寂)하였으며,
그때 세수 78세였다. 7월 28일 만불성성에서 거행한 다비식에서 4,000
여 과의 사리가 나왔다. 하지만 스님께서는 어떤 사리탑이나 기념관도
만들지 못하게 하셔서 "나는 허공에서 와서 허공으로 돌아간다."는 스
님의 말씀과 같이 사리를 포함한 모든 유해는 허공에 뿌려졌다.

[『선화 노화상약전(宣化老和尚略傳)』

(북경 영광사 발간)에서 발췌 수록]

◉

선화 상인의 18대원(大願)

◉

1. 진허공, 변법계, 시방삼세 일체 보살 등이 만약 하나라도 성불하지 못하면, 나는 정각(正覺)을 취하지 않겠습니다.
2. 진허공, 변법계, 시방삼세 일체 연각 등이 만약 하나라도 성불하지 못하면, 나는 정각(正覺)을 취하지 않겠습니다.
3. 진허공, 변법계, 시방삼세 일체 성문 등이 만약 하나라도 성불하지 못하면, 나는 정각(正覺)을 취하지 않겠습니다.
4. 삼계의 모든 천인(天人) 등이 만약 하나라도 성불하지 못하면, 나는 정각(正覺)을 취하지 않겠습니다.
5. 시방세계의 모든 인간 등이 만약 하나라도 성불하지 못하면, 나는 정각(正覺)을 취하지 않겠습니다.
6. 하늘, 인간, 모든 아수라 등이 만약 하나라도 성불하지 못하면, 나는 정각(正覺)을 취하지 않겠습니다.
7. 일체의 축생계 등이 만약 하나라도 성불하지 못하면, 나는 정각(正覺)을 취하지 않겠습니다.
8. 일체의 아귀계 등이 만약 하나라도 성불하지 못하면, 나는 정각(正覺)을 취하지 않겠습니다.
9. 일체의 지옥계 등이 만약 하나라도 성불하지 못하면, 나는 정각(正

覺)을 취하지 않겠습니다.

10. 무릇 삼계의 모든 하늘, 신선, 인간, 아수라, 날고 기는 동식물, 영계의 용과 축생, 귀신 등의 무리, 일찍이 나에게 귀의한 자들이 만약 하나라도 성불하지 못하면, 나는 정각(正覺)을 취하지 않겠습니다.

11. 내가 마땅히 누릴 일체의 복락을 모두 법계의 중생에게 회향하며 널리 베풀기를 원하옵니다.

12. 법계중생의 모든 고난을 나 한 사람이 대신 받기를 원하옵니다.

13. 무수한 영(靈)을 나누어 불법을 믿지 않는 일체의 중생의 마음에 들어가, 그들로 하여금 악을 고쳐 선으로 나아가게 하며, 허물을 뉘우쳐 자신을 새롭게 하고, 삼보에 귀의하여 구경에는 부처가 되기를 원하옵니다.

14. 일체중생이 나를 보거나 나의 이름을 들으면, 모두 보리심을 발하고 속히 불도를 이루기를 원하옵니다.

15. 부처님의 제도를 철저히 준수하고, 하루 한 끼 먹는 것을 실행하기를 원하옵니다.

16. 모든 유정들을 깨닫게 하고 모든 근기의 중생을 널리 섭수하기를 원하옵니다.

17. 이 생에서 오안육통(五眼六通)을 얻고 비행자재(飛行自在)하기를 원하옵니다.

18. 일체의 구하는 원이 반드시 이루어지기를 원하옵니다.

결론지어 이르기를:

가이 없는 중생 모두 제도하기를 서원하며

다함 없는 번뇌 모두 끊기를 서원하며

무량 법문 다 배우기를 서원하며

위가 없는 불도 다 이루기를 서원합니다.

衆生無邊誓願度

煩惱無盡誓願斷

法門無量誓願學

佛道無上誓願成

◉

법계불교총회 소개

◉

법계불교총회(法界佛教總會, 이하 법총으로 칭함)는 불법의 연구·수행·교화와 실천을 적극적으로 추진하기 위하여 선화 상인께서 창립한 국제적인 종교 및 교육조직이다. 법총은 모든 사부대중의 지혜와 자비의 역량을 응집하여 불법을 홍양하고 경전을 번역하며, 도덕교육을 제창하고 유정중생을 이롭게 하는 것을 임무로 하며, 개인·가정·사회·국가, 나아가 세계로 하여금 모두 불법의 훈습을 받아 점점 지극한 진선미(眞善美)의 경지로 나아가게 하려는 것이다.

법총에 참가하는 각각의 사부대중들은 뜻을 세워 상인께서 제창하신 육대종지(六大宗旨)를 봉행해야 한다.

다투지 않고[不爭], 탐하지 않고[不貪], 구하지 않으며[不求], 사사롭지 않고[不自私], 이기적이지 않으며[不自利], 거짓말을 하지 않는다[不打妄語].

출가한 승려는 부처님께서 제정하신 일중일식(日中一食)과 가사가 몸에서 떨어지지 않게 하는[衣不離體] 규칙을 엄격히 준수하고, 아울러 계를 지니면서 염불하고[持戒念佛], 교학을 배우고 참선하며[習教參禪], 대중들은 화합하여 함께 거주하고[和合共住], 불교에 헌신해야[獻身佛敎] 할 것이다.

법총은 1959년 설립한 이래로 샌프란시스코 북부에 세운 만불성성을 주축으로 하여 미국·아시아·호주·대만·베트남 등지에 20여 곳의 도량을 세웠다. 각 지부의 도량은 상인께서 세우신 엄격한 가풍을 다함께 지켜나가야 한다.

얼어 죽어도 반연을 구하지 않으며, 굶어 죽어도 화연을 구하지 않으며, 가난하여 죽어도 인연을 구하지 않는다.

우리는 다음의 삼대(三大) 종지를 가슴에 품는다.

목숨을 바쳐 부처의 일[佛事]을 하며, 운명을 개척하여 본분의 일[本事]을 하며, 운명을 바르게 하여 승려의 일[僧事]을 한다.

일에 임하여 이치를 밝히고[卽事明理], 이치를 밝혀 일에 임하면서[明理卽事] 조사(祖師)께서 전하신 이심전심(以心傳心)의 법맥을 널리 이어가게 한다.

법총의 교육기구로는 국제역경원, 법계종교연구원, 승가거사훈련반, 법계불교대학, 배덕(培德)중고등학교, 육량(育良)초등학교 등이 있다. 이곳에서는 홍법, 번역 및 교육의 걸출한 인재를 적극적으로 배양하는 외에 아울러 각 종교 간의 교류와 대화를 넓혀나가서 종교 간의 단결과 협력을 촉진하여 세계평화의 중대한 대임을 공동으로 힘써나간다.

법총 산하의 도량과 기구는 문호를 개방하여 나와 남, 국적, 종교를 구별하지 않으며, 무릇 각국의 종교인사가 인의도덕(仁義道德)을 실천하고, 진리를 추구하며[追求眞理], 마음을 밝혀 성품을 보는데[明心見性] 주력하기를 원하면, 모두 와서 수행하고 공동으로 연구하는 것을 환영한다.

법계불교총회 인터넷 홈페이지 www. drba.org
만불성성 인터넷 홈페이지 www. cttbusa.org

◉

편역자 후기

◉

깨달음을 열고 성불의 길을 밝힌 능엄경

불교에는 팔만사천의 많은 가르침들이 삼장, 십이부의 경전으로 집
대성되어 있다. 불교에 귀의하고부터 조금씩 경전을 보면서 불법에
대한 이해를 넓혀가고 깊어졌다. 『아함경』부터 보기 시작하여 방등
부, 반야부의 경전을 보면서 불법의 대해를 건너가다가 『능엄경』을
만나 비로소 불법의 심오함을 느끼기 시작하였다. 20대에 처음 한
글로 해석된 『능엄경』을 읽었지만, 그 당시에는 불법에 대한 이해가
깊지 않아서 그런지 큰 감동을 받지 못하였다.

　그러다가 2007년부터 능엄주를 독송하면서 능엄주의 수승함
을 느끼기 시작하여 『능엄경』을 반드시 정독을 해야겠다고 생각하
였다. 그러던 중 중국 청도에서 근무할 때 자주 가던 담산사(潭山寺)
에서 한 권으로 된 선화 상인께서 해설하신 『능엄경』을 만나게 되
었다. 처음에 선화 상인 해설본을 읽어보니, 『능엄경』의 이치가 많
이 이해되면서 환희심이 생겼다. 그러나 해설이 누락된 부분이 많
아서 아쉽게 여기고 있었는데, 상해에서 근무할 때 인터넷을 검색

하다가 대만에서 발행된 신판의 『선화 상인 해설 능엄경』이 있다는 것을 알게 되었다. 너무나 기뻐 바로 대만으로 전화하여 9권으로 된 한 질을 구입하였다. 틈틈이 선화 상인의 해설을 보면서 능엄법문이야말로 대승불법의 진수이며, 불법의 요체와 최상승의 성불의 길을 밝혀놓았다는 것을 알게 되었다.

능엄법문의 수승한 점과 주요한 도리를 살펴보면 다음과 같다.

첫째, 먼저 진여본성, 즉 여래장성을 깨닫게 하는 것이다. 불교에서 흔히 일체유심조(一切唯心造)라고 말하기를 좋아한다. 그럼 이 마음이란 무엇이며, 마음은 어디에 있는가? 견성(見性)하신 도인이 아니면 이 질문에 답하기 어려울 것이다. 『능엄경』에서 부처님께서는 아난으로 하여금 이 마음이 어디에 있는지 찾게 하신다. 우리 범부들은 이해하고 분별하는 식심(識心)을 마음이라고 착각하고 있다. 부처님께서는 아난에게 허망한 식심은 마음이 아니라고 질책하신다. 경의 앞 부분에서 보는 성품으로 하나하나 아난의 집착일 뿐 아니라 우리 중생의 집착을 깨뜨린다. 보는 성품은 상주불변하는 진여본성(眞如本性)이며 여래장성이라는 것을 깨닫게 하시면서 중생은 자기를 물질로 인식하여 본래의 참된 마음을 잃어버렸다고 하였다. 그리하여 청정한 실상을 깨달아 묘각의 길로 가게 하였다.

깨달음에는 세 종류가 있다고 한다. 해오(解悟), 행오(行悟), 증오(證悟)를 말한다. 해오란 시각(始覺)으로서 허망함을 깨달아 참됨을 통달하게 되며, 견도위(見道位)라고도 하는데 깨달음 가운데서 수행자의 관념(지견)이 바뀌고 그에 따라 행위가 바뀐다. 이 단계에서는 일체의 사견과 악지견을 모두 끊게 된다.

행오는 마음을 밝혀 견성[明心見性]하는 것이다. 이 단계는 수도위(修道位)에 해당하는 것으로서 단계에 따라 무명을 끊고 부처의 지견을 얻게 된다. 이 지위에서는 아직 무명을 완전히 다 끊지 못하며, 아직 현량의 지혜[現量智]가 아니고 비량의 지혜[比量智]이다.

증오는 구경각(究竟覺)이며, 증도위(證道位)를 가리킨다. 이 단계에서의 지혜는 현량의 지혜[現量智]이다.

따라서 조그만 깨달음에 머물고 만족하면 큰 깨달음을 얻지 못한다. 증오하여 구경의 깨달음을 얻을 때까지 쉬면 안 될 것이다.

경에서 아난으로 하여금 오음·육입·십이처·십팔계와 칠대(七大)의 근원을 일일이 분석하면서 모두 원융한 여래장성으로 돌리며, 모두 일승(一乘)의 적멸한 중도이치를 설하신다.

둘째, 어떻게 깨달아 부처의 지견으로 들어가는가를 밝히신 것이다. 보리심을 발하여 무루(無漏)의 업을 닦아야 한다는 것이다. 번뇌에서 벗어나려면 번뇌의 근본 매듭을 풀어야 한다. 전도된 곳을 알지 못하면 무명의 번뇌를 항복시킬 수가 없다. 경에서 시방의 부처님께서 이구동성으로 아난에게 생사의 근원은 바로 너의 육근(六根)이지 다른 것이 아니라고 하였다. 안이비설신의(眼耳鼻舌身意)의 육근이야말로 우리의 보배를 빼앗는 여섯 도적이다. 이 여섯 도적을 막지 못하면 우리는 생사의 윤회에서 벗어날 수 없다. 그리고 열반을 증득하게 하는 것도 육근이며 다른 것이 아니라고 하였다. 따라서 생사를 벗어나기 위해서는 육근의 문 가운데에서 하나의 문으로 깊이 들어가서 생사의 맺힌 매듭을 풀어야 한다는 것이다. 그러면 여섯의 매듭도 일시에 풀어진다. 어떤 근이 원만한 근인지를 알고 그 근을 따라 수행해야 하며, 원만하지 않은 근을 따라 수행하는 것과는 성취하는 데 하루와 일겁의 차이가 난다고 한다. 그리하여 스물다섯 분 성인(聖人)의 깨달은 과정을 설하게 하여, 최종적으로 관세음보살의 '돌이켜 자성을 듣게 하는' 이근원통(耳根圓通)의 법문이 가장 수승하다고 하시면서 말법중생들로 하여금 이 법문을 닦아 무생법인을 깨닫게 하신 것이다.

셋째, 수행을 하는데 전제조건으로 먼저 계정혜의 세 가지 무루학[三無漏學]을 닦게 한 것이다. 섭심하는 것이 계이며, 계로부터 선정이 생기고 선정으로부터 지혜가 생긴다고 하였다. 여기서의 계는 심계(心戒)를 말하며, 심계를 지니는 것을 부처의 계[佛戒]라고 한다. 그리고 네 가지의 근본계율[殺盜淫妄]을 지켜야 하는데, 마음에서조차도 살생의 마음, 훔치려는 마음, 음욕의 마음, 거짓말하려는 마음을 끊어야 하며, 이것을 끊지 못하면 삼매를 얻어도 모두 삿된 삼매를 얻게 되어 마의 무리에 빠지게 된다는 것이다. 『능엄경』에서는 음욕의 마음을 생사의 근원이라고 하면서 가장 경계하는 것이다. 또한 수행의 점차에 있어서 먼저 청정한 계를 지니면서 윤회를 돕는 원인을 제거하고, 업장의 식성을 바르게 하며, 자기에게 나타나는 업을 따르지 말고 즉 육진의 경계를 따르지 말고 반본환원(返本還元)해야 한다는 것이다. 지금 우리의 불교현실을 보면 근본상에서 수행하는 것을 잊고, 지엽상에서 너무나 많은 에너지를 낭비하고 있다. 이런 에너지를 자성(自性)으로 되돌려야 할 것이다.

넷째, 일곱 종류의 중생계를 설명하면서 윤회하게 되는 인과(因果)의 원인을 자세하게 밝힌 것이다. 지옥에 떨어지는 열 가지의 원인과 지옥에 떨어져서 받는 여섯 가지의 과보에 대하여 설명하며, 귀신·축생·인간·신선·천상·아수라의 세계를 설명하여 윤회의 실상을 알게 한다. 결국 중생들로 하여금 열 가지의 악을 짓지 않게 하고 열 가지의 선을 짓게 한다. 윤회에서 벗어나려면 먼저 윤회의 실상과 윤회에 떨어지는 인과를 명확하게 이해해야 한다. 그리하여 윤회에서 벗어나려는 마음을 내어 보리심을 발하고 닦아나가야 할 것이다. 생사윤회는 중생의 별업망견과 동분망견의 전도된 견해를 내기 때문이다. 각자의 견해가 다르기 때문에 짓는 업도 다른 것을 별업망견이라고 하며, 동분망견은 동일한 망상으로 업을 지으므로 공업(共業)이라고도 하며, 한 지역이나 나라에서 같은 과보를 받는 것이다. 중생은 허망한 미혹을 일으켜 업을 짓고 과보를 받게 된다.

다섯째, 수행을 하는 과정에서 나타나는 색·수·상·행·식의 마장(魔障)에 대하여 상세하게 밝힌 것이다. 이 경의 중요한 점은 너무나 상세하게 마의 경계를 설명하여 마의 무리들이 설 곳을 없게 한 것이다. 이 마의 경계는 또한 선정의 관문이며, 선정 중에 나타나는 경계라고 말할 수 있다. 이런 난관을 돌파하지 못하면 결코 깨달음의 길로 나아가지 못한다. 이 모든 경계에서 단지 자기가 대단하다고 여기지 않고, 이런 경계에 집착하지 않으면 문제는 발생하지 않을 것이다. 그러므로 수행자는 필수적으로 이 경의 오십 가지의 마에 대하여 명확하게 이해해야 중도에서 수행을 그르치지 않을 것이며, 삿된 스승에게 속지 않을 것이다. 지금의 한국의 현실에서 볼 때 애석하게도 삿된 길로 빠지는 경우가 많이 보인다.

여섯째, 능엄주를 설하여 마장을 없게 하고, 능엄대정을 닦게 한 것이다. 능엄법문의 정수(精髓)는 바로 수능엄삼매를 닦는 것이다. 여러 경전에서 갖가지의 삼매를 닦는 방법을 이야기 하지만, 가장 견고하고 원만한 구경의 삼매는 수능엄삼매이다. 선화 상인께서도『능엄경』은 능엄주를 위하여 설하였다고 하였다. 중국의 전통 선원에서는 참선정진에 들어가기 전에 먼저 7일 내지 49일 동안 능엄주를 독송하게 하였다고 한다. 그만큼 능엄주는 수행하는 데 있어서 너무도 중요한 것이다. 경에서도 말법시기에 중생이 수행을 하는 데 만약 능엄주를 지송하지 않고 마의 장애에서 떠날 수 있는 자는 없다고 하였다. 또한 수행에서 마의 일에서 떠나지 않고서 증득하고 성취할 수 있는 것도 없다.

　　네 가지의 근본율의를 철저하게 지니면, 현행하는 번뇌를 끊는 것은 비교적 쉽지만, 숙세의 습기 즉 혹업(惑業) 종자는 팔식에 깊이 함장되어 있어 매우 미세하기 때문에 제거하기가 매우 어려우므로 불가사의한 능엄주의 힘을 의지하여야 제거할 수 있다. 그러므로 구경의 견고한 능엄대정(楞嚴大定)을 닦으려면 반드시 능엄주를 지송해야 할 것이다. 불법을 듣기만 하고 선정력이 부족하면, 경계가 현전할 때 파악하지 못하고, 경계에 움직이게 되어 계체(戒體)를 보전하지 못하며, 그것으로 인하여 타락하고 마의 일을 이루게 된다. 우리는 능엄주에 의지하여 참된 보리(菩提)의 길로 가야 할 것이다.

　　불교를 믿는 사람들은 너무나 많은 경전 속에서 어떻게 수행해야 하는지를 모르는 경우가 많다. 그래서 불교가 어렵다고 하는 것이다.『능엄경』을 보면 이 경이 너무나 중요한 경이며, 불교 수행의 대전(大全)이라고 해도 과언이 아니다. 현교와 밀교를 포괄하고, 성(性)과 상(相)의 중요한 도리를 모두 밝히고 있으며, 선(禪)·정(淨)·밀(密)·율(律)을 모두 섭수하고 있는 경이다. 그리고 수행의 차제(次

第)에 대하여 상세하게 설하고 있으며, 성불의 단계인 묘각에 이르는 길을 밝혀 수행자로 하여금 보리도(菩提道)에 대하여 향상해 갈 수 있게 하였다. 또한 보리도의 길에서 발생하는 오음 마(魔)의 경계를 상세히 밝혀서 수행자로 하여금 그런 경계를 알아차려 삿된 마의 길에 떨어지지 않게 하였으며, 삿된 마의 장애를 면하기 위하여 능엄주를 설하여 수행상의 장애를 극복하고 보리도를 원만히 성취할 수 있게 하신 것이다.

그러므로 『능엄경』은 매우 얻기 어려운 무상의 대법보이며, 어느 쪽으로도 치우치지 않은 원만법문이다. 근세 중국의 대선지식이신 허운(虛雲) 대사께서도 말법시대에는 선지식을 만나기 어려우니 『능엄경』을 선지식으로 삼아 수행하라고 하셨다. 말법시대의 수행자들에게 없어서는 안 될 귀중한 보전(寶典)이며, 여래의 정법에 대하여 바른 믿음, 바른 지견, 바른 수행을 하게 하는 지침서로서 사마외도에게 미혹되지 않게 할 것이다.

이번에 나온 『능엄경』 해설서는 두 권으로 되어 있는데, 1권은 상주불멸하는 진여자성(眞如自性)을 깨달아 들어갈 수 있는 중도이치와 중생이 윤회하는 근본원인과 생사해탈을 할 수 있는 도리를 밝히는 내용으로 되어 있으며, 2권은 윤회의 일곱 세계, 생사를 벗어나는 데 필요한 근본계율, 구체적으로 수증(修證)하는 행문(行門)과 부처(묘각)의 지위에 이르는 수행차제, 능엄신주, 수행과정에서 나타나는 오십 가지 음마(陰魔) 등을 담고 있다. 아무리 중도의 이치를 이해하였다고 해도 수행하지 않으면 증득할 수 없다. 그래서 『능엄경』에서는 먼저 일승의 여래장의 중도이치를 듣고[聞], 깊이 사유하며[思] 여래장에 의지하여 바른 수행을 해야 하는[修] 것을 일관되게 설명하고 있다.

하지만 이렇게 수승한 경전이라도 이해하기 어려운 부분이 많기 때문에 역대 대덕께서 많은 주석을 하였지만, 여전히 어려운 경으로 인식되어 왔다. 선화 상인께서 서방에 불법을 전하면서 미국의 대학생을 위하여 처음으로 『능엄경』을 해설하신 것이다. 상인께서는 깊은 이치를 너무 어렵지 않게 해설하셔서 지금 중국에서는 선화 상인의 『능엄경』 해설서가 불자들로부터 가장 많이 읽혀지는 경서 중의 하나가 되었다.

이러한 현상을 보면서 하루빨리 한국에 번역·소개하여 불자들로 하여금 대승불법의 진수(眞髓)를 맛보게 하려는 염원을 품고, 조금씩 번역을 하기 시작하였다. 중국 근무를 마치고 2011년 초에 한국으로 귀국하여 바쁜 업무 속에서도 『능엄경』의 번역은 빠뜨릴 수 없는 중요한 일과가 되었다. 선화 상인의 『능엄경』 해설을 한국에 소개하려는 열망 때문에 저의 능력은 돌아보지 않고 번역을 시작한 점 너그러이 이해하여 주시고, 방대한 작업이라 잘못된 부분이 많을 것이며, 여러 제현께서는 번역에 잘못된 부분이 있으면 지적하여 바로잡아 주기 바란다.

그리고 원본의 모든 내용을 다 번역하는 것이 도리이나 한국의 출판현실을 감안하여 일부의 내용을 번역하지 못한 것이 아쉽다. 하지만 마지막 부분의 '오십 가지 음마' 부분은 말법시대 마의 힘은 강하고 불법은 쇠약하여 용과 뱀을 구분하기 힘든 시기라 특별히 중요하기 때문에 선화 상인의 해설 대부분을 번역 수록하였다.

출판을 위하여 2011년 9월 타이페이에 있는 법계불교총회 대만분회로 가서 항운(恒雲) 비구니 스님과 법계불교총회에서 출판을 책임지고 있는 미국의 담모결(譚慕潔) 여거사를 만나 상의하였다. 그 후 그분들이 서울의 불광출판사로 와서 선화 상인의 『능엄경』 해설서를 출판하기로 원만히 합의하였다. 이 책의 출판을 결정해 주시고 책이 나오기까지 수고해 주신 불광출판사의 모든 분들께 감사드린다. 아울러 한국의 모든 불자들이 대승불법의 정수를 받아 하루빨리 명심견성(明心見性)하여 부처님의 정법이 계속 널리 펴지기를 바라며, 다 같이 불법을 깨달아 성불의 길로 나아가기를 기원한다.

2012년 9월
참회제자 각산 정원규 삼가 쓰다

회향게 (廻向偈)

이 책의 번역 출판 공덕으로
불국정토를 장엄하며
위로는 네 가지의 무거운 은혜를 갚고
아래로는 삼악도의 고통을 구제하기를 원하옵니다.
만약 이 경을 보고 듣는 자는
모두 보리심을 발하고
이 보신이 다하면
다함께 극락세계에 왕생하기를 원하옵니다.

願以此功德 莊嚴佛淨土
上報四重恩 下濟三塗苦
若有見聞者 悉發菩提心
盡此一報身 同生極樂國

● **강설** 선화 상인(宣化上人, 1918~1995)

선화(宣化) 상인의 법명은 안자(安慈), 자는 도륜(度輪)이다. 중국 위앙종(潙仰宗)의 제9대 법손이며, 사호(賜號)는 선화(宣化)이다. 29세 되던 1947년 보타산에서 구족계를 받았다. 1949년 홍콩으로 건너가 선종, 교종, 율종, 밀종, 정토종의 다섯 종파를 고루 선양하며 문호파벌을 타파하였고, 서낙원사(西樂園寺), 불교강당(佛敎講堂), 자흥선사(慈興禪寺) 등을 건립하였다. 허운 선사(虛雲 禪師, 1840~1959)가 1956년 운거산(云居山)에서 석가모니 부처님께서 전승하신 법의 제46대, 중국 위앙종의 제9대 사법인(嗣法人)으로 임명하고 '선화(宣化)'라는 호를 내렸다. 1962년 미국으로 건너가서 샌프란시스코에서 불교학당을 설립하여 불법을 전했다. 1973년 국제역경원을 설립하여 역경의 인재를 배양하였고, 1974년 캘리포니아주 유키아에 만불성성(萬佛聖城)을 건립한 후 미국 등 세계 각지에 27개의 도량을 건립하였다. 상인은 평생토록 계율을 엄정하게 지키고 부처님의 제도를 준수하였으며, 참선과 염불 예참, 경전 연구, 계율 수지, 대중화합 등을 특히 강조하였다.

● **편역** 각산(覺山) 정원규(鄭源奎)

경남 진주에서 출생하여 경북대 중어중문학과를 나온 뒤 경남도청에서 근무하면서 2002년부터 중국의 북경, 청도, 상해 등지에서 연수와 파견근무를 하였다. 지금은 경남도립남해대학에서 근무하고 있다. 대학교 다닐 때부터 불교 수행에 심취하여 경전을 즐겨 읽고 좌선, 염불을 열심히 하였다. 중국에서 근무할 때 중국 선지식들의 법문을 찾아 읽으면서 선화 상인의 『능엄경』 해설과 능엄신주 법문을 접하고 큰 믿음을 일으켜 능엄신주 독송을 일과로 삼고 있다. 또한 바쁜 업무 속에서 부처님의 가르침을 전하기 위해 틈이 큰스님들의 법문을 번역하고 있다. 옮긴 책으로 『오대산 노스님의 인과이야기』(2006), 『오대산 노스님의 그 다음 이야기』(2007), 『염불, 모든 것을 이루는 힘』(2008), 『선화 상인 능엄신주 법문』(2009)이 있다.

선화 상인
능엄경
강설 (상)

2012년 9월 25일 초판 1쇄 발행
2022년 8월 1일 초판 5쇄 발행

지은이 선화상인 • 옮긴이 정원규
발행인 박상근(至弘) • 편집인 류지호 • 상무이사 김상기 • 편집이사 양동민
편집 이상근, 김재호, 양민호, 김소영, 권순범 • 디자인 김소현
제작 김명환 • 마케팅 김대현, 정승채, 이선호 • 관리 윤정안
펴낸 곳 불광출판사 (03150) 서울시 종로구 우정국로 45-13, 3층
　　　대표전화 02) 420-3200 편집부 02) 420-3300 팩시밀리 02) 420-3400
　　　출판등록 제300-2009-130호(1979. 10. 10.)

ISBN 978-89-7479-653-2 (04220)
ISBN 978-89-7479-652-5 (04220)(세트)

값 48,000원